国家哲学社会科学成果文库

NATIONAL ACHIEVEMENTS LIBRARY
OF PHILOSOPHY AND SOCIAL SCIENCES

明清华北的商业城镇与市场层级

许 檀 著

科学出版社

内 容 简 介

本书是作者在 20 多年实地调查和个案研究基础上，对明清时期华北城市与市场进行的综合性研究。全书共分三编八章，对明清时期冀鲁豫三省 50 多个较重要的城、镇进行了系统考察梳理，在城市覆盖面上远超过以往华北研究中的举例性考察；特别是对其中 30 多个不同等级、不同规模的商业城镇的重点考察，更弥补了以往研究中最薄弱的部分。作者开创的以商人会馆集资的"抽厘率"折算经营规模，利用商人捐款的地域分布考察商镇腹地范围的方法，以及对传统城市研究新的指标体系的探索，有助于推进传统商业城镇研究的量化和深入。

审图号：GS(2021)1849 号

图书在版编目(CIP)数据

明清华北的商业城镇与市场层级 / 许檀著. —北京：科学出版社，2021.4
(国家哲学社会科学成果文库)
ISBN 978-7-03-068259-8

Ⅰ. ①明⋯ Ⅱ. ①许⋯ Ⅲ. ①商业史–研究–中国–明清时代
Ⅳ. ①F729.4

中国版本图书馆 CIP 数据核字(2021)第 039627 号

责任编辑：李春伶 李秉乾 / 责任校对：李 影
责任印制：师艳茹 / 封面设计：黄华斌

编辑部电话：010-64005207
E-mail:lichunling@mail.cspm.com.cn

科 学 出 版 社 出版
北京东黄城根北街 16 号
邮政编码：100717
http://www.sciencep.com

北京盛通印刷股份有限公司 印刷
科学出版社发行 各地新华书店经销
*

2021 年 4 月第 一 版　　开本：720×1000　1/16
2021 年 4 月第一次印刷　　印张：34　插页：4
字数：460 000
定价：148.00 元
(如有印装质量问题，我社负责调换)

作者简介

许檀，女，1982年毕业于南开大学历史系。1982—2000年在中国社会科学院经济研究所从事中国经济史研究；2000—2018年为南开大学历史学院及中国社会史研究中心教授，博士生导师；现为兰州大学历史文化学院特聘教授。

主要研究领域为明清经济史，侧重于区域经济发展、商品流通与中国传统市场研究。在《中国社会科学》《历史研究》《中国经济史研究》等刊物上发表论文百余万字。主要代表作有《明清时期山东商品经济的发展》《清代河南、山东等省商人会馆碑刻资料选辑》《明清时期城乡市场网络体系的形成及意义》，以及明清商业城镇的系列个案。

《国家哲学社会科学成果文库》
出版说明

为充分发挥哲学社会科学研究优秀成果和优秀人才的示范带动作用,促进我国哲学社会科学繁荣发展,全国哲学社会科学工作领导小组决定自 2010 年始,设立《国家哲学社会科学成果文库》,每年评审一次。入选成果经过了同行专家严格评审,代表当前相关领域学术研究的前沿水平,体现我国哲学社会科学界的学术创造力,按照"统一标识、统一封面、统一版式、统一标准"的总体要求组织出版。

全国哲学社会科学工作办公室
2021 年 3 月

目　　录

绪　　论 ·· (1)
　　一、明清时期商业城镇研究概况 ······························· (1)
　　二、本书的相关理论概念、资料特点与总体思路 ················ (11)
　　三、本书的框架结构 ··· (14)

第一编　明清时期华北的行政中心城市

第一章　明清两代的国都及其商业发展 ························ (19)
　第一节　明清两代京城空间布局的变化 ························· (19)
　　一、京城的城市形态及其内部空间划分 ······················· (20)
　　二、京城人口及其空间分布 ································· (25)
　第二节　京城的商业街市及其空间分布 ························· (30)
　第三节　崇文门等税关及其税收 ······························· (44)
　　一、崇文门税关及其商品来源 ······························· (44)
　　二、左翼、右翼二关及其税收 ······························· (52)
　第四节　京城的消费结构与特点 ······························· (54)
　　一、宫廷消费与官方采办 ··································· (54)
　　二、奢侈性消费引领市场 ··································· (55)

三、文化消费为全国最高水平 …………………………………………（56）

第二章　省会城市及其商业 …………………………………………（59）
第一节　河南省会开封及其商业变化 ………………………………（59）
一、明清两代开封空间结构、人口结构的变化 ………………………（60）
二、明代开封的城市商业 ………………………………………………（66）
三、清代开封商业的变化 ………………………………………………（72）
第二节　山东省会济南及其商业特色 ………………………………（80）
一、明清两代济南的空间分布、人口结构与商业发展 ………………（80）
二、从《重修山陕会馆碑记》看济南的商业特色 ……………………（86）
第三节　明清两代的保定及其商业发展 ……………………………（93）
一、明清两代保定行政地位的变化与人口增长 ………………………（93）
二、明清两代保定商业的发展变化 ……………………………………（98）

第三章　府级行政中心及其商业概况 ………………………………（101）
第一节　明清两代对府城的修建 ……………………………………（101）
第二节　诸王就藩、八旗驻防对城市空间格局的影响 ……………（105）
第三节　府城街巷与商业概况 ………………………………………（112）
第四节　各具特色的几个府级城市 …………………………………（122）
一、直隶宣府镇（清代为宣化府） ……………………………………（122）
二、山东登州府 …………………………………………………………（127）
三、河南南阳府 …………………………………………………………（132）

第二编　明清时期华北商业城镇的发展

第四章　各级行政中心的转化：设有税关的城市 …………………（141）
第一节　运河沿线的税关城市 ………………………………………（142）
一、临清 …………………………………………………………………（142）
二、通州（坐粮厅） ……………………………………………………（153）

  第二节 沿海税关城市 …………………………………………… (163)
    一、天津 …………………………………………………………… (163)
    二、山海关 ………………………………………………………… (186)
  第三节 内陆税关城市 …………………………………………… (197)
    一、张家口 ………………………………………………………… (198)
    二、多伦诺尔 ……………………………………………………… (214)

第五章 各级行政中心的转化：未设税关的城市 …………………… (221)
  第一节 运河沿线商业城市 ……………………………………… (221)
    一、济宁 …………………………………………………………… (222)
    二、东昌府治聊城 ………………………………………………… (229)
    三、德州 …………………………………………………………… (238)
  第二节 沿海商业城市 …………………………………………… (240)
    一、胶州 …………………………………………………………… (241)
    二、莱阳 …………………………………………………………… (246)
    三、黄县 …………………………………………………………… (247)
  第三节 内陆商业城市 …………………………………………… (248)
    一、洛阳 …………………………………………………………… (249)
    二、青州府治益都 ………………………………………………… (257)
    三、潍县 …………………………………………………………… (259)
    四、泰安 …………………………………………………………… (262)
    五、博山(颜神镇) ………………………………………………… (267)
  第四节 华北的药都 ……………………………………………… (269)
    一、祁州 …………………………………………………………… (269)
    二、怀庆府治河内 ………………………………………………… (283)
    三、禹州 …………………………………………………………… (292)

第六章 新兴商镇的崛起 …………………………………………………… (311)
  第一节 河南的新兴商镇 ………………………………………… (312)
    一、朱仙镇 ………………………………………………………… (312)

二、周口 …………………………………………………………… (323)
　　三、赊旗 …………………………………………………………… (334)
　　四、北舞渡 ………………………………………………………… (348)
　　五、清化镇 ………………………………………………………… (357)
　　六、荆紫关 ………………………………………………………… (365)
　第二节　直隶、山东的新兴商镇 …………………………………… (372)
　　一、张家湾 ………………………………………………………… (372)
　　二、河西务 ………………………………………………………… (379)
　　三、张秋镇 ………………………………………………………… (380)
　　四、烟台 …………………………………………………………… (384)
　　五、周村 …………………………………………………………… (387)

第三编　明清时期华北商业城镇的空间分布与市场层级

第七章　商业城镇的功能与特点 ……………………………………… (399)
　第一节　城墙内外：城市形态与空间变化 ………………………… (399)
　　一、城墙的修筑 …………………………………………………… (400)
　　二、商业发展对城市空间的影响 ………………………………… (402)
　第二节　人口规模及其职业构成 …………………………………… (407)
　　一、冀鲁豫三省城市人口的估算 ………………………………… (407)
　　二、城市人口的职业构成 ………………………………………… (410)
　第三节　商业城镇的功能与特点 …………………………………… (415)

第八章　商业城镇的空间分布与市场层级 …………………………… (429)
　第一节　明清两代华北商业城镇的发展脉络及其空间分布 ……… (431)
　　一、直隶的商业城镇 ……………………………………………… (433)
　　二、山东的商业城镇 ……………………………………………… (436)
　　三、河南的商业城镇 ……………………………………………… (439)
　第二节　市场层级与行政等级 ……………………………………… (441)

一、对商业规模的初步估算 …………………………………(441)
　　二、地区性商业中心的腹地范围 …………………………(443)
　　三、市场层级与行政等级——兼与施坚雅的1843年华北中心
　　　　地的等级—规模分布图进行比较 ………………………(447)
　第三节　明清时期华北商业城镇发展的历史意义 ……………(451)
　　一、华北商业城镇发展的宏观背景与空间分布变化 ………(451)
　　二、华北商业城镇发展的历史意义 …………………………(453)

主要参考文献 ……………………………………………………(459)
　一、史籍 …………………………………………………………(459)
　二、近人论著 ……………………………………………………(465)

索　引 ……………………………………………………………(478)

后　记 ……………………………………………………………(501)

Contents

Introduction ·· (1)
    I. Summaries of the Researches on Commercial Cities of Ming
        and Qing Dynasties ·· (1)
    II. Theories, Features of Sources and the Central Idea of This
        Book ··· (11)
    III. Framework of This Book ··· (14)

Part 1: Administrative Cities in North China of Ming and Qing Dynasties

**Chapter 1: The Imperial City of Ming and Qing Dynasties
and Their Commercial Development** ································· (19)
    Section I: Changes of the Geographic Layouts of the Imperial City
        of Ming and Qing Dynasties ·· (19)
        1. The Imperial City's Urban Pattern and Its Interior Space
            Division ··· (20)
        2. The Imperial City's Population and Its Spatial Structure ·········· (25)
    Section II: Commercial Streets & Markets and Its Spatial Structure ····· (30)

Section III: Chongwenmen and other Customs and Their Taxes ············ (44)
　　1. Chongwenmen Custom and Its Merchandise Sources ············ (44)
　　2. Zuoyi and Youyi Customs and Their Taxes ························ (52)
Section IV: The Imperial City's Consumption Structure and Features ··· (54)
　　1. The Imperial Palace's Consumption and Purchasing Commodities Officially ·· (54)
　　2. Luxurious Consumption Was the Market Lead ···················· (55)
　　3. The Nation's Highest Level on the Consumption of Culture ····· (56)

Chapter 2: Provincial Cities and Their Commerce ························ (59)
Section I: Kaifeng City (Capital of Henan Province) and Its Commercial Dynamics ·· (59)
　　1. Dynamics of Kaifeng City's Spatial and Population Structures During Ming and Qing Dynasties ································ (60)
　　2. Urban Commerce of Kaifeng City During Ming Dynasty ········ (66)
　　3. Dynamics of the Commerce of Kaifeng City During Qing Dynasty ·· (72)
Section II: Jinan City (Capital of Shandong Province) and Its Commercial Features ·· (80)
　　1. Jinan City's Spatial and Population Structures and Its Commercial Development During Ming and Qing Dynasties ···· (80)
　　2. Commercial Features Discovered Based on the Studies of the "Inscription of Re-building Shanxi and Shaanxi Commercial Guild." ·· (86)
Section III: Baoding City and Its Commercial Development of Ming and Qing Dynasties ·· (93)
　　1. Changes of Baoding City's Administrative Status and Its Population Growth During Ming and Qing Dynasties ············ (93)

2. Dynamics of Baoding City's Commercial Development during
   Ming and Qing Dynasties ··· (98)

Chapter 3: Urban Prefectures and Their Commerce Overview ··········· (101)
   Section I: Building Prefectures in Ming and Qing Dynasties············ (101)
   Section II: Influences Towards Urban Spatial Structure Caused by
              Ming Dynasty's Feudal Princes Governing Local and Qing
              Dynasty's Eight Banners Guarding System ················ (105)
   Section III: Streets Layouts of Prefectures and Their Commercial
              Overview ·· (112)
   Section IV: Several Prefectures with Their Own Features ·············· (122)
      1. Xuanfu Town (Later became Prefecture Xuanhua in Qing
         Dynasty) of Zhili Province ··· (122)
      2. Prefecture Dengzhou of Shandong Province···················· (127)
      3. Prefecture Nanyang of Henan Province ·························· (132)

Part 2: Development of Commercial Cities of North China during Ming and Qing Dynasties

**Chapter 4: Conversion from Administrative to Commercial—Cites
            with Customs** ··· (141)
   Section I: Cities with Customs along the Grand Canal ················ (142)
      1. Linqing··· (142)
      2. Tongzhou (Zuoliangting) ··· (153)
   Section II: Cities with Customs along the Coast ······················· (163)
      1. Tianjin·· (163)
      2. Shanhai Pass ··· (186)
   Section III: Cities with Customs of the Inland Area ···················· (197)
      1. Zhangjiakou ··· (198)

2. Dolon Nor ·· (214)

Chapter 5: Conversion from Administrative to Commercial—Cities without Custom Houses ·· (221)

Section I: Commercial Cities along the Grand Canal ···················· (221)

    1. Jining ·· (222)

    2. Liaocheng, Capital of Prefecture Dongchang ················ (229)

    3. Dezhou ··· (238)

Section II: Commercial Cities along the Coast ··························· (240)

    1. Jiaozhou ·· (241)

    2. Laiyang ··· (246)

    3. Huangxian ··· (247)

Section III: Commercial Cities of the Inland Area ······················· (248)

    1. Luoyang ·· (249)

    2. Yidu, Capital of Prefecture Qingzhou ··························· (257)

    3. Huaixian ·· (259)

    4. Taian ·· (262)

    5. Boshan (Yanshen Township) ······································ (267)

Section IV: Traditional Chinese Medicine Cities in North China ······· (269)

    1. Qizhou ·· (269)

    2. Henei, Capital of Prefecture Huaiqing ·························· (283)

    3. Yuzhou ··· (292)

Chapter 6: The Rise of the New Commercial Towns ·················· (311)

Section I: The New Commercial Towns of Henan Province ············ (312)

    1. Zhuxianzhen ·· (312)

    2. Zhoukou ··· (323)

    3. Sheqi ·· (334)

    4. Beiwudu ·· (348)

    5. Qinghuazhen ·· (357)

6. Jingziguan ··· (365)

Section II: New Commercial Towns of Zhili and Shandong Provinces ··· (372)

1. Zhangjiawan ··· (372)

2. Hexiwu ·· (379)

3. Zhangqiuzhen ·· (380)

4. Yantai ··· (384)

5. Zhoucun ··· (387)

Part 3: Geographic Structure and Market Hierarchy of Commercial Cities of the Ming and Qing Dynasties

Chapter 7: Functions and Features of Commercial Cities ················ (399)

Section I: Inside and Outside of the City Wall: City Structure
and Spatial Dynamics ······································· (399)

1. Building City Walls ··· (400)

2. Impacts on Urban Space by Commercial Development ·········· (402)

Section II: The Scale of Population and Its Occupation Composition ··· (407)

1. An Estimation of Population of Zhili, Shandong and Henan
Provinces ·· (407)

2. Occupation Composition of Urban Population ················ (410)

Section 3: Functions and Features of Commercial Cities ················ (415)

Chapter 8: Geographic Structure and Market Hierarchy of Commercial Cities ·· (429)

Section I: The Developmental Paths and Spatial Dynamics of
Commercial Cities of North China during Ming
and Qing Dynasties ··· (431)

1. Commercial Cities of Zhili Province ························· (433)

2. Commercial Cities of Shandong Province ···················· (436)

3. Commercial Cities of Henan Province ⋯⋯⋯⋯⋯⋯⋯⋯ (439)
Section II: Market Hierarchy and Administrative Levels ⋯⋯⋯⋯⋯⋯ (441)
   1. Preliminary Estimation of the Commercial Scope ⋯⋯⋯⋯⋯ (441)
   2. Geographic Coverage of Regional Commercial Centers ⋯⋯⋯⋯ (443)
   3. Market Hierarchy and Administrative Levels—A comparison
     with Dr. George William Skinner's Chart regarding the
     Hierarchy and Scope of North China's Central Area in 1843⋯⋯ (447)
Section III: Historical Significance of the Development of the
     Commercial Cities in North China during Ming
     and Qing Dynasties ⋯⋯⋯⋯⋯⋯⋯⋯⋯⋯⋯⋯⋯⋯⋯⋯⋯ (451)
   1. The Macroscopic Background and the Spatial Changes of the
     Development of Commercial Cities of North China ⋯⋯⋯⋯⋯ (451)
   2. Historical Significance of the Development of Commercial Cities
     in North China ⋯⋯⋯⋯⋯⋯⋯⋯⋯⋯⋯⋯⋯⋯⋯⋯⋯⋯⋯⋯ (453)

Major References ⋯⋯⋯⋯⋯⋯⋯⋯⋯⋯⋯⋯⋯⋯⋯⋯⋯⋯⋯⋯⋯ (459)
   I. Historical Records ⋯⋯⋯⋯⋯⋯⋯⋯⋯⋯⋯⋯⋯⋯⋯⋯⋯⋯⋯ (459)
   II. Recent Publications of Studies ⋯⋯⋯⋯⋯⋯⋯⋯⋯⋯⋯⋯⋯ (465)

Index ⋯⋯⋯⋯⋯⋯⋯⋯⋯⋯⋯⋯⋯⋯⋯⋯⋯⋯⋯⋯⋯⋯⋯⋯⋯⋯⋯ (478)

Afterword ⋯⋯⋯⋯⋯⋯⋯⋯⋯⋯⋯⋯⋯⋯⋯⋯⋯⋯⋯⋯⋯⋯⋯⋯ (501)

表 目 录

表 1-1　明代京师五城三十六坊名称一览表……………………(22)
表 1-2　清代部分王府位置及其所属旗分对照表………………(27)
表 1-3　明代京城军卫人口数量及其所占比例统计……………(28)
表 1-4　清代京城八旗人口数量及其所占比例的变化…………(29)
表 1-5　咸丰元年内城八旗住户、铺户统计……………………(30)
表 1-6　万历年间京师五城铺户及税银统计(一)………………(34)
表 1-7　万历年间京师五城铺户及税银统计(二)………………(35)
表 1-8　清代京城部分工商业会馆、公所一览表………………(39)
表 1-9　明代后期八大钞关税收一览表 …………………………(45)
表 1-10　乾隆至道光年间崇文门税关实征税额的十年平均统计…(48)
表 1-11　嘉道年间左翼、右翼二关实征税额的十年平均统计……(52)
表 2-1　咸丰年间开封城市人口统计 ……………………………(64)
表 2-2　明代开封商业行业、店铺示例 …………………………(68)
表 2-3　明代开封城隍庙会贸易商品一览表……………………(70)
表 2-4　明清两代开封各类商业店铺的分布地点及其变化……(73)
表 2-5　道光年间开封山陕会馆重修牌坊捐款商号分类统计…(77)
表 2-6　同治初年开封山陕会馆重修后道院捐款商号分类统计…(78)
表 2-7　乾隆中叶济南城乡人口统计 ……………………………(83)
表 2-8　济南重修山陕会馆的官、商捐款统计…………………(88)

表 2-9　济南山陕会馆捐款商人的行业统计……………………(89)
表 2-10　济南山陕会馆 11 家首饰业店铺的捐款统计……………(89)
表 2-11　济南山陕会馆 24 家金融字号的捐款统计………………(90)
表 2-12　济南山陕会馆 21 家药业字号及其捐款统计……………(92)
表 2-13　同治年间保定城乡人口统计………………………………(97)
表 3-1　明代冀鲁豫三省府城沿革、修建和规模简表……………(103)
表 3-2　清代新增各府城沿革、修建和规模简表…………………(104)
表 3-3　洪武年间冀鲁豫三省的藩王封地及其就藩时间简表……(105)
表 3-4　永乐以降河南、山东二省藩王封地及其就藩时间简表…(106)
表 3-5　万历年间兖州府属各州县征收商税"课程"一览表……(119)
表 3-6　万历、乾隆年间莱州府属各州县商税一览表……………(120)
表 3-7　乾隆年间河南府属各县征收商税一览表(不含房地税)…(121)
表 3-8　乾隆年间怀庆府属各县征收商税一览表…………………(121)
表 3-9　嘉靖年间宣府镇商业行业、税银一览表…………………(125)
表 3-10　明代南阳府城主要衙署修建简表…………………………(133)
表 4-1　明代临清城内主要店铺及其分布状况……………………(146)
表 4-2　乾隆至道光年间临清户、工二关实征关税统计…………(149)
表 4-3　乾隆年间临清户关征收粮食税银及其所占比重统计……(151)
表 4-4　嘉道年间坐粮厅税关实征税银示例………………………(156)
表 4-5　清代通州所建会馆情况一览表……………………………(158)
表 4-6　乾隆四年通州创建晋翼会馆捐款统计……………………(160)
表 4-7　道光十七年新建布业公所集资统计………………………(161)
表 4-8　明代天津设置武职、文职衙署时间表……………………(166)
表 4-9　道光年间天津城厢人口的分区统计………………………(168)
表 4-10　道光年间天津城市居民的职业构成统计…………………(171)
表 4-11　雍正九年 53 只抵津海船运载商品示例…………………(172)
表 4-12　清代各地客商在天津建立的会馆公所一览表……………(174)
表 4-13　道光年间天津山西会馆修建春秋楼的捐款统计…………(180)
表 4-14　乾隆至道光年间天津关实征税额的十年平均统计………(183)

表4-15	嘉道年间天津关税、海税收入及其占比统计	(185)
表4-16	嘉道年间天津关税中沿海贸易税收及其占比统计	(186)
表4-17	乾隆后期山海关实征税银示例	(191)
表4-18	嘉道年间山海关实征税银的十年平均统计	(192)
表4-19	嘉庆二、三两年山海关海、旱各口征收税银统计	(194)
表4-20	嘉庆二、三两年山海关主要税口征收税银统计	(195)
表4-21	嘉庆初年张家口重修市台关帝庙的捐款统计	(204)
表4-22	嘉庆初年张家口21家商号在恰克图开设的店铺及其贸易规模示例	(205)
表4-23	道光三年张家口重修山神庙乐楼的直接捐款统计	(207)
表4-24	清代中叶晋商在张家口开设的账局示例	(209)
表4-25	乾隆中叶和嘉庆初年张家口税关实征税银示例	(211)
表4-26	嘉庆十一至二十年分张家口税关实征税银示例	(212)
表4-27	嘉道年间张家口税关实征关税的十年平均统计	(213)
表4-28	光绪年间张家口关税缺额示例	(214)
表4-29	多伦诺尔户、工二关关税定额	(218)
表5-1	明清两代济宁城、厢各区街巷对照表	(227)
表5-2	清代中叶济宁城、厢各区户数统计	(228)
表5-3	聊城山陕会馆创建、重修工程及其集资状况简表	(233)
表5-4	乾隆至道光年间聊城山陕商号的抽厘金额及其经营额折算	(235)
表5-5	嘉道年间聊城年经营额万两以上的商号名称一览表	(236)
表5-6	乾隆年间胶州与南方各省沿海贸易示例	(243)
表5-7	乾隆前期江海关实征豆税银统计	(245)
表5-8	乾隆年间洛阳创建潞泽会馆捐款商人的行业统计	(253)
表5-9	捐银1000两以上的8家绸布商及其经营额折算	(253)
表5-10	嘉道年间洛阳重修山陕会馆捐款商号的分类统计	(254)
表5-11	万历、乾隆年间莱州府属各州县商税税额一览表	(260)
表5-12	万历年间泰安商税的分类统计	(264)

表 5-13　泰安山西会馆创建、重修工程及其集资状况简表 ……… (265)
表 5-14　同光年间祁州重修药王庙的商人捐款统计 …………… (274)
表 5-15　同光年间祁州重修药王庙客帮商人捐款的逐年统计 …… (275)
表 5-16　同光年间祁州重修药王庙各地药材商帮的捐款统计 …… (276)
表 5-17　京通卫帮中的参局参店及其捐款一览表 ………………… (277)
表 5-18　武安帮成立之时39家首事的捐款统计 ………………… (279)
表 5-19　"邻封州县字号、人名捐施银钱"涉及地域范围
　　　　一览表 ……………………………………………………… (281)
表 5-20　同光年间重修药王庙祁州本地各行业的捐款统计 ……… (282)
表 5-21　清代前期怀庆府属各县商税变化一览表 ………………… (286)
表 5-22　晋城怀庆会馆10家油业字号抽捐钱款及其销售油斤
　　　　折算 ……………………………………………………… (288)
表 5-23　道光十九年《创建三皇阁碑记》所镌捐款统计 ………… (290)
表 5-24　怀庆府药业行店所收众字号"公捐银"统计 …………… (291)
表 5-25　同光之际怀帮药商在祁州药王庙集资中捐款最多的
　　　　10家商号示例 …………………………………………… (292)
表 5-26　嘉庆初年禹州山西会馆集资中首事、社首的捐款统计 … (295)
表 5-27　道光初年禹州重修山西会馆的10家首事及其捐款
　　　　统计 ……………………………………………………… (297)
表 5-28　道光初年禹州重修山西会馆集资的分类统计 …………… (297)
表 5-29　同治年间余庆堂号在河南的部分购布地点及其运至
　　　　禹州的脚价 ……………………………………………… (302)
表 5-30　乾隆二十九年《重兴清明盛会碑记》所镌洪山庙药商
　　　　来源分布统计 …………………………………………… (306)
表 5-31　光绪年间禹州修建十三帮会馆的部分捐款统计 ………… (309)
表 6-1　乾隆年间朱仙镇重修山陕会馆捐款商号的行业分布
　　　　统计 ……………………………………………………… (317)
表 6-2　乾隆年间板烟商号移建戏楼的抽厘金额及其经营额
　　　　折算 ……………………………………………………… (319)

表 6-3	乾隆年间朱仙镇重修山陕会馆捐款商号的地域分布统计	(320)
表 6-4	周口山陕会馆建筑年表	(327)
表 6-5	嘉道年间周口三次重修山陕会馆的集资金额及其经营规模折算	(329)
表 6-6	道光年间周口山陕会馆各行抽厘金额及其经营额折算	(330)
表 6-7	道光年间周口山陕会馆行商抽厘及其经营规模的分类统计	(331)
表 6-8	道光年间周口山陕会馆经营额超过万两的大商号示例	(332)
表 6-9	道光年间周口山陕会馆坐贾捐款的分类统计	(332)
表 6-10	道光年间山西"天义正记""茂盛德记"商号从南方输入的商品及其购销地点	(339)
表 6-11	道光年间"茂盛德记"商号从赊旗向南方输出的商品及其购销地点	(340)
表 6-12	同光年间赊旗重修山陕会馆抽厘商号的分类统计	(345)
表 6-13	抽厘金额超过 500 两的 31 家商号及其经营额折算	(345)
表 6-14	道光初年北舞渡陆陈行倡建牌坊的募捐统计	(350)
表 6-15	同治初年北舞渡重修山陕会馆周边城镇捐款商号的分布统计	(356)
表 6-16	咸丰初年北舞渡修建老君庙周边城镇捐款商号的分布统计	(356)
表 6-17	隆庆五年《创建金龙大王神祠记》所镌捐款商人的地域分布简表	(360)
表 6-18	嘉庆初年清化镇重修火神庙集资的分类统计	(362)
表 6-19	嘉庆初年清化镇重修火神庙集资中抽捐超过 100 两的花炮商人及其纸张贸易额折算	(362)
表 6-20	咸同之际清化重修镇城的经费来源统计	(364)
表 6-21	咸同之际清化修筑镇城捐款 100 千以上的 35 家商号示例	(365)

表 6-22	清末陕西商州经由荆紫关转运的主要商品	(366)
表 6-23	张家湾牙行、牙税一览表	(374)
表 6-24	通州牙行、牙税一览表	(375)
表 6-25	乾隆四十年张家湾重修山西会馆的捐款统计	(378)
表 6-26	咸丰九年山东沿海 14 州县海口征收税银一览表	(386)
表 6-27	道光四年周村重修关帝庙捐款 100 千文以上的商行商号一览表	(389)
表 6-28	道光四年周村重修关帝庙参与集资的主要行业的捐款统计	(390)
表 7-1	兖州府城滋阳居民职业构成统计	(413)
表 7-2	临清居民职业构成举要	(414)
表 7-3	滋阳县御桥西大街商铺、住户状况简表	(416)
表 7-4	滋阳县府门西大街商铺、住户状况简表	(417)
表 7-5	道光初年北舞渡 8 家行店的募款统计	(423)
表 7-6	同治三年《重筑清化镇城记》所镌粮坊及其客商捐款统计	(424)
表 8-1	嘉道年间直隶、山东各关关税定额及实征税额简表	(442)

Table Directory

Table 1-1   Name Lists of the Thirty-six Lanes within the Five Boroughs of the Capital City in Ming Dynasty ···················· (22)

Table 1-2   Locations of Some Princes' Mansions and Their Status within the Eight Banners System in the Qing Dynasty ············· (27)

Table 1-3   Statistics of Military Population and Its Scale inside the Capital City of Ming Dynasty ························· (28)

Table1-4   Population and Changes of Its Scale of Eight Banners inside the Capital City of Qing Dynasty ···················· (29)

Table 1-5   Statistics of Residents and Merchants of Eight Banners within the Inner City by the 1st Year of Xianfeng ············ (30)

Table 1-6   Statistics of Merchants, Businesses and Their Taxes within the Five Boroughs of the Capital City during the Years of Wanli (by geo-spatial and class)································ (34)

Table 1-7   Statistics of Every Merchants, Businesses and Their Taxes within the Five Boroughs of the Capital City during the Years of Wanli (by Fang)······································ (35)

Table 1-8   A List of Some Commercial Guilds and Guild Halls in the Capital City of Qing Dynasty······················· (39)

Table 1-9	A List of Taxes for the Eight Major Customs in the Late Ming Dynasty ·· (45)
Table 1-10	The Average Statistics for a Decade's Actual Customed Taxes from Chongwenmen Custom from the Years of Qianlong to the years of Daoguang ·············· (48)
Table 1-11	The Average Statistics for a Decade's Actual Customed Taxes from the Left-Wing and Right-Wing Customs during the Years of Jiaqing and Daoguang ············ (52)
Table 2-1	Kaifeng City's Population Statistics during Xianfeng Period ·· (64)
Table 2-2	Examples of Commercial Industries and Shops of Kaifeng in Ming Dynasty ·· (68)
Table 2-3	List of Trade Commodities of Kaifeng's City God Temple Fair in Ming Dynasty ·· (70)
Table 2-4	Distribution Range and Its Changes of Various Commercial Businesses of Kaifeng in Ming and Qing Dynasties ·········· (73)
Table 2-5	Classification and Statistics of Businesses as Donors for Rebuilding Memorial Archway of Shanshaan Guild Hall in Kaifeng during Daoguang Period ···················· (77)
Table 2-6	Classification and Statistics of Businesses as Donors for the Reconstruction of Shanshaan Guild Gall's back Daoyuan of Kaifeng in the Early Years of Tongzhi ···················· (78)
Table 2-7	Population Statistics of Jinan's City and Township in the Middle Period of Qianlong ·································· (83)
Table 2-8	Statistics of Donations from Officials and Businessmen in Rebuilding Shanshaan Guild Hall in Jinan ············ (88)
Table 2-9	Industry Statistics of Businessmen that Donated for Jinan Shanshaan Guild Hall ·· (89)

Table 2-10	Donation Statistics of 11 Jewelry Stores in Jinan Shanshaan Guild Hall	(89)
Table 2-11	Donation Statistics of 24 Financial Businesses in Jinan Shanshaan Guild Hall	(90)
Table 2-12	Donation Statistics of 21 Pharmacies in Jinan Shanshaan Guild Hall	(92)
Table 2-13	Urban and Rural Population Statistics of Baoding City during the Tongzhi Period	(97)
Table 3-1	The Brief Table of Evolution, Construction and the Scale of the Prefecture Cities in Hebei, Shandong and Henan Provinces During Ming Dynasty	(103)
Table 3-2	The Brief Table of Evolution, Construction and Scale of Newly Added Prefecture Cities in Qing Dynasty	(104)
Table 3-3	The Brief Table of the Princes' Fiefdoms and Their EnterTime in Hebei, Shandong and Henan Provinces during the Hongwu Period	(105)
Table 3-4	The Brief Table of the Princes' Fiefdoms and The Start Time for Them Moving Into These Fiefdoms in Henan and Shandong Provinces since Yongle Period	(106)
Table 3-5	The List of "the Plan for Taxes" for Taxing Businesses within the Various Cities and Counties under Yanzhou Prefecture during Wanli Period	(119)
Table 3-6	List of Business Taxes of the Various Cities and Towns under Laizhou Prefecture During Wanli and Qianlong Period	(120)
Table 3-7	The List of Business Taxes Collected by Counties under Henan Province during Qianlong Period (excluding Housing Tax)	(121)

Table 3-8	The List of Business Taxes Collected by the Various Counties Huaiqing Prefectures in Qianlong Period	(121)
Table 3-9	List of Commercial Industries, Tax Silver in Xuanfu Town during Jiajing Period	(125)
Table 3-10	The Brief List of the Construction of the Major Government Offices of Nanyang Prefecture During Ming Dynasty	(133)
Table 4-1	The Major Shops and Their Distribution within Linqing City in Ming Dynasty	(146)
Table 4-2	Statistics of Customs Duties Levied by Linqing Hu Guan and Gong Guan from Qianlong to Daoguang	(149)
Table 4-3	Example of Grain tax's Silver and Its Proportion Collected by Linqing Hu Guan in Qianlong Period	(151)
Table 4-4	Example of Tax Collection in Zuoliangting during Jiaqing to Daoguang Period	(156)
Table 4-5	List of Guild Hall of Tongzhou in Qing Dynasty	(158)
Table 4-6	Donation Statistics of Jinyi Guild Hall Established in Tongzhou in the 4th Year of Qianlong	(160)
Table 4-7	Statistics on Fund-raising of Newly-built Cloth Industry Office in the 17th Year of Daoguang	(161)
Table 4-8	Timetable of Setting up Military Office and Civil Office of Tianjin in Ming Dynasty	(166)
Table 4-9	Division Statistics of Tianjin's Chengxiang Population during Daoguang Years	(168)
Table 4-10	Occupational Statistics of Tianjin Urban Residents during Daoguang Period	(171)
Table 4-11	Example of Fifty-three Ships Arriving in Tianjin to Carry Goods in the 9th Year of Yongzheng	(172)

Table 4-12	List of Guild Halls Established in Tianjin by Merchants in the Qing Dynasty	(174)
Table 4-13	Donation Statistics of Chunqiu Building Built by Shanxi Guild Hall in Tianjin during Daoguang Period	(180)
Table 4-14	Ten-year Average Statistics of Tianjin Customs Duties during Qianlong to Daoguang Period	(183)
Table 4-15	Statistics of Tianjin Customs and Marine Tax Revenue and Their Proportion during Jiaqing to Daoguang Period	(185)
Table 4-16	Statistics of Coastal Trade Tax and Its Proportion in Tianjin Customs during Jiaqing to Daoguang Period	(186)
Table 4-17	The Example of Collecting Tax Silver of Shanhaiguan in the Late Qianlong Period	(191)
Table 4-18	The Average Statistics for a Decade's Actual Customed Taxes from Shanhaiguan Custom from the Years of Jiaqing to Daoguang	(192)
Table 4-19	Statistics of Tax Silver Collected in Shanhaiguan's Marine and Land Ports in the 2th and 3th Year of Jiaqing	(194)
Table 4-20	Statistics on the Collection of Tax Silver at the Main Tax Ports of Shanhaiguan in the 2th and 3th Year of Jiaqing	(195)
Table 4-21	Donation Statistics of Rebuilding Guandi Temple of Zhangjiakou in the Early Years of Jiaqing	(204)
Table 4-22	Example of Shops and Their Trade Scale in Qiaketu Owned by Zhangjiakou's 21 Businesses in the Early Years of Qing Dynasty	(205)
Table 4-23	Direct Donation Statistics of Zhangjiakou's Reconstruction of the Mountain God Temple's Music Temple in the 3th Year of Daoguang	(207)
Table 4-24	Example of the Accounting Bureau Owned by Shanxi Merchants of Zhangjiakou in the Middle of Qing Dynasty	(209)

Table 4-25	Example of Tax Collection in Zhangjiakou in the Middle of Qianlong and Early Jiaqing	(211)
Table 4-26	Example of the Actual Tax Collection in Zhangjiakou during the 11th to 12th Years of Jiaqing	(212)
Table 4-27	The Average Statistics for a Decade's Actual Customed Taxes from Zhangjiakou Custom from the Years of Jiaqing to Daoguang	(213)
Table 4-28	Example of Zhangjiakou's Tariff Vacancy during the Guangxu Period	(214)
Table 4-29	The Tariff Quota of Duolunnuoer's Hu Guan and Gong Guan	(218)
Table 5-1	The Comparison Table of Streets and Alleys of Jining City during Ming and Qing Dynasties	(227)
Table 5-2	The Statistics of Households in Jining City Area in the Middle Qing Dynasty	(228)
Table 5-3	The Brief Table of Liaocheng Shanshaan Guild Hall, Reconstruction Project and Its Fund – raising	(233)
Table 5-4	The Chou-li Amount of Shanshaan Business Establishments in Liaocheng and Their Estimated Revenue of Business from Qianlong to Daoguang Period	(235)
Table 5-5	List of Business Establishments with more than Ten Thousand Liang Volume of Liaocheng in Jiaqing and Daoguang Period	(236)
Table 5-6	Cases of the Coastal Trade between Jiaozhou and the Southern Provinces during the Qianlong Period	(243)
Table 5-7	Statistics of Actual Levied Bean Tax Silver of Jiang Customs in Early Qianlong Period	(245)
Table 5-8	Industry Statistics of Merchants Donating for Founding Luoyang Luze Guild Hall during Qianlong Period	(253)

Table 5-9	Silk Cloth Merchants Who Donated more than 1,000 Taels and Their Estimated Business Volume	(253)
Table 5-10	Classification Statistics of Business Establishments Donating for Rebuilding Shanshaan Guild Hall in Luoyang during the Jiaqing and Daoguang Period	(254)
Table 5-11	List of Commercial Taxes in Laizhou Prefecture and Counties in Wanli and Qianlong Period	(260)
Table 5-12	Classified Statistics of Business Tax in Tai'an during the Wanli Years	(264)
Table 5-13	The Brief List of the Fundraising Status of the Creation, Rebuilding of Tai'an Shanxi Guild Hall	(265)
Table 5-14	Businessmen's Donations Statistics for the Rebuilding of Yaowang Temple in Qizhou during Tongzhi to Guangxu Period	(274)
Table 5-15	Yearly Statistics on Donations Made by Travelling Merchants for Rebuilding Qizhou Yaowang Temple during Tongzhi to Guangxu Period	(275)
Table 5-16	Donation Statistics for the Rebuilding of Yaowang Temple from Medicine Business Group during Tongzhi to Guangxu Period	(276)
Table 5-17	The List of Beijing-Tongzhou-Tianjin Merchants' Groups Ginsen Bureaus &Shops and Their Donations	(277)
Table 5-18	Statistics of Donations by the 39 Heads of the Wu-an Merchant Group when It was Founded	(279)
Table 5-19	List of Geographical Areas of "Donations made by Merchants, Businesses and Individuals from the Surrounding Counties and Cities"	(281)
Table 5-20	Donation Statistics of Various Industries in Qizhou for Rebuilding Yaowang Temple during Tongzhi to Guangxu	

	Period ···	(282)
Table 5-21	List of Commercial Taxes Changes in the Counties under the Huaiqing Prefecture in the Early Qing Dynasty ········	(286)
Table 5-22	Donations and Estimated Oil Sale of Ten Oil Industries In Jincheng's Huai Qing Guild Hall ····························	(288)
Table 5-23	Statistics of Donations Engraved on the Inscription of "The Creation of the Three Emperors Pavilion" in the 19th Year of Daoguang ··	(290)
Table 5-24	Statistics of "Donations as a Whole" by Various Businesses to Medical Business in Huaiqing Prefecture ···	(291)
Table 5-25	Case of the Top 10 Huaibang Medical Merchants Donating Most in the Fund Raising for Qizhou Yaowang Temple during the Turn of Tongzhi and Guangxu Period ············	(292)
Table 5-26	Statistics of Donations Made by the Leading Merchants of the Yuzhou Shanxi Guild Hall Fundraising and the Participating Business Association Heads in Early Jiaqing Period ···	(295)
Table 5-27	Statistics of the 10 Heads of Business Establishments for Yuzhou Rebuilding Shanxi Guild Hall in Early Daoguang Dynasty and Their Donations ··	(297)
Table 5-28	Classified Statistics of Fundraising for Yuzhou Rebuilding Shanxi Guild Hall in the Early Years of Daoguang Period··	(297)
Table 5-29	Some Cloth Purchase Area and Travel Fee of Yu Qingtang in the Tongzhi Period ··	(302)
Table 5-30	Distribution Statistics of Hongshan Temple Medical Merchants Engraved in the Inscription of "Revive the Splendid Gatherings of Qingming Festival" in the 29th Year of Qianlong ··	(306)

Table 5-31　Statistics of Partial Donations for the Thirteen-Group Guild Hall Construction in Yuzhou during the Guangxu Period ……………………………………………… (309)

Table 6-1　Industry Distribution Statistics of the Donated Businesses in the Zhuxian Town for Rebuilding Shanshaan Guild Hall during Qianlong Period ……………………………… (317)

Table 6-2　The Chou-li Amount for Relocating a Theater made by Banyan Merchants and Their Estimated Business Revenue in Qianlong Period ……………………………… (319)

Table 6-3　Geographical Distribution Statistics of Business Establishments Donating to Rebuild the Zhuxian Town Shanshaan Guild Hall in the Qianlong Period ……… (320)

Table 6-4　The Architectural Chronology of Zhoukou Shan-shaan Guild Hall ……………………………………………… (327)

Table 6-5　The amount of Three Fundraising for Rebuilding Shanshaan Guild Hall and the Estimated Business Revenue of Participating Business Establishments during Jiaqing to Daoguang Period ………………………… (329)

Table 6-6　The Chou-li Amount made by Every Industry of Zhoukou Shanshaan Guild Hall and the Estimated Business Revenue ……………………………………… (330)

Table 6-7　Distribution Statistics of Zhoukou Shanshaan Guild Hall chou-li amount from travelling merchants and the business Volume in Daoguang Period ………………………… (331)

Table 6-8　Case of Business Giant with More Than Ten Thousand Tales Volume in Zhoukou Shanshaan Guild Hall in Daoguang Period ……………………………………… (332)

Table 6-9　Classification Statistics of Shopkeepers Donating to Zhoukou Shanshaan Guild Hall in Daoguang Period ……… (332)

Table 6-10 The Goods Brought from the South and The Locations of the Buy and Sell Transactions by Tianyizheng Business and Maoshengde Business in Shanxi during Daoguang Period ········ (339)

Table 6-11 Goods from She-qi Exporting to the South and Their Purchase and Sale by Maoshengde Business during Daoguang Period ········ (340)

Table 6-12 Classification Statistics of Business Establishments Participating in Chou-li for Rebuilding Shanshaan Guild Hall in She-qi during Tongzhi to Guangxu Period ········ (345)

Table 6-13 The Thirty-one Business Establishments with More Than 500 Tales Chou-li Amount and Their Estimated Business Revenue ········ (345)

Table 6-14 Statistics of Donations Made by Beiwudu Luchen Industry for the Proposal to Build an Archway during Early Daoguang Period ········ (350)

Table 6-15 Distribution Statistics of Business Establishments from Towns around Beiwudu Donating to Rebuild Shanshaan Guild Hall during Early Tongzhi Period ········ (356)

Table 6-16 Distribution Statistics of Business Establishments from Towns around Beiwudu Donating to Build Laojun Temple during Early Xianfeng Period ········ (356)

Table 6-17 Geographical Statistics of Donating Business Establishments Engraved in the Inscription of "Creation of Gold Dragon King's Temple" in the 5th Year of Longqing ········ (360)

Table 6-18 Classified Statistics of Fundraising for Rebuilding Fire God Temple in Qinghua Town in the Early Years of Jiaqing Period ········ (362)

Table 6-19	The Fireworks Merchants Who Donated More Than 100 Tales in the Fundraising for Rebuilding Fire God Temple in Qinghua Town and Their Estimated Paper Trade Revenue in the Early Years of Jiaqing	(362)
Table 6-20	Source Statastics of Funding for Rebuilding Qinghua Town City during Xianfeng to Tongzhi Period	(364)
Table 6-21	Example of 35 Business Establishments who Donated More Than 100 Thousand Wen for Building Town City during Xianfeng to Tongzhi Period	(365)
Table 6-22	The Major Commodities Transported Through Jingziguan in Shangzhou, Shaanxi in the Late Qing Dynasty	(366)
Table 6-23	List of the Intermediaries and Intermediary Tax in Zhangjiawan	(374)
Table 6-24	List of the Intermediaries and Intermediary Tax in Tongzhou (Beijing)	(375)
Table 6-25	Statistics of Donations for Rebuilding Shanxi Guild Hall in Zhangjiawan in the 40th Year of Qianlong	(378)
Table 6-26	List of Taxes Collected in 14 Coastal Prefectures and Counties in Shandong in the 9th Year of Xianfeng	(386)
Table 6-27	List of Business Establishments that Donated More Than 100 Thousand Wen for Rebuilding Zhoucun Guandi Temple in the 4th Year of Daoguang	(389)
Table 6-28	The Major Industries Involved in the Fund-raising for Rebuilding Zhoucun Guandi Temple in the 4th Year of Daoguang	(390)
Table 7-1	Statistics on Occupational Composition of Residents in Ziyang, the Capital City of Yanzhou	(413)

Table 7-2	The Major Conclusion of the Occupational Composition of Linqing Residents ······················ (414)
Table 7-3	The Summary Table of the Status of Shops and Households in Yuqiao West Street, Ziyang County ········ (416)
Table 7-4	The Summary of the Status of Shops and Households in Fumen West Street, Ziyang County ······················· (417)
Table 7-5	The Eight Intermediary Shops in Beiwudu and the Donations They Raised ······················ (423)
Table 7-6	Statistics of Donation Made by Grain Businesses and Their Merchants Engraved on the Inscription of "Rebuilding Qinghua Town" in the Third Year of Tongzhi ······················ (424)
Table 8-1	Summary Table of Tariff Quotas and Actual Taxes Levied by Customs in Zhili and Shandong during Jiaqing to Daoguang Period ······················ (442)

图 目 录

图 1-1　明代京城五城三十六坊分布示意图……………………(23)
图 1-2　清代京城内城八旗驻防方位示意图……………………(25)
图 1-3　元大都主要商业区分布示意图 …………………………(31)
图 1-4　明代京城主要商业区分布示意图 ………………………(32)
图 1-5　清代京城主要商业区分布示意图 ………………………(43)
图 1-6　乾隆至道光年间崇文门关税收变动趋势图……………(47)
图 2-1　明代开封城垣、城门与周王府位置示意图……………(61)
图 2-2　清代开封满城和主要衙署、街道分布示意图…………(63)
图 2-3　清代济南主要街市分布示意图 …………………………(86)
图 2-4　清代保定城四门、衙署及主要街道分布图……………(95)
图 2-5　光绪初年保定府城图 ……………………………………(100)
图 3-1　万历年间兖州府城和鲁王府位置图……………………(107)
图 3-2　明代卫辉府城内藩王府第位置图………………………(108)
图 3-3　青州驻防城八旗分布示意图……………………………(111)
图 3-4　清代开封城内之满城………………………………………(111)
图 3-5　章生道归纳的城市主干道形式示意图…………………(112)
图 3-6　明清大名府城十字街图……………………………………(114)
图 3-7　明代广平府城主要街巷图…………………………………(115)
图 3-8　明代宣府镇城街巷与谷王府位置示意图………………(123)

图 3-9　明代登州府城与备倭城位置示意图⋯⋯⋯⋯⋯⋯⋯⋯⋯（128）
图 3-10　明代南阳府城主要衙署和唐王府位置示意图⋯⋯⋯⋯（134）
图 3-11　清代南阳内城主要街道示意图⋯⋯⋯⋯⋯⋯⋯⋯⋯⋯（135）
图 3-12　清代南阳"梅花城"图⋯⋯⋯⋯⋯⋯⋯⋯⋯⋯⋯⋯⋯⋯（136）
图 4-1　明清时期临清商业街市分布示意图⋯⋯⋯⋯⋯⋯⋯⋯⋯（145）
图 4-2　乾隆至道光年间临清户、工二关实征税额的变化⋯⋯⋯（148）
图 4-3　通州新旧二城、漕仓及主要衙署位置图⋯⋯⋯⋯⋯⋯⋯（154）
图 4-4　道光年间天津城内街市图⋯⋯⋯⋯⋯⋯⋯⋯⋯⋯⋯⋯⋯（167）
图 4-5　道光年间天津北门外街市图⋯⋯⋯⋯⋯⋯⋯⋯⋯⋯⋯⋯（168）
图 4-6　乾隆至道光年间天津关实征税额的变化⋯⋯⋯⋯⋯⋯⋯（182）
图 4-7　山海关城及其东西罗城、南北翼城图⋯⋯⋯⋯⋯⋯⋯⋯（188）
图 4-8　山海关防御体系图⋯⋯⋯⋯⋯⋯⋯⋯⋯⋯⋯⋯⋯⋯⋯⋯（188）
图 5-1　明清济宁城池图⋯⋯⋯⋯⋯⋯⋯⋯⋯⋯⋯⋯⋯⋯⋯⋯⋯（223）
图 5-2　东昌府城和光岳楼位置图⋯⋯⋯⋯⋯⋯⋯⋯⋯⋯⋯⋯⋯（230）
图 5-3　聊城山陕会馆山门与钟、鼓二楼⋯⋯⋯⋯⋯⋯⋯⋯⋯⋯（231）
图 5-4　聊城山陕会馆的大殿与南、北二殿⋯⋯⋯⋯⋯⋯⋯⋯⋯（232）
图 5-5　聊城山陕会馆的碑廊⋯⋯⋯⋯⋯⋯⋯⋯⋯⋯⋯⋯⋯⋯⋯（232）
图 5-6　洛阳城池与城关的山陕会馆⋯⋯⋯⋯⋯⋯⋯⋯⋯⋯⋯⋯（251）
图 5-7　洛阳潞泽会馆山门和钟鼓楼⋯⋯⋯⋯⋯⋯⋯⋯⋯⋯⋯⋯（252）
图 5-8　明代青州府城内衡王府和衙署位置图⋯⋯⋯⋯⋯⋯⋯⋯（258）
图 5-9　祁州药王庙的山门、牌坊和铁旗杆⋯⋯⋯⋯⋯⋯⋯⋯⋯（273）
图 5-10　祁州药王庙的碑廊⋯⋯⋯⋯⋯⋯⋯⋯⋯⋯⋯⋯⋯⋯⋯（274）
图 5-11　怀庆府城池、衙署与郑王府位置图⋯⋯⋯⋯⋯⋯⋯⋯（284）
图 6-1　朱仙镇山陕会馆山门（1999年）⋯⋯⋯⋯⋯⋯⋯⋯⋯⋯（315）
图 6-2　朱仙镇山陕会馆碑铭的保存状况（1999年）⋯⋯⋯⋯⋯（315）
图 6-3　朱仙镇山陕会馆碑铭的保存状况（2012年）⋯⋯⋯⋯⋯（316）
图 6-4　清代周口南、北、西三寨示意图⋯⋯⋯⋯⋯⋯⋯⋯⋯⋯（325）
图 6-5　周口山陕会馆大殿、牌坊、碑亭和铁旗杆⋯⋯⋯⋯⋯⋯（326）
图 6-6　周口山陕会馆道光十八年碑⋯⋯⋯⋯⋯⋯⋯⋯⋯⋯⋯⋯（326）

图 6-7　清代赊旗镇街巷图 …………………………………………(334)
图 6-8　赊旗山陕会馆的大殿和大殿前所立碑铭………………………(343)
图 6-9　赊旗山陕会馆的悬鉴楼 ………………………………………(343)
图 6-10　北舞渡山陕会馆牌坊 …………………………………………(349)
图 6-11　北舞渡山陕会馆碑铭保存状况(1999年) …………………(353)
图 6-12　北舞渡山陕会馆碑铭保存状况(2011年) …………………(354)
图 6-13　荆紫关山陕会馆院内保存的碑铭(2007年) ………………(367)
图 6-14　张秋镇商业街市分布图 ………………………………………(383)
图 7-1　道光年间天津北门外和东门外商业街市图……………………(405)
图 7-2　道光年间胶州关厢街市图 ………………………………………(406)
图 8-1　明代后期冀鲁豫三省主要商业城镇的空间分布示意图………(432)
图 8-2　嘉庆年间聊城重修山陕会馆捐款客商的地域分布
　　　　示意图 ……………………………………………………………(444)
图 8-3　道光年间周村重修山陕会馆捐款客商的地域分布
　　　　示意图 ……………………………………………………………(445)
图 8-4　咸同之际清化镇铁货、杂货的转销范围示意图………………(446)
图 8-5　同光之际祁州重修药王庙捐款药商的地域分布示意图………(446)
图 8-6　咸同年间北舞渡重修山陕会馆捐款客商的地域分布
　　　　示意图 ……………………………………………………………(447)
图 8-7　清代中叶冀鲁豫三省商业城镇的空间分布与市场层级
　　　　示意图 ……………………………………………………………(448)
图 8-8　施坚雅1843年华北中心地的等级—规模分布图 ……………(449)

Figure Catalogue

FFigure 1-1　Schematic Diagram of the Distribution of Thirty-six Fang in Five Boroughs of Beijing in Ming Dynasty ……… (23)

Figure 1-2　Schematic Diagram of the Garrison Orientation of the Eight Banners in the inner City of Beijing in Qing Dynasty………………………………………………… (25)

Figure 1-3　Schematic Diagram of the Distribution of Major Business Districts in DaDu of Yuan Dynasty ………………… (31)

Figure 1-4　Schematic Diagram of the Distribution of Major Commercial Districts of Beijing in Ming Dynasty ……… (32)

Figure 1-5　Schematic Diagram of the Distribution of Major Commercial Districts of Beijing in Qing Dynasty ………… (43)

Figure 1-6　The Tax Change Trend Chart of Chongwenmen from Qianlong to Daoguang Period ……………………… (47)

Figure 2-1　Schematic Diagram of the Location of Kaifeng City Walls, Gates and Prince Zhou's Palace in Ming Dynasty ………… (61)

Figure 2-2　Schematic Diagram of the Distribution of Kaifeng's Manchu City, Main Offices and Streets in Qing Dynasty… (63)

Figure 2-3　Schematic Diagram of Distribution of the Major Streets of Jinan in Qing Dynasty……………………………… (86)

Figure 2-4	Distribution of Four Gates, Government Offices and Major Streets of Baoding City in Qing Dynasty	(95)
Figure 2-5	The Map of Baoding State City in Early Guangxu	(100)
Figure 3-1	Location Map of Yanzhou State City and Prince Lu's Palace in Wanli Period	(107)
Figure 3-2	Location Map of the Princes' Palace of Weihui State City in Ming Dynasty	(108)
Figure 3-3	Distribution of Eight Banners in Qingzhou City	(111)
Figure 3-4	The Manchu City of Kaifeng in Qing Dynasty	(111)
Figure 3-5	Schematic Diagram of Urban Major Roads form Inducted by Shengdao Zhang	(112)
Figure 3-6	The Map of Daming Prefecture City's Cross Street in Ming and Qing Dynasties	(114)
Figure 3-7	The Map of Main Streets and Lanes of Guangping Prefecture City in Ming Dynasty	(115)
Figure 3-8	Schematic Diagram of the Location of the Streets and Lanes of Xuanfu Town and Prince Gu's Palace in Ming Dynasty	(123)
Figure 3-9	Schematic Diagram of the Location of Dengzhou Prefecture City and Anti-Japanese Pirates City in Ming Dynasty	(128)
Figure 3-10	Schematic Diagram of the Major Government Offices and Prince Tang's Palace of Nanyang Prefecture City in Ming Dynasty	(134)
Figure 3-11	Schematic Diagram of the Major Streets of Nanyang's Inner City in Qing Dynasty	(135)
Figure 3-12	The Map of "Plm Blossom City" of Nanyang in Qing Dynasty	(136)
Figure 4-1	Schematic Diagram of the Distribution of Linqing	

Figure Catalogue xxxvii

	Commercial Street in Ming and Qing Dynasties	(145)
Figure 4-2	Changes in the Actual Tax Collection of the Two Customs, i.e. Linqing Hu Guan and Gong Guan, from Qianlong to Daoguang	(148)
Figure 4-3	The Location of the Old and New Cities, Caocang and the Major Offices in Tongzhou	(154)
Figure 4-4	The Market Map of Tianjin City during the Daoguang Period	(167)
Figure 4-5	The Street Market Map outside the North Gate of Tianjin during Daoguang Period	(168)
Figure 4-6	Changes of Tianjin Customs Tax Collection from Qianlong to Daoguang	(182)
Figure 4-7	The Map of Shanhaiguan City and Its East-West Luocheng and North-South Yicheng	(188)
Figure 4-8	The Map of Shanhaiguan Defense System	(188)
Figure 5-1	The Map of Jining City in Ming and Qing Dynasties	(223)
Figure 5-2	The Location of Dongchang Prefecture City and Guangyue Building	(230)
Figure 5-3	The Mountain Gate, Bell Tower and Drum Tower of Liaocheng Shanshaan Guild Hall	(231)
Figure 5-4	The Main Hall and the South and North Halls of Liaocheng Shanshaan Guild Hall	(232)
Figure 5-5	The Tablet Gallery of Liaocheng Shanshaan Guild Hall	(232)
Figure 5-6	Shanshaan Guild Hall in Luoyang City and Chengguan	(251)
Figure 5-7	The Mountain Gate, Bell Tower and Drum Tower of Luzhe Shanshaan Guild Hall in Luoyang	(252)
Figure 5-8	The Location of Prince Hen's Palace and Government Office in Qingzhou State City in Ming Dynasty	(258)
Figure 5-9	Mountain Gate, Archway and Iron Flagpole of Yaowang	

Figure 5-10　Temple in Qizhou ································· (273)
Figure 5-10　The Tablet Gallery of Yaowang Temple in Qizhou ······· (274)
Figure 5-11　The Location of Huaiqing Mansion City, Government
　　　　　　Office and Prince Zheng's Palace ························ (284)
Figure 6-1　Mountain Gate of Shanshaan Guild Hall in Zhuxian
　　　　　　Town (1999) ··· (315)
Figure 6-2　Preservation of Inscriptions of Shanshaan Guild Hall in
　　　　　　Zhuxian Town (1999) ································· (315)
Figure 6-3　Preservation of Inscriptions of Shanshaan Guild Hall in
　　　　　　Zhuxian Town (2012) ································· (316)
Figure 6-4　Schematic Diagram of Zhoukou's South, North and West
　　　　　　Villages in Qing Dynasty ······························ (325)
Figure 6-5　Hall, Archway, Tablet Pavilion and Iron Flagpole of
　　　　　　Zhoukou Shanshaan Guild Hall ························ (326)
Figure 6-6　The Eighteen Years Monument of Daoguang in Zhoukou
　　　　　　Shanshaan Guild Hall ································ (326)
Figure 6-7　Streets and Lanes Map of Sheqi Town in Qing Dynasty ···· (334)
Figure 6-8　The Main Hall and the Inscription in front of the Main
　　　　　　Hall of the Shanshaan Guild Hall in Sheqi ················ (343)
Figure 6-9　Xuanjian Tower of Shanshaan Guild Hall in Sheqi ········· (343)
Figure 6-10　Archway of Beiwudu Shanshaan Guild Hall ············· (349)
Figure 6-11　Preservation of Inscriptions in Beiwudu Shanshaan
　　　　　　Guild Hall (1999) ···································· (353)
Figure 6-12　Preservation of Inscriptions in Beiwudu Shanshaan
　　　　　　Guild Hall (2011) ···································· (354)
Figure 6-13　Inscriptions Preserved in the Courtyard of Jingziguan
　　　　　　Shanshaan Guild Hall (2007) ·························· (367)
Figure 6-14　The Scatter Diagram of Commercial Streets in Zhangqiu
　　　　　　Town ·· (383)

Figure 7-1 Commercial Streets outside North Gate and East Gate of
            Tianjin during Daoguang Period ································· (405)
Figure 7-2 The Map of Guanxiang Market in Jiaozhou during
            Daoguang Period ·· (406)
Figure 8-1 The Schematic Diagram of Spatial Distribution of the
            Major Commercial Towns in Hebei, Shandong and
            Henan Provinces in the Late Ming Dynasty ··············· (432)
Figure 8-2 The Schematic Diagram of Regional Distribution of
            Donated Merchants in Rebuilding Shanshaan Guild Hall
            in Liaocheng during Jiaqing Period ·························· (444)
Figure 8-3 The Schematic Diagram of Regional Distribution of the
            Merchants that Donated in Rebuilding Shanshaan Guild
            Hall in Zhoucun during Daoguang Period ················ (445)
Figure 8-4 The Schematic Diagram of the Resale Range of Iron
            Goods and Groceries in Qinghua Town during the
            Xianfeng to Tongzhi Period ···································· (446)
Figure 8-5 The Schematic Diagram of Regional Distribution of
            Donated Drug Dealers in Rebuilding Yaowang Temple
            in Qizhou during the Tongzhi to Guangxu Period ········· (446)
Figure 8-6 The Schematic Diagram of Regional Distribution of
            Donated Merchants in Beiwudu Rebuilding Shanshaan
            Guild Hall during the Xianfeng to Tongzhi Period ········ (447)
Figure 8-7 The Schematic Diagram of Spatial Distribution and
            Market Hierarchy of Commercial Towns in Hebei,
            Shandong and Henan Provinces in the Middle of
            Qing Dynasty ··· (448)
Figure 8-8 Grade-Scale Distribution Map of Skinner's Central Area
            of North China in 1843 ··· (449)

绪　　论

明清时期是中国传统城市发展的重大转变时期，大量商业城镇的涌现是其中最重要的特点。明清时期商业城镇的发展并非一个孤立的经济现象，它既是区域经济发展和大规模的商品流通的产物，也是全国性市场网络体系的形成过程和重要组成部分。事实上，鸦片战争后帝国主义者选择的通商口岸几乎全部都是明清时期，特别是清代前期发展起来的商业城镇。不过，明清时期商业城镇的研究尚未引起足够的关注，其研究区域主要集中于江南，华北的研究较为薄弱。我们先来对近年来的相关成果进行梳理。

一、明清时期商业城镇研究概况

中国城市史研究虽肇始于20世纪二三十年代，却是在改革开放之后随着中国城市化进程的发展而兴盛起来的。20世纪80年代中期召开的古代城市史和14个沿海开放城市史的学术会议，推动了运河、沿海以及边塞城市的研究；80年代后期城市史研究进入新的发展阶段，城市史学孕育而生[①]；经过30多年的努力，研究成果已蔚为大观。大体而言，城市史的研究视角可分为社会经济史和历史地理学两大类，下面，笔者就从这两个方面对学界30多年的主要研究成果进行简要梳理。

（一）以社会经济发展为中心的研究

城市社会经济史的研究主要侧重于城市人口增长、城市经济功能、社会

---

① 毛曦：《城市史学与中国古代城市研究》，《史学理论研究》2006年第2期。

风俗变化、新经济因素的增长及近代化过程等几个方面。20世纪80年代关于城市发展史的研究最初是从单体城市开始的。"七五"期间国家哲学社会科学规划将上海、天津、重庆、武汉四个城市的近代历史列为重点研究课题，推动了相关研究的进展；进入90年代，《近代上海城市研究》《近代重庆城市史》《近代天津城市史》《近代武汉城市史》四本大部头的近代城市研究专著相继面世①，并受到学界的高度重视。明清时期的城市研究，如张忠民《上海：从开发走向开放1368—1842》、梁淼泰《明清景德镇城市经济研究》、罗一星《明清佛山经济发展与社会变迁》、王卫平《明清时期江南城市史研究：以苏州为中心》等②，也是出版较早的代表性成果。

海外学者的研究也是推动中国城市史研究的重要因素。美国学者罗兹·墨菲《上海——现代中国的钥匙》、澳大利亚学者安东篱《说扬州：1550—1850年的一座中国城市》等都以个案见长③；罗威廉关于汉口的两部专著《汉口：一个中国城市的商业和社会(1796—1889)》《汉口：一个中国城市的冲突和社区(1796—1895)》更可说是个案研究的典范。④这批研究成果作为对"冲击—回应"模式和"传统—现代"二元论的挑战，对中国学者产生了较大影响。而对中国城市史研究影响最大的应属美国学者施坚雅。20世纪六七十年代施坚雅将"中心地理论"运用到中国历史研究中，依据自然环境特点将全国分为九大区域，将区域内部的城市中心地分为八大层级，打破了以行政等级来

---

① 张仲礼主编：《近代上海城市研究》，上海人民出版社1990年版；隗瀛涛主编：《近代重庆城市史》，四川大学出版社1991年版；罗澍伟主编：《近代天津城市史》，中国社会科学出版社1993年版；皮明庥主编：《近代武汉城市史》，中国社会科学出版社1993年版。

② 张忠民：《上海：从开发走向开放1368—1842》，云南人民出版社1990年版；梁淼泰：《明清景德镇城市经济研究》，江西人民出版社1991年版；罗一星：《明清佛山经济发展与社会变迁》，广东人民出版社1994年版；王卫平：《明清时期江南城市史研究：以苏州为中心》，人民出版社1999年版。

③ [美]罗兹·墨菲：《上海——现代中国的钥匙》，上海社会科学院历史研究所编译，上海人民出版社1986年版；[澳]安东篱：《说扬州：1550—1850年的一座中国城市》，李霞译，李恭忠校，中华书局2007年版。

④ [美]罗威廉：《汉口：一个中国城市的商业和社会(1796—1889)》(斯坦福大学出版社1984年版)、《汉口：一个中国城市的冲突和社区(1796—1895)》(斯坦福大学出版社1989年版)，中译本分别于2005和2008年由中国人民大学出版社出版。

分析城市体系的固有模式。①20世纪八九十年代中国城市史和经济史中区域研究的兴起主要受到施坚雅理论的影响。

中国学者对于商业城镇的研究大多以1840年为界分为古代和近代两部分。近代城市研究主要集中在沿海、沿江的通商口岸城市,城市化与近代化是关注的重点,也是成果最多的领域。除上述较早出版的四部专著之外,还有张仲礼主编《东南沿海城市与中国近代化》,张仲礼、熊月之、沈祖炜主编《长江沿江城市与中国近代化》,隗瀛涛主编《中国近代不同类型城市综合研究》,王守中、郭大松《近代山东城市变迁史》,曲晓范《近代东北城市的历史变迁》,张利民《华北城市经济近代化研究》等。②进入21世纪,安徽教育出版社出版了一套"长江下游城市近代化丛书",考察范围扩大到南通、无锡、安庆、常州等一批中小城市。③杨天宏、郑忠等则对非条约口岸,即自开商埠进行研究。④以戴安钢、吴松弟为首的一批学者则尝试以"港口—腹地"模式审视近代城市体系,他们的研究从点(港口城市)—线(交通与贸易路线)—面(腹地)入手,分析港口城市与其腹地之间的联系,将考察范围从通商口岸延伸到内陆腹地。⑤何一民主编《近代中国衰落城市研究》一书视角比

---

① Skinner G W, "Marketing and Social Structure in Rural China", *The Journal of Asian Studies*, Vol.24, No.1-3, 1964-1965(中译本:《中国农村的市场和社会结构》,史建云、徐秀丽译,中国社会科学出版社1998年版);Skinner G W, *The City in Late Imperial China*, Stanford: Stanford University Press, 1977(中译本:《中华帝国晚期的城市》,叶光庭等译,中华书局2000年版)。

② 张仲礼主编:《东南沿海城市与中国近代化》,上海人民出版社1996年版;张仲礼、熊月之、沈祖炜主编:《长江沿江城市与中国近代化》,上海人民出版社2002年版;隗瀛涛主编:《中国近代不同类型城市综合研究》,四川大学出版社1998年版;王守中、郭大松:《近代山东城市变迁史》,山东教育出版社2001年版;曲晓范:《近代东北城市的历史变迁》,东北师范大学出版社2001年版;张利民:《华北城市经济近代化研究》,天津社会科学院出版社2004年版。

③ 这套丛书包括虞晓波《比较与审视:"南通模式"与"无锡模式"研究》、万灵《常州的近代化道路:江南非条约口岸城市近代化的个案研究》、朱庆葆《传统城市的近代命运:清末民初安庆城市近代化研究》、周忍伟《举步维艰:皖江城市近代化研究》等。

④ 杨天宏:《口岸开放与社会变革——近代中国自开商埠研究》,中华书局2002年版;郑忠:《非条约口岸城市化道路——近代长江三角洲的典型考察》,上海辞书出版社2011年版。

⑤ 戴鞍钢:《港口·城市·腹地——上海与长江流域经济关系的历史考察(1843—1913)》,复旦大学出版社1998年版;吴松弟主编:《中国百年经济拼图:港口城市及其腹地与中国现代化》,山东画报出版社2006年版;吴松弟、樊如森、陈为忠,等:《港口—腹地与北方的经济变迁(1840—1949)》,浙江大学出版社2011年版。

较独特,从政治、经济、交通变动等方面探讨一批在近代衰落的城市,如西北的伊犁、喀什噶尔,运河沿线的临清、淮安、扬州,沿海港口厦门、福州、宁波、烟台、营口以及内陆的开封、徐州、南昌等,剖析了它们发展迟滞的原因、特点与规律。他在另一部专著《近代中国城市发展与社会变迁:1840—1949 年》一书中对近代中国城市化进程进行了宏观考察。①此外,王瑞成、行龙、张利民等就近代城市化的概念、内容、特征,以及城市化率及其分期进行了考察分析。②

与近代城市研究主要关注通商口岸城市不同,明清时期商业城镇的研究主要集中在江南地区。1964 年傅衣凌先生发表的《明清时代江南市镇经济的分析》一文是对江南市镇最早的专题研究③;20 世纪 70 年代台湾学者刘石吉的《明清时代江南地区的专业市镇》等三篇论文④,迄今仍是江南市镇研究中最具影响的成果。20 世纪 80 年代以降,相关论著不计其数。其中,樊树志、陈学文注重江南市镇的实态研究,对市镇个案和市镇网络的考察分析着力较多⑤;朱小田《江南乡镇社会的近代转型》,包伟民主编《江南市镇及其近代命运:1840—1949》,陈国灿、奚建华《浙江古代城镇史研究》⑥,台湾学者范毅军《传统市镇与区域发展——明清太湖以东地区为例,1551—1861》,以及日本学者森正夫《江南デルタ市鎮研究》、川勝守《明清江南市鎮社会

---

① 何一民主编:《近代中国衰落城市研究》,巴蜀书社 2007 年版;何一民主编:《近代中国城市发展与社会变迁:1840—1949 年》,科学出版社 2004 年版。

② 王瑞成:《中国近代城市化内容探析》,《云南学术探索》1997 年第 1 期;行龙:《近代中国城市化特征》,《清史研究》1999 年第 4 期;张利民:《略论城市化与城市史的相关性——以中国近代城市史研究为例》,《南方论丛》2006 年第 4 期;李蓓蓓、徐峰:《中国近代城市化率及分期研究》,《华东师范大学学报(哲学社会科学版)》2008 年第 3 期。

③ 傅衣凌:《明清时代江南市镇经济的分析》,《历史教学》1964 年第 5 期。

④ 这三篇论文于 1987 年辑成《明清时代江南市镇研究》一书,由中国社会科学出版社出版。

⑤ 樊树志:《明清江南市镇探微》,复旦大学出版社 1990 年版;樊树志:《江南市镇:传统的变革》,复旦大学出版社 2005 年版;陈学文:《明清时期杭嘉湖市镇研究》,群言出版社 1993 年版;陈学文:《明清时期太湖流域的商品经济与市场网络》,浙江人民出版社 2000 年版。

⑥ 朱小田:《江南乡镇社会的近代转型》,中国商业出版社 1997 年版;包伟民主编:《江南市镇及其近代命运:1840—1949》,知识出版社 1998 年版;陈国灿、奚建华:《浙江古代城镇史研究》,安徽大学出版社 2000 年版。

史研究》等对江南市镇的研究也各具特色。①

其他区域的研究，如傅崇兰《中国运河城市发展史》、黄丽生《由军事征掠到城市贸易：内蒙古归绥地区的社会经济变迁(14 世纪中至 20 世纪初)》，以及王笛对四川地区城市发展，任放对长江中游市镇经济，张萍对陕西商业城镇的分布格局和市场空间，钟文典、陈炜、黄滨对广西城镇的考察等，分别从不同角度对各区域的商业城镇进行了研究。②韩大成《明代城市研究》一书是对明代城市的综合性研究，该书将明代的城市分为政治、工商业、对外贸易与北部边塞城市四种类型，各举数例分别考察。③何一民《中国城市史》是近年出版的对中国城市发展的通论性著作，对明清两代的政治城市和工商业城市、边疆城市也各选数例进行了考察。④

(二)以城市地理空间为中心的研究

城市历史地理学的研究以都城和各级治所城市为主，城市形态和城市规划是其关注的重点。这部分研究的考察重点并非商业城市，但其特别注重城市空间形态和城市体系分析，对笔者有较大的启发和参考作用。

城市历史地理学是在中国传统都邑研究的基础上，吸收西方地理学相关理论形成的新学科，其中以侯仁之的北京城市地理研究最具开创意义，并带

---

① 范毅军：《传统市镇与区域发展——明清太湖以东地区为例，1551—1861》，联经出版公司 2005 年版；森正夫编：《江南デルタ市镇研究》，名古屋大学出版会 1992 年版；川胜守：《明清江南市镇社会史研究》，汲古书院 1999 年版。

② 傅崇兰：《中国运河城市发展史》，四川人民出版社 1985 年版；黄丽生：《由军事征掠到城市贸易：内蒙古归绥地区的社会经济变迁(14 世纪中至 20 世纪初)》，台湾师范大学历史研究所 1995 年版；王笛：《跨出封闭的世界——长江上游区域社会研究》，中华书局 2001 年版；任放：《明清长江中游市镇经济研究》，武汉大学出版社 2003 年版；张萍：《地域环境与市场空间——明清陕西区域市场的历史地理学研究》，商务印书馆 2006 年版；张萍：《区域历史商业地理学的理论与实践——明清陕西的个案考察》，三秦出版社 2014 年版；钟文典主编：《广西近代圩镇研究》，广西师范大学出版社 1998 年版；陈炜：《近代广西城镇商业网络与民族经济开发》，巴蜀书社 2008 年版；黄滨：《近代粤港客商与广西城镇经济发育：广东、香港对广西市场辐射的历史探源》，中国社会科学出版社 2005 年版。

③ 韩大成：《明代城市研究》，中国人民大学出版社 1991 年版。

④ 何一民：《中国城市史》，武汉大学出版社 2012 年版。

动了北京城市历史地理研究的持续推进。①1979年侯仁之先生发表的《城市历史地理的研究与城市规划》一文被认为是城市历史地理学形成的标志。②受侯先生影响，围绕城市历史地理的个案考察是研究重点之一，其中与明清相关的主要有李长傅《开封历史地理》、史红帅《明清时期西安城市地理研究》、李令福《古都西安城市布局及其地理基础》、牛淑贞《归绥城市地理研究(1572—1937)》等③，这些研究多以都城或政治中心城市为研究对象，是以往古都研究的新进展。通论性著作，如马正林《中国城市历史地理》，从城市选址、城市形态、空间布局、等级规模，以及城市类型、城市规划等方面阐述了城市历史地理学的考察对象；认为"城市历史地理学就是要解决城市职能、结构、规模、总体布局与地理条件之间的矛盾，及城市兴起、发展、演变的地理基础"。④李孝聪《历史城市地理》一书考察从先秦到明清城市历史地理的发展脉络和特点，并指出明代皇子出藩和清代八旗驻防是明清两代城市建筑规划中具有鲜明时代特征的变化；明代很多新建城市均采用四门十字街的规划，在十字街口置鼓楼，加强对城市中心地带的监控，显示出"专制集权意识下"城市规划建造"向传统礼制的复归"。⑤城市建筑史方面的研究则更加强调城市规划，相关论著如贺业钜《中国古代城市规划史》、董鉴泓主编《中国城市建设史》、王贵祥等《明代城市与建筑——环列分布、纲维布

---

① 侯仁之先生对北京城市历史的研究始于20世纪40年代，其《北平历史地理》一书于近年再版(外语教学与研究出版社2014年版)；侯仁之主编：《北京城市历史地理》，北京燕山出版社2000年版；侯仁之：《历史地理学的理论与实践》，上海人民出版社1979年版；侯仁之主编：《北京历史地图集》，文津出版社2013年版。

② 尹钧科、韩光辉：《侯仁之先生对北京城市历史地理研究的重大贡献》，《中国历史地理论丛》2001年第4期；侯甬坚：《历史地理学的学科特性及其若干研究动向述评》，见陕西师范大学环发中心编《历史地理学研究的新探索与新动向——庆贺朱士光教授七十华秩暨荣休论文集》，三秦出版社2008年版，第107页。

③ 李长傅：《开封历史地理》，商务印书馆1958年版；史红帅：《明清时期西安城市地理研究》，中国社会科学出版社2008年版；李令福：《古都西安城市布局及其地理基础》，人民出版社2009年版；牛淑贞：《归绥城市地理研究(1572—1937)》，黑龙江人民出版社2014年版。

④ 马正林编著：《中国城市历史地理》，山东教育出版社1998年版，第2页。

⑤ 李孝聪：《历史城市地理》，山东教育出版社2007年版，第360、384—392页。

置与制度重建》等。①

近年来，城市历史地理的研究呈现出一些新特点。

第一，区域性城市体系研究兴起，并从都城研究转向广大的地方治所城市研究。20世纪90年代已有学者提出应"跳出单个城市的研究模式，从一定地域范围考察区域城市群体的变迁及其相互关系"②。涉及明清时期的研究如：鲁西奇的两部专著分别对汉水流域内部各"亚区"中心城市的转移和分布差异，以及汉水流域30个治所城市进行考察分析③；刘景纯对清代黄土高原地区城镇的时空分布变迁及城市功能的考察涉及山西、陕西、甘肃、宁夏、内蒙古的全部或部分治所城市④；吴晓亮和乌云格日勒分别对云南洱海地区和内蒙古的城市体系进行了综合考察⑤。此类研究成果在很大程度上展现了中国古代城市发展的区域面貌。

第二，城市形态与城市空间研究范式的反思。对城市形态与城市空间的研究以往长期受到"城墙视角"和"规划情结"的影响，城墙是考察城市规模所依据的主要指标，甚至有学者说"在帝制时代，中国绝大部分城市人口集中在有城墙的城市中，无城墙的城市中心至少在某种意义上不算正统的城市"⑥。近年来已有不少学者对这一传统研究范式进行反思和突破。如成一农指出，在从宋元到明代前期长达500余年的历史中，"城市没有城墙或者城墙处于颓圮状态可能是城市城墙的常态"，"城墙是中国古代城市的标志，是一个没有经过验证并且错误的概念"；他还进一步指出以往城市形态研究存在的弊端：①综合研究大多以举例方式进行分析；②以都城研究指导地方城市研

---

① 贺业钜：《中国古代城市规划史》，中国建筑工业出版社1996年版；董鉴泓主编：《中国城市建设史》（第3版），中国建筑工业出版社2004年版；王贵祥等：《明代城市与建筑——环列分布、纲维布置与制度重建》，中国建筑工业出版社2013年版。

② 李孝聪：《历史城市地理》，第16页。

③ 鲁西奇：《区域历史地理研究：对象与方法——汉水流域的个案考察》，广西人民出版社2000年版；鲁西奇：《城墙内外：古代汉水流域城市的形态与空间结构》，中华书局2011年版。

④ 刘景纯：《清代黄土高原地区城镇地理研究》，中华书局2005年版。

⑤ 吴晓亮：《洱海区域古代城市体系研究》，云南大学出版社2004年版；乌云格日勒：《十八至二十世纪初内蒙古城镇研究》，内蒙古人民出版社2005年版。

⑥ [美]章生道：《城治的形态与结构研究》，见[美]施坚雅主编《中华帝国晚期的城市》，第84页。

究；③缺乏长时段的研究等。①鲁西奇也明确指出："城墙内的城市"是一种"并未得到切实而全面的实证性证明，是以一些直观认识与典型个案研究为基础"的观点；他在《城墙内外：古代汉水流域城市的形态与空间结构》一书中对明清时期汉水流域的 30 个治所城市逐一进行考察，指出城外街区的形成和拓展是"为适应人口增长与商品经济发展需求的趋势"②。黄敬斌《郡邑之盛：明清江南治所城市研究》，对江南六府一州（苏州、松江、常州、嘉兴、湖州、杭州六府和太仓直隶州）的所有治所城市进行"穷举"式考察，以建成区为依据对"城墙视角"进行反证；并且认为江南的治所城市中至少有 2/3 属于"有机生长"而非规划而成。③此外，张晓虹等学者关于近代上海城市空间扩展过程与城市景观变迁的研究④，则显示出新的技术手段在改变和提升城市历史地理学的问题意识和研究精度上的重要作用。

（三）华北地区的相关研究

华北地区的城市研究主要集中的北京、天津两大城市。曹子西主编《北京通史》、侯仁之主编《北京城市历史地理》、齐大芝主编《北京商业史》均属通史性著作，其中包括明清时期。⑤韩光辉《北京历史人口地理》、高寿仙《北京人口史》是两部高质量的北京人口史著作⑥；张小林、邓亦兵利用房地契约从不同角度对京城的房产市场进行了考察⑦；刘凤云从城市空间入手，对

---

① 成一农：《古代城市形态探究方法新探》，社会科学文献出版社 2009 年版，第 1—8、183—227 页。

② 鲁西奇：《城墙内外：古代汉水流域城市的形态与空间结构》，第 281—282、442 页。

③ 黄敬斌：《郡邑之盛：明清江南治所城市研究》，中华书局 2017 年版，第 247—255 页。

④ 张晓虹、牟振宇：《城市化与乡村聚落的空间过程——开埠后上海东北部地区聚落变迁》，《复旦学报（社会科学版）》2008 年第 6 期；张晓虹、孙涛：《城市空间的生产——以近代上海江湾五角场地区的城市化为例》，《地理科学》2011 年第 10 期；牟振宇：《从苇荻渔歌到东方巴黎：近代上海法租界城市化空间过程研究》，上海书店出版社 2012 年版。

⑤ 曹子西主编：《北京通史》，中国书店 1994 年版；侯仁之主编：《北京城市历史地理》，北京燕山出版社 2000 年版；齐大芝主编：《北京商业史》，人民出版社 2011 年版。

⑥ 韩光辉：《北京历史人口地理》，北京大学出版社 1996 年版；高寿仙：《北京人口史》，中国人民大学出版社 2014 年版。

⑦ 张小林：《清代北京城区房契研究》，中国社会科学出版社 2000 年版；邓亦兵：《清代前期北京房产市场研究》，天津古籍出版社 2014 年版。

17—18世纪的北京与江户进行对比①；刘小萌、赵世瑜等对京城不同群体的社会生活进行了考察②，均为高水平的创新之作。

天津的研究中，郭蕴静主编《天津古代城市发展史》和罗澍伟主编《近代天津城市史》是较早出版的两部专著③，囿于当时的条件未能利用天津关税（常关）档案资料，故对开埠之前天津商业的发展水平评价过低。近年来又有几部新著出版，张利民等《近代环渤海地区经济与社会研究》考察天津、烟台、青岛、营口、大连等通商口岸城市开埠前后的发展变化；樊如森《天津与北方经济现代化：1860—1937》着重考察了天津对其腹地的经济辐射作用。④高福美《清代沿海贸易与天津城市商业研究》一书打破了1840年的分界，对天津商业从传统到近代的发展变化过程进行了较详细的考察。⑤

关于冀鲁豫三省的城镇研究成果不多。徐纯性主编《河北城市发展史》系以当代行政区划考察各城市的历史，资料方面明显欠缺；朱亚非主编《济南通史·明清卷》侧重政治文化角度，对城市经济功能较少涉及。⑥王守中、郭大松《近代山东城市变迁史》，张利民《华北城市经济近代化研究》二书均从开埠通商与近代化角度对区域城市进行考察；朱军献《因革之变：中原区域中心城市的近代变迁》考察了开封、朱仙镇、郑州三个城镇的因革递嬗关系⑦，也属近代城市史研究。笔者对明清时期的城镇研究始于山东，在《明清时期山东商品经济的发展》一书中设有专章考察山东商业城镇的发展⑧；最近

---

① 刘凤云：《北京与江户：17—18世纪的城市空间》，中国人民大学出版社2012年版。
② 刘小萌：《清代北京旗人社会》，中国社会科学出版社2008年版；赵世瑜、周尚意：《明清北京城市社会空间结构概说》，《史学月刊》2001年第2期。
③ 郭蕴静主编：《天津古代城市发展史》，天津古籍出版社1989年版；罗澍伟主编：《近代天津城市史》，中国社会科学出版社1993年版。
④ 张利民、周俊旗、许檀，等：《近代环渤海地区经济与社会研究》，天津社会科学院出版社2003年版；樊如森：《天津与北方经济现代化：1860—1937》，东方出版中心2007年版。
⑤ 高福美：《清代沿海贸易与天津城市商业研究》，天津人民出版社2012年版。
⑥ 徐纯性主编：《河北城市发展史》，河北教育出版社1991年版；朱亚非主编：《济南通史·明清卷》，齐鲁书社2008年版。
⑦ 王守中、郭大松：《近代山东城市变迁史》，山东教育出版社2001年版；朱军献：《因革之变：中原区域中心城市的近代变迁》，山西人民出版社2013年版。
⑧ 许檀：《明清时期山东商品经济的发展》，中国社会科学出版社1998年版。

十多年来主要是利用商人会馆碑刻资料对华北的著名商镇周口、赊旗、朱仙镇、北舞渡、荆紫关、清化镇、周村等进行个案考察，着力展现这些商镇的经济规模[①]，在资料和方法上有所创新。张慧芝《天子脚下与殖民阴影：清代直隶地区的城市》和徐春燕《明清时期中原城镇发展研究》是新近出版的专门研究明清华北城市的两部专著。[②]张著对京师、承德，以及省城、府、县等政治中心城市和部分工商业城市分别进行考察，贯通有清一代进行前后比较是该书的特点之一，作者认为"天子脚下"这一特殊政治地理位置对直隶城市的近代化进程有迟滞作用。该书侧重于政治角度，对工商业城市的考察虽然列举了天津、张家口、通州、沧州、正定、邢台、祁州等，但资料方面明显不足。徐著对河南的省、府、县级城市数量和等级结构进行了系统分析，并选择了赊旗、周口、荆紫关、朱仙镇等商业城镇进行了考察，是一部较为详细的研究河南城市史的著作。不过，该书虽然设有专章对河南城镇的商业规模进行考察，但囿于传统文献资料，未能展现出这些商镇的真正规模和等级差异。

总体而言，以往关于商业城镇的研究主要集中在近代通商口岸城市，开埠之前的研究则大多集中在江南地区，华北的研究明显薄弱。在现有的分省研究中，对商业城镇的考察多属举例性质，且资料方面明显不足，很难展现出开埠之前华北商业城镇发展的全貌。本书选择明清时期的商业城镇进行系统考察，希望能够弥补华北城市研究这一薄弱部分。

[①] 许檀：《清代河南的商业重镇周口——明清时期河南商业城镇的个案考察》，《中国史研究》2003年第1期；许檀：《清代河南赊旗镇的商业——基于山陕会馆碑刻资料的考察》，《历史研究》2004年第2期；许檀：《清代河南朱仙镇的商业——以山陕会馆碑刻资料为中心的考察》，《史学月刊》2005年第6期；许檀：《清代河南的北舞渡镇——以山陕会馆碑刻资料为中心的考察》，《清史研究》2004年第1期；许檀：《清代河南西部的商业重镇荆子关——以山陕会馆碑刻资料为中心的考察》，《天津师范大学学报（社会科学版）》2009年第5期；许檀、吴志远：《明清时期豫北的商业重镇清化——以碑刻资料为中心的考察》，《史学月刊》2014年第6期；许檀：《清代山东周村镇的商业》，《史学月刊》2007年第8期。

[②] 张慧芝：《天子脚下与殖民阴影：清代直隶地区的城市》，上海三联书店2013年版；徐春燕：《明清时期中原城镇发展研究》，社会科学文献出版社2017年版。

二、本书的相关理论概念、资料特点与总体思路

商业城镇的发展是明清时期中国城市发展的重要变化与特点。其中，一部分原来的行政中心城市经济功能大幅度增长，逐渐向商业城市转化；另一方面，一些原本并非行政中心的"镇城"迅速崛起，其经济功能超过一般的府城，成为地区性的商业中心。本书对既有行政中心转化为商业城市的界定是市场辐射范围超过其行政辖区范围，对于非行政中心的"镇城"成为地区性商业中心的界定为市场辐射范围可基本涵盖或者超过其所在的府域范围。

"施坚雅理论"是改革开放以后对城市史和经济史学界影响最大的理论之一，也是对笔者启发最大的理论。就笔者管见，施坚雅教授最大的贡献是把地理学的空间概念、层级概念引入了原本缺乏空间感和立体性的历史领域，从而为我们开辟了一片新天地。不过，理论的作用在于它的宏观指导，施坚雅理论为我们提供了一种思维和分析方法，而对于中国传统城市的研究不能只停留在模型建构和等级划分上。笔者关于城市和市场研究的一系列探索，就是希望将施坚雅理论更好地运用到中国传统城市与市场的实证研究中，从而对明清时期的历史实态有更加具体翔实的了解。

在进入实证研究之后，笔者明显感觉等级划分过细实际上很难操作，特别是对全国或大区域做宏观分析时，很难将某个具体城镇在 8 个层级[①]中准确定位，故而将施坚雅的 8 个层级简化为流通枢纽城市、地区性商业中心和基层市场三大层级。所谓流通枢纽城市，是指在全国或大区域的商品流通中作为转运枢纽的城市，其贸易范围至少覆盖几个省，并多为中央一级的税关所在地；地区性商业中心，主要指在地区性商品流通中发挥承上启下作用的城镇，其贸易范围至少应能覆盖一两个府、十来个县，或者更大些；所谓基层市场，是指遍布全国的农村集市，包括"市镇"和一般的州县城在内。[②]这一划分特别注重的是各城镇在市场运行中的实际地位，而不考虑其行政建制，

---

① 施坚雅的八大层级从高到低依次为：中心都会、地区都会、地区城市、较大城市、地方城市、中心市镇、中间市镇、标准市镇，参见[美]施坚雅主编：《中华帝国晚期的城市》，第 338—340 页。

② 许檀：《明清时期城乡市场网络体系的形成及意义》，《中国社会科学》2000 年第 3 期。

这也是与施坚雅的不同之处。其中，流通枢纽城市和地方性商业中心是构成全国城乡市场网络体系的骨架，本书所涉及的商业城镇均属于这两大层级。

本书所用资料除正史、方志、文集、笔记、商书、账册等文献之外，还大量使用了税关档案和商人会馆碑刻资料。数据资料的缺乏是影响明清时期市场层级划分的主要瓶颈，施坚雅用以建构中心地等级的主要指标——近代邮政体系①，在清代中叶尚未出现。目前所见能够对明清时期的市场实态提供一些数据信息的主要有两类资料。

其一，税收资料，包括关税和地方商税。关税属中央财政，明清两代政府在全国主要流通干线设立税关，对大宗商品征收流通税（即过税）。一般来说，中央一级的税关（直接隶属户部或工部）大多设在税源最丰的地方，故税关所在多为流通枢纽城市。明代属于中央的税关数量不多，存留资料也十分有限；清代中央级的税关增至40多处，并保留有大量档案，从中可以较为具体地了解各关所征关税数额、商品来源去向及其在不同时期的变化。地方商税，是各级地方政府征收的商税，主要为落地税（即坐税），收入归地方支配。关于地方商税，目前所见档案较少，但在地方志中大多会有一些记载，其中一部分税收额远高于一般府州县城的城镇很可能是地方性商业中心。

其二，商人会馆碑刻资料。明清两代各地商帮大多会在经商地建立会馆，会馆的创建、重修都是由商人集资而成，并多镌诸贞珉，以冀永久，从而保留下一批珍贵的商业资料。其中，商人捐款部分所提供的信息是任何其他资料无法替代的，特别是会馆集资的"抽厘率"是目前所见可据以对经营规模进行折算的可信度最高的方法。笔者从20世纪90年代开始对商人会馆遗存进行调查，已涉及10来个省的几十个县（市），其中以河南、山东、山西等省着力最多。然而，如何将碑铭中的捐款部分加以利用，将其中隐含的商业信息更好地展现出来，以反映各商业城镇的不同特征，则颇费了一番思考。每一组碑刻资料所反映的商业信息各有侧重，需要的解读方式不尽相同，这也正是此类资料吸引笔者的主要原因所在。本书所呈现的就是笔者在多年的探索中逐渐积累的碑刻资料的分析方法。不过，目前仍有一部分资料没能找到

---

① ［美］施坚雅主编：《中华帝国晚期的城市》，第403—410页。

合适的使用方式,对此笔者仍在继续探索之中。

本书的总体思路如下:

首先,对明清时期冀鲁豫三省府级以上的行政中心进行系统考察梳理;之所以限定在府级以上,是因为直隶州的辖区一般只有两三个县,范围较小,故将其与散州一并处理。考察的主要内容包括:①城墙修建、明代诸王就藩、清代八旗驻防等王朝制度对城市空间结构、人口结构、经济结构的影响;②各城市的商业街市及其空间分布、商业结构、商业规模和腹地范围,以确定其经济辐射能力(腹地范围)是否达到或超出辖区范围;③对商业规模明显超出其辖区范围的城市进行重点考察,确定其在府级以上城市中所占比重,并将其在市场等级(而非行政等级)中重新定位。

其次,对州县城和县以下的"镇"进行重点筛查,选取一批商业规模和腹地范围已超出一般府城的州县城乃至"镇城",对其发展脉络、商业规模、流通范围等进行尽可能细致的量化考察,以确定其在市场等级中的位置。

最后,对行政中心和商业中心(包括从行政中心转化而来的)两类城市内部的空间结构、人口结构、经济结构及外部联系、腹地范围等进行比较,以展现这两类城市经济功能的差异。在实证的基础上,对清代中叶华北商业城镇的空间分布和市场层级进行定位,并与施坚雅"1843年各区域城市中心地的等级—规模分布"中的"华北"部分进行比较。

经济功能的增长是明清时期中国城市发展的主要特点和变化,以往传统城市研究中的主要指标——行政等级、城墙周长(或占地面积)及人口规模等都不足以反映明清时期城市发展中的这一变化和特点。本书尝试以商业税收(包括关税和地方商税)、商铺数量、经营规模、腹地范围等能够反映城市经济功能的指标进行考察,以展现商业城市与行政中心城市的差异,以及明清时期城市发展的主要特点和变化。

本书主旨在于考察开埠之前中国传统城市的发展脉络及其所达到的水平,故所谓"明清时期"大体以道光末年为界,个别内陆城镇视资料情况或延至同光之际。本书所谓"华北"指位于华北平原的冀鲁豫三省,就区域而言,这一界定并不完整。之所以未将山西包括在内,一方面,因时间所限,很难在短期内将四省较重要的城镇逐一考察完毕;另一方面,施坚雅的华北区域也未将山西包括在内,做这样的界定也便于与施坚雅的"华北"进行比较。

三、本书的框架结构

本书除"绪论"之外，分为三编，共八章。

第一编"明清时期华北的行政中心城市"，主要考察明清两代冀鲁豫三省府级以上的行政中心城市，包括国都北京，开封、济南、保定3个省城，以及26个府城。针对以往研究中的薄弱点，本书将特别着重于各城市商业布局和商业特点的考察。本编分为三章：第一章考察明清两代京城人口数量、空间分布及外城的修建；清政府的"满汉分治"政策对城市人口、商业空间的影响；并对以往研究中较少被关注的崇文门、左右翼三个税关的税收数量，以及商品来源等进行重点考察。第二章考察开封、济南、保定3个省会城市的商业结构及其特点，以及明代的诸王就藩、清代的八旗驻防对城市空间结构、人口结构、商业结构的影响。第三章对冀鲁豫三省其他20多个府级行政中心的空间结构、商业街市、商业税收等进行较系统的梳理，并对宣化、登州、南阳等3个军事色彩较强的府城进行个案考察。

第二编"明清时期华北商业城镇的发展"是本书的研究重点，共选取冀鲁豫三省30多个不同等级、不同类型的商业城镇，对其发展脉络、商业结构、商业规模、流通范围等进行个案考察，并尽可能地进行量化分析。本编也分为三章：第四、第五两章考察由行政中心城市转化而来的商业城市，并将其区分为"设有税关"和"未设税关"的两大类。其中，第四章分别考察临清、通州、天津、山海关(临榆县城)、张家口、多伦诺尔等6个设有税关的城市，对其税收数量、税收来源及商品流通的基本状况进行个案分析。第五章分别考察位于运河、沿海和内陆地区的11个商业城市，并另设专节对以药材贸易为主的5个"药都"城镇的兴衰递嬗过程进行考察。通过这两章的考察比较可以看到，设有税关的城市其税收额、商铺数量、贸易规模和范围等均远高于未设税关的城市。第六章"新兴商镇的崛起"，考察行政建制为"镇"的商城，包括河南的周口、赊旗、朱仙镇、北舞渡、荆紫关、清化镇，直隶的张家湾、河西务，山东的张秋、周村、烟台等，其中周口、赊旗的贸易规模和辐射范围已远超过一般的府级行政中心，朱仙镇和周村甚至超过省城。

第三编"明清时期华北商业城镇的空间分布与市场层级",在以上各章个案考察的基础上进行综合分析,以展现明清两代华北商业城镇的发展脉络、发展特点及其空间分布的变化;对清代中叶华北商业城镇的规模进行估算,并对其市场层级进行定位。其中,第七章从人口职业构成、商业布局和结构差异等方面对行政中心城市和商业城市进行比较,以突显商业城镇的功能与特点。第八章利用商人会馆捐款的地域分布对地区性商业中心的腹地范围进行考察,借助商人会馆集资的"抽厘率"对各商业城镇的经营规模进行估算,依据其商业规模对清代中叶华北商业城镇的市场层级进行定位。以实证为基础,对施坚雅"1843年各区域城市中心地的等级—规模分布"的"华北"部分进行修正。最后,进一步探讨明清时期商业城镇发展的历史意义。

本书对明清时期冀鲁豫三省30个府级以上的行政中心进行系统的考察梳理,从城市覆盖面上远远超过以往华北研究中的举例性考察;特别是对30多个不同等级、不同规模的商业城镇进行的重点考察,更弥补了以往研究中最薄弱的部分。通过对行政中心和商业中心两类城市的商业布局、商业结构和人口职业结构进行的比较分析,展现出商业城市与行政中心城市在经济功能上的差异。本书的考察显示,明清时期王朝制度的影响较多地体现在高等级的行政中心,以往学者关注较多的"城墙视角"和"规划"因素,以及皇子就藩、八旗驻防等政治因素,对于大量级别较低的州县城和非行政中心的"镇城"影响极为有限。另一方面,明清时期特别是清代前期随着经济发展的需要,华北的商业城镇从数量到规模都有大幅度的增长,其中一部分是原来的各级行政中心城市的转化;另一部分是原本并非行政中心的"镇城"迅速崛起,其经济功能远超过大多数府城,成为地区性的商业中心。在本书考察的30个府级以上的行政中心中,只有6个城市可以认定已基本转化为商业城市,其中天津、洛阳、聊城三者规模较大,青州、泰安、河内三者稍逊;州县一级的行政中心则有10多个实现了转化。此外,至少有8个"镇城"的商业规模已超过一般的府城,成为地区性商业中心。在本书确认的18个较高级别的商业中心中,府级以上的行政中心只有5个,占28%;属于州县一级的治所城市有8个,占44%;还有5个属于"镇城",也占28%。笔者认为,大量行政级别较低的商业城镇的崛起,反映的正是明清时期发展中的市场体系对原有的以行政等级为中心的城市体系的突破；这一突破，既是明清时期中国城市发展中的重要变化，也是中国近代化、市场化进程的重要组成部分。

第一编

明清时期华北的行政中心城市

行政中心城市是传统时代城市的主体，或者说，在传统时代的所谓城市主要即指各级行政中心城市。

本编考察明清两代冀鲁豫三省府级以上的行政中心，包括国都北京，开封、济南、保定三个省会城市，以及26个府城。针对已往研究中的薄弱点，特别着重于各城市商业布局和商业特点的考察。

本编分为三章：第一章考察明清两代京城人口数量、空间分布以及外城的修建；清政府的"满汉分治"政策对城市人口、商业空间的影响；并对以往研究中较少被关注的崇文门、左右翼三个税关的税收数量，以及商品来源等进行重点考察。第二章考察开封、济南、保定三个省会城市的商业结构及其特点，以及明代的诸王就藩、清代的八旗驻防对城市空间结构、人口结构、商业结构的影响。第三章对冀鲁豫三省其他20多个府级行政中心城市的空间结构、商业街市、商业税收等进行较系统的梳理，并对宣化、登州、南阳等三个军事色彩较强的府城进行个案考察。

第 一 章

明清两代的国都及其商业发展

关于明初京城的营建，明清两代的城市人口，以及商业街市的空间分布变化，已有很多学者进行过精详的考察，本章多有参考。[①]至于京城所设崇文门、左右翼三个税关的税收数据和档案资料，以往较少被利用，故设专节考察。

第一节 明清两代京城空间布局的变化

明初，太祖朱元璋建都南京，永乐元年（1403）成祖朱棣即位，于十九年迁都北京。明代的北京城是在元大都的基础上营建的，从明初至永乐十八年改建内城，嘉靖年间增筑外城，最终形成凸字形的外部轮廓，并形成宫城、

---

① 笔者引用的相关论著主要有侯仁之主编：《北京城市历史地理》，北京燕山出版社2000年版；李孝聪：《历史城市地理》，山东教育出版社2007年版；马正林编著：《中国城市历史地理》，山东教育出版社1998年版；韩光辉：《北京历史人口地理》，北京大学出版社1996年版；高寿仙：《北京人口史》，中国人民大学出版社2014年版；齐大芝主编：《北京商业史》，人民出版社2011年版；刘凤云：《北京与江户：17—18世纪的城市空间》，中国人民大学出版社2012年版；邓亦兵：《清代前期北京房产市场研究》，天津古籍出版社2014年版；高松凡：《历史上北京城市场变迁及其区位研究》，《地理学报》1989年第2期；周尚意：《元明清时期北京的商业指向与城乡分界》，《北京师范大学学报（社会科学版）》1999年第1期等。

皇城、内城和外城的基本形制。清代，京城的外部形态没有变动，但城内的空间分布则有较大的变化。

一、京城的城市形态及其内部空间划分

洪武元年(1368)八月明军攻克元大都，改大都路为北平府。为加强防御，将元大都城垣缩减 1/3，城周从"周围六十里"减至"四十里"，"废东、西之北光熙、肃清二门"。①新筑的北城墙向南缩入五里，加宽加厚，北城门由原来的安贞、健德改为安定和德胜；同时，将元大都的东、西城垣"创包砖甓"，即在原来土城之外包砌砖石。

建文元年(1399)，驻守北平的燕王起兵"靖难"，至永乐元年登基，定都北京，改北平府为顺天府，十九年正式迁都北京，改称京师，而南京则降为陪都。京城的营建从永乐四年开始，至十八年告成，"凡庙社、郊祀、坛场、宫殿、门阙，规制悉如南京，而高敞壮丽过之。复于皇城东南建皇太孙宫，东安门外东建十王邸，通为屋八千三百五十楹。自永乐十五年六月兴工，至是成"②。明代废弃元朝的大内宫殿，为安排新的宫殿建筑群，将原来的南城墙向南拓展二里，从元代丽正门、文明门、顺承门一线(今长安街一线)南推至正阳门、崇文门、宣武门一线。

明代中叶，京城人口大幅度增长，城关之外汇聚了大量居民，有记载称："城外居民繁夥，无虑数十万户。"③自正统年间"土木之变"以后，即不断有大臣建议修建外郭。如成化十二年(1476)八月定西侯蒋琬疏言："太祖皇帝肇建南京，京城之外复筑土城以护居民，诚万世不拔之基也。今北京止有内城而无外城，正统己巳之变，胡虏长驱，直至城下，众庶奔窜，内无所容，前事可鉴也。"④嘉靖二十一年(1542)掌都察院事毛伯温等疏言："古者有城必有郭，城以卫君，郭以卫民。……成祖文皇帝迁都金台，当时

---

① (清)于敏中等编纂：《日下旧闻考》卷 38《京城总纪》，北京古籍出版社 1985 年版，第 604—605 页。

② 《明太宗实录》卷 232，"永乐十八年十二月癸亥"条，台湾"中央研究院"历史语言研究所校印本 1962 年版，第 2244 页。以下所引《明实录》均为此版本，不再另作说明。

③ 《明世宗实录》卷 395，"嘉靖三十二年三月丙午"条，第 6957 页。

④ 《明宪宗实录》卷 156，"成化十二年八月庚辰"条，第 2846 页。

内城足居，所以外城未立。今城外之民殆倍城中，思患预防，岂容或缓？臣等以为，宜筑外城便。"①嘉靖三十二年（1553），兵部尚书聂豹等提出外城修建的具体方案："京城外四面宜筑外城，约计七十余里"②，但因财力不济，最终只修筑了南城，"正南一面城基，东折转北，接城东南角；西折转北，接西南角"③。至此，北京城的外部轮廓呈凸字形，其宫城、皇城、内城和外城的形制也最终奠定。

宫城即紫禁城，位于内城中部偏南，周长六里，南北长960米，东西宽760米，为南北向的长方形。宫城设八门，南五门即承天门（清代改天安门）、端门、午门、左掖门、右掖门，东为东华门，西为西华门，北为玄武门（清代改为神武门）。宫城分为外朝和内庭，外朝是皇帝处理政务和举行朝会的地方，中轴线上由南而北依次排列有皇极、中极和建极三大殿，清代改为太和、中和、保和三殿；内庭是皇帝和后妃的生活起居之所，中间有乾清门相通。宫城周围有护城河，称御河。宫城之外为皇城，周长18里有奇，其东部为宫城，西为西苑，中为太液池。皇城设有六门：正南为大明门，东曰东安，西曰西安，北曰北安，大明门东转曰长安左，西转曰长安右；清代改大明门为大清门，北安门为地安门。④

内城为元大都改建而成，其东、西两面沿用了元代的城墙，北部和南部的城墙分别为洪武、永乐年间修建。内城城周22.5千米，东西长6.65千米，南北宽5.35千米，面积35.57平方千米。设九门：正南为正阳门，左为崇文，右为宣武；东之南为朝阳，东之北为东直，西之南为阜成，西之北为西直，北之东为安定，北之西为德胜。嘉靖年间增建外城，东西长7.95千米，南北宽3.1千米，面积24.49平方千米；内、外城合计共60平方千米。外城设七门："正南曰永定，南之左为左安，南之右为右安；东曰广渠，东之北曰东便；西曰广宁（清代称广安），西之北曰西便。"⑤内外城共13座城门，而正阳、崇文、宣武三门则成为内、外城之间的通道了。

---

① 《明世宗实录》卷264，"嘉靖二十一年七月戊午"条，第5237页。
② 《明世宗实录》卷396，"嘉靖三十二年闰三月丙辰"条，第6960页。
③ 《明世宗实录》卷397，"嘉靖三十二年四月丙戌"条，第6982页。
④ 马正林编著：《中国城市历史地理》，第232页。
⑤ 马正林编著：《中国城市历史地理》，第232—233页。

明代京城分为五个城区，中、东、西、北四城区属内城，南城即嘉靖时新建之外城。其空间分布如下：中城在正阳门内皇城两侧，设 9 坊 68 铺；东城位于崇文门内，街东往北直至北城墙，设 5 坊 195 铺，包括"朝阳、东直关外五牌三十七铺"；西城区在宣武门内，街西往北至北城墙，设 7 坊 120 铺，包括"阜城、西直关外七铺"；北城区范围从北安门至安定、德胜二门内外，设 7 坊 90 铺，包括"安定、德胜关外六铺"在内。南城在正阳、崇文、宣武三门之外，设有 8 坊 247 铺；全城合计为 36 坊 720 个铺。①南城的 247 铺以及东、西、北三城的关外铺合计为 297 铺，占全城总铺数的 41%，这些关厢铺大多是明代中叶发展起来的。

表 1-1 是嘉靖年间张爵《京师五城坊巷胡同集》所记五城三十六坊名称，图 1-1 是京师五城三十六坊的分布示意图，请参见。

表 1-1　明代京师五城三十六坊名称一览表

分区	坊铺数	各 坊 名 称
中城	9 坊 68 铺	大时雍坊、小时雍坊、南薰坊、澄清坊、明照坊、保大坊、仁寿坊、安富坊、积庆坊
东城	5 坊 195 铺	明时坊、黄华坊、思城坊、南居贤坊、北居贤坊，以及朝阳、东直关外 37 铺
西城	7 坊 120 铺	阜财坊、咸宜坊、鸣玉坊、日中坊、朝天宫西坊、金城坊、河漕西坊，以及阜城、西直关外 7 铺
北城	7 坊 90 铺	教忠坊、崇教坊、灵春坊、金台坊、发祥坊、昭回靖恭坊、日中坊，以及安定、德胜关外 6 铺
南城	8 坊 247 铺	正东坊、正西坊、正南坊、崇北坊、崇南坊、宣化坊、宣南坊、白纸坊

资料来源：(明)张爵：《京师五城坊巷胡同集》，第 5—19 页

明代京城的衙署分布是仿照南京城的布局设置的，中央官署主要集中在承天门至大明门之间 T 字形的千步廊两侧，东侧为鸿胪寺、礼部、吏部、户部、兵部、工部，以及翰林院、宗人府、钦天监、太医院等，西侧为五军都督府、锦衣卫，通政司、太常寺等，唯三法司(刑部、都察院、大理寺)设在

---

① (明)张爵：《京师五城坊巷胡同集》，北京出版社 1962 年版，第 5—19 页。

皇城之外的宣武门内。①顺天府衙设于北城交道口西北的灵椿坊，大兴县署在交道口东南的教忠坊，也在北城；宛平县署位于中城的积庆坊。不过，京城的民事权不归此二县，而属五城兵马司管辖。东城兵马司衙署位于思诚坊东四三条，西城兵马司衙署位于咸宜坊的西四西南，北城兵马司署在交道口西南昭回靖恭坊，中城兵马司衙门在安定门街南端的仁寿坊，南城兵马司署位于菜市口东南宣南坊。②

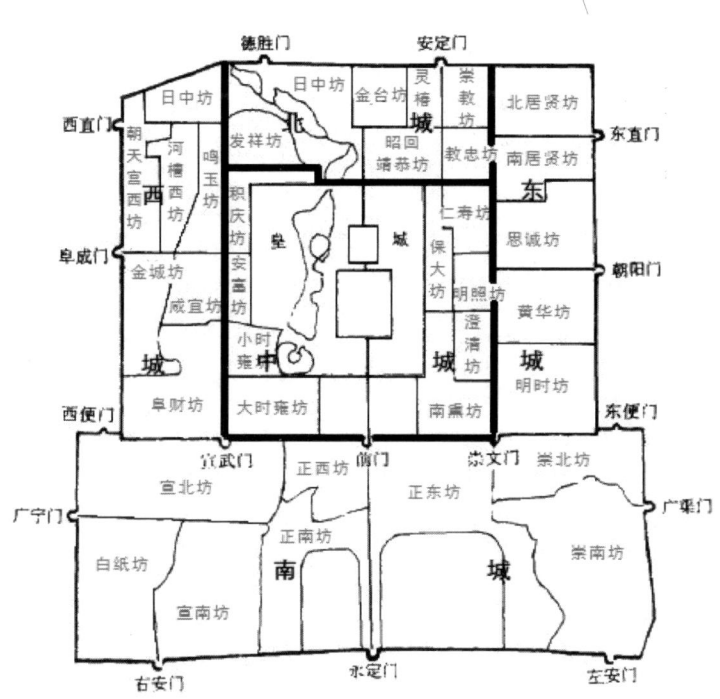

图 1-1　明代京城五城三十六坊分布示意图

资料来源：据周尚意《元明清时期北京的商业指向与城乡分界》（《北京师范大学学报（社会科学版）》1999 年第 1 期）附图 3 改制

　　清代中央官署有不少沿用明代旧址，千步廊以东的衙署基本未变，而千步廊以西的官署变动较大。清代不设五军都督府，并废除锦衣卫；大理寺、

---

① 李孝聪：《历史城市地理》，第 338—339 页。
② 李孝聪：《历史城市地理》，第 340 页。

刑部、都察院从宣武门内迁移至此，其北为太常寺、銮仪卫、京畿道御史、五城巡城御史、律例馆等。顺天府衙、大兴、宛平县衙均沿用明代旧址；新设的九门提督（步军统领）衙署在宣武门内京畿道胡同，乾隆二十一年（1756）迁至地安门外。①

清代的京城实行"满、汉分治"，顺治五年（1648）下令，内城居民"除八旗投充汉人不令迁移，凡汉官及商民人等，尽徙城南居住。……六部、都察院、翰林院、顺天府及各大小衙门书办、吏役人等，若系看守仓库，原住衙门内者勿动，另住者尽行搬移。寺院庙宇中居住僧道勿动，寺庙外居住者尽行搬移。若俗人焚香往来，日间不禁，不许留宿过夜。如有违犯，其该寺庙僧道量事轻重问罪"②。汉人全部被迁至外城，内城成为满城，实行八旗驻防。

《八旗通志》记载："都城之内八旗居址列于八方。"③八旗居址划分：正黄旗在德胜门内，镶黄旗在安定门内，正白旗在东直门内，镶白旗在朝阳门内，正红旗在西直门内，镶红旗在阜成门内，正蓝旗在崇文门内，镶蓝旗在宣武门内。各旗之内满洲、蒙古、汉军又有划分：满洲八旗居址紧靠皇城，汉军八旗则配置在远离皇城的最外圈，蒙古八旗插在满洲、汉军之间。④图1-2是京师内城八旗驻防方位示意图，请参见。

外城为汉人居住区，其行政区划套用了明代的五城制度，但分区则完全不同。中城位于正阳门外大街两侧，东城范围在崇文门外大街至天坛以东至外城东墙，西城范围在宣武门外大街至官菜园街以西至外城西墙；南城为天坛以北、崇外大街以西，北城范围在宣武门外大街至官菜园以东至先农坛之间。⑤内城由步军统领衙门管理，外城由五城巡城御史管理。

---

① 李孝聪：《历史城市地理》，第343—345页。
② 《清世祖实录》卷40，"顺治五年八月辛亥"条，中华书局影印本1985年版，第319页。
③ （清）鄂尔泰等：《八旗通志初集》卷23《营建志》，东北师范大学出版社1985年版，第429页。
④ 朱永杰：《清代驻防城时空结构研究》，人民出版社2010年版，第338页；侯仁之主编：《北京城市历史地理》，第151页。
⑤ 侯仁之主编：《北京城市历史地理》，第151页。

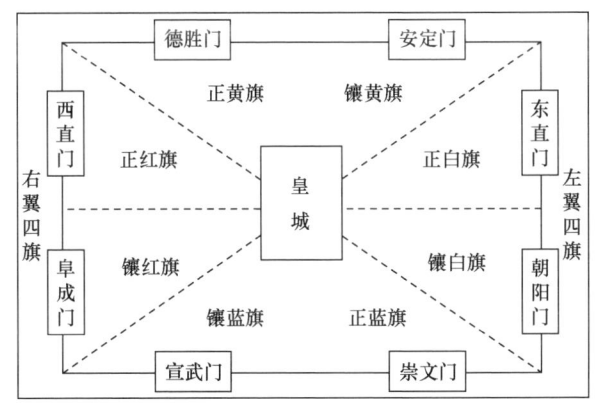

图 1-2 清代京城内城八旗驻防方位示意图
资料来源：朱永杰：《清代驻防城时空结构研究》图 6-1

二、京城人口及其空间分布

关于明清两代京城的人口，以韩光辉和高寿仙两位学者的研究最为详细①，不过其估算数字有所差异。韩光辉估计，明代洪武八年(1375)京城人口为 7.21 万户，14.3 万人；正统十三年(1448)27.3 万户，96 万人；万历六年(1578)17.92 万户，85.1 万人；天启元年(1621)15.12 万户，77 万人；崇祯二年(1629)约计 70 万人。②高寿仙估计：洪武八年京城有 10 余万人，永乐迁都后城市人口迅速增加，洪熙元年(1425)已达 80 万人以上；其后增长幅度不是很大，成化十六年(1480)城市人口约 95 万，此后基本保持这一规模，天启元年(1621)达 100 万人。③二人选取的时间点不尽相同，统计口径也有差异。

明代的户口资料中，只有成化十六年和天启元年有具体的统计数字。《皇明条法事类纂》记载，成化十六年"查勘过五城兵马司所辖地方人家计一十四万三千四百五十七门"，以门均 5 人计算，总计 71 万余人，加上在京皇室人口以及为其服务人员 1.2 万人，僧道人口数千人，合计在 75 万人左右，若

---

① 韩光辉：《北京历史人口地理》，北京大学出版社 1996 年版；高寿仙：《北京人口史》，中国人民大学出版社 2014 年版。
② 韩光辉：《北京历史人口地理》，第 109—110 页。
③ 高寿仙：《北京人口史》，第 240 页。

加上流动人口，当不会少于 90 万人。①天启元年为编排保甲对北京城市居民进行的编审，京师五城总计有 525 铺，151 190 户，韩光辉以每户 5 口计算，约为 75.6 万人，再加上皇城中居住及为之服务的宫人、太监约 1.4 万人，合计为 77 万人。②高寿仙则认为在这 77 万之外，还应加上脱漏人口和流动人口，故京城的实际人口可达 100 万。③

对清代京城人口的估算，两位学者差异不大。韩光辉估计，顺治四年 (1647) 内城人口为 39.5 万，外城 14.4 万，城属人口 12 万，合计为 65.9 万；康熙二十年 (1681) 为 76.7 万，乾隆四十六年 (1781) 为 98.7 万，光绪八年 (1882) 为 108.5 万，宣统二年 (1910) 为 112.8 万。④高寿仙估计，顺治四年内外城及城属人口合计为 68.1 万，康熙二十年为 70.4 万，乾隆四十六年 104.8 万，宣统二年内外城人口 82.2 万，城属人口 38.3 万，合计为 120.5 万。⑤光绪三十四年京城第一次有了较规范的人口统计，内城为 419 078 人，外城 291 075 人，合计为 710 153 人。高寿仙认为此次统计与宣统年间相比少了 20 万人，应是未将奴仆人口统计在内。⑥

皇帝和宗室贵族是京城人口中一个特殊的组成部分，其人数虽然不多，却是京城的主宰。据韩光辉估计，明代中后期直接服务于皇室日常生活的宫人、太监等即达一万数千人。⑦明代实行亲王之国，皇子成年后就藩，故王府均建于其驻藩之地，京城内只有"十王邸"，位于在东安门外，用作诸王来京时的临时寓所，而非私邸。清代制度不同，"诸王不赐土"，故大量王公贵族集中在京城内，各按等级建造王府。⑧表 1-2 是清代部分王府位置及其所属旗分对照表。

---

① 高寿仙：《北京人口史》，第 233、235—237 页。
② 韩光辉：《北京历史人口地理》，第 107 页。
③ 高寿仙：《北京人口史》，第 240 页。
④ 韩光辉：《北京历史人口地理》，第 128 页(表 3-22，城属人口计入)。
⑤ 高寿仙：《北京人口史》，第 256 页(表 4-13，城属人口计入)。
⑥ 高寿仙：《北京人口史》，第 262—263 页。
⑦ 韩光辉：《北京历史人口地理》，第 89 页。
⑧ 李孝聪：《历史城市地理》，第 352 页；侯仁之主编：《北京城市历史地理》，第 158、160 页。

表 1-2　清代部分王府位置及其所属旗分对照表

府主名称	府主旗属	府第位置	府第所在旗
和硕礼亲王代善	正红旗	普恩寺东	镶红旗
顺承郡王勒克德浑	正红旗	麻线胡同	镶红旗
谦郡王瓦克达	正红旗	羊市大街	镶红旗
敬谨亲王尼堪	镶红旗	东铁匠胡同	镶蓝旗
多罗可勤郡王岳托	镶红旗	石驸马大街	镶蓝旗
多罗安平贝勒杜度	镶红旗	绒线胡同	镶蓝旗
辅国公特尔祜	镶红旗	臭水河	镶蓝旗
贝子穆尔祜	镶红旗	宣武门内	镶蓝旗
辅国公萨弼	镶红旗	老菜街	镶蓝旗
和硕饶余亲王阿巴泰	正蓝旗	台基厂	正蓝旗
多罗豫郡王多铎	正蓝旗	三条胡同	镶蓝旗
多罗贝勒博和托	正蓝旗	东交民巷	正蓝旗
镇国公巴布泰	正蓝旗	西安门大街	镶蓝旗
和硕郑亲王济尔哈朗	镶蓝旗	西城大木厂	镶红旗
多罗贝勒尚善	镶蓝旗	酱房胡同	镶红旗
贝子傅喇塔	镶蓝旗	背阴胡同	镶红旗
镇国公屯齐	镶蓝旗	甘石桥	镶红旗

资料来源：李孝聪：《历史城市地理》，第 352—353 页

《八旗通志》记载："都城之内八旗居址列于八方，自王公以下至官员兵丁，给以第宅房舍，并按八旗翼卫宸居，其官司、学舍、仓庾、军垒，亦按旗分罗列环拱。"①不过表 1-2 显示，王公旗属与其府第所在位置的旗分大多并不一致，王府的分布并未受到八旗界址的局限。

---

① （清）鄂尔泰等：《八旗通志初集》卷 23《营建志》，第 429 页。

明清两代，驻军都是京城人口中占比最大的部分。据韩光辉的估算，洪武初北平城市驻军 26 880 人（户），约 67 200 口；永乐迁都之后至正统中，京师驻军 22.1 万人（户），68.5 万口；明代中后期驻扎京城者 10 万—11 万，连同眷属约为 40 万人。①高寿仙估计洪武初年军卫人口 9.7 万，占京城总人口的 70%；洪熙元年(1425)以后京城的军卫人口一直在 45 万左右，但其所占比例则从 64% 逐渐下降至 44%。表 1-3 是明代京城军卫人口数量及其所占比例统计，请参见。

表 1-3 明代京城军卫人口数量及其所占比例统计

分类	洪武八年人口/万人	占比/%	洪熙元年人口/万人	占比/%	成化十六年人口/万人	占比/%	天启元年人口/万人	占比/%
军卫人口	9.7	70	45	64	47	52	44	44
非军卫人口	4.0	30	25	36	43	48	56	56
合 计	13.7	100	70	100	90	100	100	100

资料来源：据高寿仙《北京人口史》表 4-7（第 240 页）改制

清代，驻军及其眷属仍是京城人口中最重要的组成部分，不同的是整个内城均为八旗驻防之地。韩光辉《北京历史人口地理》表 3-20 中所列京师内城八旗人口及其家内奴仆，顺治四年(1647)为 39.5 万人，康熙二十年(1681)为 45.3 万人，乾隆四十六年(1781)为 54.1 万人，光绪八年(1882)为 44.4 万人。②又据光绪三十四年(1908)民政部的统计，京师内外城总人口 710 154 人，八旗人口 232 221 人，占比为 32.7%。③表 1-4 是依据以上数据所做的清代京城八旗人口数量及其所占比重统计，该表可见，清代前期八旗兵丁及其家属在京城总人口中的占比高达 50% 以上，至清末已降至不足 1/3。

---

① 韩光辉：《北京历史人口地理》，第 101—102 页。

② 韩光辉：《北京历史人口地理》，第 126 页，表 3-20 注有：顺治至乾隆时期内城汉人实际上是旗人的家内奴仆，光绪宣统中的统计系移居内城的汉人，性质不同；故顺治至乾隆时期将汉人一并计入，光绪八年则只计旗人数。

③ 高寿仙：《北京人口史》，第 263 页。

表 1-4 清代京城八旗人口数量及其所占比例的变化

分 类	顺治四年	康熙二十年	乾隆四十六年	光绪八年	光绪三十四年
总人口/万人	65.9	76.7	98.7	108.5	71.0
八旗人口/万人	39.5	45.3	54.1	44.4	23.2
占 比/%	59.9	59.1	54.8	40.9	32.7

资料来源：韩光辉：《北京历史人口地理》表 3-20、表 3-22；高寿仙：《北京人口史》，第 263 页

工商业人口的增长是明清两代京城人口变化的另一重要内容。

关于工商业人口的统计资料更少，只能做个别时点的考察。据《宛署杂记》记载：万历初年宛平、大兴二县计有工商业铺行 132 行，分为三等九则纳税，"上上户每名九钱，递减至下下户一钱。每年大兴县额征银五千六百四两九钱，上中六则人户共三千九百二十五名，该银二千一百九十五两六钱；下三则人户共二万二千二百九十八名，该银三千四百九两三钱。宛平县额征银二千六百六十三两四钱，上中六则人户共一千五百名，该银八百九十四两三钱；下三则人户共一万二千七十九名，该银一千七百七十二两二钱。"①大兴、宛平二县合计，共有上、中六则铺行 5425 户，下三则 34 377 户，合计为 39 802 户。以天启元年(1621)在籍的 151 190 户计算，商业户占比达 26%。考虑到"卖饼、卖菜、肩挑、背负、贩易杂货等"没有店铺的小商贩的大量存在，这一比例应会超过 30%。

清代京城的工商业人口没有完整的统计数据，不过咸丰元年(1851)步军统领曾对内城八旗住户、铺户、庙宇等进行了统计，表 1-5 是对各旗统计数字的汇总，请参见。

由表 1-5 可知，咸丰元年内城共开设店铺 15 333 座，占内城总户数的 16.6%。前已述及，清初汉人被逐出内城，内城开店曾一度被禁；这一万五千余座店铺应是禁令松弛之后逐渐恢复起来的。而作为京城商业中心的外城(详见下文)，其商铺数量应远超过此数，至少应为内城的 2—3 倍，2 倍为 3 万余户，3 倍为 4.5 万户，内外城商铺合计当在 4.5 万—6 万户。再加上没有

---

① (明)沈榜编著：《宛署杂记》卷 13《铺行》，北京古籍出版社 1980 年版，第 108 页。

店铺的小商小贩，全城商业人口估计可达七八万户，30万人，甚至更多。

表 1-5　咸丰元年内城八旗住户、铺户统计

旗　分	总户数/户	铺户数/座	铺户占比/%
镶黄旗	14 795	2 163	14.6
正白旗	10 494	2 590	24.7
镶白旗	9 193	1 610	17.5
正蓝旗	8 695	1 472	16.9
皇城内左翼四旗	4 817	459	9.5
正黄旗	14 121	2 239	15.9
镶蓝旗	9 819	1 380	14.1
正红旗	7 218	1 434	19.9
镶红旗	8 188	1 364	16.7
皇城内右翼四旗	5 302	622	11.7
合　计	92 642	15 333	16.6

资料来源：(清)载铨：《金吾事例·章程卷三》，《故宫珍本丛刊》第330册，海南出版社2000年版

第二节　京城的商业街市及其空间分布

据高松凡的研究，元大都的商业中心主要在钟鼓楼、枢密院角和羊角市三处。位于城市中心的钟鼓楼和积水潭北岸的斜街一带是全城最重要的商业中心，"富庶殷实莫盛于此"。这里分布有绸缎市、皮帽市、珠子市、靴市、铁器市、米面市、鹅鸭市等，尤其是钟楼前"一巷皆卖金银、珍珠、宝贝"。枢密院角市即今东四以南灯市口一带，为元大都东部的商业中心；羊角市为元大都西部的商业中心。[1]图1-3是元大都主要商业区分布示意图，请参见。

---

[1] 高松凡：《历史上北京城市场变迁及其区位研究》，《地理学报》1989年第2期。

第一章　明清两代的国都及其商业发展　31

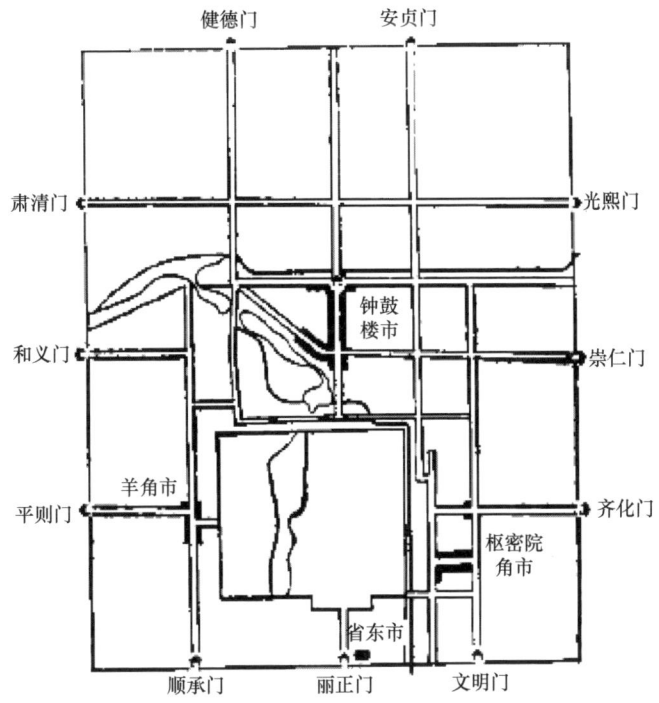

图 1-3　元大都主要商业区分布示意图

资料来源：高松凡《历史上北京城市场变迁及其区位研究》(《地理学报》1989 年第 2 期)图 1

　　受元末战乱影响，洪武初年京城商业十分萧条，"商贾未集，市廛尚疏"①。永乐中京杭大运河浚通，南方商货源源北上，永乐二十一年(1423)的记载称："今都北平，百货倍往时"②；弘治年间京城已是"生齿日繁，物货溢满"③；万历年间更是"四方财货骈集于五都之市"④。

　　明代的城墙改建和运河南移使京城商业区的分布发生了较大变化。原位于元大都中心的钟鼓楼商业区退居全城北隅，范围有所缩小，但依然有米市、

---

① (明)沈榜编著：《宛署杂记》卷 7《廊头》，第 58 页。
② 《明史》卷 81《食货五》，中华书局 1997 年版，第 1976 页。
③ (明)吴宽：《匏翁家藏集》卷 45《太子少保左都御史闵公七十寿诗序》，《四部丛刊初编》，商务印书馆 1919 年版，第 1 页。
④ (明)张瀚撰：《松窗梦语》卷 4《商贾纪》，盛冬铃点校，中华书局 1985 年版，第 81 页。

面市、皮帽市、铁器市、羊市、马市、牛市、骆驼市、柴炭市等十几个专业市场;大明门前的棋盘街(朝前市)和东城的灯市成为明代京城最重要的商业区;西四地区,即元代的羊角市,明代略有发展;而南城的扩建使城市的商业中心向南拓展,在崇文门、宣武门和东单等处形成一些新的商业区。①图 1-4 是明代京城主要商业区分布示意图,请参见。

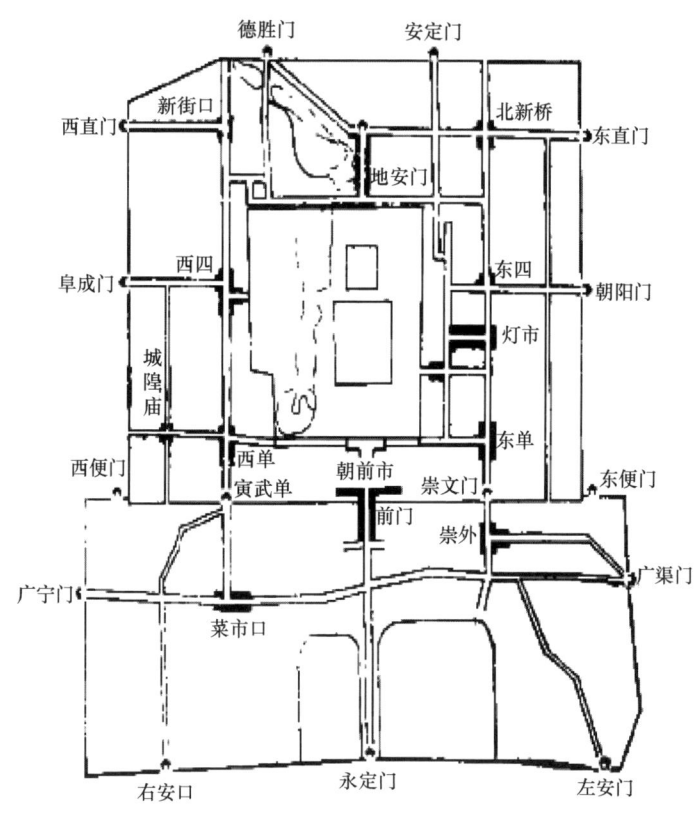

图 1-4 明代京城主要商业区分布示意图

资料来源:高松凡《历史上北京城市场变迁及其区位研究》图 2

朝前市由大明门前棋盘街和前门外大街组成,是京城最重要的商业中心。于慎行《谷山笔尘》记载:"大明门前府部对列,棋盘天街百货云集。……五

---

① 高松凡:《历史上北京城市场变迁及其区位研究》,《地理学报》1989 年第 2 期;齐大芝主编:《北京商业史》,第 121 页。

部在天街之左，天下士民工贾各以牒至，候谒未出，则不免盘桓天街，有所贸易，故常竟日喧嚣。"① 金幼孜所撰《皇都大一统赋》描述其繁荣景象称："闾阎栉比，阛阓云簇，鳞鳞其瓦，盘盘其屋。马驰联辔，车行击毂，纷纭并驱，杂沓相逐。富商巨贾，道路相属；百货填委，邱积山蓄；又若歌楼舞榭，艳态浓妆。"② "正阳门东西街，招牌有高三丈余者，泥金杀粉，或以斑竹镶之，又或镂刻金牛、白羊、黑驴诸形象以为标识；酒肆则横匾连楹，其余或悬木罂，或悬锡盏，缀以流苏。"③

灯市，在东华门外，即元代枢密院角所在地区，市街长二里。此处开设有宝和、和远、顺宁、福清、福吉、宝延等六家皇店，每月初五、初十、二十还有定期市。天启年间这六家皇店每年经销的商品计有：玉5000斤，貂皮、狐皮等高档裘皮7万余张，杂皮3万余张；平机布、粗布、夏布、串布等各色布匹一百四五十万匹；四直大曲、中曲、面曲、细曲等共二百数十万块，定油、河油、荆油、草油、四直河油等近10万篓，绍兴茶1万箱，松萝茶2000驮，烧酒4万篓，猪50万口，羊30万只，腌肉200车，以及大量南丝、北丝、棉花、江米、芝麻、瓜子等货。此外，还有滇粤之宝石、金珠、铅铜、砂汞、犀象、药材，吴楚闽粤山陕之币帛、绒货等。④ 又据《日下旧闻考》记言：前明"灯市在东华门王府街东，崇文街西，亘二里许，南北两廛，凡珠玉宝器以逮日用微物，无不悉具。衢中列市棋置，数行相对，俱高楼。楼设氍逾帘幕，为宴饮地；一楼每日赁值至有数百缗者。夜则燃灯于上，望如星衢。市自正月初八日起，至十八日始罢。"⑤

此外，内市是京师独有的贸易形式，主要为内廷交易而设。《万历野获编》记载："内市在禁城之左，过光禄寺入内门，自御马监以至西海子一带皆是。

---

① （明）于慎行撰：《谷山笔尘》卷3《国体》，吕景琳点校，中华书局1984年版，第30页。
② （清）于敏中等编纂：《日下旧闻考》卷6《形胜》，第94页。
③ 《古今图书集成·方舆汇编职方典》卷40《顺天府部·顺天杂录一》，中华书局影印本1934年版，第29页。
④ （明）刘若愚：《明宫史·木集》，北京古籍出版社1980年版，第65—66页。
⑤ （清）于敏中等编纂：《日下旧闻考》卷45《城市·内城东城一》，第707页。

每月初四、十四、廿四三日，俱设场贸易。"①《天府广记》记言："奇珍异宝进入尚方者咸于内市萃之，至内造如宣德之铜器、成化之窑器、永乐果园厂之髹器、景泰御前作房之珐琅，精巧远迈前古。四方好事者亦于内市重价购之。"②这样一个面向高消费阶层的市场，还有一个特殊功能："凡旧家器物外间不得售者，则鬻诸内市，无不得厚值去。盖六宫诸妃位下不时多有购觅，不敢数向御前请，亦不便屡下旨于外衙门动用，故各遣穿宫内侍出货焉。凡内市物悉精良不与民间同，朝贵亦多于其地贸易，咸听之不禁。"③

万历年间对五城铺户及其税收的统计可以从另一侧面反映出京城的商业布局。据《宛署杂记》记载，万历十六年(1588)京师五城共有上三则铺户2198户，中三则铺户7972户，征收税银5130余两。表1-6是对五城上等、中等铺户及其所纳税银的统计，请参见。

表1-6 万历年间京师五城铺户及税银统计(一)

分区	税银/两	占比/%	上等铺户/户	中等铺户/户	铺户合计/户	占比/%
南城	1 517.4	29.6	842	1 856	2 698	26.5
中城	1 198.8	23.3	525	1 837	2 362	23.2
东城	909.6	17.7	330	1 510	1 840	18.1
北城	811.2	15.8	270	1 501	1 771	17.4
西城	696.6	13.6	231	1 268	1 499	14.8
合计	5 133.6	100.0	2 198	7 972	10 170	100.0

资料来源：据(明)沈榜编著《宛署杂记》卷13《铺行》第113—115页统计

由表1-6可知，京师五城中以南城铺户数量最多，占全城铺户的26.5%；特别是上三则铺户数量明显高于其他各区，据记载："上三则人户多系富商，资本数千；中三则亦不下三五百金"；至于下三则铺户则多为贫苦小民，万历十年奉旨免其征税。④正是因为南城云集了大量富商大贾，其所征税银也远

---

① (明)沈德符撰：《万历野获编》卷24《内市日期》，中华书局1959年版，第612—613页。
② (清)孙承泽纂：《天府广记》卷5《后市》，北京古籍出版社1984年版，第56页。
③ (清)宋起凤：《稗说》卷4《内市》，江苏人民出版社1982年版，第119页。
④ (明)沈榜编著：《宛署杂记》卷13《铺行》，第109页。

高于其他各城，为 1500 余两，占比已将近 30%。其次为中城，铺户、税额均占 23%；而西城、北城相对逊色，铺户数量和税收额均大大低于前者。进一步分析京城各坊的铺户和税收数量，还可对其商业分布有更加具体的了解。表 1-7 是《宛署杂记》所列 35 坊 3 关的铺户数量和税额统计，请参见。

表 1-7 万历年间京师五城铺户及税银统计（二）

坊 关 名	税银/两	上等铺户/户	中等铺户/户	铺户合计/户
中城大时雍坊	378.3	161	573	734
南城正东坊	367.2	166	502	668
南城宣北坊	328.2	226	340	566
东城明时坊	261.8	109	404	513
中城南薰坊	260.8	154	311	465
南城正西坊	236.6	155	255	410
南城崇北坊	233.5	118	304	422
西城金城坊	196.8	54	369	423
东城黄华坊	170.3	77	252	329
西城鸣玉坊	167.5	63	288	351
中城澄清坊	153.2	81	203	284
东城北居贤坊	150.8	58	242	300
东城南居贤坊	148.5	30	294	324
北城日中坊	147.8	66	324	390
南城崇南坊	130.1	75	148	223
中城安富坊	128.7	45	243	288
北城靖恭坊	122.6	27	248	275
东城思城坊	122.1	40	220	260
北城关外坊	120.9	29	228	257
南城宣南坊	118.4	55	163	218
南城正南坊	103.4	47	144	191
北城教忠坊	101.0	53	126	179
西城阜财坊	99.2	33	178	211

续表

坊关名	税银/两	上等铺户/户	中等铺户/户	铺户合计/户
西城河漕西坊	91.3	45	136	181
北城崇教坊	88.0	28	151	179
西城朝天日中坊	83.7	19	189	208
中城仁寿坊	81.4	32	135	167
北城昭回坊	75.4	21	135	156
北城金台坊	60.3	12	121	133
西城阜城关	58.1	17	108	125
中城明照坊	57.1	24	84	108
中城小时雍坊	56.8	8	119	127
东城朝阳关	55.8	16	98	114
北城灵春坊	54.6	20	95	115
中城积庆坊	50.3	9	108	117
北城发祥坊	33.9	13	58	71
中城保代坊	32.2	11	61	72
北城安定关	6.7	1	15	16
合计	5 133.3	2 198	7 972	10 170

资料来源：据(明)沈榜编著《宛署杂记》卷13《铺行》第113—115页统计

由表1-7可知，京城38个坊关中，税银超过200两的有大时雍坊、正东坊、宣北坊、明时坊、南薰坊、正西坊、崇北坊等7个坊，主要集中在南城和中城；这7个坊的铺户数量都在400户以上，特别是上等铺户数量均超过百户。税银超过百两者有15个坊，其中属于东城和北城的最多，各有4个：东城的黄华坊、北居贤坊、南居贤坊、思城坊；北城的日中坊、靖恭坊、教忠坊、关外坊；南城3个：崇南坊、宣南坊、正南坊；中城2个，澄清坊、安富坊；西城2个：金城坊、鸣玉坊。这15个坊的铺户数量大多在200户以上，上等铺户多为40—80户。税银在100两以下者16个，其中北城6坊、西城4坊和中城5坊，东城只有1坊，南城没有。这16个坊的铺户数量多在

200户以下，上等铺户大多只有一二十户，最少的只有一户。

从表1-7还可看到，京城各坊中税收最高者为中城的大时雍坊，378两；其次为南城的正东坊，367两；南城的宣北坊排名第三，税额为328两；此外税额超过200两的还有中城南薰坊、南城的正西坊和崇北坊，以及东城的明时坊。其中，大时雍坊位于棋盘街以西，南薰坊位于棋盘街以东；南城的正东坊、正西坊分别位于正阳门外东、西两侧，而宣北坊、崇北坊在分别位于宣武门和崇文门外，这六个坊与大明门前的棋盘街（朝前市）相毗邻相衔接，构成前三门商业区。万历年间这六个坊的铺户数量占全城的32%，而所征铺税占到全城的56%，显然这里集中了大量富商巨贾，是全城商业最繁荣的地区。可以确认，万历年间前三门商业区已经基本形成。至于东城的明时坊则位于崇文门内东单牌楼附近，其铺户数量和所征税额也大大高于全城的平均水平。

清初"汉官及商民人等尽徙南城"，使京城的商业中心全部移至外城，更加速了前三门商业区的发展，乾隆年间的记载称："前三门外货连行，茶市金珠集巨商。"①

正阳门（即前门）外是京城最重要的商业区，其位置从明代的棋盘街南移至此，且范围和规模不断扩大。乾隆年间《日下旧闻考》记载："今正阳门前棚房比栉，百货云集，较前代尤盛。"②正阳门大街西侧里街为珠宝市、粮食店，南至猪市口，其横胡同曰西河沿、曰大栅栏等；"珠市，当正阳门之冲，前后左右计二三里，皆殷商巨贾列肆开廛，凡金琦珠玉以及食货如山积，酒榭歌楼，欢呼酣饮，恒日暮不休，京师之最繁华处也。"③杨静亭《都门纪略》记言："京城最尚繁华，市廛铺户装饰富甲天下，如大栅栏、珠宝市、西河沿、琉璃厂之银楼、缎号以及茶叶铺、靴铺皆雕梁画栋，金碧辉煌，令人目迷五色。"④大栅栏在明代称为廊坊四条，乾隆时为加强治安在街道两头入口处设立铁栅栏，故而得名。正阳门大街东侧"市房后有里街，曰肉市、曰布

---

① （清）前因居士：《日下新讴》，《文献》第11辑，第212页。
② （清）于敏中等编纂：《日下旧闻考》卷55《城市·外城中城》，第887页。
③ （清）俞蛟撰：《梦厂杂著》卷2《春明丛说》，北京古籍出版社2001年版，第27页。
④ （清）杨静亭：《都门纪略》卷3《都门杂记·风俗》，广陵书社2003年版，第21页。

市、曰瓜子店，迤南至猪市口；其横胡同曰打磨厂，内稍北为东河沿，曰鲜鱼口，内有南北孝顺胡同，长巷上下头条、二条、三条、四条胡同，曰大蒋家胡同；东南斜出三里河大街，内有小蒋家胡同、冰窖胡同。此皆商贾、匠作、货栈之地也"①。

崇文门外为税关所在，凡入京货物均在此报关纳税，故而"万方辐辏极繁华"②。明代已有山西潞安、浙江金华等地商人在此创建潞安会馆和天龙寺会馆，清代康熙雍正年间各地商人陆续设立了皮箱公所、糖饼行、描金行等行业性会馆，乾隆初年福建延平、邵阳二府纸商创建了延邵会馆。③"酒行在崇文门外，向来为二十家，皆领有商帖者，凡京东、西烧锅所出之酒皆集于是。"④崇文门外还有花儿市，这里是北京通草、绢花的集中地，"梅白桃红借草濡，四时插鬓艳堪娱。人工只欠回春手，除却京师到处无"⑤。

宣武门外以琉璃厂一带最为繁华，这里是京城最重要的文化市场。元代曾在此设窑烧制琉璃瓦，清初官窑西迁，此处渐成为京城文化商品的汇聚处。乾隆年间朝鲜燕行使洪大容描述其见闻言，琉璃厂周长"可五里，虽其楼栏之豪侈不及他市"，但"市中多书籍、碑版、鼎彝、古董"，且"珍惟奇巧充溢罗积"。⑥朴趾源的记载称，"琉璃厂在正阳门外南城下，横亘至宣武门外，即延寿寺旧址。……厂外皆廛铺，宝货沸溢，画册铺最大者曰文粹堂、五柳居、先月楼、鸣盛堂"⑦。《四库全书》的编纂更促进了琉璃厂的发展，使之最终成为京城最大的书肆所在，宣南地区也成为京城著名的文化区。

商人会馆的聚集，从另一个侧面反映了前三门商业中心的地位。据李华先生的调查统计，清代北京共有大小会馆392处，属于工商业的会馆约有50

---

① （清）吴长元辑：《宸垣识略》卷9《外城一》，北京古籍出版社2001年版，第164页。
② （清）前因居士：《日下新讴》，《文献》第11辑，第203页。
③ 李华编：《明清以来北京工商会馆碑刻选编》，文物出版社1980年版，前言，第2—5页。
④ （清）夏仁虎：《旧京琐记》卷9《市肆》，北京古籍出版社1986年版，第101页。
⑤ （清）杨静亭：《都门杂咏·花儿市》，见雷梦水、潘超等编《中华竹枝词》，北京古籍出版社1997年版，第188页。
⑥ ［朝］洪大容：《湛轩书》卷10《外集·琉璃厂》，见［韩］林基中编《燕行录全集》第49册，东国大学校出版部2001年版，第217—218页。
⑦ ［朝］朴趾源：《热河日记》卷3《琉璃厂》，朱瑞平校点，上海书店1997年版，第334页。

余家[1]，其中有 30 余家位于前三门外，特别是前门外，这里是京城商业最繁荣的地区，故也是商人会馆的云集之所。表 1-8 是清代京城部分商人会馆、公所一览表，请参见。

表 1-8　清代京城部分工商业会馆、公所一览表

会馆名称	地　址	创建时间	备　注
颜料会馆	前门外北芦草园	明中叶	山西平遥颜料、桐油商人创建
临汾西馆	前门外大栅栏	明代	山西临汾商人创建
临汾东馆	前门外打磨厂	明代	临汾纸张、颜料、干果、烟行、杂货五行商人创建
临襄会馆	前门外晓市大街	明代	山西临汾、襄陵两县油商创建
银号会馆	前门外西河沿	康熙六年	浙江绍兴银号商人建，又名正乙祠
西金行会馆	前门外庆云巷大院	不详	最早为康熙三十六年碑
仙城会馆	前门外王皮胡同	康熙五十一年	广州绸缎、珠宝、药材、香料、干果商建
成衣行会馆	前门外晓市大街	清初	浙江慈溪县衣行商人建
晋翼会馆	前门外小蒋家胡同	雍正十一年	山西翼城布商所建，又名布商会馆
浮山会馆	前门外鹞儿胡同	雍正七年	山西浮山县商人创建
帽业公会	前门外鲞庆胡同	乾隆	乾隆间在东晓市药王庙成立行会
米面业公会	前门外煤市街	乾隆	原为马王会，民国初改此名
药行会馆	前门外东兴隆街	嘉庆以前	原在南药王庙，嘉庆间迁此
靛行会馆	前门外珠市口西	乾嘉之际	染坊、靛商共同创建，又名染坊会馆
当业会馆	前门外西柳树井	嘉庆八年	又名公合堂
平定会馆	前门外西柳树井	嘉庆十五年前	山西平定钱庄、染坊等业商人建
东元宁会馆	前门外长巷下三条	不详	南京绸缎商所建
靴鞋行公会	前门外甘井胡同	咸丰	全城有 120 余家靴鞋店
襄陵北馆	前门外西河沿	不详	山西襄陵商人所建
牛骨行公会	前门外东河沿	光绪初	光绪初已有行规，后改为骨器业同业公会
织云公所	前门外三里河	光绪末	绸缎、洋货商人建
描金行	崇文门外东晓市	雍正	雍正十年碑有描金行行规

---

[1] 李华编：《明清以来北京工商会馆碑刻选编》，前言，第 20 页。

续表

会馆名称	地　址	创建时间	备　注
延邵会馆	崇文门外英子胡同	乾隆四年	福建延平、邵武二府纸商建
酒业公会	崇文门外东柳树井	不详	
天龙寺会馆	广渠门内天龙寺	明万历	浙江金华等八县旅京商人创建
潞安会馆	广渠门内炉神庵	明代	山西铜铁锡炭、烟袋诸帮商人创建
糖饼行公所	广渠门内栖流所	康熙四十八年	南案、京案糖饼商共建
皮箱公所	天坛北门外牟家井	康熙二十八年	皮箱业商人建
歙县会馆	宣武门外大街	明代	徽州茶、漆商人创建
关中会馆	宣武门外保安寺街	明代	陕西商人创建
盂县会馆	宣武门外椿树二条	乾嘉之际	山西盂县六家氆氇行创建
长春会馆	和平门外小沙土园	乾隆五十四年	玉器行商人创建，又名玉行会馆
直隶文昌会馆	和平门外小沙土园	同治三年	会馆有二：此为北方书商所建，南方书商所建位于琉璃厂东口，可能更早
刻字行公会	和平门外皈子庙街	光绪二十三年	刻字分南北二派，此为北方刻字商所建
襄陵南馆	虎坊桥五道庙	清初	山西襄陵县商人创建
河东会馆	广安门大街	雍正五年	山西烟商所建，又名烟行会馆
绦行公所	陶然亭内哪吒庙	乾隆	绦业商人创建，最早碑为乾隆四十年
棚匠会馆	陶然亭黑窑厂	不详	
四明会馆	右安门内郭家井	明代	浙东药材商创建，原名鄞县会馆
造纸业公会	右安门内白纸坊	不详	山西造纸业商人建
花木业	右安门外花神庙	不详	
太平会馆	南堂子胡同晋高庙	清初	山西太平县商人创建
猪行公会	西四北大街	乾隆以前	

资料来源：据李华编《明清以来北京工商会馆碑刻选编》前言第2—8页的调查表改制

由表1-8可知，建于明代的商人会馆至少有八九家。如安徽"歙县会馆创始于明嘉靖间",其后于万历、乾隆、嘉庆年间不断扩建①;山西平遥颜料会馆碑文记载:"我行先辈立业都门,崇祀葛、梅二仙,香火悠长,自明代以至国朝百有余年。"②建于明代的会馆还有山西商人所建临汾会馆、临襄会馆、潞安会馆,浙江商人所建四明会馆、天龙寺会馆,陕西商人所建关中会馆等。清代康熙雍正两朝建立的会馆,主要有浙江绍兴商人的银号会馆(正乙祠)、广州商人的仙城会馆、山西烟商所建河东会馆,以及属于行业性的皮箱公所、西金业会馆和糖饼行公所等。清代中叶是京师工商业发展的全盛时期,会馆的兴建甚至引起该地区房价的上涨。③道光十八年(1838)《颜料行会馆碑》记载:"京师称天下首善地,货行会馆之多,不啻什百倍于天下各外省;且正阳、崇文、宣武门外货行会馆之多,又不啻什百倍于京师各门外。"④

京城的工商业会馆以地域商帮所建居多,其中银号业、成衣业多为浙东商人所掌控,珠宝玉器、香料等业以广东商人最著,山东商人则把持着北京的饭庄、估衣等业,不过在京城人数最多且实力最雄厚者当属晋商,他们垄断着票号、钱庄、当铺、颜料、染坊、粮食、杂货等诸多行业。⑤

清初的"满汉分治"政策使内城商业受到很大破坏。不过,乾隆年间内城已有不少店铺开设⑥;嘉道年间禁令渐弛,内城经商设店者日益增多。据咸丰元年(1851)的统计,内城计有"八旗王公大员、旗民人等共住户七万六千四百三十三户,共铺户一万五千三百三十三座,共庙宇八百六十七座"⑦,内城铺户已达15 300余家,显然此时内城商业已有相当的恢复,并在内城的东西、西四、地安门、东单、西单等处形成了几个围绕皇城的商业区。

东四、西四为京城的牲畜买卖市场,分别设有左翼、右翼二关征收畜税(详

---

① 许承尧撰:《歙县闲谈》卷10《北京歙县会馆建置原始》,黄山书社2001年版,第345页。

② 乾隆六年《建修戏台罩棚碑记》,见李华编《明清以来北京工商会馆碑刻选编》,第1页。

③ 李华编:《明清以来北京工商会馆碑刻选编》,前言,第21—23页。

④ 李华编:《明清以来北京工商会馆碑刻选编》,第7页。

⑤ 李华编:《明清以来北京工商会馆碑刻选编》,前言,第18页。

⑥ (清)载铨:《金吾事例》章程卷3《京城内禁止开设店座》,见故宫博物院编《故宫珍本丛刊》第330册,海南出版社2000年版,第240—241页。

⑦ (清)载铨:《金吾事例》章程卷3《住户、铺户、庙宇约计总数》,第227—228页。

见下文）。乾隆二十一年（1756）东四牌楼附近至少开设有猪店 27 座，鸡鹅店 2 座，酒店 1 座；西四有猪店 21 座①，西四北大街还建有猪行公会②。乾嘉之际东四相继开设了恒利、恒和、恒兴、恒源四大钱庄，《道咸以来朝野杂记》记言："当年京师钱庄首称四恒号，始于乾嘉之际，皆浙东商人，宁绍人居多，集股开设者，资本雄厚，市面繁荣萧索与有关系。"③此外，隆福寺、护国寺两大庙市的繁荣也促进了东四、西四的商业发展。乾隆年间的记载称：隆福寺"明景泰四年建，本朝雍正元年重修，每月之九、十日有庙市，百货骈阗，为诸市之冠"④；护国寺位于西四牌楼以北，"每月逢七、八两日有庙市"。来京贸易的朝鲜使者描述庙市的盛况言："一城商侩货物所凑集……广庭可方百步，周设帟幕，日用百物无不具，烂然如彩云朝霞，民物丛聚，摩戛不可行。"⑤稍后的记载有："东西两庙货真全，一日能消百万钱"⑥；又"庙市惟东城隆福、西城护国二寺，百货具陈，目迷五色，王公亦复步行评玩"⑦。

他如"地安门外大街最为骈阗，北至鼓楼，凡二里余；每日中为市，攘往熙来，无物不有"；西单牌楼有小市，"南抵宣武门"⑧；东单牌楼因临近贡院，每逢春秋会试，附近居民多租赁房屋给举子居住以牟利，市场也分外活跃。嘉庆间有《竹枝词》记言："缎号银楼也快哉，但能管事即生财；休言刻下无生意，且等明春会试来。"⑨稍晚的记载言："东单牌楼左近百货麇集，其直则昂于平日十之三，负载往来者至夜不息；当此时人数骤增至数万，市侩行商，欣欣喜色。"⑩图 1-5 是清代京城主要商业区的分布示意图，

---

① （清）载铨：《金吾事例》章程卷 3《京城内禁止开设店座》，第 240 页。
② 李华编：《明清以来北京工商会馆碑刻选编》，前言，第 7 页。
③ （民国）崇彝：《道咸以来朝野杂记》，北京古籍出版社 1982 年版，第 104 页。
④ （清）于敏中等编纂：《日下旧闻考》卷 45《城市·内城东城一》，第 710 页。
⑤ ［朝］洪大容：《湛轩书·外集》，见［韩］林基中编《燕行录全集》第 49 册，第 214 页。
⑥ （清）得硕亭：《草珠一串》，见路工编选《清代北京竹枝词》，北京古籍出版社 1982 年版，第 52 页。
⑦ （清）戴璐撰：《藤阴杂记》卷 4，施绍文点校，上海古籍出版社 1985 年版，第 53 页。
⑧ （清）震钧：《天咫偶闻》卷 4《北城》，北京古籍出版社 1982 年版，第 83 页；（清）震钧：《天咫偶闻》卷 2《南城》，第 44 页。
⑨ （清）得硕亭：《草珠一串》，见路工编选《清代北京竹枝词》，第 51 页。
⑩ （清）震钧：《天咫偶闻》卷 3《东城》，第 53 页。

请参见。

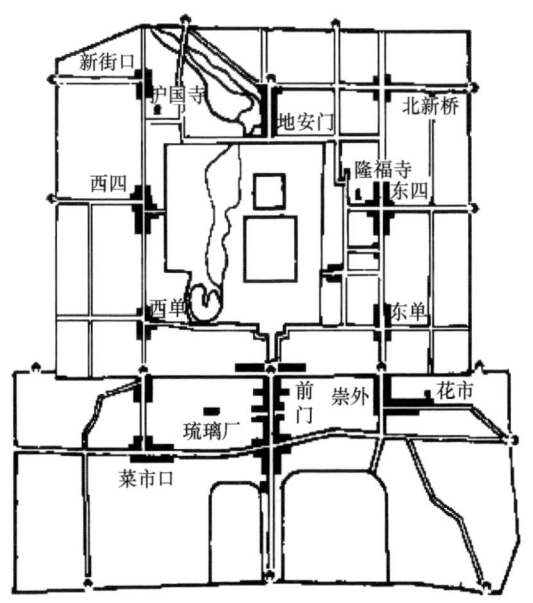

图 1-5　清代京城主要商业区分布示意图

资料来源：据高松凡《历史上北京城市场变迁及其区位研究》(《地理学报》1989 年第 2 期)图 3 改制

除上述固定的商业区和店铺之外，大量流动商贩和灯市、小市等也是京城商业的重要补充。明代灯市设于东华门外，清初移至"正阳门外及花儿市、菜市、琉璃厂店诸处，惟猪市口南为盛"；"京师灯市，始正月八日，至十三而盛，十七而罢"。①乾隆年间灯市已成北京城最繁盛的市场之一，"市之日，省直之商旅，夷蛮闽貊之珍异，三代八朝之骨董，五等四民之服用物皆集"。②小市、穷汉市等则为下层百姓购物的重要去处，"外城东有东小市，西有西小市，俱卖皮服、椅桌、玩器等物。……东小市之西又有穷汉市，破衣烂帽至寒士所不堪者亦重堆叠砌……官则不屑，商则不宜，隶则不敢，惟上不官下不隶而久留京邸者则甘之矣。西小市之西又有穷汉市，穷困小民日

---

① 康熙《宛平县志》卷 1《风俗》；卷 6《艺文》，杨允长《都门元夕张灯记》。
② (清)于敏中等编纂：《日下旧闻考》卷 45《城市·内城东城一》，第 708 页。

在道上所拾烂布溻纸,于五更垂尽时往此鬻之,天乍曙即散去矣"①。

第三节 崇文门等税关及其税收

明初,崇文门所征为地方商税,明中叶以后其税收管理体制逐渐变更,万历年间成为全国八大钞关之一;清代除崇文门税关之外,京城又增设了左翼、右翼二关,下面我们分别考察。

一、崇文门税关及其商品来源

明代永乐年间迁都北京,其设官征税系按照南京之例,《明史·食货志》记载:永乐初,"准南京例,置京城官店、塌房"。其后,"洪熙元年增市肆门摊课钞。宣德四年以钞法不通,由商居货不税,由是京省商贾凑集地、市镇店肆门摊税课增旧凡五倍。两京蔬果园不论官私种而鬻者,塌房、库房、店舍居商货者,骡驴车受雇装载者,悉令纳钞;委御史、户部、锦衣卫、兵马司官各一,于城门察收"。②京城九门之税,"弘治初岁入钞六十六万余贯,钱二百八十八万余文,至末年数大减。自正德七年以后钞增四倍,钱增三十万。嘉靖三年,诏如弘治初年例,仍减钱三十万"③。又据《宛署杂记》记载:"永乐初元,都城设立都税司、九门宣课司,专掌一应货物之税,验值为差。不知何时革去各门之稍僻者并入都税司,正阳门、崇文门二宣课司,安定门、德胜门二税课司,共五处,俱隶户曹掌行。"④

明初崇文门宣课司属地方征税机构,并非钞关;明中叶开始,其税收管理体制逐渐变更。弘治元年(1488)明政府将其改为由中央直接管辖,"差御史、主事各一员,于崇文门宣课司监收(商税)";弘治六年,改为"止差主事监收,

---

① (清)阙名:《燕京杂记》,北京古籍出版社 1986 年版,第 120 页。
② 《明史》卷 81《食货五》,第 1975—1976 页。
③ 《明史》卷 81《食货五》,第 1977 页。
④ (明)沈榜编著:《宛署杂记》卷 12《税契》,第 93 页。

不必御史巡察"①;并将京师九门税课"统于崇文一司"②。至此,崇文门宣课司已具有钞关性质。万历年间的记载更为明晰,"户部请厘正《崇文门征收商税则例》,并照各钞关委官题差,一年满日方许回部考核,以明殿最。从之"③。户部尚书赵世卿的奏报:"崇文门、河西务、临清、九江、浒墅、扬州、北新、淮安各钞关,岁征本折约三十二万五千余两,万历二十五年增银八万二千两,此定额也。"④也已将崇文门与河西务等七关并称。表1-9是明代万历、天启年间全国八大钞关所征商税统计,该表可见,万历年间崇文门税关所征税额仅次于临清,位居第二;而天启年间其税额已居八大钞关之首。

表1-9 明代后期八大钞关税收一览表

税关	万历年间/两	天启年间/两
崇文门	68 929	88 929
临清	83 800	63 800
河西务	46 000	32 000
浒墅	45 000	87 500
北新	40 000	80 000
淮安	22 000	44 600
扬州	13 000	25 600
九江	25 000	57 500
合计	343 729	479 929

资料来源:乾隆官修:《续文献通考》卷18《征榷一》,浙江古籍出版社2000年版

---

① 万历《大明会典》卷35《户部·商税·差官》,《续修四库全书》第789册,上海古籍出版社2002年版;光绪《顺天府志》卷11《关榷·前代关榷考》,见《中国地方志集成·北京府县志辑》第1册,上海书店出版社2002年版,第170—171页。
② (明)史玄:《旧京遗事》,北京古籍出版社1986年版,第21页。
③ 《明神宗实录》卷389,"万历三十一年十月癸卯"条,第7326页。
④ 《明史》卷81《食货五》,第1979页。

清沿明制，崇文门等八大钞关均保留下来，其税收制度也进一步规范。乾隆《大清会典则例》记载：崇文门征收货税，"凡直省商货入京，均分地道，按数科税，照部颁现行条例征收"①。康熙五年(1666)定例，"停崇文门监督出京货物税"②，自此，该关只征收进城之税。崇文门监督署位于崇文门外大街，该关主要在本门征税，在卢沟桥、东坝、板桥、海淀等处设役巡查，以防偷漏。③

清代外地商货进京的通道分为水路、陆路两条：水路经运河至通州起岸，由朝阳门外大道入京，至崇文门纳税；陆路通道由卢沟桥至广安门进城，"崇文门所过一切官办物料、客商货物及行李，车驮如从陆路进京者，俱由卢沟桥税局查明件数，送广宁(安)门转押崇文门税署查验有无输税，分别放行，此向来办理之章程也"④。

清初，崇文门关税额是在万历年间基础上调整的。《大清会典》记载，崇文门关税原额85 099两，康熙二十五年增银9384两，定额为94 483两。康熙末年将铜斤水脚银7 692.312两归入正项，合计为102 175两有奇。⑤该关盈余，原由"监督自行奏闻"；嘉庆以降定盈余银212 789两零，与正额合计为314 964两有奇。⑥

雍正十三年(1735)崇文门实征税银曾达304 520两，第一次突破30万两；不过此后有相当长一段时间税额波动较大，如乾隆十四年(1749)"自乾隆十三年四月十三日起至十四年四月二十日，计一年一个月零八日"，实征税银

---

① 乾隆《大清会典则例》卷47《户部·关税》，《景印文渊阁四库全书》第621册，商务印书馆1986年版，第475页。
② 光绪《畿辅通志》卷11《京师》。
③ 嘉庆《大清会典》卷16《户部·贵州清吏司》，见沈云龙主编《近代中国史料丛刊三编》第64辑，第633册，文海出版社1991年版，第815、818页。
④ 中国第一历史档案馆档案《录副奏折》：乾隆四十六年七月户部尚书和珅等奏折，档案号：03-0170-003。
⑤ 雍正《大清会典》卷52《关税·岁额》，见沈云龙主编《近代中国史料丛刊三编》第77辑，第768册，文海出版社1994年版，第3049、3058页。
⑥ 嘉庆《大清会典事例》卷187《户部·关税》，见沈云龙主编《近代中国史料丛刊三编》第66辑，第656册，文海出版社1991年版，第8623页；光绪《大清会典》卷23《户部·贵州清吏司》，中华书局影印本1991年版，第194页。

155 760 余两[①]；乾隆十六年（1751）"自乾隆十五年五月初六日起至十六年闰五月初二日，计一年零二十六日"，实征税银 139 400 余两[②]。不及雍正十三年的一半。

在前文的考察中我们看到，清代中叶是京城商业迅速发展时期，这从崇文门关税收也可得到一定的证实。图 1-6 是乾隆至道光年间崇文门关的税收变动趋势，表 1-10 是乾隆至道光年间崇文门税关实征税额的十年平均统计[③]，二者相互参照，可更好地了解清代中叶崇文门税关的税收状况。因乾隆初年的数据缺失较多，故图 1-6、表 1-10 数据均以乾隆十一年分作为起点。

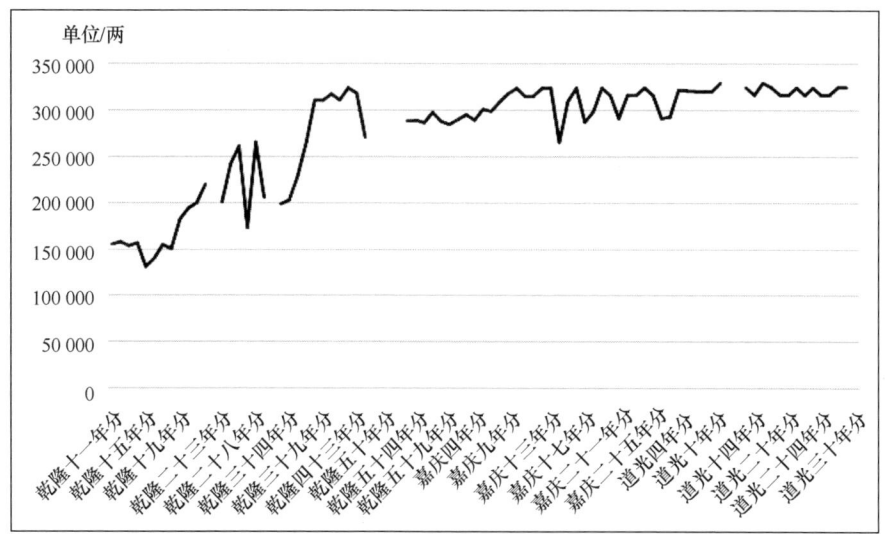

图 1-6 乾隆至道光年间崇文门关税收变动趋势图

---

① 台湾"中央研究院"历史语言研究所藏明清史料：总管内务府大臣傅恒乾隆十四年十二月十四日题本，档案号 026860。
② 台湾"中央研究院"历史语言研究所藏明清档案：总管内务府大臣海望等乾隆十七年八月十一日题本，档案号 031035。
③ 崇文门税关的实征税额据倪玉平《清代关税：1644—1911 年》附录表 A-2（科学出版社 2017 年版）统计。又，税收"年分"是指关期，清代的税关关期大多以 12 个月为一年，遇有闰月连续计算，故税收"年分"与实际"年份"不完全对应。

表 1-10　乾隆至道光年间崇文门税关实征税额的十年平均统计

年　分	数　据	实征税银/两
乾隆十一至二十年分平均	10	156 795
乾隆二十一至三十年分平均	8	220 083
乾隆三十一至四十年分平均	6	252 004
乾隆四十一至五十年分平均	5	306 994
乾隆五十一至六十年分平均	6	287 963
嘉庆元年至十五年分平均	14	304 417
嘉庆十六至二十五年分平均	10	310 123
道光元年至十年分平均	8	313 382
道光十一至二十年分平均	6	320 134
道光二十一至三十年分平均	7	319 926

资料来源：据倪玉平《清代关税：1644—1911 年》附录表 A-2 统计

图 1-6 显示，崇文门关税收入在乾隆十一年至二十年的 10 年间只有 15 万两左右，与雍正十三年的税额相差较大；乾隆二十一至三十年上升至 20 余万两，但波动较大；乾隆四十年以后税收额基本稳定在 30 万两上下，并一直延续至道光末年。从表 1-10 的十年平均统计看，乾隆前期的三十年税额从 15 万两上升至 25 万两，乾隆四十一至五十年分再增至 30 万两，乾隆五十一至六十年分略有下降，嘉道年间一直保持在 30 万两以上。

经由崇文门进入京城的商品来自全国各地，万历年间张瀚《松窗梦语》记言："今天下财货聚于京师，而半产于东南"；"余尝数游燕中，睹百货充溢，宝藏丰盈，服御鲜华，器用精巧，宫室壮丽，此皆百工所呈能而献技，巨室所罗致而取盈。盖四方之货不产于燕而毕聚于燕，其物值既贵，故东南之人不远数千里乐于趋赴者，为重粞也"。[①]又言："四方财货骈集于五都之市，彼其车载肩负，列肆贸易者，匪仅田亩之获，布帛之需；其器具充栋与珍玩盈箱，贵极昆玉、琼珠、滇金、越翠，凡山海宝藏，非中国所有，而远方异域之人不避间关险阻而鳞次辐辏，以故畜聚为天下饶。"[②]意大利传教士利玛窦也记载："从水路进北京城或者出北京都要通过运河，运河是为运送货物的船

[①] (明)张瀚撰：《松窗梦语》卷 4《百工纪》，第 76—77 页。
[②] (明)张瀚撰：《松窗梦语》卷 4《商贾纪》，第 81 页。

只进入北京而建造的。他们说有上万条船从事这种商业,它们全都来自江西、浙江、南京、湖广和山东五省,这几个省每年都向皇帝进贡大米和谷物";"每年南方各省要向皇帝运送各种在贫瘠的北京为生活舒适所缺少或需要的物品,水果、鱼、米,做衣服用的丝绸和六百种其他物品。这一切东西都必须在规定的日期运到,否则受雇运输的人将受重罚"。①"无数为朝廷运送的物品的船只来到北京,其中有许多船并未满载,商人们乘机以非常低的价格租用这种空船只的面积,这种办法所供应的比当地产品还要多……所以人们说北京什么也不生产,但什么也不缺少。"②清代康熙年间记载称,"京师崇文门一关,五方物产、九土财货,莫不聚集于斯"③;乾隆年间有记载称:"直省漕艘估舶,帆樯数千里,经天津北上,至潞城而止,是为外河。引玉泉之水,由京师汇大通桥,东流以达于潞,用以转运者,是为内河。然外阔而内狭,故自太仓官廪兵糈暨廛市南北百货,或舍舟遵陆,径趋朝阳门,以舟缓而车便,南北之用有不同也。其间轮蹄络绎,曳挽邪许欢声彻,昕夕不休,故常以四十里之道备水陆要冲。"④

  粮食,是京城输入的最大宗的货物。明清两代供应京城的南方各省漕粮约计四百万石。明代的记载言:"国家建都燕蓟,百官六军之食咸仰给于东南,漕运者盖国之大计也。"⑤清代京城的粮食来源除漕粮之外,还有一部分为商人贩运。如乾隆年间,"京城九门七市,每遇秋成,外来各种粮食俱系车马载运,投店卖钱,即用车马运回,成千累万"⑥。输入京城的商品粮大多来自河南、山东等地,有记载称:"向来京师市肆麦石大半由豫、东二省商贩前来,以资民食"⑦;这些粮食大多经天津转运,天津北门外有杂粮店街,"商贾贩

---

  ① [意]利玛窦、[法]金尼阁:《利玛窦中国札记》,何高济、王遵仲、李申译,中华书局1983年版,第325、326页。
  ② [意]利玛窦、[法]金尼阁:《利玛窦中国札记》,第327页。
  ③ 康熙二十九年《崇文门税关德政碑》,见李华编《明清以来北京工商会馆碑刻选编》,第191页。
  ④ (清)于敏中等编纂:《日下旧闻考》卷88《郊坰·东一》,第1480页。
  ⑤ (明)徐阶:《漕运新渠记》,见(明)陈子龙等选辑《明经世文编》卷245,中华书局1962年版,第2577页。
  ⑥ 《清高宗实录》卷226,"乾隆九年十月壬子"条,中华书局影印本1985年版,第925页。
  ⑦ 《清高宗实录》卷1054,"乾隆四十三年四月癸巳"条,第81页。

粮百万，资通京师"①。

粮食之外，经由运河北上的商货还有"纸张、瓷器、糖、醋、油、酒、杂货、竹木器等项，均为京师日用必需之物"②。崇文门税关档案记载："崇文门税务为天下总汇之区，每岁额征正、余银三十万两，自烟、酒、茶、布及一切杂项，计货取税，皆有定例。"③绸缎、布匹品种众多，来源亦广，而以苏、杭、江、浙所产为多。乾隆年间崇文门关《税则》记载的绸缎品种至少有上百种，如缎有羽缎羽绉、大红妆花织锦缎、妆缎、锦缎、闪缎、金花缎、遍地金缎、杭缎、倭缎、通海缎、莽缎、牙爪现身缎、平花缎、线缎、大红宋缎、各色宋缎、浅色缎、黑绿素缎、光素缎等；绸有大红阔机云绸、大红窄机绸、湖绸、宁绸、通海绸、潞州大绸、潞州小绸、泽绸、川绸、温绸、饶绸、女儿绸、宫绸、绉绸、线绸、春绸、素绸、纺丝绸、花绸、绵绸、纹绸、茧绸、程乡茧绸、土绸等；绫有杭州白绫、苏州重白绫、苏州轻白绫、上湖白绫、乌绫、汴绫、荆州绫、帽绫、裱绫等；罗有秋罗、苏秋罗、湖州秋罗、水纬罗等；纱有杭纱、漳纱、大红绉纱、大红纱、鲜红纱、银红纱、浅色纱、莽纱、妆纱、绉纱、西纱、银条纱、花纱、冰纱、实地纱等；绢有苏州线绢、苏州乾折绢、湖白绿绢、德清各色绢、衢州双丝绢单丝绢、绍兴萧绢、福建线绢、福建双熟绢、潮绢、川绢、云绢、荆州绢、黄石绢、易州官绢、生丝青绢、白丝大绢、白生丝绢、重绢、花素屯绢、女儿绢、葛绢、粉绢、青小绢、鸡皮绢、折绢、裱绢、罗底绢等。布匹品种有：乾机布、蓝乾机布、白平机布、青平机布、蓝平机布、印花布、青三梭布、青红串布、大串布、小串布、大布、青中布、白中布、云布、女儿布、西洋布、斜纹布、白粗布、青蓝粗布、海葛布、飞花布、福生布、大白夏布、中小夏布、红夏布、蓝夏布、上等葛布、中下等葛布、礼布、白镇布、苎麻布、麻布、蕉布、茧布、刷绒布、书仿布、罗敦布、青蚊帐布等数十种。④其产地除江浙各地之

---

① 康熙《天津卫志》卷1《建置》，康熙十三年刻本，第25页。
② 台北故宫博物院编：《宫中档乾隆朝奏折》第64辑，台北故宫博物院1982—1988年版，第390页。
③ 中国社会科学院经济研究所藏《钞档》：道光二年十二月初三日监察御史任伯寅奏折。
④ 乾隆《钦定户部则例》卷62《崇文门商税则例》，蝠池书院出版有限公司2004年版，第564—565页。

外,还有山西、四川、福建、广东、开封、荆州等处。茶叶多来自安徽、浙江、福建,崇文门税则中所列茶叶品种有松萝、六安、武夷、普洱等。乾隆年间北京城内有徽商茶行、茶铺字号百余家,嘉道年间增至二百余家。①烟草则晋商经营者较多,位于广安门大街的河东会馆为山西烟商于雍正五年所建,又名烟行会馆②,该会馆于乾嘉年间曾多次重修,参与捐款的商号多至500余家。乾隆三十五年(1770)会馆所定行规:"凡五路烟包进京,皆按斤数交纳税银,每百斤过税银四钱六分"③;至于这"五路烟包"究竟来自何处,碑文未予记载。山西曲沃为著名烟草产区,以晋商籍贯推论当为烟草的来源之一。碑文所载捐款商号有不少是在易州、遵化,这些地方当也是烟草来源地之一。《大清会典》记载:"易州、昌平州烟包,每包仍照定章作为三百二十斤,每包连平余共征银一两九钱二分。"④纸张多来自福建,由海路经天津转运京城。崇文门外英子胡同的延邵会馆即为福建纸商所建,道光十六年(1836)会馆碑文记言:"延、邵二郡纸商,每岁由闽航海,荷神庇,得顺抵天津",然后"于岁之冬十月售纸入都"。⑤雍正九年(1731)抵达天津的53只闽船中有22只装有纸张,合计48 200余篓;有45只船装有白糖、松糖、冰糖等,共34 000余包(桶),约计可达760万斤;有10只船装有瓷器,总计50余万件,这些商品大部分转运京城。⑥酒则多来自京城周边地区,乾隆年间"京师九门,每日酒车衔尾而进"⑦。

东北是满族的发源之地,故东北特产也是京城旗人生活的必需品,清入关后带来了满族的饮食习俗,大量关东特产也源源输入京师。乾隆年间《日下新讴》记载:"每至冬月关东货物初到,价值甚贵,鲟鳇鱼头每斤四五钱,大者重百余斤,动需五六十金;鹿尾之大者价亦七八两,至丰貂、元豹皆王

---

① (清)歙县会馆编:《重修歙县会馆录·义庄新集》捐款商号统计,道光十四年刻本。
② 李华编:《明清以来北京工商会馆碑刻选编》,前言,第4页。
③ 李华编:《明清以来北京工商会馆碑刻选编》,第50—51页。
④ 光绪《清会典事例》卷238《户部·关税》,第3册,中华书局影印本1991年版,第803页。
⑤ 李华编:《明清以来北京工商会馆碑刻选编》,第99页。
⑥ 许檀:《清代前期的沿海贸易与天津城市的崛起》,《城市史研究》第13—14辑,天津古籍出版社1997年版。
⑦ 《清高宗实录》卷127,"乾隆五年九月丙申"条,第860页。

公之服，他处难于销售，是以惟京师有之。凡外省或有需用者，必须来京购买。"①人参是京城王公贵族、富商大贾的必备之品，所谓"人参古玩好生涯，交接无非仕宦家"②。

二、左翼、右翼二关及其税收

除崇文门税关之外，清代京师还设有左翼、右翼二关专门征收田房契税和牲畜税。左翼税关衙署在东四大街，右翼关署在西四大街。定制："凡镶黄、正白、镶白、正蓝四旗官兵人等置买田房，由左翼管理；正黄、正红、镶红、镶蓝四旗买卖田房，由右翼管理，计价每两税银三分。牲畜之陈于街市者，计价每两税银三分；入店，则按牲畜之大小征收。"③左翼、右翼二关的税收定额，康熙年间各为一万两；嘉庆年间增加盈余定额之后，左翼为28 000两，右翼为17 321两有奇。④嘉道年间两关实征税额，左翼在3万—4万余两，右翼为2万余两。表1-11是嘉道年间左翼、右翼二关实征税额的十年平均统计，请参见。

表1-11 嘉道年间左翼、右翼二关实征税额的十年平均统计

年 分	左翼实征税额/两	右翼实征税额/两
嘉庆六至十五年分平均	43 147(4)	27 502(9)
嘉庆十六至二十五年分平均	39 828(6)	25 189(8)
道光元年至十年分平均	43 194(10)	28 501(10)
道光十一至二十年分平均	38 737(10)	25 433(10)
道光二十一至三十年分平均	37 937(10)	24 351(10)

资料来源：据倪玉平《清朝嘉道关税研究》（北京师范大学出版社2010年版）附录表5、表6统计

注：嘉庆年间的两组数据中间有缺年；括号中为其数据数

---

① （清）前因居士：《日下新讴》，《文献》第11辑，第205—206页。
② （清）得硕亭：《草珠一串》，见路工编选《清代北京竹枝词》，第52页。
③ 嘉庆《大清会典事例》卷187《户部·关税》，见沈云龙主编《近代中国史料丛刊三编》第66辑，第656册，第8624页；光绪《清会典事例》卷234《户部·关税》，第3册，第757页。
④ 康熙《大清会典》卷34《关税·岁额》，见沈云龙主编《近代中国史料丛刊三编》第72辑，第715册，文海出版社1992年版，第1595页；光绪《大清会典》卷23《户部·贵州清吏司》，第194页。

京城所需牛羊、骡马等牲畜多从张家口、古北口外地区贩运而来。左翼、右翼二关对骡马、骆驼、牛驴、猪羊等牲畜分别定有征税科则，定制："凡安定、东直、朝阳、东便、广渠、左安六门牲税由左翼经收，永定一门牲税两翼分收，余属右翼"；"凡德胜、西直、阜成、西便、广宁、右安六门牲税由右翼经收，永定一门牲税两翼分收"。二关税则对客贩、圈户、屠户、居民各类人等买卖牲畜的税收也有区分。①此外，京城还设有外馆和内馆，为"蒙古人年例入都所居，携土货于此贸迁焉。贾肆栉比，凡皮物（裘褐之属）、毳物（毡绒之属）、野物（麋鹿之属）、山物（雉兔之属）、蓣物（茹茵之属）、酪物（乳饼之属），列于广场而求售焉。冬来春去，古之雁臣也"。内馆位于"京师御河西岸之南"，外馆位于安定门外，规模大于内馆。②左、右二翼税关对外馆、内馆买卖牲畜也有定规，其税收由"两翼对分"。③

京师输入的大量商品除供本城居民消费之外，也有一部分转销外地，特别是漠南、漠北蒙古各部与俄国。按照《尼布楚条约》规定，俄国商队每隔三年可来京一次，限定为 200 人。俄商贩来的商品主要是皮革，如雍正五年（1727）《恰克图条约》之后抵京的第一支商队系由 205 人组成，有马 1650 匹，牛 562 头，载货车辆 475 车，货物总值 285 404 卢布，其中有 150 万张松鼠皮和少量貂皮、狐狸皮、猞猁皮、獭皮。俄商在北京购买丝绸、茶叶、棉布、大黄、烟草等货回俄售卖，可获巨利。据说俄商在"莫斯科带出一千卢布或等值的皮货，从北京换回的货物可值六千卢布"④。当年莫洛可夫商队在北京采购丝织品价银 56 113 两，棉布价银 43 692 两，⑤合计将近 10 万两。

---

① 乾隆《钦定户部则例》卷 63《左翼牲畜税则例》，第 570—572 页；乾隆《钦定户部则例》卷 64《右翼牲畜税则例》，第 573—574 页。
② （清）徐珂编撰：《清稗类钞》第 5 册《农商类·京师达子馆贸易》，中华书局 1984 年版，第 2302 页。
③ 乾隆《钦定户部则例》卷 63《左翼牲畜税则例》，第 571 页。
④ 吴建雍撰著：《北京通史》第 7 卷，北京燕山出版社 2012 年版，第 349—350 页。
⑤ 李伯重：《明清江南与外地经济联系的加强及其对江南经济发展的影响》，《中国经济史研究》1986 年第 2 期。

第四节　京城的消费结构与特点

北京作为明清两代的国都所在，是全国最大的消费城市，即便是省城也无法与之相比。明清时期的北京有着双重的身份，既作为国家最高权力中心及附属官僚机构所在地，又作为消费城市汇聚大量人口，从而形成二元市场。京城的商品流通有着两种不同的模式，既有维持宫廷和中央权力机构日常运转的特殊商品采办，又有满足城市人口消费的商品贸易。

一、宫廷消费与官方采办

京城的宫廷营建工程所需，如木料、城砖，乃至柴炭、钉铁等一切物料大多向全国各地采办，并不计成本地运至京城。《明史·食货志》记载："明初工役之繁，自营建两京宗庙、宫殿、阙门、王邸，采木、陶甓、工匠造作以万万计。"①其后，历朝均有大规模的营建，工程所需物料大多由远地采运而至。《明史》记载："采木之役，自成祖缮治北京宫殿始"②；《两宫鼎建记》记言："南杉大木产在川贵、湖广等处，差官采办，非四五年不得到京。"③宫廷日用及祭祀所需，也多来自官方采办。万历年间意大利传教士利玛窦记言："每年南方各省要向皇帝运送各种在贫瘠的北京为生活舒适所缺少或需要的物品，水果、鱼、米，做衣服用的丝绸和六百种其他物品。这一切东西都必须在规定的日期运到，否则受雇运输的人将受重罚。"④大兴、宛平二县共编有铺行 132 行，宫廷所需各种物品均由铺行"当行"供办。⑤南方各省每年运往京城的漕粮约计四百万石，供应皇室及"百官六军之食"；京城还有很多官

---

① 《明史》卷 78《食货二》，第 1906—1907 页。
② 《明史》卷 82《食货六》，第 1995 页。
③ (明)贺仲轼：《两宫鼎建记》卷中，《丛书集成初编》，商务印书馆影印本 1936 年版，第 2 页。
④ [意]利玛窦、[法]金尼阁：《利玛窦中国札记》，第 326 页。
⑤ (明)沈榜编著：《宛署杂记》卷 13《铺行》，第 103 页。

营手工业，以满足皇室、贵族的各种需要。不过从明代到清代，随着赋役折银和匠班制的废除，宫廷与政府的采办逐渐从赋役形态为主转变为市场采购为主。

清代进入京城的数百万石漕粮，虽然是作为俸禄甲米发放给八旗官兵，实际上有相当一部分流入市场，转化为商品粮。有记载说："向来京师粮石。全藉俸米、甲米辗转流通"①；"官兵俸粮留食者三四分，官局收买者二三分，余俱在外流通，藉济民食"②。据此可知，至少有一百万石以上的俸、甲米进入市场，构成京城市场上商品粮的主要来源之一，从而解决了京城和周边百姓的粮食需求。③与大量漕粮转化为商品粮的情况类似，清代京城的住房市场也是二元体制，双轨运行。内城房屋为政府所有，按照等级配发给八旗官兵居住，禁止买卖；外城为民房，可自由买卖。不过，随着时间的推移，内城房屋的交易禁令逐渐被打破，嘉道时已经禁而不止，内城房屋逐渐流入市场，向商品房转化了。④

二、奢侈性消费引领市场

宫廷的奢侈性消费也引领着京城乃至全国消费市场，明代的记载言："京师者，四方之所观赴；天子者，又京师之所视效也。九重贵壮丽，则下趋营建；尚方侈服御，则下趋组绘；法宫珍奇异，则下趋雕刻。上有好者，下必甚焉。"⑤"今之富家巨室，穷山之珍，竭水之错，南方之蛎房，北方之熊掌，东海之鳆炙，西域之马奶，真昔人所谓富有小四海者，一筵之费，竭中家之产不能办也。"⑥京城的奢侈之风，也延及普通百姓，嘉靖年间有评论说："自国初至今百六十年，承平既久，风俗日侈。起自贵近之臣，延及富豪之民，一切皆以奢侈相尚，一宫室台榭之费至用银数百两，一衣服燕享之费至用银

---

① 《清仁宗实录》卷99，"嘉庆七年六月甲辰"条，第323—324页。
② （清）王庆云：《石渠余纪》卷4《纪五城米局》，北京古籍出版社1985年版，第190页。
③ 方行、经君健、魏金玉主编：《中国经济通史·清代经济卷》，经济日报出版社2000年版，第1173页。
④ 邓亦兵：《清代前期北京房产市场研究》，天津古籍出版社2014年版，第34、44、198页。
⑤ （明）张瀚撰：《松窗梦语》卷4《百工纪》，第77页。
⑥ （明）谢肇淛撰：《五杂组》卷11《物部三》，上海书店出版社2009年版，第217页。

数十两，车马器用务极华靡。财有余者以此相夸，财不足者亦相仿效。……至使间巷贫民习见奢僭，婚姻丧葬之仪，燕会赗赠之礼，畏惧亲友讥笑，亦竭力营办，甚至称贷为之。"①又如"藻绩涂饰多于负贩之役，绣文紃彩多于机织之妇。举凡可以耀耳目、淫心志者，罔所不施其巧"②。

清代除皇室之外，大量王公贵族等高消费群体云集京城，更使京城成为全国最奢华的消费城市。各种宝石、玉器、雕漆、珐琅、翡翠、珊瑚、玛瑙，以及国外进口的香料、自鸣钟等汇萃京城，有记载称："寰中百货萃京都，径尺珊瑚径寸珠。"③又如："都下以靡丽相竞，四方以奢侈为尚。一鞍一骑不惜百金之费，一衣一帽可破中人之产。婚嫁葬祭，漫无等级，满汉效尤，莫可底止。甚至奴隶胥役，优伶贱工，毫无顾忌。"④"乾隆末和相当权，最尚奢华。凡翰苑部曹名辈，无不美丽自喜，衣褂袍褶式皆内裁。其衣冠敝陋、悃幅无华者，人皆视为弃物。"⑤

三、文化消费为全国最高水平

京城人口结构中，文人士大夫、太学生等文化人所占比例远高于其他地区，对文化消费品需求较大；故而各类图书典籍、文房四宝、古董器玩等在京城都有专门的店肆，并拥有数量可观的消费群体。万历年间胡应麟的记载言："凡燕中书肆，多在大明门之右及礼部门之外及拱宸门之西，每会试举子，则书肆列于场前；每花朝后三日，则移于灯市；每朔望并下浣五日，则徙于城隍庙中。灯市极东，城隍庙极西，皆日中贸易所也。灯市岁三日，城隍庙月三日，致期百货萃焉，书其一也。"⑥大明门外、灯市和城隍庙是商业中心，这里的书肆主要是适应普通的读者群；而举行会试的贡院，以及国子监附近

---

① （明）何瑭：《柏斋集》卷1《风俗奢僭》，《景印文渊阁四库全书》第1266册，第476页。
② 《明神宗实录》卷4，"隆庆六年八月癸酉"条，第170页。
③ 转引自齐大芝主编：《北京商业史》，第236页。
④ 《清圣祖实录》卷6，"康熙元年五月丁未"条，第114页。
⑤ （清）昭梿撰：《啸亭杂录 续录》卷2，冬青校点，上海古籍出版社2012年版，第300页。
⑥ （明）胡应麟：《少室山房笔丛》卷4《经籍会通四》，上海书店出版社2001年版，第42页。

的书铺则是专门为科考士子服务的。京城图书市场中颇多珍品,"燕中刻本自稀,然海内舟车辐辏,筐箧走趋,巨贾所携,故家之蓄错出其间,故特盛于他处"①。清代,书肆移至外城的琉璃厂,而《四库全书》的编纂更使之成为京城最大的文化市场。乾隆三十八年(1773)清廷诏征全国书籍,开设四库馆,集文人学士二千余人于京城。曾参与《四库全书》纂修的翁方纲记言:"自癸巳春入院修书,时于翰林院署开四库全书馆。……每日清晨入院,院设大官厨,供给桌饭。午后归寓,以是日所校阅某书应考某处,在宝善亭与同修程鱼门晋芳、姚姬川鼐、任幼植大椿诸人对案,详举所知,各开应考证之书目,携至琉璃厂书肆访查之。是时,江浙书贾亦皆踊跃,遍征善本足资考证者,悉聚于五柳居、文粹堂诸坊舍。每日检有应用者,辄载满车以归家中,请陆镇堂司其事。"②《李文藻琉璃厂书肆记略》言:"(琉璃)厂东西可二里许,厂东书肆凡二十家,中有二酉堂,或曰前明即有之,谓之老二酉。……又西而南转,沙土园北口路西有文粹堂,肆贾谢姓,颇深于书。又北转至正街有桥……桥西街阔,书肆外惟骨董、法帖、装潢字画、镌刻碑版耳。桥西卖书者才七家,五柳居在路北,旧书甚多,多潢川吴舍人企晋家藏书。又西为延庆堂,书贾韦姓,颇晓事,而好持高价,有曹栋亭家书数十部,多宋刊本。"③京城书商所建会馆有二:一在琉璃厂东口路北,为南方书商所建,创建较早;一在和平门外小沙土园,为北方书商于同治三年(1864)建立。④

娱乐消费,"帝京园馆居楼,演戏最胜。酬人宴客,冠盖如云,车马盈门,欢呼竟日"⑤,这是有钱人才能享受的文化生活。咸丰年间大学士柏葰之孙崇彝在《道咸以来朝野杂记》一书中记有:"戏园,当年内城禁止,惟正阳门外最盛。属于大栅栏内者五处:曰庆乐、曰庆和、曰广德、曰三庆、曰同乐轩。……街东之园凡三:肉市之广和楼,鲜鱼口之天乐,抄手胡同内裕兴园。崇文门外木厂胡同之广兴园,朝阳门外之芳草园,鸡市口之隆和园,阜成门外之阜

---

① (明)胡应麟:《少室山房笔丛》卷4《经籍会通四》,第41页。
② (清)翁方纲:《翁氏家事略记》,转引自孙冬虎《宣南历史文化三议》,《北京社会科学》2005年第3期。
③ (清)朱一新:《京师坊巷志稿》卷下《琉璃厂》,第221页。
④ 李华编:《明清以来北京工商会馆碑刻选编》,前言,第7页。
⑤ (清)潘荣陛:《帝京岁时纪胜》,《续修四库全书》第885册,第660页。

成园，德胜门外之德胜园。当日内城只东四牌楼南之泰华轩，隆福寺之景泰二处，时演杂耍、八角鼓、曲词之类而已。"①夏仁虎《旧京琐记》亦有："剧园向聚于大栅栏、肉市一带，旧纪所载方壶斋等处"；"外城曲院多集于石头胡同、王广福斜街、小李沙帽胡同，分大、中、小三级。"②道光年间有御史上奏，要求"永禁京师乐部"，以消弭侈靡习俗。也有人提出反对意见，认为"京师仕商所集，贵贱不齐，豪奢相尚……今欲毁竹焚丝，凭权藉力未尝不行；然以数十里之区，聚数百万之众，游闲无所事，耳目无所放，终日饱食，诲盗图奸或又甚焉"。③实际上，城市中有钱、有闲的人多了，风俗自然趋向奢华，是禁也禁不住的。

---

① （民国）崇彝：《道咸以来朝野杂记》，北京古籍出版社1982年版，第8页。
② （清）夏仁虎：《旧京琐记》卷10《坊曲》，第130、133页。
③ （清）华胥大夫：《金台残泪记》，见傅瑾主编《京剧历史文献汇编·清代卷1·专书上》，凤凰出版社2011年版，第440页。

第 二 章

省会城市及其商业

明清两代河南和山东的省会城市没有变化，前者为开封，后者为济南。唯直隶有所不同，明代北直隶省会为顺天府，亦即北京城；清代顺治年间直隶省会曾一度设于真定府和大名府，直到康熙八年(1669)才最终定在保定府城①，故保定在三个省城中发展最晚，其人口规模和繁华程度也不如开封和济南。下面，我们分别考察。

第一节 河南省会开封及其商业变化

开封是中国的六大古都之一，北宋时人口已超过百万，是世界首屈一指的大城市，它不仅是政治中心，也是繁华的经济都会。明清两代开封是河南省城，其城市规模与繁荣程度无疑不能与昔日的国都相比。关于明清两代开封城市已有不少学者进行过深入的考察，较早的研究如李长傅、傅衣凌、邓亦兵、程子良等先生的论著②；近年来又有不少学者从不同角度对明清时

---

① 何一民：《中国城市史》，第 395 页。
② 李长傅：《开封历史地理》（商务印书馆 1958 年版），程子良、李清银主编：《开封城市史》（社会科学文献出版社 1993 年版）是关于开封城市史的通论性著作；傅衣凌：《明代经济史上的山东与河南》（《社会科学战线》1984 年第 3 期）、邓亦兵：《清前期开封城经济初探》（《史学月刊》1986 年第 2 期)侧重于明清两代开封经济的考察。

期的开封做进一步研究①,笔者也曾撰文对明清两代开封商业的变化进行考察②。

一、明清两代开封空间结构、人口结构的变化

明代的开封城是在北宋开封内城的基础上重新修筑的。③明太祖建国之初,定"开封为北京",到洪武十一年(1378)废止,开封曾做了十年陪都,故其城池修建比其他城市更为坚固。方志记载:"自金迄元,汴梁外城毁,内城存。洪武元年取汴梁路改为开封府,置河南省于此,始内外甃以砖石,设卫守之。城周二十里一百九十步,高三丈五尺,广二丈一尺。池深一丈,阔五丈。门五:其东一曰丽景,又曰宋门;一曰仁和,又曰曹门;其南曰南熏,其西曰大梁,其北曰安远,各建月城三重。角楼四座,敌台八十四,警铺八十一,甚称严密。"嘉靖、万历年间又重修府城、增修敌楼。④崇祯十五年(1642)李自成起义军围攻开封,守城官军决黄河大堤以御之,以致开封全城被水淹没。清代康熙年间河南巡抚张自德、阎兴邦、顾汧等相继重修城垣、城楼,雍正十二年(1734)、乾隆四年(1739)总督王士俊和巡抚尹会一又重修城壕及五门城楼。⑤道光二十一年(1841)河决开封,大水围城达八个月之久,开封城墙损毁严重。次年重修,历时一年半新城始成,基本恢复了原来的规制。河南巡抚鄂顺安《重修河南省城碑记》记言:"旧城高二丈四尺,今增高一丈,又益女墙六尺……皆重筑焉";"重建五门……月城及城楼、庙宇之属均复其旧。"⑥

---

① 笔者所见主要有李伟敏《明清时期开封城市发展研究》(河南大学硕士学位论文,2002年)、黄治国:《清代开封八旗驻防初探》(《河南广播电视大学学报》2009年第1期)、胡欣:《明清时期开封的徽商》(《河南科技大学学报(社会科学版)》2011年第2期)、李坦:《明清时期开封城的若干历史地理问题》(云南大学硕士学位论文,2014年)等。
② 许檀:《明清时期的开封商业》,《中国史研究》2006年第1期。
③ 宋代的外城周48里零,至明代"仅余基址,有门不修,以土填塞,备防河患"[(清)佚名:《如梦录·城池纪第一》,孔宪易校注,中州古籍出版社1984年版]。
④ 光绪《祥符县志》卷9《建置志·官署》。
⑤ 康熙《河南通志》卷8《城池》;乾隆《续河南通志》卷11《舆地志·城池》。
⑥ (清)鄂顺安:《重修河南省城碑记》,转引自李伟敏《明清时期开封城市发展研究》,河南大学硕士学位论文,2002年,第11页。

开封城内还有一座城中之城,即周藩王府。周定王朱橚是明太祖第五子,"洪武三年封于吴,十四年徙封周,之国开封府"①。周王府"在府城内正中,即宋大内遗址",洪武十三年(1380)兴建,"萧墙九里十三步"②,建筑规模远超过王府"周围三里三百九步"的定制。该城设有午门、东华门、西华门、后宰门等四门;城墙之外街宽五尺,才允许百姓居住。③

周王府位于开封城北部,造成该城北门偏东,与南门相错,从而形成所谓"五门不对"的格局。④王府门前的东西大街与正南大街呈"丁"字形交叉,把开封城分为南、北两部分。此外,开封城内除周王府之外,还有数十座郡王府、将军府、中尉府等,这些王公府第既占据了开封城的大量空间,也在一定程度上影响着该城的街道布局。图 2-1 是明代开封城垣、城门与周王府位置示意图,请参见。

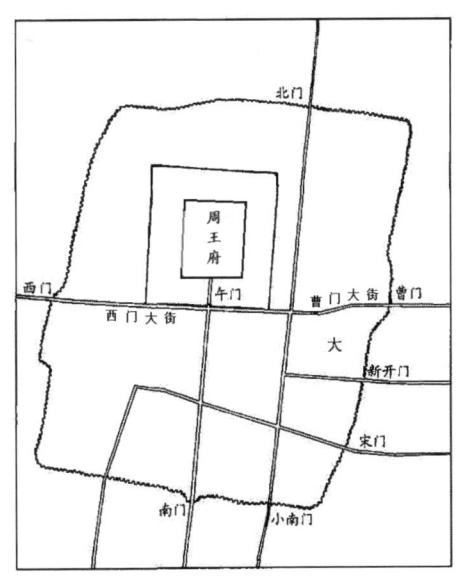

图 2-1　明代开封城垣、城门与周王府位置示意图
资料来源:据李坦《明清时期开封城的若干历史地理问题》(云南大学硕士学位论文,2014年)图 3 改制

---

① 嘉靖《河南通志》卷 8《封建》。
② (清)佚名:《如梦录·周藩纪第三》,第 6—7 页。
③ (清)佚名:《如梦录·周藩纪第三》,第 6 页。
④ (清)佚名:《如梦录·形势纪第二》,第 3—4 页。

清代八旗驻防开封，康熙五十七年(1718)兵部遵旨会议："河南地接六省，应设八旗满洲、蒙古马兵六百名，鸟枪兵二百名，驻扎开封府。"①次年在城内西北隅"筑造满城一座，周围六里，四面土墙，高一丈，东、西、南三门"。满城规模小于周王府，只有一部分叠压周王府旧址。此后又陆续添建了救火班房、义学、火药局、火药库、教场等。②

明清两代开封都是河南省会、开封府治所在，以祥符县为附郭，省、府、县三级官署衙门聚集一地，不过其空间分布有所不同。明代因周王府占据开封城北的大部分空间，故"各官衙署，俱在周府西南"。③布政司署在钟楼西，按察司署在布政司西街，路东是管河道署，路西为兵备道署；都指挥使司署在钟楼东街路北，都察院署在都指挥使司以东；按察院署在雷家桥西，提学道署在马军桥南；开封府署在延庆观以西，"北与布政司直对"，祥符县署在相国寺西。④明末开封城被河水淹没，各衙署建筑损毁殆尽，清初省、府等衙门迁往周边州县办公，顺治、康熙年间陆续重建回迁。清代开封各级衙署的分布较明代为广：巡抚署在鼓楼西，康熙元年巡抚张自德建；布政使署在北土街、西大街之中，康熙二年布政使徐化成建；按察使署在巡抚署西，康熙七年按察使李士柏建成；提学署在鼓楼东，康熙三年提学张九征建；管河道署在河道街，系旧理刑厅署；开封府署在河道后街，顺治七年(1650)知府丁时升建；理事同知署在河道街东，康熙五十八年由民房改建；祥符县治在县前街，康熙三年建成。各衙署之下属机构及官员、书吏住宅，多在衙署周边，形成一片建筑群。此外，满洲城守尉并各营署在满洲城；抚标中军参将署在城隍庙门东街，左、右二营守备署均在城隍庙门西街。⑤图 2-2 是清代开封满城和主要衙署、街道分布示意图，请参见。

---

① 《清圣祖实录》卷 279，第 733 页。
② 李坦：《明清时期开封城的若干历史地理问题》，云南大学硕士学位论文，2014年，第 30 页。
③ (清)佚名：《如梦录·官署纪第五》，第 21 页。
④ (清)佚名：《如梦录·官署纪第五》，第 21—26 页。
⑤ 光绪《祥符县志》卷 9《建置志·官署》。

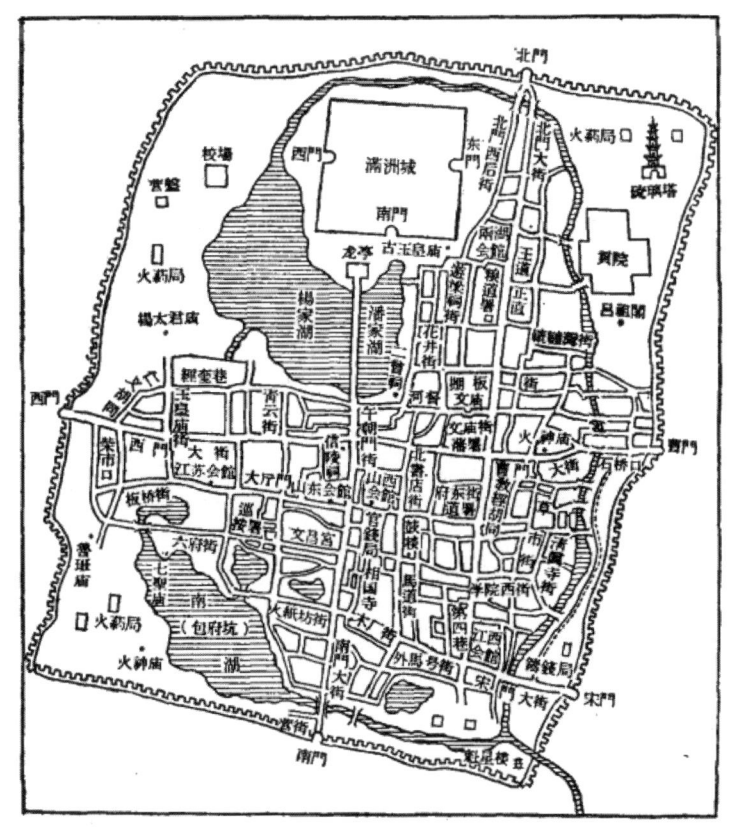

图 2-2　清代开封满城和主要衙署、街道分布示意图

资料来源：李长傅：《开封历史地理》，第 38 页

　　明代开封的城市人口未见确切记载。诸多文献所言明末开封人口达"百万户"①，均非实数。据顺治《祥符县志》记载："明原额户九万一百六十四，丁口二十二万八千四百三十有五。崇祯十五年兵燹、河淹及逃亡者，内外殆以百万计。"②祥符全县在册人口只有 22.8 万，所言"百万计"的死难和逃亡人口显然不全是开封城市人口。《行水金鉴》卷 45 所引黄澍奏疏云："臣

---

①　如《石匮书后集》称"汴城百万户，悉没巨浸"；《怀陵流寇始终录》记言："开封初受围，阅民得百万户。"见李伟敏《明清时期开封城市发展研究》，河南大学硕士学位论文，2002 年，第 4 页。

②　顺治《祥符县志》卷 2《户口》。

七月初旬以点保甲为名,实在人丁三十七万八千有零"①,当也包括避难于此的他处百姓。

清代中叶以后的记载相对确切,咸丰十年(1860)开封城分为九隅,共20 193户,92 730人;1898年12万人,1907年15万人,1910年为159 729人。②表2-1是咸丰年间开封城市人口统计,请参见。

表2-1 咸丰年间开封城市人口统计

分 区	人口数/人	分 区	人口数/人
大隅首	14 659	萧墙隅	8 387
县前隅	11 705	西门隅	12 161
宋门隅	17 589	徐镟隅	5 649
曹门隅	9 584	土街隅	1 800
北门隅	11 196		
合 计	92 730		

资料来源:(清)傅寿彤纂辑:《汴城筹防备览》卷4《九隅二十七段户口表》

据《如梦录》记载:明代开封城内有大宁、永安、宣平、安业、新昌、崇仁、惠和、广福八坊,以及汴桥隅、鼓楼隅、钟楼隅、土街隅、西关隅等五隅;此外,还有前、左、中、右、后五所并关厢,以及八十四地方。③清代开封的繁华程度远逊于明代,虽然城周还是20里,但由于积水在城中形成很多水坑,如龙亭坑淹没了周王府,还有徐府坑、包府坑、马府坑等,清代开封城内的实际面积比明代小了许多。④又据李长傅的考察,不仅"城内四隅为湖泊及隙地,五门关厢也零落了,西门外的'哄城'也没有恢复"⑤。故

---

① (清)傅泽洪:《行水金鉴》卷45,见戴逸主编《文津阁四库全书清史资料汇刊》第61册,商务印书馆2006年版,第397页。
② 程子良、李清银主编:《开封城市史》,第213页。
③ (清)佚名:《如梦录·形势纪第二》,第4页。
④ 邓亦兵:《清前期开封城经济初探》,《史学月刊》1986年第2期。
⑤ 李长傅:《开封历史地理》,第38—39页。

明末的开封人口应高于清代，粗略估计在 15 万—20 万，也可能更多。

明清两代开封的城市人口构成也有很大差异。明代开封人口中有很多的亲王、郡王。明制：皇次子封为亲王，亲王嫡长子袭封，余皆封郡王；郡王除嫡长子袭封外，余皆授镇国将军；郡王孙授辅国将军，郡王曾孙授奉国将军，玄孙授镇国中尉，五世孙授辅国中尉，六世孙授奉国中尉。亲王女为郡主，郡王女封县主，郡王孙女封郡君，曾孙女为县君，玄孙女为乡君。①周王在开封传了 11 代，共 13 王，子孙繁衍，到嘉靖时已是"郡王三十九，将军至五百余，中尉、仪宾不可胜计"②。万历年间的记载称：河南"诸藩惟周府最称蕃衍，郡王至四十八位，宗室几五千人"③。

这些亲王、郡王还有大批专门为之服务的文武官员、兵丁人役。周王府有一整套专门机构，外官有"长史（即亲王相）二员，一左一右，审理一员。又有八所：曰典膳所、曰奉祀所、曰典杖所、曰典仪所、曰良医所、曰纪善所、曰工正所、曰典宝所。以上八所之官，典簿厅一员，乃长史司首领，保驾指挥一员"④。内官有东西承奉司，"掌管阖府事务，传递本章，与在京东厂司礼监同"⑤，设有承奉司五员；"伴读不拘数目，俱大帽衣襒；以下平巾，再以下散官不可计数；其余伴当、校尉各有口粮"。郡王则每府有教授官一员，典膳官一员。此外，亲王设有民校 360 名，郡王民校 24 名。"王宗男女俱有俸禄，伴当、校尉俱有口粮，文武官员皆有俸给，各色人役俱有工食。"⑥以周王府为中心的一大批王公贵族，以及为他们服务的大小官吏，构成开封人口中的一个特殊群体。

开封作为河南省会、开封府治，省、府、县三级官署衙门聚集一城。这三级官署衙门的文武官员及隶属书吏、人役为数众多，也是开封人口的重要组成部分。

---

① (清)佚名：《如梦录·爵秩纪第四》，第 18—19 页。
② (明)谈迁：《国榷》卷 63，张宗祥校点，古籍出版社 1958 年版，第 3983 页。
③ (明)王士性撰：《广志绎》卷 3《江北四省》，吕景琳点校，中华书局 1981 年版，第 37 页。
④ (清)佚名：《如梦录·爵秩纪第四》，第 18 页。
⑤ (清)佚名：《如梦录·周藩纪第三》，第 7 页。
⑥ (清)佚名：《如梦录·爵秩纪第四》，第 18—19 页。

明代开封设宣武卫，下辖千户所、百户所，"额兵不满千数"；后因"流寇窥汴，始设援剿总兵一员，领京营兵六千赴祥符调拨"。清代开封有八旗驻防，满洲、蒙古驻防官兵有 800 余人；提督标下左、右二营官兵有近千名，开封营官兵也有 800 余名①，若再加上家属，当超过万人。

开封城内有贡院、府学、县学以及诸多书院。明代河南贡院位于周王府以西，"东、西文场号房三千六百间，后不敷用，每号头增添板号二间"。②明末开封大水，贡院也难逃一劫。顺治年间于周藩旧址重建，号舍五千余间；雍正九年（1731）迁往城东北隅的上方寺内（今河南大学院内）；道光八年（1828）又"扩充号舍至一万二千间，高广甲天下"③。此外，开封府学在文庙之西，祥符县学在宏文书院之西。《如梦录》中所记书院有玉泉、东阪、东义、西亭、南浦、宏文、明道、游梁等；清代以大梁书院、明道书院等较著。④这些莘莘学子构成了开封人口中文化用品需求较高的特殊群体。

二、明代开封的城市商业

清初《如梦录》一书极为细致地回忆了明代开封的商业状况，笔者对明代开封商业的考察主要依据此书。

明代开封的商业、手工业中有很大部分是为以周王府为主的王公贵族服务的。如开封城内有倾销银铺 10 余家，又有"大倾销处，专做上纳元宝，大小成锭"，当与王府禄银直接相关，周府每年夏、秋两季就有 20 余万两禄银要换兑。又如，伞铺制造的销金曲柄绣伞、黄青蓝捉影雨绢闹龙伞、茜红缨伞等，当是为亲王、郡王、郡主等的仪仗之用；"结帽匠俱是工正所人，专结牛马尾各样巾帽，周府时常发出破网巾一二十顶洗补，上定金圈及羊脂玉、碧玉、玛瑙、紫金等圈"；"响糖铺，所造连十、连五、连三合桌各样糖果"，

---

① 光绪《祥符县志》卷 9《建置志·兵防》。
② （清）佚名：《如梦录·试院纪第九》，第 83—84 页。
③ （清）痛定思痛居士：《汴梁水灾纪略》，李景文、王守忠、李湍波点校，河南大学出版社 2006 年版，第 58 页。
④ 李坦：《明清时期开封城的若干历史地理问题》，云南大学硕士学位论文，2014 年，第 68 页。

也是为供应"王府征纳"的。①

为文武百官所需服务的，如纱帽铺"专做王侯、大小文武官员冠巾，金、玉、犀角、玛瑙、乌角等带，并女冠等类"；"官帽铺，制官帽、幞头之类"；绦儿匠"制造印绶、儒绦、钩穗、裙绦、结挂"；又有皂靴铺，"定做选材通衬文武官样、四缝掐金男女朝靴"。②

专营妇女用品的商铺也有不少，如大隅首一带多卖绸缎、汗巾、首帕、丝带、帐子、围裙、伞扇、胭脂、粉等店铺；城隍庙前街有"打银铺二三十家，卖宝器、珍珠、翠花铺"；杨家胡同口的"静一"打银铺专门"打龙凤花草、山水人物，瓷嵌累丝，干帖真金、管化十成"；都司署以西有三条巷子，各有梳子店二三十家，"俱卖四川黄杨、福建荔枝、松根净齿精致梳栊"；钟楼附近有各种香铺，出售合香、攒香、俺答等香及胭脂、宫粉、香袋等。又如临清首帕、银花青丝汗巾、潞绸等都是专供贵族妇女使用的高档消费品。③

开封为中原文化圣地，是文人雅士汇聚之所；而作为省城、府治所在，三年一次的乡试，三年两次的院试，应考举子人数众多，故经营文化用品的商铺为数不少。开封城内有数量众多的书铺、笔铺、纸店、柬帖铺，揭裱书画、手卷店、轴丈铺、古董铺、画铺以及造玉牒册、翻刻经书、刻字等铺。所谓"柬帖"乃是王公贵族、官宦大员、文人墨客之间礼尚往来之必须；至于"玉牒册"，显然是专为王府需要服务的。

餐饮、旅店业也是开封商业的一个重要行业，其特点是档次多、品种全，能够适应不同消费层次的需要。鼓楼、大隅首一带多高档酒楼、饭店，"各样美酒、各色美味佳肴，高朋满座，又有清唱妓女伺候"，主要适应达官显贵及富商大贾的消费。其他各街饭馆则面向更广大的消费群体，以大众饮食为主。如按察司署以西有"羊肉面店，日宰羊数只，面如银丝，扁食、夺魁，各府驰名"；钟楼往南有"卖猪肉汤、蒜面、肉内寻面，诸食美味，阖郡驰名"；封邱府角"酒饭各样生意，排门皆是"。④至于推车、摆摊出售的各种风味食

---

① 傅衣凌：《明清社会经济变迁论》，人民出版社1989年版，第156—157页。
② （清）佚名：《如梦录·街市纪第六》，第33、38页。
③ （清）佚名：《如梦录·街市纪第六》，第34、35、54、38页。
④ （清）佚名：《如梦录·街市纪第六》，第34—35、38—39、36页。

品，如牛羊驴肉，猪头熟货、烧鸡、煎饼、粽子、油糕等，则更多地适应了下层百姓的消费。

不少酒店是连带住宿的，如大山货店街往南有不少过客酒店、饭店、酒店等铺，"俱住货客、妓女"；大相国寺后院有僧舍二三百家，专门接待"过往官员及大商、茶店、清客等众"下榻，并"摆酒接妓，歌舞追欢"。①城外南关、西关的饭铺、酒馆、旅店、过客店"排门挨户，生意不亚城内"。城关的饮食服务业主要接待往来贸易的各地客商，故餐饮、住宿、娱乐，以及运输、中介等项服务更为集中，如西关之马市街，有"早晨牛驴上市，午间骡马上市；有过客买卖骡马大店，顾(雇)写脚力。此处是八省通衢之地，故大店有三五十座，内住妓女无数，两边生意挨门逐户"。②

表 2-2 是依据《如梦录》记载对明代开封商业店铺所做的不完全统计，请参见。

表 2-2　明代开封商业行业、店铺示例

行业分类	数量	店铺名称
金融业	六七十家	当铺、钱铺、钱桌、皮金铺、倾销铺、大倾销处、关家倾销铺、倾番丝银铺，打金铺、打飞金铺、羊皮金铺、打银铺
绸缎布匹	二十余家	潞绸店、缎店、余深缎店、余济缎店、余鸿缎店、余芳缎店、余大缎店、布店、白布店、梭布店
衣帽服饰	七八十家	官帽铺、纱帽铺、巾帽铺、鞋帽铺、孝帽、皂靴店、南鞋店、陈汉章南鞋铺、程家鞋铺、成兵快鞋店、绺鞋铺、袜店、估衣店、成衣铺、裁缝店、剪裁铺、带子铺、手巾铺、汗巾铺、网巾葛巾
皮毛制品	十余家	绒线铺、西绒货店、毡货店、皮店、皮袄、羊皮、羊毛店
日用杂品	六七十家	杂货铺、京货铺、南京杂货、南货店、山货店、广福店、香店、崇雅香铺、齐家香铺、瓷器店、雨伞铺、青铜镜铺、蜡烛店、漆店、锁店、箱匣、铁货铺、竹货铺、绳铺、纸马铺、纸扎铺、鞍辔铺
文化用品	二三十家	书铺、画铺、柬帖铺、笔铺、古董铺、珍宝店、揭裱书画、翻刻经书、造玉牒册、刊竺版、手卷店、轴丈铺、刻字、刷字、代书铺、纸店、红纸店、京文纸店、高牌纸店、古连纸铺

---

① (清)佚名：《如梦录·街市纪第六》，第 36、51 页。
② (清)佚名：《如梦录·关厢纪第七》，第 73、75 页。

续表

行业分类	数量	店铺名称
妇女用品	近百家	临清首帕店、扇铺、梳子店、篦子铺、茜红缨伞铺、香料店、丝线、带子、胭脂、针店、铜锡簪扣店
木材木器	十余家	木器店、木厂、杉板厂、寿木店、棺材铺、柳条笸箩等铺
粮食业	十余家	大米行、江米店、六陈行、杂粮坊子
粮食加工	二十余家	烧酒坊、油房、油店、醋作坊、醋店、磨房、面房、粉店
副食品	四五十家	茶叶店、六安芽茶、南酒店、南果店、干果店、梨店、糖店、响糖铺、姜店、木耳店、杂菜、干鲜蔬菜、海菜店、干菜店、羊油、猪肉架、干鱼店、鸡鸭鹅店、大盐店、碱店
餐饮业	六七十家	酒楼、酒店、酒馆、酒肆、茶馆、冷酒、酒饭铺、饭铺、饭店、面铺、切面店、素面店、羊肉面店、烧饼店、粽子铺
旅店运输	五六十家	旅店、客店、过客店、骡马大店、轿铺、草料铺
医药业	二三十家	药材铺、生熟药铺、西药材店、艾文所药局、张宏济药室、眼药艾家、名医罗家、接骨李家、接骨庞家、外科陈野庵、豆疹、眼科、跌打损伤、修牙
手工业	百余家	结帽匠（工正所）、机房、丝店、棉线店、碾布店、染房、漂白粉房、织负版（丧服）、条儿匠、皮局、熟皮作坊、毡货作坊、铜匠铺、铁匠铺、打锡铺、打铁钳、木匠铺、纸扎店、织竹帘、竹匠、塔子匠、定戥、剪刀、门锁、作风匣、方斗、箍桶、农器、鞭镫、绳匠、绳包、整理琵琶弦子、铸造生铣器、枪刀兵器店
其他	数十家	算卦、谈命馆、说书、挽鼓、吹鼓手铺、设火丧举、淫店、妓女、广东人事
合计	七八百家	

资料来源：（清）佚名：《如梦录·街市纪第六》《如梦录·关厢纪第七》

除商业店铺之外，开封庙会市场也十分繁荣。如东岳庙，"每年三月廿八日圣诞之辰，五日前会起，进香、做醮，拥塞满门。所卖各样货物遍地皆是，棚搭满院，酒饭耍货，诸般都备；香火燎天，人烟盖地"[①]。而城隍庙会所售商品更多，傅衣凌先生曾依据《如梦录》将城隍庙会贸易商货列表[②]，笔者略做调整，开列如下（表2-3）。

---

① （清）佚名：《如梦录·街市纪第六》，第47页。
② 傅衣凌：《明代经济史上的山东与河南》，《社会科学战线》1984年第3期。

表 2-3 明代开封城隍庙会贸易商品一览表

位　置	商货品种
大门外	十景花盆、磁绣墩花樽、砂瓿、砂盆、果木、茉莉、建兰、栀子、小轿、骨花抽挪大轿
大门下	扁食、蒜面、煎饼、油糕、油粉、油算、酥糖等食物
东角门外	衣箱、大箱、头面小箱、桌椅床凳、衣盆等架、壁柜、书橱一切木器
西角门外	轩辕镜、青铜时镜、菱花、穿衣、锦背各色大镜、粗细芽茶、玉容宫皂
鹿角外	嫁妆之物，锡器、铜器，大小竹货、莲桶、莲缸、珍宝古玩及杂货摊子
照壁前	唐巾、牛马尾网巾等
甬道上	珍珠、珊瑚、翠花，各样银器杯盘、零剪绸缎、绒线、诸样头巾、汗巾
牌坊下	描金、卷胎、彩漆、拔丝等盒，帽匠、盔洗旧帽，安鞭爪兼补破坏
东角门内	时鲜干果
西角门内	梳桃时笼、假银生活等物
二门东角门内	名琴古画，犀玉玛瑙杯器、炉瓿器皿，貂皮、海獭、虎豹鹿麂狐貉等皮
二门西角门内	南丝带、各处汗巾、彩旗，皆是彩帛制作
月台上	各色梭布、小机等布
东丹墀	油缎估衣、首帕等铺
西丹墀	葛布、夏布、绒、羯毡毯、各样鞋铺
庙台上	雨伞铺、男女缎靴、油靴、油鞋、泥屐
甬道上	香袋、香筒、扇囊、盛香等，灌香刷牙扺子、舌抿、眉掠、修补门牙
甬道北头	笔、墨、砚台，南京草履
周围廊下	圣像、时画、小书、估衣、竿子、卖药、算卦，僧道化缘

资料来源：（清）佚名：《如梦录·街市纪第六》

明代开封城内商业最繁华的地区主要集中在钟鼓楼、大隅首、大小山货街等处，如钟楼附近俱是京货，又有皮箱、帽靴、描金卷胎漆盒等货；路南卖雨伞、首帕、桌围、连笼等，有帽巾铺二三十家，定做百样巾帽；又有香铺，售卖各色香料及香袋。鼓楼南出售冠带帽盒、皮匣大箱、七寸枕箱、文具簪匣等货，"皆是重铜饰件"；鼓楼西有缎店、余芳缎店、轴丈、毡货、糖店、六安芽茶、南酒店等各色店铺，直抵大隅首。大隅首大街，往南有药铺、成衣、染坊、茜红毡店、纸店、蜡烛等铺，至总圣庵；回向东有梭布店、临清首帕、汗巾、葛巾、雨伞、针粉胭脂等铺，再东有关家倾销铺、陈汉章南鞋店、余深缎店、潞绸店、临清首帕店、银花青丝汗巾、绒线铺、青铜镜铺、花束帖、纸张等铺，直至大隅首。大山货店街，北有打金店、倾销银铺、大杂货铺；往西路北"俱是楼房，有百余间"，路南有杂货店、如松字号店，均卖杂货、扇子。小山货店街北头俱是字号店，有倾销银铺、京文纸店、红纸店、合森字号、生熟药材铺等；路东有各品芽茶，老庄家茶叶店，往南多为药铺、扇子铺；路西有古连纸铺、倾番丝银铺、瓷器店、南北香料、药材店、羊皮店，往南有皮金铺、打金店、生熟药铺，直至南口。①他如布政司署、按察司署、都司署、察院东街、开封府角、旋匠胡同、州桥等处，店铺也很繁盛。

开封城内汇聚有全国各地的商货，如临清首帕、山西潞绸、吉阳夏布、六安芽茶、四川黄杨木梳等，以及"京、杭、青、扬等处运来粗细暑扇、僧帽、头篦、葛巾、白蜡等货"。鼓楼南之马道街汇聚有文具簪匣、枕箱、皮箱、帽盒等各种箱匣，以及眉掠、舌刮、抿子等货，"京城、临清、南京、泰安、济宁、兖州各处客来贩卖"，"每日拥塞不断"。②这些商货除供本城消费之外，有很大一部分销往各地。开封西关大梁门外"路通京师、山陕，使客都会，车马驰集，店房烟凑"；北关安远门外"渡黄河，通临清入京师之东路"；东关"陆路通南京、浙江、山东"；南关"路通川广云贵诸省，贸易甚众"。③尤以西关外之马市街商贾往来最盛，"早晨牛驴上市，午间骡马上市，有过客买卖骡马大店，顾（雇）写脚力。此处是八省通衢之地，故大店有三五十座。"④这些购买骡马、雇写脚力者，应是从开封购买商品运销外地的商人。

与百姓生活密切相关的煤炭、柴草、蔬菜等，多来自周边各县，每日从各城门进入。如西关大梁门外，"五更时鲜菜成堆，拥挤不动，俱是贩者来买，

---

① （清）佚名：《如梦录·街市纪第六》，第30、31、34—35、38页。
② （清）佚名：《如梦录·街市纪第六》，第29、31页。
③ 顺治《祥符县志》卷1《关梁》。
④ （清）佚名：《如梦录·关厢纪第七》，第75页。

灯下交易；城门开时，塞门而进，分街货卖"①。开封还有一大批走街串巷的商贩工匠，有磨刀剪、补锅锔碗、定秤张罗、洗镜、绱鞋的各色匠人；有摇拨浪鼓卖白布、绵绸、山缣、女红用品的货郎；有卖烧鸡、鸽雏、牛羊肉、驴肉、猪头肉，以及炒栗子、茯苓糕、蜜果、瓜子、咸豆等各色果品瓜瓠者，或设摊街头巷尾，或推车挑担走街串巷叫卖。②

三、清代开封商业的变化

清代文献中，未见有《如梦录》那样的详细记载，不过笔者在实地调查中收集到一批商人会馆碑刻资料，依据这些碑文，并参照方志记载，也可对清代的开封商业做些具体考察。

明末开封城被黄河水淹没，清初一片萧条，康熙年间逐渐恢复。康熙元年（1662）祥符县实征税银 304.311 两，其中府帖银 130 两零，县帖银 165.3 两，老税银 8.265 两；到康熙四十九年县帖新增税银 521 两零，府帖新增税银 412 两有奇；雍正五年（1727）又报出盈余银 242.689 两。③与康熙初年相比，增长 2 倍以上。不过此时的开封远未恢复明代的繁华，"城中市廛辐辏处，惟汴桥隅、大隅首、贡院前关王庙、鱼市口火神庙、寺角隅、鼓楼隅最盛"④。

清代的开封仍是省、府、县三级衙署设置，文武官员及各类学子仍保持相当数量，不过城市人口中已经没有了昔日数量庞大的王公贵族。一方面，人口结构的这一变化，反映在商业结构上就是奢侈品比重的下降，民生日用品在该城商业中所占比重上升；另一方面，开封商业街市的空间分布也有较大变化。

首先，粮食成为最重要的商品之一。清代开封人口中已没有了王公贵族，没有了巨额禄米发放，城市居民乃至文武官员所需粮食主要来自市场。开封城的主要粮食市场有五处：西门、南门、曹门、北门及县前街。乾隆《祥符

---

① （清）佚名：《如梦录·关厢纪第七》，第 75 页。
② （清）佚名：《如梦录·小市纪第八》，第 80—81 页。
③ 乾隆《祥符县志》卷 10《田赋志·杂税》。
④ 康熙《开封府志》卷 9《城池》。

县志》记载:"市籴谷米曰坊子,旧在宋、曹二门、州桥及京山府前、柘城府前,今在东、西、南、北四门及县前街。"①明代周王府位于城区北部,故粮食市场分布于东、西、南三个方向,北门没有粮食市场。清代周王府邸荡然无存,开封东、西、南、北四门及城中均设有粮食市。此外,朱仙镇米商在开封粮食业中也占有重要地位(详见第六章第一节朱仙镇部分)。

除粮坊之外,乾隆《祥符县志》还开列了其他商业店铺分布的变化,如"布帛店旧在西大街、钟楼东、鼓楼北及大隅首东西街,今多在布政司街;巾帕店,旧在钟楼东,今多在老府门西";"纸店,旧在山货店(街),今多在土街";"茶肆旧在茶食王角,今多在各官廨前及街巷口";等等。②该志刊印于乾隆四年(1739),所言"旧"当指明代,所谓"今"当即修志之时。光绪《祥符县志》所记"居货"之商的分布,与《乾隆志》相比又有变化,并增加了油店、果子、海味、洋布洋货等店铺。其中,洋布洋货是清中叶以后输入的新商品;油店、果子店、海味店在明代即有。笔者依据乾隆、光绪两志记载,将其整理列表如下(表2-4)。

表2-4 明清两代开封各类商业店铺的分布地点及其变化

行业	明代	乾隆初年	光绪年间
杂粮坊子	宋门、曹门、州桥、京山府前、柘城府前	东西南北四门及县前街	东西南北四门及县前街
布帛店	大隅首、钟楼东、鼓楼北、西大街	布政司街	布政司街
旧衣店	大隅首东西	老府门街	徐府街及河道街
巾帕店	钟楼东	老府门西	老府门西及北三圣庙街
箱柜店	布政司街	老府门南	老府门南及河道街
冠带店	布政司街	南京巷及碹匠口	南京巷及碹匠口
闺装店	城隍庙前	老府门东大街	老府门东大街
珠翠店	城隍庙会	布政司大街	布政司大街

① 乾隆《祥符县志》卷6《建置志》。
② 乾隆《祥符县志》卷6《建置志》。

续表

行 业	明 代	乾隆初年	光绪年间
古书画店	城隍庙街	打铜巷及老府门	土街及南书店街
古樽彝店	城隍庙会	土 街	土街及书店街
铜锡器店	城隍庙街	—	打铜巷及老府门
陶器店	城隍庙会	老府门大街	老府门大街
杂器店	小山货店北街	老府门大街	老府门大街
药 店	小山货店街	布政司大街	布政司大街
聚头扇店	山货店街	布政司大街	布政司大街
纸 店	山货店街	土 街	土街及书店街
笔 店	开封府东	碹匠口南	碹匠口南及北书店街
香 店	鼓楼西、西华门南	曹西南三门大街	各大街
裘褐店	半截街	鱼市口大街	鱼市口北东西大街
履袜店	半截街、大纸坊街	土 街	土 街
弓矢店	弓箭街	老府门北	老府门北
茶 肆	茶食王角	各官廨前及街巷口	各官廨前及街巷口
酒 肆	五隅都有	各大街	各大街
肉食店	五隅都有	鱼市口	鱼市口
瓜 市	西土城、东南门外	鱼市口	各大街
鳖鱼店	南门内	五府街	五府街
油 店	—	—	鱼市口及各大街
果子店	—	—	河道街及北土街
海味店	—	—	东西大街及河道街
洋布洋货店	—	—	东西大街及南北大街

资料来源：乾隆《祥符县志》卷6《建置志》；光绪《祥符县志》卷9《建置志》

与前文表 2-2 相比，明代数量众多的倾销银铺已荡然无存，布帛店也有明显变化，专为王公贵族消费的高档商品减少，为普通百姓消费的民生日用品成为开封商业的主体。从空间分布看,明代集中在繁华商业区——大隅首、钟鼓楼、大小山货店街、城隍庙等的店铺,清代逐渐散布于城内各街。商业布局的分散化趋势,从另一个侧面反映出开封商业的主要功能已从满足王公贵族、外来客商的需求为主,向满足一般百姓日常消费为主转化。

清中叶以降开封商业有进一步的发展,这从各地商帮会馆的陆续兴建明显可见。光绪年间的《祥符县城图》中标有十几座会馆,计有:浙江会馆、山西会馆、安徽会馆、江苏会馆、江西会馆、两湖会馆、两广会馆、山东会馆、八旗会馆,以及福建会馆(天后宫)、怀庆会馆(覃怀祠)等,都属地域会馆;炉食会馆、盐梅会馆则为专业会馆。①浙江会馆始建于康熙中叶;山西会馆即今之山陕甘会馆,始建于乾隆中叶,其后多次重修(详见下文);覃怀会馆是怀庆府属八县商人于嘉庆中叶创建的;安徽会馆、江苏会馆、两广会馆、八旗会馆等均建于道光年间;两湖会馆建于咸丰年间;清末、民国年间又陆续兴建了更多的会馆。②其中,浙江会馆由监生王安福、司狱卒丁震宣、候选知县周文德等倡修;江苏会馆由道台邹鸣鹤捐资创建,当属仕商合建。

在上述众多会馆中,至今仍保存完好的只有山陕甘会馆。该会馆坐落于开封市中心的徐府街。会馆坐北朝南,中轴线上的主要建筑有照壁、戏楼、牌坊、拜殿、卷棚和大殿,左右两侧还有东西翼门、钟鼓二楼、东西配殿、东西跨院等。③据嘉庆十七年(1812)《山陕会馆晋蒲双厘头碑记》记载,该会馆始建于乾隆中叶,为山、陕二省商人所共建。现将碑文摘录如下:

> 汴省徐府街有山陕商民创建会馆,修立大殿,祀关圣帝君,接檐香亭五间,旁构两庑,前起歌楼,外设大门,庙貌赫奕,规模宏敞。每逢圣诞,山陕商民奉祭惟谨。渐次日久,风剥雨蚀,丹青涣漫,庙貌日就倾圮矣。嘉庆四年老会首张恒裕、车日升、昭余馆、保元堂等集山陕商民曰:圣庙创立业卅余年,莫为之前虽美弗彰,莫为之后虽盛弗传,

---

① 光绪《祥符县志》卷1《舆图志》。
② 王兴亚:《明清河南集市庙会会馆志》,中州古籍出版社1998年版,第206—207页。
③ 王瑞安主编:《山陕甘会馆》,中州古籍出版社1992年版,第4—21页。

前人既已创建，后人若不增修，一非妥侑圣神之道，并失前辈向善之诚。可公仝议处各行抽取厘头，以为每岁添设重修之费。……同事者举称为善。①

从嘉庆四年(1799)上推 30 余年，当在乾隆三十年(1765)左右。嘉庆四年由老会首张恒裕等倡议抽厘集资，作为岁修之费。此后，会馆陆续增修扩建，道光五年(1825)添建牌坊，道光十四年增制宝幔銮仪，道光十八年重修牌坊，同治三年(1864)重修后道院等。②清代后期甘肃旅汴商人加入进来，会馆易名为山陕甘会馆。光绪二十八年(1902)三省商人在大殿后增建了一座春秋楼，可惜未能保存下来。③

道光十八年《山陕会馆重修牌坊碑记》记载：会馆"拜殿前置有牌坊一座，创于道光五年。迄今檐角犹新……柱头旋侧，难经风雨之飘摇。爰邀首事，速议重修……共成集腋之裘。费约千缗，咸乐解囊之助。夏日督工，秋风告竣"。该碑分别开列了各行商号的捐资数额，合计捐钱 1027 千文。笔者将其按行业分类列表如下，请参见(表 2-5)。

同治三年(1864)《重修后道院记》镌有此次集资各行商号的捐款数额，笔者将其整理为表 2-6，请参见。其中，朱仙镇米商捐银 323.8 两，占集资总额的 21.65%；平遥票号日升昌、蔚盛长、义盛长、协和信各捐 100 两，百川通捐银 30 两，合计 430 两，占总额的 28.76%；其余各行商号捐款均为制钱，多者 200 千，最少者仅二三千文。按照该碑所记每银一两折钱 1400 文计算④，总计捐钱 2093 千 320 文。

---

① 嘉庆十七年《山陕会馆晋蒲双厘头碑记》，见许檀编《清代河南、山东等省商人会馆碑刻资料选辑》，天津古籍出版社 2013 年版，第 4 页。
② 道光十四年《重修山陕会馆增制宝幔銮仪碑记》、道光十八年《山陕会馆重修牌坊碑记》、同治三年《重修后道院记》等碑，见许檀编《清代河南、山东等省商人会馆碑刻资料选辑》，第 5—10 页。
③ 王瑞安主编：《山陕甘会馆》，第 6 页。
④ 此系道光十八年《山陕会馆重修牌坊碑记》中记载的银钱比价。该碑除商人捐款之外，兵部侍郎栗毓美捐银 200 两，折钱 279 千 850 文，平均每两折钱 1400 文。

表 2-5 道光年间开封山陕会馆重修牌坊捐款商号分类统计

行业	商号数/家	捐款额/千文	占总额的百分比/%
典当业	8	400	38.95
金店	5	52.5	5.11
钱店	4	26	2.53
烟店	12	69.5	6.77
酒行	阖行	100	9.74
油行	阖行	50	4.87
皮袄行	阖行	50	4.87
布行	阖行	30	2.92
汴绫行	阖行	20	1.95
成衣铺	—	15	1.46
蜡行	阖行	10	0.97
铁货店	3	10	0.97
米铺	2	6	0.58
太平会	数十	50	4.87
蒲州会	数十	30	2.92
稷山会	—	20	1.95
老君会	—	20	1.95
其他	17	68	6.62
合计		1027	100.0

资料来源：据道光十八年《山陕会馆重修牌坊碑记》(许檀编《清代河南、山东等省商人会馆碑刻资料选辑》)统计

由表 2-5、表 2-6 可知，山陕商人在开封经营的主要有金融、粮食、酒、油、皮货、烟草等业。其中金融业资本最为雄厚，不过明清两代开封的金融业发生了较大变化。首先，随着周藩的消亡明代为数众多的倾销银铺已杳无踪迹；其次，传统的典当业逐渐被新兴的票号所取代。在乾隆中叶朱仙镇山陕会馆的集资中，祥符县当商曾捐银 1100 两(详见第六章朱仙镇部分)，尽管不知道究竟有多少家当商，但无疑显示了极强的经济实力；道光年间开封山

表 2-6　同治初年开封山陕会馆重修后道院捐款商号分类统计

行　业	捐款额	占总额的百分比
朱仙镇米商	323.8 两	21.65%
平遥票号	430 两	28.76%
公茂典	200 千文	9.55%
酒　行	150 千文	7.16%
油　行	150 千文	7.16%
金珠行	100 千文	4.78%
水烟行	60 千文	2.87%
皮货行	60 千文	2.87%
铁　行	12 千文	0.57%
估衣行	10 千文	0.48%
汴绫行	5 千文	0.24%
太平会	100 千文	4.78%
蒲州会	50 千文	2.39%
稷山会	36 千文	1.72%
皂君会	5 千文	0.24%
其　他	100 千文	4.78%
合　计	753.8 两+1038 千文	
折　钱	2093 千 320 文	100.0%

资料来源：据同治三年《重修后道院记》（许檀编《清代河南、山东等省商人会馆碑刻资料选辑》）统计

注：每银一两折钱 1400 文

陕会馆的集资中，福兴典、长庆典、永成典、仁裕典、恒裕典、天成典、公茂典、日隆典等 8 家各捐钱 50 千文，合计为 400 千文，仍高居各行业之首；到同治初年，原来的 8 家典商只剩下公茂典一家，而平遥票号已在开封金融业中占据主导地位。

朱仙镇米商在同治年间的捐款中所占比重超过 20%，也是一个值得注意的现象。清代开封城市粮食供应除来自周边各州县外，大宗粮食的水运线路有二：其一，山东、直隶粮食由运河抵临清，转卫河"达于彰(德)、卫(辉)

二府之楚王、道口等处",再转运开封;其二,从南方北上的粮食由"淮河之正阳关以达于陈州府之周家口",转贾鲁河北上抵朱仙镇,然后陆运开封。每遇开封一带缺粮,清廷往往下令正阳、临清二关减免粮食税,鼓励"商贾装载米麦粮食等项,贩至豫省粜卖"。①故开封城南的朱仙镇汇集有大批米商。

开封从朱仙镇输入的商品远不止粮食一项,还有杂货、京货、绸缎、布匹、烟草、茶叶、缨帽、估衣等。朱仙镇在开封城南40余里,是清代前期全国著名的四大商镇之一,也是开封商货的主要来源(详见第六章朱仙镇部分)。

汴绫是开封著名的手工业产品,唐宋时曾为贡品。明代开封周王府西华门以北第二道街内有机房,所织产品有花素生缣、秋罗、长绢、乌绫包头、护领等;西亭府以南也有机房,"织包头、首帕、素缣、裱绫、画绢、罗底等货"②。这些机房可能属官府手工业。清代开封民营丝织业有较大发展,著名的"景文州"汴绫庄为山西洪洞县景文州于明末清初创办,乾隆年间已发展到织机90余张、雇工200多人,其产品有绫绸、彩绸、黄绫,白纱,以及首帕、包头、手幅、束腰带、扎腿带等。清代中叶"景文州"在开封至少开设有麟记、瑞记、兴记、纯记、成记等五座分号。不过同治年间,"景文州"已是负债累累,《庸德堂公分业帐清单》登载的债款高达银16 269两,钱13 700余串。③比较表2-5、表2-6也可看出,同治年间汴绫行的实力已不如道光时了。

* * * *

以上考察我们看到,由于人口结构的差异,明清两代开封城市商业结构有较大变化。明代以周王府为主的众多王公贵族,在开封商业中形成一个庞大的高消费群体,使该城的消费档次相对较高,奢侈品、特殊商品的贸易占比较大。另外,由于大批商货和商人的云集,开封也成为华北地区重要的商品集散市场,开封商业除为本城居民服务之外,也有一部分商品转销外地。《松窗梦语》有言:"京师以南,河南当天下之中,开封其都会也。北下卫、彰达京圻,东沿汴、泗转江汉,车马之交,达于四方,商贾乐聚。"④开封城

---

① 河南巡抚尹会一《尹少宰奏议》卷7《河南疏六》。
② (清)佚名:《如梦录·街市纪第六》,第57、34页。
③ 魏千志:《清代开封景文州汴绫庄的发展》,《中华文史论丛》第3辑,上海古籍出版社1983年版,第303—321页。
④ (明)张瀚撰:《松窗梦语》卷4《商贾纪》,第82页。

关有很多客店和骡马大店，为往来客商的住宿、贮货和运输服务。

清代，由于上述高消费群体的丧失，开封居民的消费档次明显下降，商业构成中民生日用品比重上升。清代前期开封商业主要是为本城居民服务的，以零售业为主，其商品多来自朱仙镇，集散功能十分有限。该城的商业布局也随着商业功能的变化发生了变化，明代集中在繁华商业区的各类店铺，清代逐渐分散到各街区；明代诸多过客店和骡马大店，在清代文献记载中也难觅踪迹。不过，清中叶以降各地商人在开封兴建了很多会馆，这些会馆为商人提供居停、贮货服务，部分替代了客店的作用。在清代后期朱仙镇衰落之后，开封商业的批发、中转功能当会逐渐增强。

第二节　山东省会济南及其商业特色

关于济南的研究已有两部通史性著作①，朱亚非主编的《济南通史·明清卷》对明清两代济南的政治、经济、文化论述颇详，唯城市商业基本阙如。关于明清济南商业的研究，笔者所见有陆敏和王丽亚、赵树国两篇论文②，使用资料多限于正史、方志、小说等。本节首先考察明清两代济南的空间分布、人口结构与商业发展，然后利用山陕会馆碑刻资料，对济南的商业特色做进一步的考察。

一、明清两代济南的空间分布、人口结构与商业发展

济南，古称历下，因位于历山之下而得名；济水从城北流过，宋代升齐州为济南府，"济南"之名遂行于世。《山东通志》记载："济南府城，历城县附郭。元魏为济南郡治，唐复置齐州，宋升为府，建今治。"该城本为土城，"明洪武四年内外甃以砖石，周十二里四十八丈，高三丈二尺，厚三丈，池阔

---

① 济南市社会科学研究所编著：《济南简史》，齐鲁书社 1986 年版；安作璋主编：《济南通史》，齐鲁书社 2008 年版（其中的《明清卷》为朱亚非主编）。
② 陆敏：《历史时期济南城市工商业区的演变》，《济南大学学报》2003 年第 5 期；王丽亚、赵树国：《明清济南商业经济三题》，《济南大学学报（社会科学版）》2011 年第 1 期。

五丈，深三丈。"①明清两代曾多次重修。

济南城门有四：东曰齐川，西曰泺源，南曰历山，北曰会波。不过这四门并不相对，"其门南居中，东偏北，西偏南，北偏东，西去南近，东去北近"②。西门偏南，西门大街向东一直延伸至东城墙根；东门偏北，东门大街向西延伸至鹊华桥，过桥就是大明湖。大明湖居城内北部，故北门内"居民罕少"，亦无正街③；四门之中只有南门位置居中，而南、北二门也不相对。

清代，济南城关商业发展较快，城外人口不断增加。咸丰年间捻军围攻济南，团练大臣杜垿"因关厢无障蔽，督绅董筑土圩以环之，周四十里"，把城关的大片土地围进土圩；同治年间改筑石圩，"以城北多水，缺其一面，减土圩之三"④，城区面积扩大了一倍左右，老城遂成为内城。石圩设门七：岱安、永固、永绥、永靖、永镇、济安、海晏。三条关外大街构成外城的骨架，外城布局未经统一规划，显得零乱，斜街曲巷较多。⑤

济南素有"泉城"之美誉，大明湖"为诸泉所汇，当城中地三之一。……夏时芰荷满湖，苇荻成港，泛舟其中，景之绝胜者"⑥。大明湖及位于西关之外的趵突泉等都是著名的风景区，明清两代有诸多文人雅士来此游览，康熙、乾隆皇帝也曾多次驾临，观泉游湖，登楼赋诗。

明清两代济南都是山东的省会，以历城为附郭，省、府、县三级行政中心汇集一城。明代德藩王府是济南城内规模最大的建筑，建于成化二年（1466），在"济南府治西，居会城中，占十之三"⑦。明末王府被毁，清初巡抚衙门移至德藩旧址。西门大街和南门大街呈"丁"字形相交于此，西为巡抚衙门，东为济南府署，故此处实为济南城的中心。布政司在抚院西北，地近大明湖，贡院和文庙在布政司迤东；济东道署在府治以东，历城县署在府治以北；盐运司和按察司在县治以西，地近东城墙。众多衙署占据了济南城

---

① 雍正《山东通志》卷4《城池志》。
② 崇祯《历城县志》卷3《建置志上》。
③ 光绪《历下志游》正编卷3《城闉志》。
④ 民国《续修历城县志》卷13《建置考》。
⑤ 马正林编著：《中国城市历史地理》，第166、280页。
⑥ （明）王士性撰：《广志绎》卷3，第54页。
⑦ 崇祯《历城县志》卷3《建置志上》。

中部的大部分空间。南城则多为军事机构，济南卫在"南门内，洪武十九年建"，下设五千户所，以及镇抚司、经历司，均在卫署之内；南门外建有演武厅、教场和军营。清代左营参将署在尹家巷，守备署在历山顶；右营参将署在南城下，守备署在卫巷；济南城守营参将署在县西巷，守备署在城隍庙街。①

济南的城市人口，明代未见具体记载。除省、府、县三级行政机构的大小官吏人数众多之外，以德府为首的王公贵族以及为他们服务的诸多官吏仆役，是济南人口中的一个特殊群体。德王朱见潾为英宗皇帝第二子，成化三年（1467）之藩。子嗣繁衍，到崇祯初济南城中已有郡王七，将军七。泰安王府、临朐王府在西门内，嘉祥王府、清平王府在府馆街；纪城王府在县庠西，宁海王府在南门内，宁阳王府在南门外。亲王、郡王各有一套自己的衙署，德王府的官署有：长史司、审理所、仪卫司、群牧所、纪善所、典宝所、典膳所、典簿所、典仪所、奉祀所、工正所、良医所，俱在德府前；郡王府则有教授、典膳、典杖三者。②

明代济南驻军有参将、守备、千总各一员，把总四员，步营官兵 1418 名，马营官兵 1032 名，南营官兵 799 名，合计 3200 余名。清代济南城守营驻扎府城，额兵 600 名；巡抚麾下抚标左、右二营官兵合计也有 600 余名③，比明代有所减少。

乾隆《历城县志》较详细地记载了济南城乡的户口数字。济南城内分为八约，即信字约、温字约、孝字约、法字约、弟字约、柔美约、忠字约、和礼约，共计 57 甲，600 牌，6117 户，25 946 口；近城计有东关、南保泉一、南关武坊一、南保一、南保二、南保三、南保四、南保五、北保一、北保二、鹊华一、鹊华二、鹊华三、闵孝一等 14 里，共 68 甲，612 牌，6394 户，23 188 口；乡村则分为西北、正北、东北、正东、东南、正南、西南、正西 8 个乡，共计 57 里，535 甲，535 牌，60 113 户，229 129 口。上述户口数字中，城内八约和城外八乡分属济南城、乡，而近城部分则为"城四门外街巷及近城之

---

① 崇祯《历乘》卷 5《公署》；道光《济南府志》卷 9《公廨》。
② 崇祯《历乘》卷 5《公署》《藩封》。
③ 朱亚非主编：《济南通史·明清卷》，第 183—184、187—188 页。

村"的户口数,既包括居住于城关各街巷的人口,也包括近城各村的乡村人口,如西关南保三,领街庄七:曰小仓街、捍石桥街、灵官庙街、姚家巷和陈家庄、王家庄、良家庄,共52牌,539户,1780口;北保二,领街庄十:包括铁塔街、东干面巷、西干面巷、太湖石巷、迎仙桥街、十王店街,以及五里沟、官家营、刘家庄、北大槐树,共60牌,627户,2071口。其中名为×街×巷者当为城关街巷,而称庄、称沟者当属"近城之村"。表2-7是乾隆中叶济南城乡人口的分类统计,请参见。

表 2-7 乾隆中叶济南城乡人口统计

分区	户数/户	占比/%	人口数/口	占比/%
全县总计	72 624	100.0	278 253	100.0
城内	6 117	—	25 946	—
城关	4 007	—	13 588	—
合计	10 124	13.9	39 534	14.2
近城各村	2 387	—	9 590	—
西北乡	6 274	—	26 510	—
正北乡	9 806	—	33 197	—
东北乡	17 582	—	79 583	—
正东乡	13 949	—	53 127	—
东南乡	3 197	—	8 981	—
正南乡	4 018	—	11 394	—
西南乡	3 870	—	11 332	—
正西乡	1 417	—	5 005	—
合计	62 500	86.1	238 719	85.8

资料来源:乾隆《历城县志》卷3《地域考一·里社》。

由表2-7可知,乾隆年间济南城区人口有10 000余户,约4万人;不过,若将近城各村人口一并计入,则城市人口计有12 500余户,将近5万人。[①]实际上,这些"近城之村"在同治年间修建石圩时绝大部分被圈入新

---

① 乾隆《历城县志》卷3《地域考一·里社》。

城区，其时济南城市人口估计至少增至七八万人。①

清代济南人口中已经没有了昔日数量庞大的王公贵族，但省、府、县三级行政机构的文、武官员仍保持相当数量。此外，三年一次的乡试为济南带来的流动人口，清代似比明代有较大增长。济南贡院位于布政司以东，建于洪武初年，成化十九年(1483)增修"至公堂、明远楼、受卷、弥封、誊录、对读四所……号舍凡千二百有余间，地广八丈，长四十余丈"。其后，随着录取名额的增长，应考学子大幅度增加，号舍不断增修，明末"号舍增至六千余"，"雍正十年增建至一万"。乾隆年间因火灾毁损一部分，仅余7525间，道光六年(1826)知府钟祥请帑增建房屋"四十三连，为号五百七十四，共八千九十余间"。②从号舍数量可以推定，清代参加乡试的举子至少会有六七千人之多。大批学子的涌入和滞留，对于常住人口只有四五万或者七八万的城市无疑是一个庞大而且特殊的消费群体。

明代济南商业已十分繁荣。崇祯《历乘》记载：济南所产"不过稻秫蔬麦、枲麻布缕之类，至罗绮履舄皆取给于商"③，即高档消费品均由客商贩运而来。城内布政司街"贾廛错列"，当为外来客商的汇集之所；西关内外也是"民廛错列"，甚至瓮城之内也多"列为市廛"。城关附近则为农副产品交易市场，尤以西关最盛，如粮食市在西关丁字街，"辐辏云集，贸易无虚日，南、东门外皆逊西市"；筐市在丁字街北，菜市街在迎仙桥，藕市在五龙潭南，柴市在趵突泉北；炭市，"三关有六，西居其四；石炭市，三关各一"。此外，还有船巷、篦子巷、剪子巷、豆腐巷、干面巷等专业街巷。东关有粮食市、石炭市，而以果市最盛；南门外也设有粮食市、炭市、石炭市。④

清代前期济南商业又有进一步的发展。明末济南城内外街巷共67条⑤；乾隆年间城内街巷51条，城外街巷62条，合计113条，比明代增长了2/3。⑥

---

① 民国《历城县志》卷4《户口》；据民国十五年的统计，济南城、厢人口已超过20万，扣除商埠四区的8300余户，32 300余口，老城和城关人口共计37 900余户，169 000余人。
② 道光《济南府志》卷9《公廨》。
③ 崇祯《历乘》卷14《风俗纪》。
④ 崇祯《历城县志》卷3《建置志上》。
⑤ 崇祯《历城县志》卷3《建置志上》。
⑥ 乾隆《历城县志》卷3《地域考一·里社》。

其中西门大街、布政司街、芙蓉街、抚院前街等都是重要的商业街。嘉庆十三年（1808）"五月十二日夜，府西门大街火灾，延烧市四百余家"①，一条大街有市肆400余家，西门大街的商业之盛由此可见。光绪初年的记载称："市肆以四隅头为最喧闹，果品、蔬品及山海异味陈列甚多，凡时物之自省外及南省新来者，各铺皆用红签书'新到某物'，插于其上。精饮馔者过之，必购归尝新。"四隅头，即西门大街与南门大街交汇的丁字路口，这里是时鲜果蔬、山珍海错的汇聚之所。"书铺在大、小布政司街"；"南纸铺不下十余家，以艺林堂为最，在抚院前；次则容在堂，在布政司小街"，这里是诸多学子和文人墨客的流连之地；衣庄在西门大街和芙蓉街，靴帽铺、洋广货铺也多集中在芙蓉街和芙蓉巷；新泰厚等金融字号位于西门大街和芙蓉巷；"古董铺多在厚宰门"，药铺则散见于各街。还有一些高档酒楼分布在闹市区和大明湖附近，如鹿鸣园在厚宰门，中和园、最雅园在府学前，海山居、北渚楼在芙蓉街，福庆楼在金鞠巷，百花楼在百花桥，凤翥楼在王府池，九华楼在县西巷等，"坐客之满不亚都门，间有招妓侑酒者，则兼有沪上之风矣"。②图2-3是清代济南主要街市分布示意，请参见。

　　大量客商云集，建立会馆，从另一个角度反映了济南商业的发展。江西会馆始建于明代，是济南建立最早的会馆，清代曾多次扩建增修。据济东道陈守训所撰《江西会馆记》记言："江西会馆在后宰门北，建自前明，祀许旌阳真君，沿旧称万寿宫，为江右仕商宴会之所。国朝康熙四十六年价买张思恭基地，始扩而大之。乾隆五十年乙巳济东泰武临道陈守训、济南府知府曾廷檊率同乡重加增修，有真君正殿，前有头二门，外有屏墙，东西厢房各五间，后有房舍，规模大备，题额改署江西会馆。"③山陕会馆始建于乾隆三十六年（1771），咸同年间重修（详见下文）。湖广会馆、浙闽会馆、八旗奉直会馆均为同治年间创建，中州会馆为光绪初年，而浙绍乡祠、江南会馆被记为"创建已久"④，估计是在清代前期建立的。换言之，清代中叶至少已有大量

---

① 道光《济南府志》卷20《灾祥》。
② 光绪《历下志游》正编卷3《城闉志》。
③ 道光《济南府志》卷66《艺文二》。
④ 光绪《历下志游》正编卷3《城闉志》。

江西、山陕、江浙商人活跃于济南。以地土之宜，江浙商人可能主要经营"罗绮履舄"，江西商人估计多会经营瓷器、纸张；至于山陕商人经营的行业，笔者将在下一节借助会馆碑刻资料进行具体考察。

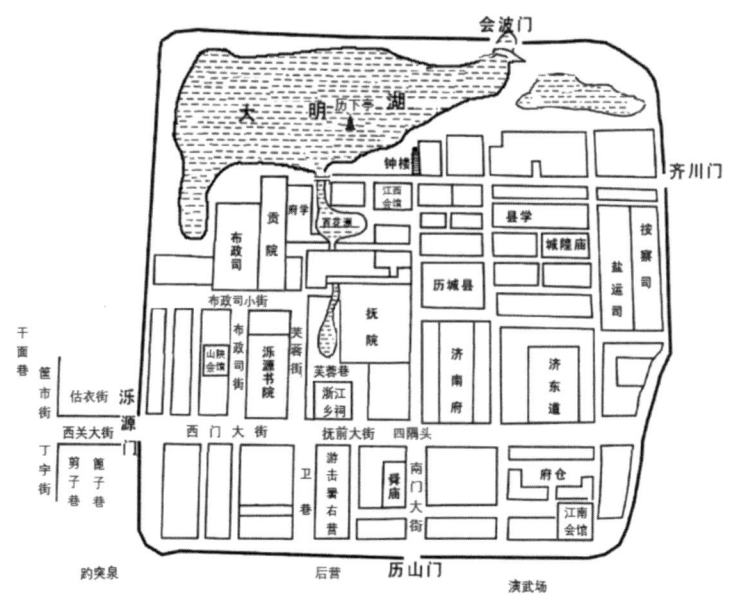

图 2-3　清代济南主要街市分布示意图

资料来源：据马正林编著《中国城市历史地理》第 132 页《清济南城图》改制

二、从《重修山陕会馆碑记》看济南的商业特色

与商业城市的会馆有所不同，济南的各省会馆大多为仕商合建，如江西会馆"为江右仕商宴会之所"，奉直会馆"官僚筵聚，往往假座于此"[①]；山陕会馆也为官、商共建，在咸同年间重修会馆的集资中官员捐款还高于商人（详见下文）。十分遗憾的是，清代济南的诸多会馆都未能保留下来。目前所能见到的会馆碑铭也只有光绪二年（1876）《重修山陕会馆碑记》，该碑为我们了解会馆的创建重修经过、会馆性质，特别是山陕商人的经营特色提供了很多珍贵信息。关于山陕会馆的创建和重修，该碑记载如下。

---

① 光绪《历下志游》正编卷 3《城闉志》。

东省布政司大街山陕会馆创自乾隆三十六年，其时规模未广，诸同人趋跄殿陛，每有势不能容之憾。窃忆前人创为斯举，非不欲宏阔壮丽也，亦非力能为而不为也，徒以限于地故，所以暂就朴略，以待后人踵事增华耳。今岁久渗漏，渐就破坏，诸乡友公议重修。适东邻王公鲁川以附近地基一段，长三丈六尺、阔八尺，布施神祠。于是推广基址，鸠工庀材，将旧日台榭殿廊一口而新之。大门向在巷内迤北，今则移口大街东向，增其式廓；大门内耳房、照壁及北重门为一段。入重门，北置小院，客座一区，西至三门为二段。三门内，面南牌楼为正门，两傍便门出入，南为对厅，西南为厨舍，东为溷圊，皆周以游廊，为第三段。牌楼北接照棚、戏台，两厢置楼，围以栏杆；北为正厅，东至更衣复室；东西两厢后复立茶灶、铺垫等房，为第四段。正厅影堂后为祠门，为穿堂；北殿三楹为神祠，中间设协天大帝盘龙龛，其像系自兖州憩马地仿照敬塑；东间仍供旧塑关帝像及旧日匾联，示不忘前人创始也；西间则添设财神像以为配享，此为第五段。其余殿傍隙地各置退厅，及一切灯彩什具莫不毕备。此举也，基阔于前，费亦增于旧，惟料欲其壮而坚，式欲其新而雅，宽敞轩豁，庶足畅前人未满之志，启后人奋兴之心。将见入斯馆也，瞻圣像之赫奕，求无愧于神；联几筵之欢燕，思无忝于友。必有争自濯磨，以为桑梓光者，岂第宏阔壮丽，徒以饰观云尔哉。工始于咸丰元年正月，董事者乔海明等经营筹画，日夜况瘁，惟乔君朗齐之力尤多。彼时东省多故，厥口未蒇。嗣后经理者毛遇春等，于同治二年前后亚臛，崭然一新。顾事难创始，尤贵有终。兹我同人惧没前人义举，无以昭示来兹，于光绪丙子夏五月择吉泐石，口其实不取其文，并刊捐助者姓氏于后，非敢袭美，亦曰：光前烈即以启后之随时整饰者耳。①

据碑文记载，会馆创建于乾隆三十六年(1771)，当时规模有限；经过七

---

① 光绪二年《重修山陕会馆碑记》，见许檀编《清代河南、山东等省商人会馆碑刻资料选辑》，第238—239页。

八十年的发展，至道光末年该帮实力大有增长，遂于咸丰元年(1851)开工扩建，至同治二年(1863)竣工，并于光绪二年五月立碑，以昭后人。重修后的会馆建筑主要有大门、照壁、重门、牌楼、对厅、游廊、照棚、戏台、看楼、正厅、大殿等，并将原来位于巷内的大门移至布政司大街。从建筑规模看，山陕会馆的经济实力远比江西会馆大得多。

济南山陕会馆为官商合建。在该碑所镌298个捐款名号中，有各级官员153人，共捐银9997两，占捐款总额的52.4%；士绅捐款488两，占2.5%，二者合计为54.9%；有117家商号参与集资，共捐银8601两，占45.1%。在参与集资的官员中，捐银最多者为600两，最少为2两；官职最高者为河南巡抚李庆翱，捐银百两；前后两任济南知府陈宽、李天锡分别捐银200两和300两。表2-8是据《重修山陕会馆碑记》所镌官、商捐款所做的统计，请参见。

表 2-8　济南重修山陕会馆的官、商捐款统计

分类	数量	捐款额/两	占比/%
官员	153 人	9 997	52.4
士绅	28 人	488	2.5
商号	117 家	8 601	45.1
合计	298 人	19 086	100.0

资料来源：据光绪二年《重修山陕会馆碑记》(许檀编《清代河南、山东等省商人会馆碑刻资料选辑》)统计

在参与此次集资的商号中，捐银最多者为1000两，最少为4两。表2-9是对该碑所镌商人捐款所做的行业统计，请参见。由于会馆重修始于咸丰元年，同治二年完成，故表2-9大体可视作道光、咸丰年间山陕商人的行业分布。

在参与集资的117家商号中，以首饰业和金融业捐银最多，合计占到商人捐款的60%以上，是山陕商人中实力最强的行业；药业、盐业分别占8.8%和3.5%，也具有一定规模；"其他"一栏的13家商号，包括茶店、烟店、漆店、皮店、锅店、铁店等，除同春茶店捐银100两外，大多为十数两或数十两，最少者只有5两，规模都不太大。此外，有43家商号行业不详，商号数

量虽占 36.7%，但捐款金额只占总额的 20.5%。

表 2-9　济南山陕会馆捐款商人的行业统计

行 业	数量/家	捐款额/两	占比/%
首饰业	11	3145	36.6
金融业	24	2265	26.3
药 业	21	758	8.8
盐 业	5	300	3.5
其 他	13	368	4.3
行业不详	43	1765	20.5
合 计	117	8601	100.0

资料来源：据光绪二年《重修山陕会馆碑记》（许檀编《清代河南、山东等省商人会馆碑刻资料选辑》）统计

我们还可做进一步的分析，首饰业的 11 家字号包括 8 家金店和 3 家银楼，店铺数量不多，但实力极强。其中和合金店捐银 1000 两，为此次集资之魁首；公盛、隆泰两家金店分别捐银 500 两和 400 两，宝三银楼也捐银 400 两，均属佼佼者。11 家店铺合计捐银 3145 两，占商人捐款的 36.6%，占集资总额的 16.5%。表 2-10 所列是这 11 家店铺名号及其捐款额，请参见。

表 2-10　济南山陕会馆 11 家首饰业店铺的捐款统计

商号名称	捐款额/两	商号名称	捐款额/两
和合金店	1000	和祥金店	50
公盛金店	500	庆升金店	30
隆泰金店	400	宝三银楼	400
公易金店	280	天宝银楼	30
协昌金店	250	天裕银楼	25
和丰金店	180		
合 计	3145		

资料来源：据光绪二年《重修山陕会馆碑记》（许檀编《清代河南、山东等省商人会馆碑刻资料选辑》）统计

金融业历来为晋商的强项，清代华北各地金融业大多为晋商所垄断。乾隆年间的记载称："典肆，江以南皆徽人，曰徽商；江以北皆晋人，曰晋商。"[1]天津、临清、泰安、周村、开封、朱仙镇等城镇的金融业大多为晋商经营。参与此次集资的金融字号包括 6 家当铺、12 家银号、2 家钱店，以及日新中、天成亨、蔚盛长、新泰厚等 4 家票号。表 2-11 是这 24 家金融字号的捐款统计，请参见。

表 2-11　济南山陕会馆 24 家金融字号的捐款统计

商号名称	捐款额/两	商号名称	捐款额/两
亨裕当	630	震亨银号	220
正立当	200	和盛银号	160
隆裕当	100	广德银号	60
光裕当	100	永和银号	30
永吉当	100	有怀银号	30
永裕当	70	和义银号	20
永新钱店	30	景泰银号	20
洪裕钱店	30	福昌银号	20
日新中	240	公顺银号	20
天成亨	50	全裕银号	15
蔚盛长	50	三锡银号	10
新泰厚	50	祥成银号	10
合　计	2265		

资料来源：据光绪二年《重修山陕会馆碑记》（许檀编《清代河南、山东等省商人会馆碑刻资料选辑》）统计

表 2-11 可见，在这 24 家金融字号中，以亨裕当捐款最多为 630 两，正

---

[1]（清）李燧：《晋游日记》卷 3，黄鉴晖校注，山西人民出版社 1989 年版，第 70 页。

立当 200 两，隆裕当、光裕当、永吉当三家各 100 两，6 家当铺合计捐银 1200 两，已超过 24 家商号捐款总额之半。银号各店中以震亨银号实力最强，捐银 220 两；和盛银号稍逊，为 160 两，12 家银号合计为 615 两；4 家票号共捐银 390 两，其中日新中捐银 240 两，其余三家各 50 两，规模相差较大；2 家钱店规模较小，各捐银 30 两。从捐款数额来看，咸丰年间济南的金融业仍以传统的当铺实力最强，新兴的票号尚未成为行业翘楚。

参与集资的 4 家票号中，蔚盛长、新泰厚、天成亨三家为道光六年（1826）成立，系由原在平遥城内开设的绸布庄改组而成，且均属于著名的"蔚字五联号"成员。日新中是由日升昌票号出资于道光二十年前后开设的，在京师、张家口、归化城、营口、南京、苏州、镇江、芜湖、汉口、济南、周村等地设有分号。据日新中票号北京分号总结账统计，道光三十年京师与济南的往来汇兑金额只有 1866 两，到咸丰二年（1852）已达 89 046 两①，增长十分迅速，故而在济南山陕会馆重修的集资中日新中捐款最多。不过，该票号只经营了 20 年左右，于咸丰十一年倒闭。②故在光绪初的记载中日新中已不见踪影，而新泰厚票号似已成为行业魁首。

山陕商人经营的药业，规模虽远不及首饰业和金融业，但特色却十分鲜明。在参与集资的 21 家药业字号中有 19 家名为"参店"，当是以经营人参等高档药材为主的；名为"麟芝堂"者，估计是以经营灵芝为主；只有"洪源药行"一家可能经营一般药材。显然，这些字号都是以济南城中的高端消费群体为服务对象的。表 2-12 所列是这 21 家药业字号及其捐款金额，请参见。不过，据光绪初年的记载：济南的药铺"以益寿堂为最，在布政司大街；次则东育生堂，在抚院西"③。看来，晋商经营的药店还不是济南城内最著名的，益寿堂、东育生堂等药铺的经营规模应该更大。

食盐是专卖商品，明代行开中制，山西商人多以此起家。清代，盐业仍是晋商经营的主要行业之一，如嘉道年间天津创建锅店街山西会馆，"盐、当

---

① 张正明、邓泉：《平遥票号商》，山西教育出版社 1997 年版，第 130、134、140、144—145 页。
② 张正明、邓泉：《平遥票号商》，第 145 页。
③ 光绪《历下志游》正编卷 3《城闉志》。

表 2-12　济南山陕会馆 21 家药业字号及其捐款统计

商号名称	捐款额/两	商号名称	捐款额/两
致和参店	100	公兴参店	20
瑞盛参店	100	永胜参店	20
福盛参店	80	隆茂参店	20
永盛参店	60	公茂参店	20
广裕参店	50	天泰参店	15
宝源参店	40	协和参店	16
和畅参店	40	晋盛参店	12
德兴参店	30	丰泰参店	10
珍源参店	30	麟芝堂	30
天德参店	25	洪源药行	15
泰祥参店	25		
合　计	758		

资料来源：据光绪二年《重修山陕会馆碑记》（许檀编《清代河南、山东等省商人会馆碑刻资料选辑》）统计

诸商并各行字号"均参与捐款①；河南林县"操奇赢罗市利者率三晋之人为之，县属则泽、潞间人为盛，其大者则盐、当二商"②；孟津县"盐、当各商多晋人"③；山东馆陶县"凡自盐、当以及铁货、布庄、杂行、钱店各生意"均为晋商经营④。

　　济南城北 20 里的泺口镇是山东食盐的转运枢纽。"凡济南、泰安、东昌、兖、沂、曹六府所食之盐，自武定府利津县所属之永阜场筑包，船运皆由大清河经蒲观抵泺口，乃分运各州县，故泺亦东省运盐之一大总汇也。"⑤明代已有晋商在山东经营盐业，如泰安的山西会馆，即为盐、当两行商人在明

---

①　道光九年《初建山西会馆碑记》，见许檀编《清代河南、山东等省商人会馆碑刻资料选辑》，第 399 页。
②　乾隆《林县志》卷 5《风土志》。
③　嘉庆《孟津县志》卷 4《风俗》。
④　光绪《馆陶县乡土志》卷 8《商务》。
⑤　乾隆《历城县志》卷 4《地域考二·盐法》。

末捐资修建；销行泰安的食盐系在泺口起岸，"陆路经历城、长清、肥城入本境"①，故晋商在济南经营盐业也应始于明代。参与此次集资的盐商为历城、夏津、恩、曹、馆陶五县的盐公店，也就是说，销行这5个县的食盐都是由晋商经营的。

＊　　＊　　＊　　＊

与华北其他城镇相比，济南的山陕商号并不算多，但经营特色却十分明显。除历来擅长的金融和盐业之外，首饰业和药业占比之高是其他城镇罕见的，特别是21家药业字号中竟有19家主营人参。山陕商人的这一行业选择，显然是为适应该城高端消费群体相对庞大而采取的经营策略，同时也从一个侧面反映出济南商业的重要特点：其一，济南商业主要是为本城居民服务的，转运贸易十分有限；其二，该城商业中奢侈性消费占比较大。

第三节　明清两代的保定及其商业发展

关于明清时期直隶城市史研究，笔者所见有徐纯性和张慧芝两本专著②，但对保定的考察相对较少。赵金辉硕士论文《都南屏翰：清代保定城市发展研究，1644—1911》③，对清代保定的政治、经济、文化考察较详，本节多有参考。

一、明清两代保定行政地位的变化与人口增长

保定，隋代"置清苑县，属河间郡，以境内有清苑河，故名"；宋代为保州，元为保定路，明为保定府，清康熙八年（1669）升格为省会，以清苑为附郭。④

---

① 许檀：《明清时期山东商品经济的发展》，第216、376页。
② 徐纯性主编：《河北城市发展史》，河北教育出版社1991年版；张慧芝：《天子脚下与殖民阴影：清代直隶地区的城市》，上海三联书店2013年版。
③ 赵金辉：《都南屏翰：清代保定城市发展研究，1644—1911》，四川大学硕士学位论文，2007年。
④ 嘉靖《清苑县志》卷1《建置沿革》。

保定城为元代大将军张柔所建，原为土城。明建文四年（1402）"都督孟善以砖石甃瓮城四门，增女墙……周围一十二里三百三十步，高三丈五尺，广一丈五尺，池深三丈，阔五丈。门四……角楼四，敌台八十一，警铺四十九"①。隆庆年间知府张烈文、贾淇、章时鸾相继改修砖城，清代又于顺治、雍正、乾隆年间多次重修。咸丰三年（1853）为应对太平军的北伐，直隶总督讷尔经额筹款修葺城垣，挑挖护城河；同治十一年（1872）总督李鸿章再次重修。②

保定城大体为正方形，惟西南角向外突出。城门有四：东曰望瀛，南曰迎熏，西曰瞻岳，北曰拱极；又有东、西、南、北四水门，护城河系"引一亩泉水注之"。城中的主要道路，是连通东、西两门的东、西大街与南、北大街相交形成的两条方向相反的丁字街。北街偏东，故南北两门不能正对；北街南端的大慈阁是全城的制高点；南街北端为鼓楼，鼓楼横跨街道，行人可从楼下穿行。③

明代保定为府城，知府衙门是城内最重要的行政机构。"保定府在城内正中，明洪武中建，成化二年知府章律重修。清军厅、粮马厅、理刑厅，俱在府治内；经历司、照磨所、司狱司，俱在府治内；税课司在府治北"④。知府以下，各僚属佐贰官员、胥吏宅院环绕府衙，"如丞、如倅、如司李、如幕僚，胥有宅焉"⑤。清苑县署则偏于城之西南隅，"洪武中建，成化五年知县陈璘重修"⑥。

保定作为拱卫京师的南大门，军事上至关重要。故永乐迁都之后即将北平都司迁至保定，改称大宁都司，衙署位于府衙西侧。大宁都司"统诸卫以治兵"，各卫衙署以大宁都司为中心分布，左、右、中、前四卫在都司以西，保定后卫在都司以东，为永乐初年所建。⑦

---

① 康熙《畿辅通志》卷5《城池》。
② 光绪《保定府志》卷35《工政略·城池》。
③ 光绪《保定府志》卷35《工政略·城池》；康熙《保定府志》卷1《郡城图说》。
④ 康熙《畿辅通志》卷8《公署》。
⑤ 康熙《保定府志》卷1《郡城图说》。
⑥ 康熙《畿辅通志》卷8《公署》。
⑦ 嘉靖《清苑县志》卷2《城池》《公署》。

康熙八年(1669)直隶巡抚由真定迁至保定，保定成为省会，大量省级行政机构随之迁入，并成为城内建筑的主体。雍正二年(1724)升直隶巡抚为总督，改直隶守道、巡道为布政使和按察使。总督衙署位于鼓楼以西，是在大宁都司旧址重建，东西长"四十有二(丈)，南北之深几倍焉，周垣崇阁，庭阶轩敞"①，成为城内规模最大的建筑群。布政使司署在西门内西大街路北，"旧为守道署，雍正二年改为布政司署"；按察使司署位于西大街以南，即院署西南，"旧为巡道署，雍正二年改为按察司署"；提督学政署在城隍庙街以西②；分巡清河道署在府治东，"旧为大名道，雍正四年改设，移驻省城"，道光年间移至县治西。③图2-4是清代保定城四门、衙署及主要街道分布示意图，请参见。

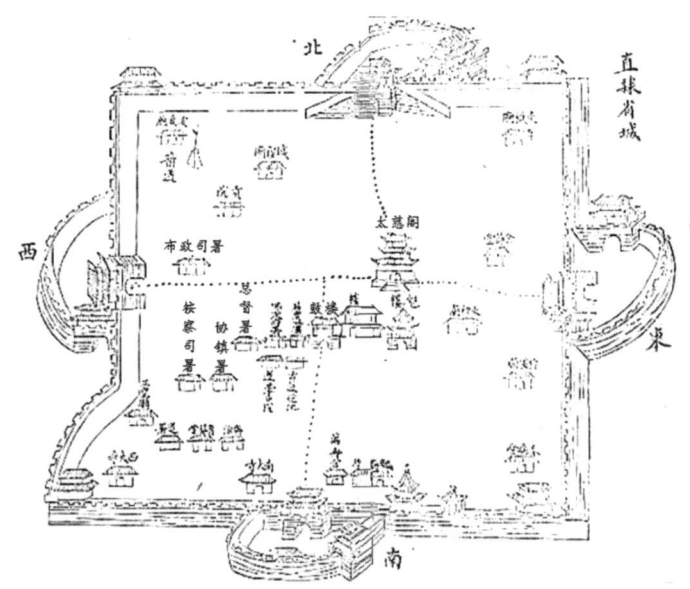

图 2-4 清代保定城四门、衙署及主要街道分布图

资料来源：同治《清苑县志》卷首《直隶省城图》

清代保定有八旗驻防，顺治六年(1649)设城守尉，辖正红、镶红二旗，

---

① (清)唐执玉《新建保定总督公署记略》，光绪《保定府志》卷35《工政略·公署》。
② 光绪《保定府志》卷35《工政略·公署》。
③ 民国《清苑县志》卷1《建置·署廨》；光绪《保定府志》卷35《工政略·公署》。

"营署在府城南门内迤西"①。其他军事衙署：督标中军协镇署在总督署以西；保定营参将署在西大街路北，保定营守备署在西大街以南之小察院；前营游击署在西大街路北，藩署以西；前营守备署在西大街以南，唐家胡同路东；后营游击署在协署东，后营守备署在大慈阁以西；左营都司署在贡院街；右营游击署在延寿寺街路西；右营守备署在北街之梁家胡同。②

明代保定城内只有府学、县学，府学位于城南迎熏门内东侧；县学位于鼓楼以东，旁有魁星楼，"俗呼穿心楼，上祠文昌星君"③。清代，保定成为直隶全省的文教中心，提督学政署于康熙三十六年（1697）从易州迁入，在城内西北隅设省级试院，并于乾隆四年（1739）请帑重修，"卑者培之，暗者敞之，隘者拓之，少者益之"，面貌焕然改观。重修后的贡院可汇集"保阳所属及易州所辖文武生童二万余人"，号称"冠冕直省之百八十一郡"。④莲池书院则为直隶的最高学府，书院位于府治以南，系雍正十一年（1733）总督李卫将元代之莲花池改建而成；其后，乾隆、道光、光绪年间历任总督相继重修、扩建⑤，乾隆皇帝的多次莅临无疑更大大地提升了其声誉和地位。

《清苑县志》记载，嘉靖十一年（1532），全县为3029户，40 661口；军籍1685户，匠籍94户。⑥万历十五年（1587），全县民户3192户，57 567口；军户1713，匠籍72户。⑦城区人口未见记载，如以同治年间城市人口占25%的同样比例计算，城区人口当已超过万人，其中驻军及其家属占有较高比重。

清代前期保定人口未见具体数字。同治《清苑县志》记载："在城四街四关共一万零一百三十二户，计男女大小六万五千七百零三名口"，四乡人口194 000余人，城区人口占全县的25%。⑧表2-13是同治年间保定城乡人口统

---

① 光绪《保定府志》卷33《兵政略·兵制》。
② 光绪《保定府志》卷35《工政略·城池》附《保定府城图》；民国《清苑县志》卷1《建置·署廨》。
③ 康熙《保定府志》卷1《郡城图说》。
④ 光绪《保定府志》卷35《工政略·公署》。
⑤ 光绪《保定府志》卷28《礼政略·学校》。
⑥ 嘉靖《清苑县志》卷3《户田·户口》。
⑦ 光绪《保定府志》卷1《户口表》。
⑧ 同治《清苑县志》卷6《田赋·现在户口》。

计，请参见。

表 2-13 同治年间保定城乡人口统计

分 区	户数/户	占比/%	人口数/口	占比/%
城内和四关	10 132	19.6	65 703	25.3
西北乡	8 803	17.0	39 969	15.4
正南乡	18 043	34.9	91 298	35.1
正东乡	5 992	11.6	26 738	10.3
东南乡	8 748	16.9	36 167	13.9
合 计	51 718	100.0	259 875	100.0

资料来源：同治《清苑县志》卷6《田赋·现在户口》

又据民国初年日本人的调查"户数一万四千五百，人口八万"[1]，这大概是保定人口的最高值。民国二十一年(1932)"清查城关男女人数四万二千余，四乡男女人数三十万零八千三百余"；与同治年间相比，"其在四乡则增十万有余，而城关减少二万三千余"。[2]乡村人口增长将近60%，城市人口数量却减少了40%，如与清末相比更减少了将近4万，这与保定政治地位的变化有关。

1861年天津开埠，随着经济的快速发展，其政治地位也不断上升，而保定的行政中心地位实际上在逐渐下降。同治九年(1870)裁撤三口通商大臣，"所有洋务、海防各事宜，著归直隶总督经管"；并"将通商大臣衙署改为直隶总督行馆，每年于海口春融开冻后移驻天津，至冬令封河再回省城。如天津遇有要件，亦不必拘定封河回省之制"。[3]从此，直隶总督开始在天津、保定两地轮驻，甚至"终岁驻此，不复回驻保定"。到民国初年，保定的省会地位最终彻底丧失。时人评论称："盖彼时督军驻节，保定布、按以次各廨林立，而客游于斯，就食于斯者亦肩摩而趾错。……自政变以来，省署移津，布、

---

[1] [日]东亚同文会编：《支那省别全志》第18卷《直隶省》，东亚同文会1920年版，第169页。
[2] 民国《清苑县志》卷2《赋税·户口》。
[3] 民国《天津新县志》卷17《职官》。

按各署一切罢废,仅设保定道尹一署,旋亦废之,仅留县署及公安局,几与外县等夷,或尚不及繁盛一镇,而商贾亦因之凋敝,此所以城关户口如斯衰耗也。"①

二、明清两代保定商业的发展变化

明代保定的商贸活动主要集中在城中心的大慈阁和鼓楼附近。城内集市在各街轮转,初六、十六日在大慈阁东,初七、十二、十七日在大慈阁北,初九、二十七日在大慈阁南;初五、二十五日在鼓楼南,初十、三十日在鼓楼北;初二、十三、二十三日在税课司前;此外,初一、十五、二十六日在城隍庙南,十八日在大察院东②;合计18日,约占开市日期的2/3。

保定北城为世族聚居之地③,故北关商业相对繁荣;四关街道也以北关最长,达三里;此外,西关长二里,南关长一里,而东关只有半里。④城关集市也以北关最盛,每月初四、十四、十九、二十四、二十九,共开市5次;南关集市日期为初三、初八、二十三,共3次;西关、东关没有集市。⑤

清代保定成为直隶省会,城市商业随之发生了很大变化。

首先,大量高级官员驻节及其家眷、幕僚、仆役的消费提升了城市的商业档次。康熙年间已有记载称:"清苑附郡而邑,厅宇以万计,食指以数十万,日且渐于靡,非大家儿而绔纨、而履丝;非都会地而爨桂、而烹珍。"⑥奢侈性消费明显增长。

其次,专业街市取代明代的集市贸易,布市在税课司前,银市在西大街关帝庙前,旧货市在城隍庙街,鱼市、果市在大慈阁后;而农副产品贸易大多集中到城关,如炭市、牛羊市在北关,菜市在东关,粮食市则四关均有。⑦

---

① 民国《清苑县志》卷2《赋税·户口》。
② 嘉靖《清苑县志》卷2《城池(附市集)》。
③ 康熙《保定府志》卷1《郡城图说》。
④ 嘉靖《清苑县志》卷2《城池》。
⑤ 嘉靖《清苑县志》卷2《城池(附市集)》。
⑥ (清)郭棻:《清苑县志序》,(同治)《清苑县志》卷15。
⑦ 同治《清苑县志》卷1《地舆·集市》。

第三，官署林立的西大街，以及相邻的城隍庙街逐渐成为城内最主要的商业街。据宣统年间的统计，保定有绸缎、棉布行 75 户，估衣行 28 户，金银首饰行 20 户，洋货行 52 户，大部分集中在西大街和城隍庙街一带；22 户古玩店有 15 户在城隍庙街及其东边的紫河套。①

此外，清代保定南关商业渐超过北关。粮食市、牛羊市，南、北两关均有，而盐市、煤市、芦苇市均在南关②，这主要得益于府河的疏浚。保定城南的府河（又称清苑河）"西自满城县来，环其南郭，东至于安州，又东至于天津，以入于海"；不过河身狭窄，仅"稍胜小舟"。弘治年间知府赵英进行疏浚，"浅处挑深，窄处挑宽"，使"邻州旁邑之物货溢于城中"；"又构屋数十间，为市聚贾而居之"③，南关附近渐成商业街市。明代后期府河淤塞，康熙、乾隆年间多次疏浚，尤以直隶总督方观承主持的规模较大，疏浚了河源及下游数十里的河道，使天津的船只接踵而来，府河码头呈现出"舳舻相接，樯帆如林"的景象。④

外来客商兴建的诸多会馆，从另一个侧面反映了保定商业的发展。在光绪七年(1881)纂修的《保定府志》所附《保定府城图》中，三晋会馆、湖广会馆位于东大街路北，浙绍会馆在贡院街以南，两江会馆、山东会馆在贡院西北，中州会馆在南大街路西（图 2-5）。⑤这些会馆估计多是清中叶前后创建的，并可能与山东省城济南一样多为官商合建。此外，保定还有云贵会馆、冀州会馆等，当为清末所建。各地商人在保定经营的行业主要有钱粮行、杂货行、布线行、油漆行、估衣行、典当行、药材行、南货行、煤行、酱园行、铁器行、干鲜行等，三晋会馆控制保定的钱粮行和典当行，冀州会馆控制布线行。⑥

---

① 晓舟、恩厚、林泉：《保定城隍庙》，见中国人民政治协商会议河北省保定市委员会文史资料研究委员会编《保定文史资料选辑》第 6 辑，1989 年版，第 200 页。

② 同治《清苑县志》卷 1《地舆·集市》。

③ 嘉靖《清苑县志》卷 2《桥梁》。

④ 尤文远：《保定历史沿革初考》，见中国人民政治协商会议河北省保定市委员会文史资料研究委员会编《保定文史资料选辑》第 1 辑，1984 年版，第 11 页。

⑤ 光绪《保定府志》卷 35《工政略·城池》。

⑥ 晓舟、林泉、恩厚：《保定商会简史》，见中国人民政治协商会议河北省保定市委员会文史资料研究委员会编《保定文史资料选辑》第 10—11 合辑，1993 年版，第 146 页。

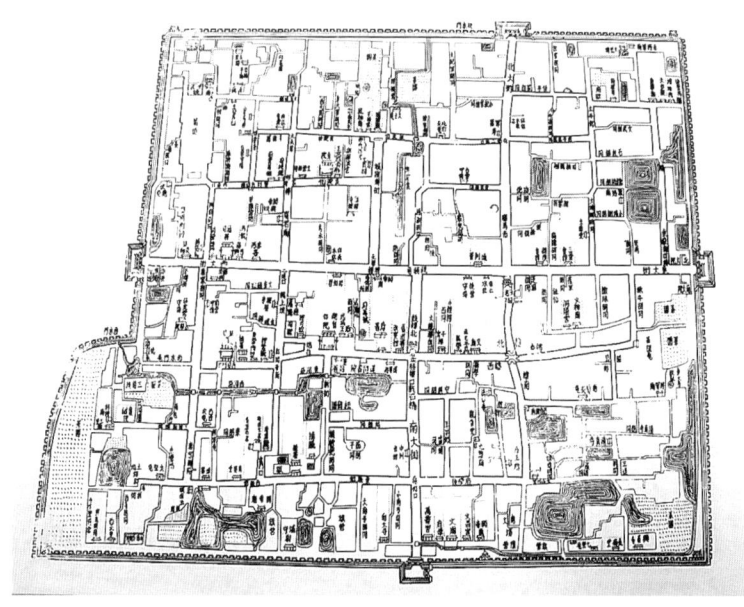

图 2-5 光绪初年保定府城图

资料来源：光绪《保定府志》卷35《工政略·城池》附《保定府城图》。

酱园业是保定最重要的手工业，同治年间保定约有酱园20户，年产面酱160万斤，酱菜200多万斤。其中最著名的槐茂号为康熙年间开设，至清末已传至第五代。光绪末年其酱菜被慈禧太后赐名"太平菜"，生意更加兴盛。此外，规模较大的酱业字号还有魁盛号、魁盛鸿、文兴涌、文兴栈、庆兴裕等。①

* * * *

从明代的府城到清代的省会，保定城市人口结构和消费结构都有很大变化，城市商业也从明代的集市贸易为主，到清代逐渐形成较繁华的商业街区。不过，保定商业主要是为满足本城居民的消费，集散功能十分有限；与开封和济南两个省城相比，其商业规模也明显逊色很多。

---

① 晓舟、恩厚：《保定酱业发展史略》，见中国人民政治协商会议河北省保定市委员会文史资料研究委员会编《保定文史资料选辑》第10—11合辑，1993年版，第221—228页。

第 三 章
府级行政中心及其商业概况

直隶明代称北直隶，领顺天、永平、大名、顺德、广平、河间、保定、真定八府以及宣府镇。清初因之，康熙三十二年(1693)裁宣府镇，改置宣化府；雍正年间改真定府为正定府，裁天津卫改设天津府；乾隆四十三年(1778)升热河直隶厅为承德府。到清代中叶(以道光末年为时点)，共领11府。①

山东明代领济南、兖州、东昌、青州、莱州、登州六府；清代雍正年间增设武定、沂州、泰安、曹州四府，共领10府。②

河南明代领开封、河南、怀庆、卫辉、彰德、归德、汝宁、南阳八府；清代雍正年间增设陈州府，共领9府。③

以上三省合计，扣除京师和省城所在，明代共有府城20个，清代为26个。本章主要对这些府级行政中心的城池修建、城市空间分布以及商业状况进行考察。

第一节　明清两代对府城的修建

华北城市发展较早，明初冀鲁豫三省府城大多是在前代老城基础上改建

---

① 牛平汉主编：《清代政区沿革综表》，中国地图出版社1990年版，第2—3页。
② 牛平汉主编：《清代政区沿革综表》，第186页。
③ 牛平汉主编：《清代政区沿革综表》，第209页。

或重修的。如河南彰德府，以安阳为附郭，该城"始筑于后魏天兴元年，增筑于宋景德三年，周围十九里。明洪武初改筑，围九里一百一十三步，裁得旧城之半"①。南阳府城"即唐南阳县旧址……元始为府城，明初甃以砖石，成化中尝一修之，崇祯初嗣唐王聿键蠲金重修"；明末毁于兵燹，清初重修。②山东东昌府"旧有土城，宋淳化间徙博州于此所筑。国朝洪武五年守御指挥陈镛始甃砖石，周围七里，高三丈五尺，阔二丈，池深二丈，阔三丈。门四：东曰春熙，西曰清远，南曰正德，北曰宣威"③。青州府城为北齐所筑，"历唐宋金元率皆覆土，国朝洪武二年都指挥叶大旺增修楼堞，砌以砖石，周围一十三里有奇，高三丈五尺，池深二丈五尺，阔八尺；四门：东曰海岱，南曰云山，西曰泰山，北曰棱霜，东南北三门皆有月城重□"④。直隶正定府城，"汉武帝始建正定国……唐宝应中成德军节度使李宝臣因滹水灌城，复拓大之，宋元并依旧城修葺。……明正统己巳都御史陆矩会、御史陈金增筑城址，浚治濠隍，为固守计，周围二十四里，高三丈余，上宽二丈；隆庆五年知县顾绶始易以砖石"，此次修筑共花费"府库银"6万余两，至万历四年（1576）落成。清代又于雍正、嘉庆、同治年间多次重修。⑤

也有一些府城因水患而迁建，如直隶大名府，唐代为魏博节度使治所，"周围计里八十余，号为河北雄镇，宋庆历间复建为北京"；明代建文三年（1401）卫河泛滥，被冲毁，"都指挥吴成具奏，始徙筑今城"。⑥河南归德府，"春秋宋国城也……宋为南京城，城周十五里四十步"；金元两代为归德府，明初降为州，属开封府，"嘉靖二十四年复为归德府"。该城"弘治十五年圮于水"，正德六年在旧城稍北建新城，城周"七里二分五厘，共一千三百四丈二尺五寸，高二丈五尺，广一丈三尺，池深二丈，阔五丈二尺"。⑦表3-1是明代冀鲁豫三省府城沿革、修建和规模简表，请参见。

---

① 嘉庆《安阳县志》卷8《建置志·城池》。
② 光绪《南阳县志》卷3《建置志·城池》。
③ 嘉靖《山东通志》卷12《城池》。
④ 嘉靖《山东通志》卷12《城池》。
⑤ 光绪《正定县志》卷9《城池》。
⑥ 乾隆《大名县志》卷3《图说三·城郭》。
⑦ 顺治《归德府志》卷2《地理志》；康熙《商丘县志》卷1《城池》。

表 3-1 明代冀鲁豫三省府城沿革、修建和规模简表

府城	附郭县	始建	明代修建	甃砌砖城	城周	城门	备注
直隶:							
顺天府(京城)							
保定府	清苑	元代	建文四年	隆庆间	12里	门4	康熙八年改省城
永平府	卢龙	秦代	洪武四年	洪武四年	9里	门4	
河间府	河间	宋代	明初重建	万历间	16里	门4	
真定府	真定	唐代	正统十四年	隆庆间	24里	门4	清代改正定府
顺德府	邢台	春秋	天顺四年	万历十年	13里	门4	
广平府	永年	唐代	成化间	嘉靖间	9里	门4	原为6里340步
大名府	元城	唐代	建文三年	嘉靖间	9里	门4	
宣府镇(宣化卫)		元代	洪武二十七年	正统五年	24里	门7	康熙间改宣化府
山东:							
济南府(省城)							
东昌府	聊城	宋代	洪武五年	洪武五年	7里	门4	
兖州府	滋阳	隋代	洪武十八年	洪武间	14里	门4	
青州府	益都	北齐	洪武二年	洪武二年	13里	门4	
莱州府	掖县	元代	洪武四年	洪武四年	9里	门4	
登州府	蓬莱	唐代	洪武间	洪武间	9里	门4水门3	另有水城,周3里
河南:							
开封府(省城)							
归德府	商丘	春秋	洪武二十二年	嘉靖间	7里	门4	明初裁1/4
彰德府	安阳	北魏	洪武初	洪武初	9里	门4	裁旧城之半
卫辉府	汲县	东魏	洪武初	正统年间	8里	门3	万历间拓建
怀庆府	河内	元代	洪武元年	崇祯间	9里	门4	
河南府	洛阳	隋代	洪武元年	洪武六年	8里	门4	正德间增筑郭城
南阳府	南阳	唐代	洪武三年	洪武三年	6里	门4	同治间增筑郭城
汝宁府	汝阳	汉代	洪武六年	正德九年	9里	门4	

资料来源:康熙《畿辅通志》卷5《城池》;雍正《山东通志》卷4《城池志》;雍正《河南通志》卷9《城池》;并参见相关府志、县志

表 3-1 可见,冀鲁豫三省府城全部沿自前代,并都在明初进行重修。除城池规模略有调整之外,最大的变化是将原来的土城改为砖城,并多增筑角

楼、敌台、瓮城和护城河，从而使城池更为坚固，防御功能更强。三省府城中规模最大者城周24里，最小为6里，8—16里的有15个，占3/4。这些府城在清代虽多次重修，但大多保持了原来的规模。

清代新增的府城也多历史悠久。如河南陈州府城，为汉代淮阳国旧址，明初洪武皇帝曾驻跸于此，"即命指挥贾齐等守焉，辛亥(洪武四年)指挥陈亨重缮，周甃以砖，延袤七里有奇"；明代陈州属开封府，清代雍正年间升州为府，仍以该城为治所。①山东泰安府城的前身为岱岳镇，宋代置乾封县治于此，金元两代为泰安州，明代因之，属济南府；"嘉靖间济南通判王云兴奉檄修筑，易土以石，周七里六十步"。清代雍正年间升州为府，"乾隆十三年春知县汤任奉旨重修，培以土石，高厚方广如故"。②曹州府明代为曹州，属兖州府；该城"本汉乘氏县城，即古曹国也。旧土城，明洪武二年圮于河"，正统年间重建。"雍正十三年改府治，设菏泽县……乾隆三十二年请帑兴修，因土城之旧外加砖甃。"③曹州府是三省府城中改筑砖城最晚的一个。直隶天津府城即明代永乐二年(1404)所建的天津卫城，惟承德府未建城池。④表3-2是清代新增的七个府城沿革、修建和规模简表，请参见。

表3-2 清代新增各府城沿革、修建和规模简表

府城	附郭县	始建年代	甃砌砖城	城周	城门	备注
陈州府	淮宁	汉代	洪武四年	7里	门4	明末城毁，清初重修
武定府	惠民	宋代	嘉靖年间	12里	门4	
沂州府	兰山	隋代	洪武元年	9里	门4	
泰安府	泰安	宋代	嘉靖年间	7里	门4	
曹州府	菏泽	汉代	乾隆年间	12里	门4	洪武二年圮于河，正统间重建
天津府	天津	永乐二年	弘治年间	9里	门4	
承德府	热河	(未建城池)				

资料来源：乾隆《陈州府志》卷5《建置·城池》；乾隆《泰安府志》卷6《建置志·城池》；乾隆《曹州府志》卷3《舆地志·城池》；同治《畿辅通志》卷128《经政略·城池》

---

① 乾隆《陈州府志》卷5《建置·城池》。
② 乾隆《泰安府志》卷6《建置志·城池》。
③ 乾隆《曹州府志》卷3《舆地志·城池》；光绪《菏泽县志》卷2《建置·城池》。
④ 同治《畿辅通志》卷128《经政略·城池》。

第二节 诸王就藩、八旗驻防对城市空间格局的影响

明清时期对城市空间结构影响最大的是明代的皇子出藩和清代的八旗驻防制度[1]，多在原来的城中形成城中之城。

"明制，皇子封亲王，授金册金宝，岁禄万石，府置官署。护卫甲士少者三千人，多者至万九千人，隶籍兵部。"[2] 从洪武三年（1370）起，明太祖陆续分封了24个儿子，就藩全国各地，其中开府于冀鲁豫三省的有燕王、周王等七个。表3-3是太祖所封七个亲王的就藩地点和时间，表3-4所列是永乐以后河南、山东二省的藩王封地及其就藩时间，请参见。

表3-3 洪武年间冀鲁豫三省的藩王封地及其就藩时间简表

藩王名号	开府城市	受封和就藩时间
燕王朱棣（太祖第四子）	顺天府	洪武三年封，十一年就藩北平
周王朱橚（太祖第五子）	开封府	洪武三年封，十四年就藩开封
齐王朱榑（太祖第七子）	青州府	洪武三年封，十五年就藩青州
鲁王朱檀（太祖第十子）	兖州府	洪武三年封，十八年就藩兖州
谷王朱橞（太祖十九子）	宣府镇	洪武二十四年封，二十八年就藩宣府
唐王朱桱（太祖第二十三子）	南阳府	洪武二十四年封，永乐六年就藩南阳
伊厉王朱㰘（太祖第二十五子）	河南府	洪武二十五年封，永乐六年之藩洛阳

资料来源：据李孝聪《历史城市地理》第361—363页表改制

---

[1] 李孝聪：《历史城市地理》，第360页。
[2] 《明史》卷116《诸王列传第四》，第3557页。

表 3-4　永乐以降河南、山东二省藩王封地及其就藩时间简表

藩王名号	开府城市	就藩时间	备 注
河南各藩：			
赵简王朱高燧	彰德府	洪熙元年	
郑靖王朱瞻埈	怀庆府	正统九年	
秀怀王朱见澍	汝宁府	成化七年	成化八年薨
崇简王朱见泽	汝宁府	成化十年	
徽庄王朱见沛	钧　州	成化十七年	
汝安王朱佑梈	卫辉府	弘治十四年	
潞简王朱翊镠	卫辉府	万历十二年	
福恭王朱常洵	河南府	万历四十二年	
山东各藩：			
汉王朱高煦	乐安州	永乐十五年	宣德元年以罪废
德庄王朱见潾	济南府	成化三年	
衡恭王朱佑楎	青州府	弘治十二年	
泾简王朱佑橓	沂　州	弘治十五年	无子，国除

资料来源：嘉靖《河南通志》卷8《封建》；乾隆《卫辉府志》卷9《封爵》；乾隆《河南府志》卷36《帝纪·藩封》；嘉靖《山东通志》卷9《封建》

由表 3-3 和表 3-4 可知，藩王府邸大多选择府级城市，这主要是因王府占地较大，一般州县城难以容纳。洪武十一年（1378）定制："亲王宫城，周围三里三百九步五寸，东西一百五十丈二寸五分，南北一百九十七丈二寸五分。"①即便是府城，王府的修建也会对城市空间造成很大影响。

鲁王朱檀是明代最早受封的藩王之一，因兖州府城"旧规狭隘"，朝廷"命武定侯郭英经营开拓，外有带郭，郭亦有门，东曰宗鲁，南曰瞻峄，西曰襟济，西北曰拱极，曰仰泰"。②该府的修建于洪武十二年（1379）兴工，至十八年告竣。万历《兖州府志》记载："王城在府治正中，洪武十八年建宫阙，城垣备极宏敞，垿如禁苑。盖国初上十王封国制也。宫殿诸名志不详著。殿前

---

① 万历《大明会典》卷181《工部·亲王府制》，《续修四库全书》第792册，第195页。
② 嘉靖《山东通志》卷12《城池》。

为重门，门前有坊，坊前有御街，街前为中桥，中桥左右为东桥、西桥。王宫之左为社稷坛，其右为风云雷雨山川坛。御街之前左为钟楼，右为鼓楼，亦各有桥。其阙西为长史司，城东为护卫，余不具述。"①图 3-1 是万历年间兖州府城和鲁王府位置示意图，请参见。

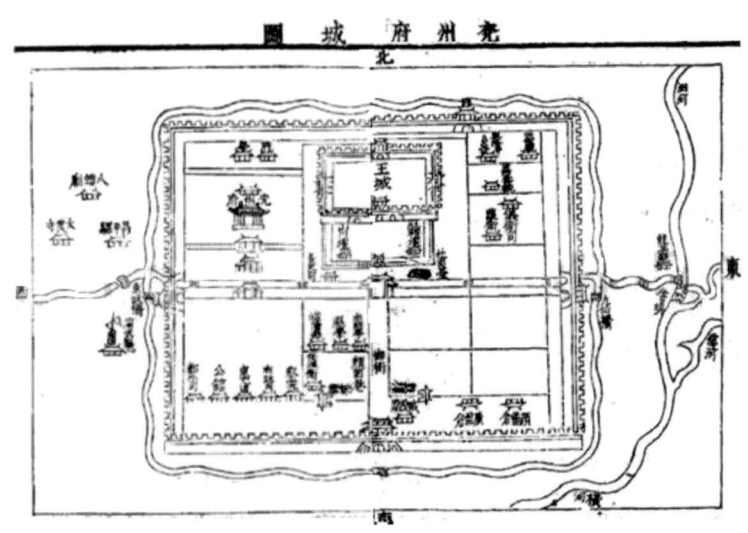

图 3-1　万历年间兖州府城和鲁王府位置图

资料来源：万历《兖州府志》卷首《兖州府城图》

又如齐王朱榑的府邸修建占用了原来的青州府治、益都县治，除衙署迁建之外，相邻的府儒学、城隍庙等也都移建他处。嘉靖《青州府志》记载：府治"古在城西北，即元益都路总管府，国朝洪武五年诏建齐藩，知府张思问移城东南，十四年知府周彦皋又移城东北，即今治也"；益都县治"旧在城西北，洪武八年移西南，十四年移东北"；"府儒学，旧在府治西北，国朝洪武五年诏建齐藩，知府李仁徙建西南"；城隍庙，洪武八年(1375)"因建齐藩，以其地为世子府，徙庙于西门外洋河北岸"。②故《益都县图志》有言：明初

---

①　万历《兖州府志》卷 2《建置志》。
②　嘉靖《青州府志》卷 8《官署》；嘉靖《青州府志》卷 9《学校》；嘉靖《青州府志》卷 10《祀典》。

"拓地建齐藩……此城官廨、庙宇大半移建"①。大概是因青州府的城内空间仍不能满足王府的需要,洪武年间还曾在府城以北的东阳城旧址修建王城,嘉靖《山东通志》卷12"青州府城"条记载:洪武"十一年,都指挥王德修东阳废城,与今城相合。门皆砖甃,雄壮精巧……工未及完,以齐藩国除而止";卷22"东阳城"条下亦有记载:"东阳城在府城北,国朝洪武间因建齐藩,遂即故址修筑王城,寻以国除而止。"②

再如卫辉府城的规模原来只有6里130步,"万历十三年建潞藩第,拓城前三面,增七百三十二丈,共八里七十步,高广同旧",并添建东门,名曰宾阳。③卫辉府学和汲县县学也都因兴建汝王府和潞王府两次迁移。④图3-2是万历年间卫辉府城内藩王府第位置示意图,请参见。

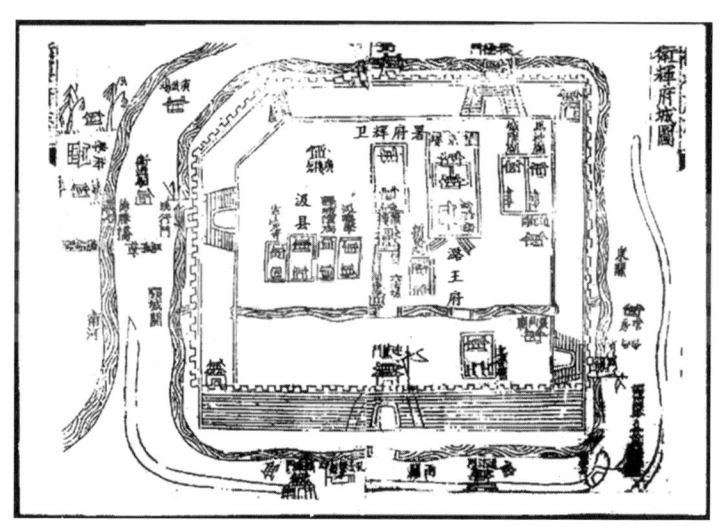

图 3-2 明代卫辉府城内藩王府第位置图

资料来源:万历《卫辉府志》卷首《卫辉府城图》

---

① 光绪《益都县图志》卷6《大事志下》。
② 嘉靖《山东通志》卷12《城池·青州府城》;嘉靖《山东通志》卷22《古迹·东阳城》。
③ 乾隆《卫辉府志》卷10《建置志·城池》。
④ 乾隆《卫辉府志》卷10《建置志·公署》条记载:"儒学,在府治东南……弘治十一年建封汝府割讲堂基;……万历十三年因封潞藩展拓地址,割及儒学,移置正殿、两庑、庙门、棂星门于明伦堂前";县学"弘治十一年因建汝府,知县宋瑭徙建于府学西;……万历十三年建封潞藩徙城东南隅"。

明制"宗室藩王之子孙不得擅出始祖受封之国"①，藩王"世以嫡长袭，而封诸子为郡王。亲王岁禄万石，府置官署，护卫万人，备非常冕服、车旗，邸第下天子一等。郡王皆居同城，不之封"②。故藩王子孙均集中在同一城市。如鲁藩在兖州传了十代，至万历中叶宗室人口已有800余人，其中郡王19位，即安丘王、乐陵王、巨野王、东阿王、邹平王、东欧王、郑城王、胡陶王、翼城王、滋阳王、阳信王、高密王、归善王、新蔡王、东原王、宁德王、长泰王、永福王、福安王。德藩在济南传了七代，有郡王15位；衡藩在青州传了六代，有郡王11位；至于将军、中尉、郡主、县主、仪宾等数量更多。③河南诸藩以"周府最称蕃衍"，到万历时"郡王至四十八位，宗室几五千人"。④赵简王朱高燧，洪熙元年（1425）就藩彰德府，府邸"在永和门内一里"，系"洪熙元年以彰德府署改建"；赵王子孙"景泰三年以来分封者曰临漳、曰汤阴、曰襄邑、曰洛川、曰南乐、曰平乡、曰汝源、曰昆阳、曰广安、曰江宁，凡十府，俱在府东南"。⑤唐王在南阳传了九代，城内郡王府第有新野府、舞阳府、三城府、新城府、承休府、汤阴府、颍昌府、文成府、淅阳府、鄢城府、卫辉府、文三府、文四府等13处⑥，将军、中尉数量更多，《南阳县志》有言："南阳城中邸第相望，将军、中尉百数，宗室半居民。"⑦诸多支庶王府云集一城，占据了大量的城内空间。

清代的分封制度与明代不同，"诸王不赐土"，"不加郡国"⑧，故诸王府邸均集中在北京。对地方城市影响较大的是八旗驻防制度。为加强军事防御，清政府在一些重要城市派驻八旗军队。八旗驻防的形式大体有三种：其一，在府州县城之内划定一块区域，修筑界墙，成为城中之城；其二，在城市附近修建新城，与老城并立，成为双子城；其三，与其他城市没有位置上

---

① 雍正《山东通志》卷8《圻封志》。
② 光绪《南阳县志》卷1《藩封表》。
③ 闫海青：《明代山东藩王与地方社会》，山东大学硕士学位论文，2007年。
④ （明）王士性撰：《广志绎》卷3《江北四省》，第37页。
⑤ 嘉靖《彰德府志》卷3《建置志》。
⑥ 嘉庆《南阳府志》卷2《建置志·治署》。
⑦ 光绪《南阳县志》卷1《藩封表》。
⑧ 李孝聪：《历史城市地理》，第352页。

的依附关系。①这种八旗驻防城，俗称"满城"。

清代在冀鲁豫三省设立的驻防城主要有青州、德州、开封、保定、山海关等，其中青州为府城，但驻防级别最高；开封、保定为省城。

青州驻防城，建于青州府城以北 3 里。《山东通志》记载："新设满营城在青州府城之北，雍正八年设立满营，建城驻扎。……(城)周一千丈，高一丈八尺，厚一丈，砌以砖石；池阔三丈五尺，深七尺，四门各设楼橹、敌台，规制宏备。"②驻防城内共建有房舍 4700 余间：将军衙门共房 85 间，理事同知衙门 29 间；协领衙门 4 所，每所 15 间；佐领衙门 15 所，每所 15 间；防御衙门 16 所，每所计房 8 间；骁骑校衙门 16 所，每所 6 间；笔帖士衙门 3 所，每所 6 间；八旗兵房共 4000 间。此外，还有官学房 24 间，官厅房 8 间，匠役房 33 间，四城门各设堆房 5 间。③城内东、西、南、北四条大街交织成十字街，将军衙署位于十字街口东边路北；八旗按方位排列，将城内空间分为 16 个小区，形成标准的棋盘式结构。教场位于驻防城南门外，西北为演武厅，东南隅建有校阅用的旗台(图 3-3)。青州初为将军驻防，是级别最高的驻防城；乾隆二十六年(1761)裁青州将军，改由副都统统辖，将军衙署改为副都统衙署。乾隆年间驻防官兵为 1800 余名。④

开封驻防城的设立早于青州。康熙五十七年(1718)兵部遵旨会议："河南地接六省，应设八旗满洲、蒙古马兵六百名，鸟枪兵二百名，驻扎开封府。设城守尉一员，随印笔帖式二员，满洲旗分佐领八员，防御八员，骁骑校八员；蒙古旗分左右两翼共设佐领二员，防御二员，骁骑校二员，管辖兵丁，应给官兵俸饷、口粮、马皮、草料俱照太原驻防官兵之例给发。"获准。⑤康熙五十八年在开封城内西北隅"筑造满城一座，周围六里，四面土墙，高一丈，东、西、南三门"。此后，又陆续添设了救火班房，义学和火药库房等。其驻防官兵最多时超过千人。⑥图 3-4 是清代开封城内满城位置示意图，请参见。

---

① 朱永杰：《清代驻防城时空结构研究》，第 37—38 页。
② 雍正《山东通志》卷 4《城池志》。
③ 咸丰《青州府志》卷 27《营建考三·官廨》。
④ 朱永杰：《清代驻防城时空结构研究》，第 61、105—106、347、360—361 页。
⑤ 《清圣祖实录》卷 279，第 733 页。
⑥ 朱永杰：《清代驻防城时空结构研究》，第 61、102 页。

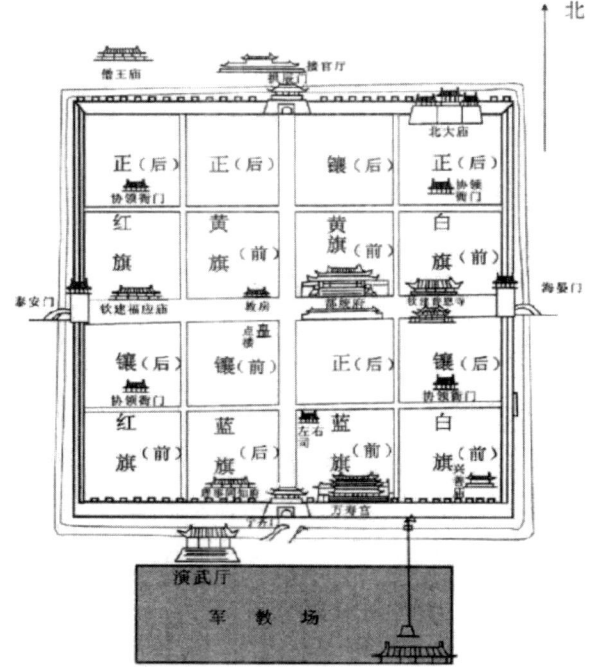

图 3-3　青州驻防城八旗分布示意图

资料来源：朱永杰：《清代驻防城时空结构研究》图 6-7

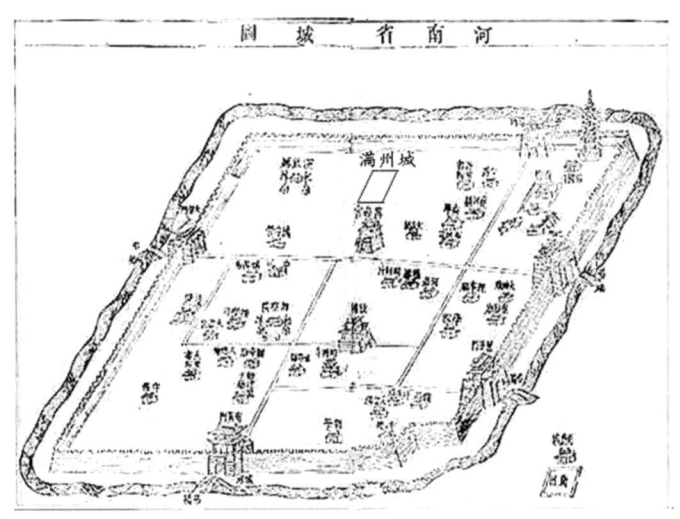

图 3-4　清代开封城内之满城

资料来源：雍正《河南通志》卷 2《图考·河南省城图》

保定驻防城设于顺治六年（1649），初无衙署，康熙二十八年（1689）直隶巡抚于成龙题准在府城南门内建城守尉衙署一所，防御衙署四所、骁骑校衙署四所、笔帖式衙署两所，甲兵各给住房，驻防城基本成型，但没有城垣。保定驻防城的最高官员为城守尉，官兵500余人。①

第三节　府城街巷与商业概况

华北的府城一般多为方形或长方形。关于城内主干道的形式，美国学者章生道归纳为五种：十字形、丁字形及其三种变异。他指出："在有四座城门的城市中，四个方位各有一门。……最规则的是由连接四门的两条街道所形成的十字形，鼓楼典型的安排是位于中央的十字街口。"第二种形式为东、西大街与南门大街交汇而成丁字形，这种形式的出现大多是因衙署和其他官廨位于城市中北部，或者没有北门。不过，为增强防御功能，大多数城市的道路规划采用一种"城门不相对，道路不直通"的设计原则，避免两座城门之间形成毫无阻碍的直通大道，将东西或南北两门位置错开，形成"两门不对"，甚至四门均不相对，从而形成其他三种丁字街的变异形式。②图3-5是这五种形式的示意图，请参见。

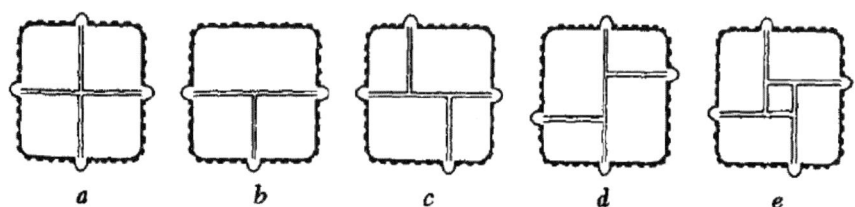

图 3-5　章生道归纳的城市主干道形式示意图

资料来源：[美]施坚雅主编：《中华帝国晚期的城市》，第105页，图3

---

① 朱永杰：《清代驻防城时空结构研究》，第51、60、88、204页。
② [美]章生道：《城治的形态与结构研究》，见[美]施坚雅主编《中华帝国晚期的城市》，第105—107页。

董鉴泓将城内主要干道归纳为井字形、十字形和丁字形三种。他认为，"府州城一般每边开二门，干道系统成井字形，如安阳、宣化等。一般的县城多为每边开一个城门，道路系统成十字形或丁字形"①。不过，从冀鲁豫三省来看，绝大多数府城都只有四个城门，即东西南北各开一门。故府城的主干道似以十字街、丁字街为多。即便董鉴泓先生所举的宣府镇城最初修建了七个城门，永乐以后封闭了三门，实际上也只保留了四门。②由于明末饥荒和清代驻军的减少，城内西半部大多荒芜成为菜园，民居主要集中在东部沿昌平门至广灵门的南北向主街附近（详见第四节）。下面我们来看几个例子。

　　直隶大名府城，北宋曾为北京，面积 34 平方千米。③明代洪武三十年（1397年）卫河泛滥，冲圮宋元的大名城，永乐年间在旧城西南另建新城。据实测数据，大名府城垣南北长 1400 米，东西宽 1100 余米，平面呈长方形；城周 5000 余米，刚好 10 里。该城东、西、南、北城墙正中各开一门，城内主干道为十字街式（图3-6），中心建鼓楼。府衙在十字路口东北部，县衙在鼓楼东南；总兵府及其他衙署分布在城内西北部，教场建在城西南，其他官署机构也散布在城北。李孝聪先生认为，大名府的城市布局是最能代表明代地方城市设计规划思想的典型。明代中原地区不少新建的城市，均采用了四门十字街的规划。④

　　河间府城也是四门十字街的格局。该城周围 16 里，平面呈矩形，东、西、南、北四门正对，从城门引出的四条大街相交形成十字街口。不过，街口无鼓楼等标志性建筑。府衙位于城内东部，府署右侧建有协镇府；县署在府署以南，城内的公共建筑多分布在两条主干道左右。⑤

　　山东兖州府城的主街为丁字形。该城城周 14 里，为洪武年间营建鲁王府而拓建。鲁王府坐落于城内北部，以至北门位置偏东，故而四个城门中南北二门相左。从南门向北的大街一直延伸至鲁王府门前，与贯通东、西二门的横街相交，构成一个标准的丁字形（图3-1）。清代王府废除，但城内街道的

---

① 董鉴泓主编：《中国城市建设史》（第 3 版），第 228 页。
② 董鉴泓主编：《中国城市建设史》（第 3 版），第 155—156 页。
③ 马正林编著：《中国城市历史地理》，第 156 页。
④ 李孝聪：《历史城市地理》，第 392 页。
⑤ 侯崇智：《河北省平原地区明清古城初步研究》，河北师范大学硕士学位论文，2010 年，第 20—21 页。

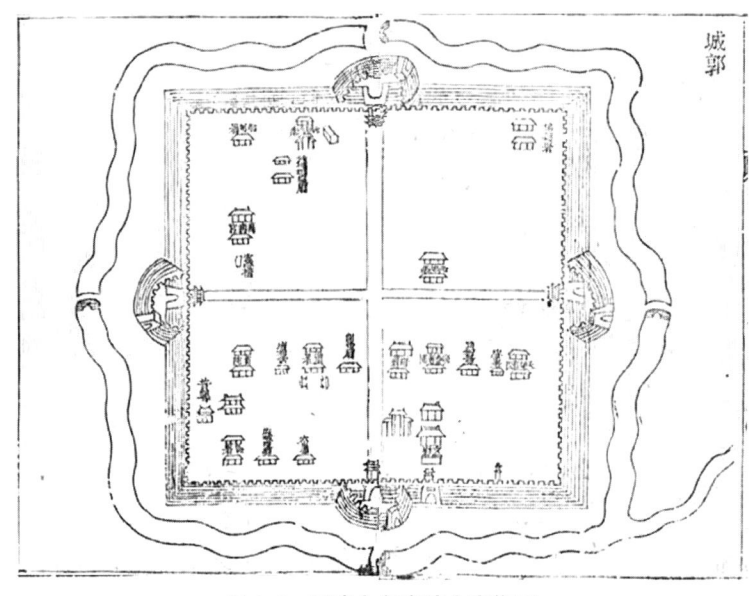

图 3-6 明清大名府城十字街图

资料来源:乾隆《大名县志》卷3《图说三·城郭》

主要格局未变。

河南彰德府城的主街也为丁字形。该城原本规模较大,周 19 里,"洪武初改筑,周围九里一百一十三步",仅为"旧城之半"。[①]据实测,府城南北约 1480 米,东西约 1400 米,基本属正方形。该城四门中,南、北二门正对,南、北大街构成城内主要的纵向街道,但位置稍稍偏西,钟、鼓二楼均坐落在这条南北大街上;东西二门不相对,连接城门的东、西大街与南北大街形成两处丁字形相交。府衙位于鼓楼东南,县署在城东北隅,嵩宁、常平二仓在县署以北,学宫位于县署以西。[②]

直隶广平府城的主要街道也为丁字形,该城城周 9 里 13 步,平面为正方形,四个城门中东、西、南三门居中,北门偏东。东、西两门正对,有直通的东西大街;南、北大街与东西大街交汇形成两个方向相反的丁字路口。府衙坐落于北城正中,南大街正对府署,府衙面积颇大,有五进院落,一直延

---

① 嘉庆《安阳县志》卷8《建置志·城池》。
② 董鉴泓主编:《中国城市建设史》(第 3 版),第 174 页。

伸到北墙；县署位于府署东南，规模明显小于府衙。城内其他的公共建筑，北半城有府城隍庙、养济院，北城墙上建有天王庙等；南半城西有县文庙、县城隍庙，东有府文庙，城墙东南角上建有魁星楼。①图 3-7 是明代广平府城主要街巷示意图，请参见。

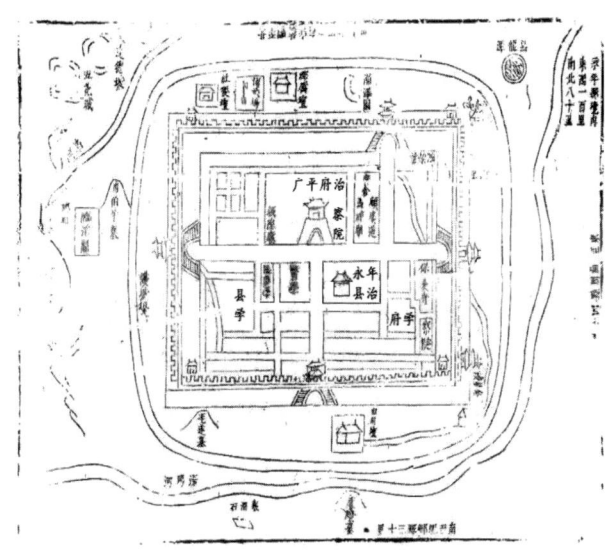

图 3-7　明代广平府城主要街巷图

资料来源：崇祯《永年县志》卷首《县城图》

关于府城的其他街巷，崇祯《永年县志》的记载较为详细，摘录如下：

县治四大街，东西相对，南北相左，县署居中稍东，环城二十四小街，互相回绕，两旁就势分巷以居，除公署、寺庙、水潴外，尺地寸土尽民居也。谨记其凡：

南大街自南门抵府治，中横小街一道，东通县治达府学垣，西由神仙巷达县学、县城隍庙逐西城；南有横小街一道，东由育贤坊至府学并口察院逐东城，由马家营火神庙逐西城。

---

① 侯崇智：《河北省平原地区明清古城初步研究》，河北师范大学硕士学位论文，2010 年，第 18—19 页。

东大街自东门由后察院抵府治前，中横小街一道，北通府县各仓门，由县东巷口达育贤街；稍东横街一道，北抵北门，南由寺前达府学东街口逐南城；傍东门横小街一道，北由甜水井小街达养济院逐北城，南由迎春街寺东街口东垣逐南城。

西大街自西门由府城隍庙抵府治前，中横小街一道，南由神仙巷西口达马家营逐南城，北由府治西墙外达府后小街；城隍庙东向南小街一道，由县学后小街东口达县学前东口抵马家营西街口；城隍庙西向北小街一道，由庙西达府后街西口逐西城；傍西门向南小街一道，由县城隍庙西墙外达火神庙小街。

北大街自北门抵府寺迤北街口，中向西小街一道，系顺广道治；傍北门向西小街一道，达府后街逐西城。

各城下俱有小街，其余宅无正户，车马弗容，故不及纪。

城外四关各街一道，余□□□志。①

明代方志中关于商业街市的记载很少，我们只能从集市记载中得到一些线索。如嘉靖《清苑县志》记载保定府城的集市日期：

> 鼓楼南：初五、二十五，鼓楼北：初十、三十；
>
> 阁东：初六、十六日，阁北：初七、十二、十七，阁南：初九、二十七；
>
> 税课司前：初二、十三、二十三；
>
> 城隍庙南：初一、十五、二十六；大察院东：十八；东门里：十一、二十一；
>
> 南关：初三、初八、二十；北关：初四、十四、十九、二十四、二十九。②

---

① 崇祯《永年县志》卷1《疆域·附街巷》。
② 嘉靖《清苑县志》卷2《城池·附市集》。

以上可知，明代保定府城的集市是在各街轮转，尤以城中心较多。文中所谓"阁"即大慈阁，与鼓楼均位于府城中心；税课司在大慈阁以西，鼓楼以北，相距不到"十弓"，这三处的集期合计 14 次，占全部集期的一半。估计此处是城内商业最繁荣的街区，除集市贸易之外，可能会有一些常设店铺。此外，城隍庙在西大街以北，察院在西大街以南，均属西城，集期合计 4 次；东城集期只有东门里的两次；南、北两关集期共 8 次，北关多于南关。

直隶永平府城，康熙年间的集市仍是在各街轮转：一日南关厢，二日南门，三日西街，四日城隍庙，五日钟楼下新城街，六日砖桥，七日鼓楼后街，八日上街，九日东街，十日西柴市。①

山东莱州府城，万历年间的记载为"城集十"②，但未详具体地点，估计也是在各街轮转。乾隆《莱州府志》记有："在城集四：东关、南关、西关、北关"③，数量有所减少，且均位于城关，似已将城内的集市取消了。

河南卫辉府城的集市移至城关的时间更早，万历《卫辉府志》"市集"条记载："汲县城内旧有市集，今革"，而位于城关的集市有七：南关南、南关北、顺城关南、顺城关北、城关北、北关、德胜关。④

乾隆以后地方志中关于商业街市的记载稍有增加。如河南彰德府城安阳，乾隆年间的记载称："兴隆街当南北通衢，中建谯楼……为一城壮观。弘治中知府刘聪重修，又于谯楼之北建钟楼，制亦如之，规模稍逊。"城内街巷除前述南北大街、东西大街等主街之外，还有彩凤街、广粮街、庙巷、小元巷、桥子巷、卫巷、仓巷、学巷、钟楼巷、鼓楼巷、石狮巷、八府巷、冠带巷、仁义巷、丁家巷、纪家巷、裴家巷、竹竿巷、香巷、塘子巷等。⑤从街巷名称来看，卫巷、学巷、仓巷、鼓楼巷、钟楼巷等显然与相关衙署、建筑有关，在其附近；石狮巷、冠带巷、纪家巷、丁家巷等估计与居住者的身份相关；至于广粮街、竹竿巷和香巷当与商业有关，这三条街巷均位于县西。此外，

---

① 康熙《永平府志》卷 5《里市》。
② 万历《莱州府志》卷 5《市集》。
③ 乾隆《莱州府志》卷 2《市集》。
④ 万历《卫辉府志》卷 1《市集》，见《稀见中国地方志汇刊》第 34 册，中国书店 2007 年版，第 585 页。
⑤ 乾隆《安阳县志》卷 2《建置志·街巷》。

兴隆街为南北通衢，可能也是重要的商业区。

又如直隶顺德府城嘉庆年间的记载为：

> 府前通东门曰东大街，西曰西大街，南曰南大街，稍东达北门曰北长街。县署在西街，西街夹县北出者东为东仓巷，西为西仓巷；北街西出者为养济巷、李家巷、大猪市巷、学道街，学道西达贡院曰孝子街，贡院后曰城隍街，前曰太平街；东街北出为驴夫巷，南出西折为糖房街；南街西出曰崇礼街，东出为泮林街，街东北出为魁星街。南门外东行为靛市街，西折南行为大街；稍南西出为西街，东出为东街；再南，东为牛市街，西为羊市街。①

以上文字可以看出，顺德府城的主要商业区在南门外，靛市、牛市、羊市都集中于此。此外，城内的糖房街、大猪市巷可能也与商业相关，或曾经是糖坊、猪市之所在。清代后期南关商业区又有发展，"南门之外为桥口，由丁字街东行为靛市街，西折南行为北街，至十字口东出为东街，西出为西街，十字口南为花市街，再南为马市街，又再南为驴市街；花市街之东出者为牛市街，马市街之西出者为羊市街，此南郭之途径也"②。不仅面积有所扩大，还增加了花市街、驴市街。

南关也是顺德府城集市贸易的主要场所，乾隆《邢台县志》记载："南关集：上半月三集，初二、初七、十二日；城内集：下半月三集，十七、二十二、二十七日，今并四关，合而为一"③；光绪《邢台县志》也记有："其集市，旧以初二、初七、十二在南关，十七、二十二、二十七在城内，今与南关合为一。"④乾隆年间原在城内的集市贸易已从城中迁出，而嘉庆《邢台县志》中的"大猪市巷"在光绪志中改称"大珠市"，这一变化提示我们，城内原来的商业街市可能改为经营较高档的商品了。

---

① 嘉庆《邢台县志》卷2《建置志·街巷》。
② 光绪《邢台县志》卷2《建置·城池》。
③ 乾隆《邢台县志》卷2《城池志·市集》。
④ 光绪《邢台县志》卷2《建置·城池》。

大名府城的商业街市，方志记载更为具体："城中央为十字街……由十字街四达于门，为东、西、南、北四大街；由四门折而东、西、南、北者为顺城街。……城之商贾聚处惟南街为最，居肆鳞峙，百货云屯，直达南关，亘四五里，绵延不绝。集市在宣化口，今移四关厢中。……四关厢亦惟南关为最。"①该城的商业街区以南大街最为繁盛，并一直延伸到南关，长达四五里。卫河从府城的东南流过，有水陆码头，所以南关内外商业最为发达。

商税收入可从另一个角度反映府城的商业状况。表 3-5 是万历年间山东兖州府属各州县的商税统计，请参见。

表 3-5　万历年间兖州府属各州县征收商税"课程"一览表

州县别	课程银/两	州县别	课程银/两
府税课司	136.217	—	—
滋阳县	0.320	济宁州	724.566
曲阜县	14.571	嘉祥县	7.035
宁阳县	24.200	巨野县	22.112
邹　县	27.259	郓城县	66.704
泗水县	14.000	东平州	40.413
滕　县	83.522	汶上县	59.300
绎　县	28.398	东阿县	186.375
金乡县	17.203	阳谷县	50.156
鱼台县谷亭镇	85.345	寿张县	17.183
单　县	88.353	平阴县	6.515
城武县	60.619	沂州	88.148
曹　州	73.290	郯城县	45.157
曹　县	80.923	费　县	29.277
定陶县	16.119	—	—
合　计	2093.280		
平均每州县	77.529		

资料来源：万历《兖州府志》卷14《田赋志》

---

① 乾隆《大名县志》卷3《图说三·城郭》。

由表 3-5 可知，兖州府税课司税银 136.217 两，滋阳县税银仅 0.32 两，府县合计 136.537 两，虽高于一般州县，但低于济宁州和东阿县。济宁虽是一个州城，由于位于运河沿线，商货往来络绎，商税收入 720 余两，为府城的 5 倍。东阿县的商税主要来自张秋镇，该镇也是运河沿线重要的商业码头。关于济宁和张秋的商业状况，笔者将在稍后的商业城镇部分再作具体考察（详见第五、第六章）。此外，鱼台县税额 85.345 两，虽不算太高，但特别注明由"谷亭镇出办"[①]，而不是征自县城和所属各集镇，显然谷亭镇的商业繁荣程度超过鱼台县城。

表 3-6 所列为万历、乾隆年间山东莱州府属七州县的商税数额。该表可见，万历年间府城掖县的商税低于潍县、高密和平度州，在七州县中排名第四；乾隆年间掖县排名虽然上升到第三，但与前两位的差距更大。潍县是明代莱州府属各县中商业最繁荣的城市，其商税收入为府城的 3 倍多；胶州在明代所征商税低于府城，清代海禁开放之后沿海贸易迅速发展，其商税的增长更超过潍县（详见第五章）。

表 3-6　万历、乾隆年间莱州府属各州县商税一览表

州县别	万历年间/两	乾隆年间/两
掖　县	22.2130	128.754
平度州	24.7820	54.342
昌　邑	7.7312	102.775
潍　县	84.0300	508.385
胶　州	21.5042	796.075
高　密	27.2042	50.127
即　墨	11.3482	84.800
合　计	198.8128	1725.258
平均每州县	28.4018	246.465

资料来源：万历《莱州府志》卷 3《田赋》；乾隆《莱州府志》卷 3《杂税》

---

① 万历《兖州府志》卷 14《田赋志》。

表 3-7、表 3-8 分别列出河南、怀庆二府所属各县的商税税额，请参见。表 3-7 中，河南府城及其附郭县洛阳商税合计 2062 两，超过所属各县数倍乃至十余倍，府城商业显然要比所属各县繁荣得多，笔者将在第五章中对洛阳商业进行专门考察。表 3-8 中，怀庆府城与附郭县河内商税合计为 3600 余两（不包括清化镇的税收），也超过所属各县。不过，怀庆府属各县的税额相对较高，除河内之外还有 3 个县的商税超过 1000 两；而河内县所辖之清化镇税额高达 1819 两，超过府城之外的所有县城。怀庆府城和清化镇乃是豫北地区两个重要的商业城镇，笔者将在第五章、第六章中分别考察。

表 3-7 乾隆年间河南府属各县征收商税一览表（不含房地税）　　单位：两

府县别	老税	牙税	活税	当税	新增税银	盈余银	合计
河南府	53.913	—	52.791	—	—	636.407	743.111
洛阳县	—	3.000	—	70.000	208.000	1038.488	1319.488
偃师县	3.400	8.400	11.400	30.000	110.000	688.842	852.042
巩县	2.340	3.600	7.800	30.000	50.000	717.040	810.780
孟津县	1.890	3.600	4.872	30.000	20.000	259.411	319.773
宜阳县	3.260	5.000	27.210	55.000	35.000	275.801	401.271
登封县	2.680	7.200	5.943	25.000	40.000	122.603	203.426
永宁县	1.260	8.300	12.630	55.000	50.000	842.245	969.435
新安县	2.150	1.600	15.012	—	—	74.330	93.092
渑池县	2.300	3.000	11.160	5.000	20.000	33.102	74.562
嵩县	2.600	2.750	5.419	30.000	30.000	532.413	603.182

资料来源：乾隆《河南府志》卷 24《田赋志·杂税》

表 3-8 乾隆年间怀庆府属各县征收商税一览表

府县别	征收税银/两	占比/%
怀庆府	2 289.420	20.0
河内县	1 338.288	11.7
河内县清化镇	1 819.283	15.9
济源县	1 109.350	9.7

续表

府县别	征收税银/两	占比/%
修武县	552.281	4.8
武陟县	1 438.558	12.6
温县	785.270	6.9
孟县	1 788.843	15.6
原武县	326.283	2.8
阳武县	不详	—
合计	11 447.576	100.0

资料来源：乾隆《怀庆府志》卷8《田赋》

第四节 各具特色的几个府级城市

一、直隶宣府镇（清代为宣化府）

宣化，位于直隶北部长城沿线，明代为宣府镇，是北边最重要的军镇之一。清王朝统一蒙古各部，北疆安定，康熙年间裁军镇改置宣化府，以宣化县为附郭。

明代的宣府镇虽非府城，但辖区范围和政治、军事地位远超过一般的府城。方志记载："宣镇为京师枕背之区，东联昌镇，西界大同，延袤千三百余里，屹然西北一重镇焉。镇城雄踞上游，称都会之地，重兵屯聚，颇足弹压。"①作为京师的北部屏障，宣府的战略地位十分重要。洪武二十二年（1389）设宣府前、左、右三卫；二十四年明太祖封谷王于宣府，以加强镇守；永乐七年（1409）置镇守总兵官，佩镇朔将军印，又置巡抚都御史管理屯垦。②

宣府镇城规模也超过一般的府城。该城元代为宣德府城，因"旧城湊隘，不足以居士卒"，洪武二十七年"谷王命所司因旧城展筑"，城周二十四里，另有南关方四里，开七门：东曰定安，西曰泰新；北之东曰广灵，北之西曰

---

① 民国《宣化县新志》卷1《地理志·宣镇图说形势》。
② 董鉴泓主编：《中国城市建设史》（第3版），第155页。

高远；南之东曰昌平，南之中曰宣德，南之西曰承安。①东、西二门之间的大街相接形成一条贯通全城的横街，而南、北相对的四门则形成两条纵向的干道，全城主干道呈"廿"字形，谷王府位于城内北部两条南北干道之间。永乐年间谷王被贬长沙后，高远、宣德、承安三门被封，只保留东部沿昌平门至广灵门的南北向主街，稍后兴建的镇朔楼(鼓楼)和清远楼(钟楼)均位于这条街上，与南、北二门形成一条轴线，与东西大街相交形成一个十字②，只是位置偏于城区东部。正统年间全城包砖，工程"自辛酉夏启工……至丙寅秋九月工始完。其城厚四丈五尺，址砌石三层，余用砖砌至垛口，高二丈八尺，雉堞崇七尺，通高三丈有五尺"，四门之外加筑瓮城，护城河上设吊桥。③图3-8是宣府镇城主要街巷与谷王府位置示意图，请参见。

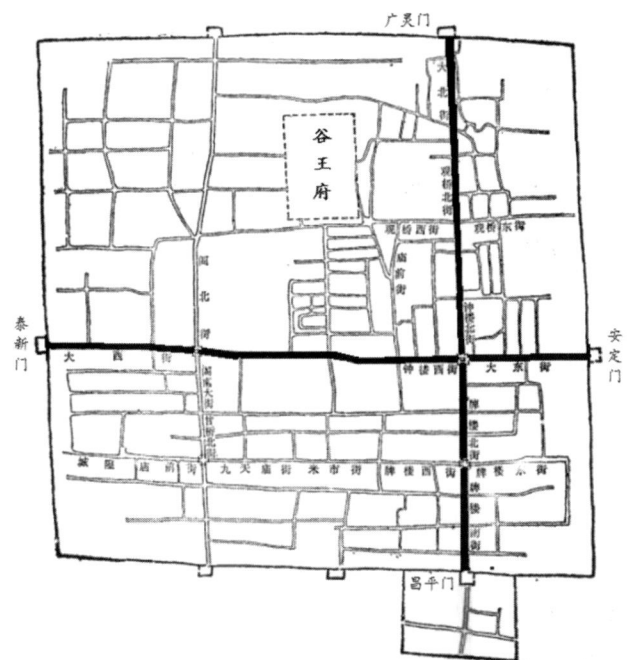

图 3-8　明代宣府镇城街巷与谷王府位置示意图

资料来源：据董鉴泓主编《中国城市建设史》(第3版)第156页图7-6-3改制

---

① 嘉靖《宣府镇志》卷11《城堡考》。
② 董鉴泓主编：《中国城市建设史》(第3版)，第155—156页。
③ 嘉靖《宣府镇志》卷11《城堡考》。

明代宣府为军事建置，驻防官兵是城内的主要人口。该城最高将领为总兵官，其下属将官、职官计有：副总兵官1员，左、右参将各2员，游击将军2员；守备28员，坐营官6员，把总198员，管队官1035员，贴队官928员。驻守镇城的官军原额56 154员名，正德年间"存籍官军"23 274员名，"实有官军"18 930员名。①又据康熙《宣化县志》的记述，明代住在宣府城内的官兵有三万余："考昔镇城人烟辐辏，虽僻街小巷亦似通衢，盖驻防官军不下二万；而附郭前、左、右三卫，兴和一所之指挥、千百户、镇抚又八百余员，合计官、军户口殆三万有奇"；"官有第宅，军有房屋，又绅衿商民与四方工役杂处其中，气象郁葱，真名区也"。②驻防官兵三万余人，加上家眷，以及一般居民和工商业人口，明代该城人口可达十五六万。

大量驻军的消费需求促进了宣府镇的商业发展，明代中叶宣府商业十分繁荣；特别是大量高级将领的消费，更提升了该城的商业规模和档次。嘉靖《宣府镇志》记载："世禄之家用多僭侈，日以肥甘适口，绮縠饰躬，声妓娱耳目"；"商贾之家食鲜服丽，品竹弹丝，视世禄家尤胜"。镇中最繁华的商业区为"大市"，"贾店鳞比，各有名称，如云南京罗缎铺，苏杭罗缎铺，潞州绸铺，泽州帕铺，临清布帛铺、绒线铺、杂货铺、各行交易铺，沿长四五里许，贾皆争居之"。③南京苏杭罗缎、潞绸泽帕、临清布帛等都是较高档的丝织品，绝非一般士兵能够消费得起。宣府的商品来自全国各地，仅上列几种丝织品就分别来自江、浙、晋、鲁四省，其他绒线、杂货的来源当更为广泛。宣府的手工业工匠也来自南北各省，如"土木工自山西来，巾帽工自江西来，及他匠出自外方者种种有之"。这些工匠可能有一部分属于匠籍，是专门为王府或高级将领服务的，故有"诸色工艺中不若金工为巧，土人多不得用；其长于酒器、首饰者，日供上官之役"的记载。④

嘉靖年间宣府一镇征收商税高达2400余两，远超过一般的府城。如万历

---

① 正德《宣府镇志》卷5《武备》；董鉴泓所言"军籍户口多达23万"（155页）当属宣府所辖各卫所官兵数额，并非都居住在宣府镇城之内。
② 康熙《宣化县志》卷1《建革志·附县城内街里建革》。
③ 嘉靖《宣府镇志》卷20《风俗考·政化纪略》。
④ 嘉靖《宣府镇志》卷20《风俗考》。

年间山东莱州府属七州县商税合计仅 198 两,还不及宣府的 1/10[①];兖州府 27 州县商税合计为 2300 余两,府城所征只有一百四五十两,即便运河沿线的商城济宁,万历年间的商税也不过 720 余两。[②]表 3-9 是嘉靖年间宣府镇商业行业及其所征税银统计,请参见。

表 3-9　嘉靖年间宣府镇商业行业、税银一览表

行业	税银/两	行业	税银/两	行业	税银/两
布缕店	1120	猪羊店	350	盐麻行	60
米粟店	600	马骡店	80	鞭仗行	30
东米市	20	鲜果行	20	煤炸行	21
西米市	20	鲜菜行	10	皮袄行	20
斛斗行	30	柴草行	16	木植行	15
合　计	2412				

资料来源:嘉靖《宣府镇志》卷13《户口考·税课附》。

表 3-9 可见,宣府征收税课的商业行、市共计 15 个,大多与民生日用相关。该城商业以布缕为最,税银 1120 两,占全部税额的 46.4%,已接近一半。其中当包括前述之南京苏杭罗缎、潞绸泽帕、临清布帛等高档丝织品,也包括普通官兵所需的棉布、小布。粮食业税额排名第二,米粟店、米市和斗行合计 670 两,占全部税额的 27.8%;猪羊店税银 350 两,占税额的 14.5%,排位第三。布缕、粮食、猪羊等货销量颇巨,当有相当部分转销沿边其他军镇,或者还有与蒙区的贸易,该镇的马骡店可能就是从事此类商货转运的;而果蔬、煤炸、柴草等商品当主要是满足本城官兵和居民的需要。

清王朝统一了蒙古各部,宣府成为内陆城市。康熙三十二年(1693)裁军镇改置宣化府,领延庆、保安、蔚州三州,宣化、万全、怀安、西宁、怀来、龙门、赤城七县[③],辖区范围与明代相比大大缩小[④]。

---

① 万历《莱州府志》卷 3《田赋》。
② 万历《兖州府志》卷 14《田赋志》。
③ 牛平汉主编:《清代政区沿革综表》,第 9 页。
④ 宣府镇在明代"统摄宣府、万全、怀来、蔚州、保安、怀安、永宁、龙门、开平等一十九卫所,控地东西千余里",见嘉靖《宣府镇志》卷 11《城堡考》。

清代的宣化府城，由于大量驻防军队的消失，与明代相比大为萧条。康熙《宣化县志》对此有较详细的记载：

> 北门西顺城街，又东至李镇府街，南至朝元观、观音寺、马王庙后，皆系宣府左卫地方，其内街巷房屋多有脊兽，半属故明左卫指挥、千百户所居。在启、祯时尚有门楼或一进房屋，迨至己巳、辛巳饥荒，世禄阙给，世官遂有行乞，其屋多毁，后渐更为园畦。……左卫之西，关帝庙北至观音堂西，至关王庙南，至草场后街，养济院之东为李百户，东为张千户，又东为赵百户，又东为詹千户之屋，皆于清顺治初年拆卖更为园畦。
>
> 草场西北，自五岳禅林南至玉皇阁，其东西街皆铺店房屋，此街原名菜市，凡人家屋后所种蔬菜，皆来此发卖，以菜佣不便进入人家也。明崇祯二年饥荒，多致拆毁；复于十三年庚辰饥荒，遂尽毁为园。
>
> 五岳禅林北至十方院西，至子孙庙，又西至西城墙，南至西仓后，其东西前后多有宣府右卫世职住居，亦因崇祯己巳、庚辰两次饥荒，人民流离，官军东去大半未回，其遗屋塌毁，宗亲变卖，皆成园畦。
>
> 草场前街，自书院东街槐柁一带园畦，旧属附郭右卫地方，亦多故明世职与军民房屋，皆因己巳、庚辰两次饥荒，又于顺治己亥抽兵驻防京口，挈家而往，虽不尽系此街居住之兵，而此街为附近军衙，军居较多，遂将所居拆卖，悉成园畦。
>
> 北门顺城之东，除官草场及窑外，其南与西旧系附郭右卫地方，亦皆房屋，内有故明世官户绝及军丁死亡无人，其老妇寡妻悉行拆卖，更为园畦。①

故编者叹曰："考昔镇城人烟辐辏，虽僻街小巷亦似通衢。……合计官、军户口殆三万有奇，于是官有第宅，军有房屋，又绅衿、商民与四方工役杂处其中，气象郁葱，真名区也。迨明启祯而后饥馑、师旅前后频仍，其满城瓦砾，

---

① 康熙《宣化县志》卷1《建革志·附县城内街里建革》。

良可哀悯。今幸圣朝鼎革，蒙古臣服，宣府仅作内防，其官军亦就裁灭，而里宅寥落，犹多荒原蔓草。"①

清代，宣化作为北边贸易中心的地位被张家口所取代，府城商业远不如明代。乾隆年间商税种类只有数种，牙帖银 45.8 两，烧缸税银 57.6 两，马税、牛驴骡税、田产税无定额，尽收尽解②，估计数量不会太多。人口规模也比明代大大缩小。乾隆《宣化府志》记载："本城并关厢编户七千七百三十五户"，共 21 899 口。③民国初年日本人的调查记言："宣化城外观颇大，看上去是一个大都市，但城内有居民者不过五分之三，其他多为耕地、牧场。"其人口，"官方号称四千六百户，二万五千二百口；实际仅三千户，一万五千人左右"。早年，与蒙古各部的贸易曾在此地进行，百年以前已经大部分为张家口所夺。宣化作为从张家口到北京、天津的通道，原本还能保留一部分货物转运贸易，自 1909 年京张铁路开通后，上等货物均由铁路直达，宣化商业遭到第二次打击，市况更趋衰落。④

二、山东登州府

登州位于山东半岛北岸，唐宋为州治，明清两代为府城，以蓬莱县附郭。该城扼踞渤海湾的入口，与辽东半岛隔海相对，是防卫京城的海上门户。明代海疆不靖，故其军事地位十分重要。洪武九年(1376)设登州卫，又置山东备倭府；明人王士性有言："登州备倭之设，祖宗盖为京师非为山东也。海上艨艟大舰乘风而来，仅可抵登郡东而止，过此而入则海套之元，大舰无顺风直达，欲泊而待风，则岸浅多礁石，难系缆。故论京师，则登州乃大门，而天津二门也，安得不于登备之？"⑤

登州城始建于唐代，宋元因之，明代洪武、永乐年间扩建。《增修登州府志》记载："唐于蓬莱镇南一里立登州治，并改镇为县，此建城之始，宋元皆

---

① 康熙《宣化县志》卷 1《建革志·附县城内街里建革》。
② 乾隆《宣化府志》卷 11《田赋·宣化县》。
③ 乾隆《宣化府志》卷 10《乡都户口》。
④ [日]东亚同文会编：《支那省别全志》第 18 卷《直隶省》，第 314—316 页。
⑤ (明)王士性撰：《广志绎》，第 59—60 页。

因其旧。明初升州为府，并立卫，遂拓而大之。"该城周九里，为砖石甃砌，高三丈五尺；门楼、角楼 7 座，窝铺 56 座。城门四：东曰春生，南曰朝天，西曰迎恩，北曰镇海；又设水门三："南曰上水门，黑水、密水所入；东曰小水门，密分水所入；西北曰下水门，三水合流而出。"万历年间因"倭犯朝鲜"，增筑敌台 28 座，崇祯间又将城墙增高三尺五寸。清代于乾隆、道光、咸同、光绪年间多次重修。①

登州府城以北另建有一座水城，与府城相连。《增修登州府志》记载："明洪武九年设登州卫，置海船运辽东军需，指挥谢观以河口浅隘，奏议挑浚，绕以土城"；水城周三里许，高三丈五尺，楼铺 26 座。万历年间甃以砖，增设敌台，清代亦多次重修。②水城北部建有水闸，引海水入城以泊船，谓之"小海"；丹崖山上设置炮台。水城又名备倭城，置帅府于此，设备倭都司驻守，为明代海防的重要基地。③图 3-9 为登州府城与水城位置

图 3-9　明代登州府城与备倭城位置示意图

资料来源：董鉴泓主编：《中国城市建设史》（第 3 版）第 169 页，图 7-6-21 改制

---

① 光绪《增修登州府志》卷 7《营建志·城池》；道光《重修蓬莱县志》卷 2《地理志·城池》。
② 光绪《增修登州府志》卷 7《营建志·城池》。
③ 贺业钜：《中国古代城市规划史》，中国建筑工业出版社 2014 年版，第 671 页。

示意图，请参见。

明代，辽东属山东布政司所辖，辽东的粮食、棉花棉布等军需物资多靠山东供给。洪武九年（1376），户部令登州运粮五万石赴辽东，并"附运棉布二十万匹，棉花一十万斤"①，当即由水城的新开海口出航。成化年间"辽东军士冬衣布花出自山东，民间每粮一石折布一匹，岁由海道以达辽东"②；嘉靖、万历年间辽东饥荒，两次"转登莱之粟以救"③，"万历二十五年东征倭寇，自登州运粮赴朝鲜"④，当也是从登州水城出发。

登州城地处丘陵山地，故形状不太规则。府城东、西二门相对，南、北二门相左；东西二门之间的街道为主街，跨街建有鼓楼和钟楼；南、北街与主街成丁字交叉。府衙在城西北隅鼓楼以西，县署则位于钟楼以东。⑤明代禁海，登州所在的山东半岛发展受制，嘉靖年间"济南、东昌、兖州颇称殷庶，而登、莱二郡……土旷人稀，一望尚多荒落"⑥。清初登州府城设有西北、东北、东南、城北四隅⑦，道光年间改为西北、东南、东北、西南四坊，并增设东关、南关、西关、北关、水城⑧，显然城市人口已有较大增长。

明代中后期民间海贸开始突破政府的禁令，嘉靖年间的记载称"山东、辽东旧为一省，近虽隔绝海道，然金州、登莱南北两岸间，渔贩往来动以千艘，官吏不能尽诘"⑨。清代海禁开放以后，登州与南北各省的海贸得到很大发展。道光《重修蓬莱县志》记载："郡处海滨，民贫土瘠……多泛海以谋生者"⑩；《增修登州府志》亦言，府境"地狭人稠，境内所产不足以给，故民多逐利于四方，或远适京师，或险泛重洋，奉天、吉林，绝

---

① 《明太祖实录》卷 103，"洪武九年春正月癸未"条，第 1738 页。
② 《明宪宗实录》卷 178，"成化十四年五月甲申"条，第 3211 页。
③ （明）陶朗先：《登辽原非异域议》，顺治《登州府志》卷 19《艺文上》。
④ 顺治《登州府志》卷 10《海运》。
⑤ 道光《重修蓬莱县志》卷 2《地理志·公署》。
⑥ 嘉靖《山东通志》卷 7《形势》。
⑦ 顺治《登州府志》卷 6《乡都》。
⑧ 道光《重修蓬莱县志》卷 2《地理志·隅社》。
⑨ 《明世宗实录》卷 460，"嘉靖三十七年六月己卯"条，第 7774 页。
⑩ 道光《重修蓬莱县志》卷 12《艺文志》。

塞万里皆有登人"①。登州外出经商者以东北为多，南下江南苏州、刘河者亦有不少，还有赴运河沿线的临清办货者。有记载称，"资之饶者置货于苏杭、金陵，自淮安起陆，或自行村起陆，口费颇多；歉者远至临清，近则南口台、青山庙，莱之海庙置焉"②。

前来登州贸易者主要是东北沿海各地的商船，这从重修海神庙的捐款来源可得到佐证。登州水城北端的丹崖山下有一座海神庙，为宋代所建，明清两代均有重修。光绪十年《重修天后宫记》记言：

> 登州城北二里许旧有蓬莱阁，前踞丹崖，后临沧海，高极数十丈，远眺千余里，称胜境焉。宋崇宁间于蓬莱阁西偏敕建灵祥宫，祀海神，历元暨明屡赐碑额。越至今，崇封尤渥，递加护国庇民妙灵显应宏福佑群生天后圣母，春秋致祭。诚以庙邻海噬，帆舶往来如织，一遇风涛危险，祷求辄应。……道光十六年不戒于火，太守公一律重修，迄今垂五十年，风剥雨蚀，渐至凋残。……董事诸公劝集各岛船户、沿海绅商，募资修葺，仍虞经费不足，适逢升任奉天山海关道续公督理牛庄榷政，铭三奉北洋大臣直隶督宪李委办海关差务，燕见之暇，偶为谈及，蒙续公首先倡捐，因劝海辽沈盖及各省行商同襄盛举，共得制钱四千余缗。遂庀材鸠工，自正殿以至山门，凡旧者新之，倾者整之，丹殿重砌，气象焕然，于光绪六年共修，十年蒇事，共享钱制三千五百余缗，余钱五百缗复拨修城南东岳庙。③

从该碑碑阴的"募化题名"可以看到，所谓"海辽沈盖及各省行商"主要包括东北沿海的营口、盖州、庄河、洋河、辽阳、沈阳、海城，以及山东的烟台、长山等地，组织募化者共22人，营口一地即占10人；而登州"水城诸栈店"的陶爱山、丁子勤、王蔼堂三人则为登州本地的募捐组织者。

---

① 光绪《增修登州府志》卷6《疆域志·风俗》。
② 顺治《登州府志》卷8《风俗》。
③ 光绪十年《重修天后宫记》，存山东蓬莱阁天后宫内，笔者于2003年9月考察时拍摄。

登州从东北输入的主要是粮食。登州府丘陵山地较多，耕地资源欠佳，是山东最主要的缺粮区。府治蓬莱"合境地少土薄，丰年且不敷所用，一遇凶歉愈不能不仰食奉省"①。咸丰年间，登州知府汪承镛也说，"登郡户鲜盖藏，向赖奉天米物商贩接济"，一旦货船不能按时抵达，"米物短绌，居民遂困"。②东北从登州输入的主要是棉布。登州府虽地不宜棉，棉花多从江南输入，但家庭棉纺织业却相当普遍，"无问男妇为之"，并有余布"鬻于乡市"③，为商贩收买转贩东北。

　　不过，咸丰年间登州水城海口的淤塞已较为严重，以致影响到海船的进出。"水城天桥闸口为商船出入门户，每日久沙淤，未至者不得入，既至者不得出；或停泊大洋，致遭风浪漂没。而货船不时至，米物短绌，居民遂困。"知府汪承镛为此"倡捐铜制钱三百千发典商取息"，以及"商船所捐钱文"统由董事者经理，作为每年挑沙费用。并订立章程，规定每年春、秋两季大挑，3月至9月的七个月则雇工三人零挑。④

　　登州府城的商业街市未见记载，从集市分布看，可能主要在城关附近。康熙《蓬莱县志》所记府城的集市为：东门三八集，南门四九集，西门一六集，北门二七集，中街五十集。⑤道光年间东门、南门集市未变，西门的"每月一六集"移至关帝庙前；中街集市被废，每月的6次集期除"十五日改西集"外，其他5次均改在北门开市。⑥北门市的重要性大大提高，这可能是因北门离海口最近的缘故。另外，清代中叶登州水城中已开设有不少栈房，咸丰年间为挑浚海口淤沙筹集经费，"商船所捐钱文"系按照向例先"散存水城各栈房"，每半月汇总一次，交蓬莱阁绅董经管⑦；光绪初年登州城重修天后宫的募捐也是由"水城诸栈店"打理。这些栈房、栈店当以货物存贮、装卸为主，也可能兼营代客买卖。由此看来，明初作为海防基地设立的水城，此

---

① 道光《重修蓬莱县志》卷5《食货志》。
② 咸丰九年《登州天桥闸口捐廉挑沙记》，存山东蓬莱阁碑廊，笔者于2003年9月拍摄。
③ 顺治《登州府志》卷8《风俗》。
④ 咸丰九年《登州天桥闸口捐廉挑沙记》，存山东蓬莱阁碑廊。
⑤ 康熙《蓬莱县志》卷2《市廛》。
⑥ 道光《重修蓬莱县志》卷2《地理志·市廛》。
⑦ 咸丰九年《登州天桥闸口捐廉挑沙记》，存山东蓬莱阁碑廊。

时可能已转为商贸服务为主了。

三、河南南阳府

南阳府，位于河南西南部南阳盆地，西通关中，东达江淮，"南蔽荆襄，北控汝洛"，历代为兵家必争之地。

康熙《河南通志》记载："南阳府城即古宛城……明洪武三年重建，设南阳卫守之。"《南阳县志》记言："南阳城池即唐南阳县旧址……元始为府城。明初甃以砖石，成化中尝一修之，崇祯初嗣唐王聿键镯金重修，明末毁于寇。"该城周六里二十七步，高二丈二尺。门四：东曰延曦，南曰淯阳，西曰永安，北曰博望；城门有月城，城楼上建有角楼、敌台、警铺。护城河系引堰梅溪水为池，深一丈七尺，阔二丈。①

明代的南阳府治、县治均是在前代基础上修建的。府治"在城内西南隅，国朝洪武三年同知程本初即元故址修建"；县治"在城内西南府治后，即古宛县治所，经兵燹廨宇荡尽，国朝洪武三年知县刘遵即故基营建"。②明末，府衙、县衙均遭损毁，顺治、康熙年间陆续重修。表3-10是明代南阳府城内主要衙署修建时间表，请参见。

洪武二十四年(1391)明太祖封朱桱为唐王，永乐六年(1408)就藩南阳。唐王府邸系由南阳卫指挥使司改建，位于城内西北的通淯街，宣德年间又进行扩建。宣德二年(1427)三月工部尚书吴中奏言："唐王奏，'府第旧系南阳卫治，规制隘狭，今弟妹长成，皆无居室，城中官地皆官员军校居住，请遣人按视，果有官地，令居者他徙，以其地付王府营居室'。上从之。仍令有司具材，王府以军校营建。"③不过据李炎估算，扩建后的唐王府仍"小于当时的亲王府规制"④。即便如此，王府的修建仍导致城内部分官署和大量民居被迫迁出。如永乐七年(1409)，南阳府学因"迫近藩府徙建于延曦门外"⑤，延

---

① 康熙《河南通志》卷8《城池》；光绪《南阳县志》卷3《建置志·城池》。
② 《明嘉靖南阳府志校注》卷1《公署》。
③ 《明宣宗实录》卷26，"宣德二年三月丙辰"条，第697页。
④ 李炎：《清代南阳"梅花城"研究》，华南理工大学博士学位论文，2010年，第80页。
⑤ 《明嘉靖南阳府志校注》卷1《公署》。

表 3-10　明代南阳府城主要衙署修建简表

衙署名称	位　置	修建时间	备　　注
南阳府治	城内西南隅	洪武三年	
府儒学	府城东门外	永乐七年	永乐七年因"迫近藩府徙建于延曦门外"
南阳县治	府治北	洪武三年	
县儒学	县治东	？	万历四年重葺
都察院署	南门内迤西	？	
按察分司	府治东	？	
布政分司	府治东察院西	？	弘治末重修
税课司	府治后	洪武初	隆庆元年裁革
阴阳学、医学	府治东		
宛城驿	府城外东南	正统四年	
南阳卫	北门内宗庙街	永乐六年迁建	洪武二年建于通清街，后因修建唐藩迁此
校　场	府城东关外		

资料来源：据李炎：《清代南阳"梅花城"研究》(华南理工大学博士学位论文，2010年，第85页)表4-5改制

曦门即府城的东门；正统十年(1445)，为给唐王世子芝弥、次子芝址以及上蔡郡主等营建府邸，被迫迁出的官军民宅达56家[①]。图3-10是明代南阳府城主要衙署和唐藩王府位置示意图，请参见。

　　从永乐六年朱桱就藩至明末，唐藩在南阳延续了230余年，历九世11王。子孙繁衍，郡王、郡主宅邸不断增加，至明末城内仅郡王府即有新野府、舞阳府、三城府、新城府、承休府等13处，而将军、中尉更多达上百。[②]南阳府城周只有6里，是冀鲁豫三省府城中规模最小的一个。王公府邸和诸多官署几乎占据了城内的全部空间，充分彰显了王权至上和封建等级制度的威严。

[①] 《明英宗实录》卷130，"正统十年六月辛亥"条，第2583页。
[②] 嘉庆《南阳府志》卷2《建置志·治署》；光绪《南阳县志》卷1《藩封表》。

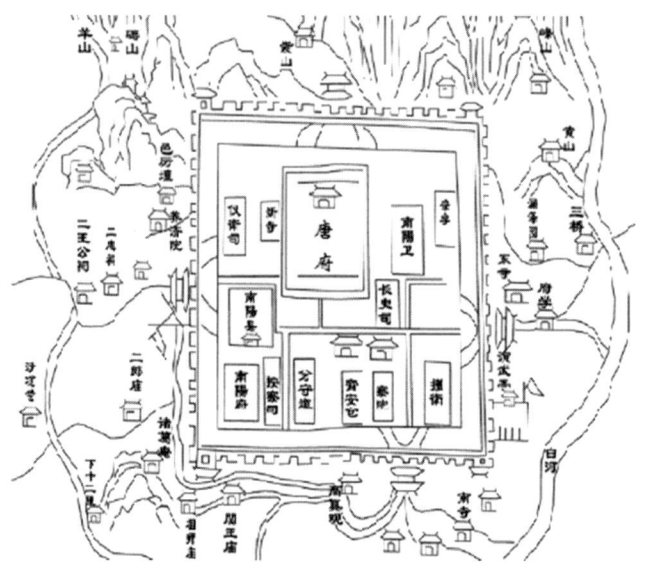

图 3-10　明代南阳府城主要衙署和唐王府位置示意图

资料来源：李炎：《清代南阳"梅花城"研究》（华南理工大学博士学位论文，2010 年）第 79 页，图 4-9

明末农民起义军攻占南阳，唐藩王府被扫荡殆尽。明初被迫迁出城外的府学于清初迁回，并在唐王府旧址上重建；位于东门内的文成王府清代改为左营游击署、都司署①；而其他的郡王旧址估计多成为民居了。南阳的城池、官署也多在明末兵燹中被毁，城墙于顺治、康熙年间陆续修葺，乾隆二十七年（1762）再次增修②；府、县两级衙署也都陆续进行了重修扩建。

据实测数据，南阳府城东西长 700 米，南北长 1100 米③，为南北向长方形。该城东西、南北四门互不相对，从城门引出的四条大街也互不相通，这主要应是出于军事考虑；几条主要的纵街、横街大多未能贯通全城，并相互交叉形成多个大、小不等的十字街或丁字街口，其街道格局大致可称为"三经四纬"。④图 3-11 是清代南阳内城主要街道示意图，请参见。

---

① 马正林编著：《中国城市历史地理》，第 284 页。
② 光绪《南阳县志》卷 3《建置志·城池》。
③ 李炎：《清代南阳"梅花城"研究》，华南理工大学博士学位论文，2010 年，第 79 页。
④ 李炎认为是"四经四纬"，马正林《中国城市历史地理》（第 283 页）认为是"三经四纬"，笔者取后者。

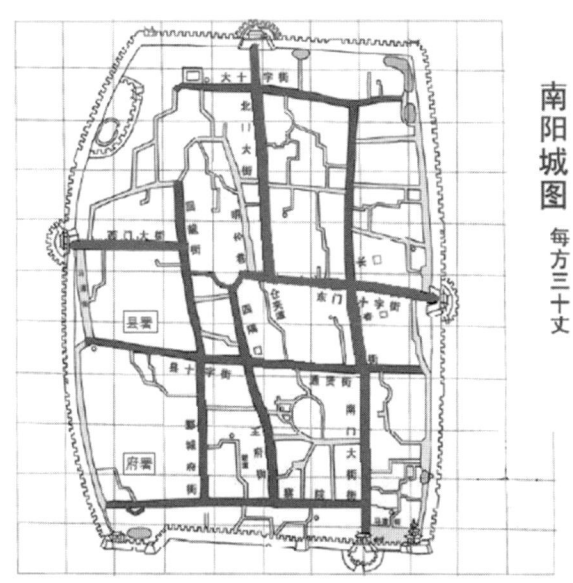

图 3-11　清代南阳内城主要街道示意图

资料来源：据李炎《清代南阳"梅花城"研究》（华南理工大学博士论文，2010年）第115页图7-9改制

咸丰初年，太平军、捻军在华北各地活动频繁，南阳知府顾嘉蘅奉旨兴办团练，并捐廉首倡修城。咸丰四年（1854）南阳《修城练勇保民碑》记载了此次修城的缘起和经过："南阳为楚豫咽喉，且为山陕半壁屏障，九省通衢，最为冲要。惟城池建自前明洪武四年，至今倾圮太甚。历任屡欲重修，因工巨莫举，予前两任斯郡亦有志未逮，昨岁三奉恩命夺情，适粤匪侵犯楚皖，窜扰豫境，逼近宛疆，亟谋保卫生灵……余唯先捐廉为之倡，据情陈大宪，诹吉兴工，集八段公正董事，九阅月而告竣。"①修筑的主要工程有："城周六里二十七步，高二丈，门四皆用旧名；……其上皆有楼，门之外皆有月城，城隅皆为屋，又起阁；……凡置炮台三十、警铺四十三。堰梅溪为池水，自永安门外环城而左置石坝，时其蓄泄，以城之高为池之阔；近池起女墙，其高得城三之一。"②此次大修提高了南阳城的防御功能，同治元年（1862）太平

---

①　咸丰四年南阳《修城练勇保民碑》，转引自李炎《清代南阳"梅花城"研究》，华南理工大学博士学位论文，2010年，第111页。
②　光绪《南阳县志》卷3《建置志·城池》。

军围城 17 日而终未能克。

同治二年继任知府傅寿彤对南阳城进行了再次重修，工程规模更超过咸丰。其一，"环城筑四圩，状若梅萼"；其二，在四个圩寨和内城之间增筑外墙，全长达 18 里；其三，引梅溪、白河、温凉河水入外城壕，与内城壕相连；其四，在城墙的关键部位建空心炮台 16 处。①经此次重修，不仅大大提升了南阳城的防御能力，而且形成了独特的"梅花城"的城池格局。图 3-12 是清代南阳"梅花城"图，请参见。

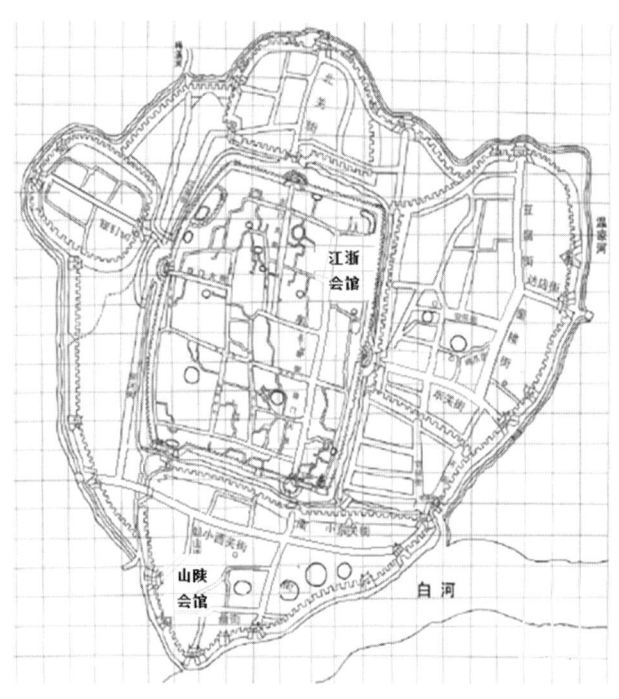

图 3-12　清代南阳"梅花城"图

资料来源：据光绪《南阳县志》卷首《南阳城图》《南阳四关图》改制

南阳城的商业区主要集中在城内东南隅的南门大街、长春街，以及南门外的南关大街、小西关和小东关，靠近白河码头。白河发源于河南府嵩山县，

---

① 李炎：《清代南阳"梅花城"研究》，华南理工大学博士学位论文，2010 年，第 115—116 页。

经府城南流至湖北襄樊境内入汉水,自明代即有舟楫之利①,清代更是"往来行船夹岸停泊,商贾云集"②。光绪《南阳县志》记载:"明季流寇蹂躏南阳尤剧,城市瓦砾,邨落丘墟",清初"客农游贾多自秦晋"而来,"晋人固善贾,县又通水陆",至"乾嘉时城厢及赊旗镇号为繁富"。③清中叶以后各地商人在南阳陆续建立会馆,李炎《清代南阳"梅花城"研究》一文中开列了江浙、山陕、湖北、泌阳等 9 处会馆④,不过在光绪《南阳县志》的府城图中只标有江浙会馆和山陕会馆两处,前者位于城内东北隅,后者位于南关(图 3-12);其规模远不如赊旗(详见第六章第一节赊旗部分)。而湖北、泌阳、邓县、淅川、镇平、唐河等会馆的建立时间可能较晚,南阳商业的发展当是在赊旗镇衰落之后。

---

① (明)王士性撰:《广志绎》卷 3《江北四省》,"河南诸水,以河为经,附河诸水……无舟楫之利……惟南阳泌、淯诸水皆南自入汉,若与中州无涉者,然舟楫商贾反因以为利"(第 35 页)。
② 同治《襄阳县志》卷 1《地理志·乡镇》。
③ 光绪《南阳县志》卷 2《疆域志·风俗》。
④ 李炎:《清代南阳"梅花城"研究》,华南理工大学博士学位论文,2010 年,表 7-10。

第二编

明清时期华北商业城镇的发展

商业城镇的发展是明清时期中国城市发展的一个重要特点，无论数量还是规模都有很大增长。主要包括两个方面：其一，传统行政中心城市的转化，即一部分府城、州县城的经济功能大幅度提升，经济辐射能力超过其辖区范围，从而转化为商业城市；其二，一些县以下的"镇城"迅速崛起，经济功能超过一般府城，这在江南已很多见，在华北也有一定的数量和规模。笔者在以下几章中将对这两类不同行政等级的商业城镇的发展分别进行考察。

由行政中心转化而来的商业城市又可分为两类：设有税关的城市和未设税关的城市。明清两代政府在全国主要流通干线设立税关，对大宗商品征收关税(即过税)。一般来说，中央一级的税关(隶属户部或工部)大多设在税源最丰的地方，故税关所在城市多为重要商业城市。本编第四章考察设有税关的行政中心城市，第五章考察未设税关的行政中心城市；第六章新兴商镇的崛起，则对非行政中心的"镇城"进行考察。

第 四 章

各级行政中心的转化：设有税关的城市

明政府设关榷税始于宣德四年(1429)，《大明会典》记载："宣德四年，令南京至北京沿河漷县、临清、济宁、徐州、淮安、扬州、上新河，客商凑(辏)集处设立钞关，差御史及本部官照钞法例监收船料钞"；"正统十一年令移漷县钞关于河西务"。①其后屡经调整，到万历年间主要钞关有八个，即崇文门、河西务、临清、淮安、扬州、浒墅、北新、九江。这八大钞关中，位于华北的有京师的崇文门、直隶的河西务、山东的临清关三个。

清初上述八大钞关全部保留下来，康熙元年(1662)将河西务钞关移至天津，更名天津关。清政府又陆续在长江、沿海及内陆地区增设多处税关，到清代中叶，属于户部和工部的税关已有40余个，位于冀鲁豫三省的户部关主要有崇文门、通州坐粮厅、天津关、临清关、山海关、张家口、多伦诺尔，工部关有临清关和通永道，共9个。其中，崇文门税关已在第一章中述及，其他8个税关城市拟分为三组，分别考察。

其一，运河沿线的税关城市：临清和通州。临清工关由户关兼管，坐粮厅与通永道衙署都在通州，可一并考察。此外，河西务虽也位于运河沿线，不过自康熙元年税关移至天津，河西务成为天津关的分税口，商业规模明显下降；因明代资料十分有限，而且河西务的行政建置较低，故本章暂不涉及，留待第六章中再做考察。

---

① 正德《大明会典》卷32《户部·课程·船料钞》，《景印文渊阁四库全书》第617册，台湾商务印书馆1986年版，第345页。

其二，沿海税关城市：天津和山海关。天津关的税源有一个从运河为主到沿海为主的变化过程，到嘉道年间，其税收来源已有 2/3 来自沿海贸易；山海关的税源有 80%以上来自沿海贸易，故笔者将二者归入沿海税关城市。

其三，内陆税关城市：张家口和多伦诺尔。

第一节　运河沿线的税关城市

一、临清

临清位于山东西北部，滨运河。明初为东昌府属县，弘治二年（1489）升为州，乾隆四十一年（1776）再升为直隶州。其行政地位虽不如府治聊城，但经济功能却远超过府城。

（一）临清的新、旧二城与商业街市

永乐年间京杭大运河的浚通对临清经济发展影响甚大。临清位于会通河北口，又扼踞汶河（即会通河）与卫河交汇之处，为漕运五大水次之一，建有三仓：广积、临清二仓有"廒八十一连，连十间"；常盈仓"廒二连，连百间"，户部在此设督饷分司、漕运行台等衙署专门督理漕务。[①]漕船之外，"商船多自淮安清河经济宁、临清赴北京"[②]，商业也随之迅速发展。

临清城建于景泰元年（1450），主要目的当是护卫漕仓。正统十四年（1449）因边关有警，兵部尚书于谦奏请筑临清城，获得批准，"诏以平江侯陈豫、都御史孙日良董其事"；同时"建临清卫，调济宁左卫五所，并原守御临清千户所官军俱隶于此"。吏部尚书王直《修城记》记言："正统十四年秋，虏寇侵犯边鄙，京师戒严，畿甸以及山东、河南诸郡俱有城池，以贮重兵，保障人民，拱卫国家，独临清为两京往来交会咽喉之地，往东昌郡之北，为其属邑。

---

① 乾隆《临清州志》卷3《公署志》，山东省地图出版社2001年版，第230页。
② 《明宣宗实录》卷107，"宣德八年十一月戊辰"条，第2399页。

财赋虽出乎四方,而输运以供国用者必休于此而后达;商贾虽周于百货而懋迁以应时需者,必藏于此而后通。其为要且切也如此,而可以无城池兵戎之保障乎?圣天子临御之初首以为念,乃简阅于帅臣廉干者,得平江侯陈公,遂命往镇临清,而以都察院右副都御史孙公日良同理其事。"①景泰元年(1450)工竣,该城位于会通河北岸,大体为矩形,因"缘广积仓为基"西北部稍有突出,俗称"鳜头城"。该城周九里一百步,高三丈二尺,"甃以砖,为门四:东曰威武,西曰广积,南曰永清,北曰镇定";"外凿隍,周遭深广皆九尺"。②县治由中洲迁至城内,弘治年间临清升州后扩建为州署。城内设置的衙署还有:临清卫在州治以东,兵备道在州治西南,都察院在州治西北,布政分司和按察分司在州治以北,多为景泰、成化年间创建③;而粮仓占地几达 1/4。

随着运河流通的发展,弘治以降,临清"游宦侨商日渐繁衍","四方之人就食日滋"④,人口大幅度增长,以致"城居不能什一",遂于正德、嘉靖年间两次扩建州城,"以卫商贾之列肆于外者"。⑤新城自砖城的东南、西北二角起夯土为墙,延袤 20 余里,将汶河、卫河包围其中,面积比原来扩大了 5 倍;砖城隅于东北,成为新城的一个组成部分。土城设新门六:东曰宾阳、景岱,西曰靖西、绥远,南曰钦明,北曰怀朔⑥;而砖城的广积、永清二门则成为内门。另有"水门三,汶一卫二",卫河自南水门入,穿城西境曲折北行;汶河自东水门入,至鳌头矶一分为二:其北支西北行,于临清闸与南来之卫河合流北上,即为南运河;其南支过鳌头矶掉头而南,在板闸与卫河交汇。三条水道把土城分割为形状、面积各不相同的东、西、南、北、中五个部分。土城建成后,砖城完全成为政治中心、仓储要地,城内除有粮铺十余家外,在

---

① 嘉靖《山东通志》卷 12《城池》。
② 康熙《临清州志》卷 1《城池》,第 30 页;乾隆《临清州志》卷 3《城池志》,第 217—218 页。
③ 乾隆《临清州志》卷 3《公署志》,第 236—237 页。
④ 康熙《临清州志》卷 2《赋役》;乾隆《临清直隶州志》卷 2《建置》。
⑤ 《古今图书集成·方舆汇编职方典》卷 250《东昌府城池考》,第 45 页。
⑥ 康熙《临清州志》卷 1《城池》,第 30 页。

商业上不占多大的地位。而土城的五个部分商业均较繁荣。分别简述如下。①

中洲，由汶、卫二河环抱而成，是临清最繁盛的商业区。一条长街贯穿南北，自北而南分为锅市、青碗市、马市街三段，长达三里多。长街两侧，瓷器、杂货、银钱、纸张、皮货、靴帽、鞋袜、米豆、海味、果品等各类店铺林立，其中纸店、瓷器店多时都曾达二十余家，羊皮店也有七八家。长街以西的白布巷，为布店汇聚之所，《临清州志》记载："布商，店在白布巷，自成化二年苏州、南翔、信义三会合而为行，隆万间浸盛，岁进布百万有奇"；与其相邻的果子巷则集中了大量绸缎铺，"绸缎商，店在果子巷……旧有数十家字号"。同类店铺的高度集中，明显带有中转批发贸易的特点。

北区，东起广积门，西抵卫河东岸，南以汶河为界，北至怀朔门外塔湾。天桥以北的小市街长约里许，是北区最主要的商业街，两侧店铺百余家，"古董、金银铜锡铁器、木料、估衣、杂粮、茶饭食店杂居之"；牛市街附近聚集了大量回族居民，以及碾坊、磨坊、油坊、皮毛加工、竹木器等手工业作坊，其产品有不少"列肆于市"；此外，怀朔门外的塔湾有粮店十余家。

卫河西的商业街市主要集中在靖西门附近，这里汇集了大量的茶叶店铺，"大者二十八家，小者不计"，茶叶由"山西客商转运各边关口子，税户、店主资为生计"，临清也是晋商万里茶路的重要转运码头。此外，靖西门内有棉花市，收花季节可"日上数万斤"；又有粮店十余家，收籴临清西乡一带运来的粮食。

东区，砖城南门外的永清大街和汶河北岸的鼓楼斜街汇集有粮食店铺三四十家，沿运河北上的数百万石粮食多在此交易；柴市街是附近各县柴薪的汇集之所，临清20多座砖窑所需柴薪多在此采买；大街两侧还有不少丝店、机房、柜箱、金漆等店铺作坊。此外，宾阳门内也有棉花市，与靖西门内的棉花市遥遥相对，分别集散来自东、西两个方向的棉花。

东南区，指汶河南支以东与中洲隔河相对的狭长地带。砖闸以东的车营街有粮店十数家，临清东南各县农民、商贩多将米谷车载驴驮至此粜售；板闸以南的店铺以绳缆、木篙、橹桨等船具为主；最南端的南水关有绵绸市，逢三、八日集期，日上绵绸可达千余匹。图 4-1 是明清时期临清新旧二城和

---

① 以下关于临清商业街市的描述，均依据乾隆《临清州志》卷 11《市廛志》。

主要商业街市分布示意图,请参见。

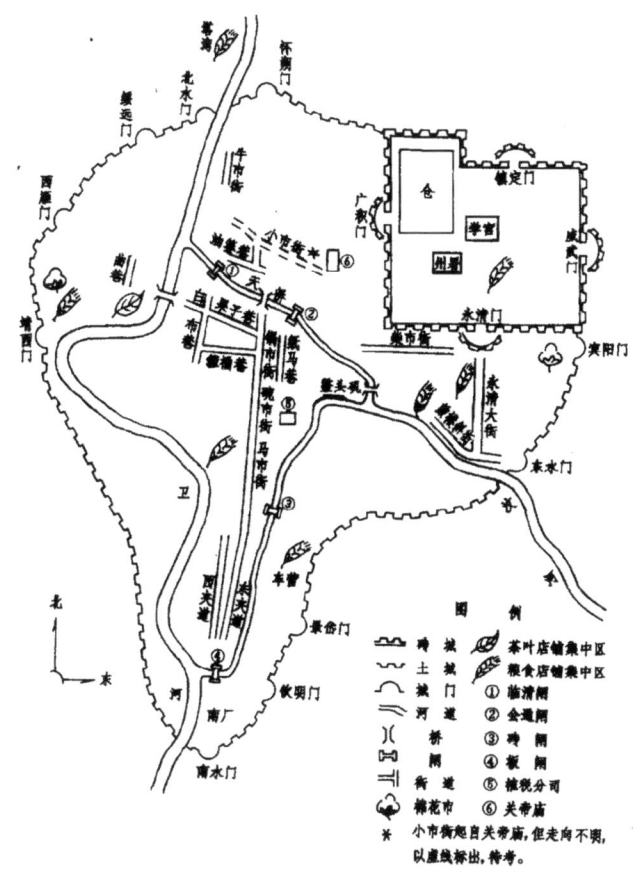

图 4-1 明清时期临清商业街市分布示意图

资料来源:许檀:《明清时期山东商品经济的发展》,第 114 页图 4-1

从该城的商业布局可以看出,临清同时兼有批发、零售和农产品集散的三种功能。中洲的布匹、绸缎、瓷器、纸张等店铺,永清大街和鼓楼斜街的数十家粮铺,以及靖西门内的诸多茶叶店铺,系以中转批发贸易为主;经营不同商品的各类店铺杂居错处于同一条街市——最典型的是北区小市街的店铺结构——则明显地反映着以本地居民消费为主的性质。至于位于宾阳门和靖西门内的东、西两个棉花市、南水关的绵绸市,以及车营、塔湾的粮食市等，基本上属于以农产品集散为主的市场。表 4-1 是明代临清主要店铺及其分布状况，请参见。

表 4-1 明代临清城内主要店铺及其分布状况

分 类	隆万年间	位 置	备 注
布店	73 家	中洲白布巷	乾隆间数量大减，分布各街
缎店	32 家	中洲果子巷	乾隆间仅存七八家
杂货店	65 家	不详	不详
瓷器店	20 余家	中洲锅市街	清代减半
纸店	24 家	中洲锅市街	清代减至五六家
茶叶店	数十家	靖西门内	大者 28 家，小者不计
辽东货店	13 家	中洲	清代无
羊皮店	不详	中洲	清代有七八家
盐行	十余家	公店在州前街其余居各街	清代不及半
典当	百余家	不详	清代减少至十六七家
客店	大小数百家	不详	清代减半
估衣铺	不详	估衣巷	乾隆间有数十家
粮店	不详	—	乾隆间增至百余家

资料来源：据许檀《明清时期山东商品经济的发展》表 4-1 改制

上表可见，仅表中所列的十余种店铺合计已有六七百家。又据《州志》记载，北区长仅里许的小市街就有各类商店百余家；如果再加上其他各类作坊店铺，临清最盛时仅坐贾即将近千家。

最迟到隆庆万历年间，临清已成为华北首屈一指的商业城市。《利玛窦中国札记》记载："临清是一个大城市，很少有别的城市在商业上超过它，不仅本省的货物，而且还有大量来自全国的货物都在这里买卖，因而经常有大量旅客经过这里。"①明末小说《梼杌闲评》亦言："却说临清地方虽是个州治，

---

① [意]利玛窦、[法]金尼阁：《利玛窦中国札记》，第 337 页。

到是个十三省的总路，名曰大码头。商贾辐辏，货物骈填。更兼年丰物阜，三十六行经纪争扮社火，装成故事。更兼诸般买卖都来赶市，真是人山人海，挨挤不开。"①临清商业的繁华程度不仅大大超过与它平级的州城，即便在华北的府城、省城中也属罕见，这从其所征商税可得到进一步的证实。

(二)临清的户、工二关及其税收变化

户部、工部在临清都设有税关。临清户关设于宣德四年(1429)，是明代设立最早并一直延至清代的税关之一。该关关署位于中洲的会通河新开闸以西。万历年间临清征收关税 83 000 两，高于京师所在的崇文门，居全国八大钞关之首(参见第一章表 1-9)。清代海禁开放后，南方商货开始由海道北上，随着海运的发展，天津、上海等沿海港口迅速崛起，临清的地位逐渐下降。不过，直到道光年间临清仍是华北各省中最重要的商城之一，也是运河山东段唯一的税关。

临清户关既征船料也征货税，船料按梁头丈尺征收，"米麦杂粮照浒墅关例签量计石"。该关税额，康熙末年定以 37 376 两作为正额，嘉庆四年(1799)钦定盈余银 11 000 两，正额、盈余合计为 48 376 两零。②

工部在临清也设有税关。其前身是永乐年间所设的工部营缮分司，督理窑厂，就漕船搭解"临清砖"进京；嘉靖五年始兼理闸务，并征收短载、纸价二税。清代顺治十八年(1661)停临清砖差，税务先后改归北河分司、济宁道管理，至乾隆元年(1736)归并临清户关兼管。工关只收船料，不征货税，"短载，船自南往北者(按船头丈尺)每尺征银一钱七分"；"纸价，船自北而南者每只纳银六钱"。③工关收税原无定额，康熙四十三年(1704)题准，以四十二年所收税银 4572.74 两作为定额；嘉庆四年(1799)钦定盈余银 3800 两，

---

① 佚名：《梼杌闲评》第二回《魏丑驴迎春逞百技，侯一娘永夜引情郎》，人民文学出版社 1999 年版，第 17 页。

② 乾隆《大清会典则例》卷 47《户部·关税》，《景印文渊阁四库全书》第 621 册，台湾商务印书馆 1986 年版，第 477 页；嘉庆《大清会典事例》卷 187《户部·关税》，见沈云龙主编《近代中国史料丛刊三编》第 66 辑，第 656 册，第 8630—8634 页。

③ 乾隆《临清州志》卷 7《关権志·工部关》，第 339—340 页；乾隆《大清会典则例》卷 136《工部·关税》，《景印文渊阁四库全书》第 624 册，第 289 页。

与正额合计为 8372 两有奇。① 户、工二关合计，临清关关税定额为 56 748 两有奇。

清代中叶临清关的税收数据除乾隆初年、嘉庆初年工关税额略有缺失外，基本完整。图 4-2 是依据实征税额绘制的乾隆至道光年间临清户、工二关实征税额的变化曲线，表 4-2 是乾隆至道光年间临清户、工二关实征关税的十年平均统计，二者相互参证，可对清代中叶百余年间临清关税收变化情况有一个大致的了解。

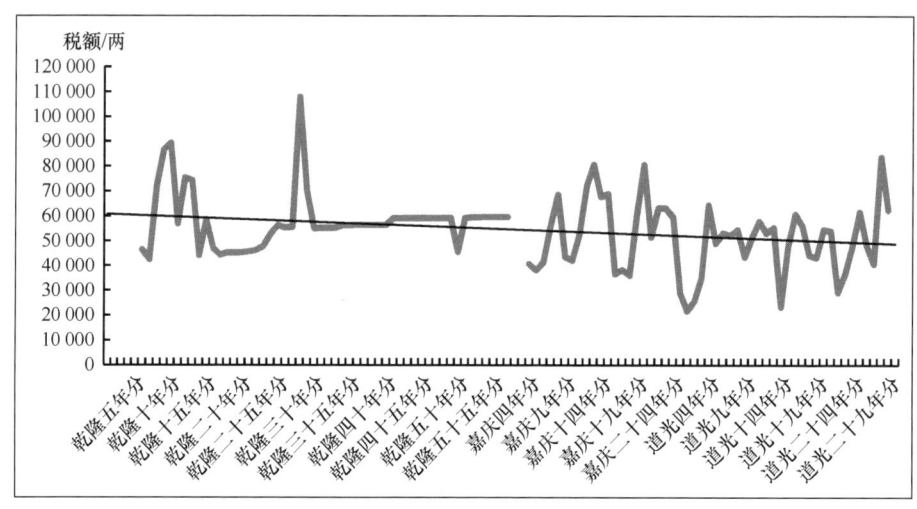

图 4-2　乾隆至道光年间临清户、工二关实征税额的变化

资料来源：据中国第一历史档案馆和台北故宫博物院所藏该关税收档案汇集整理

图 4-2 可见，临清关税额波动较大，其中以乾隆二十八年分为最高，而道光初年的税收额最低。乾隆二十八年分户关征收税银 92 458 两零，工关征银 15 467 两零，两关合计为 107 900 余两②，较上届多收税银 46 500 余两，"实历来所未有"。山东巡抚奏报其原因称：该年因直隶歉收，粮价昂贵，"豫东、江苏等省米麦价平之处商贩闻风云集，运、卫两河北运米麦船只络绎不绝，

---

① 嘉庆《大清会典事例》卷 710《工部·关税》，见沈云龙主编《近代中国史料丛刊三编》第 69 辑，第 689 册，第 6752 页。

② 临清户关关期以 12 个月为一年，遇有闰年连续计算，故关期多跨越两个年头，与实际年份不同；工关关期以每年开河为始，至封冻为止，故户、工二关关期并不完全一致。

是以征税较多，实非常年所可比拟。"①

表 4-2　乾隆至道光年间临清户、工二关实征关税统计

年 分	户关税银/两	工关税银/两	二关合计/两
乾隆五至十年分平均	57 509.7	7 996.8	65 506.5
乾隆十一至二十年分平均	46 102.3	7 492.5	53 594.8
乾隆二十一至二十九年分平均	50 011.8	9 261.5	59 273.3
乾隆三十一至四十年分平均	46 942.2	9 053.5	55 995.7
乾隆四十一至五十年分平均	48 985.2	8 823.2	57 808.4
乾隆五十一至五十七年分平均	50 395.0	9 122.7	59 517.7
嘉庆四至十五年分平均	49 097.0	6 646.6	55 743.6
嘉庆十六至二十五年分平均	46 063.7	5 740.9	51 804.6
道光元年至十年分平均	39 472.6	5 552.9	45 025.5
道光十一至二十九年分平均	44 618.0	4 998.9	49 616.9
道光二十一至二十九年分平均	47 082.9	4 486.5	51 569.2

资料来源：据中国第一历史档案馆和台北故宫博物院所藏该关税收档案汇集整理

从表 4-2 的统计中我们可更清楚地看出，乾隆—道光年间临清关税整体呈下降趋势，从乾隆初年的平均 6.5 万两，至道光年间已降至 4.5 万—5.1 万两，长期未达到 56 748 两的定额。特别是道光初年临清关税大幅度缺额，如道光元年分临清户关仅征收税银 17 650 两零，不仅盈余分毫无征，正额亦短缺 19 700 余两；三年分征银 30 818 两，亦短缺正额 6500 余两。关税缺额的主要原因是运河水量不足，为保证漕运，以致商船过关大幅减少。山东巡抚琦善奏报缺额缘由说："查山东临清地方设有户、工二关，户关抽收货税，工关征纳船料，向系巡抚委员征管，按年核实奏报。近年以来不惟该关税无盈余，即正额亦致亏短。……缘临清关居汶、卫两河之中，全赖江广纸张、茶叶、磁（瓷）器、江浙绸缎等货贩运北上，或直隶、山东杂豆赴南售卖，商始流通，始克征税敷额。无如每年十月漕艘过浅，即需煞坝挑河，并无船只可

---

① 台北故宫博物院编：《宫中档乾隆朝奏折》第 19 辑，山东巡抚崔应阶乾隆二十八年九月二十二日奏折，第 129 页。

通;迨次年二月开闸以后,先尽粮船行走,凡南来货物多系粮船夹带,税银鲜有抽收。即或有商船往来,一遇卫源微弱,即有封雇、管制之苦,又有过闸守候之累。……此关税短绌之实在原委也。"①

(三)经由临清流通的主要商品

临清是以中转批发贸易为主的商业城市,其贸易所及至少包括江苏、浙江、安徽、河南、山东、直隶等江南、华北两大经济区的主要省份。经由临清转销的商品以棉布、绸缎、杂货和粮食为最大宗。

明代江南是全国的丝、棉纺织业中心,运销华北、西北及辽东地区的布匹、绸缎大多经由运河北上,在运河沿线形成很多纺织品中转市场。徽商黄汴《天下水陆路程》记载:"北直隶各府,辽、蓟边客货皆由漕河而去,止于临清州、河西务、张家湾起陆。"②陈继儒亦言:江南棉布"溯淮而北走齐鲁之郊,仰给京师,达于九边,以清源为绾毂"③。清源,即临清之古称。各地商人云集于此开店设肆,使临清成为华北最大的纺织品贸易中心和中转批发市场。万历年间的记载称,临清有缎店32座、布店73座、杂货店65座④;布匹年销量在百万以上,绸缎销量亦属可观。

清代粮食成为临清市场上最大宗的商品。档案记载称:"临清关税米麦居多,而米麦贩运之多寡又视邻省粮价之贵贱";又,临清关"惟赖米粮商贩船只通过,始得钱粮丰裕;又必直隶与豫、东两省彼此粮价贵贱不同,或北收南贩,南收北贩,米粮通行过关,船料粮税方克丰盈"。⑤前文所述乾隆二十八年分该关税收的大幅度增长,也是因为直隶歉收,河南、山东、江苏等省商贩过关"米麦船只络绎不绝",故征收税银较常年多至46 500余

---

① 中国社会科学院经济研究所藏《钞档》:道光四年二月二十七日山东巡抚琦善奏折。
② (明)黄汴:《天下水陆路程》卷5,杨正泰校注,山西人民出版社1992年版,第150—151页。
③ (明)陈继儒:《陈眉公全集》卷59《布税议》,北京大学图书馆藏崇祯刻本,第21页。
④ (明)赵世卿:《关税亏减疏(请罢榷使)》,见陈子龙等选辑《明经世文编》卷411,第4458页。
⑤ 中国第一历史档案馆档案《朱批奏折》:山东巡抚喀尔吉善乾隆八年七月二十四日折;山东巡抚准泰乾隆十六年六月十三日折,档案号:04-01-35-0315-023,04-01-35-0327-037。

两。表 4-3 是乾隆前期临清户关征收粮食税银及其所占比重统计,该表可见,粮食税银在临清户关所征税银中所占比例,最高为 65%,最低也有 35%,平均为 51%。

表 4-3　乾隆年间临清户关征收粮食税银及其所占比重统计

关　期	户关税银/两	粮食税银/两	占比/%	备　注
乾隆七年七月十六日至八年五月初一日	34 845.2	17 298.7	49.6	系三季零 46 日税额
乾隆八年五月初二至九年五月初一日	72 111.4	47 314.3	65.6	
乾隆九年五月初二至十年五月初一日	81 202.3	52 970.8	65.2	
乾隆十年五月初二至十一年四月初一日	46 874.5	25 985.5	55.4	连闰共 12 个月
乾隆十一年五月初二至十二年二月初三日	63 649.5	22 663.2	35.6	系三季零 32 日税额
乾隆十二年七月二十五日至十三年七月二十四日	65 778.9	36 000.0	54.7	
乾隆十三年十二月初四至十四年十二月初三日	38 576.3	15 551.3	40.3	
乾隆十四年十二月初四至十五年二月初三日	50 815.3	23 374.5	46.0	
乾隆十六年十一月初四至十七年十一月初三日	38 636.1	17 339.7	44.9	
乾隆十八年十一月初四至十九年十月初三日	38 776.2	17 899.6	46.2	连闰共 12 个月
乾隆十九年十月初四至二十年十月初三日	38 809.9	18 696.6	48.2	
平　均	51 825.1	26 826.7	51.8	

资料来源:据第一历史档案馆藏该关档案及《宫中档乾隆朝奏折》该关税收统计

临清市场上的粮食来源大致有四:其一,从山东台儿庄、济宁等处沿运河北上者"每年不下数百万石",其中应包括由江淮北上的粮食;其二,河南所产,由卫河泛舟东至者,每年亦"不下数百万石";其三,东北所产粮石,海运天津后顺运河南下,每年约计数万石或数十万石;其四,临清四乡及附近各县所产，车载驴驮运至塔湾、车营一带出售，为数亦在不少。①乾隆年间，临清城内粮食集中市场共有六七处，经营粮食的店铺多达百余家，年交易量达五六百万石至千万石，是当时山东，可能也是华北最大的粮食市场。汇集于临清的粮食主要是转销外地的，冀鲁豫三省间的丰歉调剂是其中最重要的内容。

除布匹、绸缎、粮食之外，经由临清转销的大宗商品还有茶叶、瓷器、纸张、铁货等。

茶叶，主要来自安徽、福建等地。临清本地消费的茶叶多在杂货店散卖，而大宗茶叶则由晋商经营，以边茶转运贸易为主，有数十家茶叶店铺集中在卫河西的靖西门内；茶船到临清，"或更舟而北，或舍舟而陆，总以输运西边，西边之人仰赖惟殷"。卫河西岸的广济桥南有一座大王庙，"壮丽无比"，是康熙十四年（1675）山西茶商韩四维等集资创建，"每茶一箱摊银二三厘，共积至万金有余"②，足见茶叶贸易量之大以及山西茶商获利之丰。

瓷器，多来自江西景德镇，"每岁进货多者十万，少亦不下四万"，经销瓷器的店铺明代曾多达20余家，清代亦有10余家。

纸张，来自福建、江西，品种甚多，店铺多时也有20余家。其转销范围至少可达直隶的大部分地区。

铁货也是经由临清转运的重要商品之一。铁锅有数种，广锅、无锡锅系由南船带至，西路铁锅当即产自山西潞安的潞锅，由清化镇转卫河而至；临清本地消费以广锅、无锡锅为多，西路铁锅及其他"散碎铁器、铁钉、犁铧、火盆、车川等货物，商人船载临清，只报过税"③，大多转销外地。嘉靖《河间府志》即有记载："贩铁者农器居多，至自临清、泊头，皆驾小车而来"④；宣府、大同、辽东互市所用的铁锅及其他铁器，也有不少系由临清采买。经由临清外销的本地商品则主要有棉花、梨枣、丝织品、皮毛制品等。⑤

---

① 乾隆《临清州志》卷11《市廛志》，第458—459页。
② 乾隆《临清州志》卷11《市廛志》《寺观志》，第459、472—473页。
③ 乾隆《临清州志》卷11《市廛志》，第459—461页。
④ 嘉靖《河间府志》卷7《风土志·风俗》；嘉靖《高唐州志》卷3《地理志》。
⑤ 关于明清时期临清的商品流通详请参见许檀：《明清时期的临清商业》，《中国经济史研究》1986年第2期。

二、通州（坐粮厅）

通州，明清两代均属顺天府。该城位于京城以东40里，滨潞河（即北运河），是漕粮入京的必由之路。康熙《通州志》记言："通州上拱京阙，下控天津，潞、浑二水夹会于东南，幽燕诸山雄峙于西北……舟车辐辏，冠盖交驰，实畿辅之襟喉，水陆之要会也。"[①]

（一）通州的新旧二城与户、工二关

通州有新旧二城：旧城为洪武元年（1368）创建，"城在潞河西，砖甃其外，中实以土，周围九里十三步，连垛墙高三丈五尺"；城门有四：东曰通运，南曰迎薰，西曰朝天，北曰凝翠。新城在旧城以西，正统十四年（1449），"因西关厢置大运西、南二仓，奏建新城以护之；亦甃以砖，周围七里有奇，东连旧城"，西、南两面分别设门：一曰西门，一为南门。万历年间环两城修护城河，引通惠河水注之，长3300余丈，阔八丈，深二丈。州治位于旧城北门内迤西，通州、神武、定边等卫的治所均在州治以南，州学在州治以西；户部坐运分司、通永道署在旧城；仓场总督衙门、户部分司、坐粮厅署设在新城。[②]通州城内衙署林立，且级别较高。其中，坐粮厅郎中为正五品，与通州知州平级，而仓场总督、通永道的级别都高于知州。明代通州有六卫驻守以护卫仓储，清代随着北疆的平定，其军事色彩减弱。图4-3是通州新旧二城、漕仓及主要衙署位置示意图，请参见。

漕粮的存贮和转运是通州最重要的职能之一。明代通州建有四仓：大运中仓、东仓在旧城内，有廒177座，计902间；大运西仓、南仓在新城，有廒450座，计2160间，其后有所裁并。清代雍正年间，"大运西仓廒二百三座，大运中仓廒一百一十九座，大运南仓廒八十一座"。明代京、通仓储由户部专设侍郎一员管理，成化年间始设坐粮厅员外郎"专管通仓坐拨粮斛"，并设监仓主事四员，各管一仓。清代户部仓储官员为满汉双轨制，

[①] 康熙《通州志》卷1《区域·形胜》，见《中国地方志集成·北京府县志辑》第6册，上海书店出版社2002年版，第442页。

[②] 康熙《通州志》卷2《建置》，见《中国地方志集成·北京府县志辑》第6册，第454—455页；康熙《畿辅通志》卷8《公署》。

总督仓场户部满、汉侍郎各一员，户部坐粮厅满、汉官各一员，大运西仓、大运中仓也各设满、汉监督一员。其中仓场侍郎驻通州新城，掌仓谷委积，通惠河运务；坐粮厅负责漕粮输仓及通济库出纳等事，各仓监督掌仓粮收支及晾晒。①

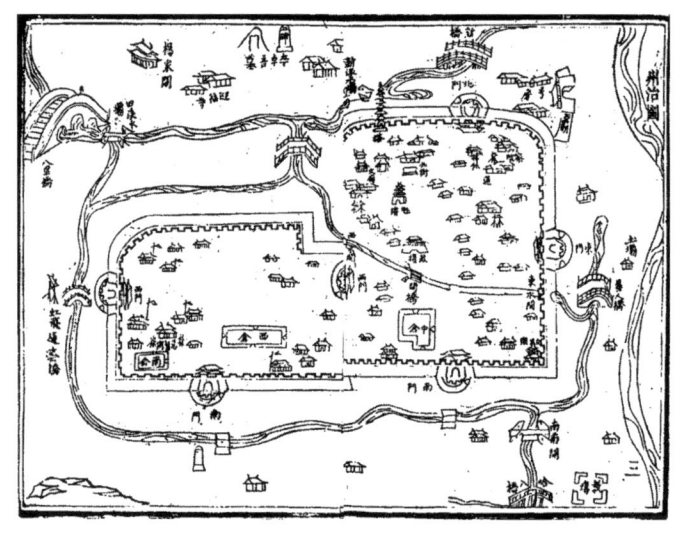

图 4-3　通州新旧二城、漕仓及主要衙署位置图
资料来源：康熙《通州志》卷首《州治图》。

关于通州仓存粮数量与比例，不同时期有所变化。大体而言"漕运粮储每年四百万石，正兑京仓七分，通仓三分，除京仓不计外，通仓收粮一百四十五万六千六百二十石"②，运储通州仓的漕粮每年有一百数十万石，而运往京仓的漕粮也需经由通州转运，合计为320余万石③。京师每年支放的王公禄米、八旗俸甲米有相当一部分流入市场，"每年春、秋二季领俸米人员多在通州售卖"。乾隆三十四年（1769）的奏报称："通州城内原有官设米局，接买旗

---

① 郑民德：《从地方志资料看明清时期通州的漕运》，《中国地方志》2013 年第 7 期。
② 顾炎武：《天下郡国利病书》，转引自郑民德《从地方志资料看明清时期通州的漕运》，《中国地方志》2013 年第 7 期。
③ 康熙《通州志》卷 3《漕运·粮额》，见《中国地方志集成·北京府县志辑》第 6 册，第 445、475 页。

员俸米，因办理不善，续经撤回之后，遂有民人私立米局十有余处"；这些米局收购俸、甲米后，再出售给"小本铺户"，从而成为普通百姓的食粮。漕粮之外，通州还有大量从东北、华北输入的商品粮，据乾隆四十三年的调查，通州东关有永茂、永成、福聚、涌源四大堆房，堆储张圣如等220余家商人从各处贩来的麦子53万余石，陆续卖给京城粮铺及通州本地铺户。①

粮食之外，通州也是各地商货入京的必由之路。户部在此征收商税，明代由坒运分司兼管，"差户部主事一员，专管造船、浚河及东西河运务，兼收税银六千三百三十九两零"；清初裁坒运分司，税务归并通永道；康熙三十九年(1700)又"改归坐粮厅征收"。②坐粮厅衙门位于通州新城之内，明成化间设，"专管通仓，坐拨粮解……兼管通惠河务"③；康熙三十九年接管通州商税，"以为挑浅及修理坝闸之用"④。不过，康熙年间此项税收尚属地方商税，康熙《大清会典》将其归于杂赋项下，雍正年间才升格为关税。⑤

通州坐粮厅关税正额6339.26两，系明代坒运分司的旧额；其盈余银，乾隆十四年(1749)定以雍正十三年(1735)实征数7871.11两为额，与正额合计为14 210两有奇。⑥嘉庆四年(1799)钦定盈余银6000两，正额、盈余合计为12 339两零。⑦该关档案记载：自嘉庆元年八月初九日起连闰至嘉庆二年

---

① 邓亦兵：《清代前期京城的粮商》，见王岗主编《北京史学论丛(2015)》，群言出版社2016年版，第96—103页。
② 康熙《通州志》卷3《漕运·设官》，见《中国地方志集成·北京府县志辑》第6册，第476页；雍正《大清会典》卷52《户部·关税》，见沈云龙主编《近代中国史料丛刊三编》第77辑，第768册，第3051页。
③ 康熙《通州志》卷3《漕运·设官》，见《中国地方志集成·北京府县志辑》第6册，第476页。
④ 雍正《大清会典》卷53《户部·杂赋》，见沈云龙主编《近代中国史料丛刊三编》第77辑，第768册，第3165页。
⑤ 康熙《大清会典》卷35《户部·杂赋》，见沈云龙主编《近代中国史料丛刊三编》第72辑，第715册，第1662页；雍正《大清会典》卷52《户部·关税》，见沈云龙主编《近代中国史料丛刊三编》第77辑，第768册，第3051页。
⑥ 乾隆《户部则例》卷52《关税·各关税额、盈余》，蝠池书院出版有限公司2004年版，第497、499页。
⑦ 嘉庆《大清会典事例》卷187《户部·关税》，见沈云龙主编《近代中国史料丛刊三编》第66辑，第656册，第8624页。

七月初八日，一年期满，通州坐粮厅"经收过京商杂货、布匹、猪羊并宏仁桥、黄村等处杂货等税银一万一千八百三十九两二钱八分四厘，豆麦税银一千三百二十一两一钱三分二厘，通共银一万三千一百六十两四钱一分六厘"；嘉庆十四年三月初九日起至嘉庆十五年三月初八日，收过"杂货等税银八千八百二十二两七厘，豆麦税银三千五百二十六两三钱七分八厘，共收银一万二千三百四十八两三钱八分五厘"；"道光八年八月初九日起至道光九年八月初八日止一年期满，共收过杂货税银一万七百一十八两三钱四分八厘，又收粮税银一千六百二十五两九钱九分一厘，通共收银一万二千三百四十四两三钱三分九厘"。[①] 该关税收数据存留不多，表4-4是嘉道年间坐粮厅实征税额示例，该表可见坐粮厅每年征税大体在 1.2 万—1.3 万余两，其中粮税银占 10%—30%，杂货税银占 70%—90%。

表 4-4　嘉道年间坐粮厅税关实征税银示例

关 期	实征税银/两	杂货银/两	占比/%	粮税银/两	占比/%
嘉庆元年八月初九至二年七月初八日	13 160.416	11 839.284	90.0	1 321.132	10.0
嘉庆四年七月初九至五年六月初八日	12 352.598	10 986.558	88.9	1 366.040	11.1
嘉庆五年六月初九至六年六月初八日	12 346.789	10 738.173	87.0	1 608.616	13.0
嘉庆十四年三月初九至十五年三月初八日	12 348.385	8 822.007	71.4	3 526.378	28.6
道光八年八月初九至九年八月初八日	12 344.339	10 718.348	86.8	1 625.991	13.2
道光十二年七月初九至十三年六月初八日	12 352.623	8 644.156	70.0	3 708.467	30.0
平　均	12 484.191	10 291.421	82.4	2 192.771	17.6

资料来源：据台湾"中央研究院"历史语言研究所藏明清档案统计

[①] 台湾"中央研究院"历史语言研究所藏明清档案，档案号：001419、064108、058184。税关关期系以 12 个月为一年，遇闰连续计算，多跨越两个年份。

由运河北上的大量商货在通州分流,进京货物和转运他处者分别征税:"落地货每价一两征银八厘,起京货每价一两征银三厘";乾隆四十一年(1776)改为计量征收,粮米按石,牲畜按数,油按斤,面按块,区分"价值贵贱,分别落地、起京计数科税"。①坐粮厅除在通州东西南北四门征税外,还在杨富店、洪仁桥、浮桥、张家湾、新河口、崔家楼、东岳庙、南北鹅房等处设有分税口。②

通州也有工部税收,即竹木抽分,明代由通惠河道管理。《顺天府志》记载:"竹木局建于通州自永乐始,其抽分有二八、九一之额",抽收地点主要在州城以南的张家湾。③清代康熙四十年(1701)裁通惠河分司,通州木税改归通永道管理。乾隆年间,"京东木税"与潘桃口所管六小口木税相继划归通永道征收。通永道每年额征税银7115.76两,嘉庆四年(1799)钦定盈余银3900两,再加上乾隆三十一年划拨的六小口木税1200两,合计为12 215.76两。④不过,通永道所辖税口包括天津县、三岔河、大沽海口、葛沽、武清县、河西务、张家湾、北运河马头、文安县、龙王庙、滦州、京城各门,以及原属潘桃口关的六小口⑤,总计30余处,木税多征自分税口,而非通州本城。

(二)碑刻资料所见晋商在通州的经营活动

据北京晋商博物馆馆长孟伟的调查,清代通州所建会馆有10余所。除江苏、浙江、江西三省的漕运会馆之外,商人会馆主要为山东、山西商人所建,而以晋商为多。表4-5是清代通州所建会馆情况一览表,请参见。

---

① 嘉庆《大清会典事例》卷187《户部·关税》,见沈云龙主编《近代中国史料丛刊三编》第66辑,第656册,第8624—8625页。
② 嘉庆《大清会典》卷16《户部·贵州清吏司》,第633册,第815页。
③ 光绪《顺天府志》卷11《关榷·前代关榷考》,见《中国地方志集成·北京府县志辑》第1册,第171页。
④ 邓亦兵:《清代前期关税制度研究》,北京燕山出版社2008年版,第139页。
⑤ 光绪《清会典事例》卷941《工部·关税》,第10册,中华书局影印本1991年版,第784页。

表 4-5　清代通州所建会馆情况一览表

会馆名称	别　称	会馆位置	创建重修时间	备　注
江苏漕运会馆	江苏漕运总局	城北门贡院胡同	乾隆三十年	1900 年被毁
江苏漕运会馆	江苏漕运分局	通州北关小口	同治十三年	1956 年被拆
江西漕运会馆	万寿宫真君庙	新华街沟沿胡同	道光年间	不　详
浙江漕运会馆	浙江漕运总局	北关皇木厂南	乾隆三十年	1900 年被毁
浙江漕运会馆	浙江漕运分局	北关砖厂	同治十三年	民国间被毁
山东会馆	三义庙	通州新城南关	明万历始建 雍正、嘉庆重修	"文化大革命"间被毁
晋翼会馆	晋翼会馆	教子胡同七号	乾隆四年创建	"文化大革命"间被废
山西布行会馆	布行公所	教子胡同八号	道光十七年创	"文化大革命"间被废
山西染行会馆	染行公所	通州染布胡同	不　详	不　详
山西会馆	铜关帝庙	通州东关外	不　详	民国间被废
山西会馆	关帝庙	通州张家湾村	乾隆四十年重修	"文化大革命"间被拆
山西会馆	关帝庙	通州马驹桥村	乾隆二十八重修	"文化大革命"间被拆

资料来源：据孟伟、杨波《明清时期北京通州晋翼会馆研究》（电子版）表 1 改制，不过该文在《山西师大学报(社会科学版)》2017 年第 3 期刊出时将此表删除

十分遗憾的是，表 4-5 所列的诸多会馆都未能保存下来。不过，晋翼会馆的部分碑铭得以保存，计有乾隆四年（1739）《创建晋翼会馆碑序》，道光十七年（1837）《重建晋翼会馆碑序》《新建布行公所碑记》，咸丰元年（1851）《三圣会碑记》等四通[①]，根据碑文记载，我们可以对晋商在通州的经营活动有所了解。

乾隆四年《创建晋翼会馆碑序》记载：

    会馆之设，通都大邑，所在有之。矧潞河名胜，逼近神京，贸易斯土者，实繁且庶。而岁时伏腊向无会聚之区，非所以笃乡（情？）而敦雅

---

① 这四通碑文为李华先生 20 世纪 60 年代调查收集，均收入《明清以来北京工商会馆碑刻选编》，第 32—40 页。

谊也。己未之春，吾乡诚翁薛君，慨然有志，爰要同人诸公，尚义输财，共襄胜举。择地于中衢之西，鸠工庀匠，阅三月而告成。堂构奂新，庭阶幽洁。中供神灵，旁列廊宇。用修萍藻之诚，并笃桑梓之爱……①

道光十七年《重建晋翼会馆碑序》记言：

通州，古潞河也，密迩神京，地当孔道，凡舟车往来，商贾辐辏，贸易立业斯土者，几遍天下，洵京师东路一大都会也。而晋翼之设立会馆，则自乾隆四年吾乡诚翁薛君，与同业诸公等。……兹于道光十七年春，高君瞪自通州贸易旋里，见余而告曰："晋翼会馆，建自乾隆四年，迄今将近百年，墙垣倾圮，栋梁摧崩，及今不修，恐风雨飘摇，而变为瓦砾之场……吾与同事常君景命、戴君师彦公为谋议，将会馆神堂，并两偏之廊房、丹墀、舞楼等事，统易旧换新。……又于会馆东偏余地口一块，建为布行议事之所。凡议行规，则不渎神厅而祀事孔肃矣。子其为我序之。"……问其费银所出，则皆历年神庙中祭享余资，而诸君营运以积者也。②

咸丰元年（1851）《三圣会碑记》记载：

溯晋翼会馆之建于通州也，康熙末年肇其事，乾隆四年观其成。颇有赢余之资，因思裕后之计，于……口成、增盛三家分领，营运生息，至道光丁酉，以历代营运之资，将馆中地基开拓口神殿增辉，舞楼焕彩。③

据以上碑文可知，晋翼会馆为在通贸易的山西翼城商人于乾隆四年创建，道光十七年重修，并新建了布行公所。会馆的创建是由商人集资而成，表4-6是乾隆四年通州创建晋翼会馆的捐款统计，请参见。

---

① 李华编：《明清以来北京工商会馆碑刻选编》，第32—33页。
② 李华编：《明清以来北京工商会馆碑刻选编》，第37页。
③ 李华编：《明清以来北京工商会馆碑刻选编》，第39页。

表 4-6　乾隆四年通州创建晋翼会馆捐款统计

商人商号		捐款额/两	占比/%
晋升布店		67.20	12.4
钦记布店		60.80	11.3
同升布店		49.00	9.1
存成布铺		45.00	8.3
天太布铺		33.60	6.2
元亨布铺		21.00	3.9
晋丰布铺		20.00	3.7
广兴布铺		16.00	2.9
成记布铺		7.00	1.3
以上布业合计	9	319.60	59.1
其他字号	5	83.00	15.4
商　人	111	137.81	25.5
总　计	125	540.40	100.0

资料来源：据乾隆四年通州《创建晋翼会馆碑序》统计

表 4-6 可见，会馆创建的经费系由坐贾、行商共同集资。14 家铺商捐银 402 两零，约占捐款总额的 3/4；其余 111 名商人估计多为行商，共捐款 137.81 两，占总额的 25.5%。其中，9 家布店的捐款占比将近 60%，显然布业是翼城商人在通州经营的主要行业。

道光十七年晋翼会馆的重修经费，主要是乾隆初年创建会馆时的结余，以及"历年神庙中祭享余资"，交由口成、增盛等三家字号，经数十年营运生息所得。而布行公所的创建经费则是由布业各号再次集资 1000 吊，加上晋翼会馆资助的 300 吊兴建而成。道光十七年《新建布行公所碑记》记载：

> 晋翼会馆，向设火德真君、关圣大帝、增福财神神位。每逢圣诞日期，合行咸集拈香，商议公事，第无公所，偶遇风雨，便有不至；即至，亦露处天井中，殊失昭诚敬而妥神明之道也。兹与诸同人商酌，于会馆东院余地一段三楹，众皆踊跃输将，鸠工庀材，不逾月而工告竣，

焕然一新。①

表4-7是道光十七年新建布业公所的集资统计,与乾隆初年相比,晋商在通州经营的布业此时已有很大发展。虽然布业字号由乾隆初年的9家增至14家,数量增加并不算多,但其实力则已大大提高了。此外,恒顺信、通顺李两家标行当是为布行服务的,故而也参与了集资。乾隆四年的会馆创建,自"康熙末年肇其事,乾隆四年观其成",集资过程持续了十余年;而此次兴建布业公所"不逾月而工告竣",集资当属一蹴而就,充分显示了这些字号的经济实力已经与百年前的雍乾之际不可同日而语了。

表4-7 道光十七年新建布业公所集资统计

商号名称	捐款额	商号名称	捐款额
玉成施	80千文	大兴施	60千文
大顺施	80千文	广成号	60千文
晋成号	80千文	德丰号	60千文
涌顺号	80千文	天和号	60千文
本务号	80千文	如意号	40千文
增盛号	80千文	富有号	30千文
义生号	80千文	恒顺信标	25千文
兴成号	80千文	通顺李标	25千文
合 计	1000吊+晋翼会馆300吊		

资料来源:据道光十七年《新建布行公所碑记》统计
注:以1吊=1000文折算

除粮食、布匹之外,茶叶也是通州转运的大宗商品。道光九年的晋商《茶规》记载了《通州堆货规例》:"砖茶二十一箱作一车,盒茶八十七串作一车,每车店用大钱五百文。发货轮帮,见十抽一。……脚价随时现讲,以九扣付钱,每车或捎一箱,或捎一串。"茶叶在通州报税,"每百斤正税银二分四厘,每两加火耗银四钱五分,每船验单银三钱"。

---

① 李华编:《明清以来北京工商会馆碑刻选编》,第38—39页。

该《茶规》还记载了"嘉庆十八年新立牌规",摘录如下:

一、凡货船到通(州)、(张家)湾,俱要轮帮,前后起卸;……

一、凡报信及挨帮发货,无论货物多寡,不许发单车,唯恐难于稽查;

一、凡发脚不论车它(驼),盒茶分发六分,黄茶分发四分,但盒茶黄茶脚价一体;砖茶当随黄茶脚价,不得暗自长落,违例受罚;

一、凡发茶,不论驴骡牛马车它(驼)轮帮,该发者即发,不得挑拣取便;

一、凡发脚无论车它(驼),须要来明去白,勿得以车顶它(驼)、以牛代马;

一、凡西口(即归化城)庄发长脚者,必要从口里走东坝,勿得出古北口越路省税;……①

清末山西茶商文献《行商遗要》②也记有从通州转运茶货报税、运价、付款、装车的各项定例,如通州落地税银,红茶大箱"每百斤报银六分";"小箱六十斤,盒茶三十斤,每百斤报银二分四";"每船验单银三钱"。从通州发往张家口,"红茶每箱解银一两一钱五,东大箱每只一两一钱",在通州先付三成,至张家口付七成;发往多伦诺尔,"东大箱每只解银一两",先付一成,至多伦付九成;如发往西口,"每箱外加居庸关税银一钱三分七厘五,杀虎口税银一钱一分五。每箱至城化(花)费估银六钱三,解银比东口加倍"。茶叶装车、发货也有定例:"东大箱二十一只作车,小箱二折一大箱;盒茶八十七串作车,发货按占帮,十车抽发一车,挨次论之,解价公议,勿论红、老茶。"③从通州至东口(张家口)、西口(归化城)的商路是晋商与蒙古各部和中俄恰克图贸易的重要商路之一。

---

① 道光九年《茶规》,抄本,北京晋商博物馆藏,该资料为山西大学杨建庭博士惠赠,附笔致谢。

② 关于《行商遗要》是长裕川、大德诚,还是其他茶庄的办茶手册,学界观点不一,详请参见张亚兰编著:《〈行商遗要〉释读与研究》,山西经济出版社2018年版,第1—5页。

③ 史若民、牛白琳编著:《平、祁、太经济社会史料与研究》,山西古籍出版社2002年版,第519—520页。

第二节　沿海税关城市

明代禁海，故商业城市主要集中在运河沿线，天津也借漕运之便从明初的军事城堡逐渐发展为运河商城；清代海禁开放之后，天津的沿海贸易得到长足发展，成为北方最大的沿海港口。山海关在明代为军事要塞，清代设关榷税，其税收额的增长与东北地区的开发密切相关。下面，笔者分别进行考察。

一、天津

关于明清时期天津城市的发展，已有不少学者做过考察。[1] 20世纪八九十年代的研究多以1840年为界将明清时期分为古代和近代两段：古代史研究主要侧重漕运、盐业的考察，而忽略了清代前期天津作为北方最重要的税关之一，以及沿海贸易对天津城市发展的重要影响。近代史研究主要考察开埠之后天津经济的发展，对开埠之前天津的发展水平评价过低。[2]笔者曾利用天津关档案资料考察清代前期的沿海贸易对天津城市发展的重要作用。[3]近年高福美《清代沿海贸易与天津城市商业研究》[4]一书打破了1840年的分界，对天津商业从传统到近代的发展变化进行了较详细的考察。各位学者的相关成

---

[1] 笔者所见主要专著有郭蕴静主编：《天津古代城市发展史》，天津古籍出版社1989年版；罗澍伟主编：《近代天津城市史》，中国社会科学出版社1993年版；关文斌：《文明初曙：近代天津盐商与社会》，天津人民出版社1999年版；高艳林：《天津人口研究（1404—1949）》，天津人民出版社2002年版；张利民、周俊旗、许檀等：《近代环渤海地区经济与社会研究》，天津社会科学院出版社2003年版；樊如森：《天津与北方经济现代化：1860—1937》，东方出版中心2007年版；相关论文数量颇多，恕不一一列举。

[2] 最具代表性的观点，如罗澍伟主编《近代天津城市史》一书（第7页）认为：天津在开埠之前不过是"一个近畿的府属县城"，它成为北方最大的商业城市完全是开埠之后的发展。

[3] 许檀：《清代前期的沿海贸易与天津城市的崛起》，《城市史研究》（第13—14辑），天津古籍出版社1997年版。

[4] 高福美：《清代沿海贸易与天津城市商业研究》，天津人民出版社2012年版。

果，本节多有参考。

（一）明清两代天津城市发展与人口结构的变化

天津位于华北平原东北部，东临渤海，西距京师仅200余里；永定、大清、子牙等河在此汇流为海河，然后与南、北运河在三岔河口交汇，东流入海。

天津的前身直沽寨，元代为海运漕粮的转运码头。明代建文年间燕王起兵"靖难"，自"小直沽渡跸而南"，故赐名"天津"。永乐二年（1404）以"直沽海运商舶往来之冲，宜设军卫。且海口田土膏腴，命调缘海诸卫军士屯守"①，相继设天津卫、天津左卫和右卫，各领五千户所，作为京师屏障。

天津建城也始于永乐二年，工部尚书黄福、平江伯陈瑄等奉命主持。城址选在三岔河口西南，"东距海河二百五十步，北距南运河二百步，筑城浚池"，周九里十三步，高三丈五尺，"四面开门，上建城楼"；城垣东西长，南北短，初为土城，弘治年间甃以砖石。城内街道以鼓楼为中心，四条大街十字交叉直达四个城门；官府衙署都位于北城，文东武西为基本格局；明代南城尚多荒地，清代渐成民居。②

明代天津的发展与漕运密切相关。明初行海运，永乐二年"令于小直沽起盖芦囤二百八座，约收粮一十四万五千石，转运北京"③；三年又命"平江伯陈（瑄）于天津卫城北造露囤千四百所，储海运粮"④。永乐十三年会通河成，"罢海运，从里河运粮，令天津卫官建盖仓厫贮粮"；天津三卫在城内分别建有三仓：大运仓、大盈仓、广备仓，共设有22厫110间仓房。⑤

明中叶开始政府允许漕运官兵搭载一定数量的"土宜"沿途货卖，免其征税，"舟行附载南省百货，若遇行走迅速，货物流通，商贾、居民咸资其利"。

---

① 《明太宗实录》卷36，"永乐二年十一月己未"条，第628页。
② 李森：《天津开埠前的城市规划初探》，《城市史研究》第1辑。
③ （明）杨宏：《漕运通志》卷8《漕例略》，《北京图书馆古籍珍本丛刊》第55册，书目文献出版社1998年版，第457页。
④ 《明太宗实录》卷44，"永乐三年秋七月庚戌"条，第697页。
⑤ 康熙《天津卫志》卷1《建置·仓厫》。

弘治年间每船"不得过十石",嘉靖间增至 40 石,万历时再增至 60 石;清代其数量更不断加增。①随漕贸易成为天津商业的重要组成部分,北门外、东门外的运河沿岸"南艘鳞集",市声鼎沸,并有大量商人汇集于此。户部尚书毕自严记言:"津门一水之便,四通八达,自转饷事殷,小贩抵津省者络绎不绝","大商直以衙门惯熟,捏报运输,以恣垄断攫取之计";"津门商民多居东、北二关"。②

明初长芦盐运司设于沧州,在大直沽设批验所,"天津以舟楫之便,商人乐于行官盐",仅水路运道就有北河、淀河、西河、南河四条③;盐商在海河东岸买地筑屯存盐,以备查验,故有大量盐商入住天津④。清代长芦盐政、巡盐御史于康熙年间移驻天津,天津更成为长芦盐区的转运中心。

明代天津为军事建置,其人口主体为三卫驻军。据高艳林的研究,明初天津三卫人口计 4 万—6 万人,嘉靖年间三卫计有军官 268 人,士兵 10 427 人,余丁 13 198 人,合计 23 800 余人,再加上家属,军籍人口总数为 51 800 余人。明中叶以降,随着天津经济的发展,非军事人口逐渐增加,在城外形成若干聚居点,其中以盐商和粮商居多,手工业工匠、船户等也有相当数量。⑤

随着经济发展和民户的增加,天津原有军事管理体系已不适应城市的运行。嘉靖四十三年(1564)御史秦嘉楫上奏:"天津卫止设武官而无文吏,事多隳废,宜于河间府添设通判一员,分署天津,专理民事",获得批准⑥;万历二十五年(1597)设天津巡抚,"凡一切海防军务,并地方官评、兵马、盗贼、

---

① 万历《大明会典》卷 27《漕禁》,《续修四库全书》第 789 册,第 491 页;《钦定大清会典事例》卷 207《漕运》,《续修四库全书》第 801 册,上海古籍出版社 2002 年版,第 396、398 页。
② (明)毕自严:《抚津疏草》卷 1《津门召买数多积商因灾梗会疏》《班军土著当留疏》,转见高福美《清代沿海贸易与天津城市商业研究》,第 30 页。
③ 郭蕴静主编:《天津古代城市发展史》,第 255—256 页。
④ 高艳林:《天津人口研究(1404—1949)》,第 19 页。
⑤ 高艳林:《天津人口研究(1404—1949)》,转第 7、21 页。
⑥ 《明世宗实录》卷 540,"嘉靖四十三年十一月壬寅"条,第 8738 页。

保甲、城守事宜，俱听便宜行事"①。表 4-8 是明代天津设置武职、文职衙门时间表，请参见。

表 4-8 明代天津设置武职、文职衙署时间表

武职衙门	设置时间	文职衙门	设置时间
天津卫	永乐二年	户部分司	宣德十年
天津左卫	永乐三年	天津兵备道	弘治三年
卫属镇抚司	永乐三年	马厅通判	嘉靖四十三年
天津右卫	永乐四年	都察院	万历十八年
清军厅	万历三十二年	巡抚衙门	万历二十五年
城守营	崇祯十三年	督饷部院衙门	万历四十六年

资料来源：据高福美《清代沿海贸易与天津城市商业研究》第 24 页表 1-3 改制

天津商业更大规模发展是在清代。康熙中叶海禁开放后，天津再次成为海贸港口，贸易范围迅速扩大到闽广台湾。康熙四十二年（1703）的记载称："历年福建商船于六月内到天津，候十月北风始回"②，雍正年间来津贸易的海船数量迅速增长，雍正元年（1723）至少有福建龙溪、晋江、同安等县的 5 只闽船抵津贸易③；雍正七年六、七两月先后有 22 只闽广海船抵达④；雍正九年、十年分别有 53 只和 45 只海船抵津⑤；乾隆年间来津贸易的闽广海船渐超过百只⑥。

随着经济发展，天津在建置上也逐渐上升。雍正三年三月，清政府裁天

---

① （明）毕自严：《饷抚疏草》卷 7《缴敕疏》，转见高福美《清代沿海贸易与天津城市商业研究》，第 24 页。
② 《清圣祖实录》卷 213，"康熙四十二年九月戊午"条，第 161 页。
③ 中国第一历史档案馆编：《雍正朝汉文朱批奏折汇编》第 1 册，直隶总督李维钧雍正元年八月十一日奏折，第 817—818 页。
④ 中国第一历史档案馆编：《雍正朝汉文朱批奏折汇编》第 15 册，第 904 页；中国第一历史档案馆：《雍正朝汉文朱批奏折汇编》第 16 册，第 324 页。
⑤ 中国第一历史档案馆编：《雍正朝汉文朱批奏折汇编》第 21 册，第 611—618 页；中国第一历史档案馆编：《雍正朝汉文朱批奏折汇编》第 23 册，第 570—572 页。
⑥ 中国第一历史档案馆档案《朱批奏折》：乾隆九年七月二十五日伊拉齐奏折，档案号：04-01-35-0317-010。

津卫改置天津州,隶河间府;九月,升天津为直隶州。①雍正八年直隶总督唐执玉奏称:"天津直隶州系水陆通衢,漕盐聚泊,旗民混淆,一切巡捕及承办水师各项军功,差繁事冗,请升州为府,附郭置天津县,专理地方事务。"②九年天津升为府城,领一州6县。

随着商业的发展,天津城外街巷和居民数量渐超过城内。道光年间的记载称:"津郡本五方杂处之区,商贾铺民俱在城外,紧靠河边,店宇鳞比。"③清代中叶天津城北门外已形成大片商业街市,与东门外的宫南、宫北大街连成一体,成为天津最繁华的商业区;明代尚多荒地的南城以及南门外、西门外也已成为民居。图4-4是道光年间天津城内街市图,图4-5是天津北门外街市图,请参见。

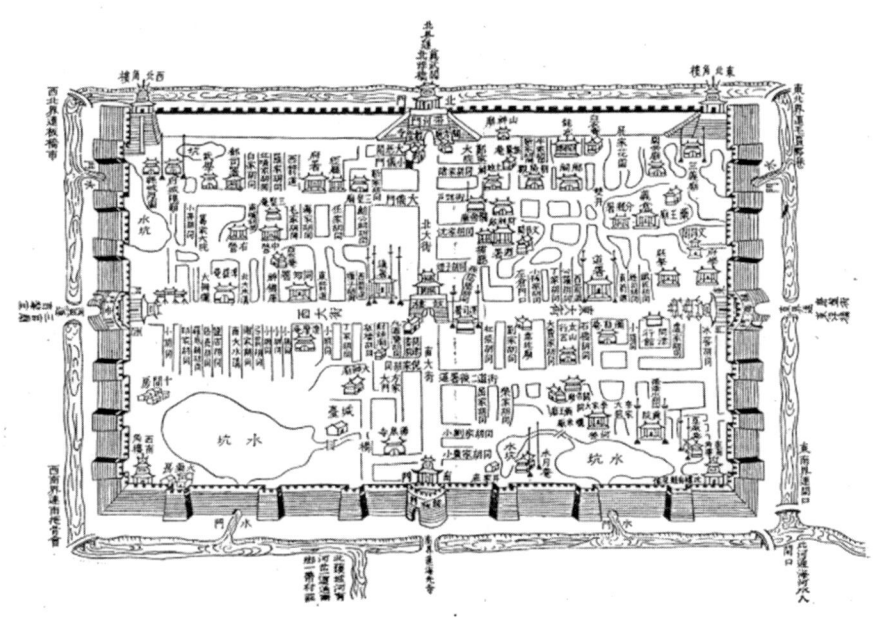

图 4-4 道光年间天津城内街市图

资料来源:道光《津门保甲图说·县城内图说》

---

① 道光《津门保甲图说·县城内图说》。
② (清)徐士銮:《敬乡笔述》,张守谦点校,天津古籍出版社1986年版,第127页。
③ (清)文庆等纂辑:《筹办夷务始末·道光朝》第2册,中华书局1979年版,第584—585页。

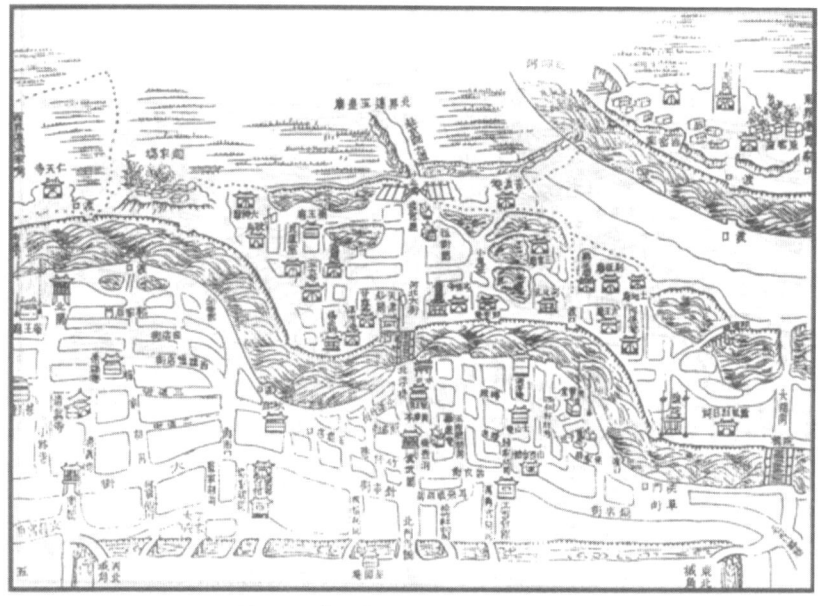

图 4-5 道光年间天津北门外街市图

资料来源:道光《津门保甲图说·北门外图说》。

道光二十六年(1846)《津门保甲图说》将天津城厢分为城内、北门外、东门外、东北城角、西北城角、西门外、南门外等七个部分,表 4-9 是道光年间天津城、厢人口的分区统计,请参见。

表 4-9 道光年间天津城厢人口的分区统计

分 区	户数/户	占比/%	人口数/口	占比/%	户均人口/口
城 内	9 914	30.3	95 351	48.0	9.6
北门外	6 608	20.2	31 494	15.8	4.7
东门外	7 008	21.4	34 104	17.2	4.8
东北城角	2 639	8.0	13 208	6.7	5.4
西北城角	2 335	7.1	10 542	5.3	4.5
西门外	3 399	10.4	11 200	5.6	3.3
南门外	858	2.6	2 816	1.4	3.3
合 计	32 761	100.0	198 715	100.0	6.1

资料来源:据道光《津门保甲图说》各项数据统计。

由表 4-9 可知，道光年间天津城市人口共计 32 700 余户，198 700 余口，已是一个 20 万人口的城市了。其中，城内居民 9900 余户，占总户数的 30.3%；关厢居民 22 800 余户，约占 70%。不过城内居民的平均户规模为 9.6，两倍于关厢各区，故城内人口占 48%，关厢占 52%。显然城内居民以富贵之家居多，家眷人口众多；即便如此，二者的户规模相差如此之大仍令人吃惊。

考察天津人口的职业构成，可以进一步了解其城市性质。《津门保甲图说》较详细地记载了城厢各区人口的职业构成，笔者据以简述如下。

城内，即明代所建天津卫城，是各区中面积最大的一个。明代城内设有卫署、总镇、兵备道、学宫、文庙等；清代衙署更多，"镇、道、府、县及长芦运使皆驻城内"，其余"文武大小公廨十有四"。城内居民 9900 余户，其中应役 1139 户，占全部应役户的 49%，显然他们都是为官府服务的；天津城内有诸多官署，但《津门保甲图说》的职业分类中没有官员一项，抑或官、吏二者都包括在"应役"之内？绅衿 288 户，也较其他各区为多，占全部绅衿户的 44%。商业户 5226 户，占本区总户数的 52%；其中盐商 159 户，占盐商总数的 42%；铺户 3132 户，占铺商总数的 27%；[①]居住城内的商户当以富商大贾居多。

北门外，"运河透迤其间，商旅辐辏，屋瓦鳞次，津门外第一繁华区"。该区居民 6608 户，其中盐商 52 户，铺户 3196 户，负贩 799 户，商业户合计 4047 户，占总户数的 61%。[②]天津关署位于正对北门的运河北岸，俗称"北大关"，南来北往的商船在此验关纳税；较著名的商业街有估衣街、针市街、锅店街、西杂粮店街、曲店街、茶叶店街、竹竿巷和小洋货街等；济宁会馆、闽粤会馆、山西会馆、江西会馆、当行公所等均坐落于此。

东门外，"海河亘其中，米舶、盐艘往来聚焉。故河东多粮店，盐坨亦鳞次其间"。全区居民 7008 户，其中盐商 110 户，铺户 2975 户，负贩 1330 户，商业户合计 4415 户，占总户数的 63%。[③]海河东岸的杂粮店街为主要商业区，晋都会馆（后改名山西会馆）位于杂粮店街的东面；天后宫前的宫南、宫北大

---

① 道光《津门保甲图说·县城内图说》。
② 道光《津门保甲图说·北门外图说》。
③ 道光《津门保甲图说·东门外图说》。

街是银钱交易市场，开设有益兴恒、益源恒、瑞恒、瑞牲等多家银号，道光初年成立的银号公所在天后宫内。①

东北城角为南北运河与海河汇流之处，俗称三岔河口；该区居民 2639 户，其中铺户 318 户，负贩 762 户，盐商 13 户，商业户占总户数的 41%。西北城角"地枕南运河……粮艘北挽必由此而过"；全区居民 2335 户，其中铺户 902 户，负贩 318 户，盐商 34 户，商户占总户数的 53%。②

西门外和南门外相对其他各区较为荒辟，西门外共有居民 3399 户，其中经商者 1292 户，占总户数的 38%；南门外居民最少，仅 858 户，商业户 382 户，占总户数的 44.5%。③表 4-10 是道光年间天津城厢各区居民职业构成统计，请参见。

由表 4-10 可知，天津城厢居民共 32 761 户，其中铺商 11 626 户，负贩 5711 户，盐商 372 户，三项合计为 17 709 户，已占总户数的 54%。明代天津城市人口以军籍为主，人口结构的这一变化充分证明，天津已从明代的军事城堡转化为一个商业城市了。

对商业户的进一步分析还可看到：盐商 372 户，主要集中在城内和东门外，数量虽然不多，但多为富商大贾。明清两代食盐是专卖商品，经营盐业者不仅资产丰厚，且多与官府有密切的关系。长芦盐区行销直隶 130 州县，以及河南开封、彰德、陈州、怀庆四府 50 余州县的引盐，估计有相当部分被这 370 余家盐商所垄断。

铺户数量最多，计有 11 626 户，约占全部商业户的 66%。所谓铺户，当是指开有店铺的商人，包括牙店货栈在内。铺商主要集中在城内、北门外和东门外，三区合计占铺商总数的 80%；尤以北门外占比最高，这里是天津商业最繁华地区，也是码头、货栈之所在，汇聚天津的商货多在此卸货存仓以待转运。

所谓"负贩"，当是指没有店面，每日负担往来或推车出摊贸易的小本经营者。表 4-10 中负贩为业者共 5711 户，以城区和东门外数量最多；城内的

---

① 高福美：《清代沿海贸易与天津城市商业研究》，第 177、180 页。
② 道光《津门保甲图说·东北城角图说》；道光《津门保甲图说·西北城角图说》。
③ 道光《津门保甲图说·西门外图说》；道光《津门保甲图说·南门外图说》。

商贩可能更多的是为居住城内的官宦绅衿富商大贾的消费服务，而后者当主要为汇集于此的大量商货的流转服务。

表 4-10 道光年间天津城市居民的职业构成统计

分 类	城内/户	北门外/户	东门外/户	东北城角/户	西北城角/户	西门外/户	南门外/户	合计/户	占比/%
商业户：									54.10
铺户	3 132	3 196	2 975	318	902	823	280	11 626	35.50
负贩	1 935	799	1 330	762	318	465	102	5 711	17.50
盐商	159	52	110	13	34	4	—	372	1.10
其他各业：									14.00
绅衿	288	103	129	36	56	39	2	653	2.00
应役	1 139	427	383	95	119	156	19	2 338	7.10
船户	19	131	200	192	94	37	—	673	2.05
佣作	30	422	—	27	98	130	—	707	2.20
医户	11	11	—	—	—	—	—	22	0.07
僧道	32	—	29	17	8	15	4	105	0.30
乞丐	25	10	22	14	9	7	2	89	0.30
职业不详：									31.90
烟户	2 887	1 426	1 717	1 087	658	1 526	418	9 719	29.70
土住	257	31	113	78	39	197	31	746	2.28
合 计	9 914	6 608	7 008	2 639	2 335	3 399	858	32 761	100.00

资料来源：据道光《津门保甲图说》各区户口数据统计

（二）各地商帮在天津的经营活动

以上考察我们看到，清代中叶天津已是一个 20 万人口的大城市，其中商业户占比超过 50%，铺商数量达到 11 600 余户，天津已成为华北最大的商业城市。天津从南方各省输入的商品主要为绸缎布匹、糖、茶、纸张、杂货等。

经由运河北上的商货主要有"江广纸张、茶叶、磁(瓷)器、江浙绸缎等",我们在前文临清关的考察中已经看到,经由临清北上的商货大多会抵达天津。由海路北上的商货,可以雍正九年(1731)的53只海船为例,其中有45只船载有糖货,包括白糖、松糖、冰糖以及产自台湾的"台松糖"等,共34 100余包(桶),计760余万斤;有10只海船载有粗、细瓷器,合计54万余件;有12只船载有纸张,共48 200余篓;有22只船载有茶叶,不过每船所带不多,合计共2108篓;其他商货还有桂圆、橘饼、乌梅、槟榔、佛手等果品、陈皮、门冬、枳实、栀子、香附等药材,鱼翅、紫菜、海粉等海味,以及苏木、胡椒、红曲、白矾、生漆、松香等。① 表4-11是这53只海船载运商品示例,请参见。南方海船运来的商货有很大部分转运京师,也有一部分经大清河、子牙河、南运河等水道转运直隶、山东,还有一部分经由张家口转销蒙古草原。

表4-11 雍正九年53只抵津海船运载商品示例

商品种类	商品品种数量	船只数	船籍
糖	白糖17 033包、松糖16 427包(篓)、冰糖672桶	45只	福建晋江、同安、龙溪、莆田、闽县;浙江鄞县
瓷器	粗瓷器:碗盘茶锺酒盅等512 620件+5篓 细瓷器:五簋碗、宫碗等28 890件	10只	福建晋江、莆田、闽县
纸张	48 233篓+1205块	12只	福建闽县、莆田
茶叶	2108篓+1594斤	22只	福建晋江、同安、龙溪、莆田、闽县
其他	苏木22 800斤、胡椒71包,橘饼500余桶、乌梅、槟榔、元眼、桂圆、佛手等500余篓(桶、包),陈皮、橘皮、门冬、枳实、栀子、香附等260余袋(包),绍兴酒451坛、笋396篓、姜140桶,以及烟、花生、鱼翅、紫菜、海粉、红曲、白矾、生漆、松香、鱼鳔、鞭杆等	40只	福建晋江、同安、龙溪、莆田、闽县

资料来源:中国第一历史档案馆编:《雍正朝汉文朱批奏折汇编》第21册,雍正九年十二月十五日直隶总督刘於义奏折

乾隆年间闽广海船来津贸易数量大增,各种洋货也随着闽广商船抵津。

---

① 许檀:《清代前期的沿海贸易与天津城市的崛起》,《城市史研究》(第13—14辑)。

天津原有的洋货行不足以应付货物的起卸、存贮业务，又增开洋货局栈九家。嘉庆四年(1799)地方政府发布文告称："津邑地方历来闽粤等省洋、沙船只进口贸易，恐人地生疏，设立洋货起卸行代客评价出售。惟洋船进出俟风帆顺利为期，迟速不一。货物到津查验后须卸贮，以便归帆。但洋行既少，房屋无多，所来货物不能及时起卸，是以又有开设洋货局栈之九家，此洋行、局栈所由来也。"①天津北门外有专门的洋货街，有一首《竹枝词》这样写道："百宝都从海舶来，玻璃大镜比门排，荷兰琐伏西番锦，怪怪奇奇洋货街"。②

南方海船从天津回带的商品主要是枣梨、核桃、大豆、花生、药材等，这些商品主要来自天津腹地的直隶、山西、山东广大农村。不过，天津的商货很难满足南方商船的需求，各地海船将货物在津卸卖后，多转至关东购货。如嘉庆十九年广东澄海县澄字149号商船"装载赤、白糖等"于八月初抵津发卖，九月中旬转往"西锦州置买黄豆、木耳、牛油、甘草、防风"等，于十月初三日返航。③道光年间的记载称："厦门与广东各船皆先至天津卸货后，顺赴奉天锦州，在西锦、南锦、三目岛、牛庄四处马头停泊，收买黄豆"返航。④

天津从东北输入的商品主要是粮食。天津从东北运粮救饥，康熙年间已经开始，雍乾之际亦时有谕令："奉天海洋运米赴天津等处之商船，听其流通，不必禁止"，不过这多属因灾特许。乾隆中叶以降随着东北开发的深化，清政府对东北粮食输出的限制也最终解禁，天津与东北的粮食贸易有大规模的发展，每年输入约有上百万石。天津输入的粮食除供应本城和京师之外，也有一部分沿运河南下直隶、山东。⑤

天津商业是以转运贸易为主的，各地客商云集，外来客商在津除开设店铺之外，多建有会馆。清代前期所建如济宁、闽粤、江西等会馆多在北门外；

---

① 天津商会档案，转引自郭蕴静《清代商业史》，辽宁人民出版社1994年版，第168页。
② 转引自高福美：《清代沿海贸易与天津城市商业研究》，第179页。
③ 《历代宝案》第9册，第2集，卷118，台湾大学1972年版，第5371页。
④ 中国第一历史档案馆编：《鸦片战争档案史料》第一册，天津古籍出版社1992年版，第388页。
⑤ 许檀：《清代前期的沿海贸易与天津城市的崛起》，《城市史研究》(第13—14辑)。

浙江会馆的前身是"浙江乡祠",在城内东北隅户部街,始建于明代,清代多次扩建重修①;山西商人所建会馆有二:一在河东杂粮店街,一在北门外锅店街。清代后期又有江苏、安徽、庐阳、广东、云贵等会馆相继建立。表 4-12 是清代各地客商在天津建立的会馆公所一览表,请参见。

表 4-12　清代各地客商在天津建立的会馆公所一览表

会馆名称	会馆位置	创建时间	会馆名称	会馆位置	创建时间
济宁会馆	西杂粮店街	康熙四十五年	吴楚公所	河北老铁桥东	同治十三年
闽粤会馆	针市街	乾隆十四年	庐阳公所	丁公祠胡同	光绪六年
江西会馆	估衣街	乾隆十八年	浙江会馆	户部街	光绪十二年
山西会馆	杂粮店街	乾隆二十年	江苏会馆	磨盘街	光绪十三年
山西会馆	锅店街	道光二年	广东会馆	鼓楼南	光绪三十三年
延邵会馆	杂粮店街	同治元年	安徽会馆	新浮桥北	光绪三十四年
怀庆会馆	曲店街	同治七年	云贵会馆	宇纬路	宣统二年

资料来源:王芃,《清代以来天津商人会馆房地契约研究》表 3,南开大学硕士学位论文,2016 年

清代所建的诸多会馆除广东会馆外均已无存,不过有不少会馆的碑刻资料得以保存,我们可借以了解各地商帮当年的经营活动。

(1)济宁会馆。府志记载为"同治四年八月建造,在肉市口内西杂粮店街",但从目前保留的碑刻看,该会馆至少在康熙四十五年(1706)已经存在。康熙丙戌年(四十五年)所立石碑或即是其创建碑铭,该碑正文部分字迹漫漶,无法识读;下半部为捐款名号与数额,其中大多为商号名称,如久大、和恒、升恒、广顺、晋顺、信顺、福盛、隆盛、协盛等;参与集资者至少有 140 家(人),多者数十两,少者一两;碑文中出现的"二千五百一十六两",很有可能是捐款总额。②

(2)闽粤会馆。位于北门外针市街,"购址于乾隆四年己未,兴建于十四年己巳,重修于道光二十七年丁未";会馆名为"闽粤",实际上闽商主要为

---

① 光绪《天津府志》卷 24《公廨》;光绪《天津府志》卷 25《寺观》。
② 许檀编:《清代河南、山东等省商人会馆碑刻资料选辑》,第 413—415 页。

"漳、泉二府之人"，"福州帮、延邵帮等均不在内"，广东商人则主要为潮州帮。①会馆建成后，闽粤商人继续在周边添置房产，天津商会档案中保存有该会馆的部分房地契约，如乾隆二十八年(1763)以白银650两买进草房27间半，三十一年以210两买进针市街火神庙附近的门面等房9间及小院一段，嘉庆四年(1799)以150两买入靳家园地一段作为茔地，道光四年(1824)以1200两买入针市街路北门面房等16间半。②显然，乾隆—道光年间闽粤商人在天津的经营规模在不断扩大，这与税关档案所载闽粤商船数量的不断增长相一致(详见下文)。

光绪末年广东商人从闽粤会馆析出，在鼓楼南大街另建广东会馆，该会馆于光绪二十九年(1903)兴工，三十三年落成，"共用白金九万两有奇"③，在创建会馆的集资中，怡和洋行买办梁炎卿捐银6000两，太古洋行的郑翼之、宝顺洋行的徐雨之各捐银3000两，北京广东会馆捐银950余两；也有不少政界人士参与集资，如唐绍仪、周寿臣、蔡述堂等④，故该会馆为士商合建，并非单独的商人会馆。

(3)江西会馆。建立于乾隆十八年(1753)，在估衣街万寿宫。光绪二十八年《重建天津万寿宫记》记载：

> 吾乡距京师三千余里，章、赣二水与番湖会，折而注之于江。南通卫河，北接渤海，皆以津门为锁钥。百货辐辏，商务日繁，穰穰劳劳，殆无虚晷。自有明中叶世重宣窑，而江右新平遂以名磁闻海内。粮艘之寄载，估客之往来，咸取道于津门以驰日下。官斯土者率多南籍南州人士，冠盖相望。津之有许真君殿，为吾乡官口会萃宴游之地，固其所也，

---

① 宋美云主编：《天津商民房地契约与调判案例选编(1686—1949)》，天津古籍出版社2006年版，第241、254页。
② 王芃：《清代以来天津商人会馆房地契约研究》，南开大学硕士学位论文，2016年，表4。
③ 民国元年《创建广东会馆碑记》，见许檀编《清代河南、山东等省商人会馆碑刻资料选辑》，第401—402页。
④ 王芃：《清代以来天津商人会馆房地契约研究》，南开大学硕士学位论文，2016年，第31页。

顾以香火阁黎。主持不职，中更多故，构衅有年，寸壤尺基几为有力者攫去。吾乡皮君辅位讼之官求□，得其基乃无恙；复集乡董醵金修葺，垩而新之，而庙貌一变。光绪庚子，邪拳肆毒，火及通衢，会馆在北门外，适当其冲。……于是在津磁帮筹集巨资，乃毅然提倡兴修……计起工以至葳事甫及一年，而土木之需不下万计。①

依据碑文，江西会馆也属官商合建。江西瓷器运销京师始于明代，会馆的创建虽在乾隆年间，而瓷器商人"取道于津门以驰日下"，当是从明代开始，由运河北上。该会馆在清代中叶似经营欠佳，会馆保留的契约多为出售产业，如嘉庆二十三年（1818）出售北门外迤东一处宅院，道光十年（1830）出售西南角一段五亩的地块；特别是光绪二十七年（1901）出售锅市街一所宅院，包括门面房在内大小19间，售价白银9800余两。据以上碑文，江西会馆在庚子之变中遭受火灾，重修工程的"土木之需不下万计"，故此次交易很可能是在津的"值年磁帮"为重修会馆"筹集巨资"，不得不出售房产以解燃眉之急。②

（4）怀庆会馆。为河南怀庆府药商所建，位于北门外之曲店街，时间在同光之际。光绪元年《怀庆会馆重修记略》记言："吾郡药帮之贸迁于津也，历有年矣，每际酬神之时常无肃敬之所。是以同治七年夏五月，张连堂、刘相成等遂会同当时值年泰顺理、云合兴、复泰合公同商口，置曲店街公所一处，计房屋大小三十间"；"于本年八月动工重修……未及五旬而焕然一新"。③该会馆落成于光绪元年，不过怀帮药商在津贸易已是"历有年矣"。该碑未能显示怀帮药商有多少字号，在祁州药王庙同光之际的集资中有来自"天津卫"的捐款，计有21家药商字号，共捐银197两；其中隆顺榕捐银15两，为天津药商中捐款最多的字号之一。不过，作为天津怀庆会馆首事之一的云合兴号并未出现在"天津卫"的捐款中，而是名列怀帮之

---

① 许檀编：《清代河南、山东等省商人会馆碑刻资料选辑》，第418—419页。
② 王芃：《清代以来天津商人会馆房地契约研究》，南开大学硕士学位论文，2016年，第24页。
③ 许檀编：《清代河南、山东等省商人会馆碑刻资料选辑》，第418页。

中。①看来，在天津经营药业者不仅有怀庆药商，还有来自其他地域的。

(5)山西会馆。晋商在天津所建会馆共有三处：一在河东杂粮店街，据《津门杂记》记载"为西客烟行聚议之所"；一在北门外锅店街，为"山西盐当杂货等商"所建②；此外，北门外的当行公所应也是晋商所建。民国年间陆国香《山西之质当业》记载："清代天津、北平、河南、张北等地，其典当业全系晋商所经营……其中以灵石、介休人居多"③，天津的当行公所即由介休、灵石、汾阳等县商人兴建。这三处会馆共保留有10通碑铭，可借以了解晋商在天津的经营状况。

位于东门外杂粮店街的山西会馆，原名晋都会馆，乾隆二十六年（1761年）《创建晋都会馆记》记载其缘起和修建工程：

> 吾同乡旅寄天津者甚夥，但各事其事，各业其业，里许咫尺间岁不一晤，致乡情日离而不相联矣。……然则会馆之建，诚有□□□者矣，(冯承)凝等同发此愿，已非一年。因于乾隆乙亥同贾君汉英、宋君君魁等，相率乡人贸易天津者，各捐资财，共成胜事。幸□人尚义，三阅寒暑而事已告竣。兹馆建于天津河东三里地方，坐震向兑，大门一间，匾曰"晋都"。④

该碑碑阴镌刻有参与集资的商号及其捐款金额，但因碑文漫漶无法详细统计；仅就可以识读的部分，参与集资者至少有130余位，捐款额约计三百数十两之谱。会馆建成之后，于乾隆、嘉庆、同治、光绪年间多次重修。其中，乾隆三十七年（1772）的重修工程主要是重建大殿、添建廊庑、乐亭；参与集资的商号计有148家，共捐银500余两。⑤嘉庆年间会馆再次重修，并更名为"山西会馆"，嘉庆十一年（1806）《改建山西会馆序》记言：

---

① 许檀编：《清代河南、山东等省商人会馆碑刻资料选辑》，第447—448、454页。
② （清）张焘：《津门杂记·会馆》，《近代中国史料丛刊》，第35页。
③ 转引自刘建生等：《山西典商研究》，山西经济出版社2007年版，第32页。
④ 许檀编：《清代河南、山东等省商人会馆碑刻资料选辑》，第383页。
⑤ 许檀编：《清代河南、山东等省商人会馆碑刻资料选辑》，第385—389页。

斯会馆也……名曰："晋都会馆"。……当年制作未尝不□盛□善。但地势偏小，规模狭隘。而我晋人来津贸易者纷纷络绎，较之以前增广倍蓰。每遇节焚香，逢时宴会，未免人稠地口，咸兴龌龊之感。幸财神胜会积有余资，爰是佥相公议，于甲子之冬输会积余金，以价银五百七十五两，在本馆之南□置院基之一所。……乃营口之资尚无所出，因之公同募化，凡本津之晋贾及外镇之西商闻此义举，无不欣然乐施，共捐千有余金。随于乙丑之□置料鸠工，移原旧之两厢改立偏院之南房，西轩、东厨建造俱备；而本馆之内重盖两廊、舞楼，后厰另为扩造，巩固翔直，有如竹苞松茂、鸟革翚飞者矣。由是改其门匾曰："山西会馆"。较以前之局度，恢恢乎其阔大，巍巍乎而可观。且也□属会于同堂，崇隆祀典；通省联为一契，敦重乡谊。庙貌与乡威而共处，神灵偕人心以胥欢。美哉奂焉，□哉！①

此次会馆的重修，是因"来津贸易者"较前"增广倍蓰"，以致原来的会馆过于狭窄，因而购买了相邻的宅院，将旧址改为偏院，并重新起盖戏楼、两廊，使会馆一改原来之旧观，气势恢宏，巍巍可观。参与集资者不仅有在津晋商，还有来自外地的捐款；而将原来的"晋都会馆"更名"山西会馆"，更彰显出"通省联为一契"，精诚团结，协力共进的气势。

此后，该会馆于同治、光绪年间两次重修，前者的集资商号至少260余家，其中有当商30余家，"共捐钱□千□百千"；日升昌、志成信、蔚盛长、百川通等票号也参与集资，"九家捐钱一百二十四千"。显然，该会馆的行业并非局限于烟业。光绪初年的重修工程并不太大，仅"七十日而工落成"；参与集资者也有很多金融业字号，万益当等32家当商"各捐钱二十千"，而日升昌、蔚盛长、蔚泰厚、元丰玖、合盛元等票号则是"各捐钱二百千"。②如果说"晋都会馆"初建时确实为"西客烟行聚议之所"的话，嘉庆年间其行业和地域范围都有扩大，故而更名为"山西会馆"。而晋商在津金融业的发展，

---

① 许檀编：《清代河南、山东等省商人会馆碑刻资料选辑》，第389—390页。
② 许檀编：《清代河南、山东等省商人会馆碑刻资料选辑》，第391—398页。

更在很大程度上提升了晋商的经济实力，并在嘉庆中叶兴建当行公所。

当行公所位于北门外，为嘉庆中山西介休当商温锡五等督工兴建的行业会馆。嘉庆十七年《公所落成记》记载："吾乡戚友贸易于津门者甚夥，久欲同立公所一区，为岁时虔祀神明之地。……迟至嘉庆十六年，始得城北孙氏旧宅一段，公同置买"，于嘉庆十七年三月兴工，"历六月而工始竣"。①

位于锅店街的山西会馆始建于嘉庆十二年（1815），因经费不济和首事病故而中止，至道光三年（1823）重新启动，九年告竣。道光九年《初建山西会馆碑记》和《总成会馆后段楼院碑记》二碑记述其修建过程言：

> 古称津地为幽燕沙漠之区，僻处荒凉，人烟绝少。自国朝定鼎以来，海宇永庆升平，居民渐臻繁茂，而远方来贸易者云集其间，至今称极盛焉。西商辐辏，事剧人稠，凡所以仰沐神庥，理应报祀；上输国课，须集众思；兼之办公事，联乡谊，历久分散借地，从无定所。虽河东建有会馆，又苦于地势偏窄，隔水不便。爰是相其阴阳，度其原隰，于嘉庆十二年公同立议，创起会馆。购买锅店街至侯家后地址……先建圣帝祠宇，列神旁殿。……迨至规模甫就，而需费亦云浩繁，计所捐金实已不逮，势不得不暂行中止，以期稍缓复修。延及二十年间，适首事李芳林猝遭变事，一时董率无人，经理无力。……至道光三年，杂货众号西裕成、阎永寿等复起而倡之，盐、当诸商并各行字号又从而和之。……
>
> ……是役也，创自嘉庆十二年，□□□□□将前段落成；乃于道光七年搆备物料，八年春季兴工，九年八月告藏。②

从以上碑文可知，锅店街会馆的兴建，李芳林主持了前段工程，而杂货业西裕成号等主持完成了后段，即春秋楼的修建。与春秋楼共同兴建的"楼前有宫门，宫门之西南隅建公所二处……且楼之东西有箭道，后门之两旁有群房，临街续置有空址，兼起照壁、厫棚，以为之障蔽焉"③。前段工程的

---

① 许檀编：《清代河南、山东等省商人会馆碑刻资料选辑》，第417页。
② 许檀编：《清代河南、山东等省商人会馆碑刻资料选辑》，第398—400页。
③ 许檀编：《清代河南、山东等省商人会馆碑刻资料选辑》，第400页。

费用未见记载，修建春秋楼的集资有《建修春秋大楼捐过布施号名银数碑记》①保留下来，笔者据以列成表 4-13，请参见。

表 4-13　道光年间天津山西会馆修建春秋楼的捐款统计

行　业	捐款额/两	占比/%
杂货业	5 523.86	26.9
金融业	4 750.00	23.2
茶　业	2 819.87	13.8
皮　行	200.00	1.0
盐　务	150.00	0.7
其　他	7 030.00	34.3
官员捐款	28.00	0.1
合　计	20 501.73	100.0

资料来源：据《建修春秋大楼捐过布施号名银数碑记》统计

表 4-13 可见，此次集资以杂货业、金融业、茶业等捐款较多。杂货业捐款占全部捐款的 26.9%，其中西河杂货众号捐银 5000 两，"西河"的概念不甚明了，估计应是晋商在津设立的字号；通州、京都、河西务杂货众号也参与了集资，显然这三地的杂货都是从天津批发的。茶业捐款 2800 余两，占捐款总额的 13.8%，主要来自武茶庄众号，武茶当即福建武夷山的茶叶；运抵天津的茶叶除供应京师之外，另一主要去向是经由张家口转销北疆乃至俄国。至于"其他"一项包括 67 家商号，其中恭和店捐银 1200 两，晋逢源捐银 1000 两，晋六吉捐银 640 两，规模相当可观，但经营行业不详；能够显示经营内容的有广顺、庆兴布店、涌源锅店等。金融业也是晋商经营的重要行业，此次集资有 39 家当铺共捐银 4700 两，充分显示出当行的经济实力，也反映了道光初年天津的金融业仍以传统的当铺为主，而票号创建者西裕成则是以杂货商号的身份主持了此次重修，它在天津杂货业中显然处于领军地位。在河东会馆同治十一年(1872)碑中我们第一次见到票号的捐款，不过捐款总额仅

---

① 许檀编：《清代河南、山东等省商人会馆碑刻资料选辑》，第 400—401 页。

为当业的 1/10，实力尚属有限；在光绪六年（1880）的集资中，当铺每家捐钱 20 千，而票号每家为 200 千，是当铺的 10 倍。同光之际的短短数年时间票号在天津飞速发展，已成为各行业之翘楚。

以上考察我们看到，在津的各地商帮以闽粤商人和晋商实力最强。闽粤商人主要从事沿海转运贸易，将南方商货运抵天津，然后装载北方商货返回，乾隆—道光年间是该商帮在天津的大规模发展时期。与闽粤商帮多从事海洋贸易不同，山西商人主要将南来商货由陆路销往北方各地，其经营行业主要是杂货业、茶业、烟草、皮货等，北方的金融业更几乎为晋商所垄断。从晋商在天津的发展脉络看，乾隆年间"晋都会馆"初建之时其实力可能不如闽粤商人，嘉庆年间是晋商在津大规模发展时期，商人数量、经营行业、地域范围、经济实力等均有大幅增长。首先，河东的晋都会馆扩大规模，并更名"山西会馆"；其次，当业成立了专门的行业公所；最后，杂货等业在锅店街另建会馆，中间虽因变故稍有搁置，终在道光九年（1829）竣工，其修建春秋楼的集资达两万余两，足见晋商实力之雄厚。而同光之际票号的大规模发展，使晋商实力更上层楼，很可能超过了闽粤商帮。不过，光绪末年广东商人云集津门新建会馆，大量新式企业加入，其经济实力再次超越了晋商。

（三）天津关税收及其税源变化

明代天津并无税关，康熙元年（1662）将河西务税关移至天津，更名天津关。天津关征收货税和船料，档案记载："津关为水路要冲，货税之外例征船料，是税额之充盈全凭货船之络绎。"①天津关税定额是在河西务税额的基础上变更的，《大清会典》记载，河西务原额 35 847.2 两，康熙元年移驻天津，并征天津道税 4180 两，其后略有调整，至康熙末年定正额为 48 156.312 两。②嘉庆四年（1799）钦定盈余银 20 000 两，正额、盈余合计为

---

① 中国第一历史档案馆档案《朱批奏折》：乾隆十一年十二月十五日那苏图奏折，档案号：04-01-35-0321-007。
② 康熙《大清会典》卷 34《关税·岁额》，见沈云龙主编《近代中国史料丛刊三编》第 72 辑，第 715 册；雍正《大清会典》卷 52《关税·岁额》，见沈云龙主编《近代中国史料丛刊三编》第 77 辑，第 768 册。

68 156 两零。①

雍正年间天津关征税已远超过当时的定额，每年实征 7 万—8 万余两，乾隆年间又有增长。该关税额数据基本完整，图 4-6 是依据实征税额绘制的乾隆至道光年间天津关实征关税的变动曲线，表 4-14 是乾隆至道光年间天津实征关税额的十年平均②，二者相互参照，可较全面地了解清代中叶天津关税额的变化情况。

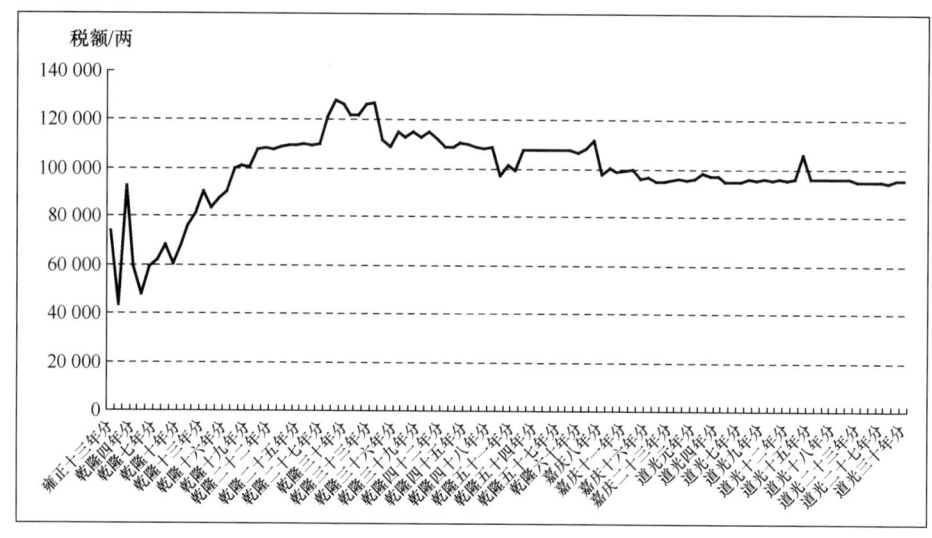

图 4-6 乾隆至道光年间天津关实征税额的变化

图 4-6 显示，天津关关税在乾隆初的短期波动之后迅速上升。乾隆十八年分首次突破 10 万两，二十八年分达 12 万两；乾隆二三十年代是该关税收最高的时期，十年平均分别为 113 675 两和 117 460 两(表 4-14)。其后税额开始缓慢下降，乾隆四十年代至嘉庆前期保持在 10 万—11 万两，十年平均

---

① 乾隆《户部则例》卷 52《关税·各关盈余》；嘉庆《大清会典事例》卷 187《户部·关税》，见沈云龙主编《近代中国史料丛刊三编》第 66 辑，第 656 册，台北：文海出版社，1991 年版。

② 图 4-6 和表 4-14 中的税收数据，据中国第一历史档案馆藏天津关税收档案，以及《宫中档乾隆朝奏折》《筹办夷务始末补遗》。天津关关期系以 12 个月为一年，遇有闰月连续计算，故税收年分与实际年份不完全对应，并有个别年分会出现两个数据。又，乾隆初年的数据略有缺陷，乾隆二年、四年、五年分均不足一年。

分别为 108 900 两、106 155 余两和 102 199 余两；嘉庆中叶以后进一步下降，至道光末年基本保持在 95 000 两上下。

表 4-14　乾隆至道光年间天津关实征税额的十年平均统计

年　分	数据	平均税收额/两	备　注
雍正十三至乾隆十年分	7	69 362	缺元、二、四、五年分数据
乾隆十一至二十年分	10	91 888	
乾隆二十一至三十年分	11	113 675	二十七年分有两组数据
乾隆三十一至四十年分	10	117 460	
乾隆四十一至五十年分	10	108 999	
乾隆五十一至六十年分	10	106 155	
嘉庆四至十二年分	7	102 199	缺六、七年分数据
嘉庆十五至二十五年分	7	95 504	缺十九、二十二年分数据
道光元年至十年分	11	95 854	七年分有两组数据
道光十一至二十年分	10	96 877	
道光二十三至三十年分	7	94 883	缺二十五年分数据

天津关税税源来自运河、沿海两条水道。档案记载："天津关惟赖南来货物船只及闽广海船载来糖斤等货征收税料。"①该关从运河征收的关税，以"南来油船、茶船、杂货等项"船只和"河南、山东豆麦船只"为大宗。不过，由于运河水量不足，漕运与商船争夺航道的矛盾时有发生，乾隆后期这一问题日渐严重，愈来愈影响到运河的税收。②与运河商税的减少相反，乾嘉年间南方海船来津数量大幅度增长，乾隆年间已超过百只，嘉庆四年分为 127 只，嘉庆五年分更达 182 只。③闽广江浙海船"大者载官斛三千石，小者千五六百

---

① 中国第一历史档案馆档案《朱批奏折》：乾隆三十一年十一月二十五日高诚奏折，档案号：04-01-35-0337-052。
② 许檀、高福美：《乾隆至道光年间天津的关税与海税》，《中国史研究》2011 年第 2 期。
③ 中国第一历史档案馆档案《朱批奏折》：乾隆九年七月二十五日伊拉齐奏折；嘉庆四年十一月二十四日观豫奏折；嘉庆五年十一月初九日那苏图奏折，档案号：04-01-35-0317-010、04-01-35-0359-052，04-01-35-0360-023。

石"①，比山东、辽东以及天津本地船只大得多，档案记载："天津关税有闽广客贩杂货洋船一项，每年于夏秋之间乘风进口，船大货多，钱粮因而丰盛。"②嘉庆初年的奏报言：天津关"税课向赖闽粤海船来津贸易为大宗"；道光年间的奏报称：津关税收"向以闽粤商船为大宗，其次则上海沙船"。③据此估计，嘉道年间天津关税中来自闽广、江浙海船的税收所占比重至少已超过50%。

  天津关税源的另一重要变化是嘉庆十二年开始天津海税升格为关税。

  天津海税的征收始于康熙中叶，以"津邑濒海，粮储不足"，允许商民赴奉天贩运粮食，"因征海税"。天津海税原为地方商税，《大清会典》将其列于杂赋中的落地税下。该税项原无定额，随征随解，康熙二十五年（1686）只有512两零，雍正初年为700余两，其后逐渐增长，到乾隆末年每年的实征税额已达三四万两。嘉庆十一年户部侍郎托津与兼管天津关税务的长芦盐政李如枚奉旨清查，并酌定《海税章程》："嗣后天津海税每年以四万两为率，以二万六千两作为正额解部，以一万四千两作为盈余解贮藩库，留充地方公用"；海税征收"交直隶总督管理，就近派委公正道府大员监收，以专责守"。经此次定制，天津海税实际上已成为关税的附属部分。④表4-15是嘉道年间天津关税、海税收入及其占比统计，请参见。

  由表4-15可知，关税与海税合计嘉道年间天津每年所征商税为12万—15万两，最高曾达16万余两；其中关税占70%左右，海税约占30%。前已述及，嘉道年间来自南方海船的税收在天津关税中占比已达50%以上，再加上海税，来自沿海贸易的税收所占比重已达2/3（表4-16），咸丰年间漕粮改由海运后这一比例进一步上升。沿海贸易税收的增长，正是天津从运河城市向海港城市转化过程在税收方面的反映。这一转化过程雍正年间已经开始，乾隆中叶开始加速，至嘉道年间基本完成。

---

  ① （清）齐学裘撰：《见闻续笔》卷2，《续修四库全书》第1181册，上海古籍出版社2002年版，第405页。

  ② 中国第一历史档案馆档案《朱批奏折》：乾隆八年闰四月二十九日三保奏折，档案号：04-01-35-0314-043。

  ③ 台北故宫博物院档案：嘉庆二年正月二十七日董椿奏折，道光二十二年七月二十二日德顺奏折，该资料为北京社科院邓亦兵先生提供，附笔致谢。

  ④ 许檀、高福美：《乾隆至道光年间天津的关税与海税》，《中国史研究》2011年第2期。

表 4-15　嘉道年间天津关税、海税收入及其占比统计

年 分	关税海税合计/两	关税		海税	
		税额/两	占比/%	税额/两	占比/%
嘉庆十二年分	137 688	99 748	72	37 940	28
嘉庆十五年分	160 381	96 243	60	64 138	40
嘉庆十六年分	143 792	96 292	67	47 500	33
嘉庆十七年分	145 003	94 884	65	50 119	35
嘉庆十八年分	148 033	94 615	64	53 418	36
嘉庆二十三年分	139 130	95 466	69	43 664	31
嘉庆二十四年分	139 924	95 901	69	44 023	31
道光元年分	137 909	95 875	70	42 034	30
道光四年分	139 883	96 866	69	43 017	31
道光六年分	136 251	94 707	70	41 544	30
道光七年分	138 139	95 722	69	42 417	31
道光八年分	137 566	95 536	69	42 030	31
道光十一年分	135 945	95 750	70	40 195	30
道光十二年分	116 679	95 623	82	21 056	18
道光十三年分	115 853	95 748	83	20 105	17
道光十四年分	146 085	106 034	73	40 051	27
道光十五年分	135 977	95 854	70	40 123	30
道光十六年分	136 091	95 877	70	40 214	30
道光十七年分	137 123	95 888	70	41 235	30
道光十八年分	136 112	95 899	70	40 213	30
道光十九年分	120 450	96 099	80	24 351	20
道光二十四年分	123 963	94 909	77	29 054	23
道光二十六年分	128 887	95 024	74	33 863	26
道光二十八年分	133 804	94 128	70	39 676	30
道光二十九年分	134 740	95 153	71	39 587	29
平　均	136 216	96 154	71	40 063	29

资料来源：许檀、高福美：《乾隆至道光年间天津的关税与海税》(《中国史研究》2011 年第 2 期)表 4

注：天津关税期系以 12 个月为一年，遇有闰月连续计算。海税关期以每年开海起，至封冻止，道光末年改以四月初一日起至次年三月底止，故两项税收的时间起讫不完全一致

表 4-16　嘉道年间天津关税中沿海贸易税收及其占比统计

年　代	关税海税总额/两	沿海贸易税收			
		关税的二分之一/两	海税/两	合计/两	占比/%
嘉庆十二至二十四年分平均	144 850	48 082	48 686	96 768	66.8
道光元年至八年分平均	137 950	47 871	42 208	90 079	65.3
道光十一至十九年分平均	131 146	48 488	34 171	82 659	63.0
道光二十四至二十九年分平均	130 349	47 402	35 545	82 947	63.6
总平均	136 216	48 077	40 063	88 140	64.7

资料来源：许檀、高福美：《乾隆至道光年间天津的关税与海税》(《中国史研究》2011 年第 2 期) 表 5

以往关于天津经济的研究很少利用税关(常关)档案，因而影响到对开埠之前天津的城市定位，特别在近代史论著中往往把天津作为商业中心和海港城市的发展完全归之于开埠通商，从而夸大了西方侵略者对天津经济的影响。较具代表性的表述如："在辟为通商口岸以后仅仅几十年的时间，天津便脱颖而出，由一个近畿的府属县城发展为仅次于上海的全国第二大工商业城市和港口城市，在北方首屈一指。"[1]笔者并不否认天津在开埠之后的飞速发展，需要强调的是，它作为北方沿海最大的海港城市和商业中心的地位，在嘉道年间已经确立。

二、山海关

山海关明代为军事要塞，清代康熙三十三年(1694)设关榷税。日本学者加藤繁是最早利用该关税收档案考察东北与关内贸易的学者，他的《康熙乾隆时代关内外的通商》[2]一文发表于 1943 年，但未能引起足够的关注，山海关也一直被认为是陆路税关。笔者在 50 多年后才拜读了该文，并受其启发，

---

[1] 罗澍伟主编：《近代天津城市史》，第 7 页。
[2] [日]加藤繁《康熙乾隆时代における满洲と"支那"本土の通商について》一文原载《北亚细亚学报》1943 年第 2 期，中译本收入加藤繁：《中国经济史考证》第三卷，吴杰译，商务印书馆 1973 年版，第 131—148 页。

陆续撰写了《清代前期的山海关与东北沿海港口》《清代前期的山海关与东北沿海贸易》等文,进一步对山海关的税口分布、税收来源及其与东北沿海各港口的贸易状况进行考察。①

(一)从军事要塞到清代的税关

山海关,位于直隶东北部,渤海湾西岸,为长城东部著名关口。该关依山傍海,扼踞华北平原通往东北的交通要道,"护燕蓟为京师屏翰,拥雄关为辽左咽喉"②,军事地位十分重要。明代洪武十四年(1381)设山海关卫戍守,清初设驻防城,由城守尉驻守,后改为副都统,提高了驻防级别。③

山海关城,为洪武十四年大将军徐达创建,城周八里有奇,高四丈一尺;城墙土筑,砖包其外;环城为池,深二丈五尺,广十丈;东西南北各设一门:东曰镇东,西曰迎恩,南曰望洋,北曰威远;又有水门三,居东西南三隅。城内主干道为十字交叉,城中央建有"四孔穿心"的钟、鼓楼与四门相望。东门为通往辽东的要道,关内外陆路往来均由此出入,上有箭楼,重檐歇山,匾额高悬,曰"天下第一关"。④万历、崇祯年间,巡抚杨嗣昌、朱国栋等相继在与关城相接的长城沿线修筑南北两个翼城,又在关城东、西门外添建罗城,围绕关城形成四面护卫的格局。此外,喜峰岭上的威远城,南部滨海的宁海卫城,与关城形成犄角之势,构成山海关的整体防御体系。⑤图4-7是山海关城及其东西罗城、南北翼城图,图4-8是山海关防御体系图,请参见。

乾隆二年(1737)裁山海关卫,改置临榆县。乾隆《临榆县志》记载称:"明初立卫,籍多隶军,民鲜土著;且征调频兴,迁徙无定。至我朝偃武修文,

---

① 许檀:《清代前期的山海关与东北沿海港口》,《中国经济史研究》2001年第4期;许檀:《清代前期的山海关与东北的沿海贸易》,见中国社会科学院历史研究所明清史研究室编《清史论丛》2002年号,中国广播电视出版社2002年版。
② 《大清一统志》卷18《永平府》,《续修四库全书》第613册,上海古籍出版社2002年版,第279页。
③ 朱永杰:《清代驻防城时空结构研究》,第91页。
④ 康熙《畿辅通志》卷5《城池》;光绪《永平府志》卷33《建置志二·城池下》。
⑤ 董鉴泓主编:《中国城市建设史》(第3版),第160—162页。

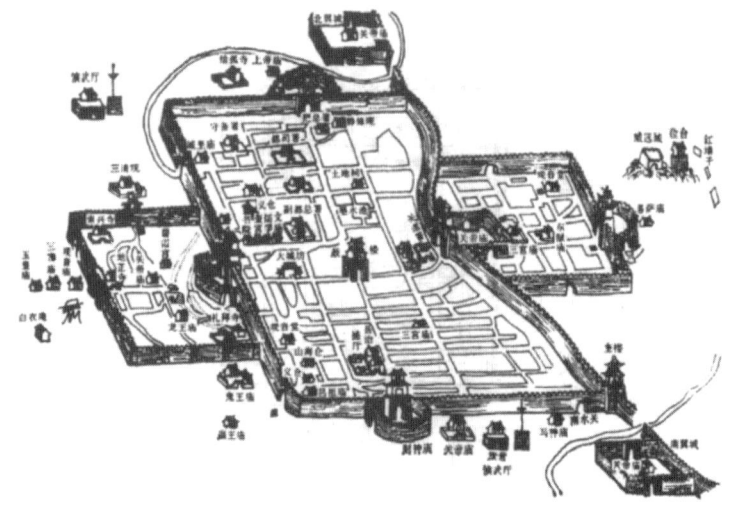

图 4-7 山海关城及其东西罗城、南北翼城图

资料来源：董鉴泓主编：《中国城市建设史》（第 3 版），第 163 页（图 7-6-9）。

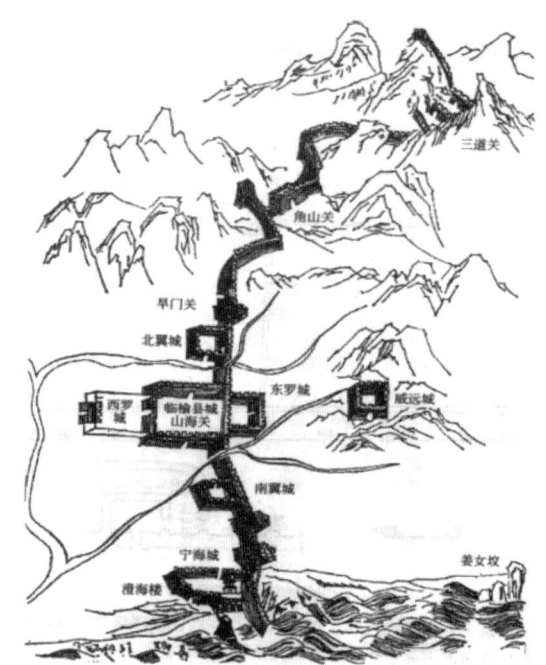

图 4-8 山海关防御体系图

资料来源：董鉴泓主编：《中国城市建设史》（第 3 版），第 162 页（图 7-6-8）。

休养百有余年，乃立甲而编社，其乡村之联络、市集之辐辏大胜前代。"①临榆县城即原来的山海关城，县署在南门内，驻防副都统衙署在西门内，左、右翼协领署分别位于城内东北和西北隅，山海路都司署在东门内，千总署在城内印锁胡同，把总署在城东门口。②

山海关明代为军事要塞，清代渐成为关内外物资交流的转运通道。明代山海关掌管出入人口的稽查，"关法稽文凭、验年貌出入，禁辽卒甫逃并商贾非法者"；嘉靖年间曾一度设立抽分，但很快裁撤。③清初山海关仍为稽查关卡，乾隆年间政府禁止关内人口移民东北，只允许商人出关贸易。乾隆五年(1740)定制："山海关出入之人必宜严禁。向例在奉天贸易及孤身佣工者，由山海关官员给予照票，始行放出，其携眷者概不放行。……嗣后凡携眷移居者，无论远近仍照旧例不准放出；若实系贸易之人交山海关官员将出口人数目、姓名并所居地名、现往奉天何处贸易，一一盘问清楚，给予照票，再行放出。及至贸易地方，令奉天官员查验执照，再令贸易；俟回时仍将原票缴销。"④乾隆十一年再次重申："向例近关民人出口俱由临榆县给票，远方流民因关口盘诘，有租赁货物，假冒商贩，赚票出关之弊"；所有出关之人"令临榆县与守关官弁按季造册二本，一由永平府转报存案，一移知该民人所往之州县，俾其查对"；"喜峰口等十五处亦照山海关之例，令守口官弁会同各该地方官逐项查询，给票放行。"⑤

山海关正式设关榷税是在康熙三十三年(1694)，由户部派监督征税，山海关副都统、山海路都司负责盘验；"初用永(平)属州县文引……乾隆二年置临榆县，始用县票"⑥。关署在临榆县城东门口，管关厅署在城内西北隅。⑦同治五年(1866)裁该关监督，改由奉锦山海道兼管。⑧

---

① 光绪《临榆县志》卷7《舆地编二·里市》。
② 乾隆《临榆县志》卷3《公廨》。
③ 嘉靖《山海关志》卷2《关隘》。
④ 《清高宗实录》卷115，"乾隆五年四月甲午"条，第688页。
⑤ 《清高宗实录》卷261，"乾隆十一年三月甲午"条，第387页。
⑥ 乾隆《临榆县志》卷5《关法》。
⑦ 乾隆《临榆县志》卷3《公廨》。
⑧ 光绪《清会典事例》卷236《户部·关税》，第3册，第786页。

山海关征收货税、船料、竹木、黄豆豆饼等税。"凡陆路往来及海洋进口商货，均分地道"，按斤、件、包、担等计量征税；也有论车、论驮者，"各因其物，照部颁现行则例征收"；船料按梁头丈尺征收，竹木排筏每甲征税1钱。①乾隆三十八年开征黄豆豆饼税，黄豆每石、豆饼每150斤征银1分1厘，乾隆四十年增为2分2厘；同治四年又定，内地商船及沙、宁等船贩运奉天杂粮，每石征银1分。②

山海关关税最初定额25 000两，康熙后期在辽东半岛沿海的牛庄、熊岳、复州、金州等处海口设立税口，对海船所载商货征税，并将九官台、清河门、松岭子、横城口等税口，统归山海关兼管，定税额为32 200两。③乾隆《临榆县志》记载，山海关"岁征银三万二千二百两，内支给山海关驻防满洲官兵俸饷银二万二千两，本关吏役工食银百八十八两各有奇，余银均解户部"④。其后，乾隆三十三年增设岫岩厅所属之鲍家码头等七处海口，乾隆三十八年（1768）开征黄豆豆饼税，至乾隆四十五年定税银为61 642两有奇。⑤

乾隆年间山海关实征税银已远超过定额，如乾隆九年二月十三日至十年三月二十五日，计一年零13日，山海关共征收税银96 890余两；乾隆十三年十一月初一至十四年十一月二十五日，计一年零25日，山海关共征收税银10 2100余两；乾隆十四年十一月二十日至十五年十二月二十五日，计一年零35日，山海关共征收税银103 000余两。⑥乾隆后期山海关每年征税更达到12万—13万余两。表4-17是乾隆后期山海关实征税银示例，请参见。

---

① 嘉庆《大清会典事例》卷187《户部·关税》，见沈云龙主编《近代中国史料丛刊三编》第66辑，第656册，第8627—8628页。
② 光绪《清会典事例》卷234《户部·关税》，第3册，第758—759页。
③ 雍正《大清会典》卷52《关税·岁额》，见沈云龙主编《近代中国史料丛刊三编》第77辑，第768册，第3056、3099—3102页。
④ 乾隆《临榆县志》卷5《关法》。
⑤ ［日］加藤繁：《中国经济史考证》第三卷，第140页。
⑥ 廖声丰：《清代常关与区域经济研究》，人民出版社2010年版，第155—156页。

表 4-17　乾隆后期山海关实征税银示例

关　期	实征税银/两	备　注
乾隆四十一年二月二十八日至四十二年二月二十七日	120 058.939	
乾隆四十二年二月二十八日至四十三年二月二十七日	124 022.100	
乾隆四十三年二月二十八日至四十四年一月二十七日	127 558.558	连闰 12 个月为一年
乾隆四十四年一月二十八日至四十五年一月二十七日	130 175.995	
乾隆四十五年一月二十八日至四十六年一月二十七日	130 555.500	
乾隆四十六年一月二十八日至四十六年十二月二十七日	131 075.996	连闰 12 个月为一年
乾隆四十八年分	131 650.850	
乾隆四十九年分	132 199.900	
乾隆四十九年十一月二十八日至五十年十一月二十七日	134 203.900	
乾隆五十年十一月二十八日至五十二年十月二十七日	135 755.900	连闰 12 个月为一年
乾隆五十一年十月二十八日至五十二年十月二十七日	136 129.900	

资料来源：据中国第一历史档案馆该关税收档案统计

表 4-17 可见，乾隆后期山海关征收税银除正额 61 642 两之外，每年有盈余银六七万两。该关盈余原无定额，由"监督自行奏闻"[①]，嘉庆四年(1799)钦定盈余银 49 487 两，[②]至此山海关正额、盈余合计为 111 129 两。从表 4-17 所列税额可以看出，盈余定额的制定当是依据山海关实征税银，并留有一定的余地。嘉庆皇帝曾言："山海关税务每年全视海船所到多寡为征收赢缩，若遇少到年分既不能多有盈余，此等情形朕在藩邸时知之甚悉。该御史前任山海关监督时征解盈余七万五千八百余两，亦系适值收税丰旺年分，岂得援为常例。"[③]清代中叶山海关实征税银基本保持在 11 万余两，表 4-18 是嘉道年间山海关实征税银的十年平均统计，请参见。

---

① 乾隆《户部则例》卷 52《关税·各关盈余》。
② 嘉庆《大清会典事例》卷 190《户部·关税·考核》，见沈云龙主编《近代中国史料丛刊三编》第 66 辑，第 656 册，第 8787 页。
③ 刘锦藻：《清朝续文献通考》卷 29《征榷考一》，浙江古籍出版社 2000 年版，考 7808。

表 4-18　嘉道年间山海关实征税银的十年平均统计

年　分	数据	平均每年征银/两	备　注
嘉庆七至十五年分	9	123 941	
嘉庆十六至二十五年分	8	112 085	缺嘉庆二十一、二十二年分税额
道光元年至十年分	10	112 183	
道光十一年至二十年分	10	112 381	
道光二十一年至三十年分	10	109 344	

资料来源：据倪玉平《清朝嘉道关税研究》(北京师范大学出版社 2010 年版)附录表 1 统计

（二）山海关税收的主要来源

山海关大关在临榆县城东、西、南、北四门及马市征税，此外还有 30 多个分税口，包括陆路税口和海口。陆路税口多为长城沿线的边门，计有清河门、松岭子、九官台、梨树沟、新开门、喜峰口、冷口、董家口、界岭、铁门关、潘家口、刘家口、横城九门等，位于直隶境内；海口则分布于东北沿海各州县，其中锦州、牛庄、熊岳、中后所、复州、盖州、金州等位于渤海湾内，而岫岩厅所属之鲍家码头、沙河子、尖山子、英纳河、大孤山、青堆子、红旗沟等七个海口则位于辽东半岛东侧，滨黄海。[①]与其他税关税银主要征自大关有较大差别，该关税收主要来自东北沿海港口，山海关本城所征税银占比有限。

中国第一历史档案馆收藏有一份嘉庆年间山海关的税收"比较清单"，开列了该关主要税口所征税额，可帮助我们了解该关税收来源的具体分布。现摘录如下：

> 锦州属天桥厂、小马蹄沟二海口：……征税银二万五千六百零六两九钱九分六厘；比较前任监督德新任内……所征税银少一万七千三百七十二两七钱三分一厘。

[①] 嘉庆《大清会典》卷 16《户部·贵州清吏司》，第 633 册，第 815、818 页。

牛庄属没沟营、耿隆屯二海口：……征税银二万一千八百九十九两五钱八分八厘；比较前任监督德新……所征税银少一万五千六百二十八两零七分五厘。

盖州属连云岛海口：……征税银九千五百六十四两五钱五分三厘；比较前任监督德新……所征税银少二千二百三十两零六钱六分五厘。

岫岩属红旗沟、大孤山、青堆子、尖山子、英纳河、鲍家码头、小沙河七海口：……征税银七千七百七十一两三钱一分五厘一毫九丝；比较前任监督德新……所征税银少一千八百十两零二分四厘八毫一丝。

复州属娘娘宫、五湖嘴二海口：……征税银一千二百四十九两五钱六分；比较前任监督德新……所征税银多三十四两五钱六分七厘。

金州属皮子窝、青山台、金厂、石槽、红土崖、和尚岛六海口：……征税银一万零四百两零七钱九分六厘；比较前任监督德新……所征税银少一千四百二十九两四钱零八厘。

锦州、义州属松岭子、新台、梨树沟、清河、九关台五边，出入车辆驮驼肩挑，征税银六千一百七十五两四钱八分九厘；比较前任监督德新任内多征税银二百八十六两四钱零五厘。

以上监督承露一年任内各海口所到有货船只、无货船只共三千二百八十六只，并各边口车辆驮驼肩挑，征税银共八万二千六百六十八两二钱九分七厘一毫九丝；比较前任监督德新任内……所征税银少三万八千一百四十九两九钱三分一厘八毫一丝。①

该"清单"无奏报日期和奏报人，不过根据文中"前任监督德新"和现任监督为承露，可知所奏为嘉庆二、三两年的税额。"清单"所列海、旱各口共20余处，其中承露所征为嘉庆三年（1798）税银，其"前任监督德新"所征为嘉庆二年税银，表4-19是笔者依据"比较清单"对山海海、旱各口征收税

---

① 中国第一历史档案馆档案《朱批奏折》：锦州牛庄等属征收税银比较清单（嘉庆朝），档案号：04-01-35-0371-012。

银所做的统计，请参见。

表 4-19　嘉庆二、三两年山海关海、旱各口征收税银统计

山海关分税口	嘉庆二年分		嘉庆三年分	
	税额/两	占比/%	税额/两	占比/%
清单所列税收总额	120 818.2	100.0	82 668.3	100.0
锦州属天桥厂、马蹄沟二海口	42 979.7	35.6	25 606.9	31.0
牛庄属没沟营、耿隆屯二海口	37 527.7	31.1	21 899.6	26.5
盖州属连云岛海口	11 795.2	9.8	9 564.6	11.6
岫岩属鲍家码头等七海口	9 581.3	7.9	7 771.3	9.4
复州属娘娘宫、五湖嘴二海口	1 215.0	1.0	1 249.6	1.5
金州属皮子窝等六海口	11 830.2	9.8	10 400.8	12.6
松岭子等五边口	5 889.1	4.9	6 175.5	7.5
各海口合计	114 929.1	95.1	76 492.8	92.5

表 4-19 可见，山海关所属各口中以锦州和牛庄征税最多。嘉庆二年锦州海口征收税银 42 979 两，占"清单"所列税收总额的 35.6%；牛庄海口征银 37 527 两，占总额的 31.1%。嘉庆三年锦州征银 25 600 余两，占比为 31%；牛庄征银 21 899 两，占比 26.5%。各海口合计，嘉庆二年征银 114 900 余两，占总额的 95.1%；嘉庆三年征银 76 400 余两，占比为 92.5%。不过，这份清单未列出山海关本关所征税银，并缺少熊岳和中后所等海口以及 10 余个陆路税口的税额，故不是一份完整的税收清单。据档案记载，嘉庆二年山海关共征收税银 137 702 两，三年为 110 642 两[①]，与清单所列差额分别为 16 884 两和 27 974 两；如果将其中一半作为大关所征，山海关城嘉庆二、三两年所征税银分别占比 6.1% 和 12.6%；即便将这一差额全部计入，其占比也不过为 12.3% 和 25.3%。表 4-20 是按照这一方法调整后山海关主要税口的税额统计，请参见。

---

① 倪玉平：《清朝嘉道关税研究》，第 172 页。

表 4-20 嘉庆二、三两年山海关主要税口征收税银统计

山海关主要分税口	嘉庆二年分		嘉庆三年分	
	税额/两	占比/%	税额/两	占比/%
税收总额	137 702	100.0	110 642	100.0
清单所列各海口税额合计	114 929	83.5	76 492	69.1
锦州属天桥厂、马蹄沟二海口	42 979	31.2	25 606	23.1
牛庄属没沟营、耿隆屯二海口	37 527	27.3	21 899	18.8
山海关大关（将差额全部计入）	16 884	12.3	27 974	25.3
山海关大关（以差额 1/2 计入）	8 442	6.1	13 987	12.6

上表可见，来自沿海贸易的税收至少占该关税收的 70%—80%，故山海关应属沿海税关；锦州和牛庄合计占比达 40%—50%以上，是该关税额最高的两个分税口；而大关所征即便从高计算也不过 25%，实际占比估计在 10%—20%。"牛庄属没沟营"海口即营口，嘉庆年间其税额尚略低于锦州，道光年间逐渐超过锦州，成为东北沿海税收额最高的海口。咸丰十年(1860)山海关新增税银 8 万两，定额达 191 129 两零，而新增税额主要在营口征收。①

以上考察我们看到，东北沿海各州县的海船贸易是山海关的主要税源。东北向南方各省输出的商品主要为大豆、杂粮、药材、干果、海产等，从南方输入的主要是布匹、绸缎、糖、茶、纸张、瓷器等手工业品。

大豆是东北输出的最大宗的商品，主要销往南方各省。清代前期东北大豆输出受限，南方海船回航"大船准带黄豆二百石，小船准带一百石"，禁止额外多带。②乾隆三十八年(1773)开始放开大豆输出的限制，东北大豆输出规模迅速扩大。嘉道年间的记载称：江浙"沙船皆从关东装载豆货回南，总在上海交卸……自正月开行可以四次、三次，三月初旬开行犹可两次"③；另有

---

① 许檀：《清代前中期东北的沿海贸易与营口的兴起》，《福建师范大学学报(哲学社会科学版)》2004 年第 1 期。
② 台北故宫博物院编：《宫中档乾隆朝奏折》第 26 辑，乾隆三十年年十一月二十九日杜图肯奏折，第 738 页。
③ (清)齐学裘撰：《见闻续笔》卷 2《乙酉二月奉委赴上海查办海运事宜通禀各宪稿》，《续修四库全书》第 1181 册，第 406 页。

记载说:"数十年前江浙海船赴奉天贸易,岁止两次,近则一年行运四回,凡北方所产粮豆、枣梨运来江浙每年不下一千万石。"①闽广海船回航也主要装运大豆,有记载称:"向来闽广洋船回空,俱往奉天沿海地方贩豆南旋。"②如嘉庆十八年(1813)海澄县静字 1749 号商船从上海装载茶叶前往锦州贸易,从锦州返回时装有黄豆 1000 石,以及瓜子、鹿肉、牛筋、木耳和大量药材;道光三年(1823),海澄县石希玉商船装运糖货至关东盖平发卖,然后置买"各样豆子",包括黄豆 520 包、青豆 530 包、饭豆 50 包,以及紫菜、牛筋、牛油、鱼脯、烧酒等返航③,装载豆货都超过千石。

东北销往天津和山东的主要是杂粮。天津从康熙年间就已从东北输入粮食,乾隆以降数量更多,有记载称:"天津粮船于东省贩买米石,向在锦、盖、复、宁等州";又言"天津一县向来以商贩东省粮石营生者,每岁约船六百只,每船往返各四五次或五六次不等"。④南方海船也多参与渤海湾内的粮食贸易,如乾隆四十九年江苏元和县蒋隆顺商船装运生姜到天津交卸,然后四次前往关东运粮,分别运至天津和山东黄县、利津等地交卸。⑤山东半岛的登、莱二府是山东最主要的缺粮区。嘉庆年间的奏报称:"历年直隶、山东等省来奉运载高粱不下百余万石"⑥;道光年间的记载,"山东登、莱二府向赖奉天高粱、粟米、包米三项粮石",道光十六年(1836)从东北各海口输入的杂粮"约计一百万石"。⑦

东北从南方输入的主要是布匹、绸缎、糖、茶、纸张、瓷器等手工业品。江浙沙船销往东北的主要为棉布、茶叶、瓷器等货,如康熙四十九年(1710)华亭县华字 90 号商船装载"茶叶、布、碗等货",上海县上字 73 号商船"装

---

① (清)谢占壬:《海运提要序》,见(清)贺长龄、魏源等编:《清经世文编》卷 48《漕运下》,中华书局 1992 年版,第 1155 页。
② 中国第一历史档案馆编:《鸦片战争档案史料》第一册,第 388 页。
③ 转引自松浦章:《李朝飘着中国帆船の问情别单について》(下),《日本关西大学东西学术研究所纪要》第 18 辑,1985 年版。
④ 光绪《栖霞县志》卷 9《艺文》,监察御史牟昌裕《条陈时政疏》。
⑤ 《历代宝案》第 6 册,第 2 集,卷 73,第 3709—3710 页。
⑥ 王业键、黄国枢:《十八世纪中国粮食供需的考察》,《近代中国农村经济史论文集》,台湾"中央研究院"近代史研究所 1989 年版,第 274 页。
⑦ 《清宣宗实录》卷 280,"道光十六年三月丙申"条,第 319 页。

载各客布匹、磁(瓷)器,货值数万金",两船均由上海出口,前往关东贸易。①上海是江南棉布北销的汇集地,故有"沙船之集上海,实缘布市"之说。②闽广海船运往东北的更多为糖、纸等货,如乾隆四十二年(1777)福建海澄县静字 1320 号商船从厦门装载糖货到关东出售;乾隆四十四年福建闽县闽字 34 号商船装载纸货从福州出口到锦州贸易;道光三年福建海澄县商船装载糖货至关东盖平,这些商船返航时多装运大豆、瓜子等货。③

东北从山东输入的主要是棉布,乾隆年间金州有大量山东白布进口,"每捆三十五六匹至四五十匹不等,历来每捆仅估三十三匹纳税"④。登州府所产棉布由福山出口销往东北,雍正年间已经开始⑤;乾嘉年间济南府属齐东、章丘、长山等地所产白布,每年至少有数十万匹"通于关东";道光初年周村山陕会馆重修有之际有来自盛京、锦州、吉林等多家商号参与集资,多是来此采办棉布的。⑥

第三节　内陆税关城市

张家口和多伦诺尔均位于直隶北部,前者在明代曾为互市口岸,后者不过是一个名不见经传的边镇,这两个城市的发展均得益于清代北疆贸易和中俄恰克图贸易的发展。

---

① (清)张伯行撰:《正谊堂文集》卷 1《海洋被劫三案题请敕部审拟疏》,见王云五主编《丛书集成初编》,商务印书馆 1936 年版,第 4、6 页。

② 上海博物馆图书资料室编:《上海碑刻资料选辑》,上海人民出版社 1980 年版,第 45 页。

③ 关于东北与沿海各省的贸易,详请参见许檀:《清代前期的山海关与东北沿海贸易》,《清史论丛》2002 年号。

④ 台北故宫博物院编:《宫中档乾隆朝奏折》第 25 辑,乾隆三十年五月二十一日金简折,第 31 页。

⑤ 台北故宫博物院编:《宫中档雍正朝奏折》第 23 辑,雍正十年十二月初一日性桂奏折,第 717 页。

⑥ 许檀:《清代山东周村镇的商业》,《史学月刊》2007 年第 8 期。

一、张家口

张家口,地处直隶北部长城沿线,明代属宣府镇所辖之万全右卫,清代雍正二年(1724)设张家口直隶厅。隆庆年间开始的互市贸易为该城的发展提供了契机,清代张家口成为汉蒙贸易、中俄贸易的转运枢纽,也是塞北地区最重要的商业城市、外贸口岸和金融中心。

(一)明清两代张家口的发展

张家口,明初不过是长城沿线的一个军事城堡,为宣府镇西路万全右卫所辖,驻军约1200名。①《万全县志》记载:张家口堡为宣德四年(1429)指挥张文所筑,"高三丈二尺,四里有奇",设有东、南二门,城铺十;成化年间展筑关厢,万历二年(1574)包砖。②隆庆五年(1571)张家口被定为与蒙古各部的互市之地,万历间在张家口堡以北增筑来远堡,"高三丈二尺,方二里十三步……万历四十一年巡抚汪道亨筑,砖包;堡内建抚赏厅,观市厅,为互市之所"。清初于长城边墙开二门,"东曰小境门,西曰大境门,系蒙古外藩入京孔道。设八旗总管一员,防御六员,满兵三百名分班看守"。③来远堡距张家口堡5里,又称上堡,俗称市圈或买卖城;张家口堡俗称下堡。

隆庆年间的互市贸易是张家口商业发展的最早契机。万历年间御史梅国桢有言:"张家口堡设在绝徼,极目荒凉,诸物不产。自隆庆五年北虏款贡以来始立市场,每年互市,缎布买自江南,皮张易之湖广。彼时督抚以各部夷人众多,互市钱粮有限,乃为广召四方商贩,使之自相贸易,是为民市之始。"④清初万全改卫为县,张家口属万全县;雍正二年置张家口直隶厅,设理事同知;其后又增设独石口、多伦诺尔两直隶厅,合称"口北三厅",以办理"蒙古民人交涉之事"。⑤清政府指定张家口、独石口、古北口、杀虎口

---

① 正德《宣府镇志》卷5《武备》。
② 乾隆《万全县志》卷2《建置志·城池》。
③ 道光《万全县志》卷2《建置志·边墙》。
④ (明)梅国桢:《请罢榷税疏》,见陈子龙等选辑《明经世文编》卷452,第4968页。
⑤ 乾隆《口北三厅志》卷首《黄可润序》。

和归化城等地为出入蒙地经商的贸易孔道,凡赴蒙区贸易者需赴张家口的察哈尔都统衙门、归化城将军衙门等处领取"部票",持票贸易;乾隆年间规定每张"部票"可携带12 000斤货物。①察哈尔都统衙门位于上堡和下堡之间②;张家口理事同知署在下堡城内,雍正十一年建③。

张家口作为中俄贸易的重要口岸始于康熙年间。康熙二十八年(1689)《中俄尼布楚条约》规定俄国官方商队每三年可来京贸易,人数限二百人;雍正五年《恰克图条约》约定可在两国交界之恰克图、尼布楚等地进行民间贸易。④俄国商队入京的道路主要有二:一是从尼布楚至齐齐哈尔,经东部蒙古,进山海关或古北口至北京;一是自伊尔库茨克循色楞格河,经库伦横穿戈壁,由张家口至北京。康熙四十七年从色楞格—库伦—张家口的商道被定为俄国商队往返之官道,乾隆二十年(1755)清政府停止俄国官方商队入京贸易,中俄贸易统归于恰克图一地,张家口—库伦商道成为恰克图贸易的主要商道,张家口也成为中俄贸易的重要枢纽。清政府在该城设有税关,"内地商人往来恰克图、库伦贸易者征税于此"。⑤

随着汉蒙贸易、中俄贸易的发展,张家口很快发展成为塞北地区最大的商业城市和金融中心。康熙中叶法国传教士热比雍(汉名张诚)的记载说:张家口"人口稠密,由于它是中国的门户之一,所以贸易量很大。我听说一部分从乌兹别克鞑靼和波斯来的摩尔人的商队就是由长城的这个门入境,而且一部分西鞑靼人也在这里交易。为此,这儿设立了税卡"⑥。乾隆中叶的奏报称,"赴恰克图、库伦贸易商民多在张家口设有铺房,其中资本较厚者六十余

---

① 赖惠敏:《十九世纪晋商在恰克图的茶叶贸易》,见陈熙远主编《覆案的历史:档案考掘与清史研究》,台湾"中央研究院"2013年版。
② [俄]阿·马·波兹德涅耶夫:《蒙古及蒙古人》第1卷,刘汉明、张梦玲、卢龙译,内蒙古人民出版社1989年版,第112页。
③ 乾隆《口北三厅志》卷4《官署志》。
④ 王铁崖编:《中外旧约章汇编》第1册,生活·读书·新知三联书店1957年版,第7—9页。
⑤ 姚贤镐编:《中国近代对外贸易史资料》第1册,中华书局1962年版,第105、116页。
⑥ [法]张诚:《耶稣会士、法国在华传教士张诚鞑靼旅行记》,刘晓明、王书健译,杨品泉校,见中国社会科学院历史研究所清史研究室编《清史资料》第5辑,中华书局1984年版,第92页。

家,依附之散商八十余家"①。

张家口城市面积约 20 平方千米②,主要由上堡、下堡两部分构成;此外,大境门外的元宝山也是该城商业的重要组成部分。光绪中叶俄国学者阿·马·波兹德涅耶夫对该城商业状况和空间分布有较详细的记载,摘录如下:

作为商业城市,张家口分为两个部分:一个是上堡,另一个是下堡。

上堡:进入大境门,大门街是主要街道,另一条较小的街道通向买卖城。买卖城又称市圈,有一圈城墙围着,有两座门,小北门和南门,货物运输多由南门出入。买卖城长200俄丈,宽100俄丈。东西两侧是两层楼的商行和货栈,南侧是货栈和一座戏院,北面是坐落在高高的城墙上的格萨尔庙。张家口买卖城可以说是中国对俄贸易的集中点,几乎全部的俄国呢绒和各种绒布,以及俄国出口的毛皮制品都是先运到张家口买卖城的货栈,然后批发给下堡,最后再运往中国内地。买卖城里铺面最好、资本最雄厚的店铺属于大金裕、屠正、裕源永等几家商行。在恰克图从事对外贸易,同时主要在蒙古北部销售茶叶的汉族商人也把自己的主要货栈集中在买卖城。这些商行中最大的几家是祥发永、匡全泰、恒隆广、大盛裕、裕庆成、兴隆永、万庆泰以及公和全,它们每年运往库伦和恰克图的茶叶有七万余箱。张家口税关位于买卖城南门外200俄丈,凡在张家口买卖城出入的货物都由税关里的官吏检查课税,货主的税款也在这里结清。

在上堡的大门街上,从大境门起沿着买卖城的整个城墙是一个挨一个的小铺子,大多是汉族的手艺人开的。市圈以南,大门街上还有经营零售业的店铺,以及铜铁铺、瓷器铺、颜料铺、药铺等。③

下堡:是张家口最古老而富庶的地区,张家口批发商的住宅和商行大多集中在纵贯南北的武城街。他们住宅的大院里有着巨大的仓库,贮存着批发的商品。这些商人几乎从来不到自己的门市部去,通常都是坐在办事房里,与外来的买主谈生意。下堡的零售商业中几家较大的字号大新德、

---

① 方观承乾隆二十四年二月初三日奏折,转引自黄鉴晖《山西茶商与中俄恰克图贸易》,《中国经济史研究》1993年第1期。
② 民国《万全县志》第10册,《张家口概况·位置形势》。
③ [俄]阿·马·波兹德涅耶夫:《蒙古及蒙古人》第1卷,第703—708页。

大亨玉、大德公、天太德、复兴隆、永兴隆等,他们不但在城里做买卖,而且与附近的蒙古各旗进行贸易,并划分了各自的范围。蒙古人每年两次到张家口来,一次在正月,一次在十月,每次可以赊给蒙古人三五十两甚至一百两的货物;到收账时再派伙计到草原上去,一般是三月出去,八月回来,作为账款带回张家口的主要是绵羊,也有牛、马、骆驼。他们把绵羊赶到北京和太原府去卖,马匹卖往河南和山东,骆驼则卖给从通州运茶叶到张家口的汉人。

下堡还聚集有很多钱庄。据说之前许多山西商人把资本从内地转移到张家口,使这里的钱庄数量大为增加。山西商人在张家口开设的老钱庄叫"票户"(票号),资本达几十万。这里的银钱业务主要是票户进行的,张家口的票户无一例外都是山西人开的。下堡大街上还有许多小商铺和手工业工匠,以及木器铺、蒲草店、马车作坊、面粉店、染坊、皮革作坊等。①

在上堡和下堡之间是满洲八旗的驻防营地和校场,都统衙门也设在这里。在这里还聚集着一批盐栈和碱行。山西商人在张家口经营的有青盐、白盐和土碱。②

此外,大境门外的元宝山也可以说是张家口的又一个商业区。在元宝山谷地的崖坡上鳞次栉比地排列着长达一俄里的店铺,供应张家口所需要的日用品和食品,如肉类、面粉、燃料等多集中在此。这些店铺主要是山西商人和北京商人开设的,北京商人的店铺花色品种较多,既有绫罗绸缎,也有各种舶来品;山西商人主要经营蒙古人需要的茶叶、大布、褡裢布、皮革等。此外,元宝山还有几家木行和20来家卖铁器、皮革制品和油漆颜料的铺子是张家口本地人开的。俄国商人的住宅和茶叶堆栈也都集中在这里。

在元宝山和大境门之间的坝岗子是张家口的牲畜市场。张家口的绝大部分牲畜贸易就在这里进行。整个秋冬两季,每天都有口外的汉人和蒙古人,特别是察哈尔和苏尼特人把几百几千头牛羊赶到这里出售。五六月份坝岗子的牲口贸易最旺,蒙古人把大批马匹赶到这里,卖给中国南部来的买主,他们大多来自湖南湖北,也有更南边的省份。最近几年,每年售出的马匹有

---

① [俄]阿·马·波兹德涅耶夫:《蒙古及蒙古人》第1卷,第713—715、717—718页。
② [俄]阿·马·波兹德涅耶夫:《蒙古及蒙古人》第1卷,第711—712页。

15 000—30 000 匹。①

(二)晋商在张家口的经营活动

在张家口从事贸易者以晋商为多。明代就已前来贸易者有范永斗、王登库、王大宇、靳良玉等八家,方志记载:"八家商人者皆山右人,明末时以贸易来张家口……自本朝龙兴辽左,遣人来口市易,皆此八家主之。"清初这八家商人多成为皇商,并参与北疆军需贸易。"初,军需方亟,张家口岁集帑可百万,既设专司总理,其逐末业者则备车牛供传顿,以罔奇赢之利。"②其中以范氏家族发展最盛,"雍正六年,命四品顶戴官范毓馪承办北运。时准噶尔不恭,特命西北两路大军进讨,师行粮食飞挽为首务,来远堡故塞垣要冲,督饷者咸起运于此。……至是,怡亲王以范毓馪名奏上,得请北运交毓馪承办"③。

准噶尔平定之后,山西商人一方面继续扩大北疆贸易的范围和规模,另一方面也有更多商人参与到正在发展中的中俄贸易之中。乾隆末年的记载称,张家口"贾多山右人……有直往恰克图地方交易者"④;咸丰年间的记载更言,"其内地商民至恰克图贸易者强半皆山西人,由张家口贩运烟、茶、缎、布、杂货前往,易换各色皮张、毡片等物"⑤。

随着北疆贸易和中俄贸易的发展,张家口的晋商数量和实力也不断增长,并陆续修建多家会馆,如汾阳会馆、孝义会馆在上堡,祁县会馆、榆次会馆在鼓楼后街;太谷会馆位于东关大街,规模最大,有两套院落30多间房,并另设有义地。张家口的几座关帝庙,也多为山西商人集资修建。⑥这些会馆目前尚未见有碑刻资料,不过关帝庙、山神庙保留有部分碑铭,如嘉庆十年(1805)《重修市台关帝大宇碑记》、道光三年(1823)《重修山神庙起盖乐楼、

---

① [俄]阿·马·波兹德涅耶夫:《蒙古及蒙古人》第1卷,第695、700页。
② 乾隆《万全县志》卷10《志余》。
③ 乾隆《万全县志》卷9《事纪》。
④ (清)秦武域:《闻见瓣香录》甲卷《张家口》。
⑤ (清)何秋涛《朔方备乘》卷37《恰克图互市》。
⑥ 山西省政协文史和学习委员会编:《明清山西商人会馆史料》,中国文史出版社2017年版,第408—409页。

增建灶君殿碑记》等①，我们可据以对晋商在张家口的经营活动有一些较具体了解。

所谓"市台关帝大宇"，当即上堡市圈中的关帝庙。现将《重修市台关帝大宇碑记》摘录如下：

> 张家口……万历四十四年立市台，以为华□□□之所。其上建庙台，□□为镇□之威灵，又为一方之保障。……台何以名市，何以设大小禁门……前巡抚道亨汪公碑记备载。……即如市台建庙供神，其初祇祀汉前将军关帝，后虽修塑玉皇、三官，配□公所，屡经添饰。今年深日久，殿宇坍塌，神座凋零，兼房基损坏，此□市圈商民王守礼等愀然心笃，肃然起者矣。因禀十公捐助，协力同修，□嘉庆辛酉年三月起，至乙丑七月告竣……
>
> 乙酉（？）年：保正行、万盛德、四合全、协泰盛、恒通升，施银五十五两（下缺）
>
> 庚申年：票行、天元德、合盛永、丰玉成、广隆泰，施银□十七两（下缺）
>
> 大清嘉庆十年岁在乙丑

据以上碑文可知，上堡市台的关帝庙建于万历四十四年(1616)，几乎与上堡筑城同时，且主持修筑上堡的巡抚汪道亨曾为之撰写碑文。至清代中叶，"殿宇坍塌，神座凋零"，遂集资重修。工程自"嘉庆辛酉年三月起，至乙丑七月告竣"，辛酉为嘉庆六年(1801)，乙丑为嘉庆十年，前后历时五年。碑阳所列捐款有"乙酉年保正行"和"庚申年票行"，庚申为嘉庆五年，而乙酉未见于乾隆末年和嘉庆初，疑有误。值得特别注意的是，所谓"票行"是我们所熟知的票号？抑或为领有"部票"的商号组织？笔者尚难判断，暂存以待考。

该碑碑阴镌有重修关帝庙的集资名号及其捐款金额，计有262家，共捐

---

① 这批碑文资料为晋商大德常后裔常忠义先生惠赠，据常先生特别告知，碑文系宋志刚先生抄录，在此一并致谢。

款 7414.8 两，因碑阳的捐款部分字迹不清，且有缺损，未予列入统计，故这一数字并非此次集资的全部。在碑阴的 262 家捐款中，有商号 253 家，共捐银 7383 两零；其中捐银最多者为 210 两，最少 4 钱。此外，参与集资中还有 9 个人名，不能确定是否商人，也未予计入。笔者将这 253 家商号以其捐款数额分为三档，其中捐银 100 两以上者为大商号，捐银 10—99 两者为中等商号，10 两以下者为小商号，表 4-21 是对这 253 家商号捐款的分类统计，请参见。

表 4-21　嘉庆初年张家口重修市台关帝庙的捐款统计

分类	商号数/家	占比/%	捐款额/两	占比/%
100 两以上	21	8.3	2843	38.5
10—99 两	114	45.1	4013	54.4
10 两以下	118	46.6	527.4	7.1
合计	253	100.0	7383.4	100.0

资料来源：据嘉庆十年《重修市台关帝大字碑记》统计

上表可见，捐款 100 两以上者计有 21 家，占商号总数的 8.3%，捐款金额占总额的 38.5%；而占比 46.6% 的小商号，捐款只占 7.1%。前已述及，此次关帝庙的重修自嘉庆六至十年，历时五年之久，而集资活动至少从嘉庆五年已经开始，7300 余两的金额估计为五年筹集所得。若以 1‰ 的抽厘率五年平均计算，捐银 100 两的字号年经营额为 20 000 两；若以 2‰ 的抽厘率折算，其年经营额也超过 10 000 两。[①]

蒙古国国家档案馆保存有一份嘉庆四年进入恰克图贸易的中国商号名册，共列有 35 个商号[②]，其中有 21 个在张家口嘉庆十年《重修市台关帝大字碑记》的捐款中出现，且多为捐款 100 两以上的商号。表 4-22 所列是这 21 家商号的捐款金额，以及它们在恰克图的店铺位置和经营规模。该表显示，捐款 100 两以上的商号贸易额大多超过万两，甚至达到 2 万余两，与笔者的

---

① 笔者未见到张家口集资的抽厘率，此处系借用山东、河南晋商会馆集资的抽厘率折算。
② 赖惠敏：《十九世纪晋商在恰克图的茶叶贸易》，见陈熙远主编《覆案的历史：档案考掘与清史研究》，附录一《嘉庆四年进恰克图贸易商号名册》。

上述估算基本相符。捐款额最少的日升如号，贸易额也在四五千两之谱。21家商号合计，嘉庆四年在恰克图的贸易规模至少为 25 万—30 万两。

表 4-22　嘉庆初年张家口 21 家商号在恰克图开设的店铺及其贸易规模示例

商号名称	在张家口的捐款额/两	在恰克图的店铺位置	在恰克图的贸易额/两
合盛兴	210	东街	23 000—24 000
祥发成	200	东街	28 000—29 000
广隆光	140	东街	25 000—26 000
长发成	140	东街	22 000—23 000
广发成	126	东街	23 000—24 000
世禄安	95	东街	15 000—16 000
兴泰和	90	东街	10 000
兴盛高	60	东街	13 000—14 000
合盛永	133	中街大铺（甲首）	17 000—18 000
兴盛辅	195	中街大铺	15 000—16 000
永兴泉	105	中街大铺	8 000—9 000
四合全	109	中街中铺	6 000—7 000
日升如	30	中街	4 000—5 000
美玉公	111	中街大铺（甲首）	
广和兴	62	中街大铺（甲首）	
美玉德	200	西街	28 000—29 000
兴玉中	109	西街	7 000—8 000
协和公	80	西街	6 000—7 000
万德悦	120	西街	
丰玉成	115	西街	
德盛玉	85	西街	
合计	2515	—	25 万—30 万*

资料来源：张家口捐款据嘉庆十年《重修市台关帝大宇碑记》；恰克图的店铺位置和贸易规模据赖惠敏《十九世纪晋商在恰克图的茶叶贸易》附录一《嘉庆四年进恰克图贸易商号名册》，见陈熙远主编《覆案的历史：档案考掘与清史研究》。

注：*美玉公与广和兴两个中街大铺以各 10 000 两计，西街三铺以各 6000 两计入。

道光三年(1823)《重修山神庙起盖乐楼、增建灶君殿碑记》是重修上堡山神庙的碑文，该碑记言：

> 张城为襟山带河之区，实中外商贾所会。考稽上堡惟山神庙创建最初，前人或以为山安其镇，斯地以灵而人以杰也。爰是立庙尊神，奉神立社，而满蒙官兵居民商旅咸仰庇于山神……是以旧日各置社房，续又共立公所，此庙遂为市口要会之林。而乐楼之建，尤为上下两庙各社献戏酬神之巨制焉。奈创美之举既有，历年继善之修又经岁月，暮雨晨风，寻相剥蚀，精严结构渐及侵阑，寝见殿宇抱厦，各社房多有渗漏，戏台栋梁及址基几至倾颓。倘弗亟兴修整，将何以肃庙貌而壮神威乎。敝等切修葺之思，会同本街铺号，协相经营，除各捐己铺资财外，并募化各社公项以及贵官、商民、远近信士，用勷是功。所幸人心协和，莫不乐捐成美，不日间共募得银二千余两。于是鸠工庀材，殿室则一概补葺依旧，庆起普敷金碧，乐楼则重新起盖，较原制而式廓，榱楹修废举遗翼绳完善。适于正殿内见有灶君龛位，且是庙又长庆社，众以为既为立社，宜表特尊。况灶君原属五祀正神，人间奉为司命，即为特建殿阁，实属增所宜增。……谨将助善芳名勒于石，以志诸永久云。

该碑碑阴也镌有参与集资者的名号及捐款金额，总计有500余家商号或善士参与集资，共捐银2398两零。与嘉庆碑稍有不同，其一，碑文所镌集资名录分为直捐和募化两部分：其中直接捐款者计362家，捐银2319.15两，占捐款总额的96.7%；募化部分虽参与者众多(有157位)，但捐款仅占总额的3.3%。一般而言，直接捐款多为本地商号或善士，募化捐款多来自客商或者外地，故可以肯定捐款主要来自张家口本城。其二，有诸多以团体名义参与捐款者，如虔敬社、增福社、羊行社、缸房行等共计17家，每一团体至少会有十数家或者数十家，故实际参与集资者远超过表中的统计数字。表4-23是对直接捐款部分进行的统计，请参见。

表 4-23 道光三年张家口重修山神庙乐楼的直接捐款统计

分类	参与集资者	捐款额/两	占直接捐款的百分比/%	占全部捐款的百分比/%
店铺	285 家	1712.55	73.8	71.4
社	16 社	506.50	21.8	21.1
缸房行	阖行	50.00	2.2	2.1
寺庙	12 座	8.50	0.4	0.4
人名	48 人	41.60	1.8	1.7
合计	362	2319.15	100.0	96.7

资料来源：据道光三年《重修山神庙乐楼碑记》统计

表 4-23 可见，参与集资的商号有 285 家，捐银 1712.55 两；加上缸房行阖行捐款，商人捐款已占直接捐款的 76%，占全部捐款的 73.5%。以"社"的名义捐款者计有虔敬社、增福社、平安社、太平社、羊行社、牛王社、马王社、白虎社、太原社、代州社、清源社、诚敬社、恭敬社、利市社、诚一社、永盛社等，共 16 家。其中，羊行社应是专营羊只中介的牙行团体，捐银 70 两；太原社、代州社当为太原和代州商人的团体组织，二者共捐银 45 两；与商号合计，商人捐款已占到全部捐款的 78%。此外，牛王社、马王社可能与运输业相关，其他社团当也会有一部分为商人团体，或者有商人参与。还需特别注意的是，此次集资时间短暂，"不日间共募得银二千余两"，与嘉庆初年相比，张家口商人的实力显然有较大增长。

以上考察我们看到，张家口实力最强的商号大多是从事恰克图贸易的。曾担任过库伦办事大臣的松筠记言，内地商人"以缎、布、茶、烟等物，历年由张家口贩往卡(恰)克图地方与俄罗斯贸易伊等黑狐等皮张、粗细毡片，携回张家口售卖。……其章程大约由张家口所去之商民均令在卡克图居住三月……必俟各商互易完竣，作为一队一同启程回口"[①]。随着中俄贸易的发展，张家口商人的实力迅速增长。嘉道年间是张家口商业发展最快的时期，也是张家口关税收入最高的时期。

---

① (清)松筠：《百二老人语录》，转引自赖惠敏《清政府对恰克图商人的管理(1755—1799)》，《内蒙古师范大学学报(哲学社会科学版)》2012 年第 1 期。

张家口商业是以转运贸易为主，输出商品以茶叶、布匹、烟草、杂货为大宗，而以茶叶为最；从俄国输入商品以皮毛、呢绒为主，从蒙区输入者则以牲畜、土碱为主。①咸丰三年(1853)张家口税关监督的奏报称：该关关税"向以福建青茶及恰克图皮毛等货为大宗，至货之盈绌又以茶为定衡。原口外交易向系以货换货，而南茶一项恰克图实倚为生计，欲换皮毛等货非茶不能开兑。是以本口茶商每年皆于春季赴南省置办，及冬季办回到口纳税后即运赴口外换货，换回之时进口纳税，二者往来贩运，历年征银约至三万两"②。

转运贸易之外，金融业也是晋商在张家口经营的重要行业。据阿·马·波兹德涅耶夫的记载，金融字号主要在下堡。张家口的金融业除传统的当铺之外，还有账局和票号等新的金融机构。

账局是清代前期产生的以工商业者为主要服务对象的金融机构，目前所知最早的账局是乾隆元年(1736)山西汾阳商人王庭荣出资4万两在张家口开设的祥发永。账局的产生很可能与晋商经营的北疆贸易、中俄贸易密切相关，针对北疆贸易路途遥远，资金需求量大，且周转期长的特点，账局的借贷多以一年为期。③清末在册的52家账局中有49家为晋商经营，总号设在张家口的有11家④；其中开设较早的字号有祥发永、大升玉、大泉玉三家，从乾隆元年到宣统二年(1910)祥发永已是有170余年历史的老字号了。表4-24是这三家账局的基本状况，请参见。

票号是道光初年产生的专营汇兑的金融机构，其经营者也多为晋商，分为平遥、太谷、祁县三帮。道光三十年(1850)与张家口日升昌票号通汇的城市除山西的平遥、祁县、太谷、太原之外，还有的京师、苏州、河口、天津、汉口、成都等，共计13个；其中苏州、京师、河口、汉口四个城镇的汇兑金

---

① 许檀：《清代前期北方商城张家口的崛起》，《北方论丛》1998年第5期；许檀：《清代后期晋商在张家口的经营活动》，《山西大学学报(哲学社会科学版)》2007年第3期。

② 《张家口监督庆玉奏税务情形折》，转引自米镇波《清代西北边境地区中俄贸易：从道光朝到宣统朝》，天津社会科学院出版社2005年版，第75—76页。

③ 黄鉴晖：《论我国银行业的起源及其发展的阶段性》，《山西财经学院学报》1982年第4期；张国辉：《清代前期的钱庄和票号》，《中国经济史研究》1987年第4期。

④ 黄鉴晖等编：《山西票号史料》(增订本)，山西经济出版社2002年版，第10页。

额已超过总额的 50%，且河口镇只有收汇，没有交汇。①这几个城镇正是张家口运销恰克图和蒙古草原的茶叶、绸布、杂货等商货的主要来源和中转地，江西河口镇是武夷茶转运的最重要的码头。

表 4-24　清代中叶晋商在张家口开设的账局示例

账局名称	开业时间	资本额/两	股　东	总经理
祥发永	乾隆元年	40 000	汾阳王庭荣	汾阳宋文蕙
大升玉	嘉庆十九年	50 000	榆次常立训	榆次张祯禧
大泉玉	道光二十年	30 000	榆次常立训	汾阳王桂淮

资料来源：据黄鉴晖等编《山西票号史料》（增订本）第 10 页表改制

张家口票号的汇兑业务与茶叶采购密切相关。如道光三十年(1850)正月日升昌张家口分号的信件中所记汇往江西河口的款项至少有五笔：分别为 3000 两、8000 两、6000 两、3000 两和 2000 两，合计为 2.2 万两；交汇日期较早者为三月初一至十五日，最晚为四月初十至十五日；在河口收汇者为合盛永、德生世等商号。②三四月份正是春茶上市季节，合盛永、德生世等是赴河口采办茶叶的商号。咸丰年间太平天国运动导致长江航路阻塞，晋商多转向湖广采买茶叶，日升昌票号的汇款也转向汉口。咸丰十年(1860)十二月的信件中言及："大约明年口地与咱处办红茶之家定不能少，而南路之银，各家均无存项"，为筹备翌春办茶所需,该票号在十二月份已开始向汉口汇款："交会（汇）汉明正月初五日至二十日收永逢沅足宝银一万两"；"又交会汉明正月二十日至月底收合盛长足宝银二千两，二月底收足宝银二千两"；"所交会汉收之项，皆因汉号不存甚银两"。十一年正月继续向汉口汇款："定会汉三月初一至初五日交三和公足宝银六千两"；"定会汉三月初五至初十日交义亨和足宝银五千两"，"定会汉三月初十至十五日交合盛德足宝银三千两"，均为"汉、湘办买红茶"之款。③

---

① 黄鉴晖：《山西票号史》，山西经济出版社 1992 年版，第 118—119 页。
② 黄鉴晖等编：《山西票号史料》（增订本），第 31—32 页。
③ 黄鉴晖等编：《山西票号史料》（增订本），第 32—33 页。

(三)张家口税关及其税收变化

张家口税关是由明代的互市口岸转变而来。顺治元年(1644),"定张家口差满官收税"①。顺治二年,清政府曾派员对明代为互市所建的上堡市圈铺房进行过清查:"查得张家口堡旧有市圈房屋,商贾贸易其中,岁征课银向供抚赏;于是檄行道臣程绍孔备查,该堡原额官房一百九间半,除披塌外,现在房一百四间半。"②清代仍以"市圈"为商货存储、交易之所,据赖惠敏的考察,张家口的商铺通常是恰克图商铺的总号,商人把主要的货栈集中在张家口的买卖城。商人货物造册查验后,放入市圈售卖,由张家口课税。③

张家口大关在上堡买卖城(即市圈)南门外,该关主要征收货税和牲畜税。据乾隆《户部则例》张家口所征货税分为衣物、食物、用物、杂货四大类。衣物又分为皮衣、布帛衣、补服、包头、鞋袜等类,区分价值贵贱,各有细则。食物包括面粉、盐、茶、烟、酒、荤味、蔬菜、佐料、果品、糖蜜等类,以张家口输出最多的茶叶为例:兴茶每箱计八百包,税二钱;小青茶每篓六十斤,帽盒茶每连计五篓,各税六分;清茶每百斤税一钱。用物包括绸缎、布匹、棉绒线缕、皮张、毡货、铜铁器、竹木器、油漆器、皮革器等,按匹、按张、按块、按斤、按驮,各有不同;如布匹中,梭布每筒税银三分,大中小平机布每匹税银 9 厘至 2 分不等。杂货价值较高者按斤计税,价值较低者按驮计税,京杂货每驮税银三分。《牲畜则例》:骆驼每峰税五钱,骡马每匹税三钱,牛每只二钱一分,驴每头一钱,羊每只三分,猪大口六分,小口三分。④阿·马·波兹德涅耶夫也记载张家口税关刊有税则,开列出各种货物应付税款,以利商人自行计算税额。不过他开列的税额与《牲畜则例》所列不尽相同,可能是清代后期有所变化,也可能是该关为征税简便起见有所调整。

---

① 康熙《大清会典》卷 34《户部·关税》,见沈云龙主编《近代中国史料丛刊三编》第 72 辑,第 715 册,第 1629 页。

② 顺治二年六月二十八日冯圣兆揭帖,见台湾"中央研究院"历史语言研究所藏明清档案,档案号 A2,B1009。

③ 赖惠敏:《清政府对恰克图商人的管理(1755—1799)》,《内蒙古师范大学学报(哲学社会科学版)》2012 年第 1 期。

④ 乾隆《户部则例》卷 66《张家口商税则例》,第 582—584 页。

康熙《大清会典》记载，张家口税收原额 10 000 两，康熙二十四年(1685)增为 15 000 两，雍正元年(1723)定正额为 20 000 两。①随着中俄贸易的发展，该关税收不断增长，乾隆年间已达 4 万余两。

清代前期张家口税收数据不太完整，但仍可反映出其税收的增长变化。如乾隆二十五年分张家口征收税银 48 872 两，这是从二十四年十一月初七日起至二十五年十二月初二日，即一年零 25 天的税收额；乾隆二十六年分该关征收税银 42 856 两，系从二十五年十二月初三日起至二十六年十二月初七日，一年零 5 天的税额。②显然，此时的张家口税关尚未与其他税关一样实行以 12 个月为一年的关期。到嘉庆初年该关关期已比较规范，如嘉庆四年(1799)九月初二日至五年八月初一，连闰 12 个月共征收税银 60 616 两；嘉庆九年七月初二日至十年闰六月初一日，连闰 12 个月征收税银 60 620 两。③表 4-25 是乾隆中叶和嘉庆初年张家口实征税额示例，请参见。

表 4-25　乾隆中叶和嘉庆初年张家口税关实征税银示例

年　分	关　　期	实征税额/两
乾隆二十五年分	二十四年十一月初七日至二十五年十二月初二日	48 872.900
乾隆二十六年分	二十五年十二月初三日至二十六年十二月初七日	42 857.860
乾隆二十九年分	二十八年十二月初八日至二十九年十二月十一日	40 237.890
乾隆三十五年分	三十四年八月初二日至三十五年七月十二日	48 012.880
嘉庆元年分		60 570.126
嘉庆二年分		60 581.116
嘉庆三年分		60 605.266
嘉庆五年分	四年九月初二日至五年八月初一日(连闰)	60 616.100
嘉庆十年分	九年七月初二日至十年闰六月初一日	60 620.800

资料来源：廖声丰：《清代常关与区域经济研究》，第 404—405 页

---

① 雍正《大清会典》卷 52《关税·岁额》，见沈云龙主编《近代中国史料丛刊三编》第 77 辑，第 768 册，第 3050 页。
② 廖声丰：《清代常关与区域经济研究》附表 21《清代张家口关税银收入表》，第 404 页。
③ 倪玉平：《清朝嘉道关税研究》，第 183 页。

由表 4-25 可知，乾隆中叶张家口每年征收税银 4 万余两，除正额 2 万两之外，还有盈余银 2 万余两；嘉庆初年该关税银已增至 6 万余两，盈余银达 4 万余两。不过该关盈余原无定额，系由"监督自行奏闻"[①]；嘉庆四年(1799)钦定盈余银 40 561 两，正额、盈余合计为 60 561 两[②]。钦定盈余银数额与该关的实际盈余大体一致。

嘉道年间张家口每年税收均在六万零数百两之谱，相邻年分的税收差额只有数两，有的年分甚至只相差几钱，难免使人产生奏报不实的怀疑。不过笔者尚无相关证据，暂存以待考。表 4-26 所列是嘉庆十一至二十年分张家口税关实征税银示例，表 4-27 是嘉道年间张家口税关实征税额的十年平均统计，请参见。

表 4-26　嘉庆十一至二十年分张家口税关实征税银示例

年　　分	关　　期	实征税额/两
嘉庆十一年分	十年闰六月初二日至十一年六月初一日	60 621.118
嘉庆十二年分	十一年六月初二日至十二年六月初一日	60 622.510
嘉庆十三年分	十二年六月初二日至十三年闰五月初一日	60 630.520
嘉庆十四年分	十三年闰五月初二日至十四年五月初一日	60 636.000
嘉庆十五年分	十四年五月初二日至十五年五月初一日	60 642.210
嘉庆十六年分	十五年五月初二日至十六年四月初一日	60 643.140
嘉庆十七年分	十六年四月初二日至十七年四月初一日	60 644.040
嘉庆十八年分	十七年四月初二日至十八年四月初一日	60 644.470
嘉庆十九年分	十八年四月初二日至十九年三月初一日	60 644.230
嘉庆二十年分	十九年三月初二日至二十年三月初一日	60 648.910
平均每年征收税银		60 637.714

资料来源：据倪玉平《清朝嘉道关税研究》附录表 2 税收数据统计

---

① 乾隆《户部则例》卷 52《关税·关税盈余》，第 499 页。
② 嘉庆《大清会典事例》卷 190《户部·关税》，见沈云龙主编《近代中国史料丛刊三编》第 66 辑，第 656 册，第 8787 页。

表 4-27 嘉道年间张家口税关实征关税的十年平均统计

年　分	税收数据	平均每年税额/两
嘉庆十一至二十四年分平均	13	60 641
道光元年至十年分平均	10	60 678
道光十一至十九年分平均	9	60 701
道光二十一至三十年分平均	10	60 325

资料来源：据倪玉平《清朝嘉道关税研究》附录表 2 税收数据统计

鸦片战争后，俄国商人通过不平等条约陆续获取了诸多特权，并开始直接深入中国内地购买茶叶，晋商在张家口茶叶转运贸易中的垄断地位逐渐丧失。俄商在天津关缴纳子口税后，至张家口不需上税，导致张家口关税收入的大幅度缺失。据不完全统计，同治三年分俄国商人从张家口向恰克图转运的茶叶至少有 6190 余箱，连同其他货物，共免过税银 14 578 两。[1]张家口税关监督的奏报称，"俄商南茶北货自行互相贩运……俱张家口向年应税之货，现均于津关完纳子口税银……所有奴才亏短盈余银两，即系天津关所收子口税银"[2]。到光绪中叶，由俄商直接转运的茶叶已高达 20 余万箱[3]，张家口税收缺额每年达 2 万两上下，光绪二十六年分更超过 3 万两（表 4-28）。该关监督松宽的奏报称："张家口税务向以南茶并恰克图皮毛等货为出入大宗，次则进口牲口，均系内地商贾往来贩运，是以从前税课丰旺。及至俄国通商后，所有大宗茶货俱由俄国自行贩运，照章免税；内地商贾渐多歇业，因之每岁征额均属短绌。"[4]

---

[1] 米镇波：《清代西北边境地区中俄贸易：从道光朝到宣统朝》，第 69—75 页。
[2] 同治元年《张家口拨补税务案》，见孙学雷、刘家平主编《国家图书馆藏清代孤本外交档案》第 2 册，全国图书馆文献缩微复制中心 2003 年版，第 611—613 页。
[3] ［俄］阿·马·波兹德涅耶夫：《蒙古及蒙古人》第 1 卷，第 721 页。
[4] 中国第一历史档案馆编：《光绪朝朱批奏折》第 74 辑，中华书局 1995 年版，第 201 页。

表 4-28　光绪年间张家口关税缺额示例

年 分	关 期	实征税银/两	缺额/两	备 注
光绪十三年分	十二年一月初二日至十三年一月初一日	38 490	22 070	
光绪十六年分	十五年十二月初二日至十六年十一月初一日	40 349	20 211	连闰 12 个月
光绪十七年分	十六年十一月初二日至十七年十一月初一日	40 665	19 895	
光绪十八年分	十七年十一月初二日至十八年十月初一日	40 998	19 573	连闰 12 个月
光绪二十五年分	二十四年八月初二日至二十五年八月初一日	42 365	18 195	
光绪二十六年分	二十五年八月初二日至二十六年八月初一日	30 078	30 482	

资料来源：据中国第一历史档案馆编《光绪朝朱批奏折》第 72—74 辑张家口税关的奏报统计

二、多伦诺尔

多伦诺尔（蒙语，意为七个湖泊）位于直隶最北部，明代为开平卫所辖，清代雍正十年（1732）设多伦诺尔直隶厅，为口北三厅之一，今为内蒙古锡林郭勒盟的多伦县。清代康熙、雍正年间在此修建了汇宗寺和善因寺，故又有"喇嘛庙"之称。从康熙后期到清末的 200 多年间，多伦诺尔不仅在政治和宗教上具有重要地位，同时也是漠南蒙古的商业中心，是汉蒙贸易和中俄贸易的重要转运节点。

（一）因庙而兴，因商而盛

明代，多伦诺尔不过是广袤的漠南草原上的小型边镇，人烟稀少。康熙二十九年（1690）康熙皇帝亲征噶尔丹获胜，翌年亲自在此主持了漠北喀尔喀和漠南蒙古各旗的会盟，以这次会盟为标志，喀尔喀部成为清王朝的一部分。多伦诺尔之所以被选为这次重要会盟的地点，是因其位于"外藩四通之区"，北连漠北草原可通库伦和恰克图；东经昭乌达盟、哲里木盟可达东北各地；西经大同联结归化至西北各路；南经张家口、独石口可抵京、津。"多伦会盟"

之后，康熙帝敕令在此修建汇宗寺，请活佛章嘉呼图克图到寺主持，使多伦诺尔成为漠南蒙古的宗教中心；雍正年间又在汇宗寺西南兴建善因寺，并将喀尔喀宗教首领哲布尊丹巴呼图克图等移住多伦诺尔，进一步提高了其在蒙古地区的宗教地位。①

两庙兴建之后，蒙古各部王公和牧民前来朝拜者日增，以朝拜者为贸易对象的汉族商人也纷至沓来，在寺庙以南的额尔腾河对岸形成商业聚落，先后修建了兴化镇、新盛营两个买卖城。有记载称，"多伦诺尔皆铺民聚集，以贸易为事，逐末者多，务本者寡，好利尚斗，颇称难治"②。多伦诺尔地方事务原由张家口同知兼理，两地相距500余里，难免鞭长莫及。雍正十年哲布尊丹巴呼图克图移住多伦诺尔，加强地方治安管理更显重要，遂于同年置多伦诺尔直隶厅，设理事同知管理地方事务；同知署"在旧营东北二里，新营之西，乾隆元年建"。乾隆三年（1738）增设多伦诺尔巡检，作为同知的佐贰官员。③光绪初年因"北境俄患渐逼"，清政府将张家口副将改为多伦诺尔协副将，"统辖本标中、左、右三营"，驻扎多伦诺尔，属宣化镇总兵管辖，显示出其军事地位的上升。④

多伦诺尔城市的发展以汇宗、善因二寺的兴建为契机，因庙而兴，因商而盛。随着商业的发展，城市面积也不断扩大。该城由三个部分组成，汇宗、善因两座寺庙及其附属仓库等位于城市北部，兴化镇和新盛营位于城市南部，中有额尔腾河穿过，将宗教空间与世俗社会分隔开，形成"南城北寺"的空间格局。⑤

兴化镇建于康熙四十九年（1710），《口北三厅志》记载："兴化镇，康熙四十九年建……在喇嘛庙南，周围计一十二里，编十三甲"；该镇南北长四里，东西广二里，计有新盛、福盛、兴隆、富善、义合、永安等13条街道。乾隆

---

① 乌云格日勒：《清代边城多伦诺尔的地位及其兴衰》，《中国边疆史地研究》2000年第2期。
② 乾隆《口北三厅志》卷5《风俗物产志》。
③ 乾隆《口北三厅志》卷4《官署志》《职官志》。
④ 乌云格日勒：《清代边城多伦诺尔的地位及其兴衰》，《中国边疆史地研究》2000年第2期。
⑤ 徐得磊：《浅析清代多伦诺尔聚落形态特征》，见中国民族建筑研究会主编《中国民族建筑研究会第二十届学术年会论文特辑》，2017年版，第233页。

六年哲布尊丹巴胡图克图迁回喀尔喀,为安置"所遗库伦相随贸易商民",在兴化镇东北里许兴建新营,即新盛营,俗称新买卖营。新营"南北长一里,东西广半里","周围计三里,分编五甲",有柔远、阜财、裕木、通利、宁人5条街道。①此后随着商业的发展,新、旧两营渐连为一体,形成一个东西宽3里,南北长9里商业区,通称买卖城。乾隆年间多伦诺尔编户18甲,人口数字则未见记载,不过该城"商贾荟萃","皆铺民聚集","逐末者多,务本者寡",以商业人口为主是可以肯定的。据民国初年的调查,多伦诺尔商业以"前清嘉庆道光间买卖最盛,约有三千家之多";②清末多伦诺尔"户千五百六十七,口约二万";"居住者汉人而已,蒙人绝无住市场者"。③

阿·马·波兹德涅耶夫对多伦诺尔的商业街市有较详细的描述,据他的记载,光绪中叶该城至少有各类店铺五六百家,主要分布在兴隆街、东盛街以及福盛、长盛、马市、牛市等几条街上。其中,兴隆街"是多伦诺尔最富有的店铺和货栈所在地,这些店铺和货栈……主要是做批发生意"的;这些货栈可供驮运商队住宿,并有行业之分,有专营茶叶的货栈、粮食货栈以及经营布匹和杂货的货栈等;此外在兴隆街上还集中了许多银号和钱庄。东盛街是多伦诺尔的旧货市场,贯通南北的长街汇聚有售卖估衣和旧货的小商铺300余家;福盛街有店铺60余家,主要为制作皮革、毛毡、马具、木器的手工作坊;长盛街则以铜器作坊店铺为主;钟楼后街也有不少制作佛像的铜匠铺,如裕和永、兴隆瑞、巴彦台、翁楚克诺姆图等,以及"在蒙古最有名气的阿尤希铜匠铺";牛市、马市街以北的空场为骡马交易市场,牛市街有商号30余家,马市街有50余家,以客店为主。多伦诺尔的军政衙门多位于商业区最北端的头城街。④

在多伦诺尔经商者主要为山西和直隶商人,尤以晋商为多。直隶商人于康熙末年集资在兴隆街修建了三官庙,作为同乡商人集合议事之所,"规模伟

---

① 乾隆《口北三厅志》卷5《村窑户口志》。
② 刘钟棻:《多伦诺尔厅调查记》,《东方杂志》1914年第11号。
③ [日]剑虹生:《多伦诺尔记》,《东方杂志》1908年第10期。
④ [俄]阿·马·波兹德涅耶夫:《蒙古及蒙古人》第2卷,张梦玲、郑德林、卢龙等译,内蒙古人民出版社1983年版,第334—341页。

丽"①，可惜未能保留下来。山西商人则于乾隆十年(1745)创建山西会馆，并于道光年间重修，据说重修会馆碑镌有捐款商号1000多家。该会馆建筑至今保存，位于多伦城南，为三进院落，总面积5200平方米。会馆主要建筑有山门、戏楼、钟鼓楼、正殿、配殿、东西长廊和厢房等。山门俗称"过马殿"，两只石狮雄踞左右；进入山门，迎面为戏楼，坐南朝北，高3丈，戏台前口的两根圆柱彩绘雕刻精美奇丽。戏台以北为二门(过殿)，两侧为钟、鼓二楼，穿过二门，两侧为东西长廊，北为正殿，面阔五间，居中供奉关公圣像，关平、周仓侍立两侧。②该会馆保留有乾隆十年创建和道光二年(1822)重修碑铭，可惜字迹漫漶，很难识读了。

(二)多伦诺尔税关及经由该关流通的主要商品

前已述及，多伦诺尔为"外藩四通之区"，其商业以与漠南、漠北蒙古各部落之间的转运贸易为主。雍正年间的记载言："多伦诺尔众蒙古云集往来，顺便贸易买卖，因而汉商客民向往各旗扎萨克、哈尔哈地方贸易者更盛于前。"③乾隆十四年清政府规定：内地商民前往蒙古地区贸易者，"令多伦诺尔、独石口、张家口等处同知验明人数，给以印票，并将年貌、姓名、车数详载于册，以便回日核对"④，更提升了多伦诺尔在蒙区贸易中的地位。

乾隆十五年多伦诺尔设关榷税，初为户部关，乾隆三十一年将工部潘桃口关归并多伦诺尔同知管理，故该城实际设有户部、工部两个税关。

户部关征收牲畜税和货物落地税。乾隆十五年开征驼、马、牛、羊"四项牲畜"税，二十六年开征皮张等货物落地税。《大清会典》记载："多伦诺尔……自库伦、恰克图换回货物及自盛京前来贸易者，均由蒙古地方行走。

---

① 乌云格日勒：《清代边城多伦诺尔的地位及其兴衰》，《中国边疆史地研究》2000年第2期。
② 高志昌、延光先：《多伦的山西会馆》，见阳泉市政协文史资料委员会编《晋商史料与研究》，山西人民出版社1996年版，第482—483页。
③ 中国第一历史档案馆编：《雍正朝汉文朱批奏折汇编》第27册，直隶总督李卫雍正十二年十二月十五日奏折，第443页。
④ 嘉庆《大清会典事例》卷506《兵部·边禁》，见沈云龙主编《近代中国史料丛刊三编》第68辑，第674册，第3610—3611页。

此内四项牲畜业经于乾隆十五年设税起征，而皮张等物未有征税之例。除贩往别售者仍听各卖处照例纳税外,其在多伦诺尔售卖者应一例征收落地税"[①];并于同年议准："多伦诺尔商贾日众，其由张家口来者已经纳税，定议不复重征；其由古北口来者原未纳税，恐商贩故避纳税，绕行古北口。请将出古北口及自库伦、恰克图、盛京运至多伦诺尔货物，一体均纳落地税。"[②]乾隆二十八年(1763)定该关每年税额 16 858.8 两，嘉庆时增为 21 536 两有奇。[③]

工部潘桃口税关设于顺治年间，监督驻直隶永平府。乾隆三十年裁撤该关监督，翌年将潘桃口木税改由多伦诺尔同知管理，定税额 6445 两。其后加增 241 两零，合计为 6686 两有奇。户、工二关合计，税收定额为 28 200 余两(表 4-29)。该关的实征税额未见记载，不过嘉道年间正是北疆贸易大规模发展时期，故该关所征商税应不会缺额。

表 4-29 多伦诺尔户、工二关关税定额

年　代	户关/两	工关/两	合计/两
乾隆二十八年	16 858.8	—	16 858.8
乾隆三十一年	16 858.8	6 445	23 303.8
嘉庆四年	21 536.0	6 686	28 222.0

资料来源：据许檀、何勇《清代多伦诺尔的商业》(《天津师范大学学报》2007 年第 6 期)表 1 改制

经由多伦诺尔输出的商品以茶叶、棉布和杂货为大宗，输入则以牲畜、木材等为主。

茶叶是多伦诺尔输往蒙古各部和俄国的大宗商品。其中，输出量最大的是砖茶，"多伦诺尔的茶栈共有三家，运进的茶叶中数量最多的是砖茶，达两万五千箱到三万箱之多，这些茶全部批发给当地的小茶商，它们主要销往喀尔喀，也就是库伦，特别是车臣汗部，多伦诺尔的商人主要是在那里做生意"。

---

① 乾隆《大清会典则例》卷 140《理藩院》，《景印文渊阁四库全书》第 624 册，第 431—432 页。

② 《清高宗实录》卷 630，"乾隆二十六年二月辛巳"条，第 30 页。

③ 嘉庆《大清会典事例》卷 187《户部·关税》，见沈云龙主编《近代中国史料丛刊三编》第 66 辑，第 656 册，第 8629 页。

其次是"汉博"茶,主要销往漠南蒙古的喀喇沁、土默特、敖汉、翁牛特、阿巴哈纳尔和苏尼特等部,乌珠穆沁、阿巴嘎、克什克腾及察哈尔地区的蒙古人多自己前来购买。①多伦诺尔的茶叶大多是由张家口转运的,有记载称:"多伦诺尔货物……茶、布等项俱自张家口贩往"②;"所有最强壮的公牛都要被赶到张家口去装茶叶运到库伦,再运到恰克图去"③。

棉布和杂货也是销往蒙区的大宗商品。道光年间的记载言:"鞑靼人不停地把大批牛、骆驼和马群赶到那里,他们返回时又带走了茶叶、布帛和砖茶"④;光绪中叶的记载称,"经营布匹的大货栈大约有 12 家……大部分布匹和杂货当然都是来自中国内地,做这行生意的商人主要都是山西人",除布匹外,他们贩运的还有丝织品、铁器、铜器、刀子、火镰、旱烟袋等蒙古人所需货品。杂货系按驮征税,高档货每驮税银 3 两,低档货为 1 两 2 钱。⑤

牲畜是多伦诺尔从蒙区输入的最大宗的商品。光绪《蒙古志》记言:"茶市以张家口为枢纽……牲畜市以多伦诺尔为枢纽,岁自蒙古进口以千万计,有牛、马、羊、猪、骆驼等,而马、羊、驼尤夥";每年八九月间为交易旺季,上市者"日逾千头,市场极盛"。⑥即便在较差的年份,多伦诺尔的牲畜交易量仍有羊 35 万—40 万只,马 7 万匹、牛 4 万头、骆驼 2500 峰。这些牲畜主要来自车臣汗部,其次是乌珠穆沁、阿巴嘎和苏尼特等旗。⑦

木材是多伦诺尔输入的另一大宗商品。该城东北部的克什克腾、乌兰布通等山场有大片原始森林,康熙后期准许开采。从山场采伐的木材,"黄松、红松等大料"运至多伦诺尔以南 30 里的大河口下水,顺滦河而下直抵海口,然后转运津、京;"不敷尺寸之小料即运贮多伦诺尔地方自行售卖",主要销往张家口、独石口等地。⑧光绪十九年(1893)多伦诺尔征收木税银 14 260

---

① [俄]阿·马·波兹德涅耶夫:《蒙古及蒙古人》第 2 卷,第 340—341 页。
② 乾隆《大清会典则例》卷 140《理藩院·征收》,《景印文渊阁四库全书》第 624 册。
③ [俄]阿·马·波兹德涅耶夫:《蒙古及蒙古人》第 2 卷,第 326 页。
④ [法]古伯察:《鞑靼西藏旅行记》,耿昇译,中国藏学出版社 1991 年版,第 50 页。
⑤ [俄]阿·马·波兹德涅耶夫:《蒙古及蒙古人》第 2 卷,第 338—339、342 页。
⑥ 光绪《蒙古志》卷 3《贸易》《物产》,《中国边疆丛书》第 2 辑,第 18 册,文海出版社,第 500—501 页。
⑦ [俄]阿·马·波兹德涅耶夫:《蒙古及蒙古人》第 2 卷,第 342—343 页。
⑧ 台北故宫博物院编:《宫中档乾隆朝奏折》第 26 辑,第 185 页。

余两①，超过定额一倍以上。

以上考察可知，多伦诺尔转运的商货多来自张家口，据说该城商号中"最多只有40家是能够，并且实际上也确实是自己到中国内地去拉货的，而所有其他商铺实际上都只不过是转销从当地货栈中批发来的货物"②。多伦诺尔的腹地范围大体包括直隶的口北地区、漠南的锡林郭勒以及喀尔喀蒙古库伦以东地区，同时它也是张家口—库伦商道上一个重要的转运码头。

---

① 光绪《蒙古志》卷3《贸易》，《中国边疆丛书》第2辑。
② [俄]阿·马·波兹德涅耶夫：《蒙古及蒙古人》第2卷，第341页。

第 五 章
各级行政中心的转化：未设税关的城市

在第四章中，我们对设有税关的 6 个行政中心城市进行了较详细的考察，不过此类城市毕竟是少数，未设税关的城市数量更多，其中也有相当一部分经济功能大幅度增长，从而转化为商业城市。本章也将其按照地理位置，划分为运河沿线商业城市、沿海商业城市和内陆商业城市三类分别考察；最后专设一节对几个以药材贸易为主的"药都"进行考察。

第一节 运河沿线商业城市

运河沿线商业城镇的发展与漕运有密切的关系。永乐迁都北京，为保证数百万石漕粮的运输，重浚会通河，使运河山东段与京杭大运河全线贯通。运河自江淮北上，由峄县台儿庄入山东，循山东西境穿鲁西平原而过，于临清与从河南而来的卫河汇流北上，由德州入直隶境，北达津、京。运河在山东境内流经兖州、东昌二府以及济南府西北的德州等州县，全长 800 余里。运河的浚通使鲁西平原成为南北往来的交通要道，漕船之外，"民船贾舶多不可籍数"[①]，原由涡河、颍河往来的客商行旅也纷纷改道由运河"自淮安清河经济宁、临清赴北京"[②]。

---
① （明）李东阳：《重修吕梁洪记》，见陈子龙等选辑《明经世文编》卷 54，第 427 页。
② 《明宣宗实录》卷 107，"宣德八年十一月戊辰"条，第 2399 页。

漕运往来对运河沿线商业城镇的发展起了重要的促进作用。明初，政府在运河沿岸设置淮安、徐州、临清、德州、通州等五大水次交兑漕粮，山东居其二。漕船每船配有运军水手 10—12 人，万余艘漕船每年往返于运河沿线的官军即达 20 余万人，这支庞大的流动人口队伍的消费给运河沿岸城镇提供了很大商机。特别是明中叶开始，政府允许漕运官兵随船搭载一定数量的"土宜"沿途贩卖，"免其抽税"，以补充漕运官兵生计和运粮脚价的不足。这一免税"土宜"的数量是不断增加的，弘治年间规定每船限带 10 石，嘉靖年间放宽至每船 40 石，万历年间再增至 60 石；清代雍正年间加增至每船 100 石，嘉庆时再增至 150 石，"土宜"范围也不断扩大；乾隆年间又准许回空漕船每船可免税携带"土宜" 60 石，嘉庆年间增至 84 石。①这样，一条装载漕粮 400 石的漕船，往返携带的免税"土宜"数量最多能达到 234 石，已超过其漕粮装运量一半，从而大大促进了运河沿岸商品流通的发展。随着漕船往来贸易，运河沿线陆续形成一批重要的商业城镇，除前述设有税关的临清之外，济宁、聊城、德州、张秋也相继发展起来，其中聊城为东昌府治，济宁为直隶州，德州为散州；而张秋的行政建制不过是一个镇，我们在第六章再做考察。

一、济宁

济宁位于山东西南部，滨运河，明代为兖州府所辖的一个散州，清代乾隆四十一年（1776）与临清同时升为直隶州。明初济宁也曾设关榷税，稍后裁撤，不过其所征商税在山东各州县地方商税中一直高居榜首。在山东各城镇中，其商业地位仅次于临清。

济宁州城"本任城县治，金济州，元济宁路，皆治此"；原为土城，洪武四年（1371）济宁左卫指挥使狄崇重修，甃以砖石，周 9 里 30 步，"四面各二里九十七步有奇"，为正方形；护城河"周十三里二百三十五步，阔四丈五尺，深一丈五尺"。城门有四，东西、南北相对；州治在西门内，济宁卫署在东门内。城门上各建月楼，城墙四角各有角楼。清代州城虽多次重修，大体仍保

---

① 万历《大明会典》卷 27《漕禁》，《续修四库全书》第 789 册，第 491 页；《钦定大清会典事例》卷 207《漕运》，《续修四库全书》第 801 册，第 396—398 页。

持原来的格局。①图 5-1 为济宁州城池示意图，请参见。

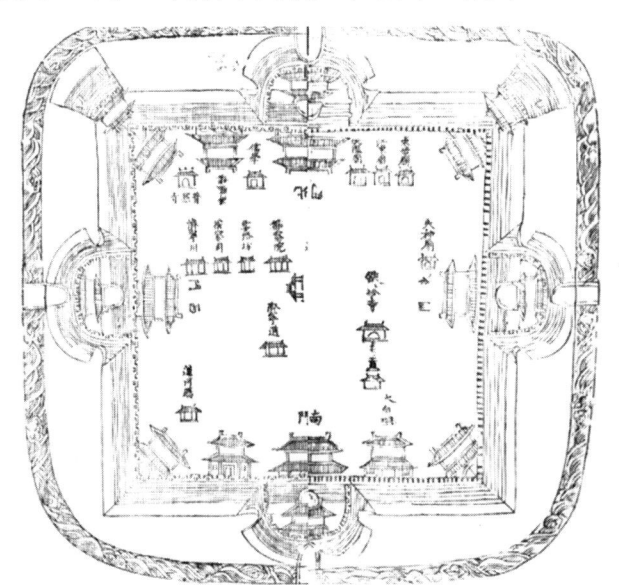

图 5-1　明清济宁城池图

资料来源：康熙《济宁州志》卷首《济宁城图》

济宁城内衙署众多，除州治、卫署之外，多与浚河、督漕密切相关，河道总督也驻节济宁。《济宁直隶州志》记言："州为都水监之所驻，故公署特多。"总督河院署在州治以东，永乐九年（1411）工部尚书宋礼建；运河道署在院署迤西，运河同知署在州治西南，隆庆三年（1569）建；巡漕使署在南池，泉河通判署在运河署后，乾隆三十八年（1773）增建；此外，还有治水行台、工部分司等。②

永乐中运河通航之后，济宁以其"南控徐、沛，北接汶、泗"的地理位置，很快成为南北商货转运的重要码头。永乐二十一年山东巡按陈济奏言："淮安、济宁、东昌、临清、德州、直沽，商贩所聚，今都北平，百货倍往时，其商税宜遣人监榷一年，以为定额"③；宣德四年（1429）明政府在临清、济宁

---

① 雍正《山东通志》卷 4《城池志》；道光《济宁直隶州志》卷 4《建置志·城池》。
② 道光《济宁直隶州志》卷 4《建置志·公署》。
③ 《明史》卷 81《食货五》，中华书局 1974 年版，第 1976 页。

等处设立钞关，征收船料，定制："自南京至淮安，淮安至徐州、徐州至济宁，济宁至临清，临清至通州，俱每一百料纳钞一百贯；其北京直抵南京，南京直抵北京者，每一百料纳钞五百贯。委廉干御史及户部官于缘河人烟辏集处监收。"①不过，因运河沿线设关太密，"六处征收，不无重复"，于正统年间将济宁、徐州二关革去②，济宁商税降为地方税。万历年间济宁州征收商税724两，为府城滋阳的5倍多，更远超过兖州附属各州县（兖州府属各州县征收商税前文表3-5已经开列，请参见）。

清代康熙年间济宁州商税增至1300余两，其中课程银1218两，占总额的94%。据知州吴柽所言，所谓课程银"定例原止征外来客货，谓之落地税，而本境土产之物皆不得征"；"至于小车脚驴驮载负贩者，虽亦外来，而货物无多，资本有限……一概严为禁止，不许滥征"③，即课程银是对外来大宗商品所征的落地税，显然外来商品的转销是济宁商业的重要内容。乾隆初年济宁所征商税增至7900余两，为康熙时的6倍。其时济宁城内有大小布店25家，共征收税银3120余两；绸缎店21家，税银1390余两；杂货铺35家，税银970余两；竹木铺14家，税银100有奇。④乾隆以降，运河因水源不足经常淤塞，原来由运河北上临清的商货有相当部分在济宁卸载，转陆路北销，档案记载："临清关系水路要津，并非陆路大道，绸缎等货在台庄、济宁、东昌等处起卸，直由南、北、中三大路北上，既免关津之课钞，又无漕船闸座之阻滞"⑤，特别是"所有各色细货自江苏、闽广而来者，舟至济宁、东昌等处即便起卸，车驮北去，不肯经由临关"⑥。

济宁商业以转运贸易为主。档案记载："淮安关税向藉北路河南、山东暨江南凤阳、徐州等处出产豆麦、棉、铁、枣梨、油、麻等货贩运往南，南

---

① 《明宣宗实录》卷55，"宣德四年六月壬寅"条，第1325页。
② 万历《大明会典》卷35《课程四·钞关》，《续修四库全书》第789册，第610页。
③ 乾隆《济宁直隶州志》卷6《赋役》。
④ 中国社会科学院经济研究所藏《钞档》：乾隆十三年六月二十五日内阁下刑、吏两部。
⑤ 中国社会科学院经济研究所藏《钞档》：乾隆十一年九月初二日吏部尚书兼管户部尚书刘於义题本。
⑥ 中国第一历史档案馆编：《雍正朝汉文朱批奏折汇编》第13册，雍正六年十月二十八日署山东巡抚岳浚奏折，江苏古籍出版社1990年版，第779—780页。

路江苏、浙闽等处所产绸缎、布、纸、糖、茶、竹木等货运行往北，以供税课"[①]；"临清关"全赖江广纸张、茶叶、磁（瓷）器、江浙绸缎等货贩运北上，或直隶、山东杂豆赴南售卖，商始流通"[②]。济宁位于淮安以北，临清以南，凡经由临清的南货和经由淮安的北货大多经过济宁。济宁由南方输入的商品主要为绸缎、棉布、竹木、杂货等，绸缎布匹来自江浙，竹木来自湖广，杂货如江西的纸张、瓷器，福建的糖、茶等，主要分销兖州、曹州二府，也会有一部分进入河南。

经由济宁输出的本地所产则有粮食、棉花、烟草、干鲜果品等，鲁西南地区是山东最主要的余粮区，临清每年由汶河北上的数百万石粮食中有相当部分产自兖州、曹州二府。干鲜果品、烟草等主要销往江南，山东枣梨等果品是南船回带的主要商品之一，据估计乾隆二十年分经由淮安关南下枣梨有7000余万斤，这一数字还不包括漕船回空每船可免税携带的枣梨在内。[③]济宁所在的兖州府是山东重要的烟草产区，康熙年间滋阳已是"遍地栽种"[④]；乾隆年间济宁开始"废农偏种烟"[⑤]，道光时更是"环城四五里皆种烟草，制卖者贩郡邑皆遍"[⑥]，当有大量烟草输出。

商品流通对运输服务的需求最大，故济宁的运输业较为发达，设有车行、船行、脚行等。济宁的数任知州对于整顿运输服务业以利商业发展也都给予了相当的关注，如崇祯年间知州为禁牙行、脚行之弊曾立有"剔蠹疏商"等碑，规定"葛布客仍照夏布例就行用印，依照藩例每匹三厘"；脚行搬运货物"南自通济桥起，北至文圣坊，每百斤重酌定额价八厘，不许分外多索"。[⑦]雍

[①] 中国第一历史档案馆档案《朱批奏折》：淮安关监督普福乾隆十五年四月二十八日奏折，档案号：04-01-35-0325-023。
[②] 中国社会科学院经济研究所藏《钞档》：道光四年二月二十七日山东巡抚琦善奏折。
[③] 许檀：《明清时期运河的商品流通》，《历史档案》1992年第1期。
[④] 康熙《滋阳县志》卷2《物产》。
[⑤] 乾隆《济宁直隶州志》卷2《物产》。
[⑥] （清）王培荀：《乡园忆旧录》卷8《山左物产》，蒲泽校点，齐鲁书社1993年版，第455页。
[⑦] （清）徐宗幹辑：《济州金石志》卷4，见新文丰出版公司编辑部《石刻史料新编》第2辑，第13册，新文丰出版股份有限公司1979年版，第9578页。

正间为革除车行之弊，严禁"车骡多索牙用"，也曾立碑刻石。①道光年间知州徐宗幹为查禁船行勒索特颁布"船行示"，对商民雇船、船行抽用、船户揽载等项均有明文规定，并将其公布于众。摘录如下：

一、官民雇船毋许虚站船，如雇妥言明水脚若干，该行填注船票给客收执，起程时先付三分之一，下余按站交付，中途不许全数索取。

一、船行抽用，无论船只多少，每银一两照例取银三分，每钱一千取钱三十文，不得违例多索。

一、船户揽载客货，全凭船行照料，将到次船只先行登记，尽先装运，其余以次揽载。船只任客拣择，雇船之时该行领看先到之船不妥，另看次到者，毋许高下其手，致船户有守候之虞。

一、商民到地雇觅船只，其有愿在行内食饭者，起身时将所用米面菜蔬照时值市价给予，该行毋许额外多索。

一、商船过境，任其往来，不许假藉差使，擅写纸条封帖商船，留难勒索；如遇差用，该行请领印封，需船几只，照数赴房将封条填注船户姓名，登记号簿备查；倘敢假冒多领，该房查明禀究。

一、恐有不法棍徒假冒行人撞骗，饬该行人等各带腰牌，客商船户认明带有腰牌行人交易，不致有冒充混讹之弊。

以上立定章程，行户人等倘敢不遵条规，复萌故智，许受害商民指名禀案拘究，追价给还原主，照例治罪。此谕。②

南关之外的义井巷是济宁商业最繁荣之处，明代州人杨定国《义井巷创修石路记》记言："济上当南北要冲，而义井巷又当济上要冲，其居民鳞集而托处者不下数万家，其商贾之踵接而辐辏者亦不下数万家。"③其言或有夸大，但也反映了南关商业的繁荣。明代济宁已有布市、棉花市、杂粮市、牛驴市、

---

① （清）徐宗幹辑：《济州金石志》卷5，见新文丰出版公司编辑部《石刻史料新编》第2辑，第13册，第9594页。
② 道光《济宁直隶州志》卷3《食货四》。
③ 道光《济宁直隶州志》卷4《建置志》。

篦子市等专业市，也都位于南关、东关。清代济宁城市规模的扩展也以南关、东关发展最大。据道光《济宁直隶州志》记载，明代济宁城内街巷有 45 条，关厢街巷 43 条，清代中叶城内街巷增至 107 条，增加了 1.38 倍；关厢街巷增至 183 条，增加了 3.2 倍；其中商业最繁荣的南关外，原有街巷 24 条，新增 66 条，共计 90 条；东关原只有街巷 8 条，清代新增 49 条，达到 57 条，分别增长了 2.75 倍和 6.13 倍。表 5-1 是明清两代济宁城、厢各区街巷对照表，请参见。

表 5-1 明清两代济宁城、厢各区街巷对照表

分 区	明代街巷/条	清代街巷/条	指数（以明代为 100）
东南隅	11	27	240
东北隅	10	28	280
西南隅	12	28	233
西北隅	12	24	200
南关外	24	90	375
东关外	8	57	713
西关外	6	25	417
北关外	5	11	220
合 计	88	290	330

资料来源：道光《济宁直隶州志》卷 4《建置志·街衢》

　　济宁城内居民以官僚缙绅为多，而城关之外则是商人、手工业者的聚集之地，这从街巷名称即有所反映。城内街巷如杨翰林街、冯家院街、圣公宅胡同、邵家花园街、游府后街等；南关街巷除前已述及的义井巷之外，可明显看出与工商业相关者，如布市口街、棉花市街、纸房街、竹竿巷、瓷器胡同、糖坊巷街、炉坊街、打铜巷、打绳巷、油篓巷、裱褙巷、烧酒胡同、徽子胡同、香铺胡同、驴市口街、鸡市口街等；东关街巷中与商业相关者，如篦子市街、骡马市街、菜市街、姜店街、小纸店街、花街、果子巷、枣店阁街、粉房街、皮坊街、炭沟街等。[①]

---

① 道光《济宁直隶州志》卷 4《建置志·街衢》。

万历年间济宁城市人口已超过一万。《济宁州志》记载：洪武二十四年（1391）济宁州共有 3376 户，34 166 口，但城居人口不详；万历三十七年（1609）济宁州人口增至 85 248 口，其中城居人口 13 524 口，约占总人口的 16%。清代乾隆中叶济宁阖州人口增至 67 197 户，377 293 口，与万历时相比总人口翻了两番；城居人口增长更快，其时济宁城内居民 4900 余户，城关近 16 000 户，合计 20 900 户，占全州总户数的 31%[1]，如以每户 5 人计算，济宁城市人口已超过 10 万，是一个相当规模的商业城市了。其中，济宁的主要商业区南关和东关的户数均已超过城内，二关合计为 12 924 户，占城厢总户数的 61.8%。而外来商贾游宦、漕运官兵等流动人口更是"车者、舟者、负者、担者日不下千万计"[2]，每年至少有四五十万人次之多[3]。表 5-2 是清代中叶济宁城、厢各区户数统计，请参见。

表 5-2　清代中叶济宁城、厢各区户数统计

分　区	户数/户	占比/%
城内四隅	4 917	7.5
南关外	7 706	11.7
东关外	5 218	7.9
西关外	2 161	3.3
北关外	899	1.4
城、厢合计	20 901	31.8

资料来源：乾隆《济宁直隶州志》卷 2《里社》

清代济宁城市手工业也有一定的发展，规模较大的有酱园业、烟草加工、皮毛加工等业。

玉堂酱园是济宁规模最大的手工工场，相传为乾隆年间苏州商人戴某创办，原名"姑苏戴玉堂"。最初只有三间门面，嘉庆年间济宁大官僚孙家与商

---

[1]　康熙《济宁州志》卷 3《户口》；乾隆《济宁直隶州志》卷 2《里社》。
[2]　（清）徐宗幹辑：《济州金石志》卷 5，见新文丰出版公司编辑部《石刻史料新编》第 2 辑，第 13 册，第 9593 页。
[3]　每年经由运河往返的漕运官兵即达 20 万人次，往来客商从其贩运的商品推算，至少不在此数之下。

人冷氏合资购入，扩大经营规模，至道光年间已发展为作坊300余间、雇工三四百人。除制作酱菜外，玉堂酱园还有酒作、醋作、油坊，可生产酱菜五六十种，酒类40余种，除行销山东本省外，还销往京师、直隶、河南、江浙、安徽数省，有"味压江南""京师驰名"之美誉。[1]济宁是山东烟草的主要产地和加工中心。道光年间的记载称，济宁环城数里皆种烟草，城内从事烟草业者有6家，"每年买卖至白金二百万两，其工人四千余名"[2]。皮毛加工业主要由回民经营，相传起于元代。清代中叶已形成一条专门的"皮坊街"，清末济宁较大的皮毛作坊有20余家，据说"各有银币二十万两以上，雇工百名"；其中以刘公盛、陈恒昌、朱元和三大作坊资本最为雄厚。[3]此外，济宁的铜器制作和竹编业也有一定的规模。

二、东昌府治聊城

聊城位于山东西北部，在临清以南约120里，明清两代均为东昌府治。该地唐宋为博州，府城即宋代之博州城，原为土城，洪武五年（1372）守御指挥陈镛甃以砖石，城周七里，高三丈五尺，城门有四；"附城为郭，郭外各为水门，钓桥横跨水上"；"护城河深二丈，阔倍之；外环以护城堤，延亘二十里"。万历年间增修敌楼、垛口、窝铺，清代雍正时重修护城堤，乾隆间重修城垣。[4]

聊城东西、南北四门相对，城内主要街道为十字交叉，光岳楼（即鼓楼）坐落于十字街中央，为四层重檐楼阁，高33米，系洪武七年为"严更漏而窥敌望远"而建[5]，是城内最雄伟的建筑。东昌府署在城内西北隅，聊城县署在府治东南，均为洪武初年所建。[6]图5-2是东昌府城和城中的光岳楼位置图，

---

[1] 海汕：《玉堂春秋》，《济宁市史料》1983年第1—2期。
[2] （清）包世臣撰：《中衢一勺》卷6《闸河日记》，《包世臣全集》，李星点校，黄山书社1993年版，第150页。
[3] 傅崇兰：《中国运河城市发展史》，第316页。
[4] 嘉靖《山东通志》卷12《城池》；嘉庆《东昌府志》卷5《建置·城池》。
[5] 陈从周、路秉杰：《聊城光岳楼》，见陈昆麟、竞放编著《文博论集》第1辑，山东省出版总社聊城分社1990年版，第451页。
[6] 嘉庆《东昌府志》卷5《建置·官署》。

请参见。

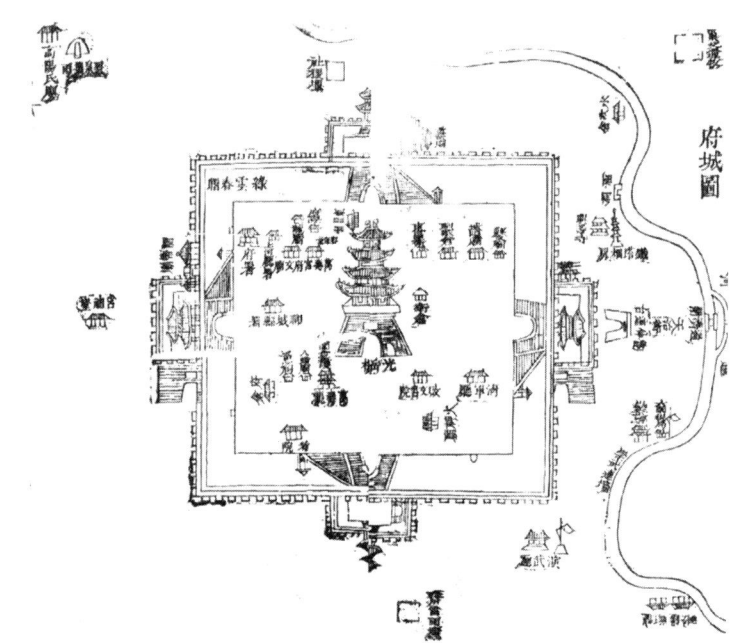

图 5-2　东昌府城和光岳楼位置图
资料来源：嘉庆《东昌府志》卷1《图考·府城图》

京杭大运河从聊城东关外流经，故东关之外成为该城最主要的商业区。或许是离临清太近的缘故，明代聊城商业并不繁荣，万历年间所征商税只有200两。①明末清初的战乱使运河沿线经济一度萧条，康熙年间逐渐恢复。较早前来贸易者当属晋商，以"太（原）、汾（州）二府尤夥，康熙间来者踵相接"，以致"侨寓旅舍几不能容"，遂集资于东关之米市街兴建太汾公所。②其后，各地商帮纷纷来此，陆续兴建了山陕会馆、江西会馆、苏州会馆、武林会馆等八大会馆。③到清代中叶，聊城已成为运河沿线一个重要商城，并分割了临清的部分商品转运功能。

---

①　万历《东昌府志》卷11《田赋志》。
②　同治十三年《旧米市街太汾公所碑记》，见许檀编《清代河南、山东等省商人会馆碑刻资料选辑》，第353页。
③　竞放主编：《聊城山陕会馆》，聊城地区新闻出版局1995年版，第3页。

聊城未设税关，方志对商税的记载也极为有限。所幸聊城山陕会馆及其碑铭较完好地保留下来①，我们可借以对山陕商人在聊城的经营活动进行考察。

山陕会馆坐落于聊城东关外，坐西朝东，背城面河，为山西、陕西二省商人集资兴建。该会馆占地 3300 余平方米，主要建筑有山门、戏楼、钟鼓楼、大殿和南北配殿、春秋阁、南北看楼、碑廊及跨院等②，特别是南北两个碑廊的修建对于会馆碑铭免遭风雨侵蚀，得以清晰保存无疑起到了重要作用。图 5-3 是聊城山陕会馆山门与钟、鼓二楼，图 5-4 是聊城山陕会馆的大殿和南、北二殿，图 5-5 是聊城山陕会馆的碑廊，请参见。③

图 5-3　聊城山陕会馆山门与钟、鼓二楼

---

① 这批碑铭主要包括乾隆八年买地碑、乾隆十一年《山陕会馆碑记》、乾隆三十一年《山陕会馆重修戏台建立看楼碑记》、乾隆三十七年《重修山陕会馆碑记》、乾隆四十二年众号捐款碑、嘉庆十四年《春秋阁碑文》、嘉庆十四年《山陕会馆众商重修关圣帝君大殿、财神大王北殿、文昌火神南殿暨戏台、看楼、山门并新建飨亭、钟鼓楼序》、嘉庆十四年《会馆大工告竣碑记序》、嘉庆十五年历年进出银两帐目碑、嘉庆二十二年《山陕会馆接拔厘头碑记》、道光三年众号厘金碑、道光二十五年《重修山陕会馆戏台山门钟鼓亭记》、道光二十五年一应使费碑、同治四年《山陕众商会馆续拔厘金碑记序》、同治六年众号乐输银两碑、光绪二十年《重建山门外石栏杆序》碑等，共 16 通，均收入许檀编：《清代河南、山东等省商人会馆碑刻资料选辑》，第 271—352 页。

② 竞放主编：《聊城山陕会馆》，第 9 页。

③ 聊城山陕会馆照片为郑州大学吴志远教授拍摄，承蒙允准使用，附笔致谢。

图 5-4　聊城山陕会馆的大殿与南、北二殿

图 5-5　聊城山陕会馆的碑廊

据碑文记载，该会馆于乾隆元年(1736)购置地基，乾隆七年动工，修建了山门、大殿、南北配殿及戏楼，十一年落成；参与此次集资的商号计有 400 家，共捐银 8180 余两。会馆建成后，曾于乾隆、嘉庆、道光、同治、光绪年间多次扩建重修。表 5-3 是聊城山陕会馆创建、重修工程及其集资状况简表，请参见。

表 5-3　聊城山陕会馆创建、重修工程及其集资状况简表

年　代	会馆创建与重修工程	捐款商号/家	集资金额/两
乾隆元年	置买地基 5.7 亩	不详	836.0
乾隆八至十一年	会馆创建，兴建大殿配殿及戏楼等	401	8 188.3
乾隆二十八年	重修戏台、增建看楼	139	1 097.8
乾隆三十六至三十七年	更换脊檩柱梁	143	354.5
乾隆四十二年	增建南北看楼、游廊等	155	499.4
嘉庆七至十四年	新建春秋阁及钟、鼓二楼，重修山门、大殿配殿、戏台、看楼等	800 余	49 636.4
道光二十一至二十五年	重建山门、戏台、钟鼓楼、南北配殿等	366	14 852.0
同治六年	重修大门、旗杆	87	127.3
光绪二十年	建山门外石栏杆	28	199.3

资料来源：据聊城山陕会馆各碑汇总统计

上表可见，乾隆中后期的三次重修规模都不甚大，大体可视为会馆草创之后的增补。该会馆规模最大、耗资最巨的重修是在嘉庆年间，新建了春秋阁和钟、鼓二楼，并重修大殿、南北配殿以及山门、戏台、看楼等。兵部尚书山西太谷县温承惠所撰碑记称之为："迹虽修也，而功倍于创。"此次重修自嘉庆七至十四年（1802—1809）历时 8 年，用银 49 600 余两，参与集资的商号达 800 余家，共捐银 42 900 余两。①除本城商号捐款之外，还有一些外来客商参与集资，主要来自晋、冀、豫、鲁四省：其中，直隶商号来自天津、泊头、深州、深泽、东明和张家口等地；山西商号主要来自太谷、榆次、介休和归化城；河南商号来自开封、周口，而以朱仙镇为最多；山东本省则分别来自济南府的长清、章丘，曹州府濮州，泰安府阳谷，武定府蒲台以及东昌本府茌平等县。②

另一次较大规模的重修是因道光二十一年（1841）正月演戏，"不戒于火，

---

① 除商人捐款之外，还有少量来自房屋租赁和放贷利息收入。
② 许檀编：《清代河南、山东等省商人会馆碑刻资料选辑》，第 297—312 页。

延烧戏台、山门暨钟鼓二亭",故而集资重修,至二十五年竣工,有366家商号参与集资,捐银14 800余两。①此后,会馆再未见有大规模的重修,这当与咸丰以降的社会动荡与运河淤塞密切相关。

山陕会馆的创建和重修,资金来源主要是以抽厘方式筹集的,嘉庆二十二年《山陕会馆接拔厘头碑记》对集资方法有较明确的记载:

> 山陕会馆之修得吾乡诸君子之力,为规模阔大焕然一新,于嘉庆七年起工,历八年告竣,前碑记之详已。兹尤以需用浩繁,计除支销之外所存无几,诚虞来少去多,倘有修补仍未免左支右绌。爰集众商公同计议,既遵照旧拔四厘之例减为一厘,约以五年为期,定于每岁夏秋二季公同收取,轮流经营。……兹五年之期已满,又复议减一厘为三毫,以固永久,庶几一切修补之费永取于此。②

该碑碑阴镌有嘉庆十六至二十年(1811—1815)的抽厘金额,所谓"五年之期已满"当即指嘉庆十六至二十年。从该碑记载中我们可得到3个抽厘率,即嘉庆十六年以前为 4‰,嘉庆十六至二十年为 1‰,嘉庆二十一年以后为 0.3‰。

表 5-4 是依据上述不同的抽厘率对乾隆—道光年间山陕商人经营规模所做的折算。需要说明的是,由于道光元年至十七年(1821—1837)的抽厘状况未见记载,笔者不能肯定道光十八至二十四年的集资是否采用 0.3‰的抽厘率。如以这一抽厘率折算,七年平均的年经营额为 703 万两,这一数字颇令人吃惊;为稳妥计,笔者采用 1‰的抽厘率折算,所得的年经营额为 210 万余两。

由表 5-4 可知,乾隆至道光年间山陕商人的经营规模有很大增长。乾隆初年其经营总额还只有数十万两,嘉庆时已增至一百数十万两;道光年间即便以 1‰的抽厘率从低折算,山陕商人的经营总额也达到 210 万两,与乾隆初年相比翻了两番。

---

① 许檀编:《清代河南、山东等省商人会馆碑刻资料选辑》,第 325—332 页。
② 许檀编:《清代河南、山东等省商人会馆碑刻资料选辑》,第 314 页。

表 5-4 乾隆至道光年间聊城山陕商号的抽厘金额及其经营额折算

年代	抽厘金额/两	折合年经营额/万两	备注
乾隆初年	8 188.3	51.2	以 4‰的抽厘率 4 年平均
嘉庆七至十四年	42 964.7*	134.3	以 4‰的抽厘率 8 年平均
嘉庆十六至二十年	7 595.9	151.9	以 1‰的抽厘率 5 年平均
嘉庆二十一至二十五年	1 796.1	119.7	以 0.3‰的抽厘率 5 年平均
道光十八至二十四年	14 760.9	210.9	以 1‰的抽厘率 7 年平均

资料来源：许檀编《清代河南、山东等省商人会馆碑刻资料选辑》第 273—332 页

注：*只计算抽厘金额，不包括认捐部分

我们还可对参与集资的商号做进一步的分析。在嘉庆前期重修会馆的集资中，抽厘最高者为兴盛章号 1373.82 两，以 4‰的抽厘率 8 年平均折算，年经营额约为 4.3 万两；其次为元吉正号抽厘 1283.57 两，平均年经营额也超过 4 万两。在嘉庆十六至二十年的集资中，抽厘最高者为公信凤号，430.52 两，以 1‰的抽厘率 5 年平均，年经营额为 8.6 万两；其次为元吉正号，平均年经营额 5.8 万两。道光二十五年(1845)碑所列抽厘最高者为福兴和号 1034.73 两，以 1‰的抽厘率 7 年平均，年经营额约计 14.8 万两；其次为万盛成号，年经营额 8 万余两。表 5-5 所列是按照这一方式折算出的嘉道年间年经营额在万两以上的商号名称，该表可见，嘉道年间聊城至少有 30—50 余家经营额超过万两的大商号，这些商号应主要是经营大宗商货的批发转运贸易的。

经由聊城转运的商品以绸缎布匹、茶叶、烟草、杂货等为大宗。

前已述及，明代临清是华北最大的纺织品贸易中心，清代济宁、聊城逐渐取代临清成为山东运河沿线最重要的绸缎转运中心。雍正年间即有记载言："所有各色细货自江苏、闽广而来者，舟至济宁、东昌等处即便起卸，车驮北去"[①]，不再经由临清；所谓"细货"当指价高质轻的货品，绸缎自当包括在内。乾隆年间更有明确记载："绸缎等货在台庄、济宁、东昌等处起卸，直由南、北、中三大路北上"；而临清城内所销售的绸缎则系"店家往东昌置回发

---

① 中国第一历史档案馆编：《雍正朝汉文朱批奏折汇编》第 13 册，第 779—780 页。

表 5-5　嘉道年间聊城年经营额万两以上的商号名称一览表

嘉庆七至十四年(34 家):

兴盛章、元吉正、公信凤、隆和号、福兴和、公义先、大魁和、偕义麟、宗久合、兴隆祥、恒有聚、永泰全、咸宁号、日章号、广源隆、义顺店、田万盛、永兴隆、隆源店、隆茂京、永茂川、锦成宁、德合仪、全泰公、世隆店、长盛店、中正仁、日新岩、义隆店、晋成栈、泰茂店、世兴号、宏兴店、万兴隆

嘉庆十六至二十年(46 家):

公信凤、元吉正、兴盛章、福兴和、大魁和、隆和义、咸宁亨、公义先、宗久合、偕义麟、福裕宁、日新岩、世隆店、宏昌大、瑞昌泰、隆茂京、恒有聚、长盛店、锦成宁、德合仪、天诚笃、世兴合、万盛义、永兴隆、永茂川、聚源店、义顺店、祥泰店、永盛义、隆源店、永兴魁、遇魁通、久成虹、魁元店、泰茂店、恒昌宾、玉兴茂、永泰全、元恒丰、永义店、中信公、信成布店、元隆昌、晋魁丹店、全泰公、宏兴店

嘉庆二十一至二十五年(32 家):

福兴和、元吉正、兴盛章、隆和义、公义先、福裕宁、宗久合、咸宁泰、日新岩、公信凤、瑞昌号、永泰全、德合仪、长盛店、永兴隆、□隆店、隆泰作坊、世兴合、宏昌桂、恒昌宾、锦成宁、重盛布店、祥泰店、义顺店、永义店、宏聚店、魁元店、隆盛海味铺、福宁□、聚义长、宏兴店、聚源店

道光十八至二十四年(52 家):

福兴和、万盛成、福宁德、遇魁通、信顺全、宗久合、恒昌宾、兴盛章、福裕宁、源有聚、东四盛、宏昌太、永泰全、公信凤、敬盛允、隆源店、祥泰店、裕泉店、天兴店、长盛店、宗茂店、恒成太、瑞泰店、裕盛宗、永茂川、协源店、大来永、杨永盛、中正仁、永义店、成章达、和顺公、公盛店、元吉正、聚源店、晋魁丹、胡永盛、长发店、四合昌、福顺和、复豢健、源茂卉、复隆店、元亨泰、健顺店、成丰仰、裕顺公、聚成和、德合仪、恒聚源、元隆昌、元恒丰

资料来源:许檀编:《清代河南、山东等省商人会馆碑刻资料选辑》,第 273—332 页

卖"。①棉布的销售也有变化,东昌府明代是山东最主要的棉花产区,棉花多由"江淮贾客列肆赍收"后经运河南下,而从江南返销棉布。清代中叶东昌府已发展成为华北重要的商品布输出区之一②,嘉道年间聊城有布店多家,其中信成布店、重盛布店的年经营额超过万两(表 5-5),丰泰、文盛两家布店的年经营额也达 5000 两之谱,这些布店当系山陕商人为收购本地土布而开设的。

临清是清代前期茶叶转运西北的重要码头,尤以晋商经营的边茶转运贸易最盛。不过在嘉庆前期聊城重修会馆的集资中,我们见到有来自张家口的

---

① 中国社会科学院经济研究所藏《钞档》:乾隆十一年九月初二日刘於义题本。
② 许檀:《明清时期山东商品经济的发展》,第 61—63 页。

德盛玉、合盛全、兴太和等商号的捐款。这三家字号都是经营中俄茶叶贸易的晋商字号，并出现在嘉庆四年（1799）进入恰克图的商号名册之中。兴太（泰）和号的店铺位于恰克图东街，嘉庆四年的贸易额为10 000两；合盛全号店铺设在中街，是年的贸易额为4000—5000两；德盛玉号店铺在西街，经营规模可能稍逊于前者。其中的合盛全号更是从嘉庆到咸丰，60多年始终出现在恰克图的商号登录册中。[①]看来，聊城应也是恰克图茶路的重要转运节点之一。

烟草和杂货也是聊城转运的大宗商品之一，嘉庆年间聊城至少有庆和、四美、三盛、正顺等10家烟铺。此外，表5-5中所列经营额超过万两的大商号公信凤、偕义麟、大魁和等，在乾隆三十三年（1768）朱仙镇《重修关帝庙碑记》所镌捐款名录中属于"社塘烟号"，而在道光年间周口山陕会馆的集资中则列于杂货行下。[②]这有两种可能，一是从乾隆至道光这些商号的经营范围有所扩大，二是在不同的城市它们经营的商货各有侧重。这几家商号在聊城的捐款数额远超过朱仙镇和周口，从这一点来看，聊城应是它们最重要的经营地，其经营范围当不限于一种商品。故笔者推论，聊城最有实力的商号当是以南北杂货的转运为主。

皮毛制品明代就是东昌名产，明代的记载称："毡，出东昌、临清者精致甲于他处"；"羊裘、毡罽，出自府城、临清者佳"。[③]清代的记载：郡邑"宜畜牧，毡毹之利什居六七"，货属之"多而且善者"首推"聊城之毡罽"。[④]嘉庆年间聊城有兴盛、天成、源顺、永兴、元顺、日升、日增、永盛、益顺、九成、本立、新顺成、永盛隆等皮货店及永隆、义和等毡店，所收皮毛制品当主要销往北方。

此外，纸张、海味、煤炭、铁货等当也是经由聊城转运的较大宗的商品。

[①] 赖惠敏：《十九世纪晋商在恰克图的茶叶贸易》附录一、附录二，见陈熙远主编《覆案的历史：档案考掘与清史研究》。

[②] 乾隆三十三年《重修关帝庙碑记》、道光十八年《重修关帝庙岁积厘金记》，见许檀编《清代河南、山东等省商人会馆碑刻资料选辑》，第20、87—89页。

[③] 嘉靖《山东通志》卷8《物产》；万历《东昌府志》卷2《物产》。

[④] 嘉庆《东昌府志》卷46《物产》。

在嘉庆年间的捐款中,我们看到聊城至少有七八家纸店、10 家海味店、10 多家炭店及多家铁货店,其中不少商号的年经营规模达数千两,隆盛海味铺甚至超过万两,当也有相当一部分中转批发业务。①

三、德州

德州位于山东最北部,与直隶河间府接壤,明清两代均属济南府。"德州城本元之陵州土城",久圮。明洪武三十年(1397)都督张文杰、指挥徐福等"于御河(即运河)东筑卫城",为砖城,城周 10 里 180 步,高三丈七尺;池阔五丈,深一丈;城门有五:东曰长乐,南曰朝阳,北曰拱极,正西曰聚秀,偏西曰广川。正德六年(1511)守备桂勇、知州宁河在砖城之外修筑罗城,嘉靖七年(1802)守备张学、知州何洪增修,延袤 20 余里。②

明初德州为军队驻地,由德州正卫、德州左卫分管,"正卫治北街,左卫治南街,居住者军户,无州民";该城"事无大小皆指挥镇抚治之,州牧不与焉"③,完全是一个军事城市。清代德州仍为军事重地,设有八旗驻防。顺治十一年(1654)"户部差郎中莽佳、萨马哈等将德州城内东北隅所有民房拨给官兵驻防","满营城守尉署在城内东北,官校随旗分署"。雍正二年(1724)又于德州城东门外设教场,占地一顷 91 亩零。德州驻防城为城守尉级,官兵均由青州副都统统辖管理,并与青州驻防城一起构成山东的八旗驻防体系。④

永乐中运河通航,德州成为水陆交通要道,乃"招集四方商旅"入住,德州始有民居,商业逐渐发展。嘉靖年间德州的商业街市已有不少:米市、布帛市、锅市,均在旧四牌坊以西;羊市在旧四牌坊以北,牛马市在旧四牌坊以南;又有果市在南门外,菜市在浮桥口,鱼市和竹竿巷在西门外。⑤又据乾隆《德州志》记载:"明洪武初州治在河西,永乐九年移州治于卫城,招

---

① 关于聊城的商品流通状况,详请参见许檀:《清乾隆至道光年间的聊城商业——以山陕会馆碑刻资料为中心的考察》,《史学月刊》2015 年第 3 期。
② 康熙《山东通志》卷 13《城池》;雍正《山东通志》卷 4《城池志》。
③ 乾隆《德州志》卷 1《沿革》。
④ 朱永杰:《清代驻防城时空结构研究》,第 98、110、219 页。
⑤ 嘉靖《德州志》卷 1《市镇》。

集四方商旅，分城而治。南关为民市，为大市；小西关为军市，为小市；马市角南为马市，北为羊市，东为米市，又东为柴市，西为锅市，又西为绸缎市；中心角以北为旧线市，南门外迤西为新线市，盖四方商旅之至者众矣。小西关军市货物皆自南关拨去，故市名类以'小'字别之。后因每岁冬间运粮于北厂，故又有北市之名。万历四十年御河西徙浮桥口，立大小竹竿市，每遇漕船带货发卖，遂成市廛。"①显然，德州的商业区原在城内，主要是为驻军服务的；明中叶以降，随着商业规模的不断扩大，其中一部分渐移至城关之外；最迟在万历年间德州已由原来的军事城市转化为初具规模的商城了。

清代德州商业以粮食、棉花、杂货为大宗。粮食、棉花当以本地商品的集散为主；杂货行主要经营南方的纸张、糖、锡箔、香烛、海味、火腿等，多由运河而来，并随运河漕运兴旺了200余年。

饮食服务业也是德州商业的一个重要组成部分，客店饭馆，零售摊贩均较发达。客店、饭馆集中在顺城街、米市街、西关街、北厂一带，大饭馆能作高档的燕翅席；西关、米市、小锅市的居民以及北营的回民，几乎家家户户打锅饼、烙麻酱烧饼，或烧羊肉，摆摊售卖。②

清代，德州的手工业也有一定的发展，主要有草编业、烟草加工、药材加工等。草编业以德州凉帽最著，行销甚广。乾隆年间的记载言："草出口北，德州民业此者颇多，京师帽胎悉从此去"③。道光时的记载称："德州凉帽蓬行销各省"④。光绪时的记载更为详细：帽胎"水运天津，销行北京及东南各省，陆运山西、陕西、河南各处销行，每岁共七千四百余顶"；帽缨"每岁共销二千七百个"；草帽为商人吴金印专营，"水运天津，销上海、广州、烟台、北京、保定等处，岁计二万一千顶；陆运济南、河南、山西、陕西、冀州等处，岁计一万三千顶"。⑤据傅崇兰的调查，德州瑞兴烟店创办于清初，清末

---

① 乾隆《德州志》卷4《市镇》。
② 李孟才：《清代至民国德州运河沿岸工业、商业、金融业》，转见傅崇兰《中国运河城市发展史》，第284—285页。
③ 乾隆《德州志》卷11《物产》。
④ (清)王培荀：《乡园忆旧录》卷8《山左物产》，第455页。
⑤ 光绪《德州乡土志·商务》。

已有铺面六间,作坊、仓库 40 余间,雇工 30 余人的规模。该店主要收购附近德平、故城所产烟草,加工切制,再配入甘草、薄荷等药材;产品分为旱烟、水烟、炒烟、杂拌等几类,年产四五万斤。药店有颐寿堂、延寿堂、广德堂等,最早的颐寿堂据说是河南沁县徐家于明代后期在德州创办的;药堂前店后场,雇有伙计 20 余人,自制膏丹丸散等,尤以人参再造丸为最著。①

第二节　沿海商业城市

　　山东半岛的登莱二府北滨渤海,南临黄海,"舟航之利捷于他郡",故"民多逐利四方"。②北岸的掖县、黄县、蓬莱、福山等县地处渤海湾内,与辽东半岛及天津遥遥相对,海路顺风只需一日可达,贸易往来极为频繁。据山东巡抚梁梦龙《海运新考》记载,嘉靖、隆庆年间山东、辽东、直隶天津、永平商人于渤海湾内"贩运布匹、米豆、曲块、鱼虾并临清货物,往来不绝";"又有装载米麦、豆曲、布匹等货自塘头寨迤东起至天津罗、张二店发卖"。③南岸的胶州、莱阳、即墨主要与江淮地区贸易,如嘉靖年间即墨县阳城社牛氏,"自淮安觅船两昼夜直抵阳城之西金家口通贸易","行之数年牛氏以富,附舟者咸利之"。④明代后期,山东半岛南岸之胶州、大嵩卫、行村寨、安东卫、石臼所等港湾,"土人、淮人、岛人贸易南北货物已为熟路";北岸则以宁海卫、莱州海仓口、潍河海口、青州塘头寨等为主要港湾,"土人、岛人商贩不减于胶、淮"。⑤明末清初的海禁使沿海贸易一度中断,康熙年间海禁开放之后迅速发展,山东沿海 18 州县均设有海口,征收船税,海贸范围迅速扩大到南至闽台,北达奉天。

---

① 傅崇兰:《中国运河城市发展史》,第 280—283 页。
② 光绪《增修登州府志》卷 6《疆域志·风俗》。
③ (明)梁梦龙:《海运新考》卷上《海道捷径》,卷中《奖励官役》,《四库全书存目丛书》史部,第 274 册,第 352、368 页。
④ (明)邑令许铤:《地方事宜议》,见同治《即墨县志》卷 10《艺文》。
⑤ (明)梁梦龙:《海运新考》卷上《海道捷径》,第 347—348 页。

山东半岛较重要的海港城镇主要有胶州、莱阳、烟台、黄县等,其中胶州属莱州府,莱阳、黄县为登州府属县;至于烟台则为登州府福山县所辖的一个镇,笔者在第六章中再做考察。

一、胶州

胶州位于山东半岛南岸,胶莱河、沽河在此汇流入胶州湾,是山东半岛腹地条件较好的港口。宋代在此置板桥市舶司,与朝鲜、日本贸易,是北宋五大对外贸易港口之一。

胶州明清两代均属莱州府,为散州;光绪三十年(1904)升为直隶州。胶州城原为土城,洪武八年(1375)"千户申义甃以砖石,周四里,高二丈五尺,厚一丈二尺"。城门有三,"门上各有门楼,四隅各有角楼,铺舍十七所";护城河"阔三丈,深半之"。正德六年(1511)州城曾遭农民起义军围攻,守城千户"缮其倾圮";此后,万历、顺治、康熙、乾隆、道光年间曾多次重修。①

明代长时期禁海,沿海贸易受到较大限制,直到明中叶以后才开始有所发展。方志记载:胶州"城东三里即海潮往来之地,南至灵山卫百五十余里俱可泊船……商贾自淮南来者俱取道于此,民食所赖以济"。②隆庆年间"胶州之民以腌腊米豆往博淮之货,而淮之商亦以其货往易胶之腌腊米豆","每船输椿树银三两于州以为常",胶西之民多以此致富。③不过,此时的海贸还只是近海短程贸易,"转运米豆南北互济,犹不过轻舟沿岸赍粮百石而止,连樯大艘未尝至也"。清代海禁开放后沿海贸易的范围、规模迅速扩大,胶州很快发展成为"商贾辐辏之所,南至闽广,北达盛京,夷货海估山委云积,民用以饶,埒于沃土"。④

胶州是清代前期山东沿海各州县中发展最快、商业规模最大的港口。康熙末年其贸易范围已由江淮扩展到闽台,"三江两浙八闽之商咸以其货舻浮舶

---

① 乾隆《莱州府志》卷2《城池》;道光《重修胶州志》卷13《建置》。
② 道光《胶州志》卷22《明官师志》。
③ (明)邑令许铤:《地方事宜议》,同治《即墨县志》卷10《艺文》。
④ 道光《胶州志》卷1《海疆图序》。

泛而来，居集乎东关之市廛"，再由"牙用负贩资货为利者"将南来货物转贩他处，每日"往来络绎，熙熙然南门之外"。①山东布政使的奏报称："东省州县海口共有十七处，往来贸易小船许载绸帛、鱼鲞、药材等物，计价每两抽税三分，始于康熙十八年，奉文定例，是名船税。"康熙十八年(1679)全国范围内还在实行海禁，故山东是清代最早开放沿海贸易的省区。雍正四年(1726)经抚臣查明"胶州、莱阳、昌邑、利津、日照、蓬莱等六处船货稍多"，委员监收，尤以胶州、莱阳两处收税最多；是以更定船税，定胶州每年征银7540两②，这一数额相当于康熙年间山东全省沿海各州县船税786两的9倍多③，清初胶州海贸发展之速由此可见一斑。

清代中叶胶州商业进一步发展。胶州湾内自塔埠头至淮子口，每届秋冬之交"估客骈集，千樯林立"，"夷货海估山委云积"。④日本学者松浦章教授依据日本保存的中国商船遭风漂至日本、朝鲜的资料对清代中国沿海贸易做了精细的研究，这里摘录其中有关山东的部分资料制成表5-6，请参见。

由表5-6可知，仅乾隆十四年(1749)从胶州出港的商船中遭风飘失者就达6艘之多，其原定目的地包括江苏苏州、浙江乍浦、福建厦门等；由胶州输出的商品主要是大豆、豆油、腌猪、果品、药材等；输入商品主要是南方杂货，如纸、糖、瓷器等。又据《赤嵌笔谈》记载，漳泉海船"至山东贩粗细碗碟、杉枋、糖、纸、胡椒、苏木，回日则载白腊(蜡)、紫草、药材、茧绸、麦豆、盐、肉、红枣、核桃、柿饼"⑤。道光《胶州志》记载输出商品种类计有山绸、椿绸、布、豆饼、豆油、干粉、腌猪、花生、瓜子、靛、蜜、蜡、木炭、白菜、槐米、海米、草帽、毡帽等；毡帽为胶州特产，"胶人设作坊制造，岁以数万计，由海舟运南省出售"。⑥

---

① 康熙五十八年邑人王纮：《重修小桥堤岸记》，道光《胶州志》卷39《金石》。
② 中国第一历史档案馆档案《朱批奏折》：乾隆七年九月初一日山东布政使包括折，档案号：04-01-35-0313-043。
③ 雍正《山东通志》卷12《杂税》。
④ 乾隆《胶州志》卷1《八景》。
⑤ (清)黄叔璥：《台海使槎录》卷2《商贩》，见沈云龙主编《近代中国史料丛刊续编》第501册，文海出版社1978年版，第48页。
⑥ 道光《胶州志》卷14《物产》。

表 5-6　乾隆年间胶州与南方各省沿海贸易示例

分类	年代	起航地	原定目的地	载运商货
南下商船	乾隆十四年	胶州	乍浦	青豆、白豆、绿豆、核桃、柿饼
	乾隆十四年	胶州	厦门	绿豆、粉干、紫草
	乾隆十四年	胶州	江南	豆、豆油、猪、紫草
	乾隆十四年	胶州	苏州	豆、腌猪、紫草
	乾隆十四年	胶州	江南	豆一船、豆油22篓、紫草36包
	乾隆十四年	胶州	江南	腌猪等货
北上商船	乾隆十四年	厦门	山东	苏木、碗、糖
	乾隆十四年	江南刘河	胶州	南货
	乾隆二十五年	福建同安	山东	糖、茶、粗碗
	乾隆三十四年	江南镇江	胶州	南货
	乾隆三十九年	江南镇江	山东	?
	乾隆四十九年	广东澄海	胶州	?
	乾隆五十年	江南	山东	纸货

资料来源：据松浦章：《清代における沿岸贸易について》（见小野和子主编《明清时代の政治と社会》，京都大学人文科学研究所，1983年版）、《李朝时代における漂着中国船の一资料》（见《关西大学东西学术研究所纪要》第15辑，关西大学出版部1982年版）整理

大豆是胶州输往江浙地区最主要的商品，上海饼豆业公所萃秀堂碑文记载："上海为阜通货贿之区，其最饶者莫如豆，由沙船运诸辽左、山东，江南北之民倚以生活。磨之为油，压之为饼，屑之为菽乳，用宏而利溥，率取给于上海。"①钱泳《履园丛话》亦言："今查上海、乍浦各口，有善走关东、山东海船五千余只，每船可载二三千石不等……每年载豆往来，若履平地。"②

胶州自明代起就是山东大豆输出的重要港口，万历年间商书《三台万用正宗》将胶州大豆列为豆品之首："胶州之鹅黄、海白、海青，干净精神，可

---

① 上海博物馆图书资料室编：《上海碑刻资料选辑》，第282页。
② （清）钱泳辑：《履园丛话》丛话四《水学》，中国书店1991年版，第26页。

谓上品。"①康熙十年(1671)左都御使姚文然奏请开放海禁时言:"山东东府地方所产大小米麦、黄黑豆等项,旧日多自胶州等处舟运至淮安之庙湾口,沿海边而行,风顺二三日可达,商船往来终年络绎。"②禁海之后,此项豆货无法运至江南,既影响山东小农的收入,也影响江南居民生计。山东沿海于康熙十八年率先开放海禁,主要即因为江浙地区对大豆的需求。

清代山东大豆是江海关刘河口输入的最主要货物,乾隆三年(1738)因"二年分东省歉收,冬间禁止豆石出境",以致"三年正月至六月进口豆船比二年首、次二季计少五百余号"。③乾隆十年江苏巡抚的奏报称:"江南海关向征豆税,每年约收银二万八九千两,沿海各口及京口过载豆货不及三分之一,而刘河所收山东豆货实居三分之二。"④表 5-7 是乾隆年间江海关实征豆税银的统计。以大豆每石税银 4 分折算⑤,该关每年进口大豆为 50 万—80 万石,此时东北的大豆输出尚未开禁,故这些大豆应主要来自山东,且胶州占比最大。乾隆初年在刘河镇开设的山东字号约有 40 家,胶州商号即有 20 余家;乾隆末年刘河口淤塞,胶州商号陆续迁往上海大关⑥;道光初年上海贩运豆货的商帮主要有西、胶、登三帮,胶帮即胶州商人,登帮为登州商人,实力都较为雄厚⑦。清中叶以降山东的大豆加工逐渐发展,胶州的大豆输出渐转为以豆油、豆饼输出为主了。

胶州商人以贩运业和金融业为最。道光《胶州志》记言:"商,大者曰装运(江南、关东及沿海口皆有行商)、曰典当、曰银钱。"⑧从事贩运业的行商

---

① (明)余象斗编:《新刻天下四民便览三台万用正宗》卷 21《黄黑豆》,东京大学藏万历刊本,第 11 页。
② (清)姚文然:《敬陈预备救荒疏》,见(清)贺长龄、魏源等编《清经世文编》卷 44《荒政四》,第 1056 页。
③ 中国第一历史档案馆档案《朱批奏折》:乾隆八年正月初六日苏州巡抚陈大受折,档案号:04-01-35-0314-021。
④ 中国第一历史档案馆档案《朱批奏折》:乾隆十四年五月二十九日署苏州巡抚雅尔哈善折,档案号:04-01-35-0324-006。
⑤ 乾隆《户部则例》卷 73《江海关商税则例》,第 657 页。
⑥ (清)金端表:《刘河镇纪略》卷 5《盛衰》,见《中国地方志集成·乡镇志专辑》第 9 册,江苏古籍出版社 1992 年版,第 370、373 页。
⑦ 上海博物馆图书资料室编:《上海碑刻资料选辑》,第 72—73 页。
⑧ 道光《胶州志》卷 15《风俗》。

如前述刘河、上海的豆货商号；从事银钱、典当业者则是坐贾中实力最强的，胶州城南关之外有一条钱市街，金融业字号大约即集中于此。发达的金融业不仅是胶州商业的一个重要组成部分，更为其海贸的正常运转提供了资金保障。居间商则有福广行、杉木行、棉花行、草果行、油饼行、腌猪行、干粉行、驴骡行等八大商行，输出输入的主要商货多通过这八大行进行交易。[①]

表 5-7 乾隆前期江海关实征豆税银统计

年 分	征收税银/两	折合豆/石
乾隆十五年分	33 450	836 250
乾隆十七年分	29 176	729 400
乾隆十八年分	28 768	719 200
乾隆十九年分	26 834	670 850
乾隆二十年分	29 525	738 125
乾隆二十一年分	28 028	700 700
乾隆二十二年分	22 373	559 325
乾隆二十三年分	24 658	616 450
乾隆二十四年分	31 729	793 225
乾隆二十八年分	24 390	607 725
乾隆二十九年分	22 746	568 650
平 均	27 425	685 445

资料来源：乾隆十七至二十一年分据《宫中档乾隆朝奏折》；其余据中国第一历史档案馆关税档案

随着商业的发展，胶州城市面积也有大幅度扩展。明代胶州城初建之时城周只有四里，城内除州衙、文庙之外，居民仅 200 余户。其后随着商业发展，城关之外形成大片商业区，崇祯年间环城而居者已达数千家。[②]清代随着沿海贸易的不断发展，胶州城外"载货大小车相属于道"，主要商业街市有钱市街、店子街、杂货街(两条)、花市街、姜行街、鱼市街，又有山货市、粮

[①] (清)郭嵩焘：《郭嵩焘日记》第 1 卷，湖南人民出版社 1981 年版，第 267—268 页。
[②] 道光《胶州志》卷 22《明官师志》。

食市、估衣市、簸箕市、扒（耙？）市、铁器市、牛驴市、面市、菜市、草市、瓦罐市、糠市、劈柴市、二夫市等。道光年间，关厢面积至少已10倍于原州城。①

二、莱阳

莱阳也位于山东半岛南岸，为登州府属县，有五龙河自北而南流经县境入海。清初，沿海的羊郡、蠡岛等都是海贸的重要码头，"帆船云集，商贾往来苏浙、朝鲜、津沽，称便利焉"②。其中以羊郡最为繁盛，"南船北马，凡平(度)、掖(县)、栖(霞)、招(远)之土产，江浙闽广之舶来品胥以此为集散所"③。雍正年间新定船税，莱阳为770两，仅次于胶州，在山东沿海各州县中位居第二。④清代中叶羊郡海口淤塞，金家口成为莱阳的主要海口，号称为"莱阳码头"。⑤

莱阳商人的活动范围，"资之饶者置货于京师、金陵、苏杭、淮扬，其歉者远至临清，近则南北台、青山庙、莱之海庙置焉"⑥。从南方输入的商品主要是"纸、棉、竹木、蔗糖之类"⑦，登州府是山东的主要缺棉区，故莱阳输入棉花较多。如雍正十年(1732)正月，徽州商人吴仁则从江苏通州雇船户夏一周的船，装载棉花253包，"由南通州扬帆出发，(拟)到山东莱阳县卸货"，途中因遭遇风暴漂落到朝鲜的珍岛。⑧《上海县志》也有记载称：棉花"捆载通海市，往莱阳者为子花，售洋商及闽广、关东诸口者皆棉花，岁不下数万云"。⑨

---

① 道光《胶州志》卷1《关厢建置开方图》。
② 民国《莱阳县志》卷2《交通》。
③ 民国《莱阳县志》卷2《商业》。
④ 雍正《山东通志》卷12《杂税》。
⑤ 民国《莱阳县志》卷2《商业》。
⑥ 康熙《莱阳县志》卷3《民业》。
⑦ 民国《莱阳县志》卷2《商业》。
⑧ [日]松浦章：《清代徽州商人与海上贸易》，赵中男译，见刘淼辑译，古籍整理办公室编《徽州社会经济史研究译文集》，黄山书社1987年版，第459页。
⑨ 同治《上海县志》卷8《物产》。

莱阳输出的商品主要有大豆、豆饼、茧绸、药材等。乾隆初年莱阳商船吉顺号就经常往来于刘河镇贩运豆货①；前述山东大豆的进口港刘河和上海的登州商帮中当有不少莱阳商人。茧绸也是莱阳输出的主要商品之一，登州府是山东茧绸的主要产区，如招远"多春茧"，织为"春绸"；栖霞亦产茧绸，大约多汇集于莱阳；莱阳更是"有蚕丝织绢、绵绸，有槲茧织山绸，葛麻织葛布，皆有巨贾发银收贩"。②清末莱阳沙参年产约20万斤，"斤值银币七八角"，仅此一项年收入即达银元十四五万；他如半夏、蝉蜕、槐米、远志、苍术等也有大量出口。此外，"周村的铜货，博山、淄川的煤炭、瓷器"等，在烟台开埠之前也都由莱阳输出。③

三、黄县

黄县(今龙口市)位于山东半岛北岸，明清两代均属登州府。黄县城据说为唐代所建，为土城，周六里。洪武五年(1372)守御千户韦胜"因辽阔难守，割去北半，改筑之"；城周仅二里有奇，高二丈四尺，城门有四，护城河阔二丈四尺，深八尺。万历年间知县张汇选改筑石城，增高八尺；并建西、北二门瓮城；崇祯十三年(1640)增建东南二门瓮城。清代于康熙、乾隆、嘉庆、道光年间多次重修。④

黄县地处丘陵区，耕地资源较差，"丰年之谷不足一年之食"，故居民多以贸迁为业。⑤明代的商业状况未见记载，估计因海禁之故不甚兴盛，清代海禁开放之后有很大发展。康熙《黄县志》记载："黄地狭人稠，有田者不数家，家不数亩，养生者惟贸易为计"⑥；同治《黄县志》更言："黄县地狭人稠，故民多逐利四方"，"大贾则自造舟贩鬻，获利尤厚"；"总黄之民而计之，农

---

① (清)金端表：《刘河镇纪略》卷5《盛衰》，见《中国地方志集成·乡镇志专辑》第9册，第370页。
② 顺治《招远县志》卷5《物产》；康熙《莱阳县志》卷3《民业》。
③ 民国《莱阳县志》卷2《商业》。
④ 嘉靖《山东通志》卷12《城池》；光绪《增修登州府志》卷7《营建志·城池》。
⑤ 同治《黄县志》卷首《东海关监督龚易图序》。
⑥ 康熙《黄县志》卷首《知县李蕃序》。

十之三，士与工十之二，商十之五"①，经商人口超过农业人口，这在北方各省极为少见，而该县却因此成为"东海富庶之区"②。

黄县之民经商于外者"辽东为多，京师次之"，"奉天、吉林方万里之地皆有黄民"。③坐贾则以银钱、典当等从事金融业者为数较多，县城西关之外是该县最繁荣的商业区，仅"银钱之肆"即有数十家。④黄县的金融业还辐射到周边地区，如登州府栖霞县当商资本多借自黄县、福山，"名曰脚当"⑤；莱州府高密县也有黄县商人开设当铺，"东伙皆黄县籍"⑥。

黄县市场上，粮食贩自东北，棉花来自江南，"闽广苏杭西洋巧丽之物靡不必陈"，贸易十分繁盛。黄县城周只有二里，故商业区多在城关之外，"市粮、市果常在南关，市木、市牛豕驴骡常在东关，市蔬菜瓜蓏常在东街，市薪刍常于西关"；百货则"各随所期之日为所市之地，东关之集期以九日，南关之集期以七日，北关之集期以三日，西关之集期以一日、五日"。其"百十为群以骡驴负货而至"者，当不仅是小农，也有不少商贩参与其间；"居肆而贾者"，"东街有衣肆，南关有粮肆"，尤以西关商业最为繁盛，各类店铺"列肆数百"。⑦咸同年间为防御捻军，在城外增建土圩，周十里余，高一丈五尺，厚一丈四尺，从而将清代发展起来的商业区围入城区之内。⑧

第三节　内陆商业城市

运河和沿海因有水运之便，商业城市数量较多，规模也较大；内陆商业城市主要靠陆路运输，因而稍显逊色。华北三省由行政中心转化而来的内陆

---

① 同治《黄县志》卷1《风俗》；同治《黄县志》卷3《食货志》。
② 同治《黄县志》卷首《东海关监督龚易图序》。
③ 同治《黄县志》卷3《食货志》；同治《黄县志》卷1《风俗》。
④ 同治《黄县志》卷3《食货志》。
⑤ 光绪《栖霞县志》卷1《民业引乾隆志》。
⑥ 《高密县乡土志·商务》。
⑦ 同治《黄县志》卷3《食货志》。
⑧ 光绪《增修登州府志》卷7《营建志·城池》。

商城除第四章述及的设有税关的张家口、多伦诺尔之外，主要有直隶的宣化，河南的洛阳、河内，山东的益都、泰安、潍县、博山，其中洛阳、河内、益都、泰安、宣化为府城，潍县、博山为县城；与其他商业城市稍有不同，博山是由工矿业发展而兴起，而泰安则是由岱岳祠庙所在引致商业的发展。宣化我们在第三章中已进行过考察，怀庆府治河内以药业为著，我们将在下面的"药都"一节再做具体考察。本节主要考察河南洛阳，山东的益都、潍县，以及泰安和博山。

一、洛阳

洛阳位于河南省西部，北靠邙山，南临洛水，东汉、北魏曾为国都，隋唐两代为陪都，又称东都，不仅是政治中心，也是繁华的经济都会。此后，随着政治地位的丧失，洛阳城市经济明显衰落了。明清两代洛阳均为河南府治，以洛阳县为附郭。关于该城的商业状况文献记载极少。不过，清代山陕商人修建的两座会馆较完好地保存下来，我们可据以对清代的洛阳商业进行考察。

明清时期洛阳的城市规模远不如隋唐，《河南府志》记载：洛阳建城"始于周公营洛"，其后"东汉、魏、西晋、元魏皆都于此"；隋代所建东都城周73里，唐末"摧圮殆尽"，宋代重修，面积缩减4/5。洛阳城历代均为土垣，明代洪武六年(1373)"砌以砖石"，城周8里345步，高四丈，护城河深五尺，阔三丈；城门由原来的10座减为4座，城门"上覆重楼，外筑月城"，环城建角楼、献台。正德年间农民起义军多次侵扰，知府刘璜、王印长等拓修护城河，引瀍、涧二水入壕筑堰，以资防御；并在郭外筑土城一道，延袤30余里，以卫关厢之民。崇祯十四年(1641)李自成起义军攻陷洛阳，城墙损毁严重，顺治间知府"以明福藩废府砖甓甃砌"，"四门四维建八楼，坚耸视昔有加"，乾隆年间曾再次重修。①

乾隆年间洛阳城内分为东北、东南、西北、西南四隅，共11里，有街巷28条；府衙、县署位于东北隅，府学在东南隅。城外东、西、南三关共设7里，街巷22条；其中东关4里，面积最大，县学和瀍东书院均位于此地，并

---

① 乾隆《河南府志》卷5《建置志·城池》；康熙《河南通志》卷8《城池》。

有众多庙宇，乾隆九年(1744)晋商创建的潞泽会馆也坐落于此；而北关之外地势狭窄，"北郭紧贴邙山"，只有4条街，未单独设里。城厢合计共18里，街巷胡同50余条。① 嘉庆年间洛阳城厢所设18里仍旧，惟东关之外又增加了不少祠庙建筑。②

洛阳城市人口未见明确记载。乾隆《洛阳县志》记有：乾隆十年全县39 732户，丁男108 994口，妇女81 868口③，这是笔者所见最早的可资利用的人口数字。洛阳城乡共设86里，其中城厢合计18里，约占总里数的21%。若以同一比例计算，城市人口有8300余户，40 000余口。又据嘉庆《洛阳县志》记载，乾隆四十年(1775)洛阳全县人口47 753户，246 168口；嘉庆十年(1805)为67 154户，366 750口④，仍以同一比例计算，乾隆四十年洛阳城市人口为10 028户，51 695口；嘉庆十年为14 100余户，77 000余口。需要说明的是，以上估计的是洛阳在籍人口，实际上往来于洛阳的大量商业人口大多是不在册的。在下面的考察中我们将看到，乾隆—道光年间汇聚洛阳的山陕商号达1000余家，其他各省商人当亦不少。故笔者估计乾隆中叶洛阳城市人口有6万—7万，嘉庆年间为9万—10万，道光年间当超过10万。

明代的洛阳商业未见文献记载，清代则有较大的发展。乾隆《河南府志》记载，清初洛阳府经历司征收老税银53.913两，牲畜税银52.791两，乾隆年间增加盈余银636两；洛阳县清初征收的老税银只有3两，到乾隆时新增税银、盈余银1246两。府县合计，乾隆年间洛阳征收商税1990余两，为清初原额的18倍；此外，洛阳有当铺14座，征收当税银70两。⑤ 道光年间的记载称："东都四达之府，西接崤函，北望太行，为秦晋门户，两省懋迁之畴盖萃于兹"。⑥

---

① 乾隆《河南府志》卷2《疆域志·里保》。
② 嘉庆《洛阳县志》卷8《里保》。
③ 乾隆《洛阳县志》卷2《里保》。
④ 嘉庆《洛阳县志》卷33《户口簿》。
⑤ 乾隆《河南府志》卷24《田赋志·杂税》。
⑥ 道光十五年《东都山陕西会馆碑记》，见许檀编《清代河南、山东等省商人会馆碑刻资料选辑》，第60页。

南关和东关是该城的主要商业区,其中南关的一条马市街即聚集有商铺260余家[①],山陕二省商人所建会馆坐落于南关,晋商所建潞泽会馆位于东关。嘉庆《洛阳县志》记载:"山西东会馆在东郭,山西西会馆在南郭,并祀关帝"[②],指的就是这两座会馆。乾隆十年刊行的《洛阳县志》在卷首《今城关全图》中标有山陕会馆(山陕庙)的位置(图5-6),而潞泽会馆(图5-7)[③]此时尚未完工。下面我们分别考察这两座会馆。

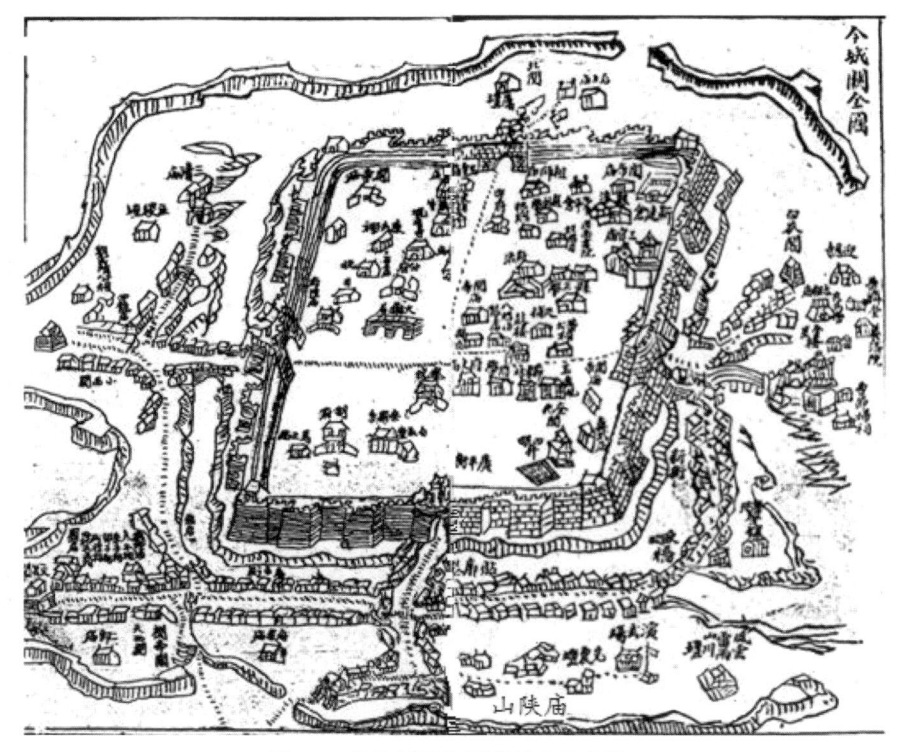

图 5-6　洛阳城池与城关的山陕会馆
资料来源:乾隆《洛阳县志》卷首《今城关全图》

[①] 道光十八年《东都马市街山陕西众商积金建社碑记》,见许檀编《清代河南、山东等省商人会馆碑刻资料选辑》,第70—75页。
[②] 嘉庆《洛阳县志》卷17《坛庙记》。
[③] 图5-7的照片为郑州大学吴志远教授拍摄,承蒙允准使用,附笔致谢。

图 5-7　洛阳潞泽会馆山门和钟鼓楼

(1)潞泽会馆,又称关帝庙,始建于乾隆九年(1744),为山西潞安、泽州二府商人集资共建。会馆建筑有大殿、后殿、戏楼、钟鼓楼、东西廊房及九龙壁、魁星阁等,现为洛阳民俗博物馆。

乾隆二十一年《关帝庙新建碑文》记言:"洛阳城外东南隅之关帝庙,建自潞泽商人崔万珍等,规模宏远,状貌巍峨,极翚飞鸟革之奇观,穷丹楹刻桷之伟望,捐金输粟,取次成功"。乾隆二十四年《建修关帝庙潞泽众商布施碑记》镌有参与集资的商人名号及其捐银金额,计有:绸布商 46 家、布商 38 家、杂货商 14 家、广货商 12 家、铁货商 5 家、扎布坊 53 家、油坊 57 家,合计 225 家,共捐银 36 200 余两。其中,绸布商捐银 27 033 两,布商捐银 6103 两,绸、布两业合计已占全部捐款的 90%以上。[①]显然,绸、布业是潞泽二府商人经营的主要行业。表 5-8 是乾隆年间创建潞泽会馆捐款商人的行业统计,请参见。

---

① 乾隆二十一年《关帝庙新建碑文》、乾隆二十四年《建修关帝庙潞泽众商布施碑记》,见许檀编《清代河南、山东二省商人会馆碑刻资料选辑》,第 53—57 页。

表 5-8　乾隆年间洛阳创建潞泽会馆捐款商人的行业统计

行 业	商人商号数/家	捐款额/两	占比/%
绸布商	46	27 033.7	74.6
布 商	38	6 103.1	16.9
杂货商	14	1 100.0	3.0
广货商	12	1 012.0	2.8
铁货商	5	398.5	1.1
扣布坊	53	337.2	0.9
油 坊	57	240.0	0.7
合 计	225	36 224.5	100.0

资料来源：据乾隆二十四年《建修关帝庙潞泽众商布施碑记》统计

该碑所镌商人商号中，捐款最多者为祁永兴3000两，其伙计另外捐银1300两，合计为4300两；伙计捐银高达1300两，该商号的规模绝非一般。此外，捐银超过1000两的还有7家。表5-9所列是捐银1000两以上的8家绸布商及其经营额折算。潞泽会馆于乾隆九年兴工，二十一年落成立碑，历时12年；若以乾隆二十四年刊立"布施碑"为限，则为15年。这里按15年计，以1‰的抽厘率[①]折算，捐银最多的祁氏年经营额为20万两，即便捐银最少的魏永泰经营额也达7万余两。经营规模如此之大，显然是主营批发转运贸易的。以同样的方法折算，年经营额超过万两者共有45家，包括30家绸布商、12家布商，两家广货商和一家铁货商；潞泽商人每年的经营总额则可达240万两。

表 5-9　捐银 1000 两以上的 8 家绸布商及其经营额折算

商人名号	捐款额/两	折合年经营额/两
绸布商祁永兴	3 000	200 000
祁永兴伙计	1 300	—
绸布商萧立盛	2 038	135 867
绸布商侯公盛	1 753	116 867
绸布商祁新沧	1 600	106 667
绸布商崔永升	1 550	103 333
绸布商杜鸿盛	1 218	80 133
布商董鉴新	1 202	81 200
绸布商魏永泰	1 075	71 667

资料来源：据乾隆二十四年《建修关帝庙潞泽众商布施碑记》统计

---

① 洛阳会馆各碑均未言及抽厘率，这里系参照聊城和周口山陕会馆的抽厘率。

(2)山陕会馆，其创建早于潞泽会馆，大约始于康熙末年，至雍正年间落成。道光十五年(1835)《东都山陕西会馆碑记》记言：洛阳"城南郭外有山陕西会馆一区，创自康熙雍正间，计什一之盈余，积锱累铢，殆经始十有余载而后成功。……嘉庆中雨风剥蚀，颇有倾颓，两省之人惧其湮废，重葺而新之，经营又廿余年"，至道光十五年竣工。此次会馆重修历时20余年，将山门、照壁、正殿、拜殿、配殿、戏楼、牌坊等建筑"俱依旧式"重修，耗资25 000余两。①该会馆院中立有一块捐款碑，镌有652家商号的捐款金额，当即此次重修的捐款名录。表5-10是嘉道年间重修山陕会馆捐款商号的分类统计，请参见。

表5-10 嘉道年间洛阳重修山陕会馆捐款商号的分类统计

捐款分类	商号数/家	占比/%	捐款额/两	占比/%
100两以上	28	4.3	6 592.0	50.7
10—97两	172	26.4	5 192.0	40.0
9两以下	452	69.3	1 207.9	9.3
合 计	652	100.0	12 991.9	100.0
马市街众号复捐银	—	—	360.0	—
总 计	—	—	13 351.9	

资料来源：据道光十五年《东都山陕西会馆碑记》捐款碑统计

由表5-10可知，捐款100两以上的28家大商号只占商号总数的4.3%，其捐款6592两已占到捐款总额的50.7%；而占比将近70%的452家小商号所捐则不到总额的10%。还需特别注意的是，表5-10所列捐款总计只有13 300余两，仅为重修经费之半。在该会馆院中笔者还见到一通道光二十六年(1846)的石碑，上书一行大字"襄陵帮捐银三百两整"，落款为"经手人：元亨利、义成生仝立"。②元亨利、义成生两家商号是道光十五年碑所列重修会馆的董

---

① 许檀编：《清代河南、山东二省商人会馆碑刻资料选辑》，第60页。
② 许檀编：《清代河南、山东二省商人会馆碑刻资料选辑》，第76页。

事，故此项捐款当也属重修会馆的捐款。所谓"襄陵帮"即山西平阳府襄陵县来洛阳贸易的商帮，即行商；而作为经手人的元亨利、义成生两家则为坐贾。该碑提示我们，山陕会馆的集资方式可能与潞泽会馆不同，是坐贾、行商分别进行的。表5-10所列652家商号可能只是坐贾的集资，故25 000两的经费缺少将近一半。如果这一估计不错的话，参与此次集资的行商、坐贾合计当超过千家。

经由洛阳转运的商品以绸缎、布匹、杂货为最大宗，主要来自江浙、湖广，销往陕甘地区；而陕、甘二省输出的皮货、药材、水烟等也多经洛阳转运。①

前已述及，绸、布二业是潞泽商人经营的主要行业。潞绸为山西名产，与汴绫、临清帛幔同为北方丝绸名品，洛阳输入的绸缎中至少会有一部分来自潞泽商人的家乡。不过清代潞绸产量有限，洛阳市场上的绸缎很大部分当是从江浙输入的。陕西商人可能经营棉布者较多，道光末年"西安、同州二府布商数十余家"曾单独集资为会馆添设仪仗，参与集资的商号共计44家。②洛阳的棉布主要来自河南、湖北，洛阳附近的孟津、孟县即为著名棉布产区，孟津县"邑无不织之家，秦陇巨商终年坐贩邑中"③；"孟布"更为驰名，"每日城镇市集收布特多"，以致"车马辐辏，廛市填咽"④。湖北棉布主要产自汉阳、应城、云梦等县，多在云梦县汇集，"凡西客来楚贸布必经云城改捆，捆载出疆"；云梦城内"宽间屋宇多赁山西布商作寓"。⑤汇聚洛阳的绸缎、布匹并非仅供本地消费，其中相当部分转销陕、甘二省。乾隆间的记载称：陕

---

① 关于洛阳的商品流通，详请参见许檀：《清代中叶的洛阳商业——以山陕会馆碑刻资料为中心的考察》，《天津师范大学学报（社会科学版）》2003年第4期。
② 咸丰二年《山陕会馆关圣帝君仪仗记》，见许檀编《清代河南、山东二省商人会馆碑刻资料选辑》，第76—78页。
③ 嘉庆《孟津县志》卷4，见《中国地方志集成·河南府县志辑》第65册，上海书店出版社2013年版，第87页。
④ 乾隆《孟县志》卷4《田赋·物产》。
⑤ 道光《云梦县志略》卷1《舆地·风俗》，见《中国地方志集成·湖北府县志辑》第3册，江苏古籍出版社2001年版，第362页。

西一省"绸帛资于江浙，花布来自楚豫"①；同治年间陕西巡抚蒋志章亦言："潼关冲要，行旅必经。在承平之日，东来皖豫各贩以绸缎、南杂各货为大宗，川甘东去之商以水烟、药材等物为巨贾"②，经由潼关进、出陕西的各种商品必经洛阳转运。

杂货和广货也是洛阳转运的大宗商品，潞泽商人业此者有20余家，山陕商人可能更多。所谓杂货范围甚广，茶、糖、纸张、瓷器、烟草、药材等均可包括其中。广货则主要是广东所产白糖、冰糖、洋糖、南果以及从海外进口的各种商品。从湖广北上的杂货多经赊旗转运（详见第六章），在晋商文书《行商遗要》中记有从赊镇雇车运货至洛阳的定规：发"河南府杂货、茶梗，勿论牛马车俱加八称（秤）规，实划加九之称（秤）"；"河南府、汝州、禹州马车脚价付九欠一，以十天为期，二十天见回票，误期每车罚银八两"。③

棉花是洛阳本地输出的大宗商品之一，主要销往西北。德国地理学家李希霍芬1870年的记载言："河南府地区主要贸易品为棉花，此间各种输入品主要是由出售棉花支付的。据说棉花的买卖终年不断，（洛阳）城内的交易额每天平均约一万两。主要是输往陕西和甘肃，输往山西及湖北的数量较小。"④

* * * *

以上笔者主要依据商人会馆碑刻资料对洛阳商业进行了考察。从山陕商人所建两座会馆的创建、重修过程可知，清代洛阳商业的兴起约在康熙年间，嘉道年间汇聚洛阳的山陕二省行商、坐贾当有千家，若加上其他省份商人，数量会更多。据潞泽会馆的集资金额折算，乾隆年间该商帮的年经营额约为240万两，嘉道年间可能还有增长；山陕会馆嘉道间重修的集资为25 000余

---

① （清）陈宏谋：《巡历乡村兴除事宜檄》，见（清）贺长龄、魏源等编《清经世文编》卷28《养民》，第690页。
② 彭泽益编：《中国近代手工业史资料（1840—1949）》第1卷，生活·读书·新知三联书店1957年版，第600页。
③ 史若民、牛白琳编著：《平、祁、太经济社会史料与研究》，第501—506页。
④ 李文治编：《中国近代农业史资料（1840—1911）》第1辑，生活·读书·新知三联书店1957年版，第426页。

两，如以同样的抽厘率20年平均计算，折合年经营额120余万两。在洛阳经商者当不止这两省商人，故笔者估计清代中叶洛阳商业的年经营额可达四五百万两。

绸缎、布匹、杂货是洛阳商业中最重要的行业。洛阳不仅是河南一府的商业中心，同时也是陕甘地区与中原及南方各省商品流通的重要通道。洛阳输入商品以绸缎、布匹及南方杂货为大宗，其中相当一部分转销西北；洛阳本地向西北输出的商品以棉花为大宗，向南方输出的商品主要是西北所产药材、水烟、皮毛等货。

二、青州府治益都

益都位于山东中部，为青州府附郭县。方志记载："郡旧有二城，俱在洋水之上，北为东阳，南为南阳城。晋治东阳，北齐始迁南阳，即今治。"[①]明代的青州府城是在北齐迁建的南阳城基础上重建的，该城西、南依山，北临洋河，东西、南北四门均不相对。洪武十五年(1382)齐王朱榑就藩青州，王府建于城内北部，永乐初因"谋不轨"被废。弘治九年(1496)衡恭王朱祐楎开国青州，王府位于府城南部。[②]清初于府城以北3里建满洲驻防城，驻军1800余人。[③]图5-8是明代青州府城内衡王府和衙署位置示意图，请参见。

明代益都城外的东关、北关已有较大发展，嘉靖《青州府志》记载：府城十三隅，包括"在城隅六"和"东关隅七"，关厢隅比城内还多一个，这七隅是：正东、正西、正南、西北、西南、北关和古城[④]；康熙《益都县志》所记关厢七隅为：东关正东、东关正南、东关正西、东关西南、东关西北，以及北关、古城[⑤]，即东门外共有五隅，而北关、古城二隅在北门外，所谓"古

---

① 民国《山东通志》卷19《疆域志三·青州府》。
② 宿白：《青州城考略——青州城与龙兴寺之一》，《文物》1999年第8期。
③ 朱永杰：《清代驻防城时空结构研究》，第39、61页。
④ 嘉靖《青州府志》卷11《乡社》。
⑤ 康熙《益都县志》卷4《乡社》。

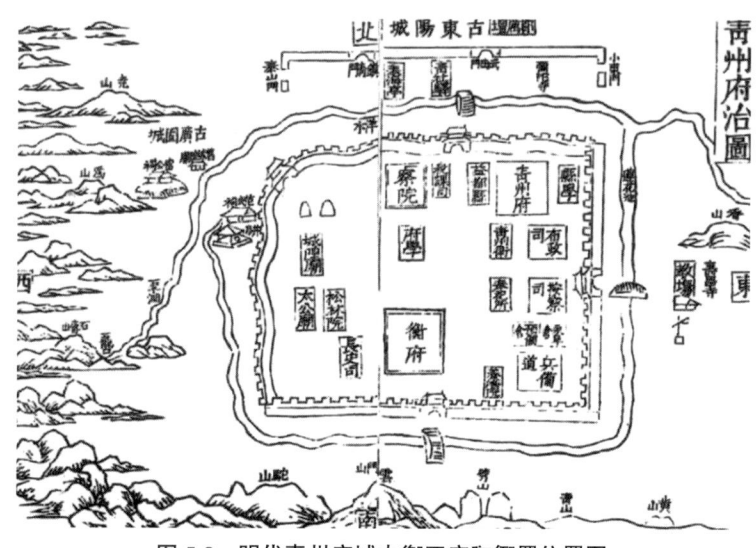

图 5-8　明代青州府城内衡王府和衙署位置图
资料来源：嘉靖《青州府志》卷 1《青州府治图》

城"当即洋河以北的东阳城，洪武间曾在此"即故址修筑（齐藩）王城"，后因齐王获罪废止。①青州府治、县治均位于府城东北，其他衙署也多在城东部，故商业街市的分布也偏于东北。城内有估衣市、估衣市街②，"自卫街西口起折而北至县十字街口，计长一千二百九十六尺"③，连接东门大街和北门大街，是城内最重要的商业街市。东门之外也是该城的重要商业区，东关外有粮市、菜市，有菜市街、丝店街，山西会馆也修建于此④。不过，山西会馆当建于清代，丝店街的形成估计在清中叶前后。

益都地处鲁中山区与鲁北平原的交界，又位于由省城通往东部莱州、登州二府的驿道上，借东西交通之便，明代商业已较为繁荣。嘉靖《青州府志》记载"益都附郭，衣冠文物甲于诸邑"，"农桑之外，逞逐商贩"，"生齿滋

---

① 嘉靖《山东通志》卷 12《城池·青州府城》；嘉靖《山东通志》卷 22《古迹·东阳城》。
② 咸丰《青州府志》卷 1《青州府益都县城图》；光绪《益都县图志》首《城内坊巷图》。
③ 光绪《益都县图志》卷 14《营建志下·道路附》。
④ 光绪《益都县图志》卷首《城外坊巷图（东关）》；光绪《益都县图志》卷 14《营建志下·道路附》。

繁，本实变而逐末多也"。①万历《益都县志》亦言，益都"口聚百物而贸易之"②。康熙年间，益都每年征收商税达381两零，占青州府属10县商税总额的1/3③，如果考虑到此时的山东经济整体上还处于恢复时期，其商业繁荣程度就显得更为突出了。

清代中叶，益都已是鲁中山区生丝及丝织品的集散、加工中心。《青州府志》记言：益都"生丝，出地产者半，采自临朐者半"④。附近的临朐县是生丝的主要产区，所产生丝先汇于冶原、五井等集市，再由商贩运至益都，"远方大估皆集益都"购买，"其走上京者制为纶巾韬穗带绅之属，行于八方"，"贸迁之远，兼及泰西诸国"。临朐所产之茧绸、生绢等丝织品，"练染之功皆恃益都"，在府城加工整理后转销各地。⑤益都城东关有山西会馆，估计晋商在此经营者为数不少。此外，益都、临朐一带所产核桃、柿饼等果品也多在益都集散，然后"贩之胶州、即墨，海估载之以南，远达吴楚至闽粤"⑥；山东沿海官台场的食盐销往临朐、新城、长山、淄川、沂水、蒙阴等县，也需经益都转运⑦。

三、潍县

潍县元代为潍州，明清两代为莱州府属县。县城为前代故城，明初似未重修。城周9里有奇，土筑，城门有四，"门上各有门楼，四隅各有角楼"，外有护城河。正德年间县城被农民军攻克，乃重修，并引小于河水入城濠；崇祯间甃以砖石，城墙增高至三丈五尺，重修门楼、角楼，增建敌台、铺舍以及东、西、南三面瓮城，护城河也增宽至二丈。⑧

---

① 嘉靖《青州府志》卷6《地理志·风俗》。
② 万历《益都县志》卷5《建置志》，转引自张海鹏、张海瀛主编《中国十大商帮》，黄山书社1993年版，第180页。
③ 咸丰《青州府志》卷31《赋役考·杂税》。
④ 咸丰《青州府志》卷32《风土考·物产》。
⑤ 光绪《临朐县志》卷8《风土·物产》。
⑥ 咸丰《青州府志》卷32《风土考·物产》。
⑦ 许檀：《明清时期山东商品经济的发展》，第285页表6-12。
⑧ 嘉靖《山东通志》卷12《城池》；乾隆《莱州府志》卷2《城池》。

山东西部有运河贯通南北，东部半岛为渤海、黄海环绕，均有水运之便；而东、西之间的交通则主要依赖陆路，以省城至东三府的驿道为主干。由济南东行经章丘、长山县到青州府治益都，由益都继续东行至潍县，由此分道，往北至莱州府治掖县，再东行可达登州府；往南经高密可抵沿海之胶州。故潍县借交通之便渐成为山东中部重要的商业城市。

万历年间潍县商业已相当繁荣，城内及关厢各类市集有 18 处："市二，一在城内大街十字口，一在东关大街十字口"；集场"在城内者七，在东关者七，在南关、西关者各一"，商业街市数量远超过府城和其他州县。[①]表 5-11 所列为万历、乾隆年间莱州府属七州县的商税税额。

表 5-11　万历、乾隆年间莱州府属各州县商税税额一览表

州 县	万历年间		乾隆年间	
	税额/两	占比/%	税额/两	占比/%
掖　县	22.213	11.3	128.754	7.5
平度州	24.782	12.4	54.342	3.1
昌　邑	7.731	3.9	102.775	5.9
潍　县	84.050	42.3	508.385	29.5
胶　州	21.504	10.8	796.075	46.2
高　密	27.204	13.6	50.127	2.9
即　墨	11.348	5.7	84.800	4.9
合　计	198.832	100.0	1 725.258	100.0

资料来源：万历《莱州府志》卷 3《田赋》；乾隆《莱州府志》卷 3《杂税》

上表可见，万历年间潍县商税 84.05 两，为各州县之冠，且占全府商税总额的 40%以上，高于府城掖县和南部港口城市胶州；乾隆年间潍县商税增至 500 余两，是万历时的 6 倍多，虽然低于胶州，在全府七州县中退居第二，但其税额仍占全府总额的近 30%，也高于府城掖县，是其近 4 倍。

---

① 万历《莱州府志》卷 5《市集》。

嘉靖年间潍县商人已开始从事沿海贸易，"常贩米麦、豆、油、布匹等货"自乐安之唐头寨至天津发卖；潍县北部之潍河海口，"商贩往来……不减于胶淮"。① 清代潍县商人的贸易范围进一步扩大，如潍县四大家之一的丁氏丁大训于乾隆年间弃儒经商，"贸易于南北"，到嘉道时已是"家资巨万"。② 苏州的东齐会馆为康熙中叶潍县与胶州商人共同创建，其后渐扩大到青、莱、登三府。乾隆十三年(1748)《东齐会馆碑记》记载其发展脉络言："康熙廿年间吾乡胶西及潍邑诸君慷慨输资，适倡购造"；"逮五十二年，青莱登三郡英俊复于庙之西偏次第兴筑"，功倍于前；雍正四年潍县、胶州、诸城、登州众商又集资增建楼阁堂宇，雕梁画栋，会馆规模更加恢宏。乾隆四十二年《重修齐东会馆碑记》共列有潍县及登州、青州、胶州、诸城众商名号290家之多。③

潍县还是莱州府的烟草加工中心。乾隆年间烟业已颇为兴盛，乾隆十三年重修县城，各烟店公捐制钱 120 千文，十四年又捐钱 340 千文修葺土城。④ 清末的记载言，"烟草之著于本境者，昌(邑)、潍(县)较盛；潍胜昌，昌胜掖(县)。昌邑昔种烟草，今皆用潍烟"⑤。潍烟的品种有旱烟、水烟，还有一种金丝薰烟，系"以土产烟草配以香药诸料制为烟丝"，光绪年间每年销售登州、胶州，岁约百万斤。⑥

潍县耕地条件不佳，经济发展主要得益于商业。县志称"潍俗重贾"，"俗以财为雌雄"。⑦ 潍县是山东东部最早富起来的地区，万历年间即有记载称其"民务农商，有富庶之风"⑧；清代同治间的记载言，"近岁以来言东海富庶之区者曰惟潍与黄(黄县)"⑨。

---

① (明)梁梦龙：《海运新考》卷中《奖励官役》，第 368 页；卷上《海道捷径》，第 348 页。
② 民国《潍县志稿》卷 29《人物志》；民国《潍县志稿》卷 31《人物志》。
③ 苏州博物馆、江苏师范学院历史系、南京大学明清史研究室合编：《明清苏州工商业碑刻集》，江苏人民出版社 1981 年版，第 337—339 页。
④ 乾隆《潍县志》卷 2《建置志·城池》；民国《潍县志稿》卷 3《通纪二》。
⑤ 《莱州府乡土志·物产》。
⑥ 《潍县乡土志·物产》。
⑦ 民国《潍县志稿》卷 31《人物志》；民国《潍县志稿》卷 14《民社志·风俗》。
⑧ 万历《莱州府志》卷 3《风俗》。
⑨ 同治《黄县志》卷首《龚易图序》。

四、泰安

在山东众多城镇中,泰安商业的发展较为特殊,它是因岱岳祠庙所在,前来拜谒、进香祈福者众多而发展起来的,甚至可称之为"朝山进香之城"。以往对泰安的研究多侧重在宗教和民俗角度,高莹博士论文《明清时期朝山进香与泰安经济》[①]较详细地分析了朝山进香对泰安城市经济的影响,本节多有参考。

泰安的前身为岱岳镇,宋代为乾封县,金代升州。明代泰安州属济南府,清代雍正十三年(1735)升州为府,以泰安县附郭。泰安城即宋代之乾封县城,金元因之。本为土城,嘉靖年间济南府通判王云兴"奉檄重修,易土以石";城周7里,高二丈五尺,护城河阔三丈深二丈;城门有四:分别为静封、望封、乾封、登封。崇祯十二年(1639)增修四隅,各出棱角,并建楼其上。清代乾隆十三年(1748)再次"奉旨重修",并改四门名称为:东迎暄,西岳晏,南泰安,北仰圣。[②]

五岳之首的泰山就坐落在泰安城北门之外。自公元前219年秦始皇登泰山封禅起,汉武帝、唐玄宗、宋真宗,以至清高宗,几乎历代都有皇帝登封泰山。汉武帝曾8次到泰山,6次登封;宋真宗时在山下岱庙中建天贶殿,在岱顶建碧霞祠;乾隆皇帝先后11次驾临,6次登山。每次皇帝驾临,都会拨发内帑整修道路,修缮庙宇,从而大大提升了泰安的基础设施建设。几占泰安城面积1/4的岱庙,是历代帝王来泰山祭拜举行祭典的场所,而碧霞祠、斗母宫、药王庙等则是民间祈福还愿、求子问药的进香之处,其中以碧霞元君祠香火最盛。

明制,凡登泰山进香者需在泰安州交纳香税。明末及清初每年香税额5934两,雍正四年(1726)以后改为"尽收尽解",每年增至近万两。[③]如以每人"输银一钱四分"计,每年的香客人数为四五万至七八万之谱。雍正十三年十一月,刚刚登基的乾隆皇帝下旨:"朕闻东省泰山有碧霞灵应宫,凡民人进香者俱在泰安州衙门输纳香税,每名输银一钱四分,通年约计万金。若无

---

① 高莹:《明清时期朝山进香与泰安经济》,南开大学博士学位论文,2017年。
② 乾隆《泰安府志》卷6《建置志·城池》。
③ 雍正《山东通志》卷12《杂税》。

力输税者即不许登山入庙。此例起自前明,迄今未革。朕思小民进香祷神,应听其意,不必收取税银。嗣后将香税一项永行蠲除,如进香人民有愿舍香钱者,各随愿力,不得计较多寡。"①泰山香税的革除,使更多的普通百姓可以登山进香。到乾隆中叶,前来泰山的香客已发展到"岁动以数十万人"了。②

香客云集,大量流动人口汇聚泰安,形成对住宿、餐饮等方面的大量需求,促进了泰安商业服务业的发展。明代泰安的客店业已相当发达,"山上下诸馆舍悬灯张市,送逆往来,繁若元夕"③。据张岱《陶庵梦忆》记载,他在泰安所住的客店规模很大,不仅能住宿、餐饮,还可提供轿舆、演出等服务,店中有"庖厨炊爨"20余所,又有"戏子寓二十余处,演戏者二十余处,弹唱者不胜计"。④该店按住客交纳店银的多寡,提供三种不同档次的服务:最上等为专席,食品有糖饼、五果、十肴、果核等,并伴有演戏;第二等为二人一席,供应糖饼,肴核,也有演戏;第三等为三四人一席,食物与二等同,但只有弹唱,不演戏。乾隆年间泰安城西的刘氏客店"可容千人",据说相邻的宋氏客馆更可"容三千人不止"。⑤其他为香客服务的行业还有酒铺、饭馆、山轿、运输等业,香客所需的各种商品贸易也随之兴盛。

明代泰安每年商税已达760余两,表5-12是万历年间泰安商税的分类统计,请参见。

表 5-12 可见,手帕行税银高达 135 两,居诸行之首;伞扇行税银亦达 36 两,再如锡箔行、木梳行,显然都是以香客,特别是女性香客为主要销售对象的;绸缎行、布行、鞋行经营的货品可能也有一部分为香客所购买。此外,"城乡酒饭、卖盐等项小铺"征银 333 两,"市集出摊小铺并各集斗、秤户"税银 56 两零,泰安城乡饮食服务业的发达,酒馆、饭铺及摊贩众多,显然是为适应前来朝山进香者不同档次的需要。

---

① 《清高宗实录》卷7,"雍正十三年十一月二十四日"条,第285页。
② 乾隆《泰安县志》卷2《风俗》。
③ (明)吴同春:《登泰山记》,转引自高莹《明清时期朝山进香与泰安经济》,南开大学博士学位论文,第111页。
④ (明)张岱:《陶庵梦忆》卷4《泰安州客店》,栾保群点校,浙江古籍出版社2012年版,第58页。
⑤ 高莹:《明清时期朝山进香与泰安经济》,南开大学博士学位论文,第106—108页。

表 5-12　万历年间泰安商税的分类统计

行业	税银/两	行业	税银/两	占比/%
手帕行	135.0	铜器杂货行	81.0	
伞扇行	36.0	钱 行	45.0	
锡箔行	6.0	纸 行	13.5	
木梳行	4.5	铁器行	7.5	
布 行	15.0	麻 行	6.0	
绸缎行	13.5	山果行	4.5	
鞋 行	6.0	瓷器行	3.0	
鱼 行	3.0			
以上各行合计			379.5	49.4
城乡酒饭、卖盐等项小铺			333.0	43.3
市集出摊小铺并各集斗、秤户			56.27	7.3

资料来源：万历《泰安州志》卷3《税课》

　　清代泰安商业又有进一步的发展。明代州城之外尚多旷野，顺治年间"知州傅振邦、张锡怿相继招徕，营房舍以卫之"，至康熙时已是"市肆鳞集"了。①最迟到乾隆中叶，泰安城外四关厢已发展为繁荣的商业区，尤以北关和西关为盛：北关街市与城内的遥参亭相衔接，"遥参亭前四民辐凑（辏），炊釜蒸沸，在城中最称浩穰"；"北隅仰圣门外，西通新街，东连铜器行，市肆鳞次，每当香客云集，铙鼓喧阗直达门外"；西隅岳晏门外"自旧校场抵社首烟火数千家，大街百货杂陈，循河一带粟蔬、鱼果、薪炭、器物无不具备"。至于南隅泰安门外"为京省东西通衢，冠盖往来，废著繁集"；东隅迎喧门外则"士农与逐末者半"。②泰安居民从事商业、服务业的人口也大大增加。《泰安县志》记载："泰山香火岁动数十万人，富者居坊肆之奇，贫者有香楮服劳之益，不耕不织待以举火者不下数千百人。"③

　　外地商人在泰安经商者以晋商为最，至少垄断了泰安的盐、当两业。

---

① 乾隆《泰安县志》卷6《城池》；康熙《泰安州志》卷1《舆地志·城池》。
② 乾隆《泰安县志》卷2《里社》。
③ 乾隆《泰安县志》卷2《风俗》。

泰山红门宫下有一座关帝庙,"殿宇楼榭极为壮丽"①,为山西盐、当两行商人集资修建,故又称"山西会馆""盐当会馆"。该会馆院内保存有一批扩建、重修会馆的碑铭②,我们可借以对晋商在泰安的发展脉络有些较具体的了解。

据碑文记载,山西会馆始建于明季,清初添建戏楼一座"为岁时伏腊祝赞演戏之所";康熙年间"盐、当行扩庙北迤西地另建大殿,前立拜棚及钟、鼓、戏三楼"③;乾隆年间又添建大厅、厢房和马庑④,至此会馆建筑基本完备。其后,会馆又于道光、咸丰、光绪、民国间多次重修。表5-13是泰安山西会馆创建、重修工程及其集资状况简表,请参见。

表5-13 泰安山西会馆创建、重修工程及其集资状况简表

年 代	创建、重修工程	主持者	集资人数	捐款额
明 末	会馆创建	山西善信	不详	不详
清 初	建戏楼	许公	不详	不详
康熙十年	建大殿、拜殿、钟鼓楼等	高应节、宋轼	百余人	百数十两
康熙二十二年	建配殿	宋晟	540余人	570余两
康熙五十年	重修戏楼	汾阳当商等	不详	不详
乾隆十五年	建大厅及厢房	薛二合	90余人	800余两
乾隆五十九年	建马庑	盐当二行及各行铺	四五十家	600余千
道光二十八年	重修大殿、拜棚等	盐当二行	30家	4200余千
咸丰九年	重修钟鼓楼、马庑等	盐当二行	不详	不详
光绪二十一年	重修会馆	山西山东盐商	18人	不详
民国年间	增建北堂、同寿堂等	山西山东盐商	21人	不详

资料来源:袁明英主编:《泰山石刻》第3卷,第676—678页;许檀编:《清代河南、山东等省商人会馆碑刻资料选辑》,第355—371页

---

① 乾隆《泰安县志》卷7《祠祀志》。
② 这批碑铭共10余通,分别见袁明英主编:《泰山石刻》第3卷,中华书局2007年版,第676—678页;许檀编:《清代河南、山东等省商人会馆碑刻资料选辑》,第355—371页。
③ 许檀编:《清代河南、山东等省商人会馆碑刻资料选辑》,第355、368页。
④ 袁明英主编:《泰山石刻》第3卷,第676—678页。

由表 5-13 可知，康熙中叶在泰安的晋商数量有较大增长，从康熙初年的百余人猛增至 500 余人。康熙二十二年(1683)《创建关帝庙配殿碑记》也记言："历年以来，凡我晋人之居于岱下者日益多，其生计货殖日益盛"；参与此次集资者除在泰安本地经营者外，还有来自历城、兖州府、滕县等地的晋商捐款，碑文特别注明"捐银善人俱系山西各府州县人氏，见在泰安州生理寄住"。① 不过平均每人捐款只有一两零，显然其经济实力尚属有限。乾隆、道光年间晋商的实力有较大增长，在乾隆十五年(1750)的集资中，90 余人捐银 800 余两；在乾隆五十九年的集资中，四五十家商号捐钱 600 余千；特别是道光末年的重修更显示出晋商实力的增长。道光二十八年(1848)《重修关帝庙碑》记言：

> 泰山盘路初起处旧有关圣帝君祠宇，盐、当商人因其基而恢廓之，庙貌崇闳，神像庄严，为盘路中第一禅观。……其西偏建为盐当会馆，每逢祭期，虔修祀典，吾侪致斋于斯，省牲于斯，即饮福于斯，执事者于斯展诚恪，都人士于斯瞻礼仪焉。第历年久远，风雨摧残，虽未至于倾颓，而金碧减色，殊不足以妥神灵而肃观瞻。凡我同人目所及睹，心抱不安。于是鸠工庀材，残者修之，缺者补之，越月余而焕然聿新焉。

此次重修为盐、当两行捐款，其中盐行 11 家捐钱 1756 千文，典当 17 家捐钱 2446 千文，合计为 4202 千文，平均每家 150 余千；其中捐款最多者为盐商刘洪绪，捐钱 565 千文。② 参与集资的商号数量虽然不多，但充分显示了盐、当两行的经济实力。

从会馆重修捐款还可看到泰安盐、当两行的实力消长过程。据碑文记载："关圣帝君庙，考其原始泰邑业鹾务者皆晋人，因圣帝有桑梓之谊，特延殿宇以奉祀者。继因泰境各当店亦皆系晋人生意，愿附祀其中，遂于殿宇西偏拓建数楹以为斋宿之地。此公所之所由昉也。"即会馆最初为盐商所建，其后当商"附祀其中"。不过在乾隆五十九年修建马庑的集资中，"公盐捐钱二百千，

---

① 许檀编：《清代河南、山东等省商人会馆碑刻资料选辑》，第 357—364 页。
② 许檀编：《清代河南、山东等省商人会馆碑刻资料选辑》，第 366—367 页。

公当捐钱三百余千,各铺行捐钱一百余千",当行捐款已超过盐行;在道光二十八年(1848)的集资中当商的实力也超过盐商。其后,因"咸同年来地方不靖,西当生意以次收回,庙中祀事并一切经理遂仍为醝局专责"。咸同年间当商逐渐撤出泰安,会馆交由盐业单独经理;到光绪年间"醝局同仁实亦不皆晋人",而是由山西、山东两省商人共同经营了。①

五、博山(颜神镇)

博山(今淄博市博山区)的前身为颜神镇,是一个因工矿业发展而兴起的城镇。该镇位于鲁中山区北缘,"山多田少"而矿产丰富,煤炭、陶冶、琉璃为该镇的三大产业,居民"不耕不织","饔飧所资皆取给于邻境"。②明人李开先《闲居集》记言:"颜神自古号称雄镇……出产煤炭、矾石、铅丹、琉璃,奇土异壤,埏埴百器,色色颇精,大车小车皆所取给焉。"③顾祖禹《读史方舆纪要》亦称,"颜神镇……地宜陶,又产铅及煤,居民稠密,商旅辐至,设巡司及税课局于此"④。

颜神镇建城始于嘉靖三十六年(1557),青州兵备道王世贞"始于镇甃筑石城"。清代雍正十二年(1734)割益都、淄川、莱芜三县部分村庄设立博山县,即以颜神镇为县治。⑤县城周长三里,城内为衙属、学宫所在,民居不多。工商业主要集中在县城西关、北关之外。《博山县志》记载:"禹石门外为西关街,西至隅首有横街……西枕孝妇(河)为大街,长三四里,民居稠密,商货往来多由于此。北出大街渡河而西,民多业琉璃,为西冶街";"范河门外倚河滩者为北关街,中途东转者为北岭街,民多业瓷窑;河滩之西起于迭道北至沙沟为税务街,其民多贩瓷器"。⑥全县居民主要从事陶冶、琉璃、煤炭的

---

① 许檀编:《清代河南、山东等省商人会馆碑刻资料选辑》,第369—370页。
② (清)孙廷铨:《颜山杂记》卷4《物产》,《景印文渊阁四库全书》第592册,第809页;康熙《颜神镇志》卷2《风俗物产》。
③ (明)李开先:《闲居集》卷12《颜神事宜》,《续修四库全书》第1341册,上海古籍出版社2002年版,第349—350页。
④ (明)顾祖禹:《读史方舆纪要》卷35,《续修四库全书》第602册,第439—440页。
⑤ 康熙《颜神镇志》卷首《颜神镇志引》。
⑥ 乾隆《博山县志》卷2《街衢》。

生产和销售，"四远之外载粟以易器械，而镇之民亦得以其器械易粟"①，即输出工矿业产品，输入粮食以为民食。

博山的煤炭业据说始于唐代，其煤层有不少分布在地表，只需简单的工具即可开采，这种个体开采方式是最原始的。清代博山煤炭业中已出现雇工数十人的中等煤窑，能够开采深至百米的煤层，形成一套复杂的生产组织关系。②据李希霍芬1869年的估计，博山的煤矿大概每年可产煤15万吨。③博山的陶瓷业也兴起较早，明代已相当发达，嘉靖《山东通志》记载："陶器出青州颜神镇，居人相袭善为陶业。其规制如缸、如罂、如釜、如缶之类……其利民不下江右之景德镇。"④琉璃制造业估计始于明代中后期，是由官府手工业转化而来。博山的琉璃制品种类甚多，其高档者为青帘、佩玉、华灯、屏风等，"皆穿珠之属，错采雕龙"，多为宫廷所用；民间所用者如风铃、念珠、簪珥、鼻烟壶、泡灯、鱼瓶、葫芦、响器等。博山的琉璃和陶瓷制品销行颇广，"北至燕，南至百粤，东至高丽，西至河外，其行万里"。⑤

德国地理学家李希霍芬在1869年4月的考察日记中写道：博山县"是我在中国见过的最大的工业城镇。在路上的时候就遇到了长长的推车队伍，装载着煤、焦炭、铁器、陶器、烟草、谷物和一些包裹严实的货物（看起来是玻璃）。我数了数，一小时内就有65辆装烟煤的车经过。……离博山还有20里就看到村子里的人都在从事工业生产，房屋都是用石头垒成的，还有高高的石墙围绕，那是一些有钱的工场主家的屋子。"⑥"当地规模最大的产业是玻璃制造和石料开采，大概有500人干活。每人每天赚200文（1200文=1个银圆）"；"在中国，山东的博山是唯一能生产窗玻璃的地方"。负责运输的工

---

① 康熙《颜神镇志》卷2《城市关梁》。
② 淄博矿务局、山东大学编：《淄博煤矿史》，山东人民出版社1986年版，第6、20—21页。
③ [德]费迪南德·冯·李希霍芬：《李希霍芬中国旅行日记》，李岩、王彦会译，商务印书馆2016年版，第143页。
④ 嘉靖《山东通志》卷8《物产》。
⑤ （清）孙廷铨：《颜山杂记》卷4《物产》，《景印文渊阁四库全书》第592册，第815页。
⑥ [德]费迪南德·冯·李希霍芬：《李希霍芬中国旅行日记》，第141—142页。

人"两个人推一辆车，能装400斤，每10里共赚200文。每天能走30里到40里，也就是每人能赚到300文到400文。也有更大的车辆，最大的能装载2000斤，得用5匹马来拉，每天能走2英里到3英里路"。①在这个欧洲人眼中，博山是当时中国最大的工业城市，博山的玻璃制造业是当时中国唯一堪与欧洲近代工业相比的产业。

第四节 华北的药都

华北的药材市场较多，规模最大者当属直隶祁州和河南禹州，它们与江西樟树、安徽亳州并称清代四大药市。此外，怀庆府城河内为怀帮药商的故乡，又是四大怀药的产区，在药材贸易方面也有其优势，下面我们分别考察。

一、祁州②

祁州(今河北安国市)古称安国，隋唐为县，宋代始称祁州，明清两代均属保定府，在府城以南120里。

祁州城，明初"因前代之旧"，正统十四年(1449)毁于兵燹，成化间知州贾贞、童潮重修，基本奠定了州城规制：城周4里有奇，城门三，"南曰拱辰，东曰迎曦，西曰德星，上建敌楼三，角楼四"，城外有护城河。不过此时尚为土筑，"崇祯间外甃以砖，始称壮丽"；清代同治三年(1864)重修。③州署位于城内北部，"州前直街正对南门，曰南大街……州前横街正对西门，曰西大街"④。其他官方设施如文庙、儒学等多集中在城东部，西部主要为

---

① [德]费迪南德·冯·李希霍芬：《李希霍芬中国旅行日记》，第144、340页。
② 关于祁州的药材贸易，详请参见许檀：《清代的祁州药市与药材商帮——以碑刻资料为中心的考察》，《中国经济史研究》2019年第2期。
③ 康熙《畿辅通志》卷5《城池》；乾隆《祁州志》卷2《建置志·城池》；光绪《祁州续志》卷1《建置志·城池》。
④ 乾隆《祁州志》卷1《舆地志·河道》。

民居。①

祁州是清代华北最重要的药材贸易中心，其兴起约在清初，乾嘉年间加速发展，清代后期达到鼎盛。以往关于祁州药市的研究多使用民国年间的调查资料，刘小朦《明清祁州药王信仰的演变与药材市场研究》一文利用祁州药王庙保存的20余通相关碑铭，对明清时期药王信仰的演变，以及祁州药市的发展脉络进行了详细考察②，本节多有参考。

据刘小朦的考察，祁州药王庙的前身是皮场王庙。该庙位于祁州南门外，成化年间知州童潮撰有《重修皮场祠记》为其正名言："皮场为州灵神，祀典虽不列，而前朝封制具存。其恤民隐，药民灾，寿民命……匪（非）淫祀也。"此时的皮场王庙还是一座不太知名的地方庙宇。万历、天启年间皮场王庙已是香火鼎盛，"清明寒食四方瞻仰，进香赛祷于祠下，车毂填门"；"节届清明，轮蹄辐辏尤甚，或辇金钱，或输诸币，金鼓导迎，远近如响"。③康熙《祁州志》也有记载言：皮场王庙"清明时人以万计，车载填门"④。随着敬神祈福者的云集，庙会贸易也逐渐兴起。

关于祁州药材市场的形成，目前所见最早的资料是雍正年间举人刁显祖的《祁阳赋》："又有显佑之神，是曰皮场，初封土地，历晋侯王，男女祈祷，奔走若狂。年年两会，冬初春季，百货辐辏，商贾云集，药材极海山之产，布帛尽东南之美，皮服来岛夷而贩口西，名驹竭秦晋而空冀北。"⑤不过此时的祁州应还是一个"百货辐辏"的综合性庙会市场。乾隆年间，祁州以药材贸易为主的市场性质逐步彰显，"每年清明及十月十五日商贾辐辏，交易月余，盖大江以北发兑药材之总汇"⑥；嘉庆九年（1804）《重修皮王神阁碑记》记载：

---

① 刘小朦：《明清祁州药王信仰的演变与药材市场研究》，南开大学学士学位论文，2011年，第18页。
② 刘小朦：《明清祁州药王信仰的演变与药材市场研究》，南开大学学士学位论文，2011年。
③ 万历二十六年《重修明灵昭惠显佑王祠记》，天启二年的《新建皮王神阁碑记》，转引自刘小朦《明清祁州药王信仰的演变与药材市场研究》，南开大学学士学位论文，2011年，附录二。
④ 康熙《祁州志》卷3《祀典志·祠庙》。
⑤ （清）刁显祖《祁阳赋》，乾隆《祁州志》卷7《艺文志》。
⑥ 乾隆《祁州志》卷2《建置志·坛庙》。

"祁州南关药会，天下驰名旧矣。……迩年来药货倍多，药客云集，每逢朔望，□男女□进香□□□□□胜届，是以布施浩繁，络绎不绝。自庙中宫殿以至墙垣、门坊，靡不年年修葺，彩画维新。"①

乾隆—道光年间鄚州药市的衰落为祁州药市的发展提供了一个绝佳的发展机遇。鄚州为河间府任丘县所辖，明代万历年间已十分繁盛。沈德符《万历野获编》记载：

> 鄚州在雄县之南，任丘之北。……（任丘）城外有药王庙，专祀扁鹊，不知始自何年，香火最盛。每年四月初，河淮以北，秦晋以东，宣、大、蓟、辽诸边，各方商贾辇运珍异并布帛菽粟之属入城为市。京师自勋戚金吾中贵大侠，以及名娼丽竖，车载马驰，云贺药王生日，幕帘遍野，声乐震天。每日盖搭篷厂，尺寸地非数千钱不能得。贸易游览，阅两旬方渐散。顷年上偶违豫，慈圣为祷于药王祠，未几圣躬复原，因大出内帑重加修葺，又增建神农轩辕三皇之殿，以古今名医配食，自是药王之会弥加辐辏。②

由以上记载可知，鄚州庙会每年四月开设，虽然是以药王诞辰为名的庙会，但实际贸易商货并非以药材为主，"布帛菽粟之属"以及各种"珍异"之品均"入城为市"；庙会的辐射范围涵盖"河淮以北，秦晋以东，宣、大、蓟、辽诸边"，包括华北各省以及辽东地区。乾隆《任邱县志》也称之为"诸货鳞集"："扁鹊祠在鄚城北，元达鲁花赤野仙乞实迷儿进义建，明知县周祐王齐重修。天启间奉敕重建，殿宇宏丽，每岁四月庙会，诸货鳞集，祈福报赛者接踵摩肩。康熙戊午毁于火，土人募缘重修，道会司隶焉。"③

戊午为康熙十七年（1678），此次大火将药王庙烧毁，灾后曾募捐重修。其后，乾隆、道光年间连续三次火灾，更对鄚州庙会造成灭顶之灾。道光《任

---

① 转引自刘小朦：《明清祁州药王信仰的演变与药材市场研究》，南开大学学士学位论文，2011年，附录二。
② （明）沈德符撰：《万历野获编》，第616—617页。
③ 乾隆《任邱县志》卷2《建置志·坛遗》。

邱县志续编》记载：

> 乾隆戊申正值香期，忽庙门火起，烈焰飞腾，男女惊奔，自相践踏，呼号之声振天地，于是三皇、文昌两殿以及商贾所处连檐数百间一时俱烬，庙门内外尸积纵横，焦头烂额者闲杂其中。灾后报官，势难检验，即其家来收尸亦难区别，遂共议择旷地丛葬之。自是湖、粤诸商不敢聚处庙中，咸来鄚州镇赁屋以居，其野处者惟时物小商。至道光癸巳、甲午连毁于火，后以进香作会为有司严禁，景物消歇，不似从前云集矣。①

戊申为乾隆五十三年（1788），癸巳、甲午为道光十三、十四两年（1833、1834），连续三次大火，不仅商人损失惨重，不敢于庙中居住，而且地方官也担心再出事故，索性严禁开办，以致鄚州庙会从此一蹶不振。

鄚州庙会的衰落给祁州药市的发展带来机遇，原来到鄚州贸易的商人无疑会有一部分转至祁州。嘉庆年间祁州药市得以大规模发展，"迩年来药货倍多，药客云集"，药王庙也进行了两次大规模的重修。

第一次重修从嘉庆末至道光初年，增修钟鼓楼、牌坊、戏楼、碑楼以及名医殿等。光绪六年（1880）《增修明灵昭惠显祐王庙碑记》追溯此次重修曰："道光初年和中公卜氏谓神庥既普，庙貌宜崇，爰集同人暨各省商贾量力资助，鸠工庀材，而神宇以廓。又于殿前建两庑，以历代名医配之：其左则季汉华元化，唐孙林，金刘河间、张子和，明张惠卿；其右则黄普世安、列国秦扁鹊、汉张仲景及唐之孙思邈、徐文伯，祀典煌煌，洵祁邑一胜迹也。"②光绪《祁州续志》对此次重修也有简要记载："嘉庆二十三年经本关廪贡生卜中节等劝募，增修名医殿十楹，碑楼六楹，钟鼓楼各一，并牌坊、戏楼，规模始大；道光十二年又树铁旗杆二，高七丈二尺。"③其中"道光十二年"的

---

① 道光《任邱县志续编》卷下《绪言志·余录》。
② 转引自刘小朦：《明清祁州药王信仰的演变与药材市场研究》，南开大学学士学位论文，2011年，附录二。
③ 光绪《祁州续志》卷1《建置志·祠庙》。

记载稍有不确,药王庙的铁旗杆应是道光九年竖立的。这两根铁旗杆至今保存完好,南旗杆底座上镌有:"南关药王神庙已更旧址,尽焕新规,所有山门外旗杆二根历年久远,亦属倾颓;爰谋诸同人,重铸铁旗杆一对,财则募于四方,工则鸠于三晋。……大清道光九年吉月吉日,铸造旗杆一对,重六万有余,永保四方平安,吉庆有余。"①经此次重修,药王庙的规模较前扩大了很多,基本奠定了药王庙的格局。遗憾的是此次重修的经费来源未见立碑记载,所幸北旗杆底座上镌有"捐纳布(施)众善士",据此可知参与集资者包括关东、山东、山西、陕西、京通卫、古北口外、五台厂、蔚州厂、曲阳厂、黄芪帮、甘草行等药材帮,四路客商、附近各州县村庄,以及祁州本地的大药市、杂货行、估衣行、皮袄行、首饰行等;金火匠人则为陕西同州府华阴县工匠徐秉健、徐秉魁、李天贵、牛长清等4人。②

　　第二次大规模的重修是在同光之际。同治七年(1868)捻军攻破州城,州治被毁,位于南关的药王庙估计也遭损坏,故同治末年祁州和各地药商集资进行大规模的重修。此次重修从同治十二年至光绪六年(1873—1880),历时8年,共耗资34 100余千。③此次重修的药王庙较完好地保留下来。图5-9

图 5-9 祁州药王庙的山门、牌坊和铁旗杆

---

① 许檀编:《清代河南、山东等省商人会馆碑刻资料选辑》,第487页。
② 许檀编:《清代河南、山东等省商人会馆碑刻资料选辑》,第488页。
③ 许檀编:《清代河南、山东等省商人会馆碑刻资料选辑》,第487页。

图 5-10　祁州药王庙的碑廊

是祁州药王庙的山门、牌坊和铁旗杆，图 5-10 为祁州药王庙的碑廊。[①]

同光之际的重修有大量捐款碑保留下来，我们可借以更加具体地了解汇聚祁州的各地商帮及其经济实力。表 5-14 是同光年间祁州重修药王庙的商人捐款统计，请参见。

表 5-14　同光年间祁州重修药王庙的商人捐款统计

捐款分类	捐款额/千文	占比/%	备注
客　帮	22 249.214	66.2	同治十二年春会至光绪六年春会捐款
药行经纪	5 667.800	16.9	同治十二年春会至光绪五年冬会捐款
城关四乡	5 681.950	16.9	同治十二年春会至光绪三年冬会捐款
合　计	33 598.964	100.0	

资料来源：据光绪六年《同治十二年春会至光绪五年冬会客帮银钱捐项碑记》统计

---

① 图 5-9、图 5-10 的照片为笔者 2010 年 9 月考察时拍摄。

表 5-14 可见，客帮捐款占集资总额的 66.2%，药行经纪捐款占集资总额的 16.9%，合计已达 80% 以上；至于"城关四乡"大致包括祁州本地的杂货、山货、估衣、皮货、食店等行以及北大会、南大会、南药市等，其中南药市和南、北两会也多为药商捐款，故药商捐款可能达到 90%。

我们先看占比最高的客帮捐款，表 5-15 是依据光绪六年《同治十二年春会至光绪五年冬会客帮银钱捐项碑记》对客帮捐款的逐年统计，请参见。

表 5-15 同光年间祁州重修药王庙客帮商人捐款的逐年统计

年代	捐银/两(折合京钱/千文)	捐钱/千文	合计/千文	占比/%
同治十二年春冬两会	2 480.90（8 509.50）	1 591.00	10 100.50	45.4
同治十三年春冬两会	1 002.72（3 308.90）	1 489.40	4 798.30	21.6
光绪元年春冬两会	529.40（1 800.90）	485.20	2 285.20	10.3
光绪二年春冬两会	507.50（1 522.50）	815.80	2 338.30	10.5
光绪三年春冬两会	56.00（165.20）	1 140.00	1 305.20	5.9
光绪四年冬会	52.00（156.00）	1 034.85	1 190.85	5.4
光绪五年春冬两会	26.00（78.00）	62.86	140.86	0.6
光绪六年春会	30.00（90.00）	—	90.00	0.4
合计	4 684.52（15 630.10）	6 619.11	22 249.21	100.0

资料来源：据光绪六年《同治十二年春会至光绪五年冬会客帮银钱捐项碑记》统计

上表可见，客商捐款以同治十二年为最多，占总额的 45.4%，以后逐年递减，显然集资是随着药王庙重修工程的进展根据实际需要陆续进行的。其中有些商号捐款三次、四次，也有的只捐一两次；换言之，每年到祁州进货的商号数量可能不完全一样。与嘉道年间相比，参与此次集资的药材商帮增加了怀帮、武安帮、天津卫帮、宁波帮、江西帮、广昌帮；不过嘉道时的蔚州厂、曲阳厂二帮未再出现，蔚州位于直隶北部，曲阳属定州，该地药商可能已汇入直隶的其他药帮中了（详见下文）。表 5-16 是依据《同治十二年起至光绪五年众商义捐布施碑记》[1]对各药帮的捐款统计，请参见。

---

[1] 许檀编：《清代河南、山东等省商人会馆碑刻资料选辑》，第 438—463 页。

表 5-16　同光年间祁州重修药王庙各地药材商帮的捐款统计

商　帮	商号数/家	捐款额(京钱)/千文	占比/%	平均每家捐款/千文
关东帮	183	4 265.100	24.6	23.3
怀　帮	51	2 418.531	14.0	47.4
山西帮	115	1 939.477	11.2	16.9
京通卫帮(含天津卫帮)	106	1 834.373	10.6	17.3
黄芪帮	89	1 405.913	8.1	15.8
山东帮	129	1 268.005	7.3	9.8
四外众客号帮	241	900.879	5.2	3.7
武安帮	75	766.563	4.4	10.2
江西帮	22	754.847	4.4	34.3
陕西帮	20	693.916	4.0	34.7
古北口外帮	64	614.542	3.5	9.6
宁波帮	5	170.797	1.0	34.2
五台厂帮	阖帮	150.000	0.9	—
广昌帮	阖帮	125.000	0.7	—
甘草行	23	73.673	0.4	3.2
合　计	1 123	17 381.616	100.0	

资料来源：据《同治十二年起至光绪五年众商义捐布施碑记》统计

表 5-16 可见，参与此次集资的各地药商共有 1100 余家，不过捐款合计只有 17 300 余千，与前述《同治十二年春会至光绪五年冬会客帮银钱捐项碑记》所列 22 200 余千的客帮捐款有较大差额。原因之一是笔者未将邻封各州县的捐款计入，因他们未必都是药商(详见下文)，不过其捐款只有 940 余千，即便计入仍远不足以弥补差额，故笔者估计《同治十二年起至光绪五年众商义捐布施碑记》的登录可能有所遗漏。

表 5-16 的统计显示，关东帮是各地药帮中实力最强的一个，其捐款高居各帮之首，占比达 24.6%，几近 1/4；参与集资的商号 180 余家，平均每家捐钱 23 千。该帮以经营东北药材为主，其中最著名的自然当属人参。怀帮、山西和京通卫三帮捐款占比也都超过 10%，其中京通卫帮包括京师、

通州、天津三地药商，不过在同光之际的集资中天津卫帮实际上已独立出来，该帮共有21家商号参与集资，捐钱650余千。此时的京通卫帮实际上只是京师和通州的药商，计有85家，共捐钱1170余千；其中以同仁堂捐款最多，三次共捐银19两；此外该帮商号中有的17家参局参店，当也都是京城的字号，专门来此采购人参。表5-17是京通卫帮中的参局参店及其捐款统计，请参见。

表 5-17　京通卫帮中的参局参店及其捐款一览表

商号名称	捐款次数/次	捐款额/两	商号名称	捐款次数/次	捐款额/两
和丰参局	2	15	大兴参	1	4
天惠参局	2	10	义丰参	1	4
广泰参银	2	10	聚盛参	1	3
同源参局	2	8	忠兴参	1	2
亨和参局	2	5	德闰参	1	2
德兴参	1	5	隆源参	2	2
复泰参	2	4	洪兴参	1	1
东盛参	2	4	同丰参	1	1
永盛参	2	4			
合　计	17家，共捐银84两				

资料来源：据《同治十二年起至光绪五年众商义捐布施碑记》统计

怀帮即河南怀庆府药商。怀庆府是著名的四大怀药产地，怀帮商人多以经营怀药为主，在汉口、天津、周口、禹州等地都建有会馆。此次集资虽只有51家字号参与，但捐款总额仅次于关东帮，排名第二；如以平均捐款规模而论，怀帮更远超过其他各帮，位居榜首。关于怀帮商人笔者将在下面关于怀庆府城河内的考察时再做详论。晋商是华北地区实力最为雄厚的商帮，作为药材商他们不仅在祁州，在禹州的药材市场上也很活跃，我们留待禹州部分再做考察。

武安帮是咸同之际在祁州成立的药帮。同治四年(1865)《河南彰德府武

安县合帮新立碑记》记载:

> 祁州南门外,旧有药王庙一座,奉祀明灵昭惠显佑药王,相传神自有宋时以医术鸣世,多所存活,迨后遇有沉疴,医治莫效者,祈祷顿瘳,神之惠济苍生者不胜偻指,土人建庙祀之。自有宋而元而明,迄今国朝,历数数百余年之久未尝或废,非功在生民德足寿世者,其孰能与于斯?自庙之既建,每岁春秋二季,商贾云集,称盛会焉,而药行尤钜。凡客商载药来售者各分以省,省自为帮,各省共得十三帮,而河南彰德府之武安帮独阙有间。咸丰辛酉冬,李公久青,其同行之孔公广能、胡公连元、梁公玉堂倡议兴立,又有同籍药行数家亦乐为之勷理而怂恿之,一时义举乐输者三百余家,则皆由于李公等一言之倡也。自辛酉迄癸亥共捐资若干,复得彰德帮解囊相助,共成义举。于是张灯悬彩,演剧酬神,自是武安帮遂因以成立。公议首事者四十二家,每岁六人值年,轮董其事,凡帮中有争竞凌侮事,首事者为之弥缝其缺而正其是非。以故历会之始终鲜有以不平起衅者,则又诸公之义有以激之,而首事者之能持其平也。①

辛酉为咸丰十一年(1861),癸亥为同治二年(1863),武安帮是由李久青等4人首倡,众商集资,至同治二年成立。该碑碑阴列有参与集资者407家,商号数量远超过碑文所记"乐输者三百余家",多出的近百家商号可能即文中所言"解囊相助"的彰德帮。此次集资"从咸丰十一年冬庙起至同治三年冬庙",共捐钱904.1千文。该碑碑阳所列42家会首,笔者在碑阴捐款中找到了39家,共捐款315.4千,平均每家捐钱8千文;其余368家商号共捐钱613千零,平均每家1.7千。②显然,这些首事是武安商帮中实力较强的商号。表5-18是这39家首事的捐款统计,请参见。在同光之际重修药王庙的集资中武安帮有75家商号捐款,首事中也有1/3参与捐款。

---

① 许檀编:《清代河南、山东等省商人会馆碑刻资料选辑》,第428页。
② 许檀编:《清代河南、山东等省商人会馆碑刻资料选辑》,第429—436页。

表 5-18　武安帮成立之时 39 家首事的捐款统计

商号名称	捐款额/千文	商号名称	捐款额/千文	商号名称	捐款额/千文
三合义	18.6	广和恒	7.6	锦和庆	6.6
合义恒	13.8	三益堂	7.6	六合祥	6.6
荣丰泰	12.8	杨春和*	7.6	义盛德*	6.6
德玉沛*	12.6	广德永*	7.6	兴顺诚	6.6
祥盛公*	12.0	马广义*	7.6	广魁恒	6.6
永顺安	12.0	同和公	7.6	洪源泰	6.6
苗兴盛*	9.8	吉祥号	7.6	常统顺	6.6
双和祥	7.6	胡恒聚	7.2	胡恒盛*	6.6
公义合*	7.6	吉庆恒	7.2	胡统顺	6.6
韩新顺	7.6	刘正泰*	7.2	徐永泰	6.6
同和公	7.6	万顺发	6.8	泰和李*	6.4
广和公*	7.6	会祥成	6.8	春和正	6.2
广盛永*	7.6	顺发成	6.6	连合顺*	4.6
合　计	315.4 千，占捐款总额的 34%				

资料来源：据同治四年《河南彰德府武安县合帮新立碑记》统计

注：另有庆和顺、义生堂、靳同和 3 家首事在碑中未见；

带*号者在同光之际重修药王庙的集资中参与了捐款

在重修药王庙的集资中捐款商号最多者为四外众客号帮，计有 241 家商号参与集资；不过该帮整体实力相对较弱，平均每家捐钱只有 3.7 千文。这些商号主要来自直隶的保定、顺德、正定、天津、河间、宣化等府和冀州、深州、赵州、定州、易州等直隶州，计有 40 余州县，尤以保定府属束鹿县，以及冀州、赵州、深州等地商号为多，主要为直隶南部的药商。古北口外帮则以直隶北部地区为主，其捐款商号的来源地主要有热河、平泉州、经棚以及遵化、京东等。参与集资商号最少者当属宁波帮，捐款商号只有 5 家，不过平均捐款 34.2 千文；江西帮捐款商号 22 家，平均捐款 34.3 千文；陕西帮商号也有 20 家，平均捐款 34.7 千文。

又据刘小朦的考察，黄芪帮为祁州本地人组成的专营黄芪的商帮，是本地药帮中规模最大的一个；该帮以黄芪加工为主，货源来自关外、山西、黄芪是关东帮、山西帮经营的主要药材之一。①从表 5-16 的统计中可以看到，该帮有 89 家字号，捐钱 1405.913 千文，占药帮捐款总额 8.1%，实力确实不凡。此外，与以往认为甘草行为祁州本地药商经营不同，其捐款商号多来自直隶蔚州、曲阳（属定州），山西大同、浑源、怀仁、西口等地，似以晋商为多。②

以上对各药帮捐款的考察可以看到，祁州药市的货源和辐射范围主要包括华北平原的直隶、河南、山东、山西四省以及广袤的东北地区。其中，怀帮、武安帮为河南药商，古北口外帮和四外众客号帮、广昌帮③三者多为直隶药商，五台厂帮、甘草行属山西药商，黄芪帮则为祁州本地药商；尤以关东帮、怀帮、山西帮实力较强。关东、河南、山西、山东等地药商带来各自家乡所产地道药材，又在祁州购买其他地区所产带回销售，这些地区既是药材产地也是药材销地；而京、通、卫三地主要是药材的消费市场。对各地药帮平均捐款规模的分析还可看到，江西、陕西、宁波商帮因距离较远，只有规模较大的商号才会直接到祁州销售和购买药材；而距离祁州最近的直隶南部各州县，即便是规模较小的商号也会直接到祁州进货。

除上述各地药帮捐款之外，祁州药王庙的集资中还有邻封州县捐款和祁州本地捐款，前者在碑中题为"邻封州县字号、人名捐施银钱"，其中既有商号，也有人名、村名，计有 320 余个，共捐钱 1313 千零。商号捐款如："定州裕德堂王，钱一百千"；"深泽恩恒当，钱五千"；"子位孚盈恒，钱一千"；"兴盛银炉，钱一千"等，共有 108 个商号参与集资。人名如："清苑县殷洛待，钱十五千"；"保府沈栗园，银 8 两"；"献县曹门李氏，钱二千"；村庄捐款如："子位合村，钱十三千五百"；"大口路董家街，钱七千六百"；"望都南贾村，钱二千四百"；"清苑县小营，钱五千四百"；等等。表 5-19 将其中所标地名录出，该表可见，捐款范围主要集中在直隶南部，尤以祁州周边保定府所属各州县为最，其中一部分是趁药王庙会之机来祁州贸易的商号，一部

---

① 刘小朦：《明清祁州药王信仰的演变与药材市场研究》，南开大学学士学位论文，2011 年，第 81—82、98 页。
② 许檀编：《清代河南、山东等省商人会馆碑刻资料选辑》，第 445 页。
③ 直隶易州有广昌县，江西建昌府亦有广昌县，笔者倾向于前者。

分为善信捐款。

表 5-19 "邻封州县字号、人名捐施银钱"涉及地域范围一览表

所属府州	捐款地名
保定府	清苑、祁州、蠡县、束鹿、望都、高阳、完县、李岗、位伯、洪善堡、温仁、王盘
正定府	晋州、石门、羊村
天津府	天津、东西沙窝
河间府	献县
定州	定州、深泽、子位
深州	安平、孔店
赵州	固城
其他	太谷、汾阳

资料来源：据刘小朦《明清祁州药王信仰的演变与药材市场研究》（南开大学学士学位论文，2011年，第83页）表4改制

注：还有少量无法确定所属的村庄，如介阳、东内营、白尺、品仪等

祁州本地的捐款分为三部分：其一，药行经纪的捐款；其二，南药市和南北大会的捐款；其三，非药业各行的捐款。药行经纪有单独的两通捐款碑，但因字迹多有漫漶，很难做完整的统计。第一通碑登录的可能是同治十二年至光绪三年（1873—1877）的捐款，起首记有："同治十二年春会共一百七十六名，共捐钱五百七十七千；十二年冬会共一百廿名，共捐钱百四十四千；十三年冬会共三百一十名……光绪元年春会"；碑中所列捐款者有捐三四次者，也有只捐一次者，如："□洛进，四次，钱十九千"；"张洛宗，三次，钱十五千"；"李承祖，二次，钱七千"；"陈洛调，钱三十千"等；其中捐款最多者32千，最少为2千。第二通碑登录的应是光绪四、五两年的捐款，起首文字为："□□□□□□□□二碑记五年冬会收四年冬会经纪布施共一百二十二名，共捐钱三百零二千六百文；五年冬会收经纪又上布施，共捐钱一百五十三千六百文。"该碑所登录的都是一次性捐款，捐钱最多者15千，最少为1千。从以上二碑记载大体可知，每届庙会有一百数十名经纪参与捐款，最多时有310名经纪参与，即祁州药行经纪至少有300余名。

据刘小朦的考察，南大会和北大会的捐款，实际上就是本地除黄芪帮之

外的药材商帮的捐款。①至于食店行,当是为外来客商乃至本地居民提供饮食、住宿的行业;杂货、山货、皮货、估衣等行虽与药业无关,但药材市场的兴盛无疑也会带动其兴旺和发展。表 5-20 是同光年间重修药王庙祁州本地各行业的捐款统计,请参见。

表 5-20　同光年间重修药王庙祁州本地各行业的捐款统计

行　业	商号数	捐款额(京钱)/千文	占比%	平均每家捐款/千文
药行经纪	数百名	5 667.800 0	63.5	—
南药市	59	453.065 0		7.70
北大会	53	475.058 5		8.90
南大会	阖会	320.000 0		—
合　计	—	1 248.123 5	14.0	
杂货行	134	1 179.634 0		8.80
山货行	阖行	300.000 0		—
食店行	50	235.800 0		4.70
估衣行	阖行	215.000 0		—
皮货行	8	82.288 0		10.28
合　计	—	2 012.722 0	22.5	
总　计	七八百	8 928.645 5	100.0	

资料来源:据同光年间祁州药王庙各碑统计

由表 5-20 可知,祁州本地商业也以药业为主,至少有数百人从事药材贸易中介,捐款占祁州本地捐款的 60% 以上;而南药市、北大会和南大会也以药材贸易为主,合计已超过 75%。各行会合计,计有列名商号 300 余家参与了重修药王庙的集资,加上山货、估衣二行阖行和南大会阖会商号,数量可能超过 400 家;再加上 300 余名经纪,以及前述黄芪帮的 89 家商号,祁州本地的商号至少超过 800 家。与前述各地药帮以及邻封州县捐款(其中可确认为商号者 108 家)合计,参与此次集资的商号有 1900—2000 家之多。

---

① 刘小朦:《明清祁州药王信仰的演变与药材市场研究》,南开大学学士学位论文,2011年,第 81 页。

祁州本地经营药业者中最有势力的当属卜、崔、张、党四大家族。张、党两家主要从事与药材相关的服务业，为外来药商提供食宿，药材贮存和代购，即所谓"行栈"业。祁州当地最有名的三大行栈为张家的义盛合、刘家的裕亨源、宋陈家的通济元；行栈与各地商帮多建有较稳定的关系，如关东帮、江西帮、宁波帮多依赖义盛合，怀帮、山东帮青睐裕亨源，京师的同仁堂、达仁堂等则与通济元长期合作。卜、崔两家除从事中介贸易之外，还兼营药材加工和贸易，其经营的主要是黄芪，卜家在东北的抚顺、辽阳、营口、长春、哈尔滨、齐齐哈尔等地都设有分号；这两大家族曾轮流出任黄芪帮会首以及祁州商会会长。[①]

* * * *

以上考察我们看到，汇聚祁州的药材商帮以关东、怀庆、山西等帮实力最强，其货源和辐射范围主要包括华北平原的直隶、河南、山西、山东四省以及广袤的东北地区，也有少量江西、宁波、陕西药商来此贸易。这些药材帮将各自家乡所产药材汇集到祁州药市，又从祁州购买其他地区所产药材带回各自的销区，从而形成全国性的药材流通。祁州本地经济也以药材贸易为中心，形成药材加工、存贮，中介贸易、代购代销，以及住宿、餐饮服务等一系列相关产业。祁州药市的发展也在一定程度上带动了直隶南部特别是保定府属各州县城乡经济的活跃。据刘小朦估计，清代后期祁州药市的年交易额为300万—400万两。[②]嘉道年间折半计算，当有150万—200万两的交易规模。

二、怀庆府治河内

在祁州的考察中我们已经看到，在 10 多个药材商帮中怀帮的捐款排名仅次于关东帮，并为平均捐款最高的商帮。下面笔者从该帮商人的大本营怀庆府城河内入手，进一步考察怀帮商人及其经营活动。

怀庆府位于河南北部，与山西泽州府接壤。《河内县志》记载："太行北

---

① 刘小朦：《明清祁州药王信仰的演变与药材市场研究》，南开大学学士学位论文，2011年，第 102—104 页。
② 刘小朦：《明清祁州药王信仰的演变与药材市场研究》，南开大学学士学位论文，2011年，第 87—88 页。

峙，沁水东流，舟车都会，号称陆海。"[1]怀庆府城为元代始建，"洪武元年重筑，设怀庆卫守之"，以河内县为附郭。府城周九里有奇，高三丈五尺，护城河深二丈五尺，阔五丈；城门有四，东西、南北四门全不相对。该城于崇祯年间重修，"增高五尺，外阔三尺，易四门楼以砖"，清代又多次重修。[2]怀庆府衙位于城内中街，原为元代总管府，明洪武三年(1370)改建[3]；怀庆卫署原在府治以东，正统年间改建为郑王府，卫署移至郑府之后北门之左[4]。图 5-11 为怀庆府城池与郑王府位置示意图(图中标有废郑府)，请参见。

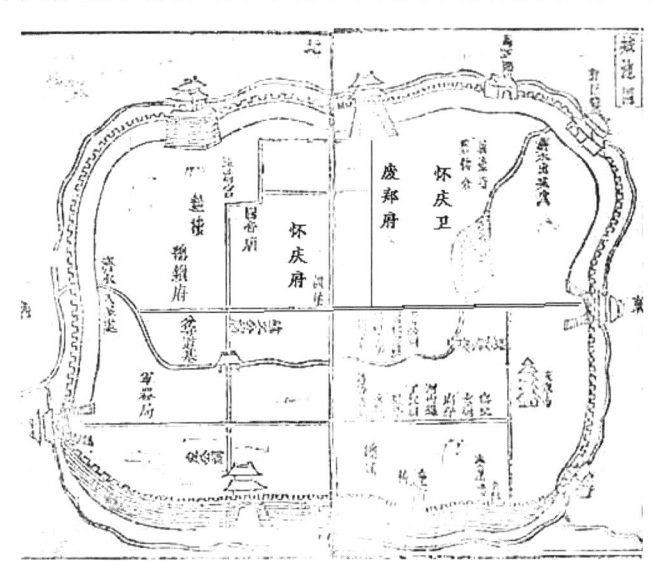

图 5-11 怀庆府城池、衙署与郑王府位置图

资料来源：康熙《河内县志》卷 1《图考·城池图》

郑靖王为仁宗皇帝次子，宣德四年就藩陕西凤翔府，"正统九年迁国河南怀庆府"，郑王府第居城北，系"以怀庆卫改为之"。郑靖王"在国三十八年，至成化二年薨"，世子袭封，即郑简王，简王除长子袭封之外，第三、第四、第九、第十子封郡王，在怀庆府城内另建府第：

---

① 康熙《河内县志》卷 1《形胜》。
② 嘉靖《怀庆府志》卷 6《城池》；道光《河内县志》卷 16《营建志·城池》。
③ 道光《河内县志》卷 16《营建志·公署》。
④ 嘉靖《怀庆府志》卷 6《军伍志》。

盟津王，简王第三子，成化十年（1474）受封，府第在城中兑方；

东垣端惠王，简王第四子，成化十年受封，府第在城中坤方；

繁昌恭定王，简王第九子，弘治六年（1493）受封，府第在城中震方；

庐江懿简王，简王第十子，弘治三年受封，府第在城中坎方；

德庆王，郑世子之弟，嘉靖三十年（1551）受封，府第在城中坎方。①

郑王在怀庆府传了五代，至嘉靖年间，郡王、将军、郡县主并仪宾等宗藩共计 23 位，享有"本折禄俸月粮一万三千一百七十四石有零，共折银一千四百二十七两有零"②。郑王府嘉靖二十九年（1550）被削爵。

怀庆府明代辖河内、济源、武陟、修武、孟、温 6 县，清代增加了原武、阳武二县，辖 8 县。府境有丹水、沁水两河流经，水源丰沛，农业条件较好，不仅粮产丰裕，所产地黄、牛膝、山药、菊花等药材更是名产，俗称"四大怀药"。明代的记载言："太行雄峙于后，丹、沁交流其中，土旷民殷，号称小江南"③；清代的记载称："县之地土树艺五谷者十居其八……沁河以南地土肥美，栽种药材，虽工本较重而所得资利十倍五谷，其最著者地黄、山药、牛膝等物，获利更厚。"④道光《河内县志》亦言：县境"居民七万四千余户，田万一千顷有奇。其近渠依井者为水田，水田十之三；远渠无井者为旱田，旱田十之七。大率岁二熟，今年九月种麦，明年四月收；五月种黍稷高粱，八月毕收。土地膏腴，不待勤力而获丰收矣。又有地黄、山药、百穜之饶，利益滋甚，陇亩之间殆半禾黍，故千金之家比屋可数，善封殖者家累巨万，不止十数而已，曰都其富哉"⑤。

怀庆府城明代的商业状况未见记载，清代前期发展较快，这从商税收入的增长可得到间接证实。清初怀庆府原额老税银 144.435 两，活税银 314.01 两，牙帖银 59.88 两，合计征银 518 两有奇；"府税自雍正六年后归县征收"，至乾隆年间已增至 2289 两零，为清初的 4.4 倍；河内县原额商税只有 12.3 两，乾隆年间增至 1338 两零；府、县两级合计共征收 3620 余两，为清初的

---

① 嘉靖《怀庆府志》卷 3《藩封》。
② 嘉靖《怀庆府志》卷 3《藩封》。
③ 康熙《河内县志》卷 1《形胜》。
④ 道光《河北采风录》卷 4《河内县图说覆禀》。
⑤ 道光《河内县志》卷 12《田赋志》。

6.8 倍，这一数字还不包括清化镇所征税银。①表 5-21 是清代前期怀庆府属各县商税变化一览表，该表可见府城所征商税明显超过其他各县，占全府商税的 30%以上。

表 5-21 清代前期怀庆府属各县商税变化一览表

各州县	清初原额税银/两	占比/%	乾隆年间税银/两	占比/%
怀庆府	518.325	35.1	2 289.419	20.0
河内县	12.300	0.8	1 338.288	11.7
河内清化镇	433.333	29.3	1 819.283	15.9
济源县	117.226	8.0	1 109.347	9.7
修武县	77.046	5.2	552.278	4.8
武陟县	114.416	7.7	1 438.607	12.6
温　县	59.971	4.1	785.166	6.9
孟　县	87.928	6.0	1 788.841	15.6
原武县	56.049	3.8	330.308	2.8
合　计	1 476.594	100.0	11 451.537	100.0

资料来源：乾隆《怀庆府志》卷 8《田赋·杂税》。
注：表中为累计数字，与原记载略有出入。

怀庆府经商者较多，"四民耕读之外，商贾居多，贩卖药材者散处天下。西北乡有丹水之利，居民依水安磨，自为转移，无须人力；凡磨出麦面香末等物大半行贩晋省，颇资利用"②。以地土所出，怀帮商人经营粮食和药材者为数较多。与怀庆府相邻的山西泽、潞二府是山西的缺粮区，故怀庆府所产粮食多销往山西，如潞安府以北的沁州粮食多来自河南，康熙中叶吴时谦记言："沁州地方特有河南、泽潞小贩驴驮肩负，北运来州"，故"粟价不致腾贵"；沁州输入的粮食还有一部分转运晋中的太原、汾州二府。③

---

① 乾隆《怀庆府志》卷 8《田赋·杂税》。
② 道光《河北采风录》卷 4《河内县图说覆禀》。
③ (清)吴时谦：《代郡守上抚宪书》，见乾隆《沁州志》卷 10《艺文》。

泽州府城凤台县（今山西晋城）南关保留有怀庆商人乾隆年间创建的会馆，据说该会馆原有三进院落，房屋100余间，还有一座戏台；目前保留下来的为三进院落中的主院，有正殿、拜殿、偏殿、厢房等30余间。[1]会馆墙壁上嵌有两通石碑，一为嘉庆七年（1802）所立《南关面行条规》，二为光绪三十四年（1908）《补修会馆碑记》。[2]其中《南关面行条规》应即是怀帮商人销售"麦面"者所订条规，摘录如下：

一、派定执事行头四家一班，挨次轮转，周而复始。凡遇有公事之日务要认真办理，勿得临期推诿。

一、议定，凡有大小行事以及领取麸价，执事行首务要协同办理，勿得互相推诿。

一、议定，凡有外来字号赶庄卖面，每于素所相好铺内寄卖货物，希图一时之利，徒省行费，此不便于行中者。今公同酌议，嗣后如有赶庄卖面者，每百斤抽取银一钱；如在某字号隐匿不言者，行中察出真确，罚本号银十两，入行公用。

一、议定，凡有一应行费等项，俱照旧规办理，勿得额外增添，如违议罚。

一、议定，每逢会馆诸神圣诞日期，凡我在行会友务要衣冠整齐，早至殿下拜献；违者从重议罚。

……

一、议定，每年执事会首办理一年为则，每年十月演戏已毕换班，请下年会首交接。

嘉庆七年岁次壬戌四月二十一日谷旦　　　　合行公立

不过，该会馆在光绪末年已改由油行经营了。光绪三十四年《补修会馆碑记》记载："凤邑南关旧有面行会馆，创修于乾隆五十七年，工程告竣，立

---

[1] 李相宜：《感叹怀庆馆，登临太行关——"重走豫晋古商道"相关报道之六》，《焦作日报》2006年10月9日，http://www.jzqyc.com.cn/bbs，访问日期：2011年5月12日。

[2] 怀庆会馆二碑为刘俊博士于2013年考察收集，附笔致谢。

有碑记。屡次修补，报答神庥。嗣后面行停歇，凡会馆中诸神圣诞、春秋祭祀，尽归油行照应。勿如年远日久，雨洒风吹，难保无倾圮之虞。……因邀同维首全盛泰等公同酌议，按以油行起资，每百斤油抽钱二十文，积少成多，用资补修。自光绪丙午年八月动工，至戊申年六月工完。二年之久，共费钱二百余串文。"丙午为光绪三十二年，戊申为三十四年。该碑为泽州府优廪生成於乐撰文，怀庆府监生田凤翔书丹。碑中开列的全盛泰等10家字号共捐钱210千，当就是油行众商按照"每百斤油抽钱二十文"所集的钱款。按抽捐比例折算，该会馆每年销售油斤当有50余万斤；其中捐钱最多的"维首全盛泰"年销售油斤超过10万斤，其他各家的销量也超过万斤。表5-22是这10家油业字号抽捐钱款及其销售油斤的折算，请参见。除这10家油业字号外，另有10家字号、善信捐银36两，其中有覃怀顺兴恒，周村聚兴同、中兴和，高平聚锦炉等商号，以及怀庆府监生田凤翔等并非油业而参与捐助者。

表5-22 晋城怀庆会馆10家油业字号抽捐钱款及其销售油斤折算

商号名称	抽捐钱/千文	折合油斤/斤	商号名称	抽捐钱/千文	折合油斤/斤
全盛泰	42	105 000	顺兴泰	20	50 000
泰兴永	29	72 500	玉和号	17	42 500
德升恒	21	52 500	震盛恒	16	40 000
吉星明	21	52 500	福泉号	16	40 000
玉源永	20	50 000	协泰成	8	20 000
合 计	210	525 000			

资料来源：晋城怀庆会馆光绪三十四年《补修会馆碑记》

怀庆府是四大怀药产地，故怀帮商人经营药业者为数更多，在汉口、天津、周口、禹州等地都建有会馆。关于怀庆府城药材贸易的资料未见记载，不过府城内的药王庙是怀帮药商集资所建，亦即药业会馆。该庙始建于乾隆五十二年(1787)，其后陆续增修、扩建，至道光十四年(1834)最终告竣。道光十九年《创建三皇阁碑记》较详细地记述了其修建和集资过程：

（药王）庙创于乾隆五十二年，初竣于嘉庆十三年；增修四圣殿、对庭、潇洒阁，竣于道光五年；二十余年功德，前碑所载详矣。维时三皇阁地基已购，因公捐未充，尚未建造。惟陆续修理河帮周围基址，置买木料、砖瓦，于道光十年始议建阁。众曰：工大事繁，必得有人专司。曹宅庚言：药生会止存愚一人，如何能辞其责？遂于是年开工，十一年建立。顾经营非易，需费甚繁，公捐不敷，众字号、行店愿出布施济工。继又不敷，众仍慨然乐输，始终无懈，以期速成。时维徐新合、马万兴、齐合盛、刘复泰四字号轮流执事，各行店轮流协办；曹宅庚始终与焉，以底于成。十二年，又请郭广合、阎恒昌捐资入会，协力办公，外有杜盛兴捐资以增工费。嗣修八卦亭、口名医牌位十二尊、上下神龛四座、东禅院一所，落成于道光十四年。……计此事前后五十余年，统费五万余金，绝未向他处募化分文。而众字号、行店屡屡捐资，不自为德，其踊跃急工，要无非神圣有所默佑也。今工程完备，我等世守药业，饮水思源，以迓神庥，春秋禋祀瞻拜有地，庶几克慰众愿。①

据碑文记载，药王庙的修建"前后五十余年，统费五万余金"，资金来源是由"众字号、行店屡屡捐资"，而"绝未向他处募化分文"，故捐款商号应多为怀庆商人。道光十九年《创建三皇阁碑记》所镌捐款分为捐银、布施、公捐和历年生息等几个部分。② 表 5-23 是依据该碑所做的捐款统计，该表可见，各项合计为 33 590 余两，与碑文所言"统费五万余金"尚有一万六七千两的缺额。估计该碑所镌只是修建三皇阁以及八卦亭、东禅院等的集资，而乾嘉年间创建重修的经费当已载在"前碑"了。

道光十九年《创建三皇阁碑记》所述集资过程实际上分为三个部分：其一，"初置地基"的捐款，计有徐新合、李广盛、尤金正等 10 人及药生会，合计"捐银"330 两，这应是道光十年以前的集资。其二，齐合盛、罗恒兴等 11 人和复生会等"捐银"215 两零，这是道光十年的捐款，再加上正盛店

---

① 许檀编：《清代河南、山东等省商人会馆碑刻资料选辑》，第 232 页。
② 许檀编：《清代河南、山东等省商人会馆碑刻资料选辑》，第 233—234 页。

表 5-23 道光十九年《创建三皇阁碑记》所镌捐款统计

捐款分类	捐款额/两	占比/%
捐 银	545.10	1.6
布 施	2 604.00	7.8
公 捐	28 083.60	83.6
罚 款	97.50	0.3
历年生息	2 264.84	6.7
合 计	33 595.04	100.0

等的罚款以及历年生息银两 2264 两零，合计 2570 余两，注明为"兴工用"；徐新合、马万兴、齐合盛、郭广合、杜盛兴等 14 家"布施银"2600 余两，注明为"建阁诸工用"，这应是"公捐"不敷之后的追加捐款了。"捐银""布施"者最多为 450 两，少者仅 2 两，合计不到全部费用的 10%。其三，该碑所镌捐款中数额最大的部分是"公捐银"，所谓"公捐银"即"各行店所收众字号公捐"，如张天泰的天泰店"布施银"只有 110 两，而其名下的"公捐银"高达 5244.45 两；天元店"布施银"为 55 两，在其名下的"公捐银"为 418.01 两；而李广盛名下的"公捐银"更高达 6073.88 两。显然，李广盛、张天泰、天元店等均属行店性质，即集邸、店、牙于一身可为客商提供食宿、存贮货物、媒介交易，代购代销等多项服务的行栈；在其名下捐款的"众字号"当为在各地贸易的怀帮药商，抑或也包括一部分外地客商。与李广盛、张天泰相类的募集"公捐银"达 1000 两以上者还有尤金正、罗恒兴、邱广泰、马泰丰、邓义顺等 5 家行店，这 7 家行店共募集"公捐银"23 513.7 两，占"公捐"总额的 83.7%（表 5-24）。这一方面显示出这 7 家行店在当地药材贸易中的领军地位，另一方面也显示了怀帮商人数量及其药材贸易量之巨大。笔者估计，至少有数百家字号分别参与了这 7 家行店名下的"公捐"。他如广成店、天元店等 36 家行店，募集款项自数百两至数两不等，最少的一家宝兴店所募"公捐银"只有二钱二分。总计参与此次集资的药商估计可达七八百家乃至上千家。1870 年李希霍芬在考察时记言：怀庆府有两种特有的产物，"一种是钢制品，尤其是刀子、刮胡刀、剪刀

和其他一些工具……第二种产物就是中药中常用到的地黄……据说每年这里的地黄会被卖到各个地方,交易额高达两百万塔勒硬币"①,也反映了该城药材贸易量之巨。

表 5-24　怀庆府药业行店所收众字号"公捐银"统计

行　店	公捐银/两	占公捐总额/%
"公捐"总额	28 083.60	100.0
李广盛	6 073.88	21.6
张天泰	5 244.45	18.7
尤金正	3 154.45	11.2
罗恒兴	2 980.63	10.6
邱广泰	2 437.10	8.7
马泰丰	2 174.85	7.7
邓义顺	1 448.34	5.2
以上 7 家合计	23 513.70	83.7
其他 36 家	4 569.90	16.3

资料来源:据道光十九年《创建三皇阁碑记》统计

　　在前述祁州药王庙的集资中,怀帮有 51 家字号参与捐款,共捐银 690 余两,捐钱 103 千,折京钱 2400 余千,占药材各帮捐款总额的 14%,是实力最强的药帮之一。表 5-25 是同光之际怀帮药商在祁州药王庙集资中捐款最多的 10 家商号示例,请参见。

　　表 5-25 中的 10 家商号大多捐款三四次,也就是说它们几乎每年都会到祁州销售和购买药材。其中,捐款最低的仁兴西号三次共捐银 20 两,已超过京师的同仁堂;而捐款最多的杜盛兴号共捐银 125 两,捐钱 24 千,该字号不仅是怀帮,也是此次参与集资的所有商帮中捐款最多的商号。杜盛兴号是河内清化镇杜氏家族的字号,在前述道光年间修建三皇阁的集资中曾捐银 110 两,

---

① [德]费迪南德·冯·李希霍芬:《李希霍芬中国旅行日记》,第 368—369 页。按:一塔勒硬币大约相当于白银一两(同书第 382 页)。

表 5-25 同光之际怀帮药商在祁州药王庙集资中捐款最多的 10 家商号示例

药商名号	捐款次数与捐款额	药商名号	捐款次数与捐款额
杜盛兴	4 次，125 两，24 千	杜双和	2 次，40 两
广升瑞	4 次，61 两，12 千	协盛西	4 次，33 两，2 千
中三成	4 次，50 两，6 千	永泰恒	3 次，31 两
协盛全	4 次，44 两，2 千	德兴号	3 次，21 两
永盛魁	3 次，44 两	仁兴西	3 次，20 两

资料来源：许檀编：《清代河南、山东等省商人会馆碑刻资料选辑》，第 446—448 页

属中等商号；咸同年间该字号发展迅速，在"兴修省垣、修葺贡院"以及清化镇修建城墙的集资中曾多次捐款，至同光之际成为怀帮药商的领军者。排名第四的协盛全号也是河内著名的药商字号，为李氏家族所创建；在修建三皇阁的集资中该字号未见列名，可能属于"公捐"之列；在祁州药王庙的集资中协盛全捐银 44 两，捐钱 2 千，实力还不如杜盛兴；到民国年间，其实力渐超过杜盛兴号，并最终取而代之。①而在道光年间主持三皇阁修建的徐新合、郭广合、马万兴等商号，在祁州药王庙的集资中只见到徐新合，共捐银 7 两，捐钱 1 千，在怀帮各号中只能算是中等了。比较不同时期各商号在捐款中的排名变化，可以从微观层面反映出它们在市场竞争中的实力消长变化。

三、禹州

禹州，秦汉为颍川郡，金代置钧州，明初因之，属开封府；万历三年(1575)以避神宗讳改称禹州，清代因之。②

禹州城明初沿自前代，正统年间重修，成化"十三年封徽藩于此"，"设千户所守之"，正德三年(1508)始甃以砖。城周九里有奇，高二丈二尺，城门四，城楼、角楼、月城、吊桥各四；护城河宽五丈，深三丈，西关、北

---

① 许檀、吴志远：《明清时期豫北的商业重镇清化——以碑刻资料为中心的考察》，《史学月刊》2014 年第 6 期。
② 乾隆《禹州志》卷 1《舆地志·沿革》。

关外环以护城堤以防颍水。万历四十五年引颍水入城濠，清代曾多次重修城楼，补修城垣。①禹州城内分为东北、东南、西南、新安四隅，东西、南北四条大街在城中央交汇为大十字街；附郭为东、西、南、北四关厢。②州治在城内新安隅，洪武元年知州杨挺建，明末毁于火；清初改以明代王府旧址重建。③

禹州为徽藩封地，徽庄王朱见沛为英宗第七子，成化十七年(1481)之国。徽藩在禹州仅传了庄王、简王、恭王三代，至嘉靖年间共有郡王17位，恭王子朱在坮获罪自尽，徽府被废。"明制亲藩设护卫三千人"，"及在坮废而护卫并裁，郡守邱敖修学宫，皆取材于废第，而第亦施毁矣"。④

禹州是清代华北的三大药市之一，不过其作为药市的兴盛相对较晚，清代前期的禹州商业当是以杂货转运为主。⑤清代禹州建有山西会馆、怀帮会馆和十三帮会馆等商人会馆，均位于州城西北隅。山西会馆建于清初，怀帮和十三帮会馆始建于同治十年(1871)；笔者于1999年前往调查时山西会馆正在被拆，所幸怀帮会馆保留下来了，时为禹州市博物馆，该馆内收藏有一批山西会馆和十三帮会馆的碑铭。⑥依据这些碑刻资料，我们可对清代禹州的商业状况及其作为药市的发展脉络进行考察。

禹州的山西会馆始建于康熙年间，乾隆、道光年间重修。道光六年

---

① 康熙《开封府志》卷9《城池》；同治《禹州志》卷11《建置志·城池》。
② 乾隆《禹州志》卷2《建置志·里郭》；乾隆《禹州志》卷2《建置志·街巷》。
③ 乾隆《禹州志》卷2《建置志·公署》。
④ 乾隆《禹州志》卷4《藩封志》。
⑤ 以往对禹州商业的研究主要集中在药材贸易，笔者所见主要有杨继伟《清至民国禹州药帮初探》（厦门大学硕士学位论文，2005年）、李留文《洪山信仰与明清时期中原药材市场的变迁》（《安徽史学》2017年第5期)和朱绍祖《明清至民国禹州"药都"的形成与地域社会变迁》（南开大学博士学位论文，2019年）。不过，这三篇论文都忽略了在禹州的晋商并非全都经营药材，也未涉及药材之外的商贸活动。关于清代禹州商业及其变化，详请参见许檀：《清代晋商在禹州的经营活动——兼论禹州药市的发展脉络》，《史学集刊》2020年第1期。
⑥ 这批碑铭资料主要有嘉庆六年《山西会馆换地碑记》、道光六年《重修关帝庙并会馆碑记》、道光六年《新创钟鼓楼、改建庙门、壁墙环垣及金妆神像、修葺殿宇、重修道院庖厨记》、同治二年《诰授朝议大夫调署禹州正堂马宽夫马大老爷永禁开设车行碑记》、光绪年间《十三帮创始碑记》，以及山西药材社、洋广药材社、柴统裕等、金陵亳州、商城等捐款碑，均收入孙彦春主编《禹州中药志》（光明日报出版社2006年版），第258—266页。

(1826)《重修关帝庙并会馆碑记》记言:"余等山右人也,逾嵩涉洛,贸迁有无,列肆禹州。……康熙中城西北隅建有关帝庙,左厢会馆,其重修乃在乾隆年间。"①

又据康熙五十四年(1715)知州罗之熊所撰《重修山西会馆关帝庙碑记》记载:

> 吾乡山右之客于禹者素梦(蒙)神庇,思欲答报。爰各出资财结为一社,而一二年高有德者为之持总其算,权子母而行之,不数十年营利甚夥。乃郡城购地立庙楼,神爰侑焉。然而犹未备也,又数十年起层楼,立卷棚,创造东西厢庑、门堂、寝堂,墙宇四周,仿佛古者都宫之制焉。功既竣,求予为文以序之。②

康熙五十四年(1715)已是"重修",并且经历了两个"数十年"。先是集资营运,经多年"权子母"才得以购地建庙;其后又经数十年不断扩建,"起层楼,立卷棚",修建门堂、寝堂、东西厢房和围墙,使会馆规模大备。以此推算,创建会馆的首次集资当在康熙初年,购地兴工为康熙中叶,至康熙五十四年才最后竣工。显然,此时晋商的经济实力尚属有限。

康熙五十四年碑所列捐款只有数两,无法进行具体分析。笔者所见最早的捐款记载为嘉庆六年(1801)《山西会馆换地碑记》,该碑记言:

> 斯馆之设,所以议公事敦乡谊也。馆之前有眼明堂地亩二段,虽无大妨,但微嫌不甚通畅。因醵钱二百零二千文,买得馆前两偏张姓地二十一亩有零。以新得之地西边十一亩将眼明堂地七亩七分四厘五毫四丝

---

① 孙彦春主编:《禹州中药志》,第 263 页。
② 该碑笔者 1999 年考察时未见,碑文见任文政主编《禹州医药志》,题为《重修药帮山西会馆关帝庙碑记》(中国科教出版社 2005 年版,第 193—194 页),系南开大学朱绍祖博士提供。笔者于 2019 年 6 月专程去禹州中医药文化博物馆核对,遗憾的是未能见到原碑;不过,据张志伟馆长所提供的《禹州典藏·文物卷(第二稿)》所录碑文,该碑题名没有"药帮"二字。

换入馆中,以多取少,画展畅也。恐时久混淆,刊志于石。[1]

据碑文所言,山西会馆因门前的"眼明堂地亩"有碍出入,故而集资购买相邻地亩,以多换少,以确保会馆出入畅通。该碑所镌参与集资的商号计有 54 家,共捐钱 182.55 千文,另有其他款项相凑,合计共 230 余千。[2]其中捐款最多者为靳玉新,捐钱 13 千文;其次为柴隆兴、梁同泰,各捐钱 10.4 千;靳玉新、柴隆兴为首事,梁同泰为社首。在此次集资中,药材社仅捐银 3 两,显然药材并非晋商经营的主要行业。表 5-26 是嘉庆初年山西会馆集资中首事、社首的捐款统计,请参见。

表 5-26 嘉庆初年禹州山西会馆集资中首事、社首的捐款统计

首事	捐款额/千文	社首	捐款额/千文
靳玉新	13.00	梁同泰	10.40
柴隆兴	10.40	翟允若	6.50
吉复盛	2.60	赵万顺	6.50
苏永泰	2.60	温复兴	6.50
辛五常	1.40	李元裕	5.20
阎义和	0.65	范恒盛	3.90
		张惠昇	2.60
		王隆顺	1.30
合计	73.55 千文,占捐款总额的 43.8%		

资料来源:据嘉庆六年《山西会馆换地碑记》统计。

道光初年山西会馆有一次较大规模的扩建重修,道光六年《新创钟鼓楼、改建庙门、壁墙环垣及金妆神像、修葺殿宇、重修道院庖厨记》记载:

关圣帝君庙,建禹城西北,创自乾隆甲申,于兹六十余载。正北有

---

[1] 孙彦春主编:《禹州中药志》,第 261 页。
[2] 孙彦春主编:《禹州中药志》,第 261—262 页。

三殿，圣像位其中，显威灵以庇黎庶，贤裔平将军暨周将军，分昭穆而享蒸赏。左殿大王，靖江安澜，通彼舟楫；右殿财神，藏金赞玉，富我邦家；东庑药王，济世人以生活，永锡其祥；西庑马王，司骏骥以柔驯，常称其德。吕祖则道号纯阳，土地则灵通博厚。正南歌舞楼台，层起昂耸，有时宫、商、角、徵，神听和平。东设道院，乃安住以复立庖厨，厥修俎豆。前人创基固谓善美，闲赏详观局势，尚缺钟鼓二楼。且庙门狭隘，殿宇荒芜，若非妥神之胜状；而壁墙倾堕，环垣卑陋，岂是楼像之灵居？更兼道院摧颓，无以容羽士；庖厨损坏，何以供崇成？……幸同社乡台，既募且捐，金釀二千有可（奇？），经之、营之，时逾一载将备。俯瞻神像则金碧珠旒，仰观庙廊则白玉翡翠，彩画门槛，丹涂梁柱。新创者巍峨华丽森列乎东西，改建者宽绰竣严保障乎南北，倾堕者巩固突兀于中天，卑陋者崇高盘桓于巨地。……兹功成告竣，神人胥悦。……敬叙其事，镌石永垂。至于施财多寡，字号姓名，西立一石，详载刊明、出入银钱，费用数目，勒诸碑阴，谨达众晓云尔。①

此次重修工程包括增建钟鼓二楼，改建山门，重修殿宇、道院、墙垣，并金妆神像等，耗资 2150 余千文。主持重修的 10 家首事中，靳玉新、翟允若在嘉庆初年的集资中即分别为首事、社首，隆兴典当即嘉庆首事柴隆兴的字号，统裕典应是柴统裕的字号，义和昌可能是阎义和的字号。这 10 家首事共捐银 352 两，此外又分摊 68 千文以填补支出缺额；其中除撰写碑文的国子监太学生毛文运捐银 12 两之外，其余 9 家捐银均在 30 两以上。表 5-27 是道光初年重修山西会馆的 10 家首事及其捐款，请参见。

参与此次集资的商号计有 150 余家，共捐银 1572.6 两，捐钱 195.2 千文。除 10 家首事捐款金额较高之外，捐银 20—50 两者有 17 家，其中义亨兴号捐银 50 两，"许州富口商捐钱四十千"，为较高者；其余各家分别捐银 24 两和 20 两；合计捐银 346 两，捐钱 60 千，占捐款总额额 22.8%，亦属实力不凡。此外，药材社捐银 270 两，占总额 15.6%，估计经营药业者至少有三四十家，

---

① 孙彦春主编：《禹州中药志》，第 264 页。

表 5-27　道光初年禹州重修山西会馆的 10 家首事及其捐款统计

首事名号	捐银/两	捐钱/千文	首事名号	捐银/两	捐钱/千文
隆兴典	60	8.5	广太元	35	8.5
柴统裕	50	8.5	翟允若	30	8.5
富有大	35	8.5	万裕恒	30	8.5
靳玉新	35	8.5	玉和兴	30	—
义和昌	35	8.5	毛文运	12	—
合　计	捐银 352 两，捐钱 68 千文，占捐款总额的 23.5%				

资料来源：据道光六年《新创钟鼓楼、改建庙门、壁墙环垣及金妆神像、修葺殿宇、重修道院庖厨记》，统计

故参与集资的商号可能将近 200 家。表 5-28 是道光初年重修山西会馆集资的分类统计，请参见。

表 5-28　道光初年禹州重修山西会馆集资的分类统计

分　类	商人商号	捐　款　额	占比/%
首事	10 家	银 352 两，钱 68 千文	23.5
山西药材社	阖社	银 270 两	15.6
20—50 两	17 家	银 346 两，钱 60 千文	22.8
10—18 两	27 家	银 354 两	20.5
1—8 两	101 家	银 250.6 两，钱 67.2 千文	17.6
合　计	156 家	银 1572.6 两，钱 195.2 千文*	100.0

资料来源：据道光六年《新创钟鼓楼、改建庙门、壁墙环垣及金妆神像、修葺殿宇、重修道院庖厨记》统计
注：*同碑所开银钱比价为 1 两≈1245 文，累计数与碑文记载略有出入

与嘉庆初年相比，此时的晋商无论人数还是经济实力均有很大增长。特别是山西药材社，在嘉庆初年的集资中仅捐银 3 两，在捐款总额中占比不到 2%，财力十分有限；而此次捐银 270 两，占比已达 15.6%，估计至少会有商号三四十家，也可能更多。此外，捐银 12 两的广升聚是太谷著名的药业字

号①，当系财力雄厚，故而在"山西药材社"之外单独捐款；其他商号中不排除还会有像"广升聚"这样单独捐款的药商字号。即便如此，药材仍不是晋商经营的主要行业。

那么，晋商在禹州主要经营什么商品？表5-28所列150余家捐款者中，除柴隆兴、柴统裕两家为典当，晋义号、协盛号、东合成、西合成等经营瓷器（详见下文），广升聚经营药业外，其他商号大多无法确定经营内容。不过，据笔者以往对周口、赊旗的考察，晋商经营的主要是杂货，包括棉布、绸缎、茶、糖、纸张、瓷器等②；禹州与周口有颍河相通，与赊旗有陆路商道，是二者的分销市场。

禹州所辖的神垕镇是著名的钧瓷产地，瓷器应是晋商经营的重要商品之一。明代商书《天下水陆路程》记有从颍州经周家口—北舞渡—禹州的水路，并在禹州之下记有："本州窑器产于神后（垕）"③；乾隆、同治《禹州志》均在"货类"中列有瓷器或"粗瓷器"④；民国《禹县志》记有："神垕瓷皆粗器也，而为民生饮食日用所不可离……其值价至廉，其销路至普，其常供需数千人之役。"⑤清代神垕所产虽不如前代精致，"皆日用盘盂粗器，而古钧瓷久为希世之珍"⑥，但规模颇大，销路亦广，因而吸引大量晋商在此聚集。

神垕镇内保留有关帝庙和伯灵翁庙，以及一批关帝庙的重修碑铭，为我们了解晋商与该镇的瓷器产销提供了珍贵资料。⑦伯灵翁庙即窑神庙，为瓷器制造业的行业会馆；关帝庙当为晋商所建，亦即山西会馆。这两座庙宇始建

---

① 朱绍祖：《明清至民国禹州"药都"的形成与地域社会变迁》，南开大学博士学位论文，2019年，第135—136页。
② 许檀：《清代河南的商业重镇周口——明清时期河南商业城镇的个案考察》，《中国史研究》2003年第1期；许檀：《清代河南赊旗镇的商业——基于山陕会馆碑刻资料的考察》，《历史研究》2004年第2期。
③ （明）黄汴：《天下水陆路程》卷5，第156—157页。
④ 乾隆《禹州志》卷1《舆地志》；同治《禹州志》卷9《户口志·土产》。
⑤ 民国《禹县志》卷7《物产志》，成文出版社有限公司1976年版，第634页。
⑥ 民国《禹县志》卷26《货殖传》，第2193页。
⑦ 此二庙相互毗连，并各有一个戏台，伯灵翁庙的大殿和戏台均比关帝庙雄伟，不过笔者只见到关帝庙的重修碑而未见伯灵翁庙的碑铭。

年代不详,目前只知道关帝庙在乾隆、嘉庆、道光年间曾三次重修。嘉庆十五年(1810)《重修关帝庙碑记》记言:

> 郡西南六十里神垕镇有关圣帝君庙,固莫知所创始也,而继修者屡矣。……自戊辰岁,有首领十余人慨然以重修为己任,因而捐己财募口口,口己巳春遂口工,口庙貌巍峨如故,神像金光依然。……旧概饰以新,由是而隔扇、而墙垣,而门楼,而戏台,莫不涂口之,又丹臒之,又金妆之,口口增华,视前更为改观焉。①

神垕镇关帝庙在清代中叶的三次重修都保留有捐款碑。乾隆二十二年(1757)的捐款碑共有三通,其中捐银最多的大生号为山西平阳府曲沃县北赵村赵氏家族所开设,祖孙三代共捐银155两,单独立有一碑;此外,捐银超过100两的另有5家,而捐款最少者不到一钱。三碑合计,参与此次集资者有900余家,共捐银3200余两②,其捐款规模远超过位于禹州城的山西会馆。嘉庆中叶的重修,参与集资者共116家,捐钱440余千;其中捐钱最多者为30千,最少为1千文。道光年间重修的捐款者共201家,捐钱250余千;捐钱最多者为7千零,少者仅二三百文。③嘉庆碑中的晋义号、协盛号、复兴号,道光碑中的东合成、西合成等商号都曾在前述道光六年(1826)禹州重修山西会馆的捐款碑中出现。

清代神垕瓷器的销售范围未见明确记载,不过同治六年(1867)北舞渡镇重修山陕会馆的集资中有神垕的15家商号捐款,共捐钱31千文④,其中的晋义号、东合成、西合成等在嘉道年间神垕和禹州的重修碑中都曾经出现,应是同一家字号。北舞渡距禹州130余里,位于沙河沿岸;以水运之便,沙河、

---

① 嘉庆十五年《重修关帝庙碑记》,碑存神垕镇关帝庙。
② 乾隆二十二年《重修关圣帝君庙碑记》,碑存神垕镇关帝庙。该碑已有部分漫漶,故统计数字不太准确。
③ 嘉庆十五年《重修关帝庙碑记》、道光十一年《重修关帝庙拜殿砌客室戏楼记》,碑存神垕镇关帝庙。
④ 同治六年《重建关帝庙正殿并补修各殿碑记》,见许檀编《清代河南、山东等省商人会馆碑刻资料选辑》,第161—162页。

颍河下游的周口以及陈州、汝宁等府应也是神垕瓷器的销售范围。

在晋商《咸丰年湖北各处办布规程》中，我们看到棉布是禹州从赊旗转运的重要商品。《办布规程》第13页中缝处盖有"义成店"的朱印①，应即该字号的《办布规程》；从运输线路看，其所办布匹发山西者大多运至平遥，估计"义成店"为平遥商号。据《规程》所载：该字号在湖北安陆府旧口镇、多宝湾等地采购的棉布运销山西者，"无论发东、西两路，总由樊城新打洪行店过载分路。假如发东路者，由赊(旗)发禹郡，或发洛邑，发郭家嘴，郭至泽府转平(遥)；若是发西路者，由新野县或发禹、洛，或发曲沃转平。""发东路至赊水脚，装船昔年白布以三十八卷一载，近年以四十卷作为一载，每载船脚五两至七两"；然后在赊旗起旱，"从赊发禹，骡脚每卷钱三百五十文至五百文，发马车脚每卷毛银二钱至三钱"。②

义成店的《湖北各处办布规程》虽是咸丰年间的，但其经营时间至少可上溯至道光初年。该《规程》中不仅有"昔年"与"近年"的对比，而且详细记录了道光十二年(1832)赊旗镇"花、布、杂货行"重定的各项行规，摘录如下：

> 赊旗镇"交易各货，行店经手；其成盘各货，平码、秤头有一定样式。皆因昔时年深日久，近有不固之客商遇便生巧，行店含糊过货，将昔年之规虽不能尽弃，以致屡屡不整。于道光十二年五月，我花、布、杂货行新正行规、秤头、平码，以致整年之变。是以重条修秤三杆，山陕会馆存一杆，东西两路头周流各一杆。……今将一应规款详注于后：
>
> 一议，十六两足平秤一百〇三斤底，过秤照旧规加一／三明算，无论何货总以公议之秤过秤。
>
> 一议，买卖囤户或走或存，不许原号抄，总要另过秤，行店不议，抱号。

---

① 该《规程》正式刊印时将"义成店"朱印删去，颇觉遗憾。
② 《咸丰年湖北各处办布规程》，见刘建民主编《晋商史料集成》第68册，商务印书馆2018年版，第86—87页。

一议，棉花大包口底带绳四斤，小包带绳三斤，以一百五十斤老号作为大包，小者作为小包；过秤后抽绳一根面较，如多者照数公除，以免讲说。

一议，买卖成盘，各立定票为据，三日内过秤；如过三日，不得退盘，天雨阻隔不为凭；其银四十两期，如收现银，与行店商酌。

一议，花平码根本街钱平九七五五兑付，其价元银先以九八扣用，九四扣纹银，九二扣宝银。

以上所议之款，若不遵规，如犯条略多，过客货者查出，公罚用银入官；会馆罚戏三尺(天)，设席四桌。

假如客货到彼，或走或存，先下栈房，行规列后：

棉花，每大包栈用六分，脚力六厘；

发平梭布，每卷栈用二厘，行用一钱；发洛并郭嘴，栈用二厘，行用四分；发禹郡，栈用二厘，行用三分三厘。

以上所注之栈用并行用俱系毛银，以九四九一扣，赊钱平是也"。①

该新规开列的商货，除棉花、棉布外还有粉皮、粉条、金针、瓜子、香油、油饼、槐子、核桃、花生、红枣及瓷器等，这些商品应均属"杂货"。

河南各地所产棉布也有不少汇集到禹州。据《同治十年余庆堂各处办布底稿》记载，该字号运往禹州的棉布中来自河南的有汝州属郏县，许州及所属之长葛、襄城、临颍等县，多在禹州附近；距离较远者有归德府鹿邑县。②表5-29所列是余庆堂号运禹棉布在河南的部分采购地点及其运输费用，请参见。

禹州本地也是棉布产区，乾隆、道光、同治《禹州志》"货类"中均列有棉布；民国《禹县志》记载："禹布之名驰于邻省，而行之尤以晋为壑，凡晋之票庄在禹者皆兼买布。其布初用本线，近年亦易用洋线，而精致则过洋布

---

① 刘建民主编：《晋商史料集成》第68册，第103—107页。
② 《同治十年余庆堂各处办布底稿》，见刘建民主编《晋商史料集成》第68册，第112—153页。

表 5-29　同治年间余庆堂号在河南的部分购布地点及其运至禹州的脚价

购布地点	距离禹州	脚价	备注
郏县	90 里	550 文/担	32 匹成卷，二卷作一担
郏县塚头镇	60 里	400 文/担	32 匹成卷，二卷作一担
长葛县石固镇	40 里	250 文/担	30 匹成卷，二卷作一担
襄城县茨沟镇	90 里	550 文/担	30 匹成卷，二卷作一担
许州五女店	120 里	600 文/担	10 匹成甬，10 甬成包，4 包作一担
临颍县	150 里	800 文/担	10 匹成卷，4 卷作一担
代家集	不详	500 文/卷	系水脚，50 匹成卷
鹿邑县五台庙	不详	不详	

资料来源：《同治十年余庆堂各处办布底稿》，见刘建民主编《晋商史料集成》第 68 册

远矣。"①在咸同年间晋商的办布记载中，"禹布"也是其采购的棉布品种之一，其规格大体为"长四丈六七尺，宽一尺二，线子四百五六十条"或"四百七八十条"；一般以 27 匹成卷，"重六十二三斤"。客商在禹州采办布匹，住宿由行店提供，"住店客人每天出伙食钱一百二十文，烟茶酒肉俱系客人自备"。②

禹州还是棉布的加染之地，咸丰年间晋商义成店在湖北购买的白布就有一部分发往禹州染色，如"一宗提尖胎布……每卷记成五十匹，外加顶庄白布二匹，发禹染羊宝蓝五十匹；一宗顶庄白布……每卷记成五十二匹，发禹染色，与提尖仝；一宗尾庄胎布……每卷记成五十五匹，外加顶庄白布二匹，发禹染羊宝蓝。"③《同治十年余庆堂各处办布底稿》详细记载了在禹州染布的价码：宝蓝 280 至 330 文，洋蓝 140 至 160 文，真青 400 文，皂青 250 文，月蓝、临漳灰 60 文，蛋青 113 文，油绿 96 文，深黄 59 文，漂白 56 文。④

---

① 民国《禹县志》卷 7《物产志》，第 632—633 页。
② 刘建民主编：《晋商史料集成》第 68 册，第 113 页。
③ 刘建民主编：《晋商史料集成》第 68 册，第 62—63 页。
④ 刘建民主编：《晋商史料集成》第 68 册，第 113 页。

汇聚到禹州的棉布主要转运山西泽州、平遥等地。《同治十年余庆堂各处办布底稿》记载其转运线路大多为：从禹州发至河口，过黄河至孟县，由孟县发河内之邘邰镇，由此翻越太行山至山西境内泽州府城，再从泽州转发平遥；也有从禹州直接发往河内之清化镇，由清化过太行山至泽州府，然后运往平遥。①

茶叶也是禹州从赊旗转运的重要商品。山西茶商《行商遗要》中对从赊旗发往禹州的杂货、茶叶的运价、付款方式和运输期限等都有较详细记载，如："此处码头(指赊旗)以杂货为〔首〕……红茶梗子，每千斤价同杂货。西老茶、大花茶照杂货解矮银一两，东老茶照杂货下银二两五钱，盒茶下银一两五〔钱〕。……禹州牛车，西箱二只作担，花茶二件作担，脚比西箱高银五分。东盒茶六串作担，每担比西箱下银五钱五至六钱五。""马车脚价付九欠一，以十天为期，二十天见回票，误期每车罚银八两；……牛车每辆欠银三钱，限十二天送到，误期每车罚钱二千。"②并有从赊旗发禹州、禹州发汜水的杂货、茶叶的牛车、马车脚价规例和折算方法。③这虽是清末的记载，但也是沿袭数十年乃至上百年的惯例。④

禹州作为药材市场的兴起始于乾隆年间。同治二年(1863)的碑文记言："禹药会场旧在密治洪山庙地方，山路崎岖，药物难运。至乾隆十七年间，众首事以禹州道路平坦，搬运较易，且人朴风古，请众商人迁禹作买作卖，往来脚运俱听客便。不数十年间商贾辐辏，遂称胜区。"⑤光绪年间《十三帮创始碑记》则称："禹郡药材会之兴也，盖始于乾隆二十七年，州副堂何公……谋诸绅商，佥以密邑洪山庙药栈请至禹，定议每年夏孟、秋仲、冬十一月三

---

① 刘建民主编：《晋商史料集成》第68册，第114—115页。
② 《赊〔旗镇〕各路脚价挨次成规例底》《赊镇发货总论》，见史若民、牛白琳编著《平、祁、太经济社会史料与研究》，第502页。
③ 《赊〔旗镇〕发汝洲、禹州、襄县西箱装牛车例底》《赊〔旗镇〕发禹〔州〕花茶牛车估马车脚底》《马车估牛车脚价》《禹〔州〕发汜〔水〕口规例底》，见史若民、牛白琳编著《平、祁、太经济社会史料与研究》，第506、509—510页。
④ 该文献记有："予旧号三和，齐(起)嘉庆末年来安化办黑茶"，见史若民、牛白琳编著《平、祁、太经济社会史料与研究》，第481页。
⑤ 同治二年《诰授朝议大夫调署禹州正堂马宽夫马大老爷永禁开设车行碑记》，见孙彦春主编《禹州中药志》，第258页。

期会以倡之。此其滥觞也。"①民国《禹县志》记载：乾隆"二十七年春三月，起药市于西关。先是药市设于密县之洪山庙，十三年州判何宏瓒招来商人，设于禹之南街，后因兵乱始迁西关"②。几处记载时间略有出入，可以肯定的是禹州药市的发端是当地商人（包括晋商）在地方政府的支持下，与洪山庙药市竞争的结果。

洪山庙是密县所辖的一个集市，位于密县东南40余里③，距禹州仅百余里。笔者于2017年5月曾前往考察，该庙坐落于今新密市大隗镇陈庄村内，坐北朝南，依岗而建，有东、西两个院落。西院为主庙，山门匾额题为"普济观"，大殿供奉洪山真人，大殿东侧有台阶，拾级而上为洪山真人的寝宫；大殿东、西两庑分别为药王殿和王母殿。东院为雍正年间增修，以关帝殿为主，另有玄武大帝等配殿。庙内现存明清、民国时期碑铭20余通，其中与药王、药商和药材贸易直接相关的只有两通。乾隆十七年（1752）《重修药王庙记》记云：

> 普济观有东西两殿，东殿内药王之遗像存焉，第神之凭依于兹也。当其始，仅与关帝配享耳，自元迄今未之有改也。迨雍正年间建关帝庙观东，而神方独居其尊矣。然而神像未迁于中央，栋宇尚嫌其卑隘，道人高和鸣用是募化资财，重为口修。今日者规模再易，而庙貌焕然毕新；丹艧更张，而神像肃然可敬，于以妥灵爽而凛观瞻也。④

细读以上碑文，可知直到雍正年间药王在洪山庙中一直处于附属地位，并长期与关帝同居一殿；雍正年间增建关帝庙后，才得以独享一殿，而神像仍"未迁于中央"；直至乾隆十七年药王殿才得到重修，"庙貌焕然毕新"。也就是说，在相当长的时间内药王的地位即便与关帝相比仍有一定差距。药王的地位在某种程度上也反映了药材贸易的地位，即药材贸易可能只是洪山庙

---

① 光绪年间《十三帮创始碑记》，见孙彦春主编《禹州中药志》，第258页。
② 民国《禹县志》卷2《大事记下》，第201—202页。
③ 嘉庆《密县志》卷5《疆域志·坊保》。
④ 乾隆十七年《重修药王庙记》，碑存新密市洪山庙内。

会的附属部分,直到清代前期其所占比重才逐渐上升,这与明代至清初祁州庙会的情况大体类似。乾隆十七年碑的落款为"陕西广药行众商人"与"河南开封府荥泽商人公立",这是笔者所见药材商人在洪山庙众多碑铭中第一次正式出现。

然而,洪山庙药市的兴盛并未维持多久就开始衰落了。乾隆二十九年(1764)《重兴清明盛会碑记》记载了密县地方官和绅商为振兴药市的努力,碑文记言:

> 密东之有洪山庙,自元明迄今照临四百余年。每值清明佳节,人萃八方,不减齐门毂击;商来千里,何啻梁苑药笼,盖盛会甲中州云。但地面四围皆沟,加以雨水频仍,市基半就坍塌,覃怀、川广、江淮各商遂不免别就康庄,则其势亦渐衰矣。然而,心之依恋如旧也。邑侯马明府慨然以扶衰起废为念,调理市廛,口贸易之要地;平治道路,拓往来之冲衢。复谕附近居民依前招致旧商,商人闻之莫不于而来,一呼百应。①

该碑落款除知县马渭、盐捕王世经以及经管庙宇的道会司张教庆等地方官员之外,还有药商会首赵进绅、庞弘有等6人,密县会首则为廪膳生寇国楷、国学生张桧吉等5位士绅。该碑碑阴镌有参与此次振兴活动的170余人,除注明为举人、生员的8人外,当多为各地药商。其中按行业登录者有怀药行、广药行、西药行、黄连行等,怀药行应为怀帮药商所经营,西药行为河南孟县、温县药商经营;广药行当为陕西药商经营,在乾隆十七年碑中我们见到有"陕西广药行众商人"的落款;惟黄连行经营者不详。按地域登录者分别来自山西、陕西、安徽(亳州)、江南、四川等省,以及河南本省的许州、华县、柘城、鲁山、密县等地,尤以怀帮商人数量最多,山西、亳州次之。表5-30是乾隆二十九年《重兴清明盛会碑记》所镌洪山庙药商来源分布统计,请参见。

---

① 乾隆二十九年《重兴清明盛会碑记》,碑存新密市洪山庙内。

表 5-30　乾隆二十九年《重兴清明盛会碑记》所镌洪山庙药商的来源分布统计

药材行	商号数	外省药商	商号数	河南药商	商号数
怀药行	53	山西	28	密县	11
广药行	5	亳州	26	华县	2
西药行	7	陕西	15	许州	2
黄连行	7	江南	7	柘城县	1
		四川	2	鲁山县	2
合　计	72	—	78	—	18

表 5-30 为我们展现了洪山庙药市曾经的辉煌。不过,此次知县马渭的"扶衰起废"之举并未收到实效,洪山庙药市的繁荣还是一去不返了,在此后该庙的诸多碑铭中几乎再未见到药商的踪迹。而该碑所言"别就康庄"的"覃怀、川广、江淮各商",反映的正是禹州药市对洪山庙药商的吸引。

实事求是地讲,与密县洪山庙地处丘陵"四围皆沟"的地理环境相比,禹州的交通条件确实要好很多。颍水发源于河南府登封县,从禹州绕城而过,东南流经周口入安徽与淮河相汇,可达江南;禹州商货可由颍水顺流东下,江南商货也可由周口溯颍水而至。禹州与赊旗陆路 300 余里,晋商经营的布匹、茶叶等货大多从赊旗转运而至。表 5-30 可见,在洪山庙的晋商也为数不少,该地与禹州相距仅百余里,他们可能原本就在禹州、洪山庙两地进行贸易,抑或与禹州的晋商有所联系。

禹州地方官对药市的发展也起到了积极作用,不仅在药市创建之初参与谋划、支持药商与密县竞争,在其后的发展中也尽力维护市场秩序,为药市的顺利发展提供保障。同治二年(1863)《诰授朝议大夫调署禹州正堂马宽夫马大老爷永禁开设车行碑记》记载了前、后两任知州对私设车行的治理整顿,摘录如下:

> 禹药会场旧在密治洪山庙地方,山路崎岖,药物难运。至乾隆十七年间,众首事以禹州道路平坦,搬运较易,且人朴风古,请众商人迁禹作买作卖,往来脚运俱听客便。不数十年间商贾辐辏,遂称胜区。第年

远时久，人情不无变迁。迨乾隆四十年间，忽有议开车行希图巨利者，众商不便。鸣于前任黄州尊，蒙恩禁止，立碑为记。迄今又数十年矣，今春复有不鉴前车，私开车行而蹈故辙者，众等公呈理诉，蒙马郡侯断令："率由旧章，即行裁撤，以后永远禁止。"商民感德，无不稽首称颂。语云：莫为于前，虽美不彰；莫继于后，虽美弗传。两贤侯其后先济美者欤！爰将呈词金批并载贞珉，以垂不朽。是为序。

诰授朝议大夫调署禹州正堂马宽夫马大老爷永禁开设车行德政。具禀商人武生屈栋材、贡生许廷献、职员于存礼、郗桂云、监生雍参亭等，为恳恩示禁以利商民事。缘禹州药材大会百年有余，各处买卖客商运送货物，需用大小车辆，均系自行雇觅，照时议价，无不平允，向无车行之设。且乾隆四十年间，经黄州尊严禁车行，有卷可查，并断令在西关庙会场立有碑记，以示永远，商等至今蒙福。乃至正月间，忽有人在辛安隅开设公顺隆号车行，四门招揽大小车辆，均归伊行，高抬价值，多取行用，大有居奇之势。以致外路车不敢来，本处车不能走，商等货物难以运送，受累不浅，心实难甘。为此，粘呈碑文，沥恳大老爷体恤商民，示禁车行，则世感德无既矣！上叩。批：案已断定，车行业经裁撤，并有前立碑记可查，嗣后如有开设，尽可呈请传究，毋庸再行谕禁。①

乾隆、同治的两次案件都是有人私开车行，希图垄断运输，被绅商告到州衙，禀请知州"体恤商民，示禁车行"。先后两任知州也都遵守了最初与药商约定的"往来脚运俱听客便"，维护公平竞争的市场秩序，将车行裁撤，并立碑示禁。该碑的落款为：乾泰恒号、俊兴成号、孙万盛号、杜盛兴号等12家商号"暨药商会同立石，借用山西会馆立"。其中，杜盛兴号为怀帮药商，我们在祁州和怀庆府的考察中都曾见到它的捐款，在禹州当也是怀帮首领。还有一点值得注意，乾隆年间的示禁碑立在"西关庙会场"，即药材的贸易地点；而同治二年碑则立在山西会馆，这似乎反映出晋商中经营药材业者比前

---

① 同治二年《诰授朝议大夫调署禹州正堂马宽夫马大老爷永禁开设车行碑记》，见孙彦春主编《禹州中药志》，第258—259页。

有大幅度增长。

《同治十年余庆堂各处办布底稿》中有这样一段记载:"禹州一年有三会,系三、七、十月,唯春会最大,名曰清明会,所卖之货药材为正庄。各省之人年年尚(上)彼买货,赶会之时出布更多,口价更大,情因会上之人俱要捎买穿布。彼时发布车脚骡户俱向别处去驼会货,以致布之难发,脚价大贵。"①看来,同治年间禹州药材贸易的规模有很大增长,至少在春会期间药材已是禹州商业的重中之重,以致布匹运输为之让路。不过,同治元年禹州最初设立厘局抽收的是百货厘,直到光绪五年(1879)才开始抽收专门的药厘②,则从另一个角度反映出咸同之际杂货贸易在禹州商业中仍占据重要地位。

怀帮和十三帮两个药业会馆在同治年间的相继创建,当是禹州药材贸易大规模发展最直接的佐证。据孙春彦主编《禹州中药志》记载,怀帮会馆创建于同治十年,十三年落成,其建筑有影壁、山门、戏楼、钟鼓楼,东西配殿、大殿和拜殿等,特别是拜殿和大殿面阔五间,进深三间③,巍峨壮观,民间有"十三帮一大片,不如怀帮会馆一座殿"之赞誉④。遗憾的是该会馆未见有碑铭存留,不过我们在前面祁州和怀庆府城的考察中已展现了怀帮药商的实力。禹州距怀庆府比祁州近得多,当会有更多的怀帮药商在禹贸易。

禹州的十三帮会馆,即药商会馆,始建于同治十年。《十三帮创始碑记》记载:"同治十年,会首郭君广德、连君文中、潘君升炎、阮君耀祥、王君凌云、常君天福、高君有邦、蔡君汉文、胡君乾元、王君二元、范君廷栋等捐钱若干串创修关帝庙暨庙院墙,以为会馆之基础。嗣至光绪二十年,又修药王殿、演戏楼";其后陆续添建了厨房院、养病院、阴宅院、道院、二门等,

---

① 《同治十年余庆堂号各处办布底稿》,见刘建民主编《晋商史料集成》第 68 册,第 127—128 页。
② (民国)刘锦藻:《清朝续文献通考》卷 46《征榷考十八》,考 8010;卷 47《征榷考十九》,考 8012。
③ 孙彦春主编:《禹州中药志》,第 246 页。
④ 王兴亚:《明清河南集市庙会会馆志》,第 199 页。

"逾八年而功竣"①,前后30多年始臻完备。

禹州市博物馆院内收藏有一批捐款碑,分别为《柴统裕等》《山西药材社》《洋广药材公和社》《商城》《金陵、亳州》《郏县、汝州、马山口》等,估计应是十三帮会馆的集资碑铭。表5-31是光绪年间修建十三帮会馆的部分捐款统计,请参见。

表 5-31 光绪年间禹州修建十三帮会馆的部分捐款统计

商帮	商号数	捐款额	备注
柴统裕等	8家	481两	均系晋商
山西药材社	阖社	400两	均系晋商
洋广药材公和社	阖社	150两	估计多为晋商
商城	239家	195.016千文	有48家无法辨认
金陵、亳州	180家	28.68两,43.465千文	有35家无法辨认
郏县、汝州、马山口	不详	不详	该碑漫漶无法辨认

表5-31所列十三帮会馆的集资中,柴统裕、柴隆兴、富有大、翟允若、段谦亨、义和昌、玉成贞、复泰公等8家共捐银481两,是目前所见此次集资中金额最大的一笔。这8家应都是晋商,并多在道光六年重修山西会馆的集资中任首事,此项捐款估计是晋商对十三帮会馆的赞助,当然也显示出晋商在禹州商业中的重要地位。"山西药材社"捐银400两,是药材各帮中捐款最多者,与道光年间相比晋商中经营药材业者显然又有增长。"洋广药材公和社"捐银150两,也是一个实力较强的药帮,可能也多为晋商经营,如山西襄汾丁村丁氏家族开设的"泰丰永"商号专门经营广州、香港等洋广药材②;民国《禹县志》亦有记载称"南街多晋商,专贩海南珍异药物,号洋货棚"③。《商城》和《金陵、亳州》二碑因碑文漫漶,捐款统计并不完整;二碑合计捐款商号419家,即便考虑到缺失部分,平均每家也不过一二千文,当是以小

---

① 孙彦春主编:《禹州中药志》,第258页。
② 朱绍祖:《明清至民国禹州"药都"的形成与地域社会变迁》,南开大学博士学位论文,2019年,第122页。
③ 民国《禹县志》卷25《艺术传》,第2175页。

商号为主。《郏县、汝州、马山口》碑漫漶更为严重,连捐款人数也难以统计。

表 5-31 中可以计数的两个药帮共有商号 400 余家,加上无法计数的山西药材社、洋广药材公和社和郏县、汝州、马山口的商号,合计当有五六百家;如果再加上江西、怀庆、祁州、四川、老河口、宁波等地药帮①,汇聚禹州的药商数量虽然比不上祁州,当也会有七八百家乃至千家。民国《禹县志》对药市的发展脉络有一个概括:药材"非禹产而以禹为委输者也……肇自乾隆间,由密县洪山庙迁禹之西关始,每年一会,尽三月一阅月,嘉道如故。逮咸同之际亳匪频扰,移入城内。迄光绪寝炽而昌,虽年分三会,实终岁辇药络绎也"②。清末,禹州成为华北的三大药市之一,也是河南最大的药材市场。

*　　*　　*　　*

综上,清代的禹州商业有一个以杂货转运贸易为主到药材集散为主的变化过程。晋商是最早活跃在禹州的重要商帮,其经营内容以布匹、茶叶等"杂货"转运山西,以及禹州本地所产瓷器、"禹布"输出为主,药材只是其贸易商品中的一部分。禹州作为药材市场的兴起始于乾隆年间,是在与密县洪山庙药市的竞争中取而代之;除地方政府的支持外,晋商早期经营活动奠定的市场基础当是禹州药市得以顺利发展的重要因素,这是以往的药市研究所忽略的。清代后期怀帮以及各地药商大量涌入,晋商中经营药材业者也有大幅增长;同光年间药材贸易渐超过杂货成为禹州市场上最重要的商品,禹州也成为华北的三大药市之一。

---

① 据孙彦春主编《禹州中药志》(第 247 页)记言:十三帮包括药行帮、药棚帮、甘草帮、党参帮、茯苓帮、江西帮、怀帮、祁州帮、山西帮、四川帮、老河口帮、宁波帮等。

② 民国《禹县志》卷 7《物产志》,第 652 页。

第 六 章

新兴商镇的崛起

明清时期商业城镇的发展除了上述府级、州县级行政中心的转化之外，还有不少县以下的商镇迅速崛起，其经济规模已超过一般的州县城乃至府城。对此类商镇的考察，除江南地区已有较多成果之外，其他地区相对薄弱。其中一个重要原因就是资料的匮乏。与江南地区数量众多的公私文献相比，华北的地方文献数量较少；在地方志中，也很少关于村镇商业的具体记载。府城、州县城等行政中心，或许还能从官方文献中得到些许有关商业状况的记载，对于县以下的村镇来说此类资料就更属寥寥。故而，对县级以下的商镇进行考察，不得不更多地依赖于商人会馆碑刻资料。

由于历史久远，建于明清时期的会馆有不少早已毁于战火，也有些是在新中国城市建设或"文化大革命"中被拆毁，目前保留下来的只是当年所建商人会馆中的很小一部分，这不能不使笔者的研究受到很大的局限。尽管如此，这些碑刻资料仍是我们目前了解明清时期华北商业城镇发展状况的最珍贵的资料。

商人会馆碑刻资料反映的内容十分广泛，一般多包括以下几个方面：①会馆创建、重修的缘起和经过；②会馆的经费来源、收支状况和财务管理方式；③会馆的日常管理、庆典活动和公益事业；④会馆的行业规范及内外交涉等。不过，由于研究目的的不同，笔者的关注点与前人有较大差异。就笔者管见，商人会馆碑刻资料至少可在以下方面为我们提供一些其他任何资料无法比拟的信息。

其一，商人会馆的创建、重修、扩建经过可反映该帮商人经济实力的增长变化，也可间接地反映会馆所在地的商业发展脉络。

其二，会馆的创建、重修都是由商人集资而成，集资金额以及参与集资的商号数量、行业可从不同角度反映出该商帮以及该城镇的商业规模和特色。

商人捐款部分以往很少被关注，有些碑刻资料在出版时甚至被略去，而捐款名号及其金额恰恰是研究商人经营活动和市场实态最具价值的资料，具体而言：

(1) 会馆的集资金额可在一定程度上反映该商帮乃至该城镇的商业规模；

(2) 参与集资的商人商号数量可从另一角度反映该会馆的商业规模；

(3) 不同行业的捐款比例，可大致反映出该商帮乃至该城镇的商业结构与特色；

(4) 参与集资的商人商号的地域分布，可大体反映出该商镇的腹地范围；

(5) 会馆集资的抽厘率是目前所见可据以对经营规模进行折算，且可信度较高的方法。

本章主要利用商人会馆碑刻，并结合其他资料，对明清时期冀鲁豫三省的新兴商镇及其发展脉络、商业结构、经营规模、腹地范围等进行考察。

第一节　河南的新兴商镇

与山东、直隶相比，河南既无运河，又不靠海，黄河横穿河南北部，但其通航能力较差，故河南北部的商品流通多需水陆兼运。其他河流则分属海河、淮河、汉江等水系，如北部的卫河、漳河东北流入山东、直隶汇入海河水系；东南部沙河、颍河、涡河东南流汇入淮河；西南部南阳府的丹、泌、淯诸水则南流入于汉江；河南的新兴商镇多分布于这些水道的沿岸。

或许是府级行政中心经济功能较弱的原因，河南县以下的商镇数量较多，规模也较大，如朱仙镇与佛山、汉口、景德镇并称清代四大镇，它与周口、赊旗、北舞渡（一说为道口）并称河南四大商镇。此外，豫北的清化镇、豫西的荆紫关等也都具有重要的商业地位。下面，我们分别考察。

一、朱仙镇

朱仙镇属开封府祥符县，位于开封城南 40 里。该镇宋代为军事重镇，绍兴十年(1140)岳飞曾大败金兀术于此,故镇内建有岳王庙,历代奉祀。不过,宋代该镇商业并不发达,熙宁十年(1077)全国商税、酒税统计均未将其列入。该镇在经济上的崛起与明代中叶贾鲁河的修浚密切相关。贾鲁河为宋代漕运故道,因元代贾鲁修浚而得名①;明代嘉靖年间再次疏浚,使之成为一条连接省会开封与江南的通航水道。隆庆年间刊行的商书《天下水陆路程》记载:这条水道由淮安经洪泽湖入淮河,经寿州之正阳镇入颍河,溯颍河西北行入河南界至周家口,从周口转贾鲁河北上200里至朱仙镇,然后于朱仙镇起旱,陆路40里至开封。②

据民国年间的乡土教材《岳飞与朱仙镇》记载:朱仙镇最盛时面积达120平方千米,贾鲁河自北而南穿镇而过,将该镇分为东、西两部分:东镇的主要商业街有杂货街、油篓街、曲米街、炮房街等,其中杂货街多南北杂货,曲米街多米麦店,油篓街多油业行店,炮房街多爆竹作坊,而以杂货街为最盛。西镇的主要商业街有估衣街、京货街、顺河街、西大街、保元街等,京货街多苏广时货,估衣街多当铺和估衣店,顺河街、西大街、保元街则多为一般商铺。③清代前期东镇繁盛远胜西镇,道光二十三年(1843)黄河决口,水退之后该镇"淤沙深七八尺,甚者或至逾丈,商品全被浸没",商业受到重创;因东镇地势较低,商铺多迁至西镇,集中在估衣街、京货街、西大街等处。④光绪十三年(1887)黄河再次决口,致贾鲁河淤浅,朱仙镇商业更趋衰落。

关于清代朱仙镇的商业状况,文献记载极为有限。作为享誉全国的清代四大镇之一,其商业繁荣到底达到什么程度?商业结构、商业规模如何?我们只能依据该镇保留下来的商人会馆碑刻资料进行考察。

据《岳飞与朱仙镇》一书记载:朱仙镇有两座山西会馆,一座与岳王庙毗连,俗称大关帝庙;另一座俗称小关帝庙,其建筑有正院、正殿、后院和西院,民国年间曾为区公所和镇立小学。⑤不过据笔者1999年的调查,大关

---

① 李长傅:《朱仙镇历史地理》,《史学月刊》1964年第12期。
② (明)黄汴:《天下水陆路程》卷5《淮安由南河至汴城水路》,第148—149页。
③ 开封教育实验区教材部编:《岳飞与朱仙镇》,开封教育实验区教材部1934年版,第121页。
④ 开封教育实验区教材部编:《岳飞与朱仙镇》,第124、132页。
⑤ 开封教育实验区教材部编:《岳飞与朱仙镇》,第137、141页。

帝庙实际为山陕二省商人集资共建，故应为山陕会馆。小关帝庙位于贾鲁河以东，可能为晋商单独兴建，会馆现已无存，只保留三通碑铭：其一，康熙六十（或六十一）年（1721或1722）《关口口宫重修碑记》；其二，雍正十一年（1733）《起建大殿重修山门乐楼碑记》；其三，《捐款碑》，该碑碑阳文字已无法辨认，碑阴则全部为捐款名号，故名之为《捐款碑》。①这三通碑文字迹漫漶较严重，但仍能为我们提供一些信息：

第一，既然康熙末年为"重修"，那么山西会馆的建立至少当在康熙中叶，或者更早；此次重修工程包括"妆金大殿、前后大门、过厅、闪屏"等，共费银190两零；该碑碑阴所镌参与集资的商人270余位，捐银182两零，平均每人捐款0.66两，显然此时晋商实力尚属有限。

第二，雍正十一年碑文中有一句"厥工起于康熙丙申岁"，丙申为康熙五十五年，故此次重修与康熙末年碑所记当属一事。

第三，未见年款的《捐款碑》镌有捐款商人名号370余个，共捐银259两零，平均每人0.7两。其中杂货行、烟行、山查（楂？）行为阁行捐款，信义、大有、德化、万顺四店还募集客商捐款，当属行店性质。雍正十一年碑未见捐款名录，该碑有可能是其捐款部分；如果这一推论不错的话，康熙雍正年间汇聚朱仙镇的晋商至少已达五六百人。

大关帝庙即山陕会馆位于朱仙镇西北部，据《岳飞与朱仙镇》一书记载：其"庙宇宏大，建筑雄伟，为全镇冠"②。十分遗憾的是，该书所记之戏楼、钟鼓楼和春秋楼未能保存下来。笔者前往调查时，山陕会馆虽然保留有两进院落，但其建筑只有前院的大殿和东西两侧厢房，后院则杂草丛生，春秋楼及其他建筑已荡然无存。值得庆幸的是，笔者在大殿后墙的草丛中发现了一批会馆扩建、重修的碑铭，主要有康熙三十三年（1694）《新建山门戏台碑记》、雍正十一年《山西平阳府翼城县众商创建牌楼碑记》、乾隆三十三年（1768）《重修关帝庙碑记》和《本庙全图》、乾隆四十年《移修舞楼碑记》等③，是我

---

① 这三通碑文均已收入许檀编：《清代河南、山东等省商人会馆碑刻资料选辑》，第43—50页。
② 开封教育实验区教材部编：《岳飞与朱仙镇》，第137页。
③ 这批碑铭均收入许檀编：《清代河南、山东等省商人会馆碑刻资料选辑》，第13—40页。

们了解朱仙镇商业状况的珍贵资料。图 6-1、图 6-2 是笔者 1999 年考察时朱仙镇山陕会馆山门，以及会馆碑铭的保存状况，图 6-3 是 2012 年会馆碑铭的保存状况。①

图 6-1　朱仙镇山陕会馆山门（1999 年）

图 6-2　朱仙镇山陕会馆碑铭的保存状况（1999 年）

---

① 图 6-1、图 6-2 的照片为笔者 1999 年拍摄；图 6-3 的照片为郑州大学吴志远教授 2012 年拍摄，使用已获授权。

图 6-3　朱仙镇山陕会馆碑铭的保存状况(2012 年)

康熙三十三年《新建山门戏台碑记》碑文漫漶严重，笔者不能确定其是否会馆的创建碑；不过既然是"新建山门"，似可认为是会馆草创之际的工程之一。雍正年间山西翼城商人单独集资为会馆增建了一座牌楼，至十一年竣工，该碑所镌参与集资者 340 余人，共捐银 860 余两①，平均每人捐银 2.2 两，比同期修建山西会馆的捐款额稍高。

乾隆二十六年(1761)七月黄河决口，朱仙镇被淹②，灾后不久山陕商人集资对会馆进行了大规模重修，至三十三年告竣。乾隆三十三年《重修关帝庙碑记》和《本庙全图》二碑所镌参与集资的商人名号有 1100 余家，共捐银 9780 余两，显然山陕商人的经济实力与康雍年间相比已有大幅度的增长。该碑所镌捐款商号既有按行业开列，也有按地域开列者，我们可借以对其在朱仙镇的经营活动有一些较为具体的了解。表 6-1 是乾隆年间朱仙镇重修山陕会馆捐款商号的行业分布统计，请参见。

由表 6-1 可知，杂货业是此次集资中捐款最多的行业，占比为 14.9%；

---

① 雍正十一年《山西平阳府翼城县众商创建牌楼碑记》，见许檀编《清代河南、山东等省商人会馆碑刻资料选辑》，第 13—18 页。
② 开封教育实验区教材部编：《岳飞与朱仙镇》，第 131 页。

表 6-1　乾隆年间朱仙镇重修山陕会馆捐款商号的行业分布统计

行　业	商号数/家	捐款额/两	占比/%	备　　注
杂货业	99	1458.48	14.9	京货行、杂货行、杂货铺、汴城杂货铺
金融业	祥邑当商+44	1329.80	13.6	祥邑当商公捐1100两，但商号数不详；其他各县当商44家，捐银229.8两
服饰业	73	922.71	9.4	缨帽行、缨帽铺、估衣铺、缎店、梭布行、靴鞋铺
粮食业	80	880.60	9.0	米号、白米行、六陈行、枣米铺
烟　业	16	620.00	6.4	社塘烟号、大板烟号
饮食服务业	36	237.50	2.4	众茶字号、蒸酒馆、黄白酒馆、过客店
手工业	318	432.20	4.4	皮房、毡帽作坊、羊毛各号、丝茧行、门神作坊、炮行
其　他	72	496.45	5.1	煤灰厂、铁货铺、铅丹行、桐油会、麻号、绳铺
行业不详	391	3306.09	33.8	主要为按地域开列者
官　员	2	100.00	1.0	
总　计	1131	9783.83	100.0	

资料来源：据乾隆三十三年《重修关帝庙碑记》和《本庙全图》(许檀编《清代河南、山东等省商人会馆碑刻资料选辑》)二碑统计

参与集资的商号包括京货行30家、杂货行11家、杂货铺32家，此外还有26家"汴城杂货铺"，亦即省城开封的商铺，它们应是由朱仙镇进货的，故也参与了集资。

服饰业中数量最多的是缨帽业，计有缨帽行40家，缨帽铺8家，共捐银640余两，占行业捐款的70%。所谓"缨帽"主要为官僚士子所需，其销售显然以省城开封为主。参与集资的估衣铺有18家，捐银180余两，也占较大比重。相对而言，朱仙镇的布店、绸缎店数量较少，估计布匹、绸缎系由杂货行经营。

粮食业也是山陕商人经营的主要行业，共有80家商号参与集资，包括米号51家、白米行6家，而经营杂粮的六陈行只有2家。河南产稻不多，主要在南部光州一带，汇集朱仙镇的大米当还有从南方输入的，经周口转贾鲁河

北上。河南百姓一般以小麦、杂粮为主食，该镇的大米应主要是供省城消费；在同治年间开封山陕会馆的集资中，朱仙镇米商捐款占有较大比重。①

烟草业也是山陕商人经营的重要行业，其商号数量虽然不多，但经济实力颇强。参与此次集资的烟业字号只有16家，其中敬盛允、大魁和、公信凤、偕义麟等9家记为"社塘烟号"，公捐420两，平均每家捐银46.7两；义盛号、元泰号、元隆号等7家商号为"大板烟号"，公捐银200两，平均每家28.6两。稍后，仅相隔数年山西板烟业商号再次集资移建戏楼，于乾隆四十年(1775)告竣；与前次的认捐有所不同，此次集资采取的是"照板捐资"，即按照销售额抽收捐款。短短数年时间，元泰和号就抽银761两零，元隆昌、义盛泰两家字号也都超过500两②，足见其经营规模之大。表6-2是乾隆四十年《移修舞楼碑记》所镌板烟商号集资的抽厘金额及其经营额折算，请参见。

由表6-2可知，参与此次集资的板烟商号共计16家，而乾隆三十三年《重修关帝庙碑记》中只有7家；其中抽厘较高的元泰和、元隆昌、义盛泰、北永盛、兴顺公、田义合等6家商号都是前碑中的老字号，其他各家当是乾隆三十三年以后陆续开设的新商号；乾隆三十三年碑所列7家板烟字号中只有"顾永盛"未再出现，可能已经转手他人，四十年碑中的许永盛、南永盛和杨永盛三家或即有与之相关者。此次集资的时间估计应在乾隆三十三年之后，故最长不会超过七年；该碑未记载抽捐比例，这里借助开封和周口的抽厘率，如果按2‰的比例七年平均折算，这16家板烟字号的年经营额为16万余两；若按1‰的比例折算，其年经营额可达33万余两。③其中抽捐最多的元泰和号，年经营额在5万—10万两，元隆昌、义盛泰两家商号的经营额也达三四万或七八万两。在朱仙镇经营烟业的还有社塘烟号，以乾隆三十三年《重修关帝庙碑记》所记捐款额推论，其经营规模当远超过板烟商号；

---

① 同治三年《重修后道院记》，见许檀编《清代河南、山东等省商人会馆碑刻资料选辑》，第9页。

② 许檀编：《清代河南、山东等省商人会馆碑刻资料选辑》，第38—40页。

③ 2‰的抽厘率是开封山陕会馆嘉庆十七年《山陕会馆晋蒲双厘头碑记》所记比例；1‰的抽厘率是周口山陕会馆道光二年《山陕会馆春秋阁院创修牌坊两廊看楼客庭工作等房铺硐甬路院落布施抽积银钱碑记》所记，见许檀编《清代河南、山东等省商人会馆碑刻资料选辑》，第4、85页。

表 6-2　乾隆年间板烟商号移建戏楼的抽厘金额及其经营额折算

商号名称	抽厘金额/两	折合年经营额/两	
		以 1‰ 抽厘率折算	以 2‰ 抽厘率折算
元泰和	761.67	108 810	54 405
元隆昌	597.21	85 320	42 660
义盛泰	509.96	72 850	36 425
北永盛	240.72	34 390	17 195
兴顺公	70.47	10 070	5 035
田义和	51.57	7 370	3 685
许永盛	19.16	2 740	1 370
永顺号	18.51	2 640	1 320
杨永盛	14.33	2 050	1 025
南永盛	11.83	1 690	845
司隆盛	8.21	1 170	585
高兴隆	6.33	900	450
临泉号	5.37	770	385
祥泰号	3.73	530	265
牛新盛	2.08	300	150
新盛号	0.45	60	30
合　计	2 321.60	331 660	165 830

资料来源：据乾隆四十年《移修舞楼碑记》统计

二者合计，朱仙镇烟业的经营规模至少可达四五十万两，若从高估算则可达 100 万两。

金融业也是朱仙镇商业的重要组成部分，作为河南北部最大的商业中心，金融业的发展是商业繁荣的重要保障。由表 6-1 可知，金融业在此次集资中捐款 1329.8 两，占比 13.6%，仅次于杂货业排名第二。其中"祥邑众当商"公捐 1100 两，占行业捐款的 80% 以上；所谓"祥邑众当商"即祥符县当商，除朱仙镇本镇之外，主要应是省城开封的当商，他们资本雄厚，与朱仙镇有诸多生意往来，故捐款最多，惟商号数量不详。此外，参与集资的还有开封府属仪封、通许、尉氏、鄢陵、郑州、兰阳、密县,以及归德府睢州和山西曲沃县当商,共计44家,这些捐款商号应该都与朱仙镇有生意往来。

此外,手工业在朱仙镇经济中也占有一定地位,尤以皮毛业和版画业为最。参与此次集资的皮房有251家,毡帽坊8家,羊毛字号31家;洛阳和赊旗的皮毛业均为陕西商人经营[①],朱仙镇可能也是如此。朱仙镇木版年画是清代著名的四大版画之一,尤以红纸门神为著,据说最盛时业者达300余家。[②] 不过此次捐款的门神作坊只有14家,共捐银100两;众工匠另外捐银60两,合计为160两,这一数额已超过251家皮房的捐款总额。此时的版画业尽管尚未达到鼎盛,但其经营规模和收益已属可观。

前已述及,乾隆三十三年(1768)《重修关帝庙碑记》和《本庙全图》二碑所镌商人名号中有一部分是按地域开列的,除朱仙镇本镇之外计有399家,占商号总数的35%,捐款占比则为39%。这部分资料为我们提供了另外一些可资参考的信息。表6-3是乾隆年间朱仙镇重修山陕会馆捐款商号的地域分布统计,请参见。

表6-3 乾隆年间朱仙镇重修山陕会馆捐款商号的地域分布统计

地域别	商号数/家	捐款额/两	占比/%
太原	22	227.00	
平阳府曲沃县	124	513.92	
平阳府太平县	36	158.90	
平阳府翼城县	4	42.00	
翼城县[1]	不详	200.00	
绛州	82	292.90	
绛州[2]	不详	229.77	

---

① 参见许檀:《清代中叶的洛阳商业——以山陕会馆碑刻资料为中心的考察》,《天津师范大学学报(社会科学版)》2003年第4期;《清代河南赊旗镇的商业——基于山陕会馆碑刻资料的考察》,《历史研究》2004年第2期。

② 开封教育实验区教材部编:《岳飞与朱仙镇》,第125页。

续表

地域别	商号数/家	捐款额/两	占比/%
泽州府高平县	6	110.00	
山西合计	274	1774.49	18.1
同州府朝邑县	34	82.26	
同州府大荔县	1	10.00	
陕西[3]	不详	451.44	
陕西合计	35	543.70	5.6
祥符县众当商	不详	1100.00	
汴城杂货铺	26	57.75	
开封府仪封县	7	56.00	
开封府通许县	7	50.00	
开封府尉氏县	5	35.00	
开封府洧川县	9	43.00	
开封府鄢陵县	14	17.00	
开封府郑州	1	12.00	
开封府兰阳县	1	10.00	
开封府密县	4	8.00	
开封府杞县	1	3.00	
河南府登封县	12	62.00	
归德府睢州	2	10.00	
归德府柘城县	1	5.00	
河南合计	90	1468.75	15.3
地域不详	730	5896.44	60.3
官员	2	100.00	1.0
总计	1131	9783.38	100.0

资料来源：据乾隆三十三年《重修关帝庙碑记》和《本庙全图》二碑统计

注：[1][2][3]翼城县商人捐修牌楼银200两，绛州各号捐修拜殿银229.77两，陕西商人捐修财神殿、钟鼓楼银165两，修匾对银286.44两，但商号数不详

由表 6-3 可知，参与集资的山西商人主要来自平阳府和绛州直隶州，这些地点当属其籍贯所在。其中曲沃县商号最多，共 124 家，捐银 510 余两；绛州商号 82 家，捐银 290 余两，并另外捐银 229 两修缮拜殿。翼城商人也是一支重要力量，雍正年间该县商人 340 余家曾单独集资修建牌楼；乾隆三十三年碑中虽列名商号只有 4 家，但其另外捐银 200 两修牌楼。曲沃县是山西著名的烟草产地，该县商人可能以经营烟业为主；翼城商人多经营布业，在京城、通州都建有布业会馆。陕西商号多来自同州府，朝邑、大荔两县商人多经营皮毛业，在朱仙镇可能也是如此。河南本省的捐款除省城和祥符县外，主要来自开封府属各州县以及河南府登封县、归德府的睢州和柘城，其中有 40 余家即前文所述之当商。河南本地经商者不多，典当业更是为晋商垄断，故这些商号应都是晋商在河南开设的，并与朱仙镇有较频繁的贸易往来。

此外，山陕会馆大殿前还立有一通《典衣铺捐施姓名》碑，落款为"壬寅仲冬"，可能也是乾隆年间所立。该碑所镌经营"典衣铺"者 60 余人，捐款金额虽然只有 120 余两，但分布范围颇广，分别来自河南开封、彰德、陈州、卫辉四府，以及山西的蒲州、绛州、芮城、曲沃、太平、榆次、潞城等州县。①

* * * *

以上考察我们看到，朱仙镇于明代后期开始兴起，清初迅速发展，康熙雍正年间两座会馆所汇集的山陕二省商人可能已达七八百家，不过其经济实力尚属有限。乾隆年间该镇商业进入鼎盛，不仅商号数量超过千家，且经营规模也有大幅度的增长。道光二十三年（1843）的黄河大水使该镇遭受重创，光绪年间进一步衰落。

依据山陕会馆碑刻资料统计，朱仙镇的山西商人主要来自平阳府和绛州直隶州，陕西商人多来自同州府，尤以曲沃、翼城和绛州商人为多。杂货、服饰、粮食、烟草、金融等业是山陕商人经营的主要行业，汇聚朱仙镇的商货除很大部分供应省城开封之外，其转销范围至少包括开封府属各州县以及河南东北部的归德、彰德、卫辉等府。

---

① 详请参见许檀：《清代河南朱仙镇的商业——以山陕会馆碑刻资料为中心的考察》，《史学月刊》2005 年第 6 期。

除山陕会馆之外，朱仙镇另有一座山西会馆，资料所限，笔者尚不清楚其经营内容与山陕会馆的区别；清代活跃于该镇的还有安徽、福建商人，关于他们的经营活动也有待于进一步的资料发掘。

二、周口

周口(今周口市)，又名周家口，位于河南省东南部，明代属开封府商水县，清代属陈州府，为商水等三县所分辖。颍水(亦即沙河)与贾鲁河在此交汇形成三岔河口，将全镇分为南、北、西三部分，沙河以南属商水，以北属淮宁，贾鲁河以西则属西华县。

周口得名据说是因早年有周姓人家在此摆渡，故名周家渡口，简称周家口或周口。① 明代中叶贾鲁河的修浚对周口的地位有较大提升，使其成为江淮至开封水运路线上的一个转运码头，不过此时的周口还只是个小码头，《商水县志》记言其"明代居民不过百家"②。周口的兴起约在康熙雍正年间，康熙《续修陈州志》将周口记作"新兴"集市；雍正十二年(1734)陈州升府，在周口添设粮捕水利通判，以加强管理。③ 到乾隆时，沙河南岸的周家口与北岸淮宁县所辖的永宁集已连成一体，形成一个"周围十余里"，"舟车辐辏，烟火万家，樯桅树密，水陆交会"的"大都会"。④ 乾隆初年周口已有居民3051户⑤，以户均5人计算，人口为1.5万。民国年间周口共有6000余户，29 600余口⑥，不过此时周口商业已经衰落，其作为豫东地区商品转运枢纽的地位被漯河所取代⑦，故此笔者估计，嘉道年间周口鼎盛时期全镇人口至少可达四五万人。

清代周口商业的发展主要得益于其地理条件。贾鲁河发源于开封府西北部，经朱仙镇过尉氏、扶沟、西华等县，至周家口与颍河交汇⑧；颍水发源于

---

① 董鉴泓主编：《中国城市建设史》(第3版)，第208页。
② 顺治《商水县志》卷2《舆地志·集市镇店》。
③ 康熙《续修陈州志》卷1《舆地志·乡村集镇》；乾隆《淮宁县志》卷5《职官志》。
④ 乾隆《商水县志》卷1《舆地志·集市镇店》。
⑤ 乾隆《商水县志》卷1《舆地志》。
⑥ 民国《商水县志》卷5《地理志》。
⑦ 民国《商水县志》卷12《丽藻志》。
⑧ 乾隆《淮宁县志》卷2《河渠志》。

豫西的少室山，经禹州、许州入陈州府境，与发源于汝州的沙河汇流，经周口东南流入安徽与淮河相汇，然后经洪泽湖入运河而达于江南。周口遂成为河南东部与江南物资交流的转运站，其腹地范围至少包括颍河、沙河和贾鲁河沿线的陈州、汝宁、开封三府所属的大部分州县。

周口的商业主要是河南东部与江南的商货转运贸易，其输出商品以陈州、汝宁、开封等府所产农副产品为主，输入则以江南所产绸布、杂货为主。凤阳关是豫东地区与江南商品流通必经的税关，其大关正阳镇位于安徽寿州西南，乃颍水与淮河的交汇处。档案记载："凡豫省粮食、杂货自光州、固始及周家口等处，从正阳、新城、怀远、蚌埠、长淮、临淮、盱眙出口，渡洪泽湖走清河境入运河南下"①；"凤(阳)关税钞米豆居十之七八，杂货止十之二三，全赖上游豫省陈州、汝州、光固等处出产米豆以及凤、颍、泗州各属所产粮食年岁丰稔，客商运往江苏货卖，而下江杂货亦藉回空船只顺便贩运，往来纳税"②。光绪《凤阳县志》记言："向来河南货物由颍河、涡河舟运至此上岸，陆路至浦口发往苏杭；亦有苏杭绸缎、杂货由浦口起旱，至长淮雇船运赴颍、亳、河南等处。"③清代中叶随着中原与江南地区间经济交流的发展，周口成为豫东地区与江南商品流通的转运枢纽。④咸丰年间为防御捻军，周口三寨分别修筑砖城，其中北寨城垣 10 里，南寨 6 里，西寨最小，约 4 里，三寨合计周围十余里，共设有水陆寨门 41 座⑤，规模远超过陈州府城。图6-4是周口南、北、西三寨分布示意图，请参见。

清代各地商人云集周口，陆续兴建了 10 多座会馆。地域会馆主要有山陕会馆(沙河南北各有一座)、安徽会馆(又称江南会馆、草关帝庙)、江西会馆(又名万寿宫)、覃怀会馆(又名四圣庙)、湖广会馆(禹王宫)、福建会馆(天后宫)；

---

① 中国第一历史档案馆档案《朱批奏折》：乾隆十四年十二月初十日管理凤阳关监督尤拔世奏折，档案号：04-01-35-0324-046。
② 台北故宫博物院编：《宫中档乾隆朝奏折》第 56 辑，乾隆四十八年六月二十四日管理凤阳关税务庐凤道王懿德折，第 565 页。
③ 光绪《凤阳县志》卷 3《舆地志·市集》。
④ 关于周口的商品流通，详请参见许檀：《清代河南的商业重镇周口——明清时期河南商业城镇的个案考察》，《中国史研究》2003 年第 1 期。
⑤ 董鉴泓主编：《中国城市建设史》(第 3 版)，第 208—209 页。

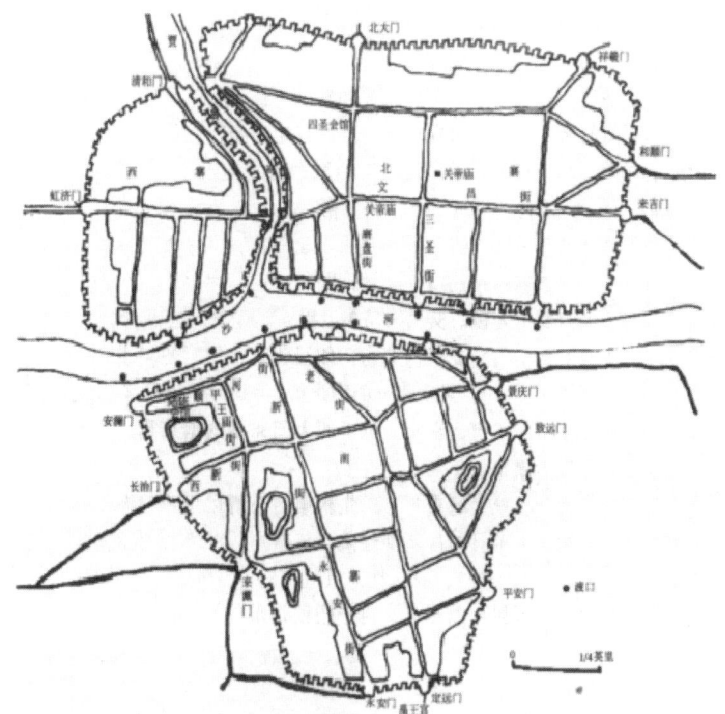

图 6-4　清代周口南、北、西三寨示意图

资料来源：董鉴泓主编：《中国城市建设史·周口镇图》（第 3 版），第 209 页

专业会馆有专营粮食业的陆陈会馆（又名平王庙）、兼营粮油的油业会馆，以及毡坊业的府君庙，丝业的嫘祖庙，铜铁业所建老君庙等手工业会馆。[①] 清代周口所建诸多会馆中规模较大且迄今完整保存的只有沙河北岸的山陕会馆，现为周口市博物馆，该馆内保存有山陕、江南等会馆的重修碑铭 10 余通[②]，借助这些碑刻资料，我们可对清代周口的商业状况及其规模有些较为具体的了解。图 6-5 是周口山陕会馆大殿、牌坊、碑亭和铁旗杆，图 6-6 是周口山陕会馆道光十八年（1838）碑，请参见。[③]

[①] 彭大海：《周口庙宇"拾零"》，见中国人民政治协商会议周口市委员会文史资料研究委员会编《周口文史资料》第五辑，1988 年版，第 96—107 页。

[②] 这批碑文大多已收入许檀编：《清代河南、山东等省商人会馆碑刻资料选辑》，第 81—107 页。

[③] 图 6-5、图 6-6 的照片为笔者于 2007 年 10 月考察时拍摄。

图 6-5　周口山陕会馆大殿、牌坊、碑亭和铁旗杆

图 6-6　周口山陕会馆道光十八年碑

据碑文记载，沙河北岸的山陕会馆始建于康熙三十二年(1693)，其后于康熙后期至道光末年多次增修扩建，直至咸丰二年(1852)才最终完工。表6-4是周口山陕会馆建筑年表，请参见。

表6-4　周口山陕会馆建筑年表

年　代	建筑与修缮
康熙三十二年(1693)	会馆创建
康熙五十二年(1713)	添建河伯、炎帝二殿
康熙五十六年(1717)	建药王殿、东廊房
康熙六十一年(1722)	建财神殿、西廊房、禅房僧舍
雍正九年(1731)	重修大殿，添建香亭
雍正十三年(1735)	建舞楼、山门
乾隆八年(1743)	建老君殿
乾隆十五年(1750)	建钟、鼓二楼
乾隆三十年(1765)	建马王殿、酒神殿、瘟神殿、石牌坊、马亭、戏房
乾隆四十六至四十八年(1781—1783)	重修香亭、钟鼓楼、药王殿、瘟神殿及马亭、戏房，彩绘诸殿、两廊，铺砌内外庙院
嘉庆五至七年(1800—1802)	建春秋阁、歌舞台
嘉庆二十年至道光二年(1815—1822)	立牌坊2座、建廊房14间、客庭10间、看楼10间、作坊20间，并修院墙、砌甬道、施彩绘
道光十六至十八年(1836—1838)	重修殿宇、香亭、石舫，"崇其基址，高其栋宇"
道光三十年至咸丰元年(1850—1851)	建后院飨亭，修葺前后殿廊楼阁
咸丰二年(1852)	全部落成
光绪三年(1877)	重加修整，焕然一新

资料来源：据周口山陕会馆各碑汇总

乾隆四十八年(1783)《重修关圣庙诸神殿香亭钟鼓楼并照壁僧室戏房及油画诸殿铺砌庙院碑记》记载了会馆在康熙至乾隆年间的多次扩建，摘录如下：

周口河北旧有山陕会馆，中祀大帝，创自康熙三十二年。五十二年傍建河伯、炎帝二殿，丁酉年建药王殿并东廊房，壬寅年建财神殿并西廊房及禅院僧舍。雍正九年重修大殿、建香亭，十三年建舞楼、山门。乾隆八年建老君殿，十五年建钟鼓楼，三十年建马王、酒神、瘟神殿及石牌坊、马亭戏房。此皆前人创建尽善，庙宇巍峨可观。但历年久远，风雨飘圮，倾颓者多。四十六年山陕商贾各捐囊资，慨然乐输，于是窦天育等督工重修香亭、钟鼓楼、药王、瘟神殿及马亭、舞楼、照壁、僧室、戏房，并彩画诸殿两廊，铺砌内外庙院，至四十八年大功告竣。基宇犹是也，而美奂美轮，规模增新矣。①

据以上记载，山陕会馆从康熙三十二年至乾隆四十八年的 90 年的时间内进行了 10 次修建，至乾隆四十八年已是规模宏伟，美轮美奂。不过，这一时期的修建工程似没有留下集资记载。

嘉道年间会馆又进行了三次较大规模的扩建重修：①嘉庆五至七年，增建春秋阁；②嘉庆末至道光初年，增建牌坊以及廊房、客庭、看楼、作坊等共 50 余间，并修院墙、砌甬道、施彩绘；③道光十六至十八年，重修殿宇、香亭、石舫，"崇其基址，高其栋宇"；②这三次重修每次都耗资 2 万余两。关于会馆的集资方式，道光二年《山陕会馆春秋阁院创修牌坊两廊看楼客庭工作等房铺砌甬路院落布施抽积银钱碑记》有较具体的说明：

> 斯举也，共计费银二万两有奇。其所从来者有二：一则出之于吾乡之铺户也……于嘉庆十四年挨行募化，量本金之大小为捐数之重轻，统计得银一万六千二百两；一则出之于吾乡之行商也……于嘉庆十四年仍循往例千钱抽一，至道光元年共得银一万二千九百两。③

据此可知，会馆的集资方式是行商抽厘，坐贾认捐。行商按照 1‰ 的比例抽收厘金，坐贾则依据资本额的多寡认捐，但认捐比例没有记载。一般

---

① 许檀编：《清代河南、山东等省商人会馆碑刻资料选辑》，第 81 页。
② 许檀编：《清代河南、山东等省商人会馆碑刻资料选辑》，第 83—84、94 页。
③ 许檀编：《清代河南、山东等省商人会馆碑刻资料选辑》，第 85—86 页。

来说，坐贾的捐款比例不应低于行商，故笔者按照与行商同样的比例进行折算。表 6-5 是嘉道年间三次重修山陕会馆的集资金额及其经营规模折算，请参见。

表 6-5　嘉道年间周口三次重修山陕会馆的集资金额及其经营规模折算　单位：万两

重修年代	行商抽厘	坐贾认捐	合　计	折合年经营额	备　注
嘉庆五至七年	2.000	—	2.000	105.3	19 年平均
嘉庆末年至道光初年	1.290	1.620	2.910	242.8	12 年平均
道光十六至十八年	1.029	1.630	2.659	295.4	9 年平均

资料来源：据周口山陕会馆嘉庆七年、道光二年、道光十八年碑捐款统计

道光二年碑所记的集资，是表 6-5 中的第二次重修，集资时间从嘉庆十四年（1809）至道光元年（1821）共 12 年，行商抽厘 1.29 万两，以 1‰ 的抽厘率折算，平均每年的经营额为 107 万两；坐贾捐银 1.62 万两，以同样的比例，折合年经营额 135 万两；行商、坐贾合计为 240 余万两。表 6-5 中的第一次重修耗资 2 万余两，系"积累者十九年"而得，据道光二年碑记言"千钱抽一"乃是"仍循往例"，故此次从乾隆至嘉庆长达 19 年之久的集资当也是以 1‰ 的抽厘率进行的；19 年平均，折合年经营额 105 万两。该碑题为《创建春秋阁各行商抽分毫厘碑》，当只有行商参与了集资；如果考虑到坐贾的经营规模，嘉庆初年山陕会馆的总规模可能已超过 200 万两。至于道光十六至十八年的重修，集资从道光六年至十五年，"阅九载"，行商抽厘 1.029 万两，折合年经营额 114 万两；坐贾捐银 1.63 万两，年经营额为 180 万两；行商、坐贾合计为 290 余万两。与嘉庆年间相比又有增长。

我们还可做进一步的分析。道光十八年《重修关帝庙岁积厘金记》开列了 15 个行业 320 家商号的抽厘金额，这 15 个行业分别为杂货、京货、山货、麻、丝、布、皮货、西烟、果品、白米、鱼米、竹木、药材及骡行。其中杂货行列名商号 180 家，占 320 家商号的 56%；共抽厘 7900 余两，占行商抽厘总额的 76%。以 1‰ 的抽厘率 9 年平均折算，该行每年的经营额为 80 余万两。显然，杂货是周口山陕商人经营的最主要行业。其他各行的经营规模则逊色得多，如麻行、油行的年经营额为 4 万余两，丝行 3 万余两，布行、京

货行各 2 万余两，山货、西烟、果品、白米等行则只有 1 万余两，都远不能与杂货行相比。表 6-6 是该碑所列道光年间周口山陕会馆各行抽厘金额及其经营额的折算，请参见。

表 6-6 道光年间周口山陕会馆各行抽厘金额及其经营额折算

行业	抽厘合计/两	年均抽厘/两	折合年经营额/两
杂货行	7 915.19	879.46	879 460
麻行	388.43	43.16	43 160
油行	360.27	40.03	40 030
丝行	304.74	37.86	37 860
布行	224.93	24.99	24 990
京货行	199.70	22.19	22 190
西烟行	176.25	19.58	19 580
骡行	170.73	18.97	18 970
果行	157.50	17.50	17 500
白米行	149.55	16.60	16 600
山货行	133.91	14.88	14 880
鱼米行	50.07	5.56	5 560
竹木行	35.79	3.98	3 980
皮行	18.63	2.07	2 070
药材行	6.08	0.67	670
合 计	10 291.77	1 143.53*	1 143 530*

资料来源：据道光十八年《重修关帝庙岁积厘金记》碑统计

注：*此数是 10291.77 两 9 年平均得出，与分项累计略有出入

按照同样的方法，我们还可对各商号的经营规模进行折算。在道光十八年碑所列 320 家行商中，抽厘最高者为 562.52 两，最低为 3 两；此外，15 个行业均另开有"零厘头"银两，多者数百两，少者仅数两，合计为 1631.49 两。所谓"零厘头"，笔者估计应是抽厘不足 3 两的行商累计所得，因为在列

名商号中抽厘金额最低者为3两。笔者以年经营超过万两者为大商号,年经营额在1000两至10000两之间者为中等商号,年经营额不足1000两者为小商号,将该碑所列行商进行分类统计(表6-7)。

表6-7 道光年间周口山陕会馆行商抽厘及其经营规模的分类统计

分 类	抽厘额	折合年经营额	商号数	占比(1)	占比(2)
大商号	90两以上	10 000两以上	23家	7.2%	2.4%
中等商号	9—89两	1 000—10 000两	114家	35.6%	11.8%
小商号(1)	3—8.99两	300—1 000两	183家	57.2%	—
小商号(2)	3两以下	300两以下	650家*	—	85.8%
合 计	10 291.77两	1 143 530两	970家	100.0%	100.0%

资料来源:据道光十八年《重修关帝庙岁积厘金记》统计
注：*零厘头银合计为1631.49两,以平均抽厘2.5两计,为650余家商号

表6-7可见,在周口山陕会馆的行商中,经营额万两以上的大商号只有23家,以320家列名商号统计,占比为7.2%；如果将"零厘头"商号计算在内[①],占比只有2.4%。而经营额不足千两的小商号则为数众多,以320家商号计占比57%,若将"零厘头"商号一并计入,占比高达85%。表6-8所列是其中23家经营额超过万两的大商号,请参见。

道光十八年《重修关帝庙岁积厘金记》开列有164家坐贾的捐银数目,其中董合盛、李玉成、李源发、王恒吉、刘兴盛、牛公盛、李玉盛、路成盛等八家首事各捐银646.44两,合计5170余两,约占坐贾捐银总数的1/3。这八家首事应是周口规模最大的商号,如果按上述行商的抽厘率折算,他们的经营规模当超过五万两。其余156家商号共捐银11 130余两,其中捐银最多者为300两,共有10家；最少者仅一两。表6-9所列是这164家坐贾的捐银统计,请参见。虽然我们不能确切地推算出这些商号的资本数量和经营额,但从捐款数量仍能大致区分出其商业规模的大小。

---

① 各行零厘头银合计为1631.49两,以平均每家抽厘2.5两计,为650余家商号,实际数量可能更多。

表 6-8 道光年间周口山陕会馆经营额超过万两的大商号示例

商号名称	抽厘额/两	折合年经营额/万两	商号名称	抽厘额/两	折合年经营额/万两
新盛翊	562.52	6.25	环兴德	129.10	1.43
龙兴岐	540.60	6.00	瑞盛甫	125.46	1.39
瑞龙西	470.43	5.23	悦顺杜	120.32	1.34
交泰东	230.15	2.56	福盛玉	116.29	1.29
王盛和	183.50	2.04	协成玉	113.57	1.26
乾顺公	172.62	1.95	元兴永	109.74	1.22
世发康	164.23	1.82	恒昌宾	105.10	1.17
天全乾	163.78	1.81	同仁檩	105.04	1.17
充盛泉	159.73	1.77	永隆符	103.52	1.15
合兴泰	159.45	1.77	通兴昌	95.55	1.06
永兴隆	158.10	1.76	天育正	93.11	1.03
生生茂	155.30	1.73			

资料来源：据道光十八年《重修关帝庙岁积厘金记》碑统计

表 6-9 道光年间周口山陕会馆坐贾捐款的分类统计

分类	商号数/家	占比/%	捐款额/两	占比/%
八家首事各捐银 646.44 两	8	4.9	5 171.52	31.7
其他商号捐银：				
300 两	10	6.0	3 000.00	18.4
100—280 两	32	19.5	5 520.00	33.9
10—90 两	75	45.7	2 454.00	15.0
1—8 两	39	23.8	162.20	1.0
合　计	164	100.0	16 307.72	100.0

资料来源：据道光十八年《重修关帝庙岁积厘金记》碑统计

周口市博物馆还保留有一通道光年间安徽会馆重修的捐款碑,该碑记言:"江南会馆由来久矣,墙垣颓败,屋宇渗漏……于是会中公同酌议捐修,遂于道光十三年八月动工，先修正殿以及火神殿，大王殿重新翻盖，并庙后二十余间砖墙瓦房，于十四年秋后落成。经费若干开列于后。"该碑碑阴镌刻有捐款商号 82 家，共捐钱 171.2 千文。不过这 82 家并不是捐款商人的全部，该碑所列捐款来源共有四项：

(1) 收众山客钱 1027 千文；
(2) 收本镇门面厘头钱 466.4 千文；
(3) 收捐布施钱 171.7 千文；
(4) 收黄铜行捐钱 58.1 千文；

四项合计共集资 1723.2 千文。①

其中第一项，所谓"众山客"从字面看应是来自山区或经营山货的客商，共捐钱 1027 千文；第二项"本镇门面厘头钱"，应是指在周口设有店铺者按一定比例抽收的厘头钱，共 466.4 千文；第三项，收捐布施钱 171.7 千文，此项捐款当即碑文所列 82 家商号所捐；第四项，黄铜行商人捐钱 58.1 千文。这四项来源中只有第三项开列了捐款商号数目；以捐款金额推算，其他三项的捐款商号当各有数十家，故周口的安徽商人数量估计在 200 家以上。

*　　　*　　　*　　　*

以上考察我们看到，周口在明代只是从淮安至开封水路交通线上商船停泊的诸多码头之一，清代随着区域之间经济联系的加强，逐渐发展成为豫东地区与江南商品流通的重要枢纽。其输出商品以陈州、开封一带所产农副产品为主，输入以江南所产各项杂货为主。

嘉道年间是周口商业的鼎盛时期，道光年间山陕会馆仅有名号可考的商号即有坐贾 164 家，行商 320 家，如果加上抽厘不足 3 两的众多小商号，数量当超过 1000 家；再加上其他各省商人，全镇的行商、坐贾估计可达 1500—2000 家。依据山陕会馆集资的抽厘率折算，嘉庆年间该会馆的经营规模在 200 万—240 万两，道光年间增至 290 余万两。除山陕会馆之外，周口还有安徽、江西、福建、湖广、覃怀、陆陈、油业等 10 余座会馆。就目前所见资料，沙河北岸的山陕会馆可能是规模最大，实力最强的一个；不

---

① 道光十七年《江南会馆重修庙序》，见许檀编《清代河南、山东等省商人会馆碑刻资料选辑》，第 101—103 页。

过该会馆的经营行业以杂货为主,而周口输出的大宗商品中,粮、油等项都不是由其经营,而另有专门的陆陈会馆和油业会馆。笔者姑且假定山陕会馆的经营规模占全镇的 1/2,则嘉道年间周口全镇的商业规模当有五六百万两之谱。

三、赊旗

赊旗也是清代河南四大商镇之一,该镇位于河南西南部,属南阳府南阳县。赵河、潘河在该镇交汇后入唐河,南下至樊城转汉水可直抵汉口;由赊旗北上,陆路经裕州有驿道通开封、洛阳以及山陕。《南阳县志》记载称:该镇"地濒赭水,北走汴洛,南船北马,总集百货,尤多秦晋盐、茶大贾"①。又据《社旗山陕会馆》一书考察:该镇东西宽2.5千米,南北长1.5千米,总面积约4平方千米,巅峰时全镇有72条街巷(图6-7),山货街专营土特产,

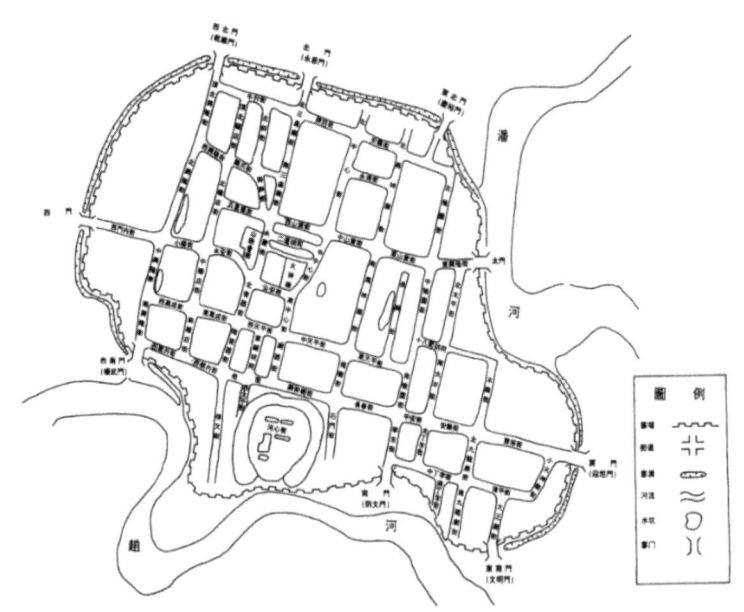

图 6-7 清代赊旗镇街巷图

资料来源:河南省古代建筑保护研究所、社旗县文化局编著:《社旗山陕会馆》第113页《赊店古镇略图(七十二条街)》

---

① 光绪《南阳县志》卷3《建置志》。

铜器街主要为日杂用品，骡店街则为骡马客商提供住宿等服务；城南两河交汇处设有多个码头，南来船只在此"卸货分类，再由马帮转发各地"。①

赊旗又名赊店、赊旗店，其兴起约在清初。康熙《南阳府志》集镇条中记有"赊旗店"②；雍正二年（1724）《同行商贾公议戥秤定规》碑记言："赊旗店四方客商杂货兴贩之墟……年来人烟稠多，开张卖载者二十余家"③，此时的赊旗当已有一定规模。乾隆四十七年（1782）赊旗山陕会馆所建春秋楼落成，该建筑面阔七间，三重檐歇山琉璃顶，高30余米，雕梁彩绘，金碧辉煌④，成为赊旗的标志性建筑，也可视为赊旗商业进入繁荣阶段的标志。

赊旗商业以南北商货的水陆转运为主，是河南中西部与南方各省商品流通的重要转运站，也是晋商对俄茶叶贸易的转运通道。

茶叶是经由赊旗转运的大宗商品之一，除一部分分销河南各地外，大多转运东口（张家口）、西口（归化城），然后销往蒙古草原和中俄边界的恰克图。清代前期晋商采购的茶叶主要产自武夷山区，19世纪50年代受太平天国起义影响，晋商改向两湖地区采买，山西茶商的办茶手册《行商遗要》详细记载了从祁县赴湖南安化购茶的水陆路程：

（1）从祁县经沁州、高平至泽州，陆路580里；

（2）从泽州翻越太行山、过黄河，经汜水、郑州、襄县、裕州至赊旗镇，以上两段合计，陆路共1355里；

（3）从赊旗镇至湖北樊城，水路345里；

（4）从樊城至汉口，水路1215里；

（5）从汉口至湖南益阳，水路840里；

（6）从益阳到安化，水路255里。

---

① 河南省古代建筑保护研究所、社旗县文化局编著：《社旗山陕会馆》，文物出版社1999年版，第1—2页。
② 康熙《南阳府志》卷2《集镇》。
③ 许檀编：《清代河南、山东等省商人会馆碑刻资料选辑》，第110页。
④ 河南省古代建筑保护研究所、社旗县文化局编著：《社旗山陕会馆》，第24页。

以上六段合计，陆路 1355 里，水路 2655 里。①

《行商遗要》还记载了由赊旗转运各地的车、驼脚价及相关注意事项。如《赊旗发货总论》记载：

> 世(是)处码头，百货皆聚，陆路为首。在彼发货之人，更宜精细活便，不可值(迟)滞，而道路甚多，脚价涨、吊(跌)不等。及以西路马车论之，每千斤四五十两价业已见过，一十三四两行情亦是有之。思此涨、吊，实属远矣！虽是此论，尚属思量，日节迟早，知事缓急如何，再思码头存货有无及之多寡，乃发货第一要法也。即此处多费脚资，能在赶通州、祁县春季之驼，货早上口(即张家口)，亦方可矣。若估日节尚早，脚过大码头有快货，不久必完，我就可列(略)等一二，法非定准，看势为之。②

由赊旗发往东口、西口的不同品种的茶叶，使用马车、骆驼、骡子等运输工具，其包装、重量均有定规：

> 马车：红茶大箱作五十斤，四十斤套箱作三十五斤，斗箱八折大箱。大花茶，一斤、二斤、三斤、五斤天尖、贡尖各作四十斤，百两茶作四十五斤。西三九、二四〔箱〕老茶作八十斤，东三六、二七〔箱〕作六十斤。盒茶四串作东箱一只，小箱作四十斤。茶梗包口大小不一，临时过秤，定规加五秤，实划加七八之谱。
>
> 驼：红武茶大箱作六十斤，十五斤套箱作四十斤，斗箱作五十斤。大花茶，三斤、五斤天尖、贡尖各作五十二斤，一斤、二斤天尖、百两茶各作六十二斤。西三九、二四〔箱〕老茶各作一百斤，东三六、二七〔箱〕老茶各作三只，作二百斤。盒茶六串作一百斤，六四、六十小箱二只作一百斤，七二小箱作五十斤。茶梗临时过秤，定规加二秤，实划

---

① 史若民、牛白琳编著：《平、祁、太经济社会史料与研究》，第 483—487 页。
② 史若民、牛白琳编著：《平、祁、太经济社会史料与研究》，第 501 页。

加四秤微欠点。

骡：红武茶大箱作七十斤，十五斤套箱作五十斤，如配杂货作四十五斤，斗箱作六十斤。大花茶，三斤、五斤天尖、贡尖各作六十斤，百两茶作七十五斤。茶梗过秤，定规加一秤，实划加二之谱。①

在同光年间赊旗重修山陕会馆对行商的募捐中，盒茶社捐款 4500 两，蒲茶社捐款 360 两，此外大德玉、大升玉、大泉玉、祥发永、兴泰隆、裕庆成、兴隆茂、天顺长、聚兴顺等山西太原、汾州二府的 10 家茶商字号各捐银 50 两，合计为 5360 两，占此次募集总额 14 930 两的 35.9%，足见茶商资本之雄厚。

杂货也是经由赊旗转运的大宗商品。赊旗有专门的杂货行，乾隆五十年（1785）该行为整顿经营秩序，特别召集众商"公议规程"，订立行规十余条，摘录如下：

一、卖货不得包用，必要实落三分，违者罚银五十两；
一、买货不得论堆，必要逐宗过秤，违者罚银五十两；
一、买表辛不得抄红码，必须过秤，违者罚银五十两；
一、落下货本月内不得跌价，违者罚银五十两；
一、银期不得过期，如过者按生意多寡出月利；
一、结帐不得私让分文，如违者罚银五十两；
一、买货破烂水湿，必要依时价公除；
一、平色有公议砝一副，足纹银九七八六为则；
……
一、不得在门口拦路会客，任客投主，如违者罚银五十两；
一、不得假冒名姓留客，如违者罚银五十两；
一、不得在人家店中口引客买货，如违者罚银五十两；
……

---

① 史若民、牛白琳编著：《平、祁、太经济社会史料与研究》，第 503—504 页。

大清乾隆五十年岁次乙巳九月十七日　赊镇杂货行仝立①

前引茶商《行商遗要》中也有记载称，"此处码头以杂货为首"，各种商货脚价往往以杂货运价为基准，如"西老茶、大花茶照杂货解矮银一两，东老茶照杂货下银二两五钱"；"客人搬短骑骡行李过秤加一，每百斤比杂货高解银一钱……骑骡每头作二百斤，每百斤比杂货高银二钱"；等等。②

纸、糖、金针、粉皮、粉条等商品大概均可归入杂货。赊旗的纸、糖等货多来自湖广。如道光十六年(1836)七月，山西"天义正记"商号从中湘(湘潭)购买洋糖50包、冰糖5箱、纸张500余块，九月初三自湘潭起身，经汉口、樊城，十月初八日运抵赊旗；从赊旗雇车将这批商货陆运至北舞渡，然后雇船水运至周口销售。又如道光二十二年腊月，山西"茂盛德记"商号从中湘购买苏木120捆，纸张500块，合计价银1000余两；二十三年正月运抵汉口，又在汉口购入洋糖342包、冰糖20箱，价银1900余两。这批商货于二月十五日运抵赊旗，其中洋糖、冰糖交由晋和、森茂、元吉等店出售，苏木、纸张则转运周口。③表6-10所列是道光年间"天义正记""茂盛德记"商号从南方输入的商品及其购销地点，请参见。其中，纸张当为湖南或江西所产；冰糖、洋糖为广东所产，经由湘粤交界的骑田岭商路进入湖南，再由湖南北上。

"茂盛德记"商号由赊旗南运的主要是河南所产金针(即黄花菜)、粉皮粉条等货。如道光二十三年九月该字号从赊旗的晋和、森茂、元吉三家店铺陆续购入金针两万余斤，又从诚兴店、合昌店购入粉皮万余斤，总计价银1700余两。这批商货于腊月起运，翌年正月抵汉口销售。道光二十六年九、十两月，该商号从晋和、森茂等店购入金针两万余斤，沙菜2500余斤，于十一月运至汉口销售。④表6-11是道光年间"茂盛德记"商号从赊旗向南方输出的商货及其购销地点，请参见。

---

① 许檀编：《清代河南、山东等省商人会馆碑刻资料选辑》，第119—120页。
② 史若民、牛白琳编著：《平、祁、太经济社会史料与研究》，第502、504页。
③ "天义正记""茂盛德记"账册，系笔者从太原文物市场购入，据商贩称是从临汾收购来的。
④ "茂盛德记"账册。

表 6-10　道光年间山西"天义正记""茂盛德记"商号从南方输入的商品及其购销地点

立账时间	进货地点、商行	购入商品	商品数量	销售地点
道光十六年八月	中湘德升行	洋糖	30 包	周口
道光十六年八月	中湘敦仁行	洋糖	20 包	周口
道光十六年八月	中湘德升行	冰糖	5 箱	周口
道光十六年八月	中湘吉泰行等	纸张	522 块	赊旗、周口
道光十七年八月	中湘忠信行等	纸张	1100 块	周口
道光十七年八月	中湘敦仁行	洋糖	68 包	赊旗
道光十七年八月	中湘德升行	洋糖	66 包	赊旗
道光二十一年九月	中湘吉泰行等	纸张	1680 块	赊旗、周口
道光二十一年九月	中湘敦仁行等	洋糖	198 包	赊旗、周口
道光二十二年腊月	中湘茂昌行	苏木	120 捆	周口
道光二十二年腊月	中湘吉泰行	纸张	240 块	周口
道光二十二年腊月	中湘三元行	纸张	50 块	周口
道光二十二年腊月	中湘福隆行	纸张	60 块	周口
道光二十二年腊月	中湘大顺行	纸张	150 块	周口
道光二十二年腊月	汉口吉祥行	洋糖	262 包	赊旗
道光二十二年腊月	汉口吉祥行	冰糖	12 箱	赊旗
道光二十二年腊月	汉口同春行	洋糖	80 包	赊旗
道光二十二年腊月	汉口同春行	冰糖	8 箱	赊旗
道光二十六年正月	汉口大有行	西糖	40 包	赊旗、周口
道光二十六年正月	汉口正大行	西糖	60 包	赊旗、周口
道光二十六年正月	汉口信孚行	西糖	166 包	赊旗、周口
道光二十六年正月	汉口大有行	结糖	136 包	赊旗、周口
道光二十六年正月	汉口同春行	结糖	328 包	赊旗、周口
道光二十七年十月	中湘中和行等	纸张	1796 块	赊旗、北舞渡
道光二十七年十月	中湘和美行等	洋糖	199 包	赊旗

资料来源：据"天义正记""茂盛德记"账册统计

表 6-11 道光年间"茂盛德记"商号从赊旗向南方输出的商品及其购销地点

立账时间	进货地点、商号	商品名称	商品量	销售地点
道光二十三年	赊旗晋和店	金针	7904斤	汉口
道光二十三年	赊旗森茂店	金针	6117斤	汉口
道光二十三年	赊旗元吉店	金针	6117斤	汉口
道光二十三年	赊旗诚兴店	粉皮	5195斤	汉口
道光二十三年	赊旗合昌店	粉皮	4955斤	汉口
道光二十五年	周口	金针	29232斤	中湘
道光二十五年	周口	金针	23778斤	中湘
道光二十六年	赊旗协昌店	粉条	10471斤	汉口
道光二十六年	赊旗晋和店	金针	6843斤	汉口
道光二十六年	赊旗森茂店	金针	6843斤	汉口
道光二十六年	赊旗森茂店	沙菜	2553斤	汉口
道光二十六年	赊旗元吉店	金针	121包	汉口
道光二十七年	周口	金针	27094斤	赊旗、中湘
道光二十七年	赊旗元吉店	金针	10484斤	中湘

资料来源：据"茂盛德记"账册统计

以上记载可以看出"天义正记""茂盛德记"是行商，而晋和、元吉、森茂、诚兴、合昌等店则为坐贾，它们应都是经营杂货的商号。而且"茂盛德记"每次在赊旗采购或销售商货，多与这几家商号联系，显然行商与坐贾之间一般会建立较为固定的关系。在乾隆四十七年(1782)《创建春秋楼碑记》所镌商号中，我们见到有"晋和店"的捐款，为3两，看来其规模并不太大。不过从乾隆中叶到道光末年，该商号在赊旗至少已有六七十年之久了。

棉花、棉布也是赊旗转运的大宗商品。晋商义成店《咸丰年湖北各处办布规程》记载了赊旗镇花、布、杂货等行于道光中叶整顿市场秩序，订立新规之事：

> 赊旗镇系河南南阳府南阳县所管之地。彼处五户（方？）杂地，买卖客商往来，货物淘淘（涛涛）不断。有在彼积存卖者，亦有过载者，不可

甚记。可为马头之要地也。彼地交易各货行店经手，其成盘各货，平码秤头有一定样式。皆因昔时年深日久，近有不固之客商遇便生巧，行店含糊过货，将昔年之规虽不能尽弃，以致屡屡不整。于道光十二年五月，我花、布、杂货行新正行规、秤头、平码，以致整年之变，是以重条修秤三杆，山陕会馆存一杆，东西两路头周流各一杆。……

今将一应规款详注于后：

一议，十六两足平秤一百〇三斤底，过秤照旧规加一/三明算，无论何货总以公议之秤过秤；

一议，买卖囤户或走或存，不许原号抄，总要另过秤，行店不议、抱号；

一议，棉花大包口底带绳四斤，小包带绳三斤，以一百五十斤老号作为大包，小者作为小包，过秤后抽绳一根面较，如多者照数公除，以免讲说；

一议，买卖成盘，各立定票为据，三日内过秤；如过三日，不得退盘，天雨阻隔不为凭；其银四十两期，如收现银，与行店商酌；

……

棉花，每大包栈用六分，脚力六厘；

发平梭布，每卷栈用二厘，行用一钱……①

《咸丰年湖北各处办货规程》还开列有该字号从湖北旧口镇、多宝湾等处买布发往赊旗，再从赊旗发往河南禹州、洛阳、平遥等地的运费定规，例如：

发东路至赊水脚装船，昔年白布以三十八卷一载，近来以四十卷作为一载，每载船脚五两至七两，每两以九扣付钱；若付银将钱依樊地时价作合。

从赊发禹(州)，骡脚每卷钱三百五十文至五百文；发马车脚每卷毛银二钱至三钱。由赊发洛邑，骡脚每百斤毛银五钱至一两三钱；发车银

---

① 刘建民主编：《晋商史料集成》第68册，第103—107页。

每卷毛银三钱至八钱；发驼脚每百斤毛银七钱至一两九钱。……如一脚赊至平(遥)，驼脚每百斤一两八钱至六两四钱，俱系毛银，时常骡平和三两之谱；发骡脚每百斤毛银一两九钱至二两八钱。①

此外，粮食、药材、烟草、瓷器等也是经由赊旗转运的较大宗的商品。②

关于赊旗镇的商业规模，我们可借助山陕会馆碑刻资料做一些具体考察。据《社旗山陕会馆》一书考证，该会馆有两次大规模的集中营建：第一次在乾隆—道光年间，除前述乾隆四十七年(1782)建成的春秋楼之外，嘉道年间又陆续修建了大殿、两廊、悬鉴楼、琉璃照壁、东西辕门以及临街群房等；第二次在同光年间，系因咸丰七年(1857)捻军放火焚烧春秋楼，会馆建筑除悬鉴楼之外大部分被毁③，故山陕商人集资重修。此次重修的会馆迄今完整保留(图6-8、图6-9)④，现为社旗县博物馆；馆中保存有会馆碑铭七通⑤，下面，笔者依据这些碑刻资料进行考察。

乾隆四十七年(1782)《创建春秋楼碑记》镌有捐资商号423家，共集资8068两。该碑所镌大部分商号的捐款均有尾数，故此次集资采取的应是抽厘方式。⑥其中金额最高者为130两，最少为3钱，抽厘超过100两者只有5家，看来此时山陕商人的经营规模还不是很大。嘉道年间会馆的修建未见有碑铭保存，很可能是随着那场大火一并被毁掉了。不过，据嘉庆二十二年(1817)《南阳赊旗镇山陕会馆铁旗杆记》记载，立于会馆大门左右的铁旗杆是陕西同州府商人以此次集资的剩余款"三千余金"打造的，"重五万余斤"。⑦从一对铁旗杆耗资3000余两推论，会馆的主体建筑

---

① 刘建民主编：《晋商史料集成》第68册，第87—88页。
② 关于清代赊旗的各项商品贸易，详请参见许檀：《清代河南赊旗镇的商业——基于山陕会馆碑刻资料的考察》，《历史研究》2004年第2期。
③ 河南省古代建筑保护研究所、社旗县文化局编著：《社旗山陕会馆》，第3—6页。
④ 图6-8、图6-9的照片为笔者2007年9月考察时拍摄。
⑤ 这批碑铭收入许檀编：《清代河南、山东等省商人会馆碑刻资料选辑》，第108—133页。
⑥ 抽厘或是认捐，从捐资数额可大致区分，认捐一般多为整数，抽厘则即便数额较大仍有尾数。
⑦ 许檀编：《清代河南、山东等省商人会馆碑刻资料选辑》，第121页。

图 6-8　赊旗山陕会馆的大殿和大殿前所立碑铭

图 6-9　赊旗山陕会馆的悬鉴楼

至少耗银数万两。显然,嘉道年间山陕商人的经济实力与乾隆时相比已有大幅度增长。

民国十二年南阳统税局局长山西安邑县人宋万青所撰《重建山陕会馆碑记》记述了同光年间会馆重修及集资、立碑经过:

自咸丰七年八月捻匪蹂躏，焚及会馆大殿、廊房、春秋楼，荦荦大者俱化灰烬。嗣经山陕商贾连年抽厘，希图积少成多，以为重修之资。奈工程浩大，缓不济急，又经同乡大宗捐输，始得鸠工。上建关帝大座殿，中设大拜殿，前筑大月台，环以石牌坊；拜殿两旁，药（王）、马王神殿各三间，东西小腰楼各一间，东西两楼廊各十三间；对面大戏楼两旁佐以钟、鼓两楼，南、东、西马廊各三间；东西辕门两洞，楼前口琉璃大照壁，后树霄汉铁旗杆。虽比旧式尚少春秋楼一座，而厥功亦伟，气宇宏大，楼阁辉煌，实戛戛乎不易。原当告竣之日理应勒石刻名，以垂永久。只因码头中衰，继起无人，一切手续竟尔历年空悬。口以厘务承乏到镇，谬荷同乡官秦公紫剑、张公益斋，并诸乡友协力整理，爰记其巅末，胪列捐项于两碑阴，以记不朽云。①

据碑文所言，此次集资包括"抽厘"和"认捐"两部分，与周口不同的是坐贾抽厘，行商认捐。"抽厘"从同治八年至光绪十六年（1869—1890），持续21年之久，共抽得厘金银72 858两；由于工程浩大仍不能满足需要，故发起募捐，得到"同乡大宗捐输"14 930两；两项合计共银87 788两。②

先看抽厘。《重建山陕会馆碑记》列有参与抽厘的商号383家，共抽收厘金69 613两；其中抽厘金额最高者6933两，最低为8两。此外，该碑另记有"零星小宗厘金"2165两，应是抽厘不足8两未被列名的小商号的累积数；如果以平均每家抽厘5两计算，这些小商号的数量为430余家，也可能更多。与列名商号合计，共有800余家商号参与抽厘，抽收厘金共计71 778两。③如果考虑到列名商号中还包括花粉行、陆陈行、盐驼行等行业，而每一行业至少会有商号十几家或者几十家，故实际参与抽厘的坐贾可能将近千家。表6-12是同光年间赊旗重修山陕会馆抽厘商号的分类统计，请参见。

---

① 许檀编：《清代河南、山东等省商人会馆碑刻资料选辑》，第123—124页。
② 《重建山陕会馆碑记》《重兴山陕会馆碑记》，《清代河南、山东等省商人会馆碑刻资料选辑》，第123—133页。
③ 此系累计数字，与前引碑文所记72858两略有出入。

表 6-12　同光年间赊旗重修山陕会馆抽厘商号的分类统计

分类	商号数/家	占比/%	抽厘金额/两	占比/%
1000 两以上	12	1.5	31 147	43.4
500—1000 两	19	2.3	13 049	18.2
21—300 两	213	26.1	23 454	32.7
8—20 两	139	17.0	1 963	2.7
零星小宗厘金	433	53.1	2 165	3.0
合计	816	100.0	71 778	100.0

资料来源：据民国十二年《重建山陕会馆碑记》统计

表 6-12 可见，在此次集资中抽厘超过 1000 两的有 12 家，超过 500 两者共计 31 家；这 31 家商号抽厘合计 44 196 两，已占到总额的 61.6%。此次集资时间长达 21 年，共抽收厘金 71 778 两；碑文未记载抽厘率，如果按照周口的抽厘率以 1‰ 的比例折算，山陕会馆的年经营额为 340 万两；若以开封 2‰ 的抽厘率折算，则为 170 万两。用同样的方法，我们还可对赊旗一些大商号的经营规模进行折算。表 6-13 是抽厘金额超过 500 两的 31 家商号及其年经营额的折算，请参见。

表 6-13　抽厘金额超过 500 两的 31 家商号及其经营额折算

商行商号名称	抽厘金额/两	折合年经营额/两	
		以 1‰ 的抽厘率计	以 2‰ 的抽厘率计
福源店	6 933	330 143	165 070
花粉行	4 389	209 000	104 500
陆陈行	3 450	164 286	82 143
致和永	3 224	153 524	76 762
晋源店	3 124	148 762	74 381
三泰和	1 851	88 143	44 072

续表

商行商号名称	抽厘金额/两	折合年经营额/两	
		以 1‰的抽厘率计	以 2‰的抽厘率计
复盛协	1 828	87 047	43 524
复来店	1 595	75 952	37 976
驼、盐两行	1 466	69 809	34 905
信兴顺	1 417	67 476	33 738
双兴店	1 161	55 285	27 643
永盛源	1 009	48 047	24 024
福来店	922	43 905	21 952
天全乾	898	42 762	21 381
日新严	892	42 476	21 238
祥泰店	795	37 857	18 929
永源德	780	37 143	18 571
永盛亨	773	36 810	18 405
复生礼	749	35 667	17 833
聚兴顺	746	35 524	17 762
福新永	704	33 524	16 762
泉盛和	657	31 286	15 643
泰来店	642	30 571	15 286
永盛顺	635	30 238	15 119
福盛店	611	29 095	14 548
永盛昌	602	28 667	14 333
永盛合	544	25 905	12 952
永盛利	540	25 714	12 857
九思恒	532	25 333	12 667
正兴盛	519	24 714	12 357
福裕宁	508	24 190	12 095

资料来源：据民国十二年《重建山陕会馆碑记》统计

表 6-13 中，福源店是抽厘最多的商号，如以 1‰ 的抽厘率折算，其年经营额高达 33 万余两，以 2‰ 的抽厘率折算则为 16 万余两；致和永、晋源店两家的经营额从低折算为 7 万余两，若从高计算则为 15 万两；凡抽厘金额超过 500 两的商号，即便以 2‰ 的抽厘率从低折算年经营额也都超过万两。表 6-13 的三家商行中，陆陈行即粮食行，其年经营额从高折算为 16 万余两，从低折算为 8 万余两；花粉行，"花" 当指棉花，"粉" 或许指前述销往南方的粉皮粉条等粮豆制品，两行合计年经营额在 10 万—20 万两；驼、盐两行的年经营额则在 3 万—7 万两。

再看认捐。《重兴山陕会馆碑记》列有参与认捐的商帮商号捐款 125 宗，共捐银 14 832 两。其中有些是商人团体，如盒茶社、众票帮、山陕帮、陕西药帮、西烟帮、蒲茶社、番锡社，同心社、大王社、银色社、酒仙社等，共计 21 个。这些商人团体包括的商号少则数家、十数家，多者数十家，故实际参与认捐的商号至少会有二三百家。在参与认捐的诸多商帮商号中，捐银最多者为盒茶社 4500 两，其次为山陕帮 750 两、正兴盛 550 两、众票帮 500 两，捐银最少者为 10 两；此外，该碑还列有"零星花名小宗布施银"共 103 两，应是捐银不足 10 两未被刊名列碑者捐银的累积数。全部捐款合计为 14 930 两。①

在参与认捐的商帮商号中，可区分其行业的有盒茶社、蒲茶社、众票帮、陕西药帮、西烟帮、蕃锡社，以及锦璋秀、永禄美、永隆统、正兴隆、玉泉馆、蔚盛长等字号。其中，盒茶社为经营"帽盒茶"的商人团体，从汉口山陕会馆的春秋楼牌匾中可知其至少有商号 20 余家，多为山西太原府商人②；"蒲茶社"可能是经营湖北蒲圻茶叶的商帮，抑或是山西蒲州的茶叶商人。"众票帮"系山西各票号驻汉口的分号，光绪初年在汉口开设的票号约有 30 家。③蔚盛长是山西平遥票号蔚字五联号之一，它可能在赊旗设有分号，故在众票帮捐银之外又单独捐银 220 两。陕西药帮是经营药材业的陕西商帮，

---

① 民国十二年《重兴山陕会馆碑记》，见许檀编《清代河南、山东等省商人会馆碑刻资料选辑》，第 129—133 页。
② 汉口山陕会馆春秋楼有光绪七年"太原府盒茶帮众号"所捐匾额，列名商号有 20 余家，见光绪《汉口山陕西会馆志》，湖北省图书馆藏。
③ 黄鉴晖：《山西票号史》，第 175 页。

蕃锡社应是经营进口洋锡的商人团体。锦璋秀是南阳府城最大的杂货店，为山西侯马吕氏家族所开设①；永禄美、永隆统、正兴隆、玉泉馆等都是赊旗本镇开设的酒店，赊酒历史悠久，行销范围可达秦、晋、鄂、湘等数省②。

＊　　＊　　＊　　＊

以上考察我们看到，赊旗的兴起约在康熙雍正年间，清代中后期达到鼎盛。经由赊旗转运的大宗商品主要有茶叶、棉布棉花、纸、糖、药材、烟草、金针、粉条等。赊旗不但是河南中西部与南方数省商品流通的转运枢纽，也是晋商对俄茶叶贸易的重要转运通道。

在乾隆年间创建春秋楼的集资中，参与捐款的商号有400余家；嘉道年间山陕会馆的一系列建筑虽开支不详，但从陕西同州府商人所铸一对铁旗杆耗银3000余两即可推知，此时山陕商人的经营规模已远远超过乾隆；同光年间重修会馆的集资中，仅参与抽厘的坐贾数量就可能达到千家。该会馆集资的抽厘率没有明确记载，以 1‰的抽厘率折算，山陕商人的年经营额为 340万两；若以 2‰的抽厘率折算则为 170 万两。考虑到赊旗还有江西、福建、湖北等会馆，则全镇的商业规模可能达到四五百万两，即便从低折算也有二三百万两。其中抽厘最高的福源店年经营额至少有十数万两，甚至高达 30余万两；他如致和永、晋源店、三泰和、复盛协、复来店等商号的经营规模至少也有三五万至七八万两，年经营额超过万两的商号至少有三十余家。

四、北舞渡

北舞渡又称北舞镇，明清两代均属南阳府舞阳县，在县治以北 50 里。该镇兴起较早，北宋熙宁十年(1077)所征商税 1393 贯 384 文，与舞阳县城相差无几③；明代北舞渡称"店"而不称"镇"④，其地位似不如前代。清代该镇

---

① 王丙申：《南阳最大的"锦璋秀京广杂货商店"》，见中国人民政治协商会议河南省南阳市委员会、文史资料研究委员会编《南阳文史资料》第 2 辑(内部刊物)，1986 年版，第 84—85 页。

② 社旗县志办：《赊旗镇历史上的繁荣与衰落》，见中国人民政治协商会议社旗县委员会文史资料研究委员会编《社旗文史》第 1 辑(内部资料)，1986 年版，第 7 页。

③ (清)徐松辑：《宋会要辑稿》第 129 册，中华书局 1957 年版，第 5066 页。

④ 嘉靖《南阳府志》卷 4《镇店》。

商业有较大发展,乾隆年间已是"民廛稠密,贾客列肆,镇中毂击肩摩,负贩而喧哗者俨如城郭"①。该镇位于赊旗东北 200 余里,辉河与沙河在此交汇东流至周口,故而成为赊旗与周口之间商货转运的重要码头。

在北舞渡经商者多为山陕商人,粮食是其经营的主要行业之一。道光初年陆陈行曾集资在山陕会馆之内增修牌坊(图 6-10)②,参与此次集资的商号有 340 余家,足见其经济实力和号召力;而倡修牌坊并组织捐款的大兴店、兴盛店、茂盛店等八家行店应属粮食行栈③。道光六年(1826)《创建牌坊碑记》镌刻了在这八家行店捐款的商号及金额,笔者将其统计列表如下(表 6-14),请参见。

图 6-10 北舞渡山陕会馆牌坊

油坊业是北舞渡的另一重要行业,也由山陕商人经营。油业众商曾单独集资修建老君庙,从嘉庆十六年(1811)开始筹资,至咸丰二年(1852)落成,

---

① 乾隆《舞阳县志》卷 10《艺文·(邑令丁永琪)县北舞渡移兵驻防记》。
② 图 6-10 的照片为笔者 2011 年 10 月考察时拍摄。
③ 道光六年《创建牌坊碑记》,见许檀编《清代河南、山东等省商人会馆碑刻资料选辑》,第 145—152 页。

历时 41 年之久。参与集资的油业字号先后有 40 余家，除北舞渡本镇商号外，还有来自周边城镇的捐款。①

表 6-14　道光初年北舞渡陆陈行倡建牌坊的募捐统计

行店名称	捐款商号	募集金额
大兴店	72 家	197 千文
兴盛店	84 家	145.5 千文
茂盛店	88 家	145 千文
协吉店	27 家	65 千文
生盛店	33 家	44.8 千文+1 两
全顺店	17 家	29 千文
乾泰店	22 家	20.8 千文
奎隆店	5 家	5 两
合　计	348 家	647.1 千文+6 两

资料来源：据道光六年《创建牌坊碑记》统计

转运业也是北舞渡商人经营的重要行业。乾隆年间县令丁永琪有言，该镇"因水陆适中，停泊投憩，秦晋吴楚商货往来，陆行者易舟，水行者易车"②。在赊旗的考察中我们已经看到，赊旗从南方购入的纸、糖等商货，即有一部分经北舞渡转运周口销售，如道光十六年(1836)山西"天义正记"商号在湖南购买的洋糖、冰糖、纸张等货运抵赊旗后，在赊旗雇马车一辆，牛车 31 辆陆运至北舞渡，然后从北舞渡雇船水运至周口，交由天全店、天佑店等商号出售。③又据"茂盛德记"账册记载，道光二十五年该商号从湘潭购入纸 1930 块、洋糖 80 包，十月二十日自湘起身，十二月初十运抵赊旗。在赊旗雇牛车百余辆陆运至北舞渡，共计运费银 214.5 两；然后从北舞渡雇船，其中"东山、白果纸自[北舞]渡至[周]口，作船 478 担"，"洋糖自渡至口，

---

① 关于北舞渡修建山陕会馆和老君庙的历次集资和该镇的商贸状况，详请参见许檀：《清代河南的北舞渡镇——以山陕会馆碑刻资料为中心的考察》，《清史研究》2004 年第 1 期。
② 乾隆《舞阳县志》卷 10《艺文·(邑令丁永琪)县北舞渡移兵驻防记》。
③ "天义正记"账册。

作船 4 担",合计运费银 61.13 两。① "陆行者易舟,水行者易车",北舞渡是赊旗和周口之间水、陆转运的过载码头。

茶叶、杂货等是北舞渡转运的主要商货,道光年间晋商文书《茶规》中记载有茶叶从赊旗转运北舞渡,从北舞渡转运朱仙镇的装车、计量、脚价、行用等项规例:

> 赊旗镇装牛车发北舞渡:
>
> 旱路二百四十里。二箱作担,六串作担,小箱四只作担,半套浮捎,脚银随时。箱子比串子每担加银五分至一钱,每车捎一箱一串。行用每担银四分,九七扣实元,九五扣参平;栈力每担箱五厘,串子四厘,付元宝加八色半,纹银七色,会馆敬神每担三/四厘。赊镇钱平比标平每五十两大一两八钱九分。
>
> 装车规例:箱子每车装十一箱一串,串子每车装三十七串,捎四串;对搭每车装八箱十三串,捎一箱一串。斤砖、半套布、茶包、栈力、行用,俱然不算。至于会馆敬神布施,以发起货合算……
>
> 北舞渡装船发朱仙镇:
>
> 水路四百余里。二箱作担,六串作担,半套小箱浮捎,水脚随时钱庄。箱子比串子每担加钱六文,每担行用钱三十文,每担看船钱八文;箱子每担脚力钱八文,串子每担钱七文半。②

北舞渡至朱仙镇没有直接的河道,应是先沿沙河至周口,再转贾鲁河北上至朱仙镇。清末晋商《行商遗要》中也记有从赊旗镇向北舞渡陆运,以及从北舞渡向周口水运茶叶、杂货的定规,与道光年间的"装车规例"变动不大:

> 每车独装东箱正规五担半算账,外捎一箱一串为正载。……如有小

---

① "茂盛德记"账册。
② 道光九年《茶规》,抄本,北京晋商博物馆藏。

箱，二折一大箱配装；如小箱独装，以一十七只为正载，例随杂货价。红茶大箱一十四只为正载，斗箱一十六只，解随杂货，杂货加一秤，一千零五十斤为一载，每载解银四两之谱。①

舞渡马车正规论千斤。近来讲只有每担解银若干。东大箱二只作担，盒茶六串作担，每担比东箱下银三分。牛车盒茶每担比东箱下银五分，如箱、串配装，各照各价；如独装，东箱比串子高银五分。②

东大箱二只作担，小箱四只作担，盒茶六串作担，每担水解钱二百五、六十〔文〕不等，箱比串每担高钱六个。……每担店用钱三十〔文〕，叫船钱八个，栈力钱八个半，串子栈力钱七个半，寨费钱十个，经周家口每担报厘金钱三十六〔文〕。③

与周口和赊旗相比，北舞渡的商业规模要小得多，比较三处山陕会馆的修建经费即明显可见。周口山陕会馆嘉道年间的三次重修均花费 2 万余两；赊旗山陕会馆嘉庆年间铸造的一对铁旗杆就耗银 3000 余两，同光年间的大规模重修更耗资 87 700 余两。而北舞渡山陕会馆的修建开支则少得多，该会馆始建于康熙六十年(1721)，至乾隆三年(1738)初具规模，其后于乾嘉道三朝和咸同年间多次扩建、重修。其中，嘉庆年间的扩建仅用钱 220 余千，道光六年(1826)增建牌坊用钱 650 余千，道光二十一年翻修大殿、拜殿和药王拜殿等支出 790 余千；工程较大者如嘉道年间油坊业集资 40 年修建的老君庙共耗资 2430 余千，同治初年的大规模重修花费 2074 千文。④周口、赊旗的集资以银为单位，北舞渡则以钱计，这本身就反映了二者在规模上的差异。

在北舞渡山陕会馆的相关碑铭(图 6-11、图 6-12)⑤中，以同治六年(1867)

---

① 史若民、牛白琳编著：《平、祁、太经济社会史料与研究》，第 506 页。
② 史若民、牛白琳编著：《平、祁、太经济社会史料与研究》，第 502—503 页。
③ 史若民、牛白琳编著：《平、祁、太经济社会史料与研究》，第 515 页。
④ 北舞渡山陕会馆嘉庆十三年、道光六年、咸丰二年、同治六年各碑，见许檀编《清代河南、山东等省商人会馆碑刻资料选辑》，第 145—166 页。
⑤ 图 6-11、图 6-12 的照片分别为笔者 1999 年 10 月和 2011 年 10 月拍摄。

《重建关帝庙正殿并补修各殿碑记》一碑提供的信息最多,我们可据以展开讨论。该碑记载了此次会馆重修缘起和集资经过:

> 舞渡东南隅旧有关帝庙一座,前有正殿、偏殿、东西殿、两廊、牌坊、钟鼓戏楼,后有春秋楼、老君殿、客堂、僧舍,次第相列,颇称轮焕。不意咸丰九年皖匪屡至,大肆蹂躏,本庙诸祠半遭兵灾;其未灾者概无完全之所,神像暴露,不避风雨。每逢朔望瞻拜,睹之不觉心伤。因议重兴土木,奈工程浩大,独力难成,恳祈山陕诸君子善士量力输财,以襄厥事,庶众擎易举,集腋成裘。兹幸四方仁人义士动乐善之心,慷慨出囊,共襄厥功。神像各殿焕然聿新,栋梁无毁颓之形,柱楹有彩画之美,何其伟欤![①]

图 6-11 北舞渡山陕会馆碑铭保存状况(1999 年)

---

① 许檀编:《清代河南、山东等省商人会馆碑刻资料选辑》,第 159 页。

图 6-12　北舞渡山陕会馆碑铭保存状况(2011 年)

据碑文记载，此次重修是因咸丰九年(1859)会馆遭兵燹，毁损严重，故山陕众商集资重修。与此前的牌坊和老君殿的修建由粮、油两行分别集资有所不同，此次会馆重修乃是北舞渡各行各业共同参与的。据该碑碑阴所载，会馆重修资金来源有四：

(1)收本镇山陕客商布施钱 766.5 千文；

(2)收行店山陕客商布施钱 230.3 千文；

(3)收外镇山陕客商布施钱 327.9 千文；

(4)收刘二合、程大远、程德聚、仪澍泰 4 人"本利钱"合计 750 千文。

以上四项合计，共 2074.7 千文。除刘二合、程大远、程德聚、仪澍泰 4 人还本付息的 750 千文之外，来自商人的捐款包括 3 部分，共有 290 余家商号参与集资，捐钱 1300 余千文。下面分别略作考察。

北舞渡本镇计有 49 家商号参与集资，共捐钱 764.5 千文[①]，约占捐款总额的 58%，占重修经费的 37%。其中捐钱最多者为原合兴 110 千文，远远超出其他各家，占全镇捐款总额的 14%；其次为振德恒、史宏吉、程星聚等 3 家，分别捐钱 50 千文；而捐钱最少者仅 1500 文。原合兴号是前述油坊业修

---

① 此系累计数，与碑文所记略有不同。

建老君庙的首倡者之一，嘉庆十六年(1811)就是捐钱最多的油店之一；道光中叶这家字号可能已转营或兼营金融业，故油店众商曾将20余年积累的1099千文作为本金，委托"原合兴号经理，每年七厘生息"。①从嘉庆到同治的50余年间，原合兴号的经营领域有较大的转换，经营规模也进一步发展，同治年间已是全镇实力最强的商号了。

所谓"行店山陕客商布施钱"，当是指在全盛店、天兴店、大兴店等行店名下所募集的捐款，亦即往来于北舞渡的行商捐款。这些外来客商的捐款额最多为5千文，最少为300文，一般多为一二千文，共有112家商号参与捐款，合计为228.3千文②，占此次集资总额17%。在该碑所镌行商名号中，笔者发现有山西平遥票号蔚盛长，捐钱3千文；山西茶商字号大德常、独慎玉、巨贞义等也各捐钱2千文。

"外镇山陕客商布施"来自北舞渡周边城镇，有131家商号参与集资，共捐钱320余千，占捐款总额的24%，占此次会馆重修经费的15%。表6-15是同治六年《重建关帝庙正殿并补修各殿碑记》所镌周边城镇捐款商号的分布统计。该表可见，参与此次集资的外镇商号分别来自舞阳、襄城、禹州、叶县、郾城、临颍、遂平等州县。其中以舞阳本县各城镇数量最多，有62家，占商号总数的47%，捐款则超过50%；襄城县、禹州稍逊，临颍、遂平二县最少。特别值得注意的是，禹州的15家捐款商号全部来自神垕镇，神垕为瓷器产地，笔者在前面第五章第四节对禹州的考察中已经述及，北舞渡是神垕瓷器外销的转运码头之一。

油坊业修建老君庙的集资也有不少周边城镇商号参与，其分布地点与此次有所不同，表6-16是依据咸丰二年(1852)《创建老君圣庙碑记》所镌周边城镇捐款商号的分布统计，请参见。其中也以舞阳县所属各镇捐款最多，但分布地点与表6-15不尽相同；西平县出山、合水、仪封等镇和叶县杜阳镇上表也未见。表6-16所列应是油业字号的分布地点，而表6-15则包括其他行业，故二者的分布有较大差异。

---

① 咸丰二年《创建老君圣庙碑记》，见许檀编《清代河南、山东等省商人会馆碑刻资料选辑》，第156页。
② 此系累计数，与碑文所记略有出入。

表 6-15　同治初年北舞渡重修山陕会馆周边城镇捐款商号的分布统计

州县别	商号数	捐款额	具 体 地 点
舞阳县	62 家	174.5 千文	县城及卸甲店、王家店、太尉庙、澧河店、尹家集等
襄城县	17 家	47 千文	县城及茨沟镇
禹 州	15 家	31 千文	神垕镇
叶 县	10 家	19 千文	县城及坟台镇
郾城县	8 家	7 千文+4 两	县城及新店、漯湾河
临颍县	1 家	4 千文	繁城镇
遂平县	1 家	1 千文	玉山镇
所属不详	17 家	38 千文	霍堰镇、汝境桥、连村桥、白贯镇
合 计	131 家	321.5 千文+4 两	

资料来源：据同治六年《重建关帝庙正殿并补修各殿碑记》统计

表 6-16　咸丰初年北舞渡修建老君庙周边城镇捐款商号的分布统计

县域别	商号数/家	捐款额/千文	具 体 地 点
舞阳县	15	32.5	舞阳县城及卸甲店、吴城、效集、马村、连八台等集镇
临颍县	6	9.5	临颍县城
西平县	4	9.0	出山、合水、仪封等镇
叶 县	1	2.0	杜阳镇
所属不详	3	5.5	石桥、冯庄
合 计	29	58.5	

资料来源：据咸丰二年《创建老君圣庙碑记》统计

　　以上考察我们看到，北舞渡镇兴起较早，宋代商业已较为繁荣，明代似有衰退，清代前期恢复并进一步发展。清代北舞渡镇的商业主要由山陕商人经营，以粮、油等本地商品的集散，纸、糖、茶叶、瓷器等杂货的转运为主。北舞渡镇自身的腹地范围并不太大，主要包括舞阳全县及其周围襄城、禹州、叶县、郾城、临颍、西平、遂平等州县的部分集镇。不过，作为周口与赊旗两大商镇之间的水陆过载码头，北舞渡镇的商货转运范围要大得多。

北舞渡的商业规模远不如周口和赊旗。从山陕会馆的集资统计可以看到，同治初年北舞渡有坐贾四五十家，行商 110 余家，再加上周边各县与该镇经常往来的商号 130 家，总计不到 300 家。不过此时该镇商业在遭受咸丰年间兵燹之后，可能已开始走下坡了；在清代中叶的鼎盛时期，贸易于此的行商、坐贾数量当更多些，各类商号或可达四五百家。

五、清化镇

清化镇（今博爱县城），明清两代均属怀庆府河内县，该镇位于县城东北 40 里，地处河南最北部，隔太行山与山西泽州府接壤。有记载称"镇居秦晋之交，商贾辐辏，廛市棋列，实此邦一大都会"①。丹水发源于山西潞安府，经高平、凤台等县入河南境，其中的一支小丹河于清化镇西门外东流，经修武、获嘉县入卫河，至临清与运河交汇，丹河—卫河水道为清化的商品转运提供了水运之便。

山西泽、潞二府是明清时期北方最重要的铁冶中心，以地理之便，清化镇成为泽、潞铁货南下的重要转运枢纽。明代即有记载"清化镇，山西之冶器集焉"②；1870 年 4 月德国地理学家李希霍芬在考察日记中较详细地记载了从泽州到清化这条太行山路的繁忙景象："道路情况非常好，全部铺着大石条，并且维护得很好。大概 5 米宽，来来往往的很是繁忙。我粗略计算了一下，在中午时分，20 分钟内有 102 辆骡车、108 个背货的苦力经过。……我估计，这一天我在路上遇到的货物总量可以达到 150 吨。大多是铁制品，比如铁丝、钉子、铁锅、铁炉子、铁犁、车轮子和各种工具的配件。这些铁制品大概占到 3/5，大块儿的无烟煤占 30%，剩下的 10%包括内蒙古的骆驼毛、高粱酒，一种非常结实的陶罐，一些中草药和其他东西。"③

---

① 同治三年《重筑清化镇城记》，碑存博爱县石佛寺。
② （明）王世贞，《弇州山人四部稿》卷 78《适晋纪行》，《景印文渊阁四库全书》第 1280 册，台湾商务印书馆 1986 年版，第 302 页。
③ ［德］费迪南德·冯·李希霍芬：《李希霍芬中国旅行日记》，第 372—373 页。

汇集在清化的铁货主要销往华北各地,也有一部分销往江南。销往直隶、山东的铁货多由丹河—卫河水道转运河而至,如明代河间府"贩铁者农器居多,至自临清、泊头"①;清代沧州"铁器来自潞、汾,农器居多"②;山东临清关档案亦载,"山西铁货,向由卫辉、彰德用船装运至畿辅一带行销"③。《山西通志》记言:"潞铁作钉,为南省造船所必须,取其易锈也"④,故行销江南的铁货以钉铁为多,在淮安关、凤阳关档案中都可见到"山西钉铁"的记载。

在清化镇经营铁货业者的以泽、潞商人居多,如明代嘉隆年间清化镇创建大王庙的集资中,潞安府商人王时□捐铁钉50斤,姬文升、谭相二人分别捐20斤和10斤;泽州商人王天禄捐铁钉50斤,郜宗法捐大门钉一副。康熙七年(1668)大王庙修建戏楼时,梁凤彩、闫谨等5人包揽了修建戏楼的全部用钉,他们应都是在清化经营铁货业者。⑤咸同之际该镇重修城墙的集资中,有来自山西泽州府治凤台及其附近周村、润城、米山等地铁货商的捐款。⑥

粮食是清化北运山西的重要商品之一。清化镇所在的怀庆府农业条件优越,"土地膏腴,不待勤力而获丰收"⑦;而山西泽、潞二府则为缺粮区,泽州府陵川县的记载称:"陵邑土瘠食艰,河南田肥地阔,往来贸易,时通有无"⑧。又据河内县的记载,本境"有丹水之利,居民依水安磨……凡磨出麦面、香末等物,大半行贩晋省"⑨。泽州府城南关有怀庆会馆,嘉庆七年(1802)所立《南关面行条规》,应即怀帮商人在晋城销售"麦面"者所

---

① 万历《河间府志》卷4《风土志》,见《稀见中国地方志汇刊》第3册,第108页。
② 乾隆《沧州志》卷4《风俗》。
③ 中国社会科学院经济研究所藏《钞档》:光绪七年山东巡抚周恒祺奏折。
④ 光绪《山西通志》卷100《风土纪》,《续修四库全书》第644册,第62页。
⑤ 隆庆五年《创建金龙大王神祠记》、康熙七年《大王庙创建戏楼碑记》,见许檀编《清代河南、山东等省商人会馆碑刻资料选辑》,第191—192、196页。
⑥ 同治三年《重筑清化镇城记》,碑存博爱县石佛寺。
⑦ 道光五年《河内县志》卷12《田赋志》。
⑧ (清)王中珽:《香磨河窄港口开修北汕路记》,乾隆《陵川县志》卷27《艺文三》。
⑨ 道光《河北采风录》卷4《河内县图说覆禀》。

订条规。①

  清化镇有不少经营粮食业的商号,在咸同之际重修镇城的集资中,义合、增泰、裕升、复来、晋生五家粮坊共捐钱1620千文,除本店捐款外,这几家粮坊还向外来客商募款,如"义合坊众客"捐钱150千文,"裕升坊众客"捐钱110千文,以及增泰坊、晋生坊"众客"的捐款,合计为390余千,显然来清化镇购买粮食的客商为数不少。这几家粮坊及其客商共捐钱2012.5千文,占筑城经费的5.1%②,该镇粮食业的经营规模当属可观。

  南方杂货是清化镇向山西转运的重要商品,与铁货的南销线路相逆,江南货物多由运河北上,从临清、周口等地转运而至;湖广货物则溯汉水北上,经赊旗转陆运抵清化。康熙年间的记载称"清化为三晋咽喉,乃财货聚积之乡,凡商之自南而北者,莫不居停于此"③。咸同年间重修镇城之际杂货行、京货行都参与了集资;并有26家经营杂货的外地客商捐钱296千,他们应都是来清化进货的。所谓杂货,大致包括布匹、绸缎、纸、糖、茶叶等,直到民国年间从清化输往山西的南方商货仍以"纸、茶、糖、布"等为主。

  清化镇明代即设有税课司,清代设通判管理税务;清初原额老税433两零,雍正年间每年征银1819两④,这一税额已超过河内全县所征税银(参见第三章表3-8)。至于该镇的商业规模,我们借助碑刻资料再做些更为具体的考察。

(一)隆庆五年《创建金龙大王神祠记》所见明代的商业规模

  清化镇大王庙建于隆庆五年(1571),据碑文所载其修建是因晋商刘尚科赴苏、湖贸易遭遇风涛,赖金龙大王庇佑得以脱险,遂于嘉靖四十年(1561)首倡,集资修建。该碑碑阴镌有四五百个商人姓名及其捐款金额,落款为"大明隆庆五年,山西平阳府临汾县行商刘尚科谨发虔心,躬率各

---

① 嘉庆七年《南关面行条规》,碑存晋城市怀庆会馆,为刘俊博士2013年考察收集,附笔致谢。
② 据同治三年《重筑清化镇城记》统计,碑存博爱县石佛寺。
③ 康熙七年《大王庙创建戏楼碑记》,见许檀编《清代河南、山东等省商人会馆碑刻资料选辑》,第196页。
④ 乾隆《怀庆府志》卷8《田赋》;乾隆《续河南通志》卷76《艺文志·(佛德)请移驻清化镇通判疏》。

处商人创建庙宇,落成勒碑"。该碑是笔者多年来收集的华北碑刻中唯一的明代商人捐款碑,故而特别珍贵。不过,因碑石左下角有缺损,只能作一粗略统计。表 6-17 是隆庆五年《创建金龙大王神祠记》所镌捐款商人的地域分布统计,请参见。

表 6-17　隆庆五年《创建金龙大王神祠记》所镌捐款商人的地域分布简表

地域别	人数/人	捐款额	占比/%	备注
山西	330	166.47 两+钉铁 130 斤	77.8	临汾、绛州、潞安、泽州等地
清化镇	118	41.92 两+2.06 千文	19.6	碑文此处缺损,约缺 60—70 人
河南	24	4.38 两+麦 3 石	2.0	河内、修武、济源、祥符等县
其他省区	3	1.3 两	0.6	陕西汉中、江南松江、江西抚州
合　计	475	214.07 两+其他	100.0	

资料来源:据隆庆五年《创建金龙大王神祠记》统计

据以上不完整的统计,参与此次集资者已有 470 余人,共捐银 210 余两;如果加上破损部分的缺失,则总数可达五百四五十人。该碑可以确证,嘉隆年间清化商业已相当繁荣,至少有四五百名各地商人汇聚于此。而且大王庙系河神庙,参与集资者主要是经由水路往来贸易者,陆路贸易者未必全都参与,故这数百名商人还不是在清化经商者的全部。

(二)嘉庆七年《重修火神庙碑》所见花炮业的经营规模

清化镇的火神庙为明代所建,清代嘉庆初重修,嘉庆七年(1802)《重修火神庙碑记》言"兴斯工者,皆业花炮之家",则该庙当为花炮业的行业会馆。现将碑文摘录如下:

> 嘉庆四年秋,镇北门火神庙兴工,执事李君季椿,赵君凤岐,何君御国辈以工事粗就,邀余增匾联,尔日即预以落成之碑嘱序于余。……余忆庙之故址原极宏阔,而一经执事之手,因其故咸易之以新,若大殿、拜殿、东西配殿并两廊、两山门以及舞楼,规模虽不加大,其壮丽有再倍于旧而未止者;故址以西,一切建造又皆前之所本无者也。斯工也,

不惜财力，特求精好，历时十有三年，计费六千余金。呜呼，盛矣！设非预有成算，计出万全，则取之有尽，用之易竭，虽肩其任者屈指多人，而肥瘠难齐，必有不支其重者。欲其莫之夭阏而始终相与，以有成也，不亦难乎？执事者盖早筹之矣。以兴斯工者皆业花炮之家，花炮需纸为料，生息之丰约，货纸之多寡准焉。公约每售纸若干，价外储银若干，以资工费。公而无私，渐而不迫，大小各如其量，参差以得其平，均之布施也。非卒办于一时，故有十倍其数而不觉其难者。①

据碑文记载，此次火神庙的重修为花炮业众商集资而成，历时13年，共耗资6000余两；其建筑有大殿、拜殿、东西配殿、两廊、山门及舞楼等，以工程开支推论其规模当远超过大王庙。

该碑所镌参与此次集资者共计600余人，可分为三部分：其一，"本行储积布施银两姓氏数目"项下所列应属花炮业众商的捐款，共计259人，捐银3890余两，捐钱12千零；其二，"本行总理会首储积布施银两数目姓氏"项下所列20家会首的捐款，共捐银2630两零。以上两类捐款无论多寡，均有尾数，与碑文所言"每售纸若干，价外储银若干，以资工费"的提取方式相吻合，当系花炮行自身的集资。此外，参与捐款的还有西关盐店、复生、益成、增太、福生等缎店、元金楼、元化楼等字号，正月初八会、六月二十三日会等团体，以及刘门林氏、蔡门韩氏等善妇，并非花炮业者；还有不少人名和商号无法区分，不过其捐款多为整数，显然并非按花炮业"公约"提取的款项，故也可认定为花炮行以外的捐款。这部分捐款者虽多至370余，但捐款数额有限，占比不到8%。表6-18是依据嘉庆七年碑所做的分类统计，请参见。

由表6-18可知，嘉庆初年火神庙的重修，参与集资的花炮业众商有270余家，共捐款6500余两，占集资总额的90%以上。其集资方式："花炮需纸为料，生息之丰约，货纸之多寡准焉。公约每售纸若干，价外储银若干，以资工费"，即以购买原料纸的数量作为抽提捐款的标准，故捐款的多寡乃

---

① 嘉庆七年重修火神庙碑，见许檀编《清代河南、山东等省商人会馆碑刻资料选辑》，第219页。

表 6-18 嘉庆初年清化镇重修火神庙集资的分类统计

分 类	捐款商人善士	捐款金额	占比/%
花炮行储积布施	259	3896.89 两+12.503 千文	55.03
花炮行会首储积布施	20	2630.79 两	37.03
其 他	371	289 两+275.091 千文	7.94
合 计	650	7104.274 两*	100.00

资料来源：据嘉庆七年《重修火神庙碑记》统计
注：*以 1 两=1 千文折算

是各商号经济实力的反映。表 6-19 是《重修火神庙碑》中抽捐超过 100 两的花炮商人及其纸张贸易折算，请参见。

表 6-19 嘉庆初年清化镇重修火神庙集资中抽捐超过 100 两的
花炮商人及其纸张贸易额折算

商人姓名	抽捐金额/两	以 1‰抽捐率折算/两	以 2‰抽捐率折算/两
赵凤歧	623.42	47 955	23 977
刘克勤	416.90	32 069	16 035
郜集成	270.57	20 813	10 407
孙仁生	248.94	19 149	9 575
贾大成	237.65	18 281	9 140
王 烈	237.43	18 264	9 132
徐合义	207.07	15 928	7 964
李盛公	202.89	15 607	7 803
申应抡	179.09	13 776	6 888
高天刚	178.24	13 711	6 855
宋伯顺	150.83	11 602	5 801

续表

商人姓名	抽捐金额/两	以1‰抽捐率折算/两	以2‰抽捐率折算/两
贾正兴	132.50	10 192	5 096
何御国	127.75	9 827	4 914
口印口	121.63	9 356	4 678
韩纵口	121.07	9 313	4 657
路越口	114.05	8 773	4 397
王口抡	100.00	7 692	3 846
合 计	3 670.03	282 310	141 155
花炮业总计	6 527.68 两+12.5 千文*	503 091	251 546

资料来源：据嘉庆七年《重修火神庙碑记》统计

注：*以 1 两=1 千文折算

嘉庆七年《重修火神庙碑》未记载抽捐比例，若以 1‰的比例 13 年平均折算，花炮业每年的纸张交易额高达 50 万两，以 2‰的比例折算为 25 万余两。以纸张原料占花炮成本 80%计算，花炮业每年的经营额可达 30 万—60 万两。其中抽捐最多的赵凤歧纸张贸易额在 2.4 万—4.8 万两，花炮产额当在 3 万—6 万两；至少有 10 余家商人的花炮年经营额在万两以上。

(三)同治三年《重筑清化镇城记》所见之商业规模

清化镇城始建于明代，为推官潘棠所筑；其后万历、崇祯年间知县卢梦麟、杨调鼎相继重修。清代咸丰年间因捻军袭扰，河内知县周寿仁、怀庆府通判朱桂枋等捐廉倡修，阖镇绅商"皆欣然鸠资，以助是役"。此次重修自咸丰十一年至同治三年(1861—1864)历时三年多，筑城"一千三百五十丈，高二丈二尺……濠广二丈"，建"敌台四十二座，城楼五座"[①]，规模与府城河内大致相等。与以往修城多由官方出资不同，此次重修为官民合作，经费来源主要是商民捐款。表 6-20 所列为咸同之际清化镇修筑城墙的经费来源统计，请参见。

---

① 同治三年《重筑清化镇城记》，碑存清化镇石佛寺。

表 6-20　咸同之际清化重修镇城的经费来源统计

分 类	金额/千文	占比/%
商民捐款	27 161.625	69.30
其中：		
商人捐款	19 842.560	(49.7)
工费局钱	11 893.099	30.35
其 他	137.028	0.35
合 计	39 191.752	100.00

资料来源：据同治三年《重筑清化镇城记》统计

上表可见，此次筑城经费约有 70% 来自商民捐款，其中商人捐款 19 800 余千，占商民捐款的 73%，约占经费总额的一半。参与此次集资的商人商号共 180 余家，捐款最多者为王泰顺号，捐钱 4200 串；福兴典、万川典两家各捐 2000 串，杜盛兴号 850 串。① 这 4 家商号所捐已占全部修城经费的 23%，其经济实力可见一斑。其中，王泰顺是寨卜昌村王氏家族的字号，以贩运铁货起家，是清化最大的商号；杜盛兴为药业字号，笔者在怀庆府城的考察中已经提到，它在同光之际成为怀帮药商的领军者。此外，捐钱 100 千文以上的商号至少还有 31 家。表 6-21 是咸同之际清化修筑镇城捐款 100 千文以上的 35 家商号示例，合计捐钱 17 000 千文，占修城经费的 43%。显然，此时的清化镇已有相当一批规模较大的商号了。

清化的碑文资料相对零散，不过通过以上考察我们仍可看到，该镇商业兴起较早，明代中叶已相当繁荣，清代进一步发展。汇集清化的商人以晋商为多，实力也最强；清化本镇商人也有一定数量，其实力在清代明显增强；明代在清化经商者以行商为主，清代坐贾逐渐增多，到咸同时已有一批相当规模的商号了。

清化镇地处河南、山西二省交界，是豫、晋二省之间商货转运的重要通道。从山西南下的商品以铁货为最大宗，由清化北运者则以南方杂货为主，粮食、药材、花炮等是清化本地输出的主要商品。②

---

① 同治三年《重筑清化镇城记》，碑存博爱县石佛寺。
② 关于清化镇的商品流通状况，详请参见许檀、吴志远：《明清时期豫北的商业重镇清化——以碑刻资料为中心的考察》，《史学月刊》2014 年第 6 期。

表 6-21 咸同之际清化修筑镇城捐款 100 千以上的 35 家商号示例

商号名称	捐款额	商号名称	捐款额	商号名称	捐款额
王泰顺号	4 200 串	裕升粮坊	300 千	义和堂	150 千
福兴典	2 000 串	复来粮坊	300 千	树德堂	150 千
万川典	2 000 串	福聚合	300 千	公义店	150 千
杜盛兴	850 串	景昌裕	300 千	祝兴号	150 千
义合粮坊	450 串	同德店	300 千	升兴合	150 千
增泰粮坊	450 串	君顺店	300 千	晋生粮坊	120 千
协成和	450 串	玉生号	300 千	义隆仁	120 千
协和店	450 串	福顺泉	300 千	天源合	120 千
合盛恪	450 串	信成号	225 千	大顺和	120 千
同心东店	420 千	口兴店	225 千	胡同心堂	100 千
乾元盐店	400 千	全顺碱店	150 千	日新严	100 千
怀复店	300 千	协聚店	150 千		
合 计	17 000 千文*				

资料来源：据同治三年《重筑清化镇城记》统计

注：*以 1 串 = 1 千文折算

六、荆紫关

荆紫关，又名荆子关，明代和清前期属南阳府淅川县。该镇地处河南、湖北和陕西三省交界处，地理位置十分重要，故嘉庆年间添设副将驻防；道光十二年（1832）淅川升为直隶厅，以南阳县丞移驻荆紫关。①

荆紫关位于淅川城西北 120 里，临丹江。丹江发源于陕南山区，经商州、龙驹寨至荆紫关入河南境，东南流至湖北入汉水可直下汉口，故而成为豫、鄂、陕三省间物资交流的重要通道。清末的记载称，该镇"水陆辐毂，商贾辐辏，繁盛甲于全境"②。

据《淅川直隶厅乡土志》记载：淅川"全境商务以荆紫关为贸易总汇，

---

① 咸丰《淅川厅志》卷 1《舆地志》。
② 《淅川直隶厅乡土志》卷 6《地理》，见国家图书馆地方志和家谱文献中心编《乡土志抄稿本选编》第 5 册，线装书局 2002 年版，第 218—219 页。

城中次之；然外货之输入者多，而出境之货不足以抵之"。其输出商品以本地所产生漆、果品、牛羊皮等为主，生漆销南阳、直隶、山东，岁约 15 000 斤；果品、牛羊皮销汉口，其中，柿饼岁约 12 000 斤，梨 5000 余担，瓜子 1500余斤，牛羊皮 1500 余张。输入商品多来自湖广、樊城和老河口等地，棉花岁约 50 000 余斤，棉布 30 000 余匹，洋布洋缎约值万余金；糖有红白糖、冰糖三种，岁约 5000 斤，纸张约值 3000 金，还有铁货农器、粗细瓷器等。此外，食盐自陕西龙驹寨运入，岁约 40 万斤；烟叶自邓州及陕西运入，岁约 40 000斤；南阳绸自南阳运入。①

陕南山区的商州、商南、雒（洛）南等州县输出、输入商品也需经由荆紫关转运，表 6-22 是清末陕西商州经由荆紫关转运的主要商品，请参见。

表 6-22 清末陕西商州经由荆紫关转运的主要商品

商品名称	年销量	备注
输出商品：		
核桃	十余万斤	由龙驹寨水运至襄樊、武汉销售
漆油	二万余斤	水运至襄樊、武汉销售
木耳	四五万斤	水运至襄樊、武汉销售
苍术	数十万斤	水运至襄樊、武汉销售
五倍子	四五万斤	水运至襄樊、武汉销售
输入商品：		
红白糖	万余斤	自汉口水运入境
烟草	万余斤	自均州水运入境
洋布	二千余匹	自汉口水运入境
洋火	千余箱	自汉口水运入境
苏木	五百斤	自汉口水运入境

资料来源：《陕西商州直隶州乡土志·商务》

龙驹寨是陕南山区最重要的水陆转运码头，咸同年间清政府在此设立厘

---

① 《淅川直隶厅乡土志》卷 8《商务》，见国家图书馆地方志和家谱文献中心编《乡土志抄稿本选编》第 5 册，第 280—283 页。

局，征收厘金。该局"所收(厘金)悉上水入境之货，向以布匹为大宗，杂货及洋斜布次之，羽绫、羽缎、洋呢、哈喇哔叽等又次之。布出鄂之德安、汉阳各属，运至三原卸载，转发甘、陇一带销行；亦间有运省(即省城西安)落地，或贩至凤翔，接发入甘(肃)者"。布匹"常年经过寨局不下四百五六十万匹……约可收银七万数千两"；杂货为"南糖、纸、铁、钢、磁、金箔、海菜、药物、火柴、木油之属"，每年也可收银二万两；"洋斜竹布约有十五六万匹"，可收银二万零；"羽呢、绒毛等项约五六万匹，亦报万金之谱"。①以上几项合计，每年所收厘金可达十二三万两。龙驹寨是清末陕西所设28个厘局中征收厘金最多的一个，其转运的货物都是经由荆紫关溯丹江北上进入陕西的。

以上记载都是清末的状况，关于荆紫关清代前中期的商业，文献记载阙如，笔者只能依据商人会馆碑刻资料进行考察。

清代荆紫关所建会馆中，山陕、湖广、江西三座为地域会馆，平浪宫(即船帮会馆)、药王庙和漆宝会馆为行业会馆。其中，山陕会馆规模最大，前后有四进院落；湖广会馆(即禹王宫)建于嘉庆十年(1805)，从现存建筑看至少有三进院落，规模亦属可观②；平浪宫规模虽然不大，但建筑十分精美；江西会馆(又名万寿宫)建筑已残破，其规模似不如湖广会馆；而漆宝会馆和药王庙已荡然无存。十分幸运的是，笔者在山陕会馆的院内发现了一批碑铭(图6-13)，主要有道光三十年(1850)《迁修关帝行宫工程告竣碑记》《创建

图6-13　荆紫关山陕会馆院内保存的碑铭(2007年)

---

① 陕西清理财政局编辑：《清光绪年二十二省财政说明书·陕西清理财政说明书》，全国图书馆文献缩微复制中心2008版，第242—243页。

② 笔者2007年9月前去调查之时山陕会馆正在重修，湖广会馆为荆紫关镇中心小学；图6-13的照片为笔者考察时拍摄。

春秋阁序文》《施钱人芳名》《口口功德人芳名》,以及民国二年(1912)《创修漆宝会馆序》碑等。① 下面,笔者依据这些碑文进行考察。

道光三十年《迁修关帝行宫工程告竣碑记》记述了该会馆的迁建原委:

> 荆关关圣帝君庙宇建立有年,原在老城南门以外,遗碑尚存。后被丹水涨溢,渐至倾坏。商贾父老目击心伤,于嘉庆十一年邀众商议,佥谋迁移。但工程浩大,难以猝办,拔取厘金,以为迁移之虑。于十六年先买庙垣地基一所,果于十七年将老庙尽行崩塌。于十九年始建正殿三间,塑神像一尊,左右列杨泗将军、财神以配之。又于二十一年建香亭三间,牌坊一围。至二十三年修山门五间、戏楼一座、钟鼓楼两楹,香亭前建灶神、药王庙两间。以上数工共一万二千三百二十六串文,经理四十余年而厥工始竣。②

据碑文可知,山陕会馆原位于该镇"老城南门外",其创建最晚当也在乾隆年间,嘉庆中因丹水涨溢崩塌,遂迁建今址。此项工程从嘉庆十一年(1806)开始集资,稍后买地兴工,陆续修建了正殿、牌坊、香亭、山门、钟鼓楼、戏楼及药王庙等,共支出 12 326 千文。其后,道光二十九年(1849)又集资修建春秋阁一座,支出 556.2 千文。③ 至道光三十年工程全部告竣,历时 40 余年,共耗资 12 880 余千。

《施钱人芳名》《口口功德人芳名》二碑所镌为参与会馆迁建集资的商人名号。《施钱人芳名》碑共镌有 21 排 438 家商号,合计捐钱 4405 千文;其中第一排所列天成萌、永诚合、信成盐店、合兴关、公顺重、大顺最、长泰增等 21 家商号捐钱 2199.085 千文,约占该碑全部捐款的 1/2,平均每家捐钱在 100 千文以上,它们应是全镇规模最大的商号。而碑阴所镌捐款最少的一排,

---

① 以上碑铭收入许檀编:《清代河南、山东等省商人会馆碑刻资料选辑》,第 171—183 页。

② 许檀编:《清代河南、山东等省商人会馆碑刻资料选辑》,第 171 页。

③ 道光三十年《创建春秋阁序文》,见许檀编《清代河南、山东等省商人会馆碑刻资料选辑》,第 179 页。

22家共捐钱12.14千文,平均每家仅550余文。此外,该碑所列捐款名号中包括有众成衣铺、众饭馆、众菜园、众铁匠等团体捐款,故实际参与集资者当会更多些。

《口口功德人芳名》碑碑身断为5块,且右上角缺失,只能做一不完整的统计:该碑所镌捐款者计251家,共捐钱2886千零;与《施钱人芳名》碑合计,共捐钱7290余千。①与前碑几乎全为商号捐款有所不同,《口口功德人芳名》碑的第一、第二两排所列为行店募款,如第一排"同朝行"名下记有"众客共钱一百五十七千文";长泰行名下记有"众客共钱一百三十千文";第二排在18家行店之下记有"众店客共捐钱二百九十二串文"。所谓"众客""众店客"当系来此贸易的外地客商,他们应也是山陕商人,因而参与了重修会馆的集资。也就是说,参与此次集资的既有坐贾,也有行商。一二两排合计共有30余家行店②,如以平均每家行店有10名客商捐款计算,参与集资的行商当有三四百人。

在山陕会馆院内还存有一通漆业会馆的碑铭,即民国二年(1912)《创修漆宝会馆序》。该碑记言:"我荆关处商、淅万山之中,土产上品惟药与漆为最巨……而产于各省者亦不可胜口,要惟以此地之品质为最高,故不胫而走者遍天下,驾环球,与药材同称至宝焉。然药则有药王庙,为药商聚会之所。而漆则缺如,同人憾之。爰联合漆商组织一漆宝会,积金多年口成。"该会馆"创修于前清同治初年,落成于光绪十三年";参与集资者计有51家,捐钱最多者40千文,最少为3千文,合计为603千文。③其中,恒发常号在前述道光三十年碑中曾作为经理首事出现,且捐款较多(位于第二排);此次创建漆业会馆该字号仍属捐款较多的商号之一。从嘉道年间至光绪中叶,历经半个多世纪,该字号在荆紫关商界一直保持着可观的实力和地位。

从《创修漆宝会馆序》碑还可得知,药王庙"为药商聚会之所"。药材也是陕南山区输出的重要商品,乾隆《直隶商州志》记载,远志、桔梗,"商州

---

① 这一数字与《迁修关帝行宫工程告竣碑记》所记12 326千文有较大差额,笔者不能确定是否就是该碑所缺之右上角所记,抑或还有其他的捐款碑。
② 该碑右上角缺损的部分估计也是行店募款,而且募款数量应大大高于后面的各行。
③ 许檀编:《清代河南、山东等省商人会馆碑刻资料选辑》,第182页。

出者最佳"；枳实、枳壳产"商州上洛"，曾为贡品；①商南、雒南等县所产药材也有数十种之多，乡民"采之以售"。②清末，柴胡、连翘、桔梗、五倍子、苍术等都是陕南山区输出的大宗药材，运往"荆子关、老河口一带售买"；亦有外来药商"入境收买"。③

综上，荆紫关是清代河南西部的重要商镇，也是豫、鄂、陕三省间物资交流的重要通道。据碑文统计，清代中叶汇集于此的山陕商人已有千家，再加上湖广、江西等省商人，则数量更多。经由荆紫关输出的商品主要是本地和陕南山区所产山货，如生漆、药材、果品、木耳等；从湖广输入的商品以布匹、杂货为大宗，其中有很大一部分再经由龙驹寨转运西安、甘肃。④

* * * *

此外，卫辉府浚县的道口镇也是清代著名商镇之一。该镇位于卫河沿线，是河南北部与运河商城临清贸易往来的重要转运码头，道光年间《河北采风录》称道口镇"为商民汇集之所"。⑤道光九年晋商《茶规》记载有从道口装运茶叶赴通州、张家湾的各项规定：

> 道口装船运通、湾，水路一千七八百里。砖茶三十箱作一车，盒茶一百一十串，半套小箱浮捎，原契小脚随时，每车约不过四五两之谱。……
> 每车货扣客身银一两不等，客行内吃饭不算饭钱；每车与船上辛苦钱二十文，脚力钱二十文，沿路小费与客无干。
> 临清关与外水每人犒(犒)赏钱五十文，天津与外水每人犒(犒)赏钱

---

① 乾隆《直隶商州志》卷8《物产》，见《中国地方志集成·陕西府县志辑》第30册，第126—127页。

② 乾隆《商南县志》卷5《物产》；乾隆《雒南县志》卷4《物产》，见《中国地方志集成·陕西府县志辑》第30册，第291、494页。

③ 《雒南县乡土志》卷4《商务》，见国家图书馆地方志和家谱文献中心编《乡土志抄稿本选编》第6册，第795页。

④ 关于清代中叶荆紫关的商品流通状况与商业规模，详请参见许檀：《清代河南西部的商业重镇荆子关——以山陕会馆碑刻资料为中心的考察》，《天津师范大学学报(社会科学版)》2009年第5期。

⑤ 道光《河北采风录》卷4《卫辉府浚县复禀》。

五十文，路过张爷庙布施钱一二百文。本客坐船每天与伊饭钱一百五十文，与烧火人酒钱谅付（酌量）。路过独流买席，每车货约用七八条，价银随时，约不过一钱四五（分）……津钱平比参平每百两小五六钱，参平大小不一，结席账，即照津钱平为妥。①

1870年3月李希霍芬的考察日记记有：河南"内陆的三大贸易地，即赊旗、周家口和道口，距离河南府分别只有640里、700里和500里，这三座城市和河南府在贸易上形成竞争"②。李希霍芬将道口镇与赊旗和周口并称为"三大贸易地"，足见其贸易规模。清末，道清铁路（从道口至清化）的修建更显示了它在河南货物转运上的重要地位。民国初年日本人的调查记载道口镇建有山西会馆，"此处居住的山西商人有30余家，百余人"③。不过该会馆未见有碑铭保留，限于资料，目前尚无法对其做更详细的考察。

在地方志和民国初年日本人的调查中，建有会馆的城镇还有不少，简要开列如下。

嘉庆《渑池县志》记载，该县有山陕会馆三处：一在东城外，一在县城以东的千秋镇，一在县治西南的白阜镇④。道光《武陟县志》记载，该县木栾店镇有山西会馆；民国《续武陟县志》记载其修建时间为"乾隆二十五年创建，道光十八年、二十五年两次重修"。⑤道光《泌阳县志》记有：县城西关山陕会馆，为水府寺改建而来，"内厂两厢均□迴廊，以为买卖摆棚之所；每年九月有大会，百货灿陈，商贾鳞集"⑥。

民国初年日本人的调查记载：彰德府城安阳有潞泽会馆，光州城内的东大街有江南会馆，南阳府城有山西会馆和四川会馆，邓州城南关有四川会馆；

---

① 道光九年《茶规》，抄本，北京晋商博物馆藏。
② [德]费迪南德·冯·李希霍芬：《李希霍芬中国旅行日记》，第350—351页。
③ [日]东亚同文社编：《"支那"省别全志》第8卷《河南省》，东亚同文社1918年版，第765页。
④ 嘉庆《渑池县志》卷7《庙祀》。
⑤ 道光《武陟县志》卷1《建置志·坛庙》；民国《续武陟县志》卷8《建置志》。
⑥ 道光《泌阳县志》卷2《古迹志·寺庙》。

舞阳县城有山西会馆。①

又据当代调查,安阳城西北 20 千米的水冶镇有山西会馆,坐北朝南,主要建筑有山门、戏楼、钟楼、鼓楼、抱厦、关帝殿及东西厢房等,布局严谨,规模宏伟。现存关帝大殿、抱厦和东西配殿,大殿进深、面阔均为三间,硬山顶式;大殿前抱厦三间,卷棚顶式,檐部施五彩斗拱,华丽壮观;东西配殿三间,前带走廊,虽已残破,但典雅风韵未减。辉县山西会馆俗名关爷庙,现为省级文物保护单位。②

一般而言,修建一座会馆至少会有数十家乃至上百家商人商号参与集资。换言之,会馆的修建本身即显示出该城镇的贸易量已达到一定规模。

第二节　直隶、山东的新兴商镇

直隶、山东二省新兴商镇数量没有河南那么多,故本节合并考察。其中,规模较大的主要有位于运河沿线的直隶张家湾、河西务,山东张秋镇,位于山东半岛的烟台,以及山东内陆东西交通线上的周村。下面分别考察。

一、张家湾

张家湾为通州所辖,位于通州城南 10 里,滨运河。明代大学士徐阶《张家湾城记略》描述其重要性称:"自都门东南行六十里,有地曰张家湾。凡四方之贡赋与士大夫之造朝者,舟至于此则市马僦车,陆行以达都下,故其地水陆之会,而百物之所聚也。"③于敏中等编纂《日下旧闻考》亦言:张家湾"为潞河下流南北水陆要会,自潞河南至长店四十里水势环曲,官船客舫骈

---

① [日]东亚同文社编:《"支那"省别全志》第 8 卷《河南省》,第 150、260、777—778、780 页。
② 山西省文史和学习委员会编:《明清山西商人会馆史料》,第 233 页。
③ 光绪《顺天府志》卷 21《地理志·城池》,见《中国地方志集成·北京府县志辑》第 1 册,第 356 页。

集于此，弦唱相闻，最称繁盛"①。明代商书《天下水陆路程》则记有："北直隶各府，辽、蓟边客货皆由漕河而去，止于临清州、河西务、张家湾起陆"。②康熙十年（1671）《重修张家湾大王庙碑记》亦言："潞河之南厥，地距十余里，镇以张家湾名，稽元明以来为惠通之要津焉。叠以高垒，临以河干，漕艇之所辐辏，经商之所归极也。"③张家湾既是进京人员由乘船改陆行的换乘点，也是南来商货的水陆转运码头。

张家湾城建于嘉靖四十三年（1564），时以边警，顺天府尹刘畿奏请筑城，经工部议覆报可。遂于是年二月动工，"阅三月竣工，周围九百五丈有奇"，高二丈二尺；"内外皆甃以砖，东南滨潞河，西北环以濠池；门四，上各有楼，又为便门一，水关三，中建屋若干楹，遇警则以贮运舟之粮"，且以避兵，"设守备一员，督军五百守之"。④

明代户部在张家湾设有宣课分司，弘治元年（1488）规定："客商贩到诸货，若系张家湾发卖者，省令赴局投税；若系京城发卖者，以十分为率，张家湾起条三分，崇文门收税七分；如张家湾不曾起条，崇文门全收"⑤。万历年间"张家湾宣课司约解商税正余银二千四百七十九两二钱，铜钱二百八十八万七千七百余文"⑥。清代张家湾为通州坐粮厅税关的分税口。

张家湾也抽收竹木税，《顺天府志》记载："竹木局建于通州自永乐始，其抽分有二八、九一之额。旧制：张湾之浒设有大通关巡检司，竹木局又以大使领之。桴筏至者，各列其材板枋之多寡、长短、阔狭、厚薄之差等以达之关司长；关司长据所差等较勘虚实而上之巡仓御史；御史据所陈报而下之竹木局，使如例抽之。其署额曰：抽分竹木厂。"⑦清代，张家湾为工部税关

---

① （清）于敏中等编纂：《日下旧闻考》卷110《京畿·通州三》，第1823页。
② （明）黄汴：《天下水陆路程》卷5，第150—151页。
③ 雍正《通州新志》卷6《碑记》。
④ 康熙《通州志》卷2《建置》，见《中国地方志集成·北京府县志辑》第6册，第453页。
⑤ 万历《大明会典》卷35《课程四·商税》，《续修四库全书》第789册，第631页。
⑥ （明）张学颜等：《万历会计录》卷1《天下各项钱粮原额见额、岁入岁出总数》，《续修四库全书》第813册，第372页。
⑦ 光绪《顺天府志》卷11《关榷·前代关榷考》，见《中国地方志集成·北京府县志辑》第1册，第171页。

通永道的分税口。

比较张家湾和通州的牙行、牙税设置,或可使我们进一步了解张家湾的商业性质。表 6-23、表 6-24 是对张家湾和通州所征牙税的相关统计,请参见。

表 6-23　张家湾牙行、牙税一览表　　　　　　　　　单位:两

行　业	牙税银	行　业	牙税银
斛斗行	4.0	杂税揽头行	4.0
江白会米行	2.0	抗脚行	2.0
粗细米行	1.6	钱粮小车行	1.6
斗秤牙行(烟郊)	2.4	上水写船行	1.6
西义集斗秤行	1.6	下水小车行	1.6
零卖大小曲行(3处)	2.1×3	行李小车行	1.6
京通会盐行	4.0	剥盐小船行	2.0
大纸行	2.4	起盐杂货车行	2.0
瓜子行	2.1	叫盐车行	1.6
杂货行	2.0	湾东装载发京客粮食盐行	1.6
果行	2.0	湾西店装载起京篓曲小车行	1.6
烧酒行	2.0	下关装载钉锅瓷器相壳果大小车行	1.6
柴炭行	1.6	上关装载起京曲米南酒小车行	1.6
青茶木耳香蕈行	1.2	四外起京曲行	1.6
姜菜行	1.2		
房行	1.2		
彩亭行	3.5		
合　计	67.1(共33行)		

资料来源:康熙《通州志》卷4《田赋志·牙税》。

表 6-24　通州牙行、牙税一览表　　　　　　　　　　单位：两

行业	牙税银	行业	牙税银	行业	牙税银
街市斗斛行	2.4	花布行	6.0	鱼行	2.0
堆米斛行	2.4	煤行	4.0	鱼蟹秤行	2.0
杂粮跳板行	1.6	瓜靛行	3.5	果行	1.6
杂粮车行	4.0	钉锅行	2.4	果行	1.2
驮脚行	1.6	柴炭行	1.6	查油行	1.6
抬卖猪行	1.5	灰行	1.6	葱菜行	1.2
猪圈行	1.2	香末行	1.6		
房行	1.2	土碱行	1.0		
合计	47.2(共22行)				

资料来源：康熙《通州志》卷4《田赋志·牙税》

比较表6-23和表6-24可以看出，张家湾的牙行、牙税都超过通州，且所设牙行中有将近一半是专为转运贸易服务的，其商货转运量可能更大于通州。其中，写船行显然是为水运服务的牙行，抗(扛)脚行是专营货物装卸的牙行，杂税揽头行当属包含纳税服务在内的牙行；车行的分工更为细致，装货品种、地点及转运方向等均有分工，如湾东装载发京客粮食盐行、湾西店装载起京篓曲小车行、上关装载起京曲米南酒小车行、四外起京曲行等，都是专营起京商货的；他如钱粮小车行、下水小车行、行李小车行等，亦各有分工。

张家湾经营的商货品种也与通州有所差异。首先，食盐是专卖商品，张家湾设有京通会盐行，并有剥盐小船行、起盐杂货车行、叫盐车行等专营食盐转运，当是京通地区的食盐转运中心，而通州则不设盐行。其次，粮食业在张家湾和通州都是最重要的行业，两地均设有多种相关牙行；稍有不同的是张家湾的曲、酒交易也有相当规模，不仅有零卖曲行(3处)和烧酒行，还设有起京曲行，以及专门转运篓曲和曲米、南酒的车行。再次，张家湾未设布行，而其布匹交易量却很大，这从山西布商数量众多可得到证明(详见下文)；抑或正是由于张家湾布匹交易成本较低，才使之成为晋商布匹转运的重要码头。

张家湾城东门外有一座大王庙,清初浙商和晋商先后重修。康熙十年(1671)《重修张家湾大王庙碑记》记载:

> 越潞河之南厥,地距十余里,镇以张家湾名。稽元明以来,为惠通之要津焉。叠以高垒,临以河干,漕艇之所辐辏,经商之所归极也。……镇门五,震向纳往来者曰便门,便门之外不数武,庙有以"大王"额其首者,因其享漕艇之血食,受经商之祭赛,故名得以专焉。其中有关圣帝君之像,梓童帝君之像,眼光圣母之像……遡其始创,明御马监张诸之功德也,为三桥八庙之一,即长寿寺之故址也。逾数十载,兵燹践踏之余,风雨凋残之后,非复前日之金碧辉煌也。时有浙商钟世亮,虔发弘愿,自输囊金,宜饰者绘,宜彩者金,且益之戏楼,以壮大观。里人江尔澄赞襄居多焉。炳耀重新,又复前日之翬飞鸟革矣。迨今几易春秋,箕灾毕霽,殿宇倾圮。古晋油、曲善商赵运隆、宋谅等共发菩提心,劝善输资,奖众鏊工,洞开觉路,装塑金身,仍复灿然改观,焕然夺目。非赵宋二商之首倡,曷克臻此?事竣功毕,众善索文于予,予不敢以不文辞,爰序其事之始末,勒之于石,以垂不朽。是为记。①

据碑文记言,大王庙的前身为御马监太监张诸所建,经明末兵燹,殿宇凋残。清初有浙商钟世亮"自输囊金",施彩涂金,又增建戏楼,"以壮大观";康熙初年,又有"古晋油、曲善商赵运隆、宋谅等"集资重修,"装塑金身",使庙貌"灿然改观"。该庙也因此成为商人和漕帮供奉的"大王庙","享漕艇之血食,受经商之祭赛"。

张家湾建有山西会馆,乾隆四十年(1775)张家湾《重修山西会馆碑记》记载:

> 京师之东张家湾地方,东门外河干之上旧有庙基。因乾隆庚寅年河水涨漫,以致殿宇倾颓,少顷之间诸神随波落水,吾等晋省阖会众人目

---

① 雍正《通州新志》卷6《碑记》。

睹情形，难忍坐视。当此之际，访求号船宋姓等舍身下水，急护金身上岸。凡我晋省同人公议，集金卜土，于辛卯年破土兴工，乙未年建创俱备，关圣帝君殿宇，并立山西会馆，公邀道士焚修并照应会馆一切之事。至今工已告竣，姓氏毕登，爰立碣石，以垂永久。①

山西会馆始建年代不详，会馆也位于东门之外，碑文所谓"旧有庙基"，不知是否即指前述之"大王庙"？碑文所言旧庙被冲毁的"庚寅年"为乾隆三十五年（1770），辛卯为三十六年，乙未为四十年，从辛卯至乙未工程进行了4年。该会馆现以无存，据孟伟的调查，会馆有三进大院，坐北朝南，正殿五间，其他房屋百余间，占地五亩余；大殿供有关老爷读《春秋》像，正殿对面是"山门倒坐戏台"；山门前立有旗杆，一人高的石狮子分列左右，有钟鼓楼与之对应；后院左右开门，可进出车马。该会馆气势恢宏，比通州东关的山西会馆更为气派。②

此次会馆的重修为商人集资而成，计有250余家商号参与集资，共捐银390余两，此外张家湾漕运通判徐敬儒也捐银3两，碑文也是他撰写的。表6-25是此次重修山西会馆的捐款统计，请参见。

由表6-25可知，有50家布业字号参与了此次重修会馆的集资，共捐银151.5两，占全部捐款的38.5%，看来晋商在张家湾经营的商货以棉布为最大宗。此外，茶叶、铁货、烟草、煤炭、运输等业也是晋商经营的重要行业。其中43家"茶客"捐银占比达12%，碑文记之为"茶客"，其身份当为行商，张家湾也是茶叶北上的转运码头。道光九年晋商《茶规》所载乾隆三十一年订立的规条开列了茶叶等货在张家湾转运的各项规定，摘录如下：

一、凡货到（张家）湾，俱要轮帮，前后起卸……
一、凡发脚，勿论车驼，俱归柜上搭派分发；如本客自雇或各口庙雇来之车驼，亦要归公。

---

① 乾隆四十年《重修山西会馆碑记》，碑存张家湾博物馆，笔者于2019年12月拍摄。
② 孟伟：《北京通州张家湾山西会馆考略》，《山西大学学报（哲学社会科学版）》2017年第2期。

表 6-25　乾隆四十年张家湾重修山西会馆的捐款统计

行业	商号数	捐款额/两	占全部捐款的百分比/%
布行	50家	151.50	38.5
茶客	43家	47.10	12.0
铁行	31家	42.00	10.7
烟行	8家	22.50	5.7
煤行	20家	21.00	5.3
车铺	8家	12.20	3.1
其他	9家	11.50	2.9
行业不详	79家	75.78	19.3
人名	9人	9.70	2.5
合计	257	393.28	100.0

资料来源：据乾隆四十年《重修山西会馆碑记》统计

一、凡托柜上发脚，除报信，须要挨次轮帮，按数分发，十五车以下者见五抽一，二十车以上者见十抽一。倘车驼装货不甚合帮，即多少发三五十车、串俱可。

一、凡发脚付银色照旧规纹银八扣，新议公京平上欠九三银，口平每脚银一十两内现付一两，按数扣给，不致争兢(竟)。

一、凡挨报信及挨帮后发货，无轮(论)货数多寡，不许发单车，唯恐难于稽查。

一、凡发脚长编，脚价须要主客公议，不许私自一二人加减；至公议后，要放空五天，如五日内来者照前价，如五日外来者照时价。

……

一、凡雇脚不论车驼，盒茶行分发六分，黄茶行分发四分，但砖茶、黄茶脚价一体，砖茶当随黄茶脚价，不得私自长落，违例受罚。

一、凡雇脚发茶，不论驴骡牛马车、骆驼轮帮，该发者即发，不得挑拣取便……

一、凡西口庄发长脚，必须走口里东坝，勿得出古北口越路省税。[①]

---

① 道光九年《茶规》，抄本，北京晋商博物馆藏。

二、河西务

河西务为顺天府武清县所辖,在县城东北 30 里,滨运河。明代,河西务曾是全国八大钞关之一,有"京东第一镇"之称;清代税关移至天津,该镇商业因之逐渐衰落。

河西务设关榷税始于正统十一年(1446)。宣德四年(1429)明政府在运河沿线的漷县、临清、济宁、徐州、淮安、扬州、上新河等"客商凑(辏)集处设立钞关",河西务不在其中。正统年间对钞关设置进行调整,罢济宁、徐州及南京上新河船料钞,"正统十一年令移漷县钞关于河西务"。①

河西务建城始于隆庆六年(1572),乾隆《武清县志》记载:"隆庆六年巡抚都御史杨兆、总督军务兵部侍郎刘应节,霸州兵备副使吴兑、宋守约始建砖城,周六百三十五丈,高二丈","雉堞八百八十五,楼四座,隍深八尺,四门……"②户部分司、工部分司、管河主簿衙署均设于城内。③

万历初年定制:"商贾进京者,河西务给红单,赴崇文门并纳正、条、船三税;其不进京者,河西务只收正税,免条、船二税。"④《大明会典》记载:货物经临清赴河西务、崇文门卸卖者,"临清先税二分……至河西务、崇文门补税八分,共足十分之数";若不入京城,"在四外各地方发卖者,临清先税六分,至卖处补税四分"。⑤明代商书《天下水陆路程》也记有:"北直隶各府,辽、蓟边客货皆由漕河而去,止于临清州、河西务、张家湾起陆。"⑥显然,河西务是商货进京,或者转陆运继续北上的水陆转运码头,故而商、货云集。蒋一葵《长安客话》记言:"河西务,漕渠之咽喉也。……两涯旅店丛集,居积百货,为京东第一镇,户部分司于此榷税。李贽诗:铁瓮新城十万家,闾阎旧俗竞繁华。堤连第宅公勋店,岸拥旌旗使者艖。税榷五材充国计,商通

---

① 正德《大明会典》卷 32《户部·课程·船料钞》,《景印文渊阁四库全书》第 617 册,第 345 页。
② 乾隆《武清县志》卷 1《城池》。
③ 乾隆《武清县志》卷 1《公署》。
④ 《明史》卷 81《食货五》,第 1978 页。
⑤ 万历《大明会典》卷 35《户部·课程四·商税》,《续修四库全书》第 789 册,第 633 页。
⑥ (明)黄汴:《天下水陆路程》卷 5,第 150—151 页。

四海足生涯。会同诸夏咽喉处,名利烟波炫晚霞。"①足见该镇之繁华。

《大明会典》记载:"弘治六年,令河西务、苏州、九江、临清钱粮多处,户部各差官一员;淮安、扬州、杭州三关钱粮少处,南京户部各差官一员。"②可知明代中叶,河西务在运河各关中属于税银较多的税关之一。万历年间河西务征收税银46 000两,在八大钞关中仅次于临清和崇文门,排名第三。万历中,宦官税使的横征暴敛对河西务商业破坏较大,以致原来160余家布店只存30余家。③天启年间河西务的税收降为32 000两(参见第一章表1-9)。

清代康熙元年(1662)河西务税关移至天津,河西务成为天津关的一个分税口,原驻河西务的户部分司也于康熙六年迁往天津。④道光年间的晋商《茶规》中记有运往东口、西口的茶货经由河西务的报税规则:"河西务报税,系茶局包揽。西口箱作一百三十斤,一斤一两贡茶一百三十五斤;东口箱作一百斤,每串作二十斤,半套小箱无税。每百斤正税银一钱五分,每百两加火耗银一两。九扣货,八扣银,九八四扣付九八银;如付元银,每百两扣色二两。每船单银三钱。"⑤不过,到清代后期河西务商业已明显衰落,光绪《武清县城乡总册》记载:河西务有街道两条,居民204户,铺户174家,二七四九日有集⑥,此时的河西务只是武清县内一个规模较大的集市,与明代"旅店丛集,居积百货,为京东第一镇",每年征税数万两的繁荣景象完全不可同日而语了。

三、张秋镇

张秋镇位于山东运河中段,宋元称景德镇,明代改安平镇,以地近黄河,

---

① (明)蒋一葵:《长安客话》卷6,北京古籍出版社1982年版,第134页。
② 万历《大明会典》卷35《户部·钞关·设关差官》,《续修四库全书》第789册,第610—611页。
③ (明)赵世卿:《关税亏减疏(请罢税使)》,见陈子龙等选辑《明经世文编》卷411,第4458页。
④ 乾隆《武清县志》卷1《公署》。
⑤ 道光九年《茶规》,抄本,北京晋商博物馆藏。
⑥ 光绪《武清县城乡总册》,国家图书馆藏本,未编页。

秋季常有水患，俗名张（涨）秋。①该镇为东阿、寿张、阳谷三县所共辖，在建制上不过是一个镇，但因位于临清、济宁两大商城之间，大清河又在此与运河交汇，遂成为水道要津，其商业规模远非一般州县城可比。邑人于慎行《安平镇志序》记言：张秋"北二百里而为清源（临清之古称），而得其贾之十二；南二百里而为任城（济宁之古称），而得其贾之十五；东且三百里而为泺口，而盐荚之于东兖者十而出其六七"②。《东阿县志》记载称，张秋"都三邑之中，绾毂南北，百货所居，埒似济宁而小"；"五方商贾辐辏并至，列肆河上，大较比临清而小"。③基本概括了张秋镇在商业上所处的地位和规模。

张秋镇的发展大约始于弘治以后，据《张秋志》记载，"其始，占籍镇中者仅八家为市，迨弘治塞决改名为安平，以后休养生息，称殷盛焉。商贾刀泉贸易肩相摩，万井乐业，四民衣食于阛阓者不啻外府"④。河决张秋，时在弘治六年（1493），由都御使刘大夏督工治理，更镇名为安平。正德年间为防御农民起义军始修建镇城，万历三年（1575）扩建，城周八里，其规模已远超过东阿县城，甚至比泰安州城还大。⑤

嘉靖至万历年间张秋已是一个相当繁荣的商业城镇，万历三年于慎行《安平镇新城记》云："安平在东阿界中，枕阳谷、寿张之境，三邑之民夹渠而室者以数千计，五方工贾骈坒而滞鬻其中""其廛以数百计"；"齐之鱼盐，鲁之枣栗，吴越之织文纂组，闽广之果布珠绯奇珍异巧之物，秦之罽毲，晋之皮革"，皆荟萃其间。⑥此时张秋城内有街巷数十条，专业街市二十七八个。康熙《张秋志》较详细地记载了该城的商业街市分布，择要简述如下。

大运河自南而北穿城而过将张秋镇分为东西两半，中有浮桥连接，鼓楼坐落于浮桥口运河西岸，为该镇之中心，"城中街市以此定其界"。

运河以东为东阿县所辖。正中之东西街为炭市街，"一名布市，一名杂粮

---

① 康熙九年修、乾隆三十二年增补《张秋志》卷1《沿革》。
② （明）于慎行：《安平镇志序》，《续修四库全书》第596册，第327页。
③ 道光《东阿县志》卷2《方域志》。
④ 康熙《张秋志》卷3《街市》。
⑤ 东阿县城周4里130步，泰安州城周7里60步，分别见道光《东阿县志》卷5《建置》；乾隆《泰安府志》卷6《建置志》。
⑥ （明）于慎行：《安平镇新城记》，道光《东阿县志》卷20《艺文六》。

市，总之炭市为著"；其南为文衢街，又名驴市；东部之南北长街名盐店街，"为行盐贾人之所聚也"；自北水门至南水门，"饭坊酒肆往往列居其侧"；城东门及东北水门之外均有菜市。

运河以西，自鼓楼以西直抵西门为一条东西长街，自东向西依次为南京店街、税课司街、果子市、木头市、大猪市，西门之外则为骡马市。长街以南属寿张县，以北为阳谷县所辖。该街本身则分属三县：最东之南京店街为全镇最繁华之处，"江宁、凤阳、徽州诸缎铺比屋居焉，其地百货亦往往辐辏"，七属阳谷，三属东阿；中间之税课司街，属阳谷县；西为果子市、木头市、大猪市，以及西门外之骡马市均属寿张。

滨河为一条南北长街，古楼以南部分名竹竿巷，"诸行杂货之所集也"；其西有纸店街、皮袄巷；南寺洼街以南为清香市，"市香列肆居之"；自清香市折而西为柴市所在；西部之南北长街有南米市，"凡西南方诸乡民负米而贩者，至三八二期皆集焉"；其南为新开街，"北接米市，南抵南关，遇期果粮诸货往往而辏，亦名果枣杂粮街，又名小米市"；再西有葱市街，"自东而西，通小猪市，亦称为杂粮街"，以上为寿张县所辖。

滨河之南北长街自浮桥口而北为瓷器巷，"亦杂货所聚"之地；北司街为布市所在；再西之南北长街有锅市，"南接南米市"；花市"南接锅市，至集，土人以棉花贸易者聚焉"；北米市，"南接花市，凡北乡贩粮者至期集焉"。此外，西北水门外有新开枣市，均属阳谷所辖。牲畜贸易则有牛市、骡市、大猪市、小猪市、羊市等，分属寿张、阳谷二县。① 图 6-14 是张秋镇商业街市分布，请参见。

明代张秋即已设牙征税，《张秋志》记载："张秋之有牙税不知昉自何时，凡诸牙人官为给帖，注市籍；其不籍于官者不得厕身于市。货有轻重多寡，税亦示之氐昂。……其牙若曲、若船、若斗则一人而一算；若梨、若枣、若麻布，或五人或四人而三算；若山货、若称麻、若称花、若叫船，则二人一算；若杂货则二人而三算；若石炭、若白炭以至果瓠姜蒜诸类，或三人或五人而一算。总之为行者二三十而有奇，为人者二百八十而有奇，为缙者二百

---

① 康熙《张秋志》卷3《街市》。

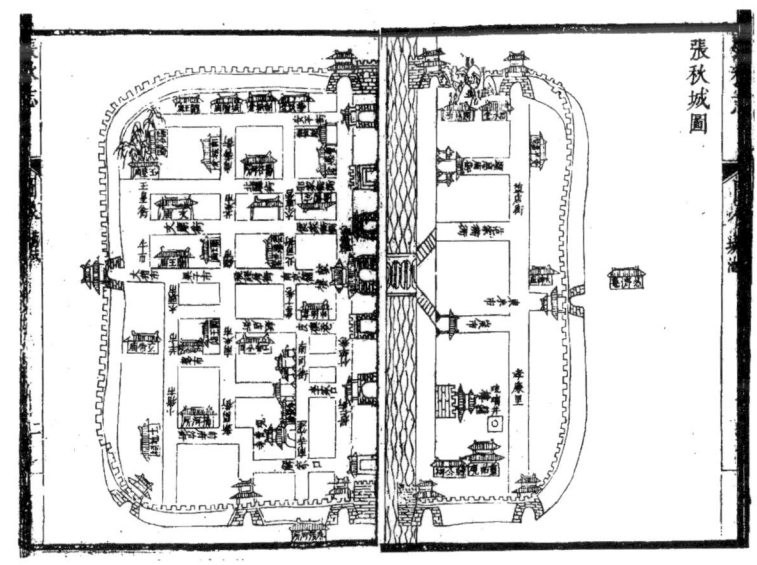

图 6-14 张秋镇商业街市分布图

资料来源：康熙《张秋志》卷首《张秋城图》

金而有奇。"明代张秋牙行已有二三十行，牙人经纪 280 余人，税银 200 余两。其中以杂货为最，斗行、曲行、船行次之，梨枣、麻布又次之。张秋地当南北往来要冲，乘传过往差役繁多，故镇之牙税岁入不归东阿等县，亦"不领于藩司"，而是"经所司详允"留充本镇。①

经明末清初一度萧条后，康熙年间张秋商业逐渐恢复。清代张秋牙行增至 43 行，税收也改由三县委官按季征收上缴布政司；每年额税 186.375 两，遇闰增银 11.285 两，为 197.66 两。"镇中诸行最盛者曰屠、曰曲，其课各三十五金而有盈焉；其次曰杂货、曰缎行，则二而当一矣；又其次曰梭布、曰平机布、曰磁（瓷）器、曰铁器、曰篓纸、曰板片，厚薄差焉，盖六而当一矣；又其次曰白纸、曰夏布、曰瓶酒、曰草鞋、曰盐鱼、曰竹货、曰葛布、曰茶、曰腌猪、曰绒毛、曰绸褐、曰羊、曰姜、曰石灰，以次杀之，盖十有四而当一矣；其最下者曰席、曰炭、曰苘、曰香油、曰白炭、曰伞扇、曰菜子、曰手帕、曰青靛、曰广锅、曰黄丹、曰瓦缸、曰香末、曰红花、曰蒜、曰

---

① 康熙《张秋志》卷 1《税课》。

线麻、曰麻姑酒、曰沙条黄腊、曰漆器，所入益微，盖十有九焉而终得其半。"①

张秋商品来源远及吴越、闽广、山陕，输入商品以杂货、绸缎为最大宗，分销范围主要是位于济宁、临清之间的兖州府北部、泰安府西部诸县。输出商品主要有枣梨、棉花、棉布、粮食等，张秋附近州县"梨枣颇饶，凡贩鬻江南者多从镇发"，镇内有果子市、果枣杂粮市，西北水门外又有新开枣市；张秋"四郊多木棉，负贩者络绎上市"，有花市收购之；张秋镇民"不勤机轴"，布帛"出之四郊"，镇中有布市两处，土布、土绸上市者为数不少。②此外，张秋镇内粮食市场有四五处，曲行又为诸行之首，估计其粮食加工集散也较为发达。

从镇志记载看，张秋商业似以明代嘉靖至万历年间为最盛，康熙九年（1670）纂修、乾隆三十二年（1767）增补的《张秋志》有这样的记载：南京店街"盛时江宁、凤阳、徽州诸缎铺比屋居焉，其地百货亦往往辐辏，乃镇之最繁华处，今但存其概耳"③。即此时的张秋商业尚未恢复到明代最盛时的程度。

四、烟台

烟台，位于山东半岛北岸，属登州府福山县，是清中叶前后发展起来的港口城镇。它虽然起步较晚，但发展很快。民国《福山县志稿》有这样一段记载：

> 烟台"明为海防，设奇山所驻防军。东通宁海卫，西由福山中前所以达登州卫，设墩台狼烟以资警备。其始不过一渔寮耳。渐而帆船有停泊者，其入口不过粮石，出口不过盐鱼而已，时商号仅三二十家。继而帆船渐多，逮道光之末，则商号已千余家矣。维时帆船有广帮、潮帮、

---

① 康熙《张秋志》卷1《税课》。
② 康熙《张秋志》卷1《物产》。
③ 康熙《张秋志》卷2《街市》。

建帮、宁波帮、关里帮、锦帮之目"①。

短短几行字，实际上概括了从明初至清代"道光之末"数百年的发展脉络，也充分显示了烟台作为港口城镇是随着沿海贸易的发展而发展起来的。明初，烟台为登州卫所属地，为军事目的在此设立墩台，"以资警备"，烟台即以此得名。此时，烟台不过是一个渔村。其后随着沿海贸易的发展，渐有帆船来泊，开设商号"三二十家"，"其入口不过粮石，出口不过盐鱼而已"。乾隆以降随着北洋贸易的大规模发展，位居渤海湾口的烟台成为商船往来出入的必经之地，各地商帮多来此贸易，帆船停泊渐多；经常往来于此的商帮有广帮、潮帮、建帮、宁波帮、关里帮、锦帮等；到道光末年，在烟台开设的商号已达千余家。

表6-26所列是咸丰九年(1859)山东沿海14州县海口征收税银数字，这是山东巡抚文煜为协助郭嵩焘筹办山东厘局，从各州县汇总的税收数字，并非全年税额。此时烟台尚未开埠，税额反映的状况应是百余年来山东沿海帆船贸易自然发展形成的分布格局。

由表6-26可知，山东沿海各州县中福山、胶州、即墨三者税额较高，而以福山为最；福山一县所征税额即达12 100余两，占14州县总额的28.7%。此时的福山县已取代清前期的胶州成为山东半岛最重要的口岸，这显然与其地理位置密切相关。福山位于山东半岛北岸渤海湾入海口，与辽东半岛南、北相对成拱扼之势，水路相隔仅数百里。福山县沿海港湾芝罘口(即烟台)、八角口自明代就是与辽东贸易的重要码头。乾隆以降，随着北洋贸易的发展和东北开发的深化，南北商品流通量剧增，扼距渤海湾入口处的福山诸港口地位自然随之上升，而以烟台为最。不但关东、江浙、闽广商船与半岛北岸的贸易多在此停泊，而且天津、关东与南方诸省往来贸易的商船均需经此出入。咸丰九年郭嵩焘的报告称，"烟台为南北之冲，海船经过收泊较多于他处，故以此一口(收税)为较盛"②。英国驻烟台领事馆在《1865年烟台贸易报告》中也写道："在《天津条约》签订之前，烟台的贸易已表明它是一个重要之地"，

---

① 民国《福山县志稿》卷5《商埠》。
② 转引自丁抒明主编：《烟台港史》，人民交通出版社，1988年版，第22页。

表 6-26　咸丰九年山东沿海 14 州县海口征收税银一览表

府州县	税额/两	占比/%
登州府福山县	12 123.596	28.7
登州府蓬莱县	1 503.108	3.6
登州府黄县	2 011.405	4.8
登州府荣成县	2 004.210	4.7
登州府文登县	904.230	2.1
登州府海阳县	402.440	0.9
登州府宁海州	304.310	0.7
合 计	19 253.299	45.5
莱州府掖县	3 602.230	8.5
莱州府胶州	6 071.469	14.4
莱州府即墨县	8 736.552	20.6
合 计	18 410.251	43.5
武定府利津县	2 018.040	4.8
武定府海丰县	2 025.374	4.8
青州府诸城县	502.690	1.2
沂州府日照县	71.028	0.2
合 计	4 617.132	11.0
总 计	42 280.682	100.0

资料来源：据《近代山东沿海通商口岸贸易统计资料》(对外贸易教育出版社 1986 年版，第 235 页)附表 1 改制

"将近三十年来，它和渤海湾的其他几个港口一起成为欧洲与中国商品的巨大贸易中心。"[1]也就是说，最迟在道光中叶，烟台已成为西方商品输入华北的重要转运码头。第二次鸦片战争后，烟台在山东诸口中首先被外国侵略者看中选为通商口岸，显然是由于它当时在山东沿海贸易中的地位。

---

[1]《英国国会文书·1865 年烟台贸易报告》，转引自丁抒明主编：《烟台港史》，第 22 页。

五、周村

周村是清代山东中部的重要商镇,有"旱码头"之称,但文献资料不多。官美蝶曾于 20 世纪 80 年代赴周村调查,并于 1990 年发表《清代山东的周村镇》一文①,不过该文未能利用周村山陕会馆和魁星阁的碑刻资料②。笔者主要依据这些碑文,并结合其他文献,对周村商业再做考察。

周村,属济南府长山县,位于县城以南 18 里。周村地居泰山北麓鲁北平原与鲁中山区交界之处,为长山县要隘,明代即"设巡逻官防守"。明代中叶周村已有"居民三百家",称周村店③,其后渐发展为"商贾辐辏之处"④。

康熙年间有两件事对于周村商业的发展具有重要影响。

其一,由省城至青州的东西干道在长山改线。明代由省城赴青州的东西干道系由济南府治历城出发,经章丘折向东北,绕长白山北麓抵长山县城,再东行至青州。康熙年间改筑新路,不再绕经长山县城,而改由长白山南麓向东穿过鲁中山地与长白山之间的山峡,经周村东行直抵青州,即与今胶济铁路的方向大体相同。东西干道在长山改道,使周村成为鲁中陆路交通必经的重要节点。⑤

其二,乡绅和地方官对市场秩序的整顿和维护。清初,周村不过是长山县内一个设牙征税的集市,每旬开市 4 次,与县城合计每年税银不过 23.6 两。其时,因豪猾抽税"多就中取利",以致商民困扰。康熙年间乡绅李雍熙、李化熙兄弟捐资"代觅斗夫秤夫,又代纳牙课税",使"豪棍敛迹,不得横行肆廛";其孙李斯佺承先祖之志,继续代纳税银 30 多年,并请地方官立碑永禁,使周村成为义集,"市以不扰,商旅如归",从而大大推动了周村商业的发展。县令金鈖所撰《周村义集记》赞之曰,周村"地不通夫水陆而天下之货聚焉,

---

① 官美蝶:《清代山东的周村镇》,《历史档案》1990 年第 4 期。
② 道光四年《关帝庙重修碑记》、咸丰二年《创建魁星阁记》二碑,见许檀编《清代河南、山东等省商人会馆碑刻资料选辑》,第 250—268 页(以下引用二碑内容不再标注页码)。
③ 嘉靖《青州府志》卷 11《兵防》。
④ 嘉庆《长山县志》卷 8《义烈》。
⑤ 黄棣侯主编:《山东公路史》第 1 册,人民交通出版社 1989 年版,第 51 页。

熙熙然贸易有经"。①乾隆、道光年间，长山县令又多次重申周村为义集，严禁"私立经纪等项名色，致淆集规而生事端"②，从而使周村的贸易秩序得到长期维护。

清代中叶周村已发展为一个相当繁荣的商业城镇了。乾隆年间县令叶观海所撰《天后阁记》言："长山周村镇商贾云集，各行货物皆出南省。"③嘉庆初年邑人王衍霖《周村重修兴隆桥碑记》云：周村"烟火鳞次，泉货充牣，居人名为旱码头。码头者，商贾往来停泊之所，若汉口、佛山、景德、朱仙镇之属，以其不通水路，无巨舰飞帆破浪翻风之概，故别之曰旱码头"。该镇之兴隆街"琳宫宝刹阛阓肆廛"林立，"服贾牵牛负贩而过者日不啻千百计"。④

清代，在周村修建的商人会馆有山陕会馆和福建会馆。福建会馆的修建可能与天后宫在同一时期，天后宫的西侧即为福建会馆。周村天后宫的修建始于乾隆三十三年（1768），至三十九年告竣，历时6年。其建筑"高阁五楹，群楼数间，彩楼对列，长廊环围"，颇为壮观。县令叶观海《天后阁记》述其创建经过云："淮安清河隘口古有天妃阁……国家漕运固赖神功，而行旅商贾亦资呵护。长山周村镇商贾云集，各行货物皆出南省，凡采买运载俱安然无恙"，故"商贾久欲建祠虔拜"。此项工程耗银6000余两，"皆出自外省、本省客商以及绅士"捐款⑤，这里的外省客商当以福建人为多。

山陕会馆即关帝庙，为康熙年间山西商人创建，雍正、乾隆、道光年间多次重修，其中以道光四年（1824）的重修规模最大。道光四年《关帝庙重修碑记》记载其重修缘由称："自康熙三十四年创建关帝庙，屈指百余年矣。风雨剥蚀，日就倾圮，过之者蒿目怆心。……今道光甲申，善士陆礼思等发愿重修，十余日募钱万余缗，鸠工庀材，由二月初吉兴工"，至秋落成。仅十余

---

① 康熙《长山县志》卷6《人物志·仕业》；卷9《艺文志中》；嘉庆《长山县志》卷14《艺文志三》。
② 道光十六年长山县告示，转引自郭济生：《周村碑文辑录选译》，见周村区政协文史资料委员会编《文史资料选辑》第3辑（内部资料），1984年版，第255—256页。
③ 嘉庆《长山县志》卷13《艺文志二》。
④ 嘉庆《长山县志》卷13《艺文志二》。
⑤ 嘉庆《长山县志》卷13《艺文志二》。

日就集资万余缗,山陕商人的经济实力由此可见一斑。重修工程主要有"正殿三楹、拜厅三楹,皆基崇三尺,视昔有加;殿之东南角祖师堂三间,茶厅一座,对面为戏楼,戏楼之左右为钟鼓二楼,即庙之大门也";"西则马神祠,移建临河,神像东向;西南为百子殿,墙宇四周"。此次重修共耗资 15 900 余千,以 1200 文折银一两计算,约为 13 000 余两。

道光四年山陕会馆的重修经费全部来自商人捐款,《关帝庙重修碑记》镌有参与集资者 500 余家,因有一部分团体捐款,故实际参与集资的商号当可达六七百家。其中,捐款最多者为潞泽会,即山西潞安、泽州二府商人的同乡组织,共捐钱 2000 千文;其次为银行,1330 千文;二者均属团体捐款。单个商号捐款最多者为恒祥号和益美缎店,各 533 千文;其次为福顺号和庆长号,各 466 千文。捐钱在 100 千文以上者共计 36 家,共捐钱 11 326 千文,占全部捐款 154 64 千文的 73%。表 6-27 是道光四年重修关帝庙捐钱 100 千文以上的商行商号一览表,请参见。

表 6-27 道光四年周村重修关帝庙捐款 100 千文以上的商行商号一览表 单位:千文

商行商号	捐款额	商行商号	捐款额	商行商号	捐款额
潞泽会	2 000	福盛缎店	260	贞元典	190
银 行	1 330	惠通典	250	丰祥缎店	155
恒祥号	533	义兴典	250	天成号陆	150
益美缎店	533	悦来典	210	西贤茂	140
福顺号	466	斑珍号	205	公聚线店	120
庆长号	466	正有号	205	永庆典	120
正祥锻店	450	玉盛线店	200	和顺布店	105
西增盛	400	清和号	200	全泰布店	100
人和号	300	万聚缎店	200	合义布店	100
东增盛	266	茂盛号	200	长吉典	100
兆祥号	266	文盛号	200	炳如堂鲍	100
吉顺缎店	266	带子行	190	永和金店	100
合 计	11 326				

资料来源:据道光四年《关帝庙重修碑记》统计

表 6-27 所列 36 家捐款者中，潞泽会、银行、带子行属团体捐款，其余 33 家则为商号单独捐款。一下子能够捐出这么一大笔钱，无疑显示了这些商号的经营规模和经济实力。其中可区分出经营内容的有 19 家，计：缎店 6 家、典当 6 家、布店 4 家(包括恒祥号)，线店 2 家，金店 1 家。看来，金融、绸缎、布匹等行业应是周村商业中最重要的行业。对《关帝庙重修碑记》所镌全部商行商号捐款额的分类统计，进一步证实了这一点。表 6-28 是道光四年周村重修关帝庙参与集资的主要行业统计，请参见。

表 6-28　道光四年周村重修关帝庙参与集资的主要行业的捐款统计

行业	商行商号/家	捐款额/千文	占比/%
金融业	13	2 665.0	17.2
缎店	8	1 964.0	12.7
布店	14	1 381.0	8.9
线店	4	330.5	2.2
带子行	阖行	190.0	1.2
烟行	7	190.0	1.2
南盐行	阖行	50.0	0.3
铜器业	8	46.0	0.3
粮油业	5	43.0	0.3
不详		8 604.5	55.7
合计		15 464.0	100.0

资料来源：据道光四年《关帝庙重修碑记》统计

表 6-28 中，金融业捐款包括银行、典当和金店三部分：其中银行捐钱 1330 千，10 家典当铺共捐 1160 千，另有 2 家金店捐钱 175 千，三者合计共 2665 千，占集资总额的 17.2%。在《关帝庙重修碑记》捐款商号中明确记为缎店的有 8 家，共捐钱 1964 千，占总额的 12.7%；明确记为布店的商号共 13 家，此外恒祥号是章丘县旧军镇孟毓溪所开设的布店兼染坊，这 14 家商号共捐钱 1381 千，占总额的 8.9%。以上三大行业合计，共捐钱 6010 千，占集资总额的 38.8%。实际上，捐款商号中的绝大部分是无法区分行业的，像恒祥号那样经营绸布业者估计还有不少，故金融、绸缎、布匹三大行业在周

村商业中所占比例可能更高。

山西商人的贸易范围以华北和东北为主，故参与重修关帝庙集资的商号也以北方各省为多。道光四年《关帝庙重修碑记》所镌捐款商号的地域分布，为我们了解周村商人的来源提供了一些较为具体的信息。其中来自山东本省者有历城、齐东、章丘、利津、乐安、昌邑、潍县、胶州等地的商号，分属济南、武定、青州、莱州四府；山西商人来自太原、潞安、泽州、太谷、孟县、寿阳等地，尤以潞安、泽州二府商人实力最强；直隶商号来自京师、广平、冀州、南宫、赤峰等地，河南商号主要来自中州(开封)；东北商号以盛京为多，也有来自锦州、吉林者。还有个别来自江西、湖南的商号参与了此次集资。在咸丰初年周村创建魁星阁的集资中，我们还见到来自直隶保定、获鹿、固城，以及汉口的商号。

总体而言，清代中叶汇聚周村的外地商人中，北方商人以山西为最，来自直隶和东北者也有一定数量。福建商人在周村建有会馆，当是南方商人中数量较多者。此外，还有来自江西、湖南和汉口的商号，但为数不多。

周村是山东土布的重要加工集散中心，主要收购附近各县所产大布、小布、线带等棉织品，经加工染踹后销往关东、华北各地。清代中叶周村约有经营布业的商号数十家，其中批发业集中于盘龙街、化龙街，铺商集中于大街、丝市街，摊商集中于南下河布市。① 在道光初年重修关帝庙的集资中，我们见到全泰、德昌、和顺、鸿源、福顺、合义、重盛、恒泰、大顺、福聚、三合、永盛、全盛等十余家布店，以及德盛、全德、义盛、全盛、玉盛等染坊的捐款。线带的输出也有一定规模，道光四年重修山陕会馆时，带子行捐钱 190 千；咸丰初年修建魁星阁时，带子行捐钱为 280 千。在周村汇集的布匹主要销往关东，故有大批东北商人往来于周村。在道光四年《重修关帝庙碑记》中，我们见到有盛京的祥盛号、永顺成、广聚公、上盛德、顺兴永等十几家字号，以及锦州的永信号、世兴德、辅祥号等参与集资，这些商号当与周村的土布业关系密切。周村棉布中的一部分精品还打入了城市市场，如章丘旧军镇孟毓溪之子孟传珠于道光年间分家后改字号为谦祥益，在昌邑、潍县设庄收购优质白布，集中到周村加工染色，然后外销。其品种有褡裢布、

---

① 官美蝶：《清代山东的周村镇》，《历史档案》1990 年第 4 期。

色筒布、印花繐布和四凤八蝶细布,由于质量好,花色鲜,销路畅,相继在北京、济南、汉口、上海等地开设谦祥益绸布庄,成为著名的商业品牌。①在咸丰二年《创建魁星阁记》中,我们已见到谦祥益的捐款。

周村也是山东中部的生丝、丝绸、茧绸的集散市场,设有丝店、丝局、绸货店等数十家。鲁中山区的泰安、莱芜、费县、莒州等州县所产生丝、茧丝多汇集于此。其中泰安丝较细,适作经;费县丝较粗,宜作纬。淄川树荆堂毕氏的恒盛机坊所需生丝原料多由周村购入,所产茧绸亦多售于周村。其最盛时,每次需购入原料丝2000余斤,才能维持正常生产。②周村的"东来生"绸布庄创办于道光年间,在附近各县设庄收购丝绸坯布,经染色加工后批发外地;其后陆续在济南、保定、京师等地设立分号。③随着丝、绸贸易的兴盛,周村本镇的丝织业也逐渐发展起来,一批丝织机房相继开设,到清末周村机户已达5000余户,年产丝绸、麻葛百余万匹,销行京师、东北、新疆和蒙古。④

周村铜器制造业也较发达,清初因私铸铜钱,康熙皇帝曾下令派兵前往查禁。⑤清代中叶周村铜器业已具有一定规模,清末进一步发展。铜器作坊主要分布于祠堂街、盛武街一带,大者八九人,少者三四人,多系前店后场。其制品有铜盆、铜勺、响器、广锁、喇叭等,远销苏州、上海、汉口、天津。周村的铁器、锡器制作也有一定规模,铁器制品有炉口、炉条,锡器则以酒器为多。⑥道光四年周村重修关帝庙时,永聚锣店、协盛铜坊、文盛铜铺、文兴铜铺,以及合兴、东兴、广聚、开泰等盆店均参与集资;咸丰初年创建魁星阁时,铜盆行系阖行共同捐款;光绪四年(1878)修建大王庙,则有仁丰、恒兴、元亨、福增、顺兴、万聚等铜铺,全盛、德盛、三聚等锡铺,以及新

---

① 杨玉宽《周村谦祥益》、魏心础《从谦祥益到鸿祥茶庄》,见山东省政协文史资料委员会、淄博市周村区政协文史资料委员会编《周村商埠》,山东人民出版社1990年版,第39—48页。
② 罗仑、景苏:《清代山东经营地主经济研究》,齐鲁书社,1984年版,第87页。
③ 郭济生:《周村老字号》,青海人民出版社,2004年,第34—37页。
④ 官美蝶:《清代山东周村镇》,《历史档案》1990年第4期。
⑤ 《清圣祖实录》卷227,"康熙四十五年十月辛亥"条,第276页。
⑥ 官美蝶:《清代山东周村镇》,《历史档案》1990年第4期。

泰、丰祥、恒泰、聚盛、万聚、源盛等炉坊、红坊参与集资。①

油坊业也是周村的重要行业之一。鸿昌油坊是周村开办较早的油坊，为长山县乐礼庄张氏于清初创建；振兴油坊是桓台县扈氏在嘉庆初年创办的，位于祠堂北街路西，占地数亩，雇工十余人，是一家规模较大的油坊。②在道光四年重修关帝庙的集资中我们已看到振兴油店，以及益聚、义盛等油店的捐款；咸丰二年《创建魁星阁记》碑中有谦吉、三聚、合盛、元吉、三益等油店的捐款；光绪初年周村重修大王庙时，参与集资的油店油坊数量更多。

清中叶以降，周村开始从单纯的商业中心向加工制造业中心转化，棉布加工、丝织、铜器制造、榨油等业均有较大发展，周村逐渐成为山东本地产品的加工和销售中心，而不再是此前那种"各行货物皆出南省"的状况。随着加工业的发展，周村开始有了一批自己的知名品牌和拳头产品，周村所产棉布、丝绸不仅占领了东北、华北的广大农村市场，也有一部分打入城市市场，成为享誉全国的著名品牌。③

* * * *

除以上重点考察的商镇之外，直隶、山东二省还有不少商镇也具有一定规模。但因资料所限制，无法做细致的考察，简述如下。

保定府束鹿县的辛集镇以皮毛贸易著称，《束鹿县志》记载"辛集镇为天下商贾云集之地"，"绵亘五六里，货广人稠，坐贾行商往来如织"。④乾隆年间山西商人已在此建立了会馆。⑤正定府城、获鹿县城，以及北部承德府的塔子沟和三座塔在乾隆年间也都兴建了山西会馆。⑥龙王庙位于大名府城东南18

---

① 郭济生：《周村老字号》，第201—203页。
② 郭济生：《周村老字号》，第124页。
③ 关于清代周村商业的发展变化，详请参见许檀：《清代山东周村镇的商业》，《史学月刊》2007年第8期。
④ 嘉庆《束鹿县志》卷9《风土志》，卷1《地理志》，成文出版有限公司1968年版，第948、696页。
⑤ 张慧芝：《天子脚下与殖民阴影：清代直隶地区的城市》，第239页。
⑥ 郝平、杨波：《明清河北境内山西商人会馆的历史变迁》，《中国经济史研究》2019年第5期；乾隆《塔子沟记略》卷7《寺庙》，卷11《艺文》，《辽海丛书》本，第907—908、927—928页。

里的卫河沿岸,是临清至河南道口之间的重要码头;该镇也建有山西会馆①,但修建年代不详。

方志记载中建有会馆的城镇有:河间府吴桥县当行会馆"在县治北后城街后,国朝雍正十三年当商袁天奎等创建,乾隆五十三年当商复盛兴等、道光二十六年当商王履端等重修"。该会馆规模较大,其建筑有:正殿三间,正厦三间,东西配殿各三间;前为山门,门前东西设旗杆,门上为戏台,台两旁为钟鼓楼,台左右戏楼各四间;正殿左右群房各五间,后禅房三间,东西并列厨房各二间,又东西厢房各二间;正殿迤东有另院客堂三间,便门一座,内设照壁,缭以周垣,院内有井。"②广平府清河县"山西会馆在油坊镇北,正殿塑关帝像,殿东又三间,供龙王;殿之西又三间,供财神;东西廊各三大间,正殿前二门外即戏楼;房宇宏阔,地址宽大,系乾隆四十二年修"③。定州深泽县"关帝庙在南关外,乾隆二十六年山西商人创建,为阖邑商人赛神之所……为一邑巨观,俗名山西会馆"④。

山东的商人会馆数量更多些。泰安大汶口镇,位于府城以南约百里,大小汶河在此相汇。镇内的山西会馆保留有雍正、乾隆、道光的三通碑⑤,可惜漫漶较为严重。据雍正三年(1725)《重修关圣帝君庙记》可知,该会馆至少在康熙年间已经建立,雍正重修时有当商参与捐款;乾隆三十四年(1769)《关帝庙置地建戏楼志》记载,会馆为修建戏楼从乾隆八至三十三年分6次买入地基1.6亩零,用银30余两;参与集资的商人分别来自山西潞安、太原、汾州、平阳四府,看来其经济实力还很有限。道光二十六年(1846)的捐款碑漫漶严重,未见碑名;不过该碑所镌捐款商号共有10行,总计超过百家,其中有磁窑增盛号、仁和号各捐钱三十千,扶□□、双□号各捐钱20千,楼底(?)山西会馆共捐钱100千等。显然,此时大汶口晋商的经济实力比乾隆时已大大提高了。

---

① [日]东亚同文会编:《"支那"省别全志》第18卷《直隶省》,第305—307页。
② 光绪《吴桥县志》卷3《建置志中·坛庙》。
③ 民国《清河县志》卷2《舆地志·坛庙》。
④ 咸丰《深泽县志》卷3《建置·坛庙》。
⑤ 雍正三年《重修关圣帝君庙记》、乾隆三十四年《关帝庙置地建戏楼志》、道光二十六年捐款碑(无碑名),均存大汶口山西会馆内,为高莹博士于2015年拍摄,附笔致谢。

台儿庄属兖州府峄县，为运河进入山东的第一个码头，也是南方北上商货在山东境内的第一个分销站。乾隆年间的档案记载：沿运河北上的"绸缎等货在台庄、济宁、东昌等处起卸，直由南、北、中三大路北上"①。在台儿庄下卸的绸缎等货估计会转运沂州府的部分州县。台儿庄也建有山西会馆，但创建年代不详。

方志中所记建有商人会馆的城镇如：东昌府武城县，山西会馆"殿宇宏敞，大门内有演剧台"②。冠县山西会馆在城内西北隅，"正殿为关帝，左右殿为福神、财神"；"清光宣以前全城商号籍隶本境者仅十分之二，外来者占十分之八，山西人多钱善贾，占大多数；是以城西北隅建有山西会馆一处，院宇宏敞，楼台歌舞，每当佳节丽晨，晋商云集"。③济南府长清县的山西会馆在南关，为"乾隆五十七年醵资建修，正殿、西厢、戏楼、看楼、门墙、院宇，一切建筑备极壮丽"④。泰安府平阴县"山西会馆在社稷坛西，乾隆□年西商建"⑤。东阿县"关帝庙在县治东……乾隆八年当商梁培基等就其地改建会馆，建大殿三间，抱厦三间，前为戏楼三间，下中为大门，左右为东西角楼，西街右建照壁一座，规模宏敞，藻绘缤纷"；大殿有东西配房，北为启圣祠三间，分别祭祀山神、火神、财神。⑥肥城县衙西北有大关帝庙，清初"盐、当、钱商人等出资重修，因为公所，俗呼会馆"；其建筑有"大殿三楹，前建抱厦，南为戏楼，楼下为大门，左右为东西角门，街南建照壁一座"；后殿三楹，东西厢各三楹，"规模宏敞"。光绪九年（1883）又于庙后隙地添建东厅三楹和"客商义园"。⑦从以上记载看，冠县、长清县、东阿县、肥城县等县的会馆都有相当的规模。

此外，位于济南城南的泺口镇为山东引盐的转运枢纽，"凡盐包经查验分运各处，皆自泺口盐园发轫"，故有"东省运盐第一大总汇"之称。该镇滨大

---

① 中国社会科学院经济研究所藏《钞档》：乾隆十一年九月初二日刘於义题本。
② 道光《武城县志续编》续卷5《祀典》。
③ 道光《冠县志》卷5《典礼志·坛庙》。
④ 民国《长清县志》卷10《祠祀志》。
⑤ 嘉庆《平阴县志》卷2《武庙》。
⑥ 道光《东阿县志》卷8《祠祀志·坛庙》。
⑦ 光绪《肥城县志》卷4《礼仪志·祠祀礼仪》。

清河，跨河两岸建有顺、流、通、达四个盐园，占地300亩，为盐商贮盐之所。山东沿海盐场所产食盐由大清河水运至此，经批验所官吏查验入园，堆贮候掣，然后经水运、陆运分销各引地。除泺口之外，东阿县南桥镇、阳谷县阿城镇、济宁州安居镇等也是山东引盐转运的重要码头。①

---

① 许檀：《明清时期山东商品经济的发展》，第280—282页。

第三编

明清时期华北商业城镇的空间分布与市场层级

在以上各章中，笔者对国都北京和 3 个省城进行了详细考察，并对 20 余个府级行政中心的状况进行了较系统的梳理；然后选取了 30 多个不同类型、不同区域、不同等级的商业城镇，分别进行了个案考察。在以下两章中，笔者将在以上诸多个案的基础上进行综合分析，以展示明清时期华北商业城镇的发展脉络、发展特点及其空间分布变化；区分不同城镇的商业规模和腹地范围，对其市场层级进行定位，并进一步探讨明清时期商业城镇发展的历史意义。

第 七 章

商业城镇的功能与特点

经济功能的增长是明清时期中国城市发展的主要特点和变化。然而,以往传统城市研究中的主要指标——行政等级、城墙周长(或占地面积)以及人口规模等,都不足以反映这一时期城市发展中的变化和特点。故笔者尝试以商税额(包括关税和地方商税)、商铺数量、经营规模、腹地范围等能够反映城市经济功能的指标进行考察分析,以展现商业城市与行政中心城市的差异,以及明清时期城市发展的重要变化与特点。

本章首先考察商业发展对城市空间的影响,然后从人口职业构成、商业布局和商业结构等方面对行政中心城市和商业城市进行比较,以突显商业城镇的功能与特点。对各商业城镇的经营规模、腹地范围及其在市场层级中的定位等将在第八章再做具体考察。

第一节 城墙内外:城市形态与空间变化

城墙,是以往讨论城市规模所依据的主要指标,甚至有学者说"在帝制时代,中国绝大部分城市人口集中在有城墙的城市中,无城墙的城市中心至少在某种意义上不算正统的城市"[①]。以往对于城市规模的考察主要有城市人

---

① [美]章生道:《城治的形态与结构研究》,见[美]施坚雅主编《中华帝国晚期的城市》,第84页。

口、占地面积、城墙周长3个指标,因传统时代城市人口和占地面积的具体数据很难得到,故实际上应用最为普遍的是城墙周长指标。①近年来已有不少学者对此提出质疑或反证,如李孝聪指出:随着经济的发展,很多地方城市在城门外沿交通线出现了一些聚落和市场,方志中称为"城关"或"关厢",有些城关的繁荣程度甚至超过城市本身;而且对大部分城市而言,"关厢"并没有修筑城墙进行保护。②鲁西奇更明确指出:"城墙内的城市"是一种"并未得到切实而全面的实证性证明,是以一些直观认识与典型个案研究为基础的"观点;他对明清时期汉水流域的30个治所城市逐一进行了考察,认为城外街区的形成和拓展,是为了"适应人口增长与商品经济发展需求"。③黄敬斌《郡邑之盛:明清江南治所城市研究》,对苏州、松江、常州、嘉兴、湖州、杭州六府和太仓直隶州的所有治所城市进行了"穷举"式考察,以建成区为依据对"城墙视角"进行反证。④

就本书的考察主体商业城镇而言,其发展空间更多的是在城墙之外,有些是在原来作为行政中心所建城池之外加筑了外城,将新兴商业区纳入城墙之内,如北京、临清;也有一些并未修筑外城,如天津、胶州、济宁。至于那些原本并非行政中心的商镇也有修筑城墙的,大多是为防御农民起义军,其城周甚至大于府城,如周口、清化。这些城墙并非学者强调的作为"王制与礼法"等政权象征,而是回归了城墙最原始的防御功能。

一、城墙的修筑

明清两代冀鲁豫三省府级以上的行政中心大多历史悠久,其城墙多于明初重修。除京城于嘉靖年间加筑外城使城市外部轮廓呈凸字形、承德府未建城池之外,3个省城和25个府城基本都为方形和长方形。3个省城中,开封城周20里,济南和保定均为12里。其他25个府级城市中有18个城周为

---

① 成一农:《清代的城市规模与行政等级》,《扬州大学学报(人文社会科学版)》2007年第3期;成一农:《古代城市形态探究方法新探》,第57—58页。
② 李孝聪:《历史城市地理》,第385页。
③ 鲁西奇:《城墙内外:古代汉水流域城市的形态与空间结构》,第281—282、442页。
④ 黄敬斌:《郡邑之盛:明清江南治所城市研究》,中华书局2017年版。

8—16里，占72%；城周超过16里的只有真定、宣府两处，均为24里；真定府的规模系沿自前代，而宣府明代为边防重镇，是为满足驻军需要在洪武二十七年(1394)拓建的。城周最小的是南阳府，只有6里；东昌、归德、陈州、泰安四府为7里。

在明初的大规模城池修建中，京城(时为直隶省会)和开封、济南两个省会城市都在前代的基础上进行了重修；在府级行政中心中，山东、河南两省的所有府城都在洪武年间进行了第一次重修，山东6个府城还全部将土城改为砖城，河南八府也有一半甃砌砖墙。直隶府级城池的重修相对稍晚，真定、顺德、广平三府延至正统、天顺、成化年间才第一次重修，而且大部分府城改土为砖也迟至嘉隆以后(参见表3-1)。这一比对结果令人稍觉意外，直隶是距离"北边"最近的地区，按理应该最早筑城甃砖才是，对此笔者尚不能给出解释。正统末年的"土木之变"以及正德年间的农民起义，引发了又一轮的城池修筑，有一部分府城加固了城池，或者增筑外城。如河南府城洛阳，正德年间因起义军多次袭扰，知府刘璋、王印长等拓修护城河，引瀍、涧二水入壕筑堰，以资防御；并在郭外筑土城一道，延袤30余里，以卫关厢之民。该城于明末被李自成起义军攻陷，城墙损毁严重，顺治年间知府"以明福藩废府砖甓甃砌……坚筦视昔有加"。①华北有不少府城在明末的农民起义中遭到损毁，清初大多进行了重修，并大体维持原来的规模未变。清代的城池扩建主要是在咸同年间，为防御太平军、捻军，山东省城济南在咸丰时修筑了土圩，同治年间改筑石圩；河南南阳府城更修筑了著名的"梅花城"。

州县一级的行政中心，明初重修城池的比例没有那么高，有不少较重要的商业城市是在边关有警或地方不靖的情况下才修筑城墙的。如山东临清因正统末年的"土木之变"，为护卫漕仓始筑县城；嘉靖年间又在砖城之外修建土城，将运河沿岸的大片商业区围入墙内。潍县城沿自前代，正德年间被农民起义军攻陷，故而重修②。直隶祁州城明初"因前代之旧"，正统十四年(1449)毁于兵燹，成化间知州童潮重修，不过此时尚为土筑；

---

① 乾隆《河南府志》卷5《建置志·城池》；康熙《河南通志》卷8《城池》。
② 乾隆《莱州府志》卷2《城池》。

至"崇祯间外甃以砖,始称壮丽"。① 河南禹州明初也沿用前代旧城,正统年间才第一次重修;正德三年(1509)甃以砖,周九里,并修筑护城堤以防颍水。②

县以下商镇的城墙修建大多是为防御农民起义军,如周口镇环颍水和贾鲁河形成南、北、西三寨,咸丰年间为防御捻军分别修筑了城垣,北寨 10 里,南寨 6 里,西寨 4 里,均为砖砌;周围合计 10 余里,规模超过陈州府城。清化镇城在咸同年间集资重修也是为防御起义军,城周 10 里,与怀庆府城大体相当。

城市内部空间的变化,与政府政策密切相关的是明代的诸王就藩和清代的八旗驻防。有明一代,冀鲁豫三省共有 14 个城市——直隶的顺天、宣府,河南的开封、河南、南阳、彰德、怀庆、汝宁、卫辉,山东的济南、兖州、青州等 12 个府城,以及河南禹州、山东乐安两个州城建有藩王府邸,形成城中之城,其中以河南最多,8 个府城中只有归德未设藩府。清代的八旗驻防影响面较小,除京城之外,只有直隶保定、河南开封、山东青州和德州四处,其中开封、保定、德州三处的驻防城设于城内;青州则另建新城,与府城形成双子城。

二、商业发展对城市空间的影响

商业发展对城市空间的影响主要在两方面:一是城墙之内空间分布的变化,二是城关之外商业区的形成和发展。对大多数城市而言,后者的变化更为普遍,也更有意义。

城墙内外商业区的空间分布以京城的变化最大。实际上,即便是国都,也是由于商业发展,在原来南面的正阳、崇文、宣武三个城门之外形成大片的居民区,因而才修筑了外城,将这片商业区围入城中。嘉靖年间张爵《京师五城坊巷胡同集》所记京师五城三十六坊中,南城有 8 坊 247 铺,占全城总铺数的 34%;而东、西、北三城的关外铺合计只有 50 个,占比不到

---

① 康熙《畿辅通志》卷 5《城池》;乾隆《祁州志》卷 1《建置志·城池》;光绪《祁州续志》卷 1《建置志·城池》。

② 康熙《开封府志》卷 9《城池》;同治《禹州志》卷 11《建置志·城池》。

7%（参见表 1-1）。嘉靖年间只修筑了南城，而东、西、北三面停止修建，固然是因财力不足，但东、西、北三关之外的居民区尚未形成规模恐怕也是重要原因。清初京城商业布局的变化是由于清政府的"满汉分治"政策，内城由八旗驻防，成为"满城"，汉族商民被逐出内城，使商业区全部集中到外城；乾隆以降内城商业逐渐恢复，道光末年其繁荣程度虽仍逊于外城，但已有商铺 15 300 余座了。

　　京城之外，变化最大的当属河南省会开封。明代开封是河南商业最繁荣的城市，张瀚《松窗梦语》记言："京师以南，河南当天下之中，开封其都会也。北下卫、彰达京圻，东沿汴、泗转江汉，车马之交达于四方，商贾乐聚。"①《如梦录》所记开封城内有名号可考的店铺已有七八百家，钟鼓楼、大隅首、大小山货街等是城内的中心商业区；开封的商货来自全国各地，有"京城、临清、南京、泰安、济宁、兖州各处客来贩卖"②；也有各地商人来此购买，开封西关之外有"骡马大店"三五十座，外来客商于此购买骡马，"顾（雇）写脚力"③，将商货转运各地。明代的开封不只是一座消费城市，也是一个商品集散转销的商业中心。清代，位于开封城南的朱仙镇取代省城成为河南北部的商业中心，开封城内所需粮食、服饰、杂货等都是从朱仙镇进货，开封商业以本城居民消费为主，中心商业区面积缩小，各类店铺大多分散在各街了。

　　明代山东省城济南的商业繁荣程度虽比不上开封，但也算得上大都会。其"罗绮履舄"等高档消费品多由客商贩运而来，并已有江西商人在此建立会馆，清代山陕、浙绍、江南、湖广等会馆陆续增建。明代济南城内最繁华的商业区位于布政司街，清代中心商业区面积明显扩大，从城中心的四隅头、抚院前街直到西门大街、芙蓉街、布政司街都是重要的商业街，并一直延伸到西门外的西关大街。

　　明代保定还只是一个府级城市，其商业区主要集中在城中心的大慈阁和鼓楼附近，与大多数府城一样以集市贸易为主。清代成为省会之后，诸多高

---

① （明）张瀚撰：《松窗梦语》卷 4《商贾纪》，第 82 页。
② （清）佚名：《如梦录·街市纪第六》，第 29、31 页。
③ （清）佚名：《如梦录·关厢纪第七》，第 75 页。

官驻节带动了保定消费档次升级，奢侈性消费明显增长。专业街市取代明代的集市贸易成为城市商业的主体，官署林立的西大街以及相邻的城隍庙街逐渐成为城内最主要的商业区，而农副产品贸易大多迁至城关之外。

关于华北府级行政中心商业街区的记载较少，只能靠零星资料勾勒出一个概貌。大体而言，明代府城商业多以集市贸易为主，开市日期在城内主要街区轮转；从明代后期到清代中叶，集市贸易，特别是农副产品贸易陆续迁至城门之外，分布于关厢地区，而将较高端的商品留在城内，并形成固定的商业街。在顺德府城（邢台）的方志中我们看到，嘉庆志中的"大猪市巷"在光绪志中改称"大珠市"，这一变化提示我们，城内原来的商业街市可能逐步变为经营较高档的商品了。到清代中叶，大部分府城内已经形成两三条或者三四条主要商业街，这些商业街大多邻近府衙、县衙，从城市中心向某个方向（或者两个方向）的城门延续，并扩展到城关之外。例如，南阳府城的商业区主要集中在城内东南的长春街、南门大街以及南门外的南关大街。大名府城的商业区以南门内的南大街最盛，并一直延伸到南关之外，长达四五里；卫河从该城东南流过，有水陆码头，所以南关内外最为繁荣。不过，这里的府城是指尚未转化为商业城市者，其商业职能以满足本城居民的消费为主。

至于那些转化为商业城市的府城和州县城，其商业区主要位于城关之外，面积要大得多，而且多沿河分布。例如，聊城的商业区主要位于东关之外的运河沿岸，山陕会馆、太汾公所、米市街、竹竿巷等均集中在这一地区。洛阳的主要商业区位于南关和东关之外，潞泽会馆在东关，山陕会馆在南关，仅南关的一条马市街就聚集了山陕商号 260 余家。天津的主要商业区在北门和东门之外，分布在运河南北和海河东西两岸；据道光年间《津门保甲图说》统计，北门外有铺商 3196 户，东门外 2975 户，合计为 6171 户，占全城铺商总数的 53%，而位于城内的铺商只占 27%（参见表 4-10）。图 7-1 是道光年间天津北门外、东门外商业街市图，请参见。

临清的商业区位于最早修筑的县城（砖城）之外，为汶河和卫河所环抱，嘉靖年间修建土城，"以卫商贾之列肆于外者"，其面积约为砖城的 5 倍（参见图 4-1）。济宁州的商业区主要在南关、东关之外，以南关最盛，明代

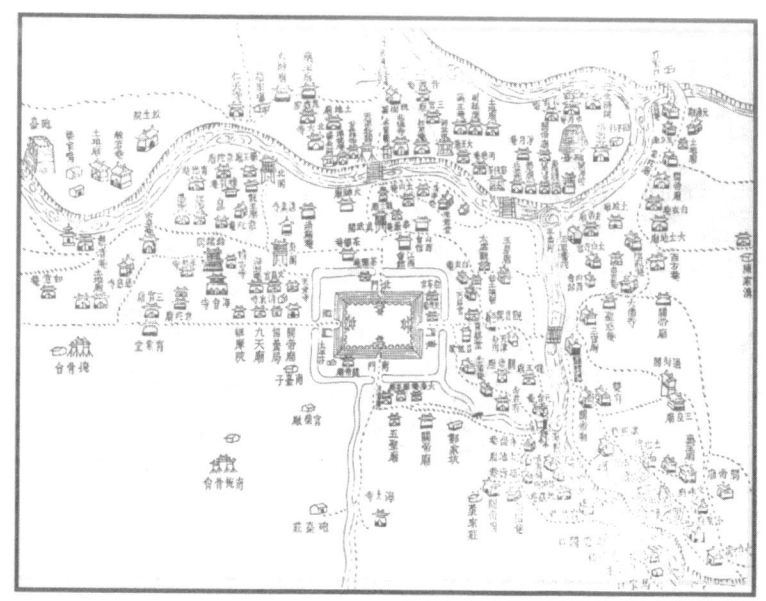

图 7-1 道光年间天津北门外和东门外商业街市图
资料来源：道光《津门保甲图说》

即有记载称："济宁商店咸在城外。"①乾隆年间济宁城内居民 4917 户，南关居民 7706 户，东关为 5218 户，均超过城内（参见表 5-2）。黄县城周只有 2 里，故该城商业区全部在城关之外，尤以西关最盛，各类店铺"列肆数百"，仅"银钱之肆"就有数十家。咸同年间为防御捻军，在城外增筑土圩，周十余里，将清代发展起来的商业区围入其中。胶州的城周也只有 4 里，城内除州衙、文庙之外，居民仅 200 余户，其商业区也全部在城外。清代随着沿海贸易的发展，胶州城外的商业区不断扩大，道光年间面积已 10 倍于州城。图 7-2 是道光年间胶州关厢街市图，请参见。

  以上考察可知，以往学者所强调的城市规划，如中轴线对称、十字街分布、以鼓楼为中心，宫廷区、官署区、文教区、商业区的规划②，以及明代

---

① （明）王士性撰：《广志绎》卷 3《江北四省》，第 60 页。
② 马正林编著：《中国城市历史地理》，第 461—466 页；贺业钜：《中国古代城市规划史》，第 676—677 页。

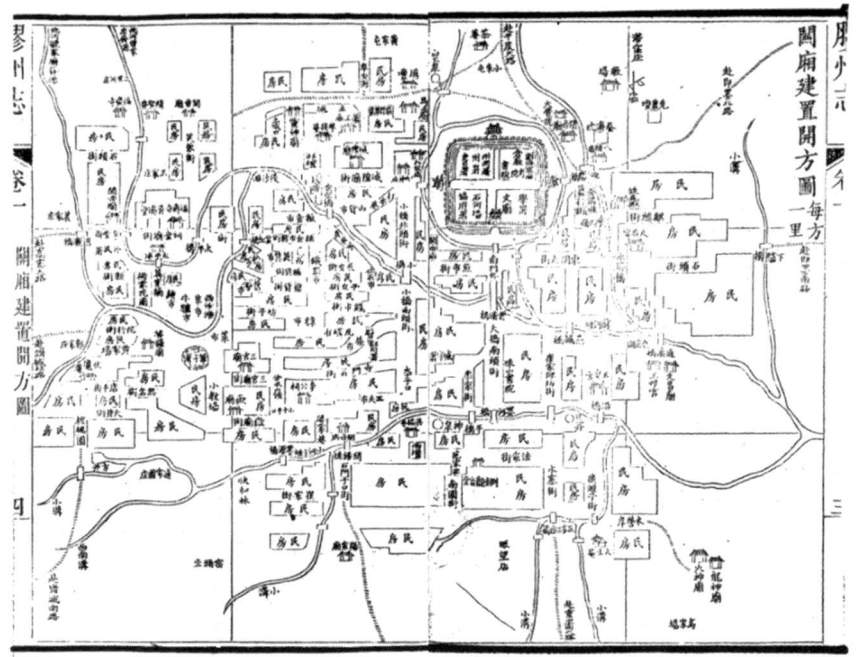

图 7-2　道光年间胶州关厢街市图

资料来源：道光《胶州志》卷首《关厢建置开方图》。

诸王就藩、清代八旗驻防等王朝制度的影响更多地体现在较高等级的行政中心城市；对于大量级别较低的州县城以及非行政中心的"镇城"，其影响十分有限。明清时期大量商业城镇的涌现，是随着区域经济和商品流通的发展而发展起来的，这本身就在王朝体制的规划之外。即便在行政中心城市，商业街区的发展也是随着城市人口的消费需要而分布，大多是自发产生、发展和变化的。一个最为典型的例子，明代中叶前三门外商业区的形成即是一个自发的过程，商业区的形成在先，政府修筑外城在后。清初满族统治者曾用强制手段将汉族商民全部逐出内城，内城禁止开店；然而没过多久，内城就开始出现商铺、客店，乾隆年间东四附近已开设有猪、酒等项店铺131座，清政府不得不承认其中的一部分；到咸丰元年（1851），内城商铺已达15 300余座了。可见，商业的发展，即便在京城这样最高等级的政治中心，也不是按照政府规划发展的，更不是政府权力能够完全禁止的，它最终还是冲破禁令发展起来了。

第二节 人口规模及其职业构成

明清时期华北各城市人口缺乏准确的统计数据，笔者只能根据有限的资料对清代中叶的城市人口进行粗略估算。

一、冀鲁豫三省城市人口的估算

清代中叶，华北城市人口规模以京、津两城为最。据韩光辉、高寿仙的研究，明清两代京城在册人口大体在 75 万—80 万，加上脱漏和流动人口，实际可能达到 100 万。天津的人口数据最为详细，道光二十六年（1846）在册人口已有 32 761 户，198 715 口；如果考虑到大量流动人口，其实际人口可达 25 万—30 万。直隶其他的商业城市，多伦诺尔嘉道年间有商铺 3000 余家，人口约计 2 万；张家口的人口当超过多伦诺尔，估计可达三五万之谱。山海关（临榆县城）光绪二年（1876）为 3133 户，19 410 口①，道光时当已有 1.5 万。通州城民国年间为 8816 户，49 800 余人②，道光年间折半，约计 2.5 万。以商业规模推论，祁州的人口规模当也有一两万。以上 7 个城市合计为 135 万—143 万人。省城保定同治年间为 6.5 万，道光时估计已超过 5 万。府城的人口规模相差较大。例如，宣化府城明代为军事重镇，人口曾达十五六万；清代驻军裁撤，人口大减。乾隆年间"本城并关厢编户七千七百三十五户"，共 21 899 口；③民国初年日本人的调查记载："官方所称为四千六百户，二万五千二百口；实际仅三千户，一万五千人左右。"④正定府城，光绪元年（1875）城内居民共 2591 户，以每户 5 口计算，约为 13 000 口⑤；道光年间估计也已

---

① 民国《临榆县志》卷 14《赋役编·人口》。
② 民国《通县志要》卷 5《赋役志·户口》。
③ 乾隆《宣化府志》卷 10《乡都户口》。
④ ［日］东亚同文会编："支那"省别全志》第 18 卷《直隶省》，第 314 页。
⑤ 光绪《正定县志》卷首《街市图》，《河北府县志辑》第 3 册，上海书店出版社 2006 年版，第 21—22 页。

达到万人。这是规模较大的府城。规模较小的如永平府城,光绪三年"本城四街民户四百五十九户,男大小口一千五百六十四,女大小口七百一十;驻防旗户一百户,男大小口一百七十六,女大小口一百六十四"①;合计只有559户,2614口,道光年间可能还要略少些。其余大名、顺德、承德、河间、广平5个府城,以平均6000人计,8个府城合计为6万—7万人。清代中叶,直隶有冀、赵、深、定、易、遵化、独石口7个直隶州(厅),114个县城,以平均每州县5000人计,合计为60万人。按照曹树基的统计乾隆四十一年(1776)直隶114个县共有106个商镇,平均每县不足一个②;以平均每镇2000人计,合计20余万人。全省总计,城镇人口为226万—235万,以全省人口2000万计③,城镇人口占比已超过11%。当然,这主要是京城人口的拉动,如果扣除京城不计,直隶的城市人口为126万—135万,占比为6.3%—6.7%;商业城镇人口为55万—63万,占城市人口的44%—47%。

山东城市人口以临清和济宁为最,均远超过省城。济宁直隶州乾隆中叶城市人口为20 895户,10万余口;道光年间当超过此数,至少为12万—15万人;临清的人口应多于济宁,估计为15万—20万人。其他商业城镇,东昌(聊城)、泰安、青州三府城,德州、胶州两州城,黄县、潍县、博山三县城,张秋、周村、烟台三镇,多记有居民"数千家",或有商铺三四百、五六百家,以平均每城四五千户,2万—3万人计算,合计为22万—33万人。④省城济南道光年间有六七万人;六个府城(扣除济南府以及前述已转化为商业城市的东昌、泰安、青州三府)中,兖州府城滋阳规模较大,道光时当已超过一万⑤;曹州、武定、沂州、莱州、登州五府规模较小,以平均6000人计,合计为4万余人。一般州县城的人口,如莱州府即墨县城同治年间有2078户,1万余口;道光时估计已有七八千人,这是规模较大的县城。道光年间,泰

---

① 光绪《永平府志》卷45《赋役志·户口》。
② 曹树基:《中国人口史·清时期》,复旦大学出版社2005年版,第737页。
③ 梁方仲编著:《中国历代户口、田地、田赋统计》乙表 77:嘉庆二十五年(1820)直隶人口1916万,山东2893万,河南2360万(上海人民出版社1980年版,第401—404页);为计算简便均取整数,以直隶2000万,山东3000万,河南2500万作为道光年间三省人口总数。
④ 许檀:《明清时期山东商品经济的发展》,第171—172、175—176页。
⑤ 许檀:《明清时期山东商品经济的发展》,第174页。

安府东阿县城居民千余户，约计 5000 人；武定府商河县城则只有居民 685 户，3321 口，属规模较小的县城。① 以平均 5000 人计，90 个州县城（扣除省城、府城以及转化为商业城市者）合计为 45 万人。山东的中小商业城镇数量较多，以每州县 2 个，每镇 2000 人计算，107 州县合计为 40 余万人。以上合计，道光年间山东城镇人口为 140 万—165 万，全省人口以 3000 万计，占比为 4.7%—5.5%。其中商业城镇人口 89 万—108 万，占城市人口的 60% 以上。山东的人口基数较大，故城市人口占比不太高；不过其商业城镇的人口已超过行政中心城市的人口。

  河南的城市人口数字更为欠缺。开封是河南人口规模最大的城市，明代人口估计有 15 万—20 万，清代明显减少，咸丰年间在册人口 2 万余户，92 700 余人，道光末年可能稍少些；若加上流动人口，估计可达 10 万。商业城市中，洛阳嘉庆中叶为 14 000 余户，77 000 余人，加上流动人口应有八九万人；道光年间当超过 10 万。周口镇，乾隆初年有居民 3000 余户，1.5 万人；民国年间共有 6000 余户，29 600 余人；不过此时周口已经衰落，在嘉道年间鼎盛之时全镇人口至少应有四五万人。以商业规模推论，朱仙镇和赊旗可能与之相差不大。光绪末年禹州城市人口男 6784 人，女 2695 人，合计为 9479 人②；该数字性别比明显偏低，不过这也可能正反映了商业城镇的特点（商人外出经商大多不带家眷），道光年间估计可达六七千人。其他几个较小的商镇北舞渡、荆紫关和清化镇以及怀庆府城河内均按此数估计，以上 10 个城镇合计为 35 万—40 万人。河南府级、州县级城市几乎没有资料可据，参照山东的情况，府城以平均 6000 人，州县城以平均 5000 人计算，卫辉、彰德、归德、陈州、汝宁、南阳六府城合计 3.6 万人；汝、许、陕、光四直隶州以及 101 个州县合计为 52.5 万人。据曹树基统计河南中小商镇 152 个③，以平均 2000 人计，合计为 30 万人。总计河南城市人口 120 万—126 万，全省人口以 2500 万计，城市人口占比为 4.8%—5.0%；如果扣除省城开封不计，商业城镇人口为 55 万—60 万，占城市人口的 46%—48%。

---

① 许檀：《明清时期山东商品经济的发展》，第 172—174 页。
② 民国《禹县志》卷 6《赋役志·户口》。
③ 曹树基：《中国人口史·清时期》，第 740 页。

国都北京无疑是华北三省中人口最多的城市，清代中叶可能已达到 100 万。三个省城中开封人口数量最多，估计可达 10 万；济南为六七万，保定当在 5 万左右。

商业城市以天津人口最多，肯定超过 20 万，高于三个省会城市，是京城之外华北人口最多的城市；人口超过 10 万的有临清、济宁和洛阳。人口规模超过一般府城的商业城镇，如张家口、周口的人口为四五万，朱仙镇和赊旗可能也达到或接近这一规模；人口超过 2 万的商城数量更多，如聊城、泰安、张秋、周村、胶州、烟台、博山、通州、多伦诺尔等；而冀鲁豫三省府城中规模较大者只有一万数千人，小者只有 3000 多。

商业人口所占比例，天津有较详细的统计，道光年间天津有盐商 372 户，铺商 11 626 户，小商贩 5711 户，合计 17 709 户，占全城总户数的 54%。商业城镇经商人口占比较高是理所当然，估计张家口、多伦诺尔、临清、聊城、济宁、周口、赊旗等城镇，商业人口占比大多会达到 50%以上。京城的商业人口只能依据间接资料进行估计，明代万历年间京师五城共有铺商 39 802 户；如果加上没有商铺的小商贩，当会有五六万户。清初汉族商民均被赶出内城，故京城商业几乎全部集中在外城。乾隆以降内城商业逐渐恢复，咸丰元年(1851)内城商铺已达 15 333 家；外城商铺没有明确的统计数字，不过作为商业中心所在，至少应为内城的两三倍，2 倍为 3 万余户，3 倍为 4.5 万户，全城商铺合计为五六万户；再加上没有商铺的小商贩，商业人口当有七八万户，占全城总户数的比例为 30%—40%。

二、城市人口的职业构成

中国历史上的城市大体可分为两大类：一是作为各级行政中心所在地的政治性城市，此类城市历史久远，战国秦汉时代即已出现，明清时仍大量存在。此类城市即便商业十分繁荣，也是以保障本城消费为主，即所谓的消费城市。二是工商业城市，如以丝织业著称的苏州、杭州，以陶瓷、铁冶著称的景德镇、佛山，以大宗商品转运贸易著称的汉口等。华北的工业城镇不多，规模较大的只有博山一处，明清时期的商业城镇主要是随着商品流通的发展而兴起的，即以转运贸易为主的商业城镇。

明清两代京城都是全国最大的消费城市，也是奢侈品消费最多、档次最高的城市。皇室贵族是京城人口中一个特殊的组成部分，他们不仅是国家权力的主宰，也引领着全国的消费。明代的记载如："京师者，四方之所观赴；天子者，又京师之所视效也。九重贵壮丽，则下趋营建；尚方侈服御，则下趋组绘；法宫珍奇异，则下趋雕刻。上有好者，下必甚焉。"[①]"今之富家巨室，穷山之珍，竭水之错，南方之蛎房，北方之熊掌，东海之鳆炙，西域之马奶，真昔人所谓富有小四海者，一筵之费竭中家之产不能办也。"[②]清代的记载称："寰中百货萃京都，径尺珊瑚径寸珠。"[③]"都下以靡丽相竞，四方以奢侈为尚；一鞍一骑不惜百金之费，一衣一帽可破中人之产。"[④]稍有不同的是，明代的宫廷消费主要是商铺供役，京城4万铺商被编为132行，宫廷所需各种物品均由铺户"当行"供办；清代宫廷采办逐渐转为市场采购为主，甚至供"百官六军之食"的数百万石漕粮也有1/3流入市场，转化为京城和周边普通百姓的食粮。清代京城建有各地商人会馆50余座，经商人口估计可达七八万户。崇文门税关明代万历年间征收商税68 900余两，天启时为88 900余两；清代中叶更达30万两，远超过华北的其他税关。

由于人口结构的差异，明清两代开封的商业结构有较大变化。明代以周藩王府为首的众多王公贵族在开封城中形成一个庞大的高消费群体，使该城的消费档次相对较高，奢侈品、特殊商品的贸易占比较大。另外，由于大批商货和商人的云集，开封也成为华北地区重要的商品集散市场，开封商业除为本城居民服务之外，也有相当一部分商品转销外地。清代，由于上述高消费群体的丧失，开封居民的消费档次明显下降，商业构成中民生日用品比重上升。清代前期开封商业主要是为本城居民服务，以零售为主，其商品多从朱仙镇批发而至；该城的商业布局也随之发生变化，明代集中在繁华商业区的各类店铺，清代逐渐分散到各街区；明代诸多的过客店和骡马大店，在清代文献记载中也难觅踪迹。其他藩王府第城市当也会有类似变化，

---

① （明）张瀚撰：《松窗梦语》卷4《百工纪》，第77页。
② （明）谢肇淛撰：《五杂俎》卷11《物部三》，第217页。
③ 转引自齐大芝主编：《北京商业史》，第236页。
④ 《清圣祖实录》卷6，"康熙元年五月丁未"条，第114页。

程度不同而已。

明代的宣府镇是因大量驻军形成的消费城市。该城驻军"三万有奇",加上家属,可达十五六万人。该城的商业区中,苏杭、南京罗缎铺,潞州绸铺,泽州帕铺,临清布帛铺、绒线铺、杂货铺、各行交易铺"沿长四五里",手工业工匠分别来自南北各省。嘉靖年间宣府一镇商税高达 2400 余两,超过一般府城 10 倍乃至数十倍。该城商货除供本城官兵消费之外,还有一部分转销沿边其他军镇,成为北边地区的商业中心。清代宣府成为内陆城市,驻军裁撤,人口锐减,其作为塞北贸易中心的地位也被张家口取代。

以上可知,以消费为主的商业城市,主要是级别较高的行政中心。此类城市聚集了较多皇室贵族、高官显宦、大量军队以及为之服务的人员,行政级别越高,城市规模越大,聚集的人口也就越多。城市人口的大规模聚集产生了对消费资料的诸多需求,各地商货大量汇集,使之成为一个商品聚集地。城市规模越大,等级越高,其聚集的商品也就越多;当这些商品超出该城自身的需要就会向周围地区输出,从而成为地区性的商业中心。

华北的府级行政中心人口过万的为数不多,故其商业规模有限。一般府城的相关资料较为罕见,日本东洋文库收藏有一本《山东省滋阳县户册》,登录了滋阳县 17 条街巷 688 户居民的家庭人口及其职业状况。据山根幸夫考证,《山东省滋阳县户册》是为编制保甲册准备的基础资料,时间为 1872—1882年,即同光之际。稍觉遗憾的是,该《户册》是一个残本,登录的只是滋阳城居民的一部分,约占全城的 1/4 或 1/5。[①]即便如此,这仍是一份极为珍贵的资料。滋阳为兖州府附郭县,故《山东省滋阳县户册》所录可反映府级行政中心居民职业构成的一些特点。表 7-1 为兖州府城滋阳居民职业构成统计,请参见。

表 7-1 可见,属于政府雇员的师爷、跟官、书吏、衙役、军户等有 86 户,占比 12.5%,滋阳是府、县两级衙署所在,为政府服务者较多当是意料中事。候补官员、文武生员及以教书、读书为业者有 31 家,他们是官僚队伍的后备军。这两项合计,占总户数的 17%。不过,《山东省滋阳县户册》中未见官

---

① [日]山根幸夫:《山东省滋阳县户册について》,《明清史籍の研究》,研文出版社 1989年版,第 253—260 页。

表 7-1　兖州府城滋阳居民职业构成统计

职业分类	户数/户	占比/%	备注
政府雇员	86	12.5	包括师爷、跟官、书吏、衙役、军户等
士绅	31	4.5	候补官员、文武生员及教书、读书为业者
农业户	48	7.0	农户、园户、乡户、客户
其他	20	2.9	佣工、孀妇、占卜、和尚、道士等
商业服务业：	321	46.7	
商铺	77		包括钱铺、布铺、估衣铺、杂货铺、京货铺、药铺、茶叶铺、粮铺、果品铺等
类别不明	136		记作开店、生理、小生理
小商贩	20		卖肉卖鱼卖菜，卖粥卖饼卖馍馍等
饮食服务业	88		饭馆、酒铺、面食铺、茶铺、成衣铺、剃头铺、客店、车夫、鸦片烟馆等
手工业：	72	10.4	
丝织业	35		机房、织工、染坊
饮食业	7		油坊、酒作、酱园
其他	30		银匠、铜锡铁匠铺，木匠、皮匠、泥瓦匠等
职业不详	110	16.0	
总计	688	100.0	

资料来源：据《山东省滋阳县户册》统计

员登录，估计是因该书系残本之故。稍觉意外的是，滋阳的商业服务业人口占比达 46.7%，如果加上手工业户，更高达 57%。该城不在运河沿线，并非商业城市，其商业人口占比如此之高，多少有点出人意料。不过，进一步分析可以看到，滋阳居民经商者数量虽多，但经营规模却十分有限，被记做"生理""小生理"者数量较多，以父子、夫妻店为主；较大些的商铺雇用两三个伙计，雇工五六人者属于少数。至于从事饮食服务业者，开设饭馆、酒铺、茶铺、成衣铺、剃头铺，或是卖鱼卖肉卖菜、卖粥卖饼卖馍馍等小商贩，以及银匠、铜锡铁匠，木匠、皮匠、泥瓦匠等都是居民生活之日常必须，是维持一个城市正常运转不可缺少的职业。

以转运贸易为主的商业城镇我们以临清为例，该城居民的职业构成没有像滋阳那样可以统计的数字，只能根据文献记载勾勒一个大概，表 7-2 是临清居民职业构成举要，请参见。

表 7-2　临清居民职业构成举要

职业分类	数量	备注
商业：		
中转批发业	数百家	明代以布匹、绸缎、杂货、瓷器、纸张等为主，清代以粮食、茶叶、估衣等为主
零售业	数百家	
金融业	百余家	明代为徽浙人为之，清代为晋商经营，但数量大减
牙侩经纪	百余名	估衣、杂货、布缎等各行贸易俱有牙侩，细至柴炭、蔬果亦不能少
客馆旅店	大小数百家	
餐饮业	不详	酒肆、饭馆随街都有
小商贩	不详	各街市均有
运输业：		
脚夫	数百人	脚夫有行，依河划界分为五段；此外，粮店、纸店另有专门的脚夫
标丁	百余名	有马有步，精骑射，骁勇力，天下称最
船户	不详	
手工业：		
修船及船具制造	不详	在南厂
油篓业	数十家	聚集油篓巷，临清油篓轻坚耐用，不怕鼠啮
织席	不详	聚居席厂街，席为粮食运输之必需品
箍桶业	数十家	聚集箍桶巷，制作锅盖、笼屉、木桶木盆等
竹编业	不详	在竹竿巷，编制床几、枕簟、帘箔等竹器
纸马铺	数十家	聚集纸马巷
丝织业	机房百余家	临清帕幔、手帕、汗巾、帛货明代即为著名丝织品；清末增至机房 700 余家，织工 5000 人
皮毛业	一二百家	羊裘、绒罽为临清特产，多为聚居北城的回民经营；民国年间，业此者增至千数百家
其他手工业	不详	聚居香巷、鞍子巷、碾子巷等，业者各有不少

资料来源：据许檀《明清时期山东商品经济的发展》表 4-18 改制

临清的记载中缺少关于官吏、士绅的相关资料，这里仅就其工商业人口进行分析。作为商业城市，临清居民在职业构成上与滋阳的差异：①临清的商业规模远超过滋阳，这一点显而易见；②在商业结构上，临清除零售商业之外，从事中转批发、银钱典当、牙行经纪者占比很大，而滋阳几乎只有零售商业，经营钱店、牙行者仅只数家；③为商品流通服务的运输业、旅店业者也为数众多；④临清的手工业中，也有相当一部分与商品流通密切相关，如修船、织席、编油篓等。总之，大规模的商品流通不仅要有商人和商业资本，而且需要一系列为之服务的人员、设施、机构；围绕着外来客商及其商货，在临清形成一整套商业、金融、运输、服务业体系，既构成临清城市经济的主体，也左右着该城大部分居民的生计。该城虽然也有丝织、皮毛加工等手工业，但是与商业规模相比，在整个城市经济中占比不大；直到清末临清商业衰落之后，手工业才得到较大的发展。关于商业城镇经济结构的特点我们将在下一节进一步考察。

第三节　商业城镇的功能与特点

明清时期华北的商业城镇主要是因商品流通而兴起的，其最主要的功能就是在流通中的转运枢纽作用。作为转运枢纽，这些商业城镇与一般消费城市商业构成的最大区别就是以批发业而非以零售商业为主，与之相适应，为商品流通服务的行店业、金融业、运输、旅馆、餐饮等业也相对发达。

（一）中转批发业的发达

除一般城市均有的零售商业之外，中转批发业的发达是商业城镇最重要的特点。在第四章的考察中笔者已经指出，临清商业布局中布匹、绸缎、茶叶、粮食等同类商铺的高度集中显示了批发商业的特点。明代临清作为华北最大的纺织品交易中心和中转批发市场，绸缎店、布店主要集中在中洲锅市街以西的两条巷子内，"绸缎商，店在果子巷……有数十家字号"；"布商，店在白布巷……岁进布百万有奇"，交易规模极大，店铺最多时有70余家。清代随着纺织品贸易中心地位丧失,临清的布店、绸缎店变为"各街俱有",其布匹、绸缎也转由"东昌拨贩"了。清代,茶叶、粮食是临清批发转运的大宗商品,茶叶商,"店在卫河西,大者二十八家,小者不计",均集中在靖西门附近。乾隆年间临清有粮食市场六七处,粮铺百余家,分别集散来自不同方向的粮食;其中以东水门内的永清大街和鼓楼斜街最为集中,共有铺户40余家;车营、靖西门内和怀朔门外的塔湾等处也各有店铺20余家或10余家。此外,纸店在锅市街,瓷器店原在中洲,后移至前河崖,最多时都曾有 20 余家;经营估衣者也有数十家,集中在估衣巷。

将兖州府城滋阳的店铺分布与临清做一对比,可进一步显示批发业与零售业的区别。表 7-3 和表 7-4 是滋阳县御桥西大街和府门西大街商铺、住户简表,请参见。

表 7-3　滋阳县御桥西大街商铺、住户状况简表

序号	姓名或字号名	职业	备 注
1	王文灿	茶铺	独自经营
2	长兴和	烟铺	雇工 1 人
3	泰丰店	潮烟铺	雇工 5 人
4	合同店	茶叶铺	父子经营
5	锦昌店	京货铺	独自经营
5 附	同院居住		3 人,姓氏不同,职业不详
6	志兴店	估衣铺	雇工 3 人
7	文盛店	布铺	雇工 1 人
8	义聚店	布铺	雇工 3 人
9	郁椿堂	药铺	雇工 2 人
10	冯怀友	成衣铺	独自经营
11	唐保衡	文库	家眷 10 口
11 附	张彬	房客	家眷 3 口
12	恒丰店	锁线铺	雇工 5 人
13	万顺店	估衣铺	雇工 6 人
14	协隆店	估衣铺	雇工 5 人

续表

序号	姓名或字号名	职业	备注
15	义成店	染坊	雇工 2 人
16	长公兴	钱店	雇工 5 人
17	镇泰店	估衣铺	父子经营,并雇工 1 人
18	杨自新	裁缝铺	独自经营
19	三和店	杂货铺	独自经营
20	天合店	估衣铺	雇工 5 人
21	孔敬五	小生理	家眷 3 口
22	仁和斋	鞋铺	雇工 3 人
23	双成合	经货铺	雇工 1 人
24	兴盛店	布铺	雇工 1 人
25	恒春店	带子铺	家眷 2 口
26	范节	文库	家眷 2 口,雇工 1 人
27	万兴店	布铺	雇工 2 人
28	永和店	布铺	祖孙三人经营,另有家眷 2 口
29	范树芳	文库	家眷 4 口
30	张上和	茶铺	独自经营
合 计	30 户+附住 2 户,从事工商业者 27 户;总人口 116 人,其中雇工 52 人		

资料来源:据《山东省滋阳县户册》统计

表 7-4 滋阳县府门西大街商铺、住户状况简表

序号	姓名或字号名	职业	备注
1	万春堂	药铺	雇工 1 人
2	正和店	京货铺	雇工 2 人
3	万聚店	漆铺	独自经营
4	万盛店	烟铺	雇工 2 人
5	王兴溪	小生理	父子经营

续表

序号	姓名或字号名	职业	备注
6	唐万珍	小生理	父子经营
7	东合店	染坊	雇工1人
8	致祥店	钱铺	雇工1人
9	永裕店	杂货铺	雇工3人
10	合泰店	茶叶铺	家眷4口，雇工3人
11	李守谦	文庠	家眷4口，雇工1人
12	徐有广	成衣铺	独自经营
13	瑞盛店	杂货铺	父子经营
14	张广成	铜匠	独自经营，家眷1口
15	永兴济	银匠铺	雇工1人
16	李从廉	小生理	独自经营
17	李玉歧	馍馍铺	家眷2口，雇工1人
18	李长龄	掌柜	家眷1口
19	李允泰	不详	出外
19附	武作元	乡户	家眷2口
20	朱广斌	生理	家眷5口
21	王殿柱	剃头铺	雇工1人
22	西域馆	饭铺	雇工1人
23	许得良	烟馆	独自经营
24	李永林	茶铺	父子经营
25	廖培成	杂货铺	雇工1人
26	晏春茂	药铺	家眷2口，雇工1人
27	德昌店	封粮铺	雇工2人
28	张魁恩	烧饼铺	雇工1人
29	孟景岳	杂货铺	父子经营
30	筹世堂	药铺	兄弟3人共同经营
31	邵永标	弓箭铺	雇工2人
32	汇源店	酒店	雇工3人

续表

序号	姓名或字号名	职业	备注
33	董树芳	茶铺	父子经营
34	蒋力田	烧饼铺	雇工1人
35	张金琢	馍馍铺	雇工2人
36	陈继顺	杂货铺	雇工1人
37	晏明远	卖粥	独自经营
38	会 鸭	烧饼铺	雇工1人
39	吴春雨	铁匠铺	雇工2人
40	韩永先	生理	雇工2人
41	徐永安	茶铺	父子经营，并雇工1人
42	徐福堂	饭铺	雇工1人
合 计	42户+附住1户，从事工商业者40户；总人口113人，其中雇工40人		

资料来源：据《山东省滋阳县户册》统计

兖州府城滋阳明代是鲁王藩邸所在，王府门前的御街上有桥，故御桥西大街应位于滋阳城中心的御桥之西，应是该城的商业中心。从该街的店铺规模和经营内容来看，它也是《山东省滋阳县户册》登录的17条街巷中店铺最多、档次最高的一条。尽管如此，该街的商铺规模仍极为有限。表7-3可见，御桥西大街共有居民30户，另有附住户两家，实际为32户，共计116人，其中雇工52人。这两家附住户一户登记为"房客张彬"，有妻小3人，职业不详；另一户记为"同院"3人，职业也未登录，但这三人姓氏不同，又都属青壮年，估计应是在别处打工而在此居住。这条街上的30家正式住户中，有3家为庠生，其余27家均经营商业，商业户占比达90%。在这27家商业户中，由老板一人独自经营者6户，父子二人或祖孙三人共同经营者共3户；有17家为雇工经营，雇工数量最多为6人，超过5人者一共有6家，这已是滋阳全城商铺中雇工规模较大的店铺了。御桥西大街的27家商铺中有估衣铺5家，共雇工20人，是同类店铺较为集中且雇工数量最多的行业；布铺虽然也有5家，但雇工只有7人，规模显然不如估衣业。这条街上的其他店铺，如钱店、杂货铺、京货铺、烟铺、潮烟铺、茶铺、药铺、锁线铺、成衣铺、裁缝铺、鞋铺、带子铺、染坊等都只有一两家；除钱店和潮烟铺分别雇工5人之外，其他多只雇工1—3人，或并未雇工。

府门西大街从名称来看应是位于府衙附近的商业街。由表7-4可知，该街共有住户42户，另有附住户一家，实际为43户，共计113人，其中雇工40人。附住户被记作"乡户"，而户主李允泰则记作"出外"，很可能是因户主长期外出谋生，而让其乡下的亲戚来城居住看守房屋。该街的第11号住户为庠生，其他40户居民均从事工商业，商业户占比更高于御桥西大街。不过该街的商业档次显然不如前者，其一，该街数量最多的为杂货铺，共有5家，其中2家为父子经营，其余3家共雇工5人；其他各商铺雇工数量也大多只有一二人，最多者不过3人，店铺规模不如御桥西大街；其二，除钱铺、杂货铺、京货铺、茶叶铺、烟铺、药铺等商铺之外，本街有很多从事手工业或饮食、服务业者，如弓箭铺、铁匠铺、铜匠、银匠铺、剃头铺、成衣铺以及记作"生理""小生理"者，其商业档次明显低于前者；其三，经营饮食业者中，除名为"汇源店"的酒店雇工3人，规模稍大之外，其余各家饭铺、茶铺、烧饼铺、馍馍铺以及卖粥为业者，大多只有雇工1人，或是自家经营，主要是满足一般居民日常生活所需。

《山东省滋阳县户册》所登录的其他街巷，商业户所占比例及规模还不如这两条街，17条街巷中没有一条像临清那样的同类店铺高度集中的以批发业为主的商业街。像滋阳这样经营不同商品的各类商铺杂居散处于同一条街巷正是零售商业的特点，可能也是一般府城中商业店铺的分布特点。

商业规模也是批发业与零售业的重要区别。经营批发贸易的商号货物进出量比一般的零售商店要大得多，必须资本雄厚才可能经营，如明代临清白布巷有一家名为"一左元"的字号，每"出银一锭必点一朱，每年需用银朱三二十斤"[①]，其经营规模令人咋舌。在乾隆年间洛阳创建潞泽会馆的集资中，绸布商祁永兴捐银3000两已属可观，而"永兴伙计张东风等"捐银1300两，更令人吃惊，该店所雇用的伙计数量至少应有数十甚至上百人，这样的店铺规模与滋阳相比显然有天壤之别。

---

① 乾隆《临清州志》卷11《市廛志》，第459页。

在第五、第六章的考察中我们看到，在较大的商业城市中，一般都会有数十家年经营额超过万两的大商号。例如，乾隆年间洛阳潞泽会馆的统计中，上述绸布商祁永兴的年经营额估计可达 20 万两，经营额超过万两的商号共有 40 余家；若再加上山陕会馆的大商号，数量应该更多。嘉道年间聊城年经营额超过万两的商号有 30—50 家（表 5-5）；道光初年周村重修关帝庙的集资中，捐款超过 100 千的商号有 33 家，它们应都属大商号（表 6-27）；道光中叶周口山陕商人中的大商号至少有 20 余家（表 6-8）；同光之际赊旗镇规模最大的商号福源店，年经营额为 16 万—33 万两，经营规模超过万两的商号至少有 30 余家（表 6-13）。至于年经营额数千两的商号数量更多得多。以上各例都是依据抽厘额进行的折算，《嘉庆四年进入恰克图贸易商人名册》所载为实际贸易额，在进入恰克图的 21 家张家口的茶叶字号中，有 10 余家商号的贸易额在万两以上，其中超过二万两的有 6 家，其余各家也多为五六千至八九千两，这些商号在嘉庆十年（1805）张家口修筑关帝庙的集资中正是捐款最多字号（表 4-21、表 4-22）。一般而言，经营规模超过万两的大商号当是以大宗商货的批发转运贸易为主，年经营额数千两的中等商号中可能也有相当一部分从事批发转运贸易。

（二）中介贸易的兴盛

行店业，即中介贸易的兴盛也是商业城镇的重要特点之一。所谓行店业，即居间商经营的邸、店、牙合一的货栈。牙人、牙行，是买卖双方的中介，明代商书记言："买卖要牙，装载要埠"，"买货无牙，秤轻物假；卖货无牙，银伪价盲。所谓牙者，别精粗、衡重轻、革伪妄也"。[①]地方志称牙行为"集之媒人"，其作用为"平物价""防竞争""理财赋"[②]，即牙行在评估物价、主持交易之外，还承担着为政府征税的职责。明清两代政府曾对牙行的设置、管理进行了一系列的清理、整顿和改革，使牙行管理逐渐走上制度化、规范化的道路。[③]据汪士信研究，邸、店、牙三者合一是明清时期居间商经营方式

---

① 《士商要览》，转引自韩大成《明代城市研究》，第 177 页。
② 嘉庆《清平县志》卷 8《户书》。
③ 许檀：《明清时期农村集市的发展》，《中国经济史研究》1997 年第 2 期。

变化的重要内容,"牙行集邸、店、牙于一身,有货栈、客房和交易场所,这一固定设施的投资是牙行建立商业信用的前提条件";其中一部分牙行还增加了自营业务,从以居间为主变为自营为主。①此类行店一般规模较大,除媒介交易之外,还能为客商提供食宿、存贮货物、代购代销等多种服务。

较大的商业城镇一般都会有此类行店。如临清,布商有行,绸缎有行,瓷器、纸张等业均有行。万历年间临清关税系由各行包纳,山东巡抚黄克缵的奏报称:"临清钞关旧额,三大行止纳银三万五千两有奇,杂货小行一万有奇,牙店出入包纳二万有奇……通计各税共足六万八千两"②。胶州的居间商有福广行、杉木行、棉花行、草果行、油饼行、腌猪行、干粉行、驴骡行等八大行,输出输入的主要商货多通过这八大行进行交易。③祁州从事中介贸易的药行经纪至少有 300 余人,其中实力最强的为卜、崔、张、党四大家族,特别是张、党两家主要从事与药材相关的服务业,为外来药商提供食宿,以及药材贮存和代购。祁州最有名的药材行店为通济元、义盛合、裕亨源,京师著名的同仁堂、达仁堂等药业字号即长期与通济元合作。④

商人会馆碑刻中所见行店资料更详细一些。道光年间荆紫关重修山陕会馆的集资中,共有 30 余家行店对外来客商进行了募捐,如同朝行名下,"众客共[捐]钱一百五十七千文";长泰行名下,"众客共[捐]钱一百三十千文"等;口顺店、同春店等 18 家行店名下记有:"众店客共捐钱二百九十二串文"。显然,外来客商与这些行店有较密切的商业关系,在行店下榻,或者委托其代购代销商品,因而才会在这些行店内捐款。又如道光年间北舞渡修建牌坊的集资中,"山陕陆陈行向福商等号募化钱文",大兴店、兴盛店、茂盛店等八家行店分别向来本镇贸易的客商募捐筹款,共有 340 余家客商在这 8 家行店内捐款,共捐钱 641.7 千文,捐银 6 两。表 7-5 是道光初年北舞渡 8 家行店及其募集的捐款统计,请参见。

---

① 汪士信:《明清时期商业经营方式的变化》,《中国经济史研究》1988 年第 2 期。
②《明神宗实录》卷 418,"万历三十四年二月丙午"条,第 7890 页。
③ (清)郭嵩焘:《郭嵩焘日记》第 1 卷,第 267—268 页。
④ 刘小朦:《明清祁州药王信仰的演变与药材市场研究》,南开大学学士学位论文,2011 年,第 106—108 页。

表 7-5 道光初年北舞渡 8 家行店的募款统计

行店名称	募款金额	捐款商号/家
大兴店	197 千文	72
兴盛店	145.5 千文	84
茂盛店	145 千文	88
协吉店	65 千文	27
生盛店	44.8 千文+1 两	33
全顺店	29 千文	17
乾泰店	20.8 千文	22
奎隆店	5 两	5
合 计	647.1 千文+6 两	348

资料来源：据北舞渡山陕会馆道光六年《创建牌坊碑记》统计

上表可见，这 8 家行店募集的捐款差异很大。大兴、兴盛、茂盛三家行店募集捐款均超过 100 千文，明显高于其他各家，有七八十家外来客商在其店内捐款，显然这三家行店规模较大。而募款最少的奎隆店，只有 5 家客商在其名下捐款。

笔者所见募款规模最大的行店是怀庆府城的药业行店。在道光年间怀帮药商修建三皇阁的集资中，李广盛募集的捐款达 6000 余两，张天泰募款也达 5200 余两，尤金正、罗恒兴、邱广泰、马泰丰等几家的募款也都达到二三千两之多（表 5-24），而其自身捐款却十分有限，最多不过百余两。

清化镇的例子稍有不同，在咸同年间清化镇重修镇城的集资中，义合、增泰、裕升、复来、晋生等 5 家粮坊共捐钱 1620 千文，其中有 4 家粮坊名下有"众客"捐款，计 392.5 千文，合计为 2012.5 千文。所谓"众客"，当即来清化贩粮的外地客商。显然，义合、增泰、裕升、晋生等粮坊也属于行店性质，不过它们除了从事中介交易、代客买卖、存贮货物、提供食宿等服务之外，当还有自营业务，甚至以自营为主，因而其自身捐款大大超过客商捐款，占捐款总额的 80%。表 7-6 是这 5 家粮坊及其客商的捐款统计，请参见。

表 7-6 同治三年《重筑清化镇城记》所镌粮坊及其客商捐款统计

粮坊捐款	占比/%	客商捐款	占比/%
义合粮坊捐钱 450 千文	22.4	义合众客捐钱 150 千文	7.4
增泰粮坊捐钱 450 千文	22.4	增泰坊众客捐钱 92.5 千文	4.6
裕升粮坊捐钱 300 千文	14.9	裕升坊众客捐钱 110 千文	5.5
复来粮坊捐钱 300 千文	14.9	—	
晋生粮坊捐钱 120 千文	5.9	晋生坊众客捐钱 40 千文	2.0
合计　1620 千文	80.5	392.5 千文	19.5

资料来源：据同治三年《重筑清化镇城记》统计

（三）金融业是商业城镇经济运行的重要保障

金融业的发达也是商业城镇的重要特点。由于大宗商品往来对资本的需求，较大的商业城镇大多也是金融中心。发达的金融业不仅是商业的重要组成部分，更为其正常运转提供了资金保障。

张家口是全国最北部的金融中心，除传统的当铺之外，清代新兴的账局、票号等金融机构都以其为重镇。目前所知创建最早的账局是乾隆元年（1736）在张家口开设的祥发永，清末在册的 52 家账局中总号设在张家口的即有 11 家。针对北疆贸易路途遥远，周转期长的特点，账局的借贷多以一年为期。道光三十年（1850）与张家口日升昌票号通汇的城市共计 13 个，江西河口、湖北汉口等茶叶采办的重要码头正是张家口票号通汇的主要地点。

临清的典当业明代多由徽商经营，清代则为晋商所把持。胶州商人从事的行业以贩运和金融二者为最，道光《胶州志》记言："商，大者曰装运、曰典当、曰银钱"[①]，胶州南关之外有一条钱市街，金融字号多集中于此。黄县商人从事金融业者也为数较多，县城西关之外的商业区，仅"银钱之肆"即有数十家。[②]

碑刻资料中所见金融业资料更为具体，在各地商人会馆集资中大多有金融业的捐款，而且往往高居榜首。例如，乾隆中叶朱仙镇重修山陕会馆的集资中，典当业捐款 1329 两，占捐款总额 13.6%；除来自开封的"祥邑众当商"之外，参与集资的还有开封府属仪封、通许、兰阳、尉氏、洧川、鄢陵、郑

---

① 道光《胶州志》卷 15《风俗》。
② 同治《黄县志》卷 3《食货志》。

州、密县,以及归德府属睢州、山西曲沃县等,共44家。①在道光年间开封山陕会馆修建牌坊的集资中,长庆、福兴等8家典当各捐钱50千文,高居各行业之首;再加上4家钱店的捐款,金融业捐款在全部捐款中占比超过40%。同治三年(1864)重修后道院的集资中,金融业捐款仍高居各行业之首,占比达38%;稍有不同的是典当业的地位被新兴的票号所取代,日升昌、协和信、蔚盛长、义盛长、百川通等5家票号捐银430两,占金融业捐款的70%(表2-5、表2-6)。

天津锅店街山西会馆为嘉道年间在津的"山西盐、当、杂货等商"集资兴建,在该会馆修建春秋楼的集资中,有39家当商参与集资,共捐银4700两,占捐款总额的23%,在行业捐款中仅次于杂货业,位居第二(表4-13)。此外,天津还有专门的当行公所,为在津山西介休、汾阳等县当商于嘉庆中叶创建,与山西会馆的当商可能并不完全重叠。

道光初年山东周村重修会馆的集资中,银行(银号)阎行捐款1330千,10家典当商捐款1160千,合计为2490千,占全部捐款的16%。其中惠通、义兴二典各捐钱250千,悦来典捐钱210千,位居此次集资的前三甲。泰安的山西会馆为盐、当两行商人修建,故又称盐当会馆。该会馆始建于明末,清代多次重修、扩建。在乾隆、道光年间的集资中,当业捐款均超过盐业。

以上可见,在华北商业城镇中金融业往往是实力最强的行业之一。大宗商货的进出决定了它对货币资本的大量需求,故金融业成为商业城镇中不可或缺的重要行业。一些较大的商业城镇还能吸收周边,甚至较远地区的金融企业参与经营,如乾隆年间朱仙镇山陕会馆的修建,不仅有开封府、归德府所属当商,而且有来自山西曲沃县的当商参与集资,显示出较强的集聚资本的能力。

(四)运输、旅店、餐饮等业是商业城镇经济结构中不可或缺的组成部分

运输业是保障商品流通正常运转的重要行业,水运所需之船行、船户、

---

① 参见许檀:《清代河南朱仙镇的商业——以山陕会馆碑刻资料为中心的考察》(《史学月刊》2005年第6期)表7。

纤夫、陆运之车行、驮户，以及专门从事装卸业的脚夫、扛夫等都是商业城镇居民职业的重要组成部分。

如临清的脚行各有分界："自入东水关至钞关为一界，自钞关至砖闸为一界，又至板闸为一界，自板闸至广济桥为一界，自广济桥至北水门为一界，船截止处，各出运货，不相侵乱"；而杂粮、纸店还有专门的脚夫，不在此例。为保证货物运输的安全，临清还设有标丁，"有马有步"，共百余名，"分送三大行货物金钱，南北往来"，以精骑射、骁勇力，有"临标天下称最"之美誉。①

济宁的数任知州对整顿运输服务业以保障商品流通的顺畅都给予了相当的关注。如崇祯年间知州曾为脚行搬运货物划界定规："南自通济桥起，北至文圣坊，每百斤重酌定额价八厘，不许分外多索"；雍正间为严禁"车骡多索牙用"立碑刻石②；道光年间知州徐宗幹为严禁船行、胥吏勒索颁布"船行示"，对商民雇船、船行抽用、船户揽载等均做出明文规定③。乾隆年间禹州知州也曾为严禁车行垄断立碑示禁；同治二年（1863）知州马宽再次发布告示"永禁开设车行"，垄断运输。

张家湾的牙行中设有揽头行、扛脚行、上水写船行、剥盐小船行等，而车行分工尤细，有钱粮小车行、下水小车行、行李小车行、起盐杂货车行、叫盐车行、湾东装载发京客粮食盐行、湾西店装载起京篓曲小车行、下关装载钉锅瓷器相壳果大小车行、上关装载起京曲米南酒小车行等，对货物品种、装运地点及转运方向等均有明确分工。④

旅店业、餐饮业的发达也是商业城镇的重要特点。明代开封旅店分为旅店、客店、过客店、骡马大店等数种。位于城内繁华商业区的大山货店街，"往南是柘城小店，专住妓女、过客酒店；甬南，又新店，俱住货客、妓女，尤多饭店、酒店"；大相国寺内地藏王殿之后有僧舍二三百家，"专下过往官员及大商、茶店、清客等众往还，摆酒接妓，歌舞追欢"；而南关、西关之外

---

① 乾隆《临清州志》卷11《市廛志》。
② （清）徐宗幹辑：《济州金石志》卷4，卷3，见新文丰出版公司编辑部《石刻史料新编》第2辑，第13册。
③ 道光《济宁直隶州志》卷3《食货志》。
④ 康熙《通州志》卷4《田赋志·牙税》。

的酒饭店、过客店等也是"排门挨户，生意不亚城内"；特别是西关之外为"八省通衢之地"，有骡马大店三五十座，"两边生意挨门逐户"，主要为接待往来贩运商货的客商。①开封的餐饮业也分为不同的档次，鼓楼、大隅首一带多高档酒楼，"各样美酒、各色美味佳肴，高朋满座，又有清唱妓女伺候"，主要满足达官显贵和富商大贾的消费需求；封丘府角"酒饭各样生意，排门皆是"；其他各街的诸多饭店、酒馆、面店以及风味小吃则面向更广大的消费群体。②

明代泰安的旅店业已相当发达，据张岱《陶庵梦忆》记载，他在泰安所住的客店规模很大，不仅能住宿、餐饮，还可提供轿舆、演出等服务，店中有"庖厨炊爨"20余所，又有"戏子寓二十余处、演戏者二十余处、弹唱者不胜计"。该店按住客交纳店银的多寡，提供三种不同档次的服务：最上等为专席，食品有糖饼、五果、十肴、果核等，并伴有演戏；第二等为二人一席，供应糖饼，肴核，也有演戏；第三等为三四人一席，食物与第二等同，但只有弹唱，不演戏。③万历年间泰安每年商税达760余两，其中"城乡酒饭、卖盐等项小铺"征银333两零，占比达40%以上（表5-12）；酒馆、饭铺以及摊贩众多，显然是为适应前来朝山进香者不同档次的需要。乾隆年间泰安城西的刘氏客店"可容千人"，据说相邻的宋氏客馆更可"容三千人不止"。其他为香客服务的行业还有酒铺、饭馆、山轿、运输等业，香客所需的各种商品贸易也随之兴盛。④

又如，明代临清的鼎盛时期，全城客馆"大小店坊约数百家"，"各项客具有店"，可适应不同商人的需求；清代随着临清商业地位的下降，客店数量"减半"。⑤

不过，餐饮业是每个城市居民消费之必需，即便非商业城市，餐饮业也是城市经济不可或缺的组成部分。高层次的行政中心消费档次较高，如济南的高档酒楼"坐客之满不亚都门，间有招妓侑酒者"⑥；清代保定成为省城之

---

① （清）佚名：《如梦录·关厢纪第七》，第36、51、73、75页。
② （清）佚名：《如梦录·街市纪第六》，第34—36页。
③ （明）张岱：《陶庵梦忆》卷4《泰安州客店》，第58页。
④ 高莹：《明清时期朝山进香与泰安经济》，南开大学博士学位论文，第106—108页。
⑤ 乾隆《临清州志》卷11《市廛志》，第462页。
⑥ 光绪《历下志游》正编卷3《城闉志》。

后其消费档次也大大提高，渐有奢靡之风。一般的府城可能档次稍低，如前述兖州府城滋阳府门西大街的 40 家工商户中，就有酒店、饭铺、馍馍铺、烧饼铺及以卖粥为业者共 9 家。

第 八 章
商业城镇的空间分布与市场层级

讨论市场层级，必然要提到施坚雅理论。20世纪六七十年代，美国学者施坚雅教授将"中心地理论"引入中国城市与市场研究，构建了一种新的分析模式。①施坚雅将明清时期的中国按照自然地理条件划分为九大区域②，将每一区域的中心地划分为中心都会、地区都会、地区城市、较大城市、地方城市、中心市镇、中间市镇、标准市镇等八个层级，对除东北之外的八大区域的城市化程度进行计量分析，打破了中国城市研究的传统窠臼，将研究引入一个新的发展阶段。

施坚雅理论在20世纪80年代传入国内，是改革开放以后对城市史和经济史学界影响最大的理论之一，也是对笔者启发最大的理论。笔者最初选择区域研究，并且从市场角度切入，就是受该理论的影响。就笔者管见，施坚雅最大的贡献是把地理学的空间概念、层级概念引入了原本缺乏空间感和立体性的历史领域。笔者多年来的一系列探索，主要是希望将这一理论更好地运用到中国传统城市与市场的实证研究中，从而对明清时期的历史实态有更

---

① Skinner G W, "Marketing and Social Structure in Rural China", *The Journal of Asian Studies*, Vol.24, No.1-3, 1964-1965（中译本：《中国农村的市场和社会结构》，史建云、徐秀丽译，中国社会科学出版社1998年版）；Skinner G W, *The City in Late Imperial China*, Stanford: Stanford University Press, 1977（中译本：《中华帝国晚期的城市》，叶光庭等译，中华书局2000年版）。

② 这九大区域是长江上游、长江中游、长江下游、东南沿海、岭南、云贵、华北、西北以及东北。

加具体翔实的了解。

不过在进入实证研究之后，笔者明显感觉到等级划分过细实际上很难操作，特别是在对全国或大区域做宏观分析时，很难将某个具体城镇在上述八个层级中准确定位，故而将施坚雅的八个等级简化为流通枢纽城市、地区性商业中心和基层市场三大层级。当然，如果做小区域的研究，还可将这三大层级进一步细分。所谓流通枢纽城市，是指在全国或大区域的商品流通中作为转运枢纽的城市，其贸易范围至少覆盖几个省，并多为中央一级的税关所在地；地区性商业中心（或称中等商业城镇），是指在地区性商品流通中发挥承上启下作用的城镇，其贸易范围至少应能覆盖一两个府、十来个县，或者更大些；所谓基层市场，是指遍布全国的农村集市，包括"市镇"和一般的州县城在内。①这一划分特别注重的是各城镇在市场运行中的实际地位，完全不考虑其行政建制，这也是与施坚雅的不同之处。其中，流通枢纽城市和地区性商业中心是构成全国城乡市场网络体系的骨架，本书所涉及的商业城镇均属于这两大层级；至于基层市场，笔者已另有专文考察。②

据施坚雅的介绍，他用以确定1893年各区域中心地经济层级的主要指标是到1915年为止的邮政地位。大清邮政创办于1896年，在之后的15年中在全国各地构建了一个包含四个等级（一级、二级、三级邮局和邮政代办所）的邮政体系，依据其邮政等级和业务量，并进行一定的修正，即形成了除东北之外的八大区域经济中心地的层级划分。③不过，以近代邮政体系为基础的中心地等级划分对于19世纪40年代显然是不适用的。对1843年的中心地等级划分，施坚雅另外设置了六项指标：①人口密度；②劳动分工；③技术应用（主要指交通运输）；④商业化和区域内贸易；⑤区域外贸易；⑥行政等级。④在这六项指标中，除行政等级是确定的，人口密度有一些不太准确的数据之外，其他四项基本无数可据，主观推论色彩较重。至于本书较多使用的税收资料和商人会馆碑刻资料至今仍较少学者关注，遑论半个世纪之前的20世

---

① 许檀：《明清时期城乡市场网络体系的形成及意义》，《中国社会科学》2000年第3期。
② 许檀：《明清时期农村集市的发展》，《中国经济史研究》1997年第2期。
③ ［美］施坚雅主编：《中华帝国晚期的城市》，第403—410页。
④ ［美］施坚雅主编：《中华帝国晚期的城市》，第266—271页。

纪70年代。

本章首先在个案考察基础上对明清两代华北商业城镇的发展脉络及其空间分布进行简要归纳，然后利用商人会馆捐款的地域分布对各商业城镇的腹地范围进行考察，借助关税税额和商人会馆集资的"抽厘率"对各商业城镇的经营规模进行估算，并依据其商业规模对清代中叶华北商业城镇的市场层级进行定位。

第一节 明清两代华北商业城镇的发展脉络及其空间分布

明代永乐年间迁都北京，其时华北三省值元末战乱之后，经济尚未恢复，除京师所需"百官六军之食"的数百万石漕粮需自南方各省北运之外，"公私一切应用货物"也多仰给江南。明代禁海，南北物资交流主要依赖京杭大运河，故商业城镇的兴起主要集中在运河沿线。

目前所知明代华北商业较繁荣的城镇数量不多，主要有京城、开封、济南、宣府、通州、张家湾、河西务、德州、临清、张秋、济宁、泰安、清化等。京城为国都所在，宫廷以及大量王公贵族、达官显贵的消费所需使之成为全国最大，也是最高端的消费城市，从而汇聚了全国各地的商货。开封、济南二者为省城，藩府所需和高官驻节都带动了高端消费的增长，也聚集了大量商人和商货。泰安的商业繁荣是因岱岳祠庙所在，朝山进香聚集了大量人口，流动人口的消费拉动了商业发展。宣府和德州则是因大量驻军消费带动了商业的发展，清代宣府因军事地位丧失，商业随之衰落；而德州则因位于运河沿线，得到进一步的发展。以上这些城市的商业繁荣主要是由消费拉动的。

明代因商品流通而兴起的商业城镇主要分布在运河沿线，临清、河西务是税关城市，其所征商税与京师所在的崇文门税关相差无几，临清所征甚至曾一度高于崇文门。通州、张家湾、济宁、张秋镇，也都是藉运河之便成为商品流通的重要节点；此外，运河沿线还有阿城、谷亭等商镇，只是规模稍小而已。河南清化镇地处河南、山西二省交界,其商业以南北商货的转运为主,由山西南下的主要是铁器制品,而经由清化北上的商品以南方杂货为主。据隆庆五年(1571)《创建金龙大王神祠记》统计,嘉隆之际该镇至少汇聚了四五百家客商,地域范围包括河南本省的怀庆、开封二府,山西的平阳、泽、潞等府,以及陕西汉中府、江南松江府、江西抚州府。图 8-1 是明代后期冀鲁豫三省主要商业城镇的空间分布示意图,请参见。

图 8-1　明代后期冀鲁豫三省主要商业城镇的空间分布示意图

图 8-1 中,京师、河西务和临清是设有税关的城镇,其他各城镇未设税关。万历年间京师的崇文门税关征收商税 68 900 余两,河西务 46 000 两,临清为 83 000 两;天启年间崇文门征税增为 88 900 余两,而河西务和临清均有下降,分别为 32 000 两和 63 800 两。明代通州征收商税 6339 两,宣府镇所征为 2400 余两,泰安为 768 两,济宁 724 两,张秋镇 200 余两,清化镇 430

余两,均属地方商税,且都远高于一般府城的商业税收。开封、济南、德州则未见税收资料。

总体而言,明代华北商业城镇的分布还较为稀疏。除京城、开封、济南等几个高等级的行政中心外,一般府级行政中心的商业大多为集市贸易,在各街轮转。已从行政中心中转化为商业城市者以临清最为突出,通州、济宁、德州、泰安等也初见规模,这几个城市在明代都只是散州;而张家湾、河西务、张秋和清化在行政建置上则只是一个镇。特别值得注意的是,位于豫北的清化镇,其交通条件远不能与运河沿线相比,而商业规模已达到十分可观的水平。这一个案提示我们:明代华北商业城镇的发展水平可能比我们目前所知要高,只是因资料所限,尚未发现而已。笔者希望随着资料的拓展,可以对图8-1进行修改。

清代华北商业城镇的数量和规模都有大幅度增长,其空间分布也比明代广泛得多。运河沿线的商业城镇除河西务被天津所取代,又新增了聊城,从北往南依次为:通州、张家湾、天津、德州、临清、聊城、张秋、济宁,共8个。明代禁海,沿海贸易受到很大限制,清代海禁开放之后迅速发展,成为商业城镇发展中新的增长点。到清代中叶,直隶、山东沿海的商业城镇计有:山海关(临榆县城)、天津(从运河商城逐渐转变为海港城市)、胶州、烟台,以及规模较小的黄县、莱阳等。内陆商业城镇的增长数量更多,分布也更广,主要有直隶的张家口、多伦诺尔,河南的洛阳、朱仙镇、周口、赊旗以及北舞渡、荆紫关,山东除明代已有的泰安之外,新增了青州府城益都、潍县、周村、博山。以药材贸易著称者则有直隶祁州、河南禹州以及怀庆府城河内等。下面我们分三省略作梳理。

一、直隶的商业城镇

直隶所设税关较多,清代华北的7个税关有6个在直隶,这6个税关城市为:京城(崇文门)[①]、通州(坐粮厅)、天津、山海关、张家口、多伦诺尔。

京师所在的崇文门税关,明代万历年间税收为68 900余两,稍逊于临清;

---

① 京师除崇文门税关之外,还有左翼、右翼二关,不过此二关"专征田房契税和牲畜税",即其中有相当一部分属于不动产交易税,故此处不将其计入。

天启年间增为 88 900 余两，超过临清为八大钞关之首。清代该关税额大幅度增长，嘉道年间每年实征税额超过 30 万两，居华北各关之首。不过，崇文门关只征入城商税，凡转销他处的货物在通州、张家湾已经分流。换言之，运入京城的商品主要是供本城居民消费的。京城的商业人口，明代万历年间有五六万户，清代道光末年当有七八万户，在全城百万人口中占比应超过 30%。

通州明代设有户部漕运分司，主管运河事务，兼收商税；清代康熙年间商税改由坐粮厅征管。不过，此时通州所征商税还属地方商税，雍正年间才升格为关税。通州是货物进京的分流地，由运河北上的货物至此按"价值贵贱，分别落地、起京计数科税"①，北销张家口的货物由通州或张家湾转运，不进京城。嘉道年间该关实征税额为 1.2 万—1.3 万两。

天津建卫筑城始于永乐二年，明代借漕运之便逐渐兴起，清代的沿海贸易使之加速发展，嘉道年间已成为北方沿海最大的港口城市。全城在册人口 32 700 余户，20 万口；其中商业户 17 700 余户，占总户数的 54%；铺商数量达 11 600 余户，占商户总数的 65%。天津设关始于康熙元年（1662），其实征税额雍正时为 7 万—8 万两，嘉道年间为 12 万—15 万两；其税收来源有一个从运河商税为主到沿海贸易税为主的转化过程，嘉道年间天津关税收中已有 2/3 来自沿海贸易。天津从江浙、闽广输入的商品以糖、茶、纸张、瓷器、洋广杂货为大宗，从东北输入的主要是粮食；这些商品除供本地消费外，绝大部分转运北京，也有一部分销往直隶、山东各地。

山海关明代为军事要塞，清代康熙三十三年设关征税。该关最初定税额 25 000 两，乾嘉年间随着北洋贸易的发展，税额大幅度增长，实征税银达到 11 万—13 万两。不过，该关税源主要来自东北沿海港口，尤以锦州、营口为最，而大关所在的山海关镇税收额只有一二万两。

张家口是塞北地区最重要的商业城市，也是汉蒙贸易、中俄贸易的转运枢纽。该城位于长城沿线，明代隆庆年间被定为与蒙古各部的互市之地，清初设关榷税。乾隆年间张家口—库伦商道成为中俄恰克图贸易最主要的通道，嘉道年间张家口实征税额为 6 万余两。在该城从事贸易者以晋商为多，输出

---

① 嘉庆《大清会典事例》卷 187《户部·关税》，见沈云龙主编《近代中国史料丛刊三编》第 66 辑，第 8624 页。

以茶叶、烟草、杂货为主，输入则以俄国所产毛皮为主。张家口的晋商字号在中俄恰克图贸易中占有重要地位，嘉庆四年其贸易额至少为 25 万—30 万两。

多伦诺尔位于直隶北部，是漠南蒙古的商业中心。乾隆十五年清政府在此设立税关，嘉道年间其关税定额为 21 536 两。经由该关输出的商品以茶叶和纺织品为大宗，输入以牲畜、皮毛、木材为主。多伦诺尔的腹地范围大体包括直隶的口北地区、漠南的锡林郭勒草原以及喀尔喀蒙古库伦以东地区，同时它也是张家口—库伦商道上一个重要的转运码头。

或许是税关密度较大的原因，直隶的其他商业城镇数量不多，其中规模最大的当属"药都"祁州，他如张家湾、河西务、塔子沟、三座塔、辛集镇、龙王庙、吴桥、正定、深泽等也有一定的规模。

祁州是清代全国四大药市之一，也是华北最大的药材贸易中心，每年春、冬两季举办药材大会，药材贸易也带动了其他商品的汇集。道光初年汇聚祁州的药材帮有关东、山西、陕西、山东、京通卫、古北口外、蔚州厂、五台厂、四路众客以及黄芪帮、甘草行等 10 余个；同光之际重修药王庙的集资中，外来药商又增加了武安帮、怀帮、天津卫帮、宁波帮、江西帮、广昌帮等，加上本城的各行商人，总计有 1900—2000 家商人商号参与了集资。清代后期祁州药市的年交易额估计达三四百万两，道光年间折半计算，当有 150 万—200 万两的交易规模。

张家湾位于通州城南 10 里，明代设有宣课分司，万历年间征收商税银 2479 两，铜钱 2887 千文；清代张家湾是坐粮厅税关的分税口，山西商人在此建有会馆。乾隆四十年会馆重修，有 250 余家商号参与捐款，其经营行业包括布行、烟行、铁行、煤行、茶叶及运输业等。河西务，明代曾为全国八大钞关之一，万历时税额为 46 000 两；清代康熙元年税关移往天津，河西务成为天津关的分税口，其商业逐渐衰退。此外，辛集、龙王庙、塔子沟、三座塔、吴桥、正定、深泽等处资料较少，不过这些城镇都建有山西会馆，其商业当也有一定规模。

保定在明代为府城，城市商业大体以集市贸易为主。清代成为省城之后，人口增长，消费档次迅速提升，逐渐形成较繁华的商业区。不过，保定商业主要是为满足本城居民的消费，集散功能十分有限。在光绪初年的《保定府城图》中标有三晋、两江、湖广、浙绍、山东、中州等多座会馆，估计以仕商合建者居多。

二、山东的商业城镇

山东的商业城市以临清为最。其他可作为地区性商业中心的城镇还有运河沿线的聊城、济宁、德州、张秋，东部沿海的胶州、莱阳、黄县、烟台，以及山东中部的益都、周村、泰安、潍县、博山等，其中聊城、济宁、周村、胶州、烟台的商业规模较大。分别简述如下：

临清位于山东西北部，是山东唯一的税关城市。该城是随着运河流通而兴起的，明代隆万年间已成为华北最大的商业城市和纺织品贸易中心，棉布年销量至少超过百万匹，绸缎销量也很可观。清代临清为华北最大的粮食贸易中心，粮食的年交易量在五六百万至千万石。万历年间临清征收关税 83 000 两，为全国八大钞关之首；清代其地位有所下降，嘉道年间该关实征税银大体保持在 5 万—6 万两，仍是山东规模最大的商城。

东昌府治聊城是鲁西北地区的商业中心，可能是离临清较近的缘故，其发展晚于其他运河商城，清代前期才逐渐崛起，并分割了临清的一部分中转批发功能。嘉道年间，该城仅山陕商号就有三四百家，最多时达八九百家，其中年经营额超过万两的大商号有四五十家。据山陕会馆的抽厘金额折算，乾隆初年山陕商人的年经营额为 50 万两，嘉庆时增至一百数十万两，道光年间即便以 1‰的抽厘率从低折算，其经营总额也达到 210 万两（表 5-4）。不过，这一数字包括外来客商在内，若只计坐贾，乾隆初年山陕商人的年经营额为 40 万两，嘉庆时超过 100 万两，道光年间从低折算为 168 万两。清代在聊城经商者除山陕商人之外，还有江西、江苏、浙江等省商人，若以山陕商人的经营额占比 70%计算，全城合计，乾隆初年聊城的商业规模为 58 万两，嘉庆时增至 150 万—210 万两，道光年间以 1‰的抽厘率从低折算为 240 万两，若以 0.3‰的抽厘率折算则超过 800 万两。[①] 经由该城转运的商品以绸缎布匹、皮毛、烟草、杂货、茶叶等为大宗。

德州位于山东最北部，与直隶河间府接壤。明初德州为军事城市，"事无大小皆指挥镇抚治之"；清代德州仍为军事重地，设有八旗驻防。永乐中运河通航之后，"召集四方商旅"，德州始有民居，到嘉万年间德州已转化为初具

---

① 许檀：《明清时期华北的商业城镇与市场层级》，《中国社会科学》2016 年第 11 期。

规模的商城了。清代德州商业以粮食、棉花、杂货为大宗，粮食、棉花以本地商品的集散为主，杂货业主要经营南方的纸张、红白糖、锡箔、海味、火腿等。

济宁是鲁西南的商业中心，明代中叶已相当繁荣，清代进一步发展。乾隆年间该城有杂货店35家、布店25家、绸缎店21家、竹木店14家等，每年征收商税7900余两。济宁从江南输入绸缎布匹、竹木、杂货，分销兖州、曹州二府，又汇集本地所产粮食、大豆、烟草、果品等输往江南、直隶以及北部的东昌府。

张秋镇位于聊城和济宁之间，为东阿、寿张、阳谷三县所共辖。于慎行《安平镇志序》称：张秋"北二百里而为清源（即临清），而得其贾之十二；南二百里而为任城（即济宁），而得其贾之十五"[①]，基本概括了张秋镇的商业地位和规模。明代张秋已有牙行二三十行，清代增至40余行；其输入商品以杂货、绸缎为大宗，主要销往位于济宁、临清之间的兖州府北部、泰安府西部；输出商品主要是周边各县所产粮食、棉花、棉布、枣梨等。

位于山东半岛南岸的胶州，是东部沿海兴起较早的港口城镇，明代隆万年间已是山东大豆、海产的输出码头。清代海禁开放之后，江浙、闽广海船大量北上，贸易量迅速增长。雍正年间重定船税，胶州每年征银7540两，是清初山东沿海船税总额786两的9倍多，其海贸发展之速由此可见。莱阳也是山东半岛南岸重要的海贸码头，规模小于胶州，雍正初年重定船税，莱阳为770两。莱阳商人的贸易范围南至刘河、苏杭、南京，北至京师，西及运河沿线的临清；从南方输入的主要是棉花、纸、糖等货，输出则以本地所产大豆、豆饼、茧绸、药材为主。

位于山东半岛北岸的烟台兴起较晚，是随着北洋贸易的发展和东北的开发，在乾隆以降迅速崛起的，至道光末年已有商号千余家，"维时帆船有广帮、潮帮、建帮、宁波帮、关里帮、锦帮之目"，并取代胶州成为山东沿海最重要的港口。在咸丰九年郭嵩焘为筹办山东厘局所汇总的山东沿海14州县所征海税中，烟台所在的福山县为12123两，占比达28%，而胶州所征仅6071两。黄县也位于山东半岛北部，因地狭人稠，"民多逐利四方"，以辽东为多，京师次之。该县的商业区在四关之外，以西关最盛，各类店铺"列肆数百"，仅

[①]（明）于慎行：《安平镇志序》，《续修四库全书》第596册，第327页。

"银钱之肆"即有数十家。

周村是山东中部的商业中心，有"旱码头"之称。其兴起在康熙年间，乾嘉年间迅速发展。汇聚周村的客商分别来自山西、直隶、河南、福建、江西、奉天，其中北方商人以晋商实力最强，南方商人以福建为多，在周村分别建有山陕会馆和福建会馆。道光四年周村重修山陕会馆，仅10余日即"募钱万余缗"，其经济实力由此可见一斑。周村从南方输入的商品以绸缎、杂货为大宗，在本地集散的商品主要是棉布、生丝、丝绸、茧绸等，其销售范围除山东中部各府外，还远及山西、河南、京师以及东北。

青州府城益都地处鲁中山区与鲁北平原的交界，又位于省城通往东部登、莱二府的驿道上，军事地位较为重要，故清初在此修筑"满城"，设将军驻防，乾隆年间虽降为副都统，仍是山东最高级别的驻防城。清代中叶，益都成为鲁中山区生丝与丝织品的集散、加工中心，商品销往京师，"兼及泰西诸国"；周边山区所产核桃、柿饼等果也在此集中，运往胶州、即墨，"海估载之以南，远及吴楚至闽粤"。山西商人在青州建有会馆，位于该城的东关之外。

与山东其他商业城镇的发展有所不同，泰安是因岱岳祠庙所在，前来朝山进香者众多，因而带动了该城商业的发展。明代泰山香客每年为四五万人，乾隆年间增至数十万。大量香客的消费需求促进了泰安商业、服务业的发展，"富者居坊肆之奇，贫者有香楮、服劳之益"。①旅店、餐饮、运输等是该城的主要产业，为适应香客特别是女性香客所需的相关行业，如锡箔、手帕、伞扇、木梳等业也得到较大发展。外地客商在泰安者以晋商为多，至少垄断了该城的盐、当二业，其所建会馆即名盐当会馆。

博山的前身为颜神镇，明代即以陶冶、琉璃、煤炭三业著称。清代设博山县，以颜神镇为县治。博山明代已是"陶者以千数"，清代有窑户200余家。其陶瓷和琉璃制品销售范围甚广，"北至燕，南至百粤，东至高丽，西至河外"②，虽不及景德镇精美，但更适合一般百姓的需求。1869年德国地理学家李希霍芬在他的旅行日记中记载：博山县"是我在中国见到过的最大

---

① 乾隆《泰安县志》卷2《风俗》。
② (清)孙廷铨：《颜山杂记》卷4《物产》，《景印文渊阁四库全书》第592册，第815页。

的工业城镇",也是"唯一能生产窗玻璃的地方"。①冀鲁豫三省的工矿业城市不多,博山是最大,也是最著名的一个。

此外,泺口镇为山东引盐的转运枢纽,大汶口、台儿庄、冠县、武城、长清、东阿、肥城等处都建有商人会馆,其商业当也有一定规模。

三、河南的商业城镇

河南没有中央一级的税关,商业繁荣程度逊于直隶和山东。清代中叶,其商业规模较大的城镇主要有开封、洛阳、朱仙镇、周口、赊旗,此外,北舞渡、荆紫关、清化镇和道口镇也都有相当规模。

省城开封明代商业十分繁荣,有大量商人商货云集,除供应本城消费之外,也有部分商品转销外地,是华北地区重要的商品集散市场。清代前期开封商业主要是为本城居民服务,以零售商业为主,其商品多来自城南的朱仙镇。据开封山陕会馆的集资额折算,道光年间山陕商帮的年经营额为70余万两,同治初年为90万两,全城总计商业规模在150万—300万两。②就一个以零售业为主的城市而言,其规模已相当可观。在朱仙镇衰落之后,开封商业的批发中转功能逐渐增强,商业规模进一步增长。

朱仙镇位于开封城南40里,是清代前期河南东部最重要的商城,与汉口、佛山、景德镇并称为清代四大镇。该镇在明代中后期开始兴起,康熙年间加速发展,乾隆年间进入鼎盛,商号数量超过千家。汇聚朱仙镇的商货中,绸缎、布匹、杂货来自江浙、安徽,烟草、铁器来自山西。这些商品除相当一部分供应省城开封外,转运范围至少包括开封府属各州县,以及河南东北部的卫辉、彰德等府。道光二十三年的水灾对朱仙镇破坏很大,也成为该镇由盛而衰的转折点。

洛阳为河南府治,明代商业状况不详,清代前期有较大发展,乾隆至道光年间该城已汇聚有行商、坐贾千余家。洛阳不仅是河南一府的商业中心,也是陕甘地区与中原及南方各省商品流通的重要通道。洛阳输入商品以绸缎、布匹及南方杂货为大宗,其中相当一部分转销西北;洛阳本地向西北输出的

---

① [德]费迪南德·冯·李希霍芬:《李希霍芬中国旅行日记》,第141、340页。
② 参见许檀:《明清时期的开封商业》,《中国史研究》2006年第1期。

商品以棉花为大宗，向南方输出的主要是西北所产皮毛、药材、水烟等。在第五章中，笔者依据潞泽会馆和山陕会馆的集资金额估算，清代中叶洛阳商业的年经营额可达四五百万两。不过这一数字是行商、坐贾合计，即便以行商捐款占其中一半予以扣除，洛阳的商业规模也可达 200 余万两。

周口位于淮河上游，是河南东南部的商业中心。明末该镇还只是从江淮至开封水运航道上的一个小码头，清代成为河南东部与江南商品流通的转运枢纽。其输出以陈州、开封等府所产大豆、杂粮等农产品为主，输入则以江南所产绸缎、杂货为主。清代中叶，山陕、安徽、江西、湖广、福建等地商人在周口都建有会馆。道光年间汇聚该镇的行商、坐贾达 1500—2000 家，以山陕会馆坐贾的捐款额折算，周口全镇的经营规模约为 300 万两。

赊旗所在的南阳盆地属汉江水系。该镇的兴起约在康熙初年，清代中叶达到鼎盛，同光年间再度辉煌。赊旗是河南西南部与湖广地区商品转运的重要码头，同时也是晋商对俄茶叶贸易的转运通道。同光年间汇聚该镇的行商坐贾有千余家，仅以坐贾抽厘金额估算，赊旗山陕商人的年经营额已达 340 万两。

北舞渡镇位于赊旗和周口之间，其商业主要由山陕商人经营，以粮、油等本地商品的集散，纸、糖、茶叶、瓷器等杂货的转运为主。道光年间，该镇汇聚的行商、坐贾有四五百家。北舞渡自身的腹地范围虽然只有七八个县，但作为赊旗和周口之间的过载码头，其商货往来范围则大得多，至少涉及"秦晋吴楚"等省。

清化镇地处河南、山西二省交界，是豫北地区的商业重镇，也是山西、河南二省间商货转运的重要通道。明代嘉隆年间该镇已汇聚各省商人四五百名，清代进一步发展。经由清化镇南下的商品以山西铁货为最大宗，从清化北运者则以南方杂货为主，粮食、药材、竹器、花炮是清化本地输出的主要商品。地处豫西山区的荆紫关则为豫鄂陕三省之间物资交流的重要通道，山陕、湖广、江西商人在该镇均建有会馆。据道光年间山陕会馆碑刻统计，汇聚该镇的行商坐贾超过千家。经由荆紫关输出的主要是陕南山区所产生漆、药材、木耳等山货；从湖广输入的则以布匹、杂货为最大宗，其中很大一部分转运陕西、甘肃。

禹州和怀庆府城河内则以药材贸易著称，不过禹州商业有一个从以杂货转运贸易为主到以药材集散为主的变化过程。晋商是最早活跃在禹州的重要商帮,康熙年间即在此建立会馆。其经营内容以布匹、茶叶等"杂货"转运山西,以及禹州本地所产瓷器、"禹布"输出为主,药材只是其贸易商品中的一部分。禹州作为药市的兴起在乾隆年间,是在与密县洪山庙药市的竞争中取而代之。清代后期怀帮以及各地药商大量涌入,晋商中经营药材业者也有大幅增长;同光年间药材贸易渐超过杂货成为禹州市场上最重要的商品,禹州也最终成为华北的三大药市之一。怀庆府城河内的相关记载不多,不过该城的药王庙乃是怀帮药商的大本营。据碑文记载,药王庙始建于乾隆五十二年,至道光十四年告竣,"前后五十余年,统费五万余金",足见怀帮药商的经济实力。1870年李希霍芬的日记记载:"怀庆府虽然很大,但不是一座贸易城市,在这一点上远不如清化";不过其药材贸易颇具规模,"据说每年这里的地黄会被卖到各个地方,交易额高达两百万塔勒硬币"[①],也反映了该城的药材贸易量很大。

道口镇在清代曾是与周口、赊旗并称的商业重镇之一,目前因资料不足尚无法展现其商业规模。此外,安阳、辉县、光州、渑池、南阳、邓县、泌阳以及木栾店、水冶镇等处清代都建有商人会馆,其商品集散当也有一定规模。

第二节 市场层级与行政等级

要对诸多商业城镇进行市场层级定位,面临的最大的问题就是如何确定每个商业城镇的经营规模和腹地范围;如果没有一个量的区分,很难将不同的商业城镇进行等级划分。下面,笔者先对华北商业城镇的经营规模进行估算,然后选择一些有代表性的城镇,对其腹地范围进行考察,最后对清代中叶华北商业城镇的市场层级进行定位。

一、对商业规模的初步估算

数据资料的缺乏,是明清时期商业城镇研究的主要瓶颈之一,特别是对于商业规模的估算和市场层级划分,没有数据资料几乎无法完成。施坚雅用

---

① [德]费迪南德·冯·李希霍芬:《李希霍芬中国旅行日记》,第368—369页。

以建构中心地层级的主要指标——近代邮政体系，在清代中叶尚未出现。就笔者所见，目前可借以区分商业规模的资料，只有税收数据和商人会馆碑刻两大类，其中，商人捐款所提供的信息是任何其他资料无法替代的，特别是商人会馆集资的"抽厘率"是目前所见可以对经营规模进行折算而且可信度最高的资料。下面，笔者就利用这两类资料对冀鲁豫三省商业城镇的经营规模进行初步估算。

明代隶属中央的税关全国只有 10 来个，清代增至 40 余个。一般来说，中央一级的税关大多设在税源最丰的地方，故税关所在城市的商业规模应比非税关城市更大些。清代中叶，冀鲁豫三省所设税关共有 7 个，其中直隶最多，计有崇文门、通州坐粮厅、天津关、山海关、张家口和多伦诺尔等 6 处，山东只有临清关一处，河南没有中央一级的税关。表 8-1 是嘉道年间直隶、山东各关关税定额及实征税额简表，请参见。

表 8-1　嘉道年间直隶、山东各关关税定额及实征税额简表

税关名称	关税定额/两	实征税额/两
崇文门	102 175	28 万—32 万
天津关	108 156	12 万—15 万
山海关	111 129	11 万—13 万
张家口	60 561	6 万余
多伦诺尔	21 536	不详
通州坐粮厅	12 339	1.2 万—1.4 万
临清关	56 748	5 万—6 万

资料来源：据本书第四章各关税收状况汇总

上表可见，7 个税关中以崇文门税收最高，每年在 30 万两上下；天津关和山海关的税额都超过 10 万两，不过山海关的税收多征自锦州和营口，而非出自本城。张家口与临清关在同一水平，每年为五六万两。通州坐粮厅和多伦诺尔二关税收较少，只有一二万两。

在前面的考察中，笔者依据商人会馆集资的抽厘率对聊城、洛阳、周口、赊旗等城镇的商业规模进行了估算。其中，以聊城的数据最多，时间跨度也最大：乾隆初年聊城的商业规模为 50 余万两，嘉庆时已超过 150 万两，道光年间取低值为 240 万两，若以 0.3‰ 的抽厘率折算则超过 800 万两。

下面，笔者以聊城为参照，对冀鲁豫三省商业城镇的整体规模进行初步估算。

山东的商城以临清为最，其商业规模虽无法以税收额折算，但肯定远超过聊城，估以800万两计之。其他主要商城中，济宁、周村、胶州、烟台的规模当不逊于聊城，各以240万两计；济南、德州、张秋、泰安、益都、博山、潍县、莱阳、黄县等9处规模较小，可能达不到乾隆初年聊城的规模，暂以平均30万两计；以上15个商城合计，年经营额为2200余万两。此外，大汶口、台儿庄、冠县、长清等处因资料有限，暂不计入。

河南的商城以开封、洛阳、朱仙镇、周口、赊旗规模较大，以平均200万两计；清化镇、北舞渡、荆紫关、禹州、河内等5处，以平均30万两计；10个商城合计，年经营额为1100余万两。道口、安阳、光州、南阳、邓州等处暂不计入。

直隶的6个税关中，崇文门、天津、张家口的税收额都远超过临清，三者合计至少可达2400万—3000万两；多伦诺尔、山海关、通州坐粮厅三者税额较少，以平均200万两计，祁州应该不在其下；7个商城合计，年经营额为3200万—3800万两。保定、张家湾、辛集、龙王庙、吴桥、塔子沟、三座塔、正定、深泽等处暂不计入。

三省合计，上述30余个商业城镇的经营规模在6500万—7000万两。

二、地区性商业中心的腹地范围

利用商人会馆的捐款，我们还可对各商业城镇的辐射范围进行考察。在第五、第六章的考察中我们已经看到，商人会馆的大规模修建，除本地商号捐款之外，多有外来客商参与集资，捐款商号的地域分布可大体反映出该城的腹地范围。

从聊城山陕会馆嘉庆十四年的捐款碑可以看到，参与集资的外地商号主要来自鲁、豫、冀、晋四省。这些商号应都是山陕商人所开设，并与聊城有商业往来，因而才会在会馆重修之际参与其间。其中来自山东本省的有运河沿线的梁家浅、阿城镇，以及濮州、长清、章丘、蒲台等地的商号；河南的商号主要来自开封、周口和朱仙镇，尤以朱仙镇最多；直隶的商号分别来自天津、泊头、深州、深泽、东明和张家口；来自山西的有太谷、榆次、介休及归化城的商号。这一范围比笔者原来估计的"一两个府、十来个县"要大得多,即便不考虑茶叶等个别商品的转运范围,也已覆盖了鲁北、冀南和豫东的广大区域,至少涉及八九个府。图 8-2 是依据嘉庆十四年(1809)聊城山陕会馆捐款碑绘制的捐款客商的地域分布示意图,请参见。

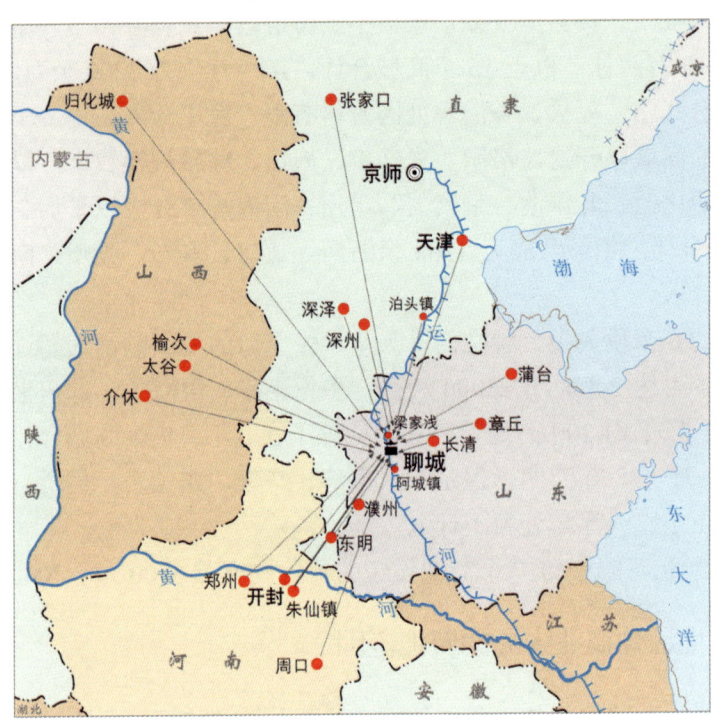

图 8-2　嘉庆年间聊城重修山陕会馆捐款客商的地域分布示意图

在周村山陕会馆道光四年(1824)《关帝庙重修碑记》所镌捐款客商的地域分布中,来自山东本省者有济南府历城、齐东、章丘,武定府利津,青州府乐安,莱州府昌邑、潍县、胶州等地的商号;山西商号来自太原、太谷、孟县、寿阳、潞安、泽州等地,尤以潞、泽二府最多;河南商号来自中州(开封);直隶商号来自京师、广平、冀州、南宫、赤峰等地;东北商号以盛京为多,也有来自锦州、吉林者。此外,还有几家来自江西、湖南的商号参与了集资。图 8-3 是依据《关帝庙重修碑记》绘制的捐款客商的地域分布示意图,请参见。

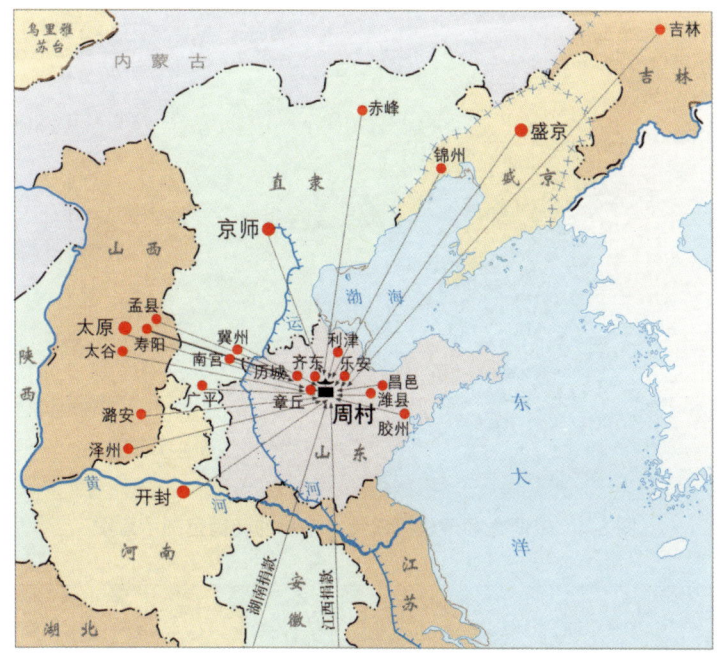

图 8-3　道光年间周村重修山陕会馆捐款客商的地域分布示意图

在咸同之际清化镇修筑城墙的集资中，铁货业、杂货业客商的地域分布可大致反映出该镇经销的铁货、杂货的转销范围。在铁货业众商中，山西泽州府治凤台、周村、润城、高平、米山等客商来自铁货产区，为铁货的供应者；而直隶的天津、滦州，山东的黄县、潍县、武定府等应属铁货销地。杂货业众商分别来自山西潞安府和太原府祁县，以及清化镇周边的怀庆府城、温县、木栾店、延川集等，他们应都是来清化进货的(图8-4)。

在同光之际祁州药王庙的重修中，参与集资的药材商帮有关东帮、山西帮、河南怀庆帮和武安帮、京通卫帮、古北口外帮、陕西帮、江西帮、宁波帮等。其中关东帮捐款最多，其次为怀帮、山西帮和京通卫帮；南方药商只有江西和宁波帮参与集资，且捐款有限。显然，祁州药市的辐射范围以北方各省为主。如果进一步细分的话，则以直隶本省商人最多，共有40多个州县的商号参与集资，几乎涵盖了全省的每一个府；相邻的山西、山东二省各有10多个州县的商人参与了集资；河南则只有怀庆、禹州、武安三地和开封商人参与了集资。图8-5是同光之际祁州重修药王庙捐款药商的地域分布示意

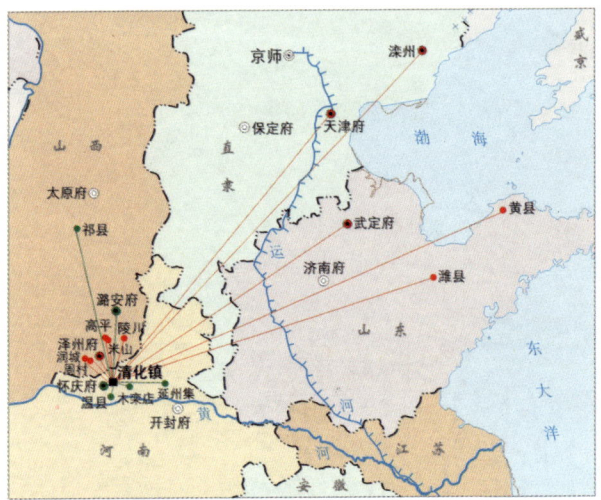

图 8-4　咸同之际清化镇铁货、杂货的转销范围示意图

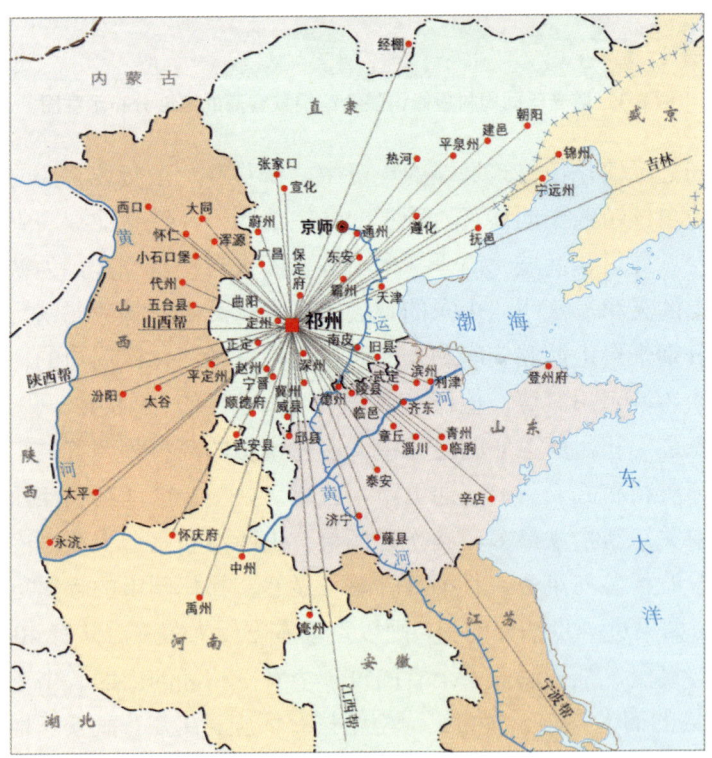

图 8-5　同光之际祁州重修药王庙捐款药商的地域分布示意图

图,请参见。

在笔者考察的诸多商镇中,北舞渡的腹地范围最小。咸同年间该镇重修山陕会馆,参与捐款的外地商号主要来自舞阳、襄城、叶县、郾城、临颍、西平、遂平等七八个县(图8-6)。

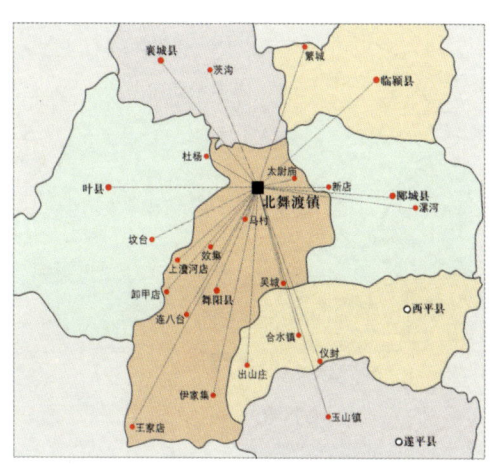

图8-6 咸同年间北舞渡重修山陕会馆捐款客商的地域分布示意图

三、市场层级与行政等级——兼与施坚雅的1843年华北中心地的等级—规模分布图进行比较

以上考察我们看到,地区性商业中心的规模也有较大差别。以聊城作为参照标准,笔者将山东、河南两省的地区性商业中心再分为A、B两级:其中规模较大者属于A级,计有:山东的聊城、济宁、周村、胶州、烟台,河南的开封、洛阳、周口、赊旗和朱仙镇,其余各城镇暂归入B级。税关城市以临清为参照标准,直隶的6个税关中,崇文门、天津、张家口的税收均高于临清,为最高等级的商业城市;通州、多伦诺尔二者税收较少,且腹地范围相对狭小;山海关税收虽然不少,但多征自锦州和营口,而非出自本城。故笔者将通州、多伦诺尔、山海关三者做降级处理,定为地区性商业中心中的A级。祁州药市的贸易规模和辐射范围较大,也归入A级;其余各城镇归入B级。图8-7是依据以上分类所做的清代中叶冀鲁豫三省商业城镇的空间分布与市场层级示意图。

448　明清华北的商业城镇与市场层级

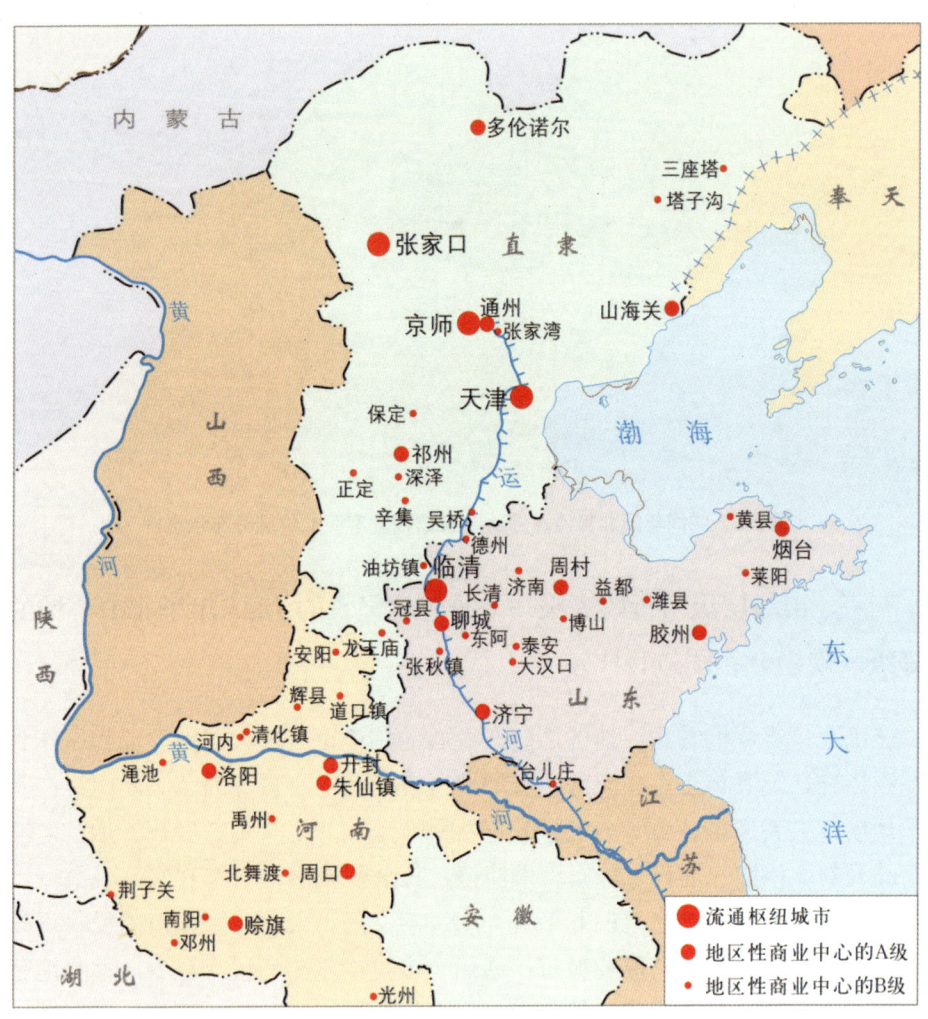

图 8-7　清代中叶冀鲁豫三省商业城镇的空间分布与市场层级示意图

图 8-7 可见，冀鲁豫三省较高层级的商业中心——流通枢纽城市和地区性商业中心的 A 级共有 18 处，即京师、天津、张家口、临清等 4 个流通枢纽城市，以及通州、多伦诺尔、山海关、祁州、聊城、济宁、周村、胶州、烟台、开封、洛阳、周口、赊旗、朱仙镇等 14 个属于 A 级的地区性商业中心。在这 18 个商业中心中，府级以上的行政中心只有京师、天津、聊城、开封、洛阳 5 处；临清、济宁、张家口和多伦诺尔系直隶州(厅)，通州、祁州、胶州为散州，山海关为县城(临榆县)；而朱仙镇、周口、赊旗、周村、烟台 5 处在行政建制上不过是一个镇。

将图 8-7 中商业城镇的空间分布与施坚雅《1843 年各区城市中心地的等级—规模分布》中"华北"一图(图 8-8)进行比较则有较大的差异。

图 8-8 中施坚雅所列属于冀鲁豫三省的城镇共有 14 个，从高到低依次为：北京、天津、开封、济宁、潍县、顺德府(邢台)、东昌府(聊城)、保定、济南、临清、周口、青州府(益都)、彰德府(安阳)、洛阳，除周口之外均属行政中心城市。其中，北京是国都，开封、保定、济南三者为省城，天津、邢台、聊城、益都、洛阳、安阳 6 个是府城，临清、济宁为直隶州，潍县是县城。

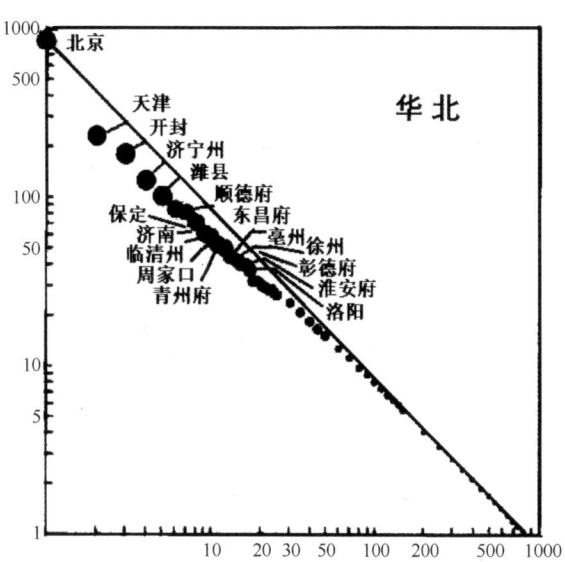

图 8-8 施坚雅 1843 年华北中心地的等级—规模分布图

资料来源：[美]施坚雅主编：《中华帝国晚期的城市》，第 274 页

比较图 8-7 和图 8-8，除北京、天津排位一致之外，其他部分有很大差别：图 8-7 中的 18 个较高层级的商业中心有 10 个（超过一半）在施氏的图中没有，即张家口、多伦诺尔、通州、祁州、山海关、周村、胶州、烟台、朱仙镇、赊旗。在第四至第六章的考察中我们已经看到，这 10 个城镇的在华北的商品流通中都处于较重要的转运节点，其市场辐射范围大多远超出府域，至少涵盖两三个府，甚至兼及相邻的两三个省的部分地区。而施坚雅所列的开封、保定、济南三个省城中，开封的商业规模虽然较大，但其主要是为本城居民服务的，市场辐射范围十分有限；济南、保定二者的商业规模和市场辐射范围更属有限。施坚雅的 1843 年华北中心地的等级—规模分布主要依赖理论推衍，故而与清代中叶的历史实际相差较大。

以上笔者对清代中叶冀鲁豫三省商业城镇的市场层级进行了划分，并以聊城作为参照，对三省主要商业城镇的经营规模进行了初步估算。笔者对华北传统市场的研究虽然持续了多年，目前所能呈现出来的仍相当粗糙，但总比完全没有前进了一步。

一般而言，中央一级的税关都设在税源最丰之处，故税关所在多为流通枢纽城市。不过从直隶的 6 个税关来看，其税收额相差较大，故笔者将其中的多伦诺尔、通州、山海关做了降级处理。同样，地区性商业中心的规模也有很大差别，对此类商城腹地范围的考察，也大大超出笔者以往的估计，远非"一两个府、十来个县"可以概括。例如，聊城的商品转运范围至少包括鲁北、冀南和豫东的八九个府；周村集散的棉布、丝绸的销售范围除山东中部的三四个府之外，还远及直隶、山西和东北；祁州药市的辐射范围至少包括直隶全省以及山东、山西、河南三省的部分地区；清化镇的铁货转销范围包括山东北部和直隶东部，而南来杂货的转销则覆盖了晋东南和晋中；至于辐射功能最小的北舞渡镇，腹地范围只有周边的七八个县。

在以上考察中我们还看到，各商业城镇的辐射范围、市场级别与其行政等级差异很大。在华北三省中，除京城与河南省城开封的商业规模基本符合其行政地位之外，其他省城、府城的经济功能和商业规模大多与它们的行政级别不相匹配。具体而言，在直隶的商城中，天津为府城，张家口、多伦诺尔为直隶厅，通州、祁州为散州，而省城保定的商业规模和市场辐射力与它们相比则逊色得多。山东的商城中，聊城、益都、泰安为府城，济宁为直隶州；他如德州、胶州、黄县、莱阳、潍县、博山只是一般的州县城，而张秋、周村、烟台三者在行政建制上不过是一个镇。其中，烟台的市场级别超过登州府城，周村的市场辐射范围甚至超过省城济南。[①]至于临清与聊城二者的关系，在临清商业的鼎盛时期，它不过是东昌府辖下的一个散州，直至乾隆四十一年才升格为直隶州。河南的10个商城中，开封为省城，洛阳、河内为府城，禹州为散州，朱仙镇、周口、赊旗、清化镇、北舞渡、荆紫关等在建制上只是一个镇。其中，朱仙镇的市场功能超过省城开封，周口超过陈州府城，赊旗的市场辐射范围超过南阳府城，清化镇的市场功能也超过府城河内。特别值得注意的是，这4个商镇与行政中心城市的距离都不远，朱仙镇位于开封城南40里，清化镇在怀庆府城东北40里，赊旗距南阳府，周口距陈州府城都不过百里。正是由于这些行政中心城市的市场功能较弱，因而才会在其周边形成这些新兴商镇，以分担或者取代其经济功能。只有河南府城洛阳的市场辐射功能远超出府域范围，故其周边未见有较大的新兴商镇出现。诸多行政级别较低的商业城镇的崛起反映的正是明清时期发展中的市场体系对原有行政体系的突破。

第三节 明清时期华北商业城镇发展的历史意义

一、华北商业城镇发展的宏观背景与空间分布变化

明清时期华北商业城镇的发展并不是孤立的，它与全国性的区域经济发展密切相关，也是全国性商品流通网络体系的组成部分。

区域经济的发展和大规模的商品流通是明清时期中国经济发展的重要内容。从区域经济发展水平看，华北与江、浙等省相比仍有较大差异，反映在商品结构上，华北从南方各省输入的商品以绸缎、棉布、糖、茶、纸张、瓷器等手工业品为主，而输出则以大豆、杂粮、枣梨果品等初级农产品为主。不过明清两代也有变化，明代华北以棉花输出为主，而从江南返销棉

---

① 直到胶济和津浦铁路开通后，济南的经济功能才大幅度提升。

布；清代冀鲁豫三省成为商品布的输出区，虽然向江南输出的仍是大豆、杂粮、枣梨等农产品，但向西北和东北输出的已是以棉布为代表的手工业品了。[①]

从商品流通角度看，明代禁海，大规模的商品流通主要依赖京杭大运河，故华北的商业城镇主要集中在运河沿线。清代海禁开放之后，沿海贸易迅速发展，大量原由运河北上的商品改由海道北上津、京；乾隆以降由于运河水源不足，商船往来受到较大阻碍，更加速了海运取代运河成为南北贸易主要航线的过程。与之相适应，山东、直隶的沿海港口在清代前期迅速发展。华北三省商业城镇空间分布的变化与这一全国性流通格局的宏观变化密切相关。

山东、河南二省商业城镇的空间分布在很大程度上受到自然地理环境的影响。大运河从山东西境穿过，鲁西平原借运河之便可直接与江浙、安徽、直隶、河南进行经济交流，并通过运河与全国大多数省区相联系。明代东部沿海只有小船近海短程贸易，清代随着沿海贸易的发展，山东的流通分布从以运河为主逐渐向以沿海流通为主转化。与流通分布相适应，山东的商业城镇明代主要集中在运河沿线，清代在东部沿海逐渐形成胶州、莱阳、烟台、黄县等海贸港口城镇。

黄河的航运功能相对较弱，故河南没有一条贯通全省的水道，境内河流分属淮河、汉水、卫河等水系，其商业城镇也多分布于各水系上游河道沿岸。位于淮河上游的周口是河南东部与江淮地区商品流通的转运中心；赊旗所在的南阳盆地属汉江水系，为河南西部及山陕地区与湖广等省商品流通的重要转运中心；位于周口与赊旗之间的北舞渡则成为河南东西部之间商品转运的过载码头。此外，荆紫关位于丹江上游，属汉江水系，与湖北老河口商货往来密切；清化镇位于卫河上游，东北流至临清与运河交汇，故与山东、直隶联系较密。朱仙镇的商货大多从周口转贾鲁河北上，而洛阳与西北陕、甘二省的商货往来主要靠陆路运输。

直隶的流通格局和商业城镇分布受政治因素影响较多。无论明代的通州、

[①] 许檀：《明清时期区域经济的发展——江南、华北等若干区域的比较》，《中国经济史研究》1999 年第 2 期。

河西务,还是清代的天津和通州,都是以保障京城供给为第一要务。明代长城是北边防线,宣府既是军事重镇,也是京城以北最大的商业中心;清代张家口取代宣化成为塞北地区最大的商业中心,主要与蒙区和俄国进行贸易;多伦诺尔则为张家口—库伦商道上的一个转运节点。只有山海关和祁州的发展主要为经济因素,山海关税收额的大幅增长,主要是因东北开发和北洋贸易的发展;祁州则是因药材贸易而兴盛。

还需特别提到的是,在清代的北疆贸易和中俄恰克图贸易中,商货北上的三条路线(商货以茶叶为主,故可称之为"茶叶之路")都经过华北,并最终汇集到张家口,再由张家口—库伦商道北上,故张家口成为汉蒙贸易、中俄贸易的转运枢纽。经由华北的"茶叶之路"主要有三条:①东路:从上海海运天津,至通州转陆路至张家口;②中路:由运河北上至通州或张家湾转陆运至张家口,或者由临清、聊城转卫河水道至河南清化镇,翻越太行山进入山西,经雁门关北上至张家口;③西路:茶叶从产地先汇集到汉口,溯汉水至赊旗镇,转陆路经裕州—襄县—郑州—温县—邗郐入山西,经泽州—沁州—祁县—雁门关—张家口。这三条"茶叶之路",清代前期以中路为主,中叶以降因运河淤塞至中路不畅,由海道北上的数量逐渐增加。

二、华北商业城镇发展的历史意义

概括而言,中国历史上的城市大体可分为两大类:一是作为各级行政中心所在地的政治性城市。此类城市聚集了大量的王公贵族、官僚、军队,以及为之服务的人员,是典型的消费城市。这类城市历史久远,战国秦汉时代即已出现,明清时期仍大量存在。二是工商业城市,如苏州以丝织业、景德镇以陶瓷业著称于世,而作为流通枢纽和中转码头发展起来的商业城镇数量更多。

唐宋以前,中国城市的发展主要是行政中心城市。明清时期的城市发展呈现出不同于以往的特点与变化:其一,传统的政治性城市经济功能大多有不同程度的增强,这一变化清代更为显著,在布政司以及府州县治城市中,已有一部分因经济地位超过其政治地位而转化为商业城市。例如,苏州在明代不过是一个府城,但其经济辐射力远远超出府域范围,商品运销全国各地;

清代苏州升为省城显然是由于其在经济上的重要地位。又如，临清不过是一个州城，但其流通范围至少涉及江南、华北两大经济区的主要省份。也有一部分城市其政治地位虽然仍占优势，但经济功能已大大加强了。一个最典型的例子就是明清两代的国都北京，在作为全国政治、军事中心的同时，也已成为北方地区重要的商业城市。其二，商业城市无论规模还是数量都大大增加，特别是作为流通枢纽而崛起的城市清代更是大量涌现和迅速发展，如广州、上海、天津、南京、重庆等。其三，还有一些城市，在行政建置上不过是一个镇，但其经济地位已远超过一般的府城或州县城，其中最典型的就是汉口，以及大量江南市镇，此类城镇的大量涌现是明清时期城市发展的一个重要变化与特点。华北的发展水平虽然不如江南，但也已呈现出明显的变化趋势。

明清时期华北的商业城镇主要有两大类：其一，以消费为主的商业城市；其二，以大宗商品的转运贸易为主的商业城镇。华北的工业城镇为数不多，规模较大是只有博山一处，故笔者主要分析前面两类。

以消费为主的商业城市，主要是级别较高的行政中心。此类城市一般都聚集了较多皇室贵族、高官显贵、军队及为之服务的人员，行政级别越高，城市规模越大，聚集的人口也就越多。城市人口的大规模聚集产生了对消费资料的诸多需求，吸引商人从各地将大量商品运到城市，从而使之成为一个商品聚集地。城市规模越大，等级越高，其聚集的商品也就越多；当这些商品超出城市自身的需要，就会向周围地区"溢出"。北京城是此类城市的典型，明代的开封、宣府，清代的济南和保定亦属此类。

以往我们对于消费，特别是奢侈性消费的评价大多是负面的。然而，从经济学角度看，消费是拉动经济发展的重要动力；奢侈性消费具有引领作用，也是拉动经济发展的重要因素之一。正是从这一意义上，笔者将京城和3个省城均纳入商业城市范畴，不过其商业规模相差较大。京城是华北最大的消费城市，也是奢侈性消费占比最高的城市。输入京城的各类商品主要是供本城居民消费的，这从崇文门关只征收入城税即可证明；即便如此，崇文门仍是华北税收额最高的税关。另外，作为贡赋运入京城的数百万石漕粮，在作为王公大臣和八旗官兵俸禄、甲米发放之后，有1/3乃至更多流入市场，从而解决了京城以及周边地区其他百姓的粮食需求。在山东省城济南的考察中，我们看到山陕商人经营的行业除历来擅长的金融和盐业之外，首饰业和药业占比很高，特别是 21 家药业字号中竟有 19 家主营人参，充分显示出省城高端消费占比较高的特点。清代保定成为省城之后，我们也看到其消费档次的提升。河南省会开封，清代中叶全城人口约计 10 万，而商业规模大体可达 150 万—200 万两，也显示出高端消费对商业的影响。即便作为一般消费城市的兖州府城滋阳，其商业人口也占到 46%。显然，消费对于市场发育、城市人口就业均有积极的拉动作用。

以中转贸易为主的商业城镇的发展，是明清时期华北城市发展中最重要的内容和组成部分，也是中国城市发展中最具历史意义的变化。

(一)商业城镇的发展是明清时期中国城市发展的重要内容和变化

商业城镇的发展使华北地区的城市人口、城市规模、城市数量都有较大发展，同时也使中国城市的整体结构发生变化。

(1)城市人口的增长。商业城镇的发展使华北城市人口数量有较大增长，在第七章中我们估计：道光年间，直隶的城镇人口为 226 万—235 万，以全省人口 2000 万计，城镇人口占比超过 11%。山东城镇人口为 140 万—165 万，全省人口以 3000 万计，占比为 4.7%—5.5%；河南城镇人口为 120 万—126 万，全省人口以 2500 万计，占比为 4.8%—5.0%。三省合计共有城镇人口 480 万—530 万，占比为 6.4%—7%；即便扣除京城的 100 万人口，占比也达 5.1%—5.7%，高于施坚雅 4.2%的估计。[①]其中，直隶城镇人口占比最高，即便扣除京城人口，城市人口占比为 6.3%—6.7%，仍高于山东、河南二省。

在城市人口的考察中还可看到，直隶商业城镇人口为 55 万—63 万(不含京城人口)，占城市总人口的 44%—47%；河南商业城镇人口为 55 万—60 万，占比 46%—48%；山东商业城镇人口为 89 万—108 万，在城市总人口中占比超过 60%。山东的人口基数较大，故城市人口占比不太高；不过其商业城镇人口已超过行政中心城市的人口。换言之，在冀鲁豫三省之中，山东的城市结构变化最大，商业城镇发展在城镇化过程中贡献最大。

---

① [美]施坚雅主编：《中华帝国晚期的城市》，第 264 页。

(2) 城市规模的扩大。在传统时代，行政中心城市的人口规模大体与其行政等级相一致。不过，随着商业城镇的发展，其人口规模超过府城乃至省城者已有不少。道光年间天津人口至少超过20万，高于开封、济南和保定三个省城，是除京城之外华北人口最多的城市。人口超过10万的有临清、济宁和洛阳，也高于济南和保定。华北府级行政中心的人口规模大者不过一万数千人，而商业城镇中人口超过府城者至少有10多个，其中周口和张家口的人口为四五万，朱仙镇和赊旗可能相差不多；人口达到2万的商城还有通州、多伦诺尔、聊城、泰安、益都、张秋、周村、烟台、潍县、博山等；人口规模超过一般州县城的为数更多。

(3) 城市数量的增长。新兴商镇的大量崛起使城市数量大大增加，这些商镇在行政建置上虽然只是一个镇，但其人口规模和市场辐射功能很多已超过一般州县城，如北舞渡、荆紫关、张秋等；规模较大者甚至远超过府城，如朱仙镇、周口、赊旗、清化、周村、烟台等，其中的一部分在其后的发展中升格为行政中心城市，如赊旗和清化在民国年间成为县城，烟台和周口更发展成为地区性行政中心。

(4) 城市结构的变化。传统时代，中国的城市主要是各级行政中心城市，工商业城市很少。明清时期商业城镇的大规模发展，使这一传统的城市结构发生变化，这一点在江南地区最为显著。即便在华北，这一变化趋势也已明显可见。清代中叶，冀鲁豫三省可视为流通枢纽和地区性商业中心的城镇有30余个，已超过三省的府城总数；这些商业城镇，无论是人口规模，还是经济辐射功能也已超过府级行政中心甚至省城，并正在越来越明显地改变着传统行政中心城市的绝对统治地位。

(二) 商业城镇的发展是全国城乡市场网络体系的重要组成部分

明清时期商业城镇的发展既是区域经济发展的产物，也是大规模的商品流通的结果。较大规模的商业城镇大多位于沿河、沿江、沿海，特别是两条河流或者水路、陆路的交汇点，借地理位置之便进行商品的集散转运。明清时期随着商品经济发展和区域之间经济联系的加强，此类城镇的发展十分迅速，规模和数量都大大超过前代。同时，商业城镇多是作为一定区域的流通中心发展起来的，它一方面参与和媒介该区域内部的各种交换活动，另一方面又作为区域与区域之间的联系纽带,联结着各区域间的物资交流。正是商业城镇的迅速发展,才使得全国城、乡市场网络体系逐渐形成;华北地区也是这一全国性市场网络的重要组成部分,其发展水平虽然比不上江南,但也有长足的发展。

就市场层级而言,这一全国性的城、乡市场网络可分为流通枢纽城市、地区性商业中心和农村集市三大层级。而商业城镇——流通枢纽城市和地区性商业中心乃是构成这一市场网络体系的骨架。从明清两代华北的发展看,明代的商业城镇主要集中在运河沿线,其他地区的市场网还十分稀疏,除了崇文门、河西务、临清等几个较大的税关城市,即流通枢纽城市之外,地区性商业中心尚未形成。清代,除流通枢纽城市有所增加和调整(天津取代河西务,新增张家口等处)之外,地区性商业中心的大量涌现——A、B两级合计至少有30余个,数量已超过府级行政中心——使华北市场网的密度大大增加,功能更加强大,运作更为自如。这些商业城镇构成华北市场网络的重要节点,通过这些节点与基层集市网相联系,沟通城乡市场,使华北的每一州县,甚至每一村落,都能与其他省区进行物资交流,并在优化资源配置,促进华北区域经济发展等方面发挥着越来越重要的作用。

(三)商业城镇的发展是中国近代化、市场化进程的重要内容和组成部分

经济功能的增长是明清时期中国城市发展的重要特点和变化。在传统时代,行政中心城市以政治、军事职能为第一要务,经济辐射能力相对较弱;近代城市则以经济功能的大小作为主要衡量指标,如工业产量、产值,商品贸易量、贸易额等。传统城市研究中的主要指标,行政等级、城墙周长(或占地面积),乃至人口规模等都很难反映明清时期城市发展的这一变化,而经济功能的增长才是其主要特点。明清时期商业城镇的发展,以及一部分行政中心城市经济功能的增强,反映的正是传统城市向近现代城市的转化。

到清代中叶,除京城和3个省会城市外,冀鲁豫三省的26个府城中已经转化为商业城市者(市场辐射范围超出府域范围)以天津、聊城、洛阳最为突出,益都、泰安和河内稍逊;州县城中转化为商业城市的有临清、济宁、胶州、莱阳、黄县、潍县、博山、张家口、多伦诺尔、临榆(山海关镇)、祁州、

禹州等 10 多个；县级以下的"镇城"中，市场辐射范围超过府域范围者至少有周口、赊旗、朱仙镇，清化镇、周村、烟台等 6 个，以上三者合计已有 20 余个，与府城数量相差无几。特别值得注意的是，朱仙镇、周口、赊旗和清化 4 个商镇分别位于河南的 4 个方位，与行政中心的距离不远，朱仙镇和清化镇距府城仅 40 里，赊旗和周口距府城也不过百里，正是由于这些行政中心城市的经济功能较弱，才在其周边形成这些新兴商镇，以分担或者取代其经济功能。

明清时期华北商业城镇的发展已突破了原来以行政等级为中心的城市体系，形成了一个新的城市体系，即市场等级体系。前文图 8-7 显示，这一新的城市体系与原来以省会为中心的区域城市体系差异很大，在 18 个较高层级的市场中心地中，府级以上的行政中心只有京师、天津、开封、洛阳和聊城 5 处，占 28%；州县级的行政中心计有张家口、多伦诺尔、通州、临榆（山海关）、祁州、临清、济宁、胶州等 8 个，占 44%；而并非行政中心的"镇城"则有朱仙镇、周口、赊旗、周村、烟台等 5 处，也占 28%。这一新的城市体系的形成，反映的正是发展中的市场体系对传统的以行政等级为主的城市体系的突破，以经济功能为主的新城市体系的形成过程正是中国经济近代化、市场化进程的重要内容和组成部分。

主要参考文献

一、史籍

(一)正史、典志

《明史》,中华书局1997年版。
《明实录》,台湾"中央研究院"历史语言研究所校印本1962年版。
《清实录》,中华书局影印本1985—1986年版。
正德《大明会典》,《景印文渊阁四库全书》第617册,台湾商务印书馆1986年版。
万历《大明会典》,《续修四库全书》第789—792册,上海古籍出版社2002年版。
康熙《大清会典》,见沈云龙主编《近代中国史料丛刊三编》第72辑,文海出版社1992年版。
雍正《大清会典》,见沈云龙主编《近代中国史料丛刊三编》第77辑,文海出版社1994年版。
乾隆《大清会典》,《景印文渊阁四库全书》第619册,台湾商务印书馆1986年版。
乾隆《大清会典则例》,《景印文渊阁四库全书》第620—624册,台湾商务印书馆1986年版。
乾隆官修:《清朝文献通考》,浙江古籍出版社2000年版。
乾隆官修:《续文献通考》,浙江古籍出版社2000年版。
乾隆《户部则例》,蝠池书院出版有限公司2004年版。
嘉庆《大清会典》,见沈云龙主编《近代中国史料丛刊三编》第64辑,文海出版社1991年版。
嘉庆《大清会典事例》,见沈云龙主编《近代中国史料丛刊三编》第66

辑，文海出版社 1991 年版。

光绪《大清会典》，中华书局影印本 1991 年版。

光绪《大清会典事例》，中华书局影印本 1991 年版。

(明)张学颜等：《万历会计录》，《续修四库全书》第 831—833 册。

刘锦藻：《清朝续文献通考》，浙江古籍出版社 2000 年版。

(二)档案、碑刻、资料汇编等

台北故宫博物院藏档案。
台湾"中央研究院"历史语言研究所藏明清档案。
中国第一历史档案馆藏档案。
中国社会科学院经济研究所藏《钞档》。
《历代宝案》，台湾大学 1972 年版。
雍正三年《重修关圣帝君庙记》，存大汶口山西会馆。
乾隆十七年《重修药王庙记》，存新密市洪山庙。
乾隆二十二年《重修关圣帝君庙碑记》，存神垕镇关帝庙。
乾隆二十九年《重兴清明盛会碑记》，存新密市洪山庙。
乾隆三十四年《关帝庙置地建戏楼志》，存大汶口山西会馆。
乾隆四十年《重修山西会馆碑记》，存张家湾博物馆。
嘉庆七年《南关面行条规》，存晋城市怀庆会馆。
嘉庆十五年《重修关帝庙碑记》，存神垕镇关帝庙。
道光十一年《重修关帝庙拜殿砌客室戏楼记》，存神垕镇关帝庙。
道光二十六年捐款碑(无碑名)，存大汶口山西会馆。
咸丰九年《登州天桥闸口捐廉挑沙记》，存山东蓬莱阁碑廊。
同治三年《重筑清化镇城记》，存博爱县石佛寺。
光绪十年《重修天后宫记》，存山东蓬莱阁天后宫。
光绪三十四年《补修会馆碑记》，存晋城市怀庆会馆。
(明)陈子龙等选辑：《明经世文编》，中华书局 1962 年版。
(清)贺长龄、魏源等编：《清经世文编》，中华书局 1992 年版。
(清)文庆等纂辑：《筹办夷务始末·道光朝》，中华书局 1979 年版。
郭济生：《周村碑文辑录选译》，见周村区政协文史资料委员会编《文史资料选辑》第3辑(内部资料),1984年版。

黄鉴晖等编:《山西票号史料》(增订本),山西经济出版社2002年版。

交通部烟台港务管理局编:《近代山东沿海通商口岸贸易统计资料》,对外贸易教育出版社1986年版。

李华编:《明清以来北京工商会馆碑刻选编》,文物出版社1980年版。

李文治编:《中国近代农业史资料(1840—1911)》第1辑,生活·读书·新知三联书店1957年版。

梁方仲编著:《中国历代户口、田地、田赋统计》,上海人民出版社1980年版。

刘建民主编:《晋商史料集成》,商务印书馆2018年版。

彭泽益编:《中国近代手工业史资料(1840—1949)》第1卷,生活·读书·新知三联书店1957年版。

上海博物馆图书资料室编:《上海碑刻资料选辑》,上海人民出版社1980年版。

宋美云主编:《天津商民房地契约与调判案例选编(1686—1949)》,天津古籍出版社2006年版。

孙学雷、刘家平主编:《国家图书馆藏清代孤本外交档案》第2册,全国图书馆文献缩微复制中心2003年版。

台北故宫博物院编:《宫中档雍正朝奏折》,台北故宫博物院1979年版。

台北故宫博物院编:《宫中档乾隆朝奏折》,台北故宫博物院1982—1988年版。

王铁崖编:《中外旧约章汇编》第1册,生活·读书·新知三联书店1957年版。

许檀编:《清代河南、山东等省商人会馆碑刻资料选辑》,天津古籍出版社2013年版。

姚贤镐编:《中国近代对外贸易史资料》第1册,中华书局1962年版。

袁明英主编:《泰山石刻》,中华书局2007年版。

中国第一历史档案馆编:《雍正朝汉文朱批奏折汇编》,江苏古籍出版社1986年版。

中国第一历史档案馆编:《光绪朝朱批奏折》,中华书局1995年版。

中国第一历史档案馆编：《鸦片战争档案史料》，天津古籍出版社1992年版。

[朝]郑昌顺等奉敕编纂：《同文汇考》，珪庭出版有限公司1978年版。

（三）地方志

本书征引明、清、民国直隶、山东、河南三省，以及上海、安徽、湖北、山西、陕西、内蒙古等省地方志180余种，恕不一一开列。

（四）其他

道光九年《茶规》，抄本，北京晋商博物馆藏。

光绪二十二年《汉口山陕西会馆志》，湖北省图书馆藏。

(明)陈继儒：《陈眉公全集》，北京大学图书馆藏崇祯刻本。

(明)顾祖禹：《读史方舆纪要》，《续修四库全书》第602册，上海古籍出版社2002年版。

(明)何瑭：《柏斋集》，《景印文渊阁四库全书》第1266册，台湾商务印书馆1986年版。

(明)贺仲轼：《两宫鼎建记》，《丛书集成初编》，商务印书馆影印本1936年版。

(明)胡应麟：《少室山房笔丛》，上海书店出版社2001年版。

(明)黄汴：《天下水陆路程》，杨正泰校注，山西人民出版社1992年版。

(明)蒋一葵：《长安客话》，北京古籍出版社1982年版。

(明)李开先：《闲居集》，《续修四库全书》第1341册，上海古籍出版社2002年版。

(明)梁梦龙：《海运新考》，《四库全书存目丛书》史部第274册，齐鲁书社1996年版。

(明)刘若愚：《明宫史》，北京古籍出版社1980年版。

(明)沈榜编著：《宛署杂记》，北京古籍出版社1980年版。

(明)沈德符撰：《万历野获编》，中华书局1959年版。

(明)史玄：《旧京遗事》，北京古籍出版社1986年版。

(明)谈迁：《国榷》，张宗祥校点，古籍出版社1958年版。

(明)王士性撰：《广志绎》，吕景琳点校，中华书局1981年版。

(明)王世贞：《弇州山人四部稿》，《景印文渊阁四库全书》第1280册，台湾商务印书馆。

(明)吴宽：《匏翁家藏集》，《四部丛刊初编》，商务印书馆1919年版。

(明)谢肇淛撰：《五杂组》，上海书店出版社2009年版。

(明)杨宏：《漕运通志》，《北京图书馆古籍珍本丛刊》第55册，书目文献出版社1998年版。

(明)于慎行撰：《谷山笔尘》，吕景琳点校，中华书局1984年版。

(明)余象斗编：《新刻天下四民便览三台万用正宗》，东京大学藏万历刊本。

(明)张岱：《陶庵梦忆》，栾保群点校，浙江古籍出版社2012年版。

(明)张瀚撰：《松窗梦语》，盛冬铃点校，中华书局1985年版。

(明)张爵：《京师五城坊巷胡同集》，北京出版社1962年版。

(清)包世臣撰：《中衢一勺》，《包世臣全集》，李星点校，黄山书社1993年版。

(清)陈梦雷等编：《古今图书集成》，中华书局影印本1934年版。

(清)戴璐撰：《藤阴杂记》，施绍文点校，上海古籍出版社1985年版。

(清)得硕亭：《草珠一串》，见路工编选《清代北京竹枝词(十三种)》，北京古籍出版社1982年版。

(清)鄂尔泰等：《八旗通志初集》，东北师范大学出版社1985年版。

(清)傅寿彤纂辑：《汴城等防备览》，国家图书馆藏咸丰十年刊本。

(清)傅泽洪：《行水金鉴》，见戴逸主编《文津阁四库全书清史资料汇刊》第61册，商务印书馆2006年版。

(清)郭嵩焘：《郭嵩焘日记》第1卷，湖南人民出版社1981年版。

(清)何秋涛：《朔方备乘》，见沈云龙主编《中国边疆丛书》第2辑，文海出版社1964年版。

(清)华胥大夫：《金台残泪记》，见傅瑾主编《京剧历史文献汇编·清代卷》，凤凰出版社2011年版。

(清)黄叔璥：《台海使槎录》，见沈云龙主编《近代中国史料丛刊续编》第501册，文海出版社1978年版。

（清）李燧：《晋游日记》，黄鉴晖校注，山西人民出版社1989年版。

（清）潘荣陛：《帝京岁时纪胜》，《续修四库全书》第885册，上海古籍出版社2002年版。

（清）齐学裘撰：《见闻续笔》，《续修四库全书》第1181册，上海古籍出版社2002年版。

（清）前因居士：《日下新讴》，《文献》第11辑，书目文献出版社1982年版。

（清）钱泳辑：《履园丛话》，中国书店1991年版。

（清）秦武域：《闻见瓣香录》，见山右历史文化研究院编《山右丛书初编》上海古籍出版社2014年版。

（清）阙名：《燕京杂记》，北京古籍出版社1986年版。

（清）歙县会馆编：《重修歙县会馆录》，道光十四年刻本。

（清）宋起凤：《稗说》，江苏人民出版社1982年版。

（清）孙承泽纂：《天府广记》，北京古籍出版社1984年版。

（清）孙廷铨：《颜山杂记》，《景印文渊阁四库全书》第592册，台湾商务印书馆1986年版。

（清）痛定思痛居士：《汴梁水灾纪略》，李景文、王守忠、李湍波点校，河南大学出版社2006年版。

（清）王培荀：《乡园忆旧录》，蒲泽校点，齐鲁书社1993年版。

（清）王庆云：《石渠余纪》，北京古籍出版社1985年版。

（清）吴长元辑：《宸垣识略》，北京古籍出版社1983年版。

（清）夏仁虎：《旧京琐记》，北京古籍出版社1986年版。

（清）徐珂编撰：《清稗类钞》，中华书局1984年版。

（清）徐士銮：《敬乡笔述》，张守谦点校，天津古籍出版社1986年版。

（清）徐宗幹辑：《济州金石志》，见新文丰出版公司编辑部《石刻史料新编》第2辑，第13册，新文丰出版股份有限公司1979年版。

（清）杨静亭：《都门杂咏》，见雷梦水等编《中华竹枝词》，北京古籍出版社1997年版。

（清）杨静亭：《都门纪略》，广陵书社2003年版。

（清）佚名：《如梦录》，孔宪易校注，中州古籍出版社1984年版。

(清)佚名：《梼杌闲评》，刘文忠校点，人民文学出版社1999年版。
(清)俞蛟撰：《梦厂杂著》，北京古籍出版社2001年版。
(清)于敏中等编纂：《日下旧闻考》，北京古籍出版社1985年版。
(清)载铨：《金吾事例》，见故宫博物院编《故宫珍本丛刊》第330册，海南出版社2000年版。
(清)张伯行撰：《正谊堂文集》，见王云五主编《丛书集成初编》，商务印书馆1936年版。
(清)张焘：《津门杂记》，《近代中国史料丛刊》，文海出版社1973年版。
(清)昭梿撰：《啸亭杂录 续录》，冬青校点，上海古籍出版社2012年版。
(清)震钧：《天咫偶闻》，北京古籍出版社1982年版。
(清)朱一新：《京师坊巷志稿》，北京出版社1962年版。
崇彝：《道咸以来朝野杂记》，北京古籍出版社1982年版。
陕西清理财政局编辑：《陕西清理财政说明书》，全国图书馆文献缩微复制中心2008年版。
许承尧撰：《歙事闲谭》，李明回、彭超、张爱琴校点，黄山书社2001年版。
[朝]洪大容：《湛轩书》，见[韩]林基中编《燕行录全集》第49册，东国大学校出版部2001年版。
[朝]朴趾源：《热河日记》，朱瑞平校点，上海书店出版社1997版。
[德]费迪南德·冯·李希霍芬：《李希霍芬中国旅行日记》，李岩、王彦会译，商务印书馆2016年版。
[俄]阿·马·波兹德涅耶夫：《蒙古及蒙古人》第1卷，刘汉明、张梦玲、卢龙译，内蒙古人民出版社1989年版。
[俄]阿·马·波兹德涅耶夫：《蒙古及蒙古人》第2卷，张梦玲、郑德林、卢龙等译，内蒙古人民出版社1983年版。
[法]张诚：《耶稣会士、法国在华传教士张诚鞑靼旅行记》，刘晓明、王书健译，杨品泉校，见中国社会科学院历史研究所清史研究室编《清史资料》第5辑，中华书局1984年版。
[法]古伯察：《鞑靼西藏旅行记》，耿昇译，中国藏学出版社1991年版。
[日]东亚同文会编：《"支那"省别全志》第8卷《河南省》，东亚同文会

1918年版。

[日]东亚同文会编:《"支那"省别全志》第18卷《直隶省》,东亚同文会1920年版。

[日]松浦章编:《李朝时代における漂着中国船の一资料》,《关西大学东西学术研究所纪要》第15辑,关西大学出版部1982年版。

[意]利玛窦、[法]金尼阁:《利玛窦中国札记》,何高济、王遵仲、李申译,中华书局2001年版。

二、近人论著

(一)专著

包伟民主编:《江南市镇及其近代命运:1840—1949》,知识出版社1998年版。

曹树基:《中国人口史·清时期》,复旦大学出版社2005年版。

曹子西主编:《北京通史》,中国书店1994年版。

陈国灿、奚建华:《浙江古代城镇史研究》,安徽大学出版社2000年版。

陈学文:《明清时期杭嘉湖市镇史研究》,群言出版社1993年版。

陈学文:《明清时期太湖流域的商品经济与市场网络》,浙江人民出版社2000年版。

陈炜:《近代广西城镇商业网络与民族经济开发》,巴蜀书社2008年版。

成一农:《古代城市形态研究方法新探》,社会科学文献出版社2009年版。

程子良、李清银主编:《开封城市史》,社会科学文献出版社1993年版。

戴鞍钢:《港口·城市·腹地——上海与长江流域经济关系的历史考察(1843—1913)》,复旦大学出版社1998年版。

邓亦兵:《清代前期关税制度研究》,北京燕山出版社2008年版。

邓亦兵:《清代前期北京房产市场研究》,天津古籍出版社2014年版。

丁抒明主编:《烟台港史》,人民交通出版社1988年版。

董鉴泓主编:《中国城市建设史》(第3版),中国建筑工业出版社2004年版。

樊如森：《天津与北方经济现代化：1860—1937》，东方出版中心2007年版。

樊树志：《明清江南市镇探微》，复旦大学出版社1990年版。

樊树志：《江南市镇：传统的变革》，复旦大学出版社2005年版。

范毅军：《传统市镇与区域发展——明清太湖以东地区为例，1551—1861》，联经出版公司2005年版。

方行、经君健、魏金玉主编：《中国经济通史·清代经济卷》，经济日报出版社2000年版。

傅崇兰：《中国运河城市发展史》，四川人民出版社1985年版。

傅衣凌：《明清社会经济变迁论》，人民出版社1989年版。

高福美：《清代沿海贸易与天津城市商业研究》，天津人民出版社2012年版。

高寿仙：《北京人口史》，中国人民大学出版社2014年版。

高艳林：《天津人口研究(1404—1949)》，天津人民出版社2002年版。

关文斌：《文明初曙：近代天津盐商与社会》，天津人民出版社1999年版。

郭济生：《周村老字号》，青海人民出版社2004年版。

郭蕴静主编：《天津古代城市发展史》，天津古籍出版社1989年版。

韩大成：《明代城市研究》，中国人民大学出版社1991年版。

韩光辉：《北京历史人口地理》，北京大学出版社1996年版。

河南省古代建筑保护研究所、社旗县文化局编著：《社旗山陕会馆》，文物出版社1999年版。

何一民：《中国城市史》，武汉大学出版社2012年版。

何一民主编：《近代中国城市发展与社会变迁：1840—1949年》，科学出版社2004年版。

何一民主编：《近代中国衰落城市研究》，巴蜀书社2007年版。

贺业钜：《中国古代城市规划史》，中国建筑工业出版社2014年版。

侯仁之：《历史地理学的理论与实践》，上海人民出版社1979年版。

侯仁之主编：《北京城市历史地理》，北京燕山出版社2000年版。

侯仁之主编：《北京历史地图集》，文津出版社2013年版。

黄滨：《近代粤港客商与广西城镇经济发育：广东、香港对广西市场辐射的历史探源》，中国社会科学出版社 2005 年版。

黄棣侯主编：《山东公路史》第 1 册，人民交通出版社 1989 年版。

黄鉴晖：《山西票号史》，山西经济出版社 1992 年版。

黄敬斌：《郡邑之盛：明清江南治所城市研究》，中华书局 2017 年版。

黄丽生：《由军事征掠到城市贸易：内蒙古归绥地区的社会经济变迁》，台湾师范大学历史研究所 1995 年版。

济南市社会科学研究所编著：《济南简史》，齐鲁书社 1986 年版。

竞放主编：《聊城山陕会馆》，聊城地区新闻出版局 1995 年版。

开封教育实验区教材部编：《岳飞与朱仙镇》，开封教育实验区教材部 1934 年版。

李长傅：《开封历史地理》，商务印书馆 1958 年版。

李令福：《古都西安城市布局及其地理基础》，人民出版社 2009 年版。

李孝聪：《历史城市地理》，山东教育出版社 2007 年版。

梁淼泰：《明清景德镇城市经济研究》，江西人民出版社 1991 年版。

廖声丰：《清代常关与区域经济研究》，人民出版社 2010 年版。

刘凤云：《北京与江户：17—18 世纪的城市空间》，中国人民大学出版社 2012 年版。

刘建生等：《山西典商研究》，山西经济出版社 2007 年版。

刘景纯：《清代黄土高原地区城镇地理研究》，中华书局 2005 年版。

刘石吉：《明清时代江南市镇研究》，中国社会科学出版社 1987 年版。

刘小萌：《清代北京旗人社会》，中国社会科学出版社 2008 年版。

鲁西奇：《区域历史地理研究：对象与方法——汉水流域的个案考察》，广西人民出版社 2000 年版。

鲁西奇：《城墙内外：古代汉水流域城市的形态与空间结构》，中华书局 2011 年版。

罗仑、景苏：《清代山东经营地主经济研究》，齐鲁书社 1984 年版。

罗澍伟主编：《近代天津城市史》，中国社会科学出版社 1993 年版。

罗一星：《明清佛山经济发展与社会变迁》，广东人民出版社 1994 年版。

马正林编著：《中国城市历史地理》，山东教育出版社 1998 年版。

米镇波：《清代西北边境地区中俄贸易：从道光朝到宣统朝》，天津社会科学院出版社 2005 年版。

倪玉平：《清朝嘉道关税研究》，北京师范大学出版社 2010 年版。

倪玉平：《清代关税：1644—1911 年》，科学出版社 2017 年版。

牛平汉主编：《清代政区沿革综表》，中国地图出版社 1990 年版。

牛淑贞：《归绥城市地理研究(1572—1937)》，黑龙江人民出版社 2014 年版。

皮明庥主编：《近代武汉城市史》，中国社会科学出版社 1993 年版。

齐大芝主编：《北京商业史》，人民出版社 2011 年版。

曲晓范：《近代东北城市的历史变迁》，东北师范大学出版社 2001 年版。

任放：《明清长江中游市镇经济研究》，武汉大学出版社 2003 年版。

任文政主编：《禹州医药志》，中国科教出版社 2005 年版。

山西省政协文史和学习委员会编：《明清山西商人会馆史料》，中国文史出版社 2017 年版。

史红帅：《明清时期西安城市地理研究》，中国社会科学出版社 2008 年版。

史若民、牛白琳编著：《平、祁、太经济社会史料与研究》，山西古籍出版社 2002 年版。

孙彦春主编：《禹州中药志》，光明日报出版社 2006 年版。

王笛：《跨出封闭的世界——长江上游区域社会研究》，中华书局 2001 年版。

王贵祥等：《明代城市与建筑——环列分布、纲维布置与制度重建》，中国建筑工业出版社 2013 年版。

王瑞安主编：《山陕甘会馆》，中州古籍出版社 1992 年版。

王守中、郭大松：《近代山东城市变迁史》，山东教育出版社 2001 年版。

王卫平：《明清时期江南城市史研究：以苏州为中心》，人民出版社 1999 年版。

王兴亚：《明清河南集市庙会会馆志》，中州古籍出版社 1998 年版。

隗瀛涛主编：《近代重庆城市史》，四川大学出版社 1991 年版。

隗瀛涛主编：《中国近代不同类型城市综合研究》，四川大学出版社 1998 年版。

乌云格日勒：《十八至二十世纪初内蒙古城镇研究》，内蒙古人民出版社

2005年版。

吴建雍撰著：《北京通史》第7卷，北京燕山出版社2012年版。

吴松弟主编：《中国百年经济拼图：港口城市及其腹地与中国现代化》，山东画报出版社2006年版。

吴松弟、樊如森、陈为忠等：《港口-腹地与北方的经济变迁（1840—1949）》，浙江大学出版社2011年版。

吴晓亮：《洱海区域古代城市体系研究》，云南大学出版社2004年版。

徐春燕：《明清时期中原城镇发展研究》，社会科学文献出版社2017年版。

徐纯性主编：《河北城市发展史》，河北教育出版社1991年版。

许檀：《明清时期山东商品经济的发展》，中国社会科学出版社1998年版；修订本，2007年版。

杨天宏：《口岸开放与社会变革——近代中国自开商埠研究》，中华书局2002年版。

张慧芝：《天子脚下与殖民阴影：清代直隶地区的城市》，上海三联书店2013年版。

张利民：《华北城市经济近代化研究》，天津社会科学院出版社2004年版。

张利民、周俊旗、许檀等：《近代环渤海地区经济与社会研究》，天津社会科学院出版社2003年版。

张萍：《地域环境与市场空间——明清陕西区域市场的历史地理学研究》，商务印书馆2006年版。

张萍：《区域历史商业地理学的理论与实践——明清陕西的个案考察》，三秦出版社2014年版。

张小林：《清代北京城区房契研究》，中国社会科学出版社2000年版。

张亚兰编著：《〈行商遗要〉释读与研究》，山西经济出版社2018年版。

张正明、邓泉：《平遥票号商》，山西教育出版社1997年版。

张忠民：《上海：从开发走向开放 1368—1842》，云南人民出版社1990年版。

张仲礼主编：《近代上海城市研究》，上海人民出版社1990年版。

张仲礼主编：《东南沿海城市与中国近代化》，上海人民出版社1996年版。

张仲礼、熊月之、沈祖炜主编：《长江沿江城市与中国近代化》，上海人民出版社2002年版。

钟文典主编：《广西近代圩镇研究》，广西师范大学出版社1998年版。

朱军献：《因革之变：中原区域中心城市的近代变迁》，山西人民出版社2013年版。

朱小田：《江南乡镇社会的近代转型》，中国商业出版社1997年版。

朱亚非主编：《山东通史·明清卷》，山东人民出版社1994年版。

朱亚非主编：《济南通史·明清卷》，齐鲁书社2008年版。

朱永杰：《清代驻防城时空结构研究》，人民出版社2010年版。

淄博矿务局、山东大学编：《淄博煤矿史》，山东人民出版社1986版。

[美]罗威廉：《汉口：一个中国城市的商业和社会(1796—1889)》，江溶、鲁西奇译，中国人民大学出版社2005年版。

[美]罗威廉：《汉口：一个中国城市的冲突和社区(1796—1895)》，鲁西奇、罗杜芳译，中国人民大学出版社2008年版。

[美]罗兹·墨菲：《上海——现代中国的钥匙》，上海社会科学院历史研究所编译，上海人民出版社1986年版。

[美]施坚雅：《中国农村的市场和社会结构》，史建云、徐秀丽译，中国社会科学出版社1998年版。

[美]施坚雅主编：《中华帝国晚期的城市》，叶光庭等译，中华书局2000年版。

[日]川勝守：《明清江南市鎮社会史研究》，汲古書院1999年版。

[日]加藤繁：《中国经济史考证》第三卷，吴杰译，商务印书馆1973年版。

[日]森正夫编：《江南デルタ市鎮研究》，名古屋大學出版会1992年版。

[日]山根幸夫：《明清史籍の研究》，研文出版1989年版。

(二)论文

陈从周、路秉杰：《聊城光岳楼》，见陈昆麟、竞放编著《文博论集》第1辑，山东省出版总社聊城分社1990年版。

成一农：《清代的城市规模与行政等级》，《扬州大学学报(人文社会科学版)》2007年第3期。

邓亦兵：《清前期开封城经济初探》，《史学月刊》1986年第2期。

邓亦兵：《清代前期京城的粮商》，见王岗主编《北京史学论丛(2015)》，群言出版社2016年版。

傅衣凌：《明清时代江南市镇经济的分析》，《历史教学》1964年第5期。

傅衣凌：《明代经济史上的山东与河南》，《社会科学战线》1984年第3期。

高松凡：《历史上北京城市场变迁及其区位研究》，《地理学报》1989年第2期。

高莹：《明清时期朝山进香与泰安经济》，南开大学博士学位论文，2017年。

高志昌、延光先：《多伦的山西会馆》，见阳泉市政协文史资料委员会编《晋商史料与研究》，山西人民出版社1996年版。

官美蝶：《清代山东的周村镇》，《历史档案》1990年第4期。

海汕：《玉堂春秋》，《济宁市史料》1983年第1—2期。

郝平、杨波：《明清河北境内山西商人会馆的历史变迁》，《中国经济史研究》2019年第5期。

侯崇智：《河北省平原地区明清古城初步研究》，河北师范大学硕士学位论文，2010年。

侯甬坚：《历史地理学的学科特性及其若干研究动向述评》，见陕西师范大学环发中心编《历史地理学研究的新探索与新动向——庆贺朱士光教授七十华秩暨荣休论文集》，三秦出版社2008年版。

胡欣：《明清时期开封的徽商》，《河南科技大学学报(社会科学版)》2011年第2期。

黄鉴晖：《论我国银行业的起源及其发展的阶段性》，《山西财经学院学报》1982年第4期。

黄鉴晖：《山西茶商与中俄恰克图贸易》，《中国经济史研究》1993年第1期。

黄治国：《清代开封八旗驻防初探》，《河南广播电视大学学报》2009年第1期。

赖惠敏：《清政府对恰克图商人的管理(1755—1799)》，《内蒙古师范大学学报(哲学社会科学版)》2012年第1期。

赖惠敏：《十九世纪晋商在恰克图的茶叶贸易》，见陈熙远主编《覆案的历史：档案考掘与清史研究》，台湾"中央研究院"2013年版。

李蓓蓓、徐峰:《中国近代城市化率及分期研究》,《华东师范大学学报(哲学社会科学版)》2008年第3期。

李伯重:《明清江南与外地经济联系的加强及其对江南经济发展的影响》,《中国经济史研究》1986年第2期。

李长傅:《朱仙镇历史地理》,《史学月刊》1964年第12期。

李森:《天津开埠前的城市规划初探》,《城市史研究》第1辑。

李坦:《明清时期开封城的若干历史地理问题》,云南大学硕士学位论文,2014年。

李伟敏:《明清时期开封城市发展研究》,河南大学硕士学位论文,2002年。

李相宜:《感叹怀庆馆,登临太行关——"重走豫晋古商道"相关报道之六》,《焦作日报》2006年10月9日,http://www.jzqyc.com.cn/bbs。

李炎:《清代南阳"梅花城"研究》,华南理工大学博士学位论文,2010年。

刘小朦:《明清祁州药王信仰的演变与药材市场研究》,南开大学学士学位论文,2011年。

刘钟荣:《多伦诺尔厅调查记》,《东方杂志》1914年第11号。

陆敏:《历史时期济南城市工商业区的演变》,《济南大学学报》2003年第5期。

罗一星:《试论清代前期岭南市场中心地的分布特点》,《广州研究》1988年第9期。

洛阳民俗博物馆:《潞泽会馆简介》,《文史研究》1995年第1—2期。

毛曦:《城市史学与中国古代城市研究》,《史学理论研究》2006年第2期。

孟伟:《北京通州张家湾山西会馆考略》,《山西大学学报(哲学社会科学版)》2017年第2期。

孟伟、杨波:《明清时期北京通州晋翼会馆研究——以明清时期的翼城商人和山西布商为重点》,《山西师大学报(社会科学版)》2017年第3期。

彭大海:《周口庙宇"拾零"》,见中国人民政治协商会议周口市委员会文史资料研究委员会编《周口文史资料》第五辑,1988年版。

宿白:《青州城考略——青州城与龙兴寺之一》,《文物》1999年第8期。

孙冬虎:《宣南历史文化三议》,《北京社会科学》2005 年第 3 期。

社旗县志办:《赊旗镇历史上的繁荣与衰落》,见中国人民政治协商会议社旗县委员会文史资料研究委员会编《社旗文史》第 1 辑(内部资料),1986 年版。

汪士信:《明清时期商业经营方式的变化》,《中国经济史研究》1988 年第 2 期。

王丙申:《南阳最大的"锦璋秀京广杂货商店"》,见中国人民政治协商会议河南省南阳市委员会、文史资料研究委员会编《南阳文史资料》第 2 辑(内部刊物),1986 年版。

王丽亚、赵树国:《明清济南商业经济三题》,《济南大学学报(社会科学版)》2011 年第 1 期。

王芃:《清代以来天津商人会馆房地契约研究》,南开大学硕士学位论文,2016 年。

王瑞成:《中国近代城市化内容探析》,《云南学术探索》1997 年第 1 期。

王业键、黄国枢:《十八世纪中国粮食供需的考察》,《近代中国农村经济史论文集》,台湾"中央研究院"近代史研究所 1989 年版。

魏千志:《清代开封景文州汴绫庄的发展》,《中华文史论丛》第 3 辑,上海古籍出版社 1983 年版。

魏心础:《从谦祥益到鸿祥茶庄》,见山东省政协文史资料委员会、淄博市周村区政协文史资料委员会编《周村商埠》,山东人民出版社 1990 年版。

乌云格日勒:《清代边城多伦诺尔的地位及其兴衰》,《中国边疆史地研究》2000 年第 2 期。

晓舟、恩厚、林泉:《保定城隍庙》,见中国人民政治协商会议河北省保定市委员会文史资料研究委员会编《保定文史资料选辑》第 6 辑,1989 年版。

晓舟、恩厚:《保定酱业发展史略》,见中国人民政治协商会议河北省保定市委员会文史资料研究委员会编《保定文史资料选辑》第 10—11 合辑,1993 年版。

晓舟、林泉、恩厚:《保定商会简史》,见中国人民政治协商会议河北省保定市委员会文史资料研究委员会编《保定文史资料选辑》第 10—11 合辑,1993

年版。

行龙:《近代中国城市化特征》,《清史研究》1999 年第 4 期。

徐得磊:《浅析清代多伦诺尔聚落形态特征》,见中国民族建筑研究会主编《中国民族建筑研究会第二十届学术年会论文特辑》,2017 年版。

许檀:《明清时期的临清商业》,《中国经济史研究》1986 年第 2 期。

许檀:《明清时期运河的商品流通》,《历史档案》1992 年第 1 期。

许檀:《明清时期农村集市的发展》,《中国经济史研究》1997 年第 2 期。

许檀:《清代前期的沿海贸易与天津城市的崛起》,《城市史研究》(第13—14 辑),天津古籍出版社 1997 年版。

许檀:《明清时期区域经济的发展——江南、华北等若干区域的比较》,《中国经济史研究》1999 年第 2 期。

许檀:《明清时期城乡市场网络体系的形成及意义》,《中国社会科学》2000 年第 2 期。

许檀:《清代前期的山海关与东北沿海贸易》,《清史论丛》2002 年号,中国广播电视出版社 2002 年版。

许檀:《清代河南的商业重镇周口——明清时期河南商业城镇的个案考察》,《中国史研究》2003 年第 1 期。

许檀:《清代中叶的洛阳商业——以山陕会馆碑刻资料为中心的考察》,《天津师范大学学报(社会科学版)》2003 年第 4 期。

许檀:《清代河南的北舞渡镇——以山陕会馆碑刻资料为中心的考察》,《清史研究》2004 年第 1 期。

许檀:《清代河南赊旗镇的商业——基于山陕会馆碑刻资料的考察》,《历史研究》2004 年第 2 期。

许檀:《清代前中期东北的沿海贸易与营口的兴起》,《福建师范大学学报(哲学社会科学版)》2004 年第 1 期。

许檀:《清代河南朱仙镇的商业——以山陕会馆碑刻资料为中心的考察》,《史学月刊》2005 年第 6 期。

许檀:《明清时期的开封商业》,《中国史研究》2006 年第 1 期。

许檀:《清代后期晋商在张家口的经营活动》,《山西大学学报(哲学社会科学版)》2007年第3期。

许檀:《清代山东周村镇的商业》,《史学月刊》2007年第8期。

许檀:《清乾隆至道光年间的聊城商业——以山陕会馆碑刻资料为中心的考察》,《史学月刊》2015年第3期。

许檀:《清代时期华北的商业城镇与市场层级》,《中国社会科学》2016年第11期。

许檀、高福美:《乾隆至道光年间天津的关税与海税》,《中国史研究》2011年第2期。

许檀、吴志远:《明清时期豫北的商业重镇清化——以碑刻资料为中心的考察》,《史学月刊》2014年第6期。

闫海青:《明代山东藩王与地方社会》,山东大学硕士学位论文,2007年。

杨玉宽:《周村谦祥益》,见山东省政协文史资料委员会、淄博市周村区政协文史资料委员会编《周村商埠》,山东人民出版社1990年版。

尹钧科、韩光辉:《侯仁之先生对北京城市历史地理研究的重大贡献》,《中国历史地理论丛》2001年第4期。

尤文远:《保定历史沿革初考》,见中国人民政治协商会议河北省保定市委员会文史资料研究委员会编《保定文史资料选辑》第1辑,1984年版。

张国辉:《清代前期的钱庄和票号》,《中国经济史研究》1987年第4期。

张利民:《略论城市化与城市史的相关性——以中国近代城市史研究为例》,《南方论丛》2006年第4期。

张晓虹、牟振宇:《城市化与乡村聚落的空间过程——开埠后上海东北部地区聚落变迁》,《复旦学报(社会科学版)》2008年第6期。

赵金辉:《都南屏翰:清代保定城市发展研究,1644—1911》,四川大学硕士学位论文,2007年。

赵世瑜、周尚意:《明清北京城市社会空间结构概说》,《史学月刊》2001年第2期。

郑民德:《从地方志资料看明清时期通州的漕运》,《中国地方志》2013年第7期。

周尚意:《元明清时期北京的商业指向与城乡分界》,《北京师范大学学报

（社会科学版）》1999年第1期。

［美］章生道：《城治的形态与结构研究》，见［美］施坚雅主编《中华帝国晚期的城市》，叶光庭等译，中华书局2000年版。

［日］剑虹生：《多伦诺尔记》，《东方杂志》1908年第10期。

［日］山根幸夫：《山东省滋阳县户册について》，山根幸夫《明清史籍の研究》，研文出版1989年版。

［日］松浦章：《清代における沿岸贸易について》，见［日］小野和子主编《明清时代の政治と社会》，京都大学人文科学研究所1983年版。

［日］松浦章：《李朝漂着中国帆船の问情别单にていて（上）》，关西大学东西学术研究所纪要》第17辑，1984年版。

［日］松浦章：《李朝漂着中国帆船の问情别单にていて（下）》，关西大学东西学术研究所纪要》第18辑，1985年版。

［日］松浦章：《清代徽州商人与海上贸易》，赵中男译，见刘淼辑译，古籍整理办公室编《徽州社会经济史研究译文集》，黄山书社1987年版。

索 引

B

八旗 6, 13, 15, 24, 25, 27, 28, 29, 30, 41, 55, 60, 62, 66, 75, 85, 95, 105, 109, 110, 111, 154, 198, 201, 238, 402, 403, 406, 436, 454, 463, 472

保定 14, 18, 59, 93, 94, 95, 96, 97, 98, 99, 100, 101, 103, 110, 112, 116, 117, 239, 269, 279, 280, 281, 283, 391, 392, 393, 400, 402, 403, 407, 410, 427, 435, 443, 449, 450, 454, 455, 456, 474, 476

碑刻 10, 12, 38, 39, 40, 41, 42, 49, 51, 57, 72, 76, 77, 78, 80, 86, 87, 88, 89, 90, 92, 157, 158, 159, 161, 174, 175, 176, 177, 178, 179, 180, 197, 202, 226, 230, 231, 233, 234, 235, 236, 237, 238, 243, 244, 250, 251, 252, 254, 255, 256, 261, 265, 266, 267, 269, 273, 275, 278, 280, 289, 292, 293, 298, 299, 311, 312, 313, 314, 316, 317, 318, 320, 322, 325, 328, 333, 335, 338, 342, 344, 347, 349, 350, 352, 353, 355, 358, 359, 360, 361, 364, 367, 368, 369, 370, 387, 422, 424, 425, 426, 440, 442, 460, 461, 475, 476

北舞渡 10, 14, 298, 299, 312, 338, 339, 348, 349, 350, 351, 352, 353, 354, 355, 356, 357, 409, 422, 423, 433, 439, 440, 443, 447, 450, 451, 452, 456, 475

博山 247, 249, 267, 268, 408, 410, 433, 436, 438, 443, 451, 454, 456, 457

C

餐饮 67, 68, 69, 263, 283, 414, 415, 425, 426, 427, 438

层级　2, 11, 15, 429, 430, 441, 442, 449, 450, 457, 458

城墙　7, 8, 13, 15, 20, 21, 22, 31, 60, 61, 81, 113, 115, 126, 128, 134, 136, 187, 200, 222, 249, 259, 358, 363, 399, 400, 401, 402, 445, 457, 468

城市　1, 2, 3, 4, 5, 6, 7, 8, 9, 10, 11, 12, 13, 14, 15, 17, 18, 19, 20, 21, 23, 24, 25, 26, 27, 28, 30, 32, 33, 37, 42, 43, 51, 54, 55, 56, 58, 59, 60, 63, 64, 65, 66, 72, 78, 79, 80, 81, 82, 83, 84, 86, 93, 96, 97, 98, 100, 101, 105, 106, 109, 112, 113, 114, 120, 122, 123, 125, 128, 129, 134, 137, 140, 141, 142, 146, 150, 163, 164, 165, 166, 169, 170, 171, 172, 173, 184, 186, 187, 188, 197, 198, 199, 200, 208, 215, 221, 227, 228, 229, 237, 238, 239, 240, 245, 248, 249, 250, 260, 262, 268, 269, 311, 323, 324, 325, 359, 371, 391, 393, 399, 400, 401, 402, 403, 404, 405, 406, 407, 408, 409, 410, 411, 412, 413, 415, 421, 424, 427, 429, 430, 431, 433, 434, 435, 436, 439, 441, 442, 447, 449, 450, 451, 453, 454, 455, 456, 457, 458, 460, 466, 467, 468, 469, 470, 471, 473, 474, 475, 476, 477

城镇　1, 4, 5, 7, 9, 10, 11, 12, 13, 14, 15, 90, 93, 140, 208, 222, 241, 255, 262, 267, 268, 312, 350, 355, 356, 371, 372, 384, 385, 394, 395, 396, 398, 399, 408, 409, 410, 415, 421, 422, 424, 425, 426, 430, 431, 432, 433, 435, 436, 437, 439, 441, 442, 443, 447, 449, 450, 451, 452, 454, 455, 456, 457, 466, 467, 468, 469, 470

城周　20, 21, 51, 60, 64, 102, 103, 104, 113, 114, 122, 128, 132, 135, 143, 187, 229, 238, 245, 247, 249, 259, 262, 269, 284, 292, 381, 400, 402, 405

崇文门　14, 18, 19, 20, 22, 24, 32, 37, 38, 39, 40, 44, 45, 46, 47, 48, 49, 50, 52, 57, 141, 147, 373, 379, 380, 411, 431, 432, 433, 442, 443, 447, 454, 457

抽厘　76, 204, 234, 235, 253, 318, 319, 328, 329, 330, 331, 332, 333, 342, 344, 345, 346, 347, 348, 421, 436, 440, 442

抽厘率　12, 15, 204, 234, 235, 253, 257, 312, 318, 319, 329, 331, 333, 345, 346, 347, 348, 431, 436, 442

D

道光　13, 41, 47, 48, 50, 51, 52, 58,

60, 66, 75, 76, 77, 79, 82, 84, 85, 88, 91, 92, 95, 96, 101, 128, 129, 130, 131, 147, 148, 149, 150, 156, 158, 159, 160, 161, 162, 167, 168, 169, 170, 171, 173, 174, 176, 179, 180, 181, 182, 183, 184, 185, 186, 192, 195, 196, 197, 198, 202, 206, 207, 208, 209, 213, 216, 217, 219, 223, 225, 226, 227, 229, 231, 232, 233, 234, 235, 236, 237, 238, 239, 241, 242, 244, 245, 246, 247, 250, 251, 254, 255, 265, 266, 267, 271, 272, 284, 285, 286, 288, 289, 290, 291, 292, 293, 295, 296, 297, 299, 300, 301, 309, 313, 318, 322, 325, 326, 327, 328, 329, 330, 331, 332, 333, 338, 339, 340, 341, 342, 349, 350, 351, 352, 355, 358, 365, 367, 368, 369, 370, 371, 377, 378, 380, 381, 384, 385, 386, 387, 388, 389, 390, 391, 392, 393, 394, 395, 403, 404, 405, 406, 407, 408, 409, 410, 421, 422, 423, 424, 425, 426, 434, 435, 436, 437, 438, 439, 440, 441, 442, 445, 455, 456, 460, 462, 464, 468, 476

登州　14, 18, 101, 103, 127, 128, 129, 130, 131, 197, 240, 241, 244, 246, 247, 248, 258, 260, 261, 384, 385, 386, 408, 451, 460

等级　6, 10, 11, 12, 13, 14, 15, 26, 55, 56, 133, 398, 406, 412, 430, 433, 441, 447, 449, 450, 454, 458

地域分布　312, 320, 360, 391, 431, 443, 444, 445, 446, 447

店铺　29, 41, 43, 67, 68, 69, 71, 73, 75, 80, 89, 117, 144, 145, 146, 152, 170, 173, 200, 201, 204, 205, 216, 237, 248, 333, 338, 403, 405, 406, 411, 415, 416, 419, 420, 421, 437

定额　45, 46, 52, 127, 147, 149, 181, 182, 184, 190, 191, 195, 212, 218, 220, 223, 225, 426, 435

东昌　92, 101, 102, 103, 129, 142, 143, 221, 222, 223, 224, 229, 230, 233, 235, 236, 237, 395, 401, 408, 415, 436, 437, 449, 451

多伦诺尔　14, 141, 142, 162, 197, 198, 214, 215, 216, 217, 218, 219, 220, 249, 407, 410, 433, 435, 442, 443, 447, 449, 450, 453, 456, 457, 458, 473, 474, 475, 477

F

贩运　49, 53, 84, 149, 150, 184, 190, 202, 208, 213, 219, 224, 240, 244, 247, 324, 364, 403, 424, 427

服务业　68, 225, 239, 263, 264, 283, 317, 413, 415, 420, 422, 426, 438

辐射　5, 9, 11, 13, 14, 140, 248, 271,

283, 443, 445, 447, 450, 453, 456, 457, 468

府城　11, 13, 14, 15, 18, 59, 60, 61, 80, 82, 94, 96, 99, 100, 101, 102, 103, 104, 105, 106, 107, 108, 110, 112, 113, 114, 115, 116, 117, 118, 119, 120, 121, 122, 124, 126, 127, 128, 129, 131, 132, 133, 134, 137, 140, 142, 143, 147, 167, 224, 229, 230, 237, 249, 257, 258, 259, 260, 269, 277, 283, 284, 285, 287, 288, 303, 308, 311, 324, 348, 358, 363, 371, 393, 394, 400, 401, 402, 403, 404, 407, 408, 409, 410, 412, 413, 416, 419, 420, 423, 428, 433, 435, 440, 445, 449, 450, 453, 455, 456, 457

附郭　62, 80, 81, 93, 102, 103, 104, 121, 122, 124, 126, 127, 167, 249, 257, 258, 262, 284, 293, 412

腹地　3, 9, 13, 173, 220, 241, 312, 324, 356, 398, 399, 431, 435, 440, 441, 443, 447, 450, 466, 470

G

工关　141, 147, 148, 149, 218

功能　1, 7, 9, 11, 13, 15, 34, 75, 80, 100, 104, 112, 135, 140, 142, 145, 221, 230, 312, 399, 400, 415, 435, 436, 439, 450, 451, 452, 453, 456,

457, 458

关帝庙　98, 126, 131, 158, 202, 203, 204, 237, 252, 253, 265, 266, 293, 294, 298, 299, 304, 308, 313, 314, 316, 317, 318, 320, 321, 324, 329, 330, 331, 332, 353, 355, 356, 387, 388, 389, 390, 391, 392, 393, 394, 395, 421, 444, 460

关期　47, 148, 156, 182, 185, 211

关税　9, 12, 13, 45, 46, 47, 48, 51, 52, 53, 140, 147, 148, 149, 150, 151, 155, 157, 162, 181, 182, 183, 184, 185, 186, 189, 190, 191, 192, 194, 195, 207, 208, 210, 211, 212, 213, 218, 224, 245, 324, 380, 399, 431, 434, 435, 436, 442, 453, 466, 469, 476

光绪　26, 28, 29, 39, 40, 45, 46, 51, 52, 60, 62, 66, 73, 74, 75, 76, 81, 85, 86, 87, 88, 89, 90, 91, 92, 94, 95, 96, 99, 100, 102, 104, 108, 109, 118, 128, 130, 131, 132, 133, 134, 135, 136, 137, 157, 174, 175, 176, 177, 178, 181, 187, 189, 190, 196, 200, 213, 214, 215, 216, 219, 220, 231, 232, 233, 239, 240, 241, 247, 248, 258, 259, 261, 265, 267, 269, 272, 273, 274, 275, 276, 277, 281, 287, 288, 293, 303, 304, 308, 309, 310, 313, 322, 324, 327, 334, 344,

347, 358, 367, 369, 372, 373, 380, 392, 393, 394, 395, 402, 404, 407, 408, 409, 427, 435, 460, 461, 462

H

行店　289, 290, 291, 300, 301, 302, 313, 314, 341, 349, 350, 354, 355, 369, 415, 421, 422, 423

行业　38, 41, 67, 68, 69, 76, 78, 86, 88, 89, 91, 93, 99, 125, 160, 178, 179, 180, 181, 208, 216, 252, 253, 255, 257, 263, 282, 295, 298, 305, 307, 311, 312, 316, 317, 318, 319, 322, 329, 330, 334, 344, 347, 349, 350, 355, 360, 367, 375, 377, 378, 390, 393, 420, 424, 425, 427, 435, 438, 455, 472

河南　10, 12, 14, 49, 59, 60, 61, 62, 63, 65, 66, 69, 75, 76, 77, 78, 79, 87, 88, 89, 90, 92, 101, 102, 103, 104, 105, 106, 109, 110, 111, 114, 117, 121, 132, 136, 137, 142, 144, 150, 151, 170, 174, 175, 176, 177, 178, 179, 180, 183, 201, 204, 221, 224, 229, 230, 231, 233, 234, 235, 236, 237, 239, 249, 250, 251, 252, 254, 255, 256, 257, 265, 266, 267, 269, 273, 275, 277, 278, 279, 280, 283, 284, 286, 289, 292, 298, 299, 301, 302, 305, 306, 308, 310, 312, 313, 314, 316, 317, 318, 319, 320, 321, 322, 323, 324, 325, 328, 333, 334, 335, 338, 340, 341, 342, 344, 347, 348, 349, 350, 352, 353, 355, 357, 358, 359, 360, 361, 364, 365, 368, 369, 370, 371, 372, 387, 391, 401, 402, 403, 404, 408, 409, 425, 432, 433, 438, 439, 440, 442, 443, 444, 445, 447, 450, 452, 455, 458, 461, 462, 464, 465, 467, 469, 472, 473, 474, 475

河内　15, 103, 121, 249, 269, 277, 283, 284, 285, 286, 291, 292, 303, 357, 358, 359, 360, 363, 433, 440, 443, 451, 457

河西务　14, 45, 141, 150, 157, 180, 181, 372, 373, 379, 380, 431, 432, 433, 435, 453, 457

户关　141, 147, 148, 149, 151, 218

户数　29, 30, 34, 36, 83, 97, 168, 169, 170, 228, 410, 412, 413, 434

华北　1, 3, 8, 9, 10, 13, 14, 15, 17, 79, 90, 93, 101, 112, 135, 139, 140, 141, 147, 150, 152, 155, 164, 171, 187, 235, 248, 269, 270, 271, 277, 283, 293, 310, 311, 358, 360, 391, 393, 397, 398, 401, 404, 407, 410, 411, 412, 415, 425, 429, 431, 433, 434, 435, 436, 439, 441, 447, 449, 450, 451, 452, 453, 454, 455, 456,

457, 458, 470, 475, 476

怀庆 75, 101, 103, 106, 121, 122, 170, 174, 176, 249, 269, 277, 283, 284, 285, 286, 287, 288, 289, 290, 291, 308, 310, 357, 358, 359, 363, 364, 402, 423, 432, 433, 440, 445, 451, 473

黄县 196, 240, 241, 247, 248, 261, 386, 405, 408, 424, 433, 436, 437, 443, 445, 451, 452, 457

会馆 10, 12, 15, 38, 39, 40, 41, 42, 49, 51, 57, 72, 75, 76, 77, 78, 80, 85, 86, 87, 88, 89, 90, 91, 92, 99, 137, 157, 158, 159, 160, 161, 169, 173, 174, 175, 176, 177, 178, 179, 180, 181, 197, 202, 217, 230, 231, 232, 233, 234, 235, 236, 237, 238, 249, 250, 251, 252, 253, 254, 255, 256, 258, 259, 261, 265, 266, 267, 273, 275, 277, 278, 280, 287, 288, 289, 292, 293, 294, 295, 296, 297, 298, 299, 300, 301, 307, 308, 309, 311, 312, 313, 314, 315, 316, 317, 318, 320, 322, 323, 324, 325, 326, 327, 328, 329, 330, 331, 332, 333, 334, 335, 337, 338, 341, 342, 343, 344, 345, 346, 347, 348, 349, 350, 351, 352, 353, 354, 355, 357, 358, 359, 360, 361, 367, 368, 369, 370, 371, 372, 376, 377, 378, 387, 388, 389, 391, 393, 394, 395, 403, 404, 411, 420, 421, 422, 423, 424, 425, 431, 435, 436, 438, 439, 440, 441, 442, 443, 444, 445, 447, 460, 461, 462, 464, 467, 468, 469, 472, 473, 474, 475, 476

J

级别 15, 110, 153, 187, 406, 412, 438, 450, 454

集市 11, 75, 98, 99, 100, 116, 117, 118, 119, 131, 259, 304, 308, 323, 380, 387, 403, 404, 421, 430, 433, 435, 457, 469, 475

集资 12, 15, 76, 77, 86, 88, 89, 90, 91, 93, 152, 159, 160, 161, 174, 175, 176, 177, 178, 180, 181, 197, 202, 203, 204, 206, 207, 216, 230, 231, 232, 233, 234, 235, 236, 237, 252, 255, 256, 261, 265, 266, 273, 275, 276, 277, 278, 279, 280, 282, 288, 289, 290, 291, 292, 294, 295, 296, 297, 299, 309, 312, 314, 316, 317, 318, 319, 320, 322, 328, 329, 333, 342, 343, 344, 345, 348, 349, 350, 352, 353, 354, 355, 357, 358, 359, 360, 361, 362, 364, 368, 369, 372, 376, 377, 389, 390, 391, 392, 393, 394, 402, 420, 421, 422, 423, 424, 425, 431, 435, 439, 440, 442,

443, 444, 445

济南　9, 14, 18, 59, 80, 81, 82, 83, 84, 85, 86, 88, 89, 90, 91, 92, 93, 99, 100, 101, 103, 104, 106, 109, 129, 197, 221, 233, 238, 239, 260, 262, 387, 391, 392, 395, 400, 401, 402, 403, 408, 410, 427, 431, 433, 443, 444, 449, 450, 451, 454, 456, 468, 471, 473, 474

济宁　71, 119, 120, 125, 141, 142, 147, 151, 169, 173, 174, 221, 222, 223, 224, 225, 226, 227, 228, 229, 235, 379, 381, 384, 395, 396, 400, 403, 404, 405, 408, 410, 426, 431, 432, 433, 436, 437, 443, 447, 449, 450, 456, 457, 458, 472

冀鲁豫　9, 13, 14, 15, 18, 101, 102, 103, 105, 110, 113, 133, 141, 152, 312, 402, 407, 410, 432, 439, 442, 443, 447, 448, 449, 450, 455, 456, 457

嘉道　41, 48, 51, 52, 55, 91, 142, 156, 184, 185, 186, 191, 192, 194, 195, 207, 211, 212, 213, 218, 235, 236, 254, 256, 261, 275, 283, 299, 310, 323, 328, 329, 333, 342, 343, 348, 352, 369, 407, 409, 421, 425, 434, 435, 436, 442, 469

嘉靖　19, 20, 21, 22, 44, 55, 60, 61, 65, 93, 94, 96, 98, 99, 102, 103, 104, 106, 107, 108, 109, 116, 123, 124, 125, 129, 132, 143, 147, 152, 165, 166, 189, 222, 229, 237, 238, 240, 247, 257, 258, 259, 261, 262, 267, 268, 284, 285, 293, 313, 348, 359, 381, 384, 387, 400, 401, 402, 404, 412

嘉庆　39, 41, 42, 46, 48, 52, 55, 75, 76, 85, 92, 102, 109, 114, 118, 133, 147, 148, 149, 155, 156, 157, 158, 162, 173, 175, 176, 177, 178, 179, 181, 182, 183, 184, 185, 186, 190, 191, 192, 193, 194, 195, 196, 202, 203, 204, 205, 206, 207, 209, 211, 212, 213, 216, 217, 218, 222, 228, 229, 230, 231, 232, 233, 234, 235, 236, 237, 238, 247, 250, 251, 254, 255, 270, 272, 287, 289, 293, 294, 295, 296, 297, 299, 303, 304, 318, 327, 328, 329, 333, 342, 349, 352, 355, 358, 359, 360, 361, 362, 363, 365, 367, 368, 371, 387, 388, 393, 395, 404, 408, 409, 421, 425, 434, 435, 436, 442, 443, 444, 459, 460

胶州　120, 240, 241, 242, 243, 244, 245, 246, 259, 260, 261, 385, 386, 391, 400, 405, 406, 408, 410, 422, 424, 433, 436, 437, 438, 443, 444, 447, 449, 450, 451, 452, 457, 458

金融　68, 77, 78, 85, 88, 89, 90, 91,

93, 178, 180, 181, 198, 199, 208, 239, 244, 248, 317, 319, 322, 355, 390, 414, 415, 424, 425, 455

京城　5, 6, 8, 14, 18, 19, 20, 22, 23, 24, 25, 26, 28, 29, 30, 31, 32, 34, 35, 36, 37, 38, 39, 41, 42, 43, 44, 47, 48, 49, 51, 53, 54, 55, 56, 59, 71, 102, 103, 127, 153, 155, 157, 277, 322, 373, 379, 400, 401, 402, 403, 406, 407, 410, 411, 431, 433, 434, 450, 453, 454, 455, 456, 457, 467, 470, 472, 476

京师　10, 19, 20, 22, 23, 24, 25, 26, 28, 33, 34, 35, 37, 38, 41, 42, 43, 45, 46, 48, 49, 50, 51, 52, 53, 55, 57, 58, 71, 79, 91, 94, 101, 122, 127, 129, 141, 142, 147, 150, 154, 159, 164, 172, 173, 175, 176, 180, 187, 192, 208, 229, 239, 246, 248, 271, 276, 283, 291, 376, 391, 392, 402, 403, 410, 411, 422, 431, 432, 433, 437, 438, 444, 449, 458, 463, 465, 469, 476

经济　1, 2, 3, 4, 5, 8, 9, 11, 13, 15, 50, 53, 55, 59, 64, 67, 69, 77, 80, 88, 93, 97, 140, 142, 145, 146, 150, 152, 161, 162, 163, 165, 166, 177, 179, 180, 181, 186, 187, 190, 196, 200, 208, 209, 211, 221, 224, 225, 230, 236, 246, 249, 256, 259, 261, 262, 263, 266, 269, 274, 283, 294, 297, 303, 311, 313, 316, 318, 320, 322, 324, 333, 336, 337, 338, 343, 349, 352, 358, 362, 364, 389, 390, 392, 393, 394, 395, 396, 399, 400, 406, 408, 409, 414, 415, 421, 422, 424, 425, 427, 429, 430, 431, 438, 441, 450, 451, 452, 453, 454, 456, 457, 458, 460, 461, 466, 467, 468, 469, 470, 471, 472, 473, 474, 475, 476, 477

经济功能　1, 9, 11, 13, 15, 140, 142, 221, 312, 399, 451, 453, 457, 458

经营额　204, 234, 235, 236, 237, 253, 256, 318, 319, 329, 330, 331, 332, 345, 346, 347, 348, 363, 421, 436, 439, 440, 443

经营规模　12, 13, 15, 91, 175, 204, 229, 234, 237, 238, 253, 312, 318, 320, 322, 329, 330, 331, 333, 342, 345, 348, 355, 359, 360, 390, 399, 413, 420, 421, 431, 440, 441, 442, 450

荆紫关　10, 14, 312, 365, 366, 367, 369, 370, 409, 433, 439, 440, 443, 451, 452, 456

就藩　13, 14, 15, 18, 26, 105, 106, 109, 132, 133, 257, 284, 402, 406

捐款　12, 15, 51, 76, 77, 78, 86, 88, 89, 90, 91, 92, 130, 159, 160, 161,

174, 176, 177, 178, 180, 203, 204, 205, 206, 207, 217, 231, 233, 237, 238, 252, 253, 254, 265, 266, 274, 275, 276, 277, 278, 279, 280, 281, 282, 283, 289, 290, 291, 292, 293, 294, 295, 296, 297, 298, 299, 307, 309, 312, 314, 316, 317, 318, 319, 320, 321, 322, 329, 331, 332, 333, 337, 340, 342, 347, 348, 349, 350, 354, 355, 356, 358, 359, 360, 361, 362, 363, 364, 365, 368, 369, 377, 378, 388, 389, 390, 391, 392, 393, 394, 421, 422, 423, 424, 425, 431, 435, 436, 440, 442, 443, 444, 445, 446, 447, 460

K

开封　4, 6, 9, 14, 18, 51, 59, 60, 61, 62, 63, 64, 65, 66, 67, 68, 69, 70, 71, 72, 74, 75, 77, 78, 79, 80, 90, 100, 101, 102, 103, 104, 105, 110, 111, 170, 233, 292, 293, 305, 312, 313, 314, 316, 317, 318, 319, 320, 321, 322, 323, 324, 333, 334, 345, 391, 400, 401, 402, 403, 409, 410, 411, 424, 425, 426, 427, 431, 432, 433, 439, 440, 443, 444, 445, 447, 449, 450, 454, 455, 456, 458, 466, 468, 471, 472, 473, 474, 475

康熙　26, 28, 29, 38, 39, 40, 41, 43, 46, 49, 50, 52, 56, 59, 60, 62, 72, 75, 81, 85, 93, 94, 95, 96, 98, 99, 100, 101, 102, 103, 110, 112, 117, 122, 124, 125, 126, 127, 131, 132, 134, 141, 143, 147, 152, 153, 154, 155, 157, 159, 161, 164, 165, 166, 173, 174, 181, 184, 186, 187, 189, 190, 196, 199, 210, 211, 214, 215, 216, 219, 223, 224, 225, 228, 230, 238, 240, 241, 242, 244, 246, 247, 249, 254, 257, 259, 261, 264, 265, 266, 267, 268, 269, 270, 271, 284, 285, 286, 293, 294, 314, 316, 322, 323, 327, 328, 335, 348, 352, 358, 359, 373, 374, 375, 376, 380, 381, 382, 383, 384, 387, 388, 392, 394, 401, 402, 411, 426, 434, 435, 438, 439, 440, 441, 459

客商　5, 46, 68, 75, 80, 84, 85, 99, 141, 144, 173, 174, 206, 221, 226, 228, 233, 273, 275, 278, 282, 290, 300, 302, 307, 314, 324, 333, 335, 340, 354, 355, 359, 369, 373, 379, 388, 395, 403, 415, 422, 423, 424, 427, 432, 436, 438, 443, 444, 445, 447, 467

空间　5, 6, 7, 8, 9, 11, 13, 14, 15, 18, 19, 60, 61, 62, 72, 82, 101, 105, 106, 108, 109, 110, 133, 200, 215, 399, 400, 402, 429, 452, 468, 470, 476

空间分布　13, 14, 15, 18, 19, 20, 22, 25, 30, 62, 75, 80, 200, 397, 398, 402, 429, 431, 432, 433, 447, 448, 449

L

聊城　15, 103, 142, 222, 229, 230, 231, 232, 233, 235, 236, 237, 238, 253, 404, 408, 410, 421, 433, 436, 437, 442, 443, 444, 447, 449, 450, 453, 456, 457, 458, 468, 471, 476

临清　4, 14, 45, 67, 69, 71, 78, 90, 124, 125, 130, 141, 142, 143, 144, 145, 146, 147, 148, 149, 150, 151, 152, 172, 221, 222, 223, 224, 225, 229, 230, 235, 236, 237, 240, 246, 255, 357, 358, 359, 370, 373, 379, 380, 381, 384, 394, 400, 401, 403, 404, 408, 410, 412, 414, 415, 416, 420, 422, 424, 426, 427, 431, 432, 433, 436, 437, 442, 443, 447, 449, 451, 452, 453, 454, 456, 457, 458, 475

零售　80, 145, 200, 239, 411, 414, 415, 416, 420, 439

流通　1, 11, 12, 13, 14, 54, 55, 140, 143, 149, 150, 152, 164, 173, 217, 222, 225, 238, 255, 257, 283, 312, 324, 333, 335, 348, 364, 370, 385, 406, 410, 415, 425, 426, 430, 431, 436, 439, 440, 449, 451, 452, 453, 454, 456, 457

流通枢纽　11, 12, 430, 449, 450, 454, 456, 457

隆庆　56, 94, 102, 103, 133, 146, 198, 223, 240, 241, 313, 358, 359, 360, 379, 432, 434

洛阳　15, 103, 105, 121, 249, 250, 251, 252, 253, 254, 255, 256, 257, 320, 334, 341, 401, 404, 409, 410, 420, 421, 433, 439, 442, 443, 447, 449, 451, 452, 456, 457, 458, 473, 475

M

贸易　3, 5, 9, 11, 14, 33, 42, 48, 51, 53, 54, 56, 68, 69, 70, 71, 79, 84, 98, 118, 120, 125, 127, 130, 142, 144, 145, 150, 152, 158, 159, 162, 163, 165, 166, 170, 172, 173, 176, 177, 178, 179, 181, 184, 186, 187, 189, 195, 196, 197, 198, 199, 200, 201, 202, 204, 205, 207, 208, 210, 211, 213, 214, 215, 216, 217, 218, 219, 220, 221, 222, 230, 235, 237, 240, 241, 242, 243, 245, 246, 247, 248, 255, 256, 259, 261, 263, 269, 270, 271, 272, 280, 282, 283, 288, 290, 293, 304, 305, 306, 307, 308, 310, 322, 335, 342, 348, 357, 358, 359, 360, 362, 363, 365, 369, 371, 372, 381, 382, 385, 386, 388, 391,

392, 393, 404, 405, 410, 411, 412, 414, 415, 420, 421, 422, 424, 427, 430, 433, 434, 435, 436, 437, 440, 447, 452, 453, 457, 461, 467, 468, 472, 475, 477

民国　39, 42, 58, 75, 81, 84, 95, 96, 97, 98, 122, 127, 158, 175, 177, 200, 216, 239, 246, 247, 257, 261, 265, 270, 292, 293, 298, 301, 302, 304, 308, 309, 310, 313, 323, 343, 345, 346, 347, 359, 368, 369, 371, 384, 385, 394, 395, 407, 409, 414, 456, 462

明代　5, 6, 7, 12, 13, 14, 18, 19, 20, 22, 23, 24, 25, 26, 28, 31, 32, 37, 38, 39, 40, 43, 44, 45, 49, 55, 59, 60, 61, 62, 63, 64, 65, 66, 68, 69, 70, 72, 73, 74, 77, 79, 80, 81, 82, 84, 85, 91, 92, 94, 96, 98, 99, 100, 101, 102, 103, 104, 105, 106, 108, 109, 113, 115, 116, 117, 120, 122, 123, 124, 125, 126, 127, 128, 129, 132, 133, 134, 137, 141, 146, 147, 150, 152, 153, 155, 157, 163, 164, 165, 166, 167, 169, 170, 174, 176, 181, 186, 187, 189, 197, 198, 202, 210, 214, 222, 226, 227, 230, 235, 237, 240, 241, 243, 245, 247, 249, 250, 257, 258, 262, 263, 264, 268, 271, 285, 293, 298, 305, 313, 322,

323, 333, 348, 356, 357, 358, 359, 360, 363, 364, 365, 372, 373, 379, 380, 382, 383, 384, 385, 387, 401, 402, 403, 404, 405, 406, 407, 409, 410, 411, 412, 414, 415, 419, 420, 421, 424, 426, 427, 431, 432, 433, 434, 435, 436, 437, 438, 439, 440, 442, 451, 452, 453, 454, 457, 467, 469, 472, 476

明清　1, 2, 4, 5, 6, 7, 8, 9, 10, 11, 12, 13, 14, 15, 17, 18, 19, 23, 25, 28, 38, 39, 40, 41, 42, 47, 49, 51, 53, 54, 57, 59, 60, 61, 62, 63, 65, 66, 67, 73, 75, 77, 79, 80, 81, 82, 93, 98, 101, 105, 113, 114, 115, 127, 130, 139, 140, 144, 145, 146, 152, 153, 154, 156, 158, 159, 161, 163, 164, 170, 187, 198, 202, 210, 223, 225, 227, 229, 236, 238, 241, 243, 247, 249, 259, 261, 262, 263, 269, 270, 271, 272, 280, 281, 282, 283, 292, 293, 298, 304, 308, 309, 311, 312, 324, 348, 357, 364, 372, 393, 396, 397, 398, 399, 400, 406, 407, 408, 409, 410, 411, 412, 414, 415, 421, 422, 427, 429, 430, 431, 436, 439, 441, 451, 452, 453, 454, 455, 456, 457, 458, 460, 461, 466, 467, 468, 469, 470, 471, 472, 473, 474, 475, 476, 477

N

南阳　14, 18, 101, 102, 103, 105, 109, 132, 133, 134, 135, 136, 137, 257, 312, 334, 335, 340, 342, 343, 348, 365, 366, 371, 401, 402, 404, 409, 440, 441, 443, 451, 452, 473, 474

年分　47, 48, 52, 148, 149, 166, 182, 183, 185, 186, 191, 192, 194, 195, 211, 212, 213, 214, 244, 245, 310, 394

P

批发　80, 144, 145, 150, 180, 200, 216, 218, 220, 235, 238, 253, 391, 392, 411, 414, 415, 416, 420, 421, 436, 439

铺户　29, 30, 34, 35, 36, 37, 41, 155, 169, 170, 171, 328, 380, 411, 416

Q

祁州　10, 176, 269, 270, 271, 272, 273, 274, 275, 277, 278, 279, 280, 281, 282, 283, 291, 292, 305, 307, 308, 310, 401, 402, 407, 422, 433, 435, 443, 445, 446, 447, 449, 450, 453, 457, 458

乾隆　24, 26, 28, 29, 37, 38, 39, 40, 41, 42, 43, 45, 46, 47, 48, 49, 50, 51, 53, 56, 57, 60, 72, 73, 74, 75, 76, 77, 79, 81, 82, 83, 84, 85, 87, 90, 92, 94, 96, 99, 101, 102, 104, 106, 108, 110, 114, 117, 118, 119, 120, 121, 122, 127, 128, 134, 142, 143, 144,146, 147, 148, 149, 150, 151, 152, 154, 155, 157, 158, 159, 160, 161, 166, 172, 173, 174, 175, 176, 177, 181, 182, 183, 184, 185, 186, 187, 189, 190, 191, 195, 196, 197, 198, 199, 200, 202, 203, 208, 209, 210, 211, 212, 215, 216, 217, 218, 219, 222, 223, 224, 225, 228, 229, 231, 232, 233, 234, 235, 236, 237, 238, 239, 241, 242, 243, 244, 245, 247, 248, 249, 250, 251, 252, 253, 255, 256, 259, 260, 261, 262, 263, 264, 265, 266, 267, 269, 270, 271, 272, 285, 286, 287, 288, 289, 292, 293, 295, 298, 299, 301, 303, 304, 305, 306, 307, 310, 314, 316, 317, 318, 319, 320, 321, 322, 323, 324, 327, 328, 329, 335, 337, 338, 340, 342, 343, 348, 349, 350, 352, 358, 359, 368, 369, 370, 371, 376, 377, 378, 379, 380, 381, 384, 385, 388, 393, 394, 395, 401, 402, 403, 405, 406, 407, 408, 409, 410, 416, 420, 421, 424, 425, 426, 427, 434, 435, 436, 437, 438, 439, 441, 442,

443, 451, 452, 459, 460, 461, 476
青州　15, 101, 102, 103, 105, 106, 107, 108, 109, 110, 111, 238, 240, 257, 258, 259, 260, 261, 267, 268, 386, 387, 391, 402, 408, 433, 438, 444, 449, 473
清代　1, 6, 7, 8, 9, 10, 12, 13, 14, 15, 18, 19, 20, 21, 23, 24, 25, 26, 27, 28, 29, 38, 39, 41, 42, 43, 44, 46, 47, 48, 49, 51, 52, 55, 56, 57, 58, 59, 60, 62, 63, 64, 66, 72, 75, 76, 77, 78, 79, 80, 81, 82, 84, 85, 86, 87, 88, 89, 90, 91, 92, 93, 94, 95, 96, 98, 99, 100, 101, 102, 103, 104, 105, 109, 110, 111, 112, 113, 118, 120, 122, 125, 126, 127, 128, 129, 131, 132, 133, 134, 135, 136, 137, 141, 146, 147, 148, 150, 152, 153, 155, 157, 158, 163, 164, 165, 166, 167, 169, 170, 171, 172, 173, 174, 175, 176, 177, 178, 179, 180, 182, 186, 187, 189, 190, 191, 195, 197, 198, 203, 208, 209, 210, 211, 213, 214, 215, 217, 218, 222, 224, 227, 228, 229, 230, 231, 233, 234, 235, 236, 237, 238, 239, 241, 242, 243, 244, 245, 246, 247, 248, 249, 250, 251, 252, 254, 255, 256, 257, 258, 259, 261, 262, 264, 265, 266, 267, 268, 269, 270, 273, 275, 278, 280, 283, 284, 285, 286, 289, 292, 293, 298, 299, 305, 310, 312, 313, 314, 316, 317, 318, 320, 322, 323, 324, 325, 328, 333, 334, 335, 338, 342, 344, 347, 348, 349, 350, 352, 353, 355, 356, 357, 358, 359, 360, 361, 363, 364, 367, 368, 369, 370, 373, 379, 380, 383, 385, 387, 388, 391, 392, 393, 400, 401, 402, 403, 404, 405, 406, 407, 409, 410, 411, 412, 414, 415, 424, 425, 427, 431, 433, 434, 435, 436, 437, 438, 439, 440, 441, 442, 447, 448, 450, 452, 453, 454, 455, 456, 457, 461, 463, 466, 467, 468, 469, 470, 471, 472, 473, 474, 475, 476, 477

清化镇　10, 14, 121, 152, 286, 291, 292, 303, 312, 357, 358, 359, 360, 362, 363, 364, 365, 402, 409, 423, 424, 432, 433, 439, 440, 443, 445, 446, 450, 451, 452, 458, 460

R

人口　1, 7, 8, 13, 14, 15, 18, 19, 20, 25, 26, 28, 29, 30, 54, 59, 63, 64, 65, 66, 72, 81, 82, 83, 84, 93, 96, 97, 109, 124, 127, 129, 143, 163, 165, 168, 169, 170, 171, 189, 199, 216, 222, 228, 248, 250, 263, 264, 323, 399, 406, 407, 408, 409, 410,

411, 412, 413, 415, 417, 419, 430, 431, 434, 435, 454, 455, 456, 457, 466, 467

人口结构　13, 14, 18, 56, 60, 72, 79, 80, 164, 170, 411

S

山东　3, 6, 9, 10, 12, 14, 19, 41, 49, 59, 69, 71, 75, 76, 77, 78, 80, 81, 87, 88, 89, 90, 92, 93, 99, 101, 102, 103, 104, 105, 106, 108, 109, 110, 113, 117, 119, 120, 125, 127, 129, 130, 131, 141, 142, 143, 145, 146, 147, 148, 149, 150, 151, 157, 158, 172, 173, 174, 175, 176, 177, 178, 179, 180, 183, 196, 197, 201, 204, 221, 222, 223, 224, 225, 229, 230, 231, 233, 234, 235, 236, 237, 238, 240, 241, 242, 243, 244, 246, 247, 249, 250, 251, 252, 254, 255, 257, 258, 259, 260, 261, 262, 265, 266, 267, 268, 273, 275, 276, 278, 280, 283, 289, 292, 299, 312, 314, 316, 317, 318, 325, 328, 333, 335, 338, 342, 344, 347, 349, 352, 353, 355, 358, 359, 361, 366, 368, 369, 372, 380, 384, 385, 386, 387, 391, 392, 393, 394, 395, 396, 401, 402, 403, 408, 409, 412, 413, 414, 417, 419, 420, 422, 425, 433, 434, 435, 436, 437, 438, 439, 442, 443, 444, 445, 447, 450, 452, 454, 455, 460, 461, 462, 468, 469, 470, 471, 472, 474, 476, 477

山海关　14, 110, 130, 141, 142, 163, 186, 187, 188, 189, 190, 191, 192, 194, 195, 199, 407, 433, 434, 442, 443, 447, 449, 450, 453, 457, 458

商贩　29, 43, 49, 53, 72, 131, 144, 148, 150, 171, 189, 196, 198, 218, 223, 240, 242, 248, 258, 259, 261, 338, 410, 413, 414

商号　51, 76, 77, 78, 88, 89, 90, 91, 92, 93, 161, 174, 177, 178, 180, 197, 203, 204, 205, 206, 207, 209, 216, 217, 220, 232, 233, 234, 235, 236, 237, 238, 244, 245, 250, 253, 254, 255, 266, 275, 276, 277, 278, 279, 280, 282, 288, 289, 291, 292, 295, 296, 297, 298, 299, 300, 306, 307, 309, 310, 312, 316, 317, 318, 319, 320, 321, 322, 329, 330, 331, 332, 333, 338, 339, 340, 342, 344, 345, 347, 348, 349, 350, 354, 355, 356, 357, 359, 361, 362, 364, 365, 368, 369, 372, 377, 378, 384, 385, 389, 390, 391, 394, 395, 404, 420, 421, 423, 435, 436, 437, 439, 443, 444, 445, 447

商货　31, 44, 46, 50, 69, 71, 79, 120,

125, 147, 155, 157, 170, 171, 172, 173, 181, 190, 209, 210, 220, 223, 224, 235, 237, 243, 267, 271, 301, 306, 322, 324, 335, 338, 340, 349, 350, 351, 357, 359, 364, 373, 375, 379, 395, 403, 411, 412, 415, 421, 422, 425, 427, 431, 432, 439, 440, 452, 453

商品　1, 4, 8, 9, 11, 12, 14, 18, 33, 38, 44, 48, 49, 51, 53, 54, 55, 69, 70, 71, 72, 73, 74, 79, 80, 91, 118, 124, 125, 140, 145, 150, 152, 155, 161, 170, 171, 172, 173, 195, 200, 208, 217, 218, 219, 222, 224, 225, 230, 235, 236, 237, 238, 239, 242, 243, 246, 247, 255, 256, 257, 263, 298, 300, 301, 303, 310, 312, 313, 323, 324, 333, 334, 335, 337, 338, 339, 340, 342, 348, 356, 357, 358, 359, 364, 366, 369, 370, 375, 384, 385, 400, 403, 404, 406, 410, 411, 412, 415, 420, 422, 424, 425, 426, 427, 430, 431, 434, 435, 436, 437, 438, 439, 440, 441, 444, 450, 451, 452, 453, 454, 456, 457, 466

商铺　13, 14, 29, 67, 201, 210, 216, 220, 251, 313, 317, 399, 403, 406, 407, 408, 410, 411, 413, 415, 416, 417, 419, 420

商人　10, 12, 15, 38, 39, 40, 41, 42, 49, 71, 72, 75, 76, 77, 78, 79, 80, 86, 87, 88, 89, 90, 91, 92, 93, 99, 137, 150, 152, 155, 157, 159, 160, 165, 170, 174, 175, 176, 177, 178, 179, 180, 181, 189, 199, 200, 201, 202, 204, 207, 208, 210, 213, 215, 216, 218, 219, 227, 228, 230, 231, 233, 234, 235, 236, 237, 239, 240, 244, 246, 247, 248, 249, 250, 251, 252, 253, 254, 255, 256, 261, 264, 265, 266, 267, 272, 273, 274, 275, 277, 278, 280, 283, 286, 287, 288, 289, 290, 292, 293, 297, 299, 303, 305, 306, 307, 311, 312, 313, 314, 316, 317, 318, 320, 321, 322, 323, 324, 325, 328, 329, 333, 335, 338, 342, 343, 344, 347, 348, 349, 352, 353, 354, 355, 356, 358, 359, 360, 361, 362, 363, 364, 367, 368, 369, 370, 371, 372, 376, 377, 387, 388, 389, 391, 393, 394, 395, 403, 409, 410, 411, 415, 421, 422, 424, 425, 427, 431, 435, 436, 437, 438, 439, 440, 441, 442, 443, 445, 454, 455, 461, 469, 472, 473, 474, 477

商税　12, 13, 44, 45, 50, 119, 120, 121, 125, 127, 147, 155, 183, 184, 210, 218, 222, 223, 224, 230, 231, 244, 250, 259, 260, 263, 285, 286, 313, 348, 373, 379, 399, 411, 412,

索　引

427, 431, 432, 434, 435, 437
商业　1, 2, 4, 5, 8, 9, 10, 11, 12, 13, 14, 15, 18, 19, 23, 29, 30, 31, 32, 34, 35, 37, 38, 39, 41, 42, 43, 47, 49, 56, 59, 60, 66, 67, 68, 69, 70, 72, 73, 75, 79, 80, 81, 84, 85, 86, 93, 98, 99, 100, 101, 112, 117, 118, 119, 120, 121, 124, 125, 127, 136, 140, 142, 144, 145, 146, 150, 152, 163, 165, 166, 167, 169, 170, 171, 173, 186, 197, 198, 199, 200, 201, 207, 208, 215, 216, 217, 218, 221, 222, 224, 225, 226, 227, 228, 230, 238, 239, 240, 242, 245, 246, 247, 248, 249, 250, 255, 256, 257, 258, 260, 261, 262, 263, 264, 267, 282, 285, 292, 293, 298, 308, 309, 310, 311, 312, 313, 315, 319, 320, 322, 323, 324, 325, 333, 335, 342, 349, 356, 357, 360, 364, 370, 374, 379, 380, 381, 383, 384, 387, 390, 392, 393, 398, 399, 401, 402, 403, 404, 405, 406, 407, 408, 409, 410, 411, 412, 413, 414, 415, 417, 419, 420, 421, 422, 424, 425, 426, 427, 430, 431, 432, 433, 434, 435, 436, 437, 438, 439, 440, 441, 442, 443, 447, 449, 450, 452, 453, 454, 455, 456, 457, 466, 469, 470, 471, 474, 475, 476

商业城镇　1, 3, 4, 5, 9, 10, 11, 12, 13, 14, 15, 120, 121, 139, 140, 221, 222, 298, 311, 324, 381, 388, 397, 398, 399, 400, 406, 408, 409, 410, 414, 415, 421, 422, 424, 425, 426, 429, 430, 431, 432, 433, 435, 436, 438, 439, 441, 443, 447, 448, 449, 450, 451, 452, 453, 454, 455, 456, 457, 458, 475, 476

商业规模　10, 13, 14, 15, 100, 124, 141, 239, 241, 312, 313, 331, 334, 342, 348, 352, 357, 359, 363, 370, 381, 398, 407, 409, 412, 415, 420, 431, 433, 436, 439, 440, 441, 442, 443, 450, 454

商业街　13, 14, 18, 19, 30, 72, 85, 99, 100, 116, 117, 118, 119, 131, 142, 144, 145, 167, 169, 216, 238, 245, 258, 260, 313, 381, 382, 383, 403, 404, 405, 406, 420

商业结构　13, 14, 15, 18, 72, 79, 312, 313, 399, 411, 415

商业区　30, 31, 32, 37, 41, 42, 43, 75, 80, 118, 124, 144, 167, 169, 201, 216, 228, 230, 239, 245, 248, 251, 258, 264, 400, 401, 402, 403, 404, 405, 406, 411, 412, 424, 426, 435, 437, 473

商业中心　11, 12, 13, 15, 29, 30, 32, 37, 38, 56, 186, 214, 257, 319, 393,

403, 410, 412, 419, 430, 435, 436, 437, 438, 439, 440, 443, 447, 449, 450, 453, 456, 457

赊旗　10, 14, 137, 256, 298, 300, 303, 306, 312, 320, 334, 335, 336, 337, 338, 339, 340, 341, 342, 343, 344, 345, 347, 348, 349, 350, 351, 352, 357, 359, 371, 409, 410, 421, 433, 439, 440, 441, 442, 443, 447, 449, 450, 451, 452, 453, 456, 458, 474, 475

省城　10, 14, 54, 59, 60, 67, 95, 97, 99, 100, 101, 103, 110, 111, 147, 258, 260, 317, 318, 319, 322, 367, 387, 398, 400, 401, 403, 407, 408, 409, 410, 427, 431, 435, 438, 439, 449, 450, 454, 456

省会　14, 18, 59, 62, 65, 80, 81, 86, 93, 95, 97, 98, 100, 313, 401, 403, 410, 455, 457, 458

施坚雅　2, 7, 11, 12, 13, 15, 112, 399, 429, 430, 441, 447, 449, 450, 455, 471, 477

实征　46, 47, 48, 52, 72, 148, 149, 155, 156, 182, 183, 184, 190, 191, 192, 211, 212, 213, 214, 218, 244, 245, 434, 436, 442

市场　1, 3, 4, 5, 8, 11, 12, 13, 15, 16, 19, 30, 31, 32, 34, 38, 41, 42, 43, 54, 55, 57, 69, 72, 79, 84, 146, 150,

151, 154, 170, 198, 201, 216, 219, 248, 255, 269, 270, 271, 272, 277, 280, 281, 282, 283, 292, 293, 298, 303, 306, 307, 310, 312, 338, 340, 384, 387, 391, 392, 393, 400, 411, 415, 416, 422, 429, 430, 439, 441, 450, 454, 456, 457, 458, 466, 467, 470, 471, 472, 473, 475

市场层级　12, 13, 15, 397, 398, 399, 429, 431, 436, 441, 447, 448, 450, 457, 476

手工业　55, 66, 69, 79, 100, 124, 144, 165, 195, 196, 201, 227, 228, 239, 256, 268, 317, 320, 325, 412, 413, 414, 415, 420, 451, 461

输出　173, 195, 208, 210, 218, 225, 236, 242, 243, 244, 245, 247, 255, 256, 257, 268, 310, 324, 333, 334, 338, 340, 364, 366, 369, 370, 384, 391, 412, 422, 434, 435, 437, 439, 440, 441, 451

输入　49, 51, 53, 73, 79, 131, 155, 171, 173, 195, 196, 197, 208, 218, 219, 225, 242, 244, 245, 246, 255, 256, 257, 268, 286, 317, 324, 333, 338, 339, 366, 370, 384, 386, 422, 434, 435, 437, 438, 439, 440, 451, 454

税额　35, 37, 45, 46, 47, 48, 52, 120, 121, 125, 148, 151, 155, 156, 181,

182, 183, 184, 185, 190, 191, 192, 193, 194, 195, 210, 211, 212, 213, 218, 260, 262, 359, 385, 386, 431, 434, 435, 442, 443

税关　11, 12, 14, 18, 19, 38, 44, 45, 47, 48, 49, 50, 52, 53, 140, 141, 142, 147, 156, 163, 175, 181, 185, 186, 187, 192, 195, 197, 199, 200, 208, 210, 211, 212, 213, 214, 217, 218, 221, 222, 231, 249, 324, 373, 374, 379, 380, 411, 430, 431, 432, 433, 435, 436, 439, 442, 443, 447, 450, 454, 457

税收　12, 13, 14, 18, 19, 35, 44, 46, 47, 48, 52, 53, 120, 121, 142, 147, 148, 155, 156, 157, 163, 182, 183, 184, 185, 186, 187, 191, 192, 194, 195, 207, 210, 211, 212, 213, 218, 380, 383, 385, 430, 433, 434, 442, 443, 447, 450, 454

泰安　15, 71, 82, 90, 92, 101, 104, 233, 249, 262, 263, 264, 265, 266, 381, 384, 392, 394, 395, 401, 403, 408, 410, 425, 427, 431, 432, 433, 436, 437, 438, 443, 450, 456, 457, 472

T

天津　2, 3, 8, 9, 10, 14, 15, 19, 49, 50, 51, 55, 76, 90, 91, 97, 99, 101, 104, 127, 141, 142, 147, 151, 153, 157, 163, 164, 165, 166, 167, 168, 169, 170, 171, 172, 173, 174, 175, 176, 177, 180, 181, 182, 183, 184, 185, 186, 196, 208, 213, 218, 233, 239, 240, 255, 261, 275, 276, 277, 279, 281, 288, 320, 370, 379, 380, 385, 392, 400, 404, 405, 407, 410, 425, 433, 434, 435, 442, 443, 445, 447, 449, 450, 453, 454, 456, 457, 458, 461, 462, 464, 466, 467, 468, 470, 473, 474, 475, 476

通州　10, 14, 46, 141, 153, 154, 155, 157, 158, 159, 160, 161, 162, 180, 201, 222, 224, 246, 277, 322, 336, 370, 372, 373, 374, 375, 376, 377, 407, 410, 426, 431, 432, 433, 434, 435, 442, 443, 447, 449, 450, 452, 453, 456, 458, 473, 476

同光　13, 176, 181, 273, 274, 275, 276, 277, 278, 279, 282, 291, 292, 310, 337, 342, 343, 344, 345, 348, 352, 364, 412, 421, 435, 440, 441, 445, 446

同治　40, 57, 76, 78, 79, 81, 83, 85, 87, 88, 94, 95, 96, 97, 98, 99, 100, 102, 103, 104, 135, 136, 137, 158, 174, 176, 177, 178, 180, 189, 190, 213, 230, 231, 232, 233, 240, 241, 246, 247, 248, 256, 261, 269, 273,

274, 275, 276, 277, 278, 279, 281, 293, 298, 299, 301, 302, 303, 306, 307, 308, 318, 344, 352, 355, 356, 357, 358, 359, 363, 364, 365, 369, 401, 402, 407, 408, 424, 425, 426, 439, 460

W

万历　25, 29, 31, 33, 34, 35, 37, 40, 41, 44, 45, 46, 48, 54, 56, 60, 65, 96, 102, 103, 106, 107, 108, 109, 117, 119, 120, 125, 128, 129, 133, 141, 146, 147, 150, 153, 158, 165, 166, 187, 198, 203, 222, 224, 228, 229, 230, 237, 239, 241, 243, 244, 247, 259, 260, 261, 263, 264, 270, 271, 292, 293, 358, 363, 373, 379, 380, 381, 384, 410, 411, 422, 427, 432, 433, 435, 436, 459, 460, 462, 463

王府　26, 27, 33, 61, 62, 64, 65, 66, 67, 73, 79, 81, 82, 85, 106, 107, 108, 109, 113, 123, 124, 132, 133, 134, 257, 258, 284, 285, 293, 402, 411, 419

潍县　120, 249, 259, 260, 261, 391, 401, 408, 433, 436, 443, 444, 445, 449, 451, 456, 457

X

咸丰　29, 30, 39, 41, 57, 64, 75, 81, 87, 88, 91, 94, 110, 131, 135, 136, 158, 159, 184, 195, 202, 208, 209, 234, 237, 255, 258, 259, 265, 278, 300, 302, 324, 327, 340, 341, 342, 344, 349, 352, 353, 354, 355, 356, 357, 363, 365, 385, 386, 387, 391, 392, 393, 394, 401, 402, 406, 409, 410, 437, 460, 463

咸同　85, 86, 128, 248, 267, 277, 292, 302, 308, 310, 352, 358, 359, 363, 364, 365, 366, 402, 405, 423, 445, 446, 447

县城　13, 14, 75, 104, 113, 115, 116, 117, 120, 121, 124, 126, 127, 163, 167, 169, 186, 189, 192, 247, 248, 249, 258, 259, 261, 262, 267, 311, 348, 356, 357, 371, 372, 379, 380, 381, 387, 393, 401, 404, 407, 408, 424, 433, 449, 456

消费　34, 53, 54, 55, 56, 57, 67, 71, 74, 79, 80, 84, 91, 93, 98, 100, 124, 145, 152, 171, 222, 255, 280, 318, 403, 404, 406, 410, 411, 412, 415, 427, 431, 434, 435, 438, 439, 453, 454

行商　39, 40, 42, 76, 92, 130, 160, 162, 244, 255, 256, 265, 303, 328, 329, 330, 331, 333, 335, 336, 337, 338, 340, 344, 345, 346, 351, 355, 357, 359, 364, 369, 377, 389, 390, 393, 425, 435, 439, 440, 456, 470

行政等级　2, 13, 16, 140, 399, 400, 430, 441, 447, 450, 456, 457, 458, 471

行政中心　11, 13, 14, 15, 17, 18, 81, 97, 101, 140, 141, 221, 248, 311, 312, 398, 399, 400, 401, 404, 406, 409, 410, 412, 427, 433, 449, 451, 453, 455, 456, 457, 458

宣府　101, 103, 105, 113, 122, 123, 124, 125, 126, 127, 152, 198, 401, 402, 412, 431, 432, 453, 454

宣化　14, 18, 22, 101, 103, 113, 119, 122, 124, 125, 126, 127, 215, 249, 279, 407, 453

Y

牙行　207, 225, 374, 375, 383, 415, 421, 422, 426, 437

烟台　4, 9, 14, 130, 239, 241, 247, 372, 384, 385, 386, 408, 410, 433, 436, 437, 443, 447, 449, 450, 451, 452, 456, 458, 461, 466

沿海　1, 3, 9, 14, 51, 120, 130, 141, 142, 147, 163, 165, 166, 170, 172, 173, 181, 183, 184, 186, 187, 190, 192, 195, 196, 197, 221, 240, 241, 242, 243, 244, 245, 246, 248, 259, 260, 261, 385, 386, 396, 405, 429, 433, 434, 436, 437, 452, 456, 461, 467, 470, 475

兖州　71, 87, 101, 103, 104, 105, 106, 107, 109, 113, 119, 120, 125, 129, 221, 224, 225, 266, 384, 395, 402, 403, 408, 412, 413, 416, 419, 428, 437, 455

益都　103, 107, 108, 249, 257, 258, 259, 260, 267, 433, 436, 438, 443, 449, 450, 456, 457

盈余　46, 52, 72, 121, 147, 149, 155, 157, 181, 182, 184, 191, 212, 213, 250, 254

雍正　38, 39, 40, 41, 42, 46, 48, 51, 53, 60, 66, 72, 81, 84, 94, 95, 96, 101, 102, 103, 104, 109, 110, 111, 153, 155, 158, 166, 172, 181, 182, 183, 184, 190, 197, 198, 199, 202, 211, 214, 215, 217, 222, 223, 224, 229, 235, 238, 242, 246, 254, 261, 262, 263, 270, 285, 304, 314, 316, 322, 323, 327, 328, 335, 348, 359, 373, 376, 388, 394, 426, 434, 437, 459, 460, 461

右翼　14, 18, 19, 30, 41, 44, 52, 53, 189, 433

禹州　256, 269, 277, 288, 292, 293, 294, 295, 296, 298, 299, 300, 301, 302, 303, 304, 306, 307, 308, 309, 310, 324, 341, 355, 356, 402, 409, 426, 433, 440, 443, 445, 451, 458, 469

运河　1, 4, 5, 14, 31, 46, 48, 50, 78, 120, 125, 130, 141, 142, 143, 144, 147, 149, 150, 151, 153, 157, 163, 164, 165, 169, 170, 172, 173, 176, 183, 184, 221, 222, 223, 224, 225, 228, 229, 230, 234, 235, 236, 238, 239, 240, 248, 260, 312, 324, 357, 359, 370, 372, 379, 380, 381, 382, 395, 401, 404, 413, 431, 433, 434, 436, 437, 443, 452, 453, 457, 467, 475

运输　49, 54, 68, 69, 80, 165, 200, 207, 221, 225, 248, 263, 268, 300, 301, 303, 307, 308, 336, 377, 414, 415, 425, 426, 427, 430, 435, 438, 452

Z

占比　13, 28, 29, 34, 35, 56, 72, 78, 79, 83, 88, 89, 93, 97, 121, 122, 151, 156, 160, 168, 170, 171, 180, 184, 185, 186, 192, 194, 195, 204, 228, 244, 253, 254, 260, 264, 274, 275, 276, 282, 286, 290, 297, 305, 316, 317, 319, 320, 321, 331, 332, 345, 360, 361, 362, 364, 377, 386, 390, 402, 408, 409, 410, 411, 412, 413, 415, 419, 420, 424, 425, 427, 434, 436, 437, 454, 455

张家口　10, 14, 53, 91, 127, 141, 142, 162, 172, 180, 197, 198, 199, 200, 201, 202, 203, 204, 205, 206, 207, 208, 209, 210, 211, 212, 213, 214, 215, 217, 218, 219, 220, 233, 236, 249, 335, 336, 407, 410, 412, 421, 424, 433, 434, 435, 442, 443, 447, 449, 450, 453, 456, 457, 458, 475

张家湾　14, 150, 157, 370, 372, 373, 374, 375, 376, 377, 379, 426, 431, 433, 434, 435, 443, 460, 473

张秋　14, 120, 222, 372, 380, 381, 382, 383, 384, 408, 410, 431, 432, 433, 436, 437, 443, 451, 456

镇城　2, 11, 13, 15, 113, 122, 123, 124, 126, 140, 359, 364, 365, 381, 406, 423, 458, 468

正额　46, 147, 148, 149, 155, 181, 184, 191, 211, 212

直隶　8, 10, 13, 14, 40, 59, 78, 93, 94, 95, 96, 97, 98, 99, 101, 102, 103, 104, 112, 113, 114, 117, 118, 122, 127, 130, 141, 142, 143, 148, 149, 150, 152, 166, 167, 170, 172,

173, 184, 187, 192, 196, 197, 198, 214, 215, 216, 217, 218, 220, 221, 222, 223, 224,225, 226, 227, 228, 229, 233, 238, 240, 241, 249, 269, 275, 279, 280, 283, 312, 358, 365, 366, 369, 370, 372, 373, 379, 391, 393, 394, 400, 401, 402, 407, 408, 409, 426, 433, 434, 435, 436, 437, 438, 439, 442, 443, 444, 445, 447, 449, 450, 452, 455, 462, 466, 470

职业构成 15, 169, 170, 171, 399, 407, 410, 412, 413, 414, 415

中转 80, 144, 145, 150, 209, 238, 414, 415, 433, 436, 439, 453, 455, 457

州城 113, 120, 131, 143, 147, 153, 154, 157, 222, 229, 238, 241, 245, 257, 264, 269, 273, 293, 371, 372, 381, 402, 405, 408, 454, 473

州县城 11, 12, 13, 15, 106, 109, 140, 283, 311, 381, 404, 406, 408, 409, 430, 451, 454, 456, 457

周村 10, 14, 90, 91, 197, 247, 288, 358, 372, 387, 388, 389, 390, 391, 392, 393, 408, 410, 421, 425, 433, 436, 438, 443, 444, 445, 447, 449, 450, 451, 456, 458, 460, 467, 472, 474, 476

周口 10, 14, 233, 237, 277, 288, 298, 300, 306, 312, 313, 317, 318, 323, 324, 325, 326, 327, 329, 331, 332, 333, 338, 339, 340, 344, 345, 349, 350, 351, 352, 357, 359, 371, 400, 402, 409, 410, 421, 433, 439, 440, 441, 442, 443, 447, 449, 451, 452, 456, 458, 473, 475

朱仙镇 9, 10, 14, 73, 76, 77, 78, 79, 80, 90, 233, 237, 312, 313, 314, 315, 316, 317, 318, 319, 320, 322, 323, 351, 388, 403, 409, 410, 411, 424, 425, 433, 439, 443, 447, 449, 450, 451, 452, 456, 458, 468, 473, 475

驻防 6, 13, 15, 24, 25, 28, 60, 62, 66, 95, 105, 109, 110, 111, 112, 124, 126, 187, 189, 190, 201, 238, 257, 349, 350, 365, 384, 402, 403, 406, 408, 436, 438, 471, 472

转销 53, 79, 125, 150, 152, 172, 180, 220, 224, 255, 257, 259, 322, 403, 411, 412, 434, 439, 445, 446, 450

转运 11, 49, 51, 79, 92, 125, 144, 152, 153, 154, 157, 161, 162, 164, 165, 170, 172, 173, 181, 189, 198, 208, 209, 213, 214, 219, 220, 223, 230, 235, 236, 237, 241, 255, 256, 259, 286, 293, 300, 303, 306, 310, 323, 324, 335, 336, 337, 338, 340, 342, 348, 349,350, 351, 355, 356,

357, 358, 359, 364, 366, 370, 371, 373, 375, 377, 379, 386, 395, 403, 410, 415, 421, 426, 430, 432, 434, 435, 436, 439, 440, 441, 444, 450, 452, 453, 456

转运贸易　93, 127, 152, 173, 181, 208, 217, 224, 235, 236, 253, 310, 375, 410, 414, 421, 440, 454

滋阳　103, 109, 119, 120, 224, 225, 408, 412, 413, 414, 415, 416, 417, 419, 420, 421, 428, 455, 477

左翼　30, 41, 44, 52, 53, 433

坐贾　146, 160, 245, 248, 255, 256, 328, 329, 331, 332, 333, 340, 344, 348, 357, 364, 369, 393, 436, 439, 440

坐粮厅　141, 153, 155, 156, 157, 373, 433, 434, 435, 442, 443

后　　记

本书是在 20 多年实地调查和个案研究基础上,对明清时期华北城市与市场进行的综合性研究。在 2000 年发表的《明清时期城乡市场网络体系的形成及意义》一文中,笔者将明清时期中国的传统市场划分为流通枢纽城市、地区性商业中心和基层市场三大层级[①],其中,流通枢纽城市和基层市场二者有大量资料可据,而地区性商业中心资料相对有限,这一缺憾在北方地区尤为突出。地区性的商业中心到底发展到一个什么样的程度？其商业规模如何,腹地范围有多大？这些商业城镇的分布状况如何？等等,还都缺乏具体研究。故而,在其后的十多年中笔者花费较多的时间和精力,特别着力于利用商人会馆碑刻资料对地区性商业中心进行个案研究。

笔者对商人会馆遗存的调查虽然始于 20 世纪 90 年代,但真正落实到个案研究则是在 10 年之后。2003 年发表的《清代河南的商业重镇周口——明清时期河南商业城镇的个案考察》[②]一文,可以算是笔者利用碑刻资料所作的第一个成功个案,此后又陆续对河南赊旗、朱仙镇、北舞渡、开封、洛阳、荆子关、清化镇,山东周村、聊城、济南,以及张家口、归化城、祁州和锦州等 10 多个城镇进行了较详细的个案考察,对它们各自的发展脉络、商业规模、商业结构和腹地范围等得出了一些较为具体翔实的认识,并尽可能地进

[①] 许檀:《明清时期城乡市场网络体系的形成及意义》,《中国社会科学》2000 年第 3 期。
[②] 许檀:《清代河南的商业重镇周口——明清时期河南商业城镇的个案考察》,《中国史研究》2003 年第 1 期。

行了量化，从而确定了本书的框架。

多年来，笔者的商人会馆碑刻调查曾得到了很多老师、朋友以及各地博物馆、文物局领导的帮助。笔者在河南的调查得到郑州大学王兴亚教授[①]、吴志远教授的大力协助，并曾多次陪同前往；在山西的调查大多得益于山西大学刘建生教授的精心安排。还有武汉大学石莹教授、聊城大学王云教授、聊城市博物馆张竞放馆长、周口市博物馆杨子山馆长、鹤壁市委直属机关工作委员会刘炳强书记、锦州市博物馆张仲华主任、沁阳市文物局田中华局长、禹州市博物馆教之忠馆长、神垕镇文物管理所陈继泽所长等都曾给予热情帮助和指导，笔者衷心感谢。

本书在写作和修改过程中，曾得到南京大学范金民教授、清华大学倪玉平教授、北京社会科学院孙冬虎和邓亦兵两位研究员热心赐教，提出宝贵的修改意见；北京社会科学院高福美研究员，浙江师范大学徐枫博士、山西财经大学徐俊嵩博士帮助收集了大量相关资料和地图，对本书的补充、修改均大有裨益。张林峰博士、王哲博士、伍伶飞博士、杨建庭博士、赵伟洪博士协助绘制了书中的多幅示意图[②]，亦为本书增色不少。此外，徐俊嵩博士、罗畅博士、尹雅淇博士协助核查了本书引用的史籍，李莹女士、徐俊嵩和赵伟洪博士帮助翻译了英文目录，谨此一并致谢。

本书能够入选"国家哲学社会科学成果文库"，首先要感谢科学出版社的大力推荐。还要特别感谢各位匿名评审专家提出的精辟意见和建议，笔者在时间和资料允许的情况下，尽可能地对书稿进行了修改和补充；但因出版时间和能力所限，仍有一些很好的建议没能落实，笔者将在今后的研究中继续努力。科学出版社编辑为本书的出版付出大量心血，使本书避免了很多错漏，笔者深致谢忱。

许 檀
2021年2月于南开园

[①] 本书修改过程中，惊悉王兴亚教授不幸离世，深感悲痛，谨此表示深深的怀念与感激！
[②] 其中第八章的图 8-1—图 8-7 按照出版要求，由中国地图出版社重新绘制。

(F-6439.01)